제4판

사회문제

고성호, 문용갑, 유홍준, 이성용
이완수, 이정환, 장준오, 정태인 지음

도서출판 그린

머리말

사회학에서 '사회문제'는 사회학개론과 더불어 가장 기초적인 과목이라고 할 수 있다. 사회문제는 사회학을 전공하는 학생들에게 전공을 탐색하고 전공에서 다루는 구체적인 사회현상에 체계적으로 접근하게끔 인도해준다. 한편 사회문제는 사회학을 전공하지 않는 학생들에게는 사회학을 소개하고 또한 주변에서 일어나는 다양한 사회적 현상과 문제들에 대한 관심과 이해를 높여주는 역할을 한다.

이처럼 사회문제가 사회학 분야는 물론 사회과학 전반에 걸쳐 중요한 비중을 차지하는 만큼 사회문제는 일찍부터 대학에서 사회학의 전공과목이나 교양강좌의 주요 과목으로 개설되어 왔으며, 그로 인해 지금까지 수많은 사회문제 저술들이 출간되어 왔다. 이 책의 저자들도 사회학자로서 오랫동안 대학에서 사회문제를 강의해 왔으며 다양한 종류의 사회문제 교재들을 채택해서 사용해왔다. 하지만 이 과정에서 이들 교재들에 대한 문제점과 불만족을 느끼게 되었고 동시에 보다 새롭고 나은 교재에 대한 아쉬움을 가지게 되었다. 기존 교재들 중 일부는 저술된 지가 너무 오래되어 내용과 자료의 현실성이 떨어지거나 이념적으로 한 쪽에 치우친 측면도 있다. 또한 일부의 교재는 사회문제를 개인적 문제로 다룬 측면이 있으며 불평등과 빈곤 등 경제적 문제로 환원하기도 하며 이론적이고 체계적인 설명 없이 현상에 대한 단순한 나열의 수준에 머무른 측면이 있었다. 이 책은 이러한 문제의식에 따른 저자들의 새로운 저술에 대한 필요성을 반영한 산물이다.

이 책의 저자들은 저술 과정에서 다음과 같은 특징들이 구현되도록 노력하였다. 첫째, 사회문제를 개인적이고 시사적인 차원이 아닌 구조적이고 제도적인 차원에서 접근하였다. 그래서 정치, 경제, 가족, 불평등, 사회변동과 같은 주요 사회제도 및 영역 별로 핵심이 되는 다양한 주제들이 포함되도록 하였다. 둘째, 이론과 현실이 적절히 연계되도록 하였다. 현상에 대한 단순한 기술이나 피상적인 설명을 탈피하고 이론에 근거하여 사회문제를 체계적으로 이해하도록 하였다. 셋째, 사회문제를 수강하는 학생들 가운데 상당수가 사회학 전공자가 아니라는 점을 고려하여 학생들에게 생활 주변을 둘러싸고 직간접적으로 우리들의 삶에 영향을 주고 있는 사회문제들에 대한 관심을 가질 수 있도록 하였다. 이를 위해, 다양하고 구체적인 사례와 최근의 자료들을 활용하였다. 넷째, 학생들이 사회문제들에 관해 포괄적인 지식을 갖도록 설계하였다. 그리고 특히 3판부터는 각각의 주제에 대한 이해만이 아니라 그 문제를 극복할 수 있는 정책적 대안에 대해서도 좀더 고려를 하였다. 비록 이 책의 주요 초점이 사회학적이기는 하지만 주제에 대한 보다 종합적인 이해가 가능하도록 주제에 따라 정치학, 경제학, 심리학, 사회복지학 등 관련 학문분야의 관점과 개념도 가능한 포함하였다.

이 책은 현대의 사회문제들과 관련된 12개의 장으로 구성되어 있으며 각각의 장은 전공분야에 따른 전문가들이 분담하여 저술하였다. 1장(사회문제에 대한 접근)과 4장(경제적 불평등과 빈곤)은 이정환, 2장(범죄)은 장준오, 3장(청소년 문제) 이완수, 5장(여성문제)은 정태인, 6장(고령화 문제)과 7장(가족 문제)은 이성용, 8장(일과 노사문제)과 9장(조직문제와 부정부패)은 유홍준, 10장(정보사회의 사회문제)과 11장(과학기술과 사회문제)은 문용갑, 12장(북한의 사회문제)은 고성호가 담당하였다.

이 책은 2008년 초판이 발간된 후 꾸준히 대학 교재로 활용되어 왔다. 그러나 시간이 지나면서 양적 자료와 내용의 시의성에 문제가 제기되었고 이에 따라 2013년에 이런 문제를 보완한 바 있으며, 이제 다시 개정판을 내게 되었다. 이번 제4판의 경우는 시의성 있는 자료의 제시는 물론 '지식의 활용'이라는 차원에서 문제 해결방안 혹은 정책적 대응방안을 보강하였다. 제3판을 부분적 수정이라고 한다면 제4판은 전면적 보완이라고 할 수 있다.

이 책은 앞서 언급한데로 여러 전문가가 분담하여 저술하다 보니 문장 구성이나 용어 사용 등이 조금씩이나마 차이가 나는 문제가 발생했다. 각 장의 형태나 용어 사용 등의 문제는 최종적으로 고성호가 검토하여 통일시키고자 하였으나 한계가 있었음을 밝혀두고자 한다. 다만 이런 문제들은 협업의 어쩔 수 없는 결점이라고도 볼 수 있지만 다양성이라는 차원에서 긍정적 효과가 있을 수도 있다고 자위하고자 한다.

사실 사회문제는 광범위한 주제를 포함하고 있음에도 불구하고 일부 주제로 한정 할 수밖에 없었다는 점 그리고 정책적 대응 방안이 여전히 부족할 수 있다는 점에 아쉬움이 남으며 이런 문제는 향후 여러 전문가의 의견을 수렴하여 보강 방안을 마련하고자 한다. 마지막으로 열악한 교재 시장에도 불구하고 이 책의 출간에 많은 관심과 후원을 보내주신 도서출판 그린의 윤덕우 사장님과 편집진에게 심심한 사의를 표한다.

2020년 1월

저자 일동

차례

제1장 사회문제에 대한 접근

제2장 범죄

제3장 청소년 문제

제4장 경제적 불평등과 빈곤

제5장 여성문제

제6장 고령화 문제

제7장 가족 문제

제8장 일과 노사문제

제9장 조직문제와 부정부패

제10장 정보사회의 사회문제

제11장 과학기술과 사회문제

제12장 북한의 사회문제와 북한 문제

제 1 장

사회문제에 대한 접근

1. 사회문제란 무엇인가?
2. 사회문제에 대한 관점
3. 사회문제의 해결

제1장 사회문제에 대한 접근

신문을 읽거나 TV를 시청하거나 또는 인터넷 뉴스를 검색하다 보면 한국사회가 온통 사회문제로 꽉 차있다는 느낌을 갖게 된다. 매일 발생하는 살인과 강도 등의 범죄는 사회 안전을 위협하고, 기름유출이나 자동차매연 또는 쓰레기는 환경을 오염시키고, 빈곤과 빈부격차는 사회양극화를 심화시키고, 일자리 부족과 실업자 양산은 경제적 어려움을 낳고, 경쟁적인 입시제도와 사교육비 증가는 교육에 대한 불신과 가계 부담을 증가시키고, 공중도덕의 와해와 법에 대한 경시는 사회질서의 약화를 초래한다. 이 밖에 노사갈등, 성폭력과 남녀차별, 부정부패, 고령화와 이혼, 과학기술의 발달에 따른 사고와 재해 등의 문제들은 한국사회에 많은 부담과 희생을 가져다주고 있다. 이들 문제 대부분은 오래전부터 발생해 왔는데 환경오염, 빈부격차, 실업 등과 같은 일부 문제들은 최근에 오히려 증가하고 있다.

사회문제는 말 그대로 사회에 문제를 일으켜 사회구성원인 개인은 물론 사회집단 나아가 사회 전체에 피해를 입힌다. 덧붙여 사회문제는 인간으로서 개인이 지닌 잠재적인 능력의 손실을 가져오고 집단적인 삶의 질을 떨어뜨린다. 그렇기 때문에 우리는 비록 사회문제를 해결하는데 어려움을 갖고 있고 또 대부분의 사회문제들을 제대로 해결하지도 못하고 있지만 그래도 사회문제에 대해 계속 관심을 가지면서 문제해결에 적극적으로 나서고 있다. 우리가 직면하고 있는 수많은 사회문제들은 시군구, 광역단체, 중앙정부의 주요 정책의제가 되고 있으며 자치단체장, 국회의원, 대통령선거에 있어서도 매번 중요한 핵심 논제로 등장한다. 뿐만 아니라 공무원, 회사원, 일반 시민들도 모임에서 사회문제를 주요 화젯거리로 삼으며 사회문제 해결에 많은 관심을 보인다. 이 책을 읽고 있는 여러분도 우리 사회가 가지고 있는 사회문제를 어떻게 하면 줄이거나 해결할 수 있을지에 대해 최소한 한두 번 정도는 고민했던 경험을 갖고 있을 것이다.

바로 이 같은 사회문제에 대한 관심과 해결 노력은 사회문제에 대한 보다 많은 연구와 정확한 이해를 요구한다. 질병을 치료하기 위해서는 질병의 종류와 특성, 발생원인, 피해 정도와 범위를 알아야 한다. 마찬가지로 사회문제의 특성, 발생원인과 과정, 미치는 영향과 범위를 알아야만 사회문제를 줄이거나 해결할 수 있는 사회정책과 변화를 이끌어 낼 수 있다.

이런 맥락에서 이 책에서는 한국사회가 직면하고 있는 다양한 사회문제에 대해 그 특징과 발생 원인을 알아보고 그러한 문제를 해결하기 위한 방안을 다룰 것이다.

1. 사회문제란 무엇인가?

가. 개인문제와 사회문제

사회학자들은 개인문제와 사회문제를 구분한다. 사회학자인 밀즈(C. W. Mills, 1959)는 개인문제를 "개인의 특성 내에서 그리고 다른 사람과의 직접적인 관계 범위 내에서 발생하는 것으로서 당사자가 직접 그리고 개인적으로 알고 있는 제한된 사회생활 영역의 범위와 관련된 문제"라고 규정했다. 만약 어떤 학생이 늦잠 자는 버릇이 있어 학교에 자주 지각하는 문제를 가지고 있다면 이것은 개인문제이다. 문제의 발생 원인과 피해 범위가 그 학생이나 그 학생의 가족에 한정되기 때문이다. 이에 비해 밀즈가 사회적 이슈라고 부른 사회문제는 많은 사람들에게 영향을 미치고 발생 원인이 사회의 제도적 장치와 역사에 있다. 덧붙여 사회문제는 사회제도와 사회안정을 해칠 잠재성을 지니고 있다. 만약 음주로 인한 사고, 폭행, 자살, 결근, 업무손실이 매년 수십만 건의 신체적 피해와 수십조 원의 경제적 손실을 낳는다면 무절제한 음주는 발생 원인과 피해 범위에 있어 많은 사람과 집단에 관련되어 있기 때문에 사회문제이다.

사회문제는 사회 내 개인의 삶에 영향을 미치지만 개인적인 환경과 경계를 벗어난 원인과 결과를 가지고 있다. 일부 개인문제들은 기존의 사회문제에서 발생하기도 한다. 예를 들어, 어떤 부부가 이혼을 하게 되면 당사자들은 개인문제를 경험하게 될지 모른다. 하지만 사회적 및 지리적 이동을 촉진하고,

개인주의를 강조하며, 여성의 사회경제적 참여를 촉진하는 산업화와 정보화는 개인 행복의 강조, 가족구성원 간의 유대 약화, 여성의 경제적인 독립능력 강화처럼 이혼을 보다 쉽게 할 수 있는 사회경제적 및 문화적 조건을 만들어 이혼율 증가에 기여한다. 이 같은 개인문제와 사회문제의 구분 및 이들 간의 관련성은 사회문제를 보다 구조적이고 제도적인 차원에서 살펴볼 필요가 있음을 시사한다.

밀즈는 우리의 개인적인 삶과 사회세계 간의 관계를 볼 수 있는 능력을 나타내기 위해 '사회학적 상상력(sociological imagination)'이라는 개념을 사용한다. 사회학적 상상력을 사용하게 되면 우리는 개인적인 걱정거리와 공적인 이슈를 보다 잘 구분할 수 있으며 또한 우리 삶의 문제 및 조건과 우리가 살고 있는 사회적 및 역사적 맥락 간의 연관성을 볼 가능성을 높일 수 있다. 예를 들어, 한 사람이 실직하는 상황은 개인적인 고민거리이지만 수백만의 사람이 실직하는 상황은 공적인 이슈를 구성한다. 에이즈감염, 인종차별, 빈곤과 같은 개인적 걱정거리들이 실제는 사회의 다른 부문들에 연관되어 있다는 사실을 이해하게 되면 우리는 이러한 개인적 걱정거리이자 공적인 이슈를 일으키는 사회구조와 문화적 요소들에 대해 알려고 노력할 것이다.

나. 사회문제의 개념

대부분의 사람들이 사회문제라는 용어를 빈번히 사용하고 있지만 사회문제에 대한 불변의 보편적 정의는 없다. 대신에 사회문제는 객관적 기준과 주관적 기준의 두 가지 요소에 의해 규정되는 경향이 있다. 여기서 객관적 기준은 사회문제에 대한 객관적인 사회적 조건을 나타내며 주관적 기준은 그러한 사회적 조건에 대한 주관적인 해석을 나타낸다.

사회문제의 객관적 요소는 어떤 사회문제를 나타내는 사회적 조건의 존재를 의미한다. 비록 일반인 모두가 알아채고 이해하지는 못할지라도 사회문제의 객관적인 차원은 사회학적 분석을 통해 관찰되고 입증될 수 있다. 범죄의 경우, 증가율을 확인하고 사회나 개인에 미치는 피해의 정도를 추정하고 다른 사회제도와의 관계 등을 설명할 수 있다. 뿐만 아니라 경기불황과 기업의 구조조정에 의해 실업자와 비정규직이 증가하고, 음주운전에 따른 교통사고가 늘어나고, 자동차의 증가로 인해 환경이 오염되는 현상을 경험적으로 확인할 수 있다.

다른 한편으로 사회문제는 집단의 규정에 의해 결정되며 그래서 주관적인 요소를 지니고 있다. 예를 들어, 흡연은 1970년대까지 사회문제로 특별히 인식되지 않았다. 오히려 그 이전까지는 멋, 세련미, 스트레스 해소, 낭만을 나타내는 상징으로 간주되기도 했다. 하지만 오늘날 흡연은 많은 의료분야 종사자와 정부 관계자에 의해 개인의 건강을 위협하고 길거리의 쓰레기 증가와 화재발생의 주요 요인으로 지목되고 있다. 이 밖에 성매매, 환경오염, 비만 등도 과거에는 사회문제로 별달리 인식되지 않았으나 많은 사회운동 단체들과 전문가들에 의해 최근에는 주요 사회문제로 자리 잡았다. 이와는 다르게 다출산, 젊은층의 머리염색과 장발 등은 한 때 사회문제로 부각되었으나 지금은 사회문제로 보지 않는다.

비록 사회문제의 종류는 매우 다양하지만 이들 모두는 이러한 객관적 측면과 주관적 측면의 두 가지 요소들을 공유한다. 이들 두 가지 요소를 고려할 경우 사회문제는 '상당히 많은 사람들이 자신들의 가치관에 어긋나고 또한 자신들의 삶과 사회에 해가 된다고 믿고서 개선할 필요가 있다고 동의하는 어떤 사회적 조건'으로 정의될 수 있다.

이 정의에 따르면 사회문제는 믿음과 동의에 바탕을 둔 사회적 조건으로 어떤 상황이 존재하는 것으로 주장되는 것이지 반드시 실제로 존재할 필요는 없다. 비록 어떤 사회적 조건이 아무리 해가 된다고 하더라도 그냥 존재만 하고 있으면 사회적으로 문제를 일으키지 않는다. 예를 들어, 흡연은 폐암을 일으키는 주요인이지만 많은 의과학자들이 흡연과 폐암의 관련성을 밝히고 이를 공론화시키고 나서야 사회문제가 되었다.

사회적 조건은 사람들의 가치관을 위협할 때 비로소 사회문제로 인식된다. 가치는 옳고 그름에 대한 사람들의 생각으로 행동을 선택하고 판단해주는 지침이 된다. 그런데 개인이나 집단이 갖고 있는 가치는 주어진 사회문화적 및 물리적 환경과 조건 그리고 경험에 따라 다르기 때문에 어떤 사회적 조건을 사회문제로 봐야할 것인가에 대해서도 당연히 개인들 간이나 집단들 간에 서로 다른 의견이 나올 수밖에 없다. 예를 들어, 일부 사람들은 낙태 허용을 사회문제로 보는 데 비해 다른 사람들은 낙태 제한을 사회문제로 본다. 이와 유사하게 일부의 사람들은 동성애를 사회문제로 여기는 데 비해 다른 일부의 사람들은 동성애에 대한 반대를 사회문제로 여긴다. 사회문제에 대한 규정은 사회 내 뿐만 아니라 사회들 간이나 역사적 시기에 따라서도 차이가 난다. 사교육은 한국에서 큰 사회문제이지만 미국에서는 그렇지 않으며 마약중독은 한국에서 그리 큰 사회문제가 아니지만 미국에서는 심각한 사회문제이다. 역사적으로 19세기까지만 하더라도 물리력을 사용해 아내를 가르치고 통제하는 것은 남편의 법적 권리요 혼인상의 의무였으나 오늘날에 있어 아내에 대한 물리력의 사용은 사회문제이다.

대체로 상당히 많은 사람들에게 영향을 주지 못하는 사회적 조건은 사회문제가 되지 못한다. 상대적으로 적은 수의 사람들에게 영향을 미치는 사회적 조건은 사적인 이슈가 되기 십상이며 공공의 논쟁이나 집단행동을 불러일으키지 못한다. 보다 많은 사람들에게 영향을 미치는 사회적 조건일수록 사회문제가 될 확률이 높다. 비록 어느 정도로 많은 사람들에게 영향을 미쳐야 사회문제가 될 수 있는가에 대한 정확한 규정은 없지만 그래도 일정 규모 이상의 사람들에게 영향을 미쳐야 사회문제로 다루어 질 수 있다.

사회적 조건은 많은 사람들에게 영향을 미칠 뿐만 아니라 그러한 영향이 부정적인 결과를 가져온다고 사람들이 인식했을 때 사회문제가 된다. 그냥 사실적인 차원에서 공론의 대상이 되는 사회적 조건은 사회적 이슈가 될지언정 사회문제는 아니다. 덧붙여 사회문제는 사람들이 어떤 사회적 조건이 자신들에게 피해가 된다고 여기고 그래서 그러한 상황을 치유하기 위해 사회정책이나 사회운동과 같은 집단행위가 필요하다는 생각을 가질 때 존재하게 된다. 지진이나 태풍과 같은 자연현상은 우리에게 어마어마한 재난을 가져오지만 사회문제라고 생각하지 않는다. 왜냐하면 이것들은 근본적으로 사회적 조건에 의해 생겨나지도 않았을 뿐만 아니라 집단행동이나 사회정책의 변화를 통해 그 발생을 막기가 거의 불가능하기 때문이다.

이 같이 많은 고려 사항이 포함된 사회문제에 대한 규정은 사회문제의 복잡성을 나타내주며 동시에 주어진 사회문제를 적절하게 해결하거나 설명하는 데 있어 한 개의 요소만이 존재할 수 없음을 알려준다. 그렇기 때문에 사회문제에 대한 이해는 발생기원과 영향에 대한 장기적이고 포괄적인 관점을 필요로 한다. 사회문제에 대한 해결 또한 복합적이고 다면적인 사회정책과 사회변동을 요구한다.

다. 사회문제의 확인

사회학자들은 상대적이면서도 가변적인 사회문제를 확인하기 위해 주로 다음과 같은 세 가지 방식을 활용한다. 여기에는 여론, 전문가 의견, 대중매체를 통한 방법이 있다.

(1) 여론

사회문제는 상당히 많은 사람들이 동의하는 문제이다. 따라서 일반적 사회 구성원의 여론, 태도, 믿음을 연구함으로써 사회문제를 비교적 정확하게 확인할 수 있다. 사람들은 많은 생각, 의견, 가치를 공유하고 있으며 이를 바탕으로 어떤 사회적 조건이 사회문제라는 공감대를 형성하고 있다. 일반 국민을 상대로 한 여론조사는 이 같이 많은 사람들이 공감하는 사회문제를 밝혀내는 것을 가능하게 해준다. 여론 조사에서 "현재 정부가 해결해야 할 가장 중요한 과제는 무엇이라고 생각하십니까?", "귀하는 우리 사회가 당면하고 있는 가장 중요한 문제는 무엇이라고 생각하십니까?"와 같은 문항은 사회문제를 확인하기 위해 사용되는 대표적인 질문이다.

여론조사를 통한 사회문제의 확인은 간단하면서도 쉽게 수행할 수 있고 또 어느 정도 정확한 결과를 나타내는 방법이기 때문에 많은 기관과 단체에서 사용된다. 하지만 이 방법은 몇 가지 측면에서 한계를 갖고 있다.

① 여론은 사회적 및 정치적 상황에 의해 크게 영향 받기 때문에 변덕스러운 측면이 있다. 큰 사회적 파문을 낳은 대형 사고나 사건으로 인해 어떤 사회문제가 하루아침에 확 달아올랐다가 단 몇 주 만에 사람들의 기억에서 사라져 버리는 일은 비일비재하다.

② 사회문제에 대한 사람들의 의견과 태도는 응답자의 사회경제적 배경뿐만 아니라 사회문제 자체의 복잡성으로 인해 사회문제에 대한 공통된 의견을

구하기가 쉽지 않다. 어떤 사회적 조건이 일부 계층에게는 사회문제이지만 다른 계층에게는 아닐 수 있다. 때때로 일반인들은 특정한 사회 이슈에 대해 잘못된 정보를 갖거나 틀린 논리, 근거 없는 민간신앙, 오해에 의해 이해하고 판단하기도 한다.

③ 여론은 사회의 힘 있는 이해집단에 의해 형성되고 영향받아 여론주도층이 지닌 의견을 과도하게 반영할 수 있다. 비록 우리 자신은 독자적이고 독립적으로 생각하는 존재라고 믿지만 여론은 법적, 경제적, 정치적 제도와 대중매체에 막대한 영향력을 행사하는 권력집단에 의해 형성되기 십상이다. 그러므로 여론조사를 통해 사회문제를 측정하는 방법이 사회문제를 확인하는 민주적이고 평등한 방식으로 보일지라도 모든 사람의 가치와 태도가 똑같은 비중으로 반영되지는 않는다.

(2) 전문가 의견

사회문제를 확인하는 또 다른 방법은 관련 분야의 전문가나 지도자에게 가장 심각한 사회문제를 물어봐서 알아내는 것이다. 영향력이 있는 지도자는 일반인들로 하여금 중요한 문제에 관심을 갖도록 만드는 위치에 있다. 전문가는 일반인보다 훨씬 많은 정보에 근거해 문제가 발생한 조건, 원인, 규모, 부정적 영향, 심각성 등을 평가할 수 있다. 전문가는 일반인들과 달리 대중적인 믿음과 정치적 발표를 그대로 수용하는 대신에 광범위한 지식, 경험적 자료, 엄밀한 분석을 통해 사회문제를 파악한다. 이 때문에 전문가를 통해서 보다 사실적이고 지속적인 사회문제를 확인할 수 있다.

비록 전문가가 특정한 분야에 대해 많은 지식을 갖고 있다고는 하지만 모든 것을 다 알지는 못한다. 그렇기 때문에 전문가들끼리도 종종 사회문제의 속성이나 원인에 대해 상반된 의견을 제시하기도 한다. 게다가 전문가도 특정한 사회문제에 대해 객관적이고 중립적인 설명을 하기가 어려운 처지에 놓일 수도 있다. 전문가도 현실을 살아가는 사회구성원으로 자신의 가치관이나 정부 기관 또는 특정 집단과의 이해관계에 영향받기 때문이다.

(3) 대중매체

사회문제를 확인하기 위해 최근 사용이 점차 증가하는 방식은 바로 TV, 신문, 인터넷 등과 같은 대중매체를 통하는 것이다. 정보통신 기술의 급격한 발달에 힘입어 대중매체의 영향력은 날로 증가하고 있다. 이제 대부분의 현대인들에 있어 현재의 사건과 사회문제에 대한 정보를 얻는 가장 중요한 원천과 수단은 대중매체가 되어버렸다. TV의 시사토론 프로그램이나 신문의 사설 등은 한편으로 여론을 반영하기도 하고 다른 한편으로 여론을 형성하기도 한다. 그렇기 때문에 대중매체에서 논의되고 있는 주제들을 면밀하게 살펴보면 현재 당면하고 있는 사회문제를 쉽게 확인하고 이해할 수 있다.

하지만 사회문제에 대한 대중매체의 언급은 사회문제의 차원과 원인에 있어 객관적이거나 정확한 설명이 되지 못하는 경우가 많다. 심지어 뉴스 보도도 여러 방식을 통해 사회문제에 대한 우리의 이해를 왜곡시킬 수 있다. 첫째, 뉴스의 생성에는 선정과정이 있다. 비록 우리는 뉴스를 진실된 걸로 믿지만 어떤 뉴스거리가 보도로 채택이 되고 어떤 측면이 강조될 것인가에 많은 사람과 여러 단계를 거치는 복잡한 사회적 상호작용이 포함되어 있다. 방송에 있어 사회문제에 대한 표현은 연출자의 가치, 방송사 경영진의 목표, 광고업주의 이해, 정부의 정책, 공중의 이익에 영향받아 형성된다. 둘째, 대중매체는 사회적 이슈를 우리의 관심영역으로 가져오는 일 이상의 행위를 한다. 대중매체는 우리가 사회문제에 대해 어떻게 생각하고 반응해야 하는지를 때로는 드러내 놓고 또 때로는 은밀하게 유도하기도 한다.

2. 사회문제에 대한 관점

사회문제는 상당히 많은 요인들이 복합적으로 연관된 비교적 규모가 크면서도 복잡한 사회 현상이다. 따라서 사회문제를 제대로 이해하기 위해서는 이를 바라볼 수 있는 체계적인 틀을 가질 필요가 있다. 사회학은 사회문제를 이해하기 위한 틀로서 다양한 사회학 이론을 제공한다. 이론은 추상적이고 현실세계와 별로 연관되지 않다는 의견이 있지만 사회학자들이 관찰된 사회적 사실들 간의 관계를 설명하는데 필수적이다. 이론적 설명은 드러난 사회적 행동 뒤에 숨겨진 유형을 밝혀내고 우리로 하여금 사회구조와 사회변동의 가능성을 포괄적으로 이해하도록 해주기 때문에 사회문제를 연구하는 데 있어 매우 중요하다. 일반적으로 사회학자들은 사회문제를 설명하기 위해 기능론(functionalist perspective), 갈등론(conflict perspective), 상징적 상호작용론(symbolic interactionist perspective)의 세 가지 이론을 주로 사용한다. 각 이론은 사회문제의 원인과 해결책에 대해 다양하면서 서로 다른 설명을 제공한다.

가. 기능론적 관점

기능론적 관점은 기본적으로 사회를 상호연관된 부분들로 이루어진 하나의 체계로 바라본다. 이러한 체계 내에서 각각의 부분은 전체가 균형상태를 유지하며 조화롭게 잘 작동하는 데 이바지하는 기능을 수행한다. 예를 들어, 사회를 이루는 대표적인 부분에는 가족, 교육, 정치, 경제, 종교와 같은 제도가 있다. 가족은 자녀출산, 양육, 사회화의 기능을, 교육은 기술, 지식, 문화를 다음 세대에 전달하는 기능을, 정치는 사회구성원의 동원에 필요한 수단을 제공하는 기능을, 경제는 재화와 서비스의 생산, 분배, 소비의 기능을, 종교는 도덕적 인도와 절대적 가치의 제공을 통해 사회의 유형을 유지하는 기능을 수행한다.

사회를 이루는 각 부분은 서로 밀접히 연관되어 있는 만큼 한 부분의 변화는 다른 부분의 변화를 수반한다. 예를 들어, 강제 의무교육제는 아이들과 청소년들을 노동시장으로부터 빠지도록 만드는 대신 성인들에게는 보다 많은 일자리를 제공하는 등 경제적 영역에 큰 변화를 가져왔다. 또한 이 제도로 인해 아이들이 더 이상 일을 하지 못하게 됨으로써 가족의 재정부담이 늘어났고 이는 점차적으로 가족의 자녀수가 줄어드는 데 이바지했다. 이처럼 교육영역에서의 변화는 경제와 사회구조에 변화를 일으키는 파급효과를 가져왔다.

일반적으로 작은 변화는 기존의 제도가 별 어려움 없이 잘 흡수하고 적응해나갈 수 있다. 하지만 큰 변화나 갑작스러운 변화는 사회에 혼란과 분열을 가져와 사회문제를 낳는다. 기능론에서는 사회병리학(social pathology)과 사회해체론(social disorganization)이라는 구체적 이론을 통해 이 같은 사회문제를 설명한다.

(1) 사회병리학

사회병리학적 접근에 따르면 사회문제는 사회의 '병'으로부터 발생한다. 우리 몸의 기관과 세포가 정상적으로 기능하지 않을 때 병이 들듯이 사회도 그것을 구성하는 부분 예를 들면, 제도와 문화가 적절하게 작동하지 않을 때 '병', 즉 문제가 발생한다는 것이다. 예를 들어 범죄, 폭력, 빈곤, 부정부패는 종종 가족제도의 붕괴, 종교제도의 약화, 경제제도와 정치제도의 결함에 기인하는 것으로 여겨진다.

사회병리학자들에게 있어 사회문제는 개인이나 제도가 변화하는 사회적 환경에 제대로 적응하지 못함으로 인해 발생한다. 이러한 부적응은 사회조직의 건강한 작동을 무너뜨린다. 그렇기 때문에 적응을 잘 못하는 개인이나 제도는 '병든 것'으로 간주된다.

사회문제는 사회구성원들이 사회의 규범과 가치를 수용하도록 적절하게 사회화되지 못했을 때도 발생한다. 사회제도의 안정은 사회구성원들이 공유하고 있는 사회적 가치에 근거하며 이러한 가치는 사회적 행동과 제도를 위한 규범과 지침을 제공한다. 만약 사람들이 정직을 중요한 가치로 받아들이지 않는다면 온갖 종류의 부정행위와 속임수를 거리낌 없이 하게 될 것이다. 사회화의 실패에 대해 초기의 사회병리학자들은 사회화될 수 없었던 '병든' 개인의 탓으로 돌렸으나 후기의 사회병리학자들은 '병든' 사회적 조건에 기인하는 것으로도 인식하였다. 사회병리학자들은 부적절한 사회화에 의해 사회문제가 발생한다고 믿는 만큼 사회문제에 대한 해결책으로 사회구성원들이 가족, 학교, 종교기관, 미디어와 같은 사회제도를 통해 적절한 사회화와 도덕교육을 받게 하는 것을 제시한다.

(2) 사회해체론

급격한 사회변동기에는 기존의 사회적 활동과 관계를 규제하던 전통적인 규범과 제도가 약화되고 사회적 영역에 대한 영향력을 잃어버리는 사회적 조건 즉 사회해체에 빠질 가능성이 높다. 기능론자들에 따르면 사회해체는 개인과 집단의 욕구가 적절하게 충족되지 못하고 사회적 가치와 규칙이 무너지는 무규범(normlessness), 문화적 갈등(cultural conflict), 붕괴(breakdown)가 생길 때 발생한다. 무규범은 규범이 약화되거나 규범들끼리 갈등을 일으켜 사람들이 어떻게 행동해야 되는가를 안내해주는 규칙이 더 이상 존재하지 않을 때 발생한다. 문화적 갈등은 사람들이 모순된 규범이나 기준에 처했을 때 발생한다. 붕괴는 어떤 규칙에 대한 준수가 기대된 결과나 보상을 주지 못하거나 오히려 처벌을 가져올 때 발생한다. 사회해체는 많은 사회구성원들에게 혼란과 긴장을 가져와 범죄나 알코올중독과 같은 개인적 해체를 낳을 수 있다. 이 같은 사회문제를 해결하기 위해 사회변동의 속도를 완만하게 늦추고 사회적 규범을 강화하는 방법이 제시된다.

나. 갈등론적 관점

갈등이론가들에 따르면 사람들이 추구하는 부, 위세, 권력 등과 같은 자원은 희소하기 때문에 이것들을 획득 또는 유지하기 위해서는 불가피하게 개인들이나 집단 간에 갈등이 일어나기 마련이다. 사회는 이같이 가치 있으면서도 희소한 자원을 얻기 위해 서로 투쟁하는 상이한 집단들로 이루어져 있다. 갈등이론은 사회의 여러 부분들이 서로 유기적으로 관련되어 있으며 사회질서는 공유된 가치에 의해 유지된다는 기능론의 주장과 달리 사회질서는 권력과 강제에 의해 유지되고 가치나 이념은 이익의 반영 또는 이익추구의 수단이라고 본다. 그렇기 때문에 갈등이론가들은 특정한 사회적 상황에서 어느 집단이 권력을 잡고 이익을 얻는가에 초점을 맞추면서 사회의 다양한 측면들을 설명하려고 노력한다.

갈등이론은 계급갈등이 사회변동의 원인이라는 마르크스의 이론으로부터 유래한다. 마르크스에 따르면 사회는 우리 인간이 필요한 물자를 생산하는 데 필수적인 생산수단(공장, 땅, 기업, 자본 등)의 소유여부에 따라 기본적으로 유산자(haves)와 무산자(have-nots)의 두 가지 계급으로 나뉜다. 오늘날과 같은 자본주의 사회에는 중요한 생산수단인 자본을 소유하고 있는 자본가와 자본을 소유하지 못하고 노동력만을 제공할 수 있는 노동자의 두 계급이 존재한다. 이들 두 계급의 이익은 모순되기 때문에 서로는 계속해서 투쟁상태에 있다. 노동자는 더 적게 일하는 대신 더 많은 임금과 자신의 일에 대한 통제를 갖기 원한다. 자본가는 노동자에게 임금을 더 적게 주는 대신 일을 더 많이 시켜서 보다 많은 이익을 얻기를 원한다. 이 같은 상황에서 생산수단을 소유한 자본가는 투쟁관계에서 우위를 점유하여 노동자를 억압하고 착취할 수 있다. 자본가의 이러한 행위는 노동자를 가난과 실직에 빠지게 만들고 노동자는 생존하기 위해 범죄에 의존하거나 아니면 현재의 상황을 근본적으로 타파하기 위해 혁명을 선택하기도 한다. 따라서 마르크스에게 있어 현대사회의 사회문제는 자본이 소수의 사람들에게 집중되어 있는 체제이며 또한 이러한 불평등한 분배로 인해 발생되는 수많은 형태의 갈등이다.

오늘날 갈등론적 관점에 근거해 사회문제를 설명하는 이론으로 마르크스주의 갈등이론(Marxian conflict theory)과 가치갈등이론(value conflict theory)의 두 가지 유형이 있다.

(1) 마르크스주의 갈등이론

일부 갈등이론가들은 마르크스의 기본적인 주장을 그대로 좇아 사회문제가 자본주의 체제에 내재한 계급불평등에서 기원한다고 본다. 이들에게 있어 가진 자와 못가진 자의 체제는 본래적으로 불공정하고 착취적이기 때문에 사회문제는 필연적으로 발생할 수밖에 없다. 예를 들어, 빈곤은 대부분의 부가 소수에게 집중되는 반면 대다수의 사람들이 사회적 자원에 대해 공평하게 접근할 수 없는 체제에서는 불가피한 결과라는 것이다.

마르크스주의 갈등이론가들은 사회적 자원을 통제한 사람들은 권력을 갖게 되고 이들 권력자는 사회구성원들이 지닌 가치와 믿음을 자기들한테 유리하게 형성시켜나간다고 주장한다. 권력자들은 옳고 그름이나 일탈과 비일탈에 대한 기준을 정하고 여론을 조성하는데 있어 전략적으로 우세한 능력을 갖고 있다. 일반적으로 많은 범죄들이 가난한 하층계급에 의해 저질러진다고 알려져 있지만 마르크스주의 갈등이론가들은 전체 사회구성원들의 복지에 있어 기업범죄가 이들의 범죄 못지않게 해가 된다고 주장하며 기업의 뇌물, 탈세와 같은 부정부패를 기업의 일상적인 활동으로 여기거나 관대하게 대하는 왜곡된 사회적 믿음과 태도를 문제로 지적한다. 그렇기 때문에 이들은 사회문제를 바라볼 때 사회문제라고 여겨지는 것들을 만들고 규정하는 권력집단의 역할에 초점을 맞출 것을 강조한다.

이 같은 마르크스주의자에 있어 사회문제에 대한 해결은 궁극적으로 계급 없는 사회를 만들어 사람들 간의 불평등을 제거하는 데 있다. 기존 제도의 개선은 단지 미봉책일 뿐이며 오히려 사회문제를 더 악화시킬 수 있다. 왜냐하면 가난한 사람들에 대한 경제적 지원이나 범죄자에 대한 상담 등과 같은 제도는 사회문제의 근본원인인 계급갈등을 더 존속시켜주기 때문이다.

(2) 가치갈등이론

실제 생활에서 우리들 주변에는 계급갈등과는 별로 연관이 없는 많은 갈등이 존재한다. 가족의 경우 TV프로그램에 대한 논쟁에서부터 여가활동, 자녀의 행동과 습관, 관혼상제를 지내는 방식 등과 관련해 갈등이 발생하며 친구들 간에도 개인들에 대한 평가와 선호, 종교선택, 남녀관계, 약속위반 등에 대해서도 갈등이 발생한다. 이런 갈등의 대부분은 뿌리 깊은 계급적대가 아닌 가치의 차이에서 기인한다. 대표적으로 낙태허용에 대한 찬반양론은 생명과 여성의 권리에 대해 갈등을 빚는 가치들을 반영한다.

가치갈등이론가들은 사회집단들이 상반되는 가치와 이해관계를 가졌을 때 사회문제가 발생한다고 본다. 이들은 또한 현대사회에서 이러한 문제의 발생은 정상적이라고 주장한다. 왜냐하면 복잡한 사회에서 서로 다른 가치와 이해관계를 가진 집단들이 많을 수밖에 없으며 이들 집단의 가치와 이해는 같은 사회에서 어우러지다 보면 서로 부딪치고 경쟁하기 마련이기 때문이다. 따라서 가치갈등이론적 관점에서 사회문제를 이해하기 위해서는 어떤 집단이 어떤 가치를 지니고 있으며 자신들의 가치를 실현시키기 위해 다른 집단의 바람을 어떤 권력을 통해 제어하는지를 살펴볼 필요가 있다.

가치갈등이론가들은 사회문제를 해결하는 방식으로 갈등하는 집단들이 협상과 중재 또는 조정과 타협을 통해 서로 간의 차이를 줄이면서 동시에 상대방의 가치를 이해할 것을 제시한다.

다. 상징적 상호작용론적 관점

기능론과 갈등론이 제도나 대규모 집단과 같은 사회의 광범위한 측면에 관심을 갖는 데 비해 상징적 상호작용론은 소규모 집단에서 상호작용하고 있는 개인들의 사회심리적인 역학에 초점을 맞춘다. 상징적 상호작용론자들은 개인들 간의 상호작용이 가장 기본적인 사회적 과정이라는 전제에서 출발한다. 대부분의 상호작용은 의미를 지닌 상징을 통해 이루어지며, 의미는 생각하고 느끼는 존재인 사람들의 상호작용으로부터 나온다. 사회는 이러한 상호작용을 하는 사람들로 구성되어 있으며 사회를 이해하기 위해서는 바로 이 같은 상호작용을 이해해야 한다. 집단, 조직, 전체로서의 사회는 이러한 상호작용을 통해 만들어지고 유지되고 변한다. 예를 들어 교육제도의 운영은 학생과 교사의 상호작용, 교육 전문가의 의견, 행정가의 결정에 의해 실체화된다.

상징적 상호작용론자들에 따르면 사회적 삶은 사람들의 해석과정을 포함한다. 어떤 사건이 실제가 되는 것은 그 사건이 지닌 고유의 속성에 의해서가 아니라 사회적 행위자인 사람들이 부여한 해석을 통해서이다. 이 같은 관점은 초기의 상징적 상호작용론자인 토머스(Thomas, 1928)에 의해 제시되었다. 토머스는 만약 사람들이 어떤 상황을 실제로 규정한다면 그 상황은 결과적으로 실제가 된다고 주장하였다. 달리 말하면, 우리는 실제의 물리적 대상이나 행위 그 자체가 그 대상이나 행위에 부여된 상징적 또는 사회적 의미에 반응하는 것이며 또한 우리가 하는 것은 이러한 의미를 어떻게 규정하고 해석하는가에 따른 결과이다. 개인의 운세를 예측하는 점에 대해 어떤 사람은 미신이라고 규정하며 점을 보지 않지만 어떤 사람은 진실로 규정하며 점을 보러 간다.

상징적 상호작용론적 관점에서 보면 사회문제는 어떤 사회적 조건이 영향력 있는 집단에 의해 나쁜 걸로 낙인찍히거나 자신들의 가치를 위협하고 보통의 사회적 기대에 위배된다고 규정지을 때 발생한다. 이는 어떤 상황이 사회문제이기 때문에 사람들이 개탄하는 것이 아니라 그 상황이 개탄스럽다고 하니까 사람들이 사회문제라고 생각한다는 것이다. 예를 들어, 이혼의 경우 만약 장기간에 걸쳐 조금씩 증가한다면 그 자체로서 큰 문제가 되지 않는다. 하지만 어느 시점에서 일부 힘 있는 사회단체나 기관이 이혼율의 증가를 가족의 붕괴라고 규정지으면 이혼율의 증가는 사회문제가 된다. 또한 상징적 상호작용론자들은 사회문제가 사회운동에 의해 만들어지는 측면도 강조한다. 이들은 사회문제가 사회의 객관적인 조건을 반드시 반영하는 것이 아니라 어떤 사회적 상황이 인식되고 주목받음으로써 이익을 얻을 수 있는 사회집단의 주관적 규정을 포함하고 있다고 본다.

상징적 상호작용론에 바탕을 두고 사회문제에 접근하는 이론에는 크게 낙인이론(labeling theory)과 사회구성론(social constructionism)의 두 가지 유형이 있다.

(1) 낙인이론

낙인이론가들은 만약 어떤 사회적 조건이나 집단이 문제라고 낙인이 찍히면 그것들은 문제가 돼버린다고 주장한다. 이들에 따르면 사회문제는 어떤 행동이나 상황이 사회문제로 규정되는 조건이다. 일탈자와 비일탈자의 차이는 이들이 하는 행동이 아니라 이들이 하는 행동에 사회가 어떻게 규정하는가에 따라 결정된다. 개인들은 이러한 사회적 규정에 반응한다. 예를 들어, 청소년들 사이에 흡연과 음주가 성인됨, 멋있음, 스트레스 해소 등의 의미로 규정되어 있다면 청소년의 흡연과 음주 행위는 계속해서 발생할 것이다.

어떤 행위나 상황을 문제라고 규정하는 능력은 모든 사회집단에 똑같이 주어져 있지 않다. 낙인이론가들은 사회에서 힘 있는 집단이나 세력일수록 그러한 능력을 더 많이 갖고 있다고 주장한다. 다른 집단에 비해 사회적 자원을 많이 가지고 있는 집단은 이를 동원하여 사람들의 의사소통 채널과 대중매체에 대해 보다 많은 영향력을 행사할 수 있다.

낙인이론에 근거하면 사회문제의 해결방식은 일탈이라고 여겨지는 것에 대한 규정을 바꾸는 것이다. 다양한 사회적 상황과 사람들의 상이한 행동을 정상적인 것으로 받아들이면 사람들은 이것들에 대해 특별한 주의나 관심을 기울이지 않을 것이다. 이 밖에 낙인이론가들은 이득을 위해 낙인을 하는 경향을 부정시하면 낙인의 유행을 줄일 수 있고 또한 어떤 문제가 실제적인 근거 없이 중요하게 부각되는 것을 막을 수 있다고 주장한다.

(2) 사회구성론

사회구성론에 따르면 실제는 주변의 사회세계를 해석하는 개인에 의해 사회적으로 구축된다. 그러므로 사회는 주어진 객관적인 실물이라기보다는 하나의 사회적 창조물이다. 이 같은 관점에 근거해 사회구성론자들은 종종 사회문제의 기원과 발달에 대해 문제를 제기한다. 예를 들어, 대부분의 사람들은 사행성 게임을 사회문제로 규정하지만 로또나 복권 또는 카지노에서의 도박에 대해서는 별로 사회문제로 보지 않는다. 마찬가지로 투자의 동기와 목적에 있어 유사하지만 부동산투자는 투기로 문제시되지만 주식투자와 펀드 가입은 오히려 장려되기도 한다.

사회구성론자들은 사회문제에 대한 규정에서 일부의 주장은 우세한 데 비해 다른 사람들의 주장은 약하거나 관심의 대상이 되지 못하는 측면에 주목한다. 이들에 의하면 사회문제에 대한 여러 주장들 중 우리가 어떤 것에 주의와 관심을 가지게 되는가는 사회적 세계에 대한 우리의 의식을 형성시키는 사회적 행위자와 제도의 활동을 통해 이루어진다. 어떤 문제를 이슈화시켜 대중들의 반응을 촉진시키는 언론인과 방송의 시사문제 해설가, TV 카메라 앞의 교수와 전문가 그리고 정치인과 사회운동가 등의 여론주도층은 어떤 주장이 선택되는 대신 다른 어떤 주장은 거부되는 과정에 사실상 어느 정도는 개입되어 있다. 언론, TV, 라디오, 대학교, 정부기관, 시민단체 등은 사회문제를 규정하는 데 있어 종종 이해관계를 갖고 있는 제도들의 일부이다. 이런 메커니즘을 통해 이들 사회적 행위자와 제도는 우리가 사회문제에 대해 생각하는 방식을 구성해 나간다.

3. 사회문제의 해결

가. 사회문제 해결방식

사회문제는 현실적으로 사람들에게 피해를 주거나 또는 피해를 준다고 느끼기 때문에 사람들은 사회문제를 해결하기 위해 노력한다. 사회문제를 해결하는 방식은 매우 다양하다. 이들 해결방식은 예방(prevention), 개입(intervention),

사회개혁(social reform), 재구성(reconstruction), 결과의 경감(alleviating consequences)의 5가지 유형들 중의 하나이거나 또는 이것들의 다양한 조합일 수 있다(Sullivan, 2005).

① 예방: 사회문제를 해결하는 일부 방식은 사회문제가 처음부터 발생하지 않도록 하는 데에 초점을 맞춘다. 예를 들어, 청소년 금연교육은 청소년들이 흡연을 아예 시작하지 않도록 하는 것에 역점을 두고 진행된다.

② 개입: 예방이 불가능하거나 비효과적일 때 사회문제 해결 프로그램은 종종 개입을 통해서 발생한 문제를 경감시키거나 제거하고자 한다. 흡연 청소년에 대한 금연치료나 상담프로그램은 담배에 이미 중독된 청소년이 담배의 유혹으로부터 멀어지게 하는 데 초점을 둔다.

③ 사회개혁: 일부의 예방이나 개입은 기존 사회제도나 관행의 대대적인 변화를 포함하는 사회개혁의 형태를 갖기도 한다. 사회개혁은 사회문제가 최소한 부분적으로나마 사회제도나 조직의 심각한 결함에서 나온다는 가정에 근거하고 있다. 예를 들어, 빈부격차의 확대는 빈곤, 실업, 일부 계층에 대한 사회경제적 기회의 부족을 반영하는 것으로 이는 경제제도가 모든 사람들에게 공평하게 일하고 자신과 자녀를 부양할 수 조건을 마련하는 데 실패하고 있음을 보여주는 것이다. 사회개혁은 예방이나 개입의 형태가 될 수 있지만 예방이나 개입은 사회개혁을 필수적으로 포함할 필요는 없다.

④ 재구성: 경우에 따라 사회문제는 문제의 속성과 정도를 재규정함으로써 경감될 수 있다. 특정한 조건을 사회문제가 아니라고 주장하거나 사회문제로 고려하지 않는 집단은 경우에 따라 사회문제가 사회적으로 구축되는 상황에서 사람들의 주목을 끌 수 있다. 이 경우 이 집단은 사회적 자원이 그러한 문제가 되는 조건으로 흘러들어가지 않도록 정책과 프로그램을 바꾸는 데 영향을 줄 수 있다.

⑤ 결과의 경감: 특정한 사회문제의 해결 여부에 관계없이 우리는 그러한 사회문제가 주는 부정적인 결과를 감소시키는 데 관심과 주의를 기울기를 원할 때가 있다. 예를 들어, 음주운전의 문제가 지속되더라도 우리는 음주운전

으로 인한 사고의 피해자들과 이들의 가족을 도와주는 일을 계속적으로 진행한다.

나. 사회문제 해결의 어려움

우리가 알고 있거나 겪는 사회문제의 대부분은 오래전부터 있어 왔던 것들이다. 이는 사회문제의 해결이 그만큼 어렵다는 것을 입증한다. 사회문제의 해결이 어려운 이유는 다음과 같은 여러 요인들이 관련되어 있고 또 많은 경우 이들이 복합적으로 작용하기 때문이다.

① 사회문제의 규정: 오늘날과 같이 다양하고 복잡한 사회에서 사람들은 기존의 사회적 조건에 대해 서로 다른 방식과 정도로 관련되어 있고 영향도 다르게 받는다. 따라서 무엇이 사회문제인가에 대한 규정도 사람들 간에 차이날 수밖에 없다. 예를 들어, 어떤 사람은 빈곤은 무슨 수를 써서라도 없애야 하는 사회적 해악으로 보지만 다른 사람은 어느 정도의 빈곤은 게으름, 무능력, 규칙위반으로 인해 받게 되는 응분의 대가로 볼 수 있다. 사회문제의 원인에 대한 의견들이 분분할수록 그만큼 사회문제에 대해 효과적이면서 충분한 지지를 받는 해결책을 찾거나 문제해결에 초점을 맞추기가 어렵다.

② 해결에 따른 또 다른 문제의 발생: 어떤 문제의 해결은 종종 다른 문제의 발생을 낳거나 심화시키기도 한다. 사회는 여러 부분들이 복잡하게 뒤얽혀 있기 때문에 한 부분의 변화는 다른 부분의 변화를 가져오기 마련이다. 예를 들어, 집창촌에서의 성매매를 엄격하게 금지하고 단속할 경우, 일부 성매매 종사자들은 사회적으로 수용된 직업을 찾아 나서기도 하겠지만 다른 성매매 종사자들은 주택가로 파고들거나 해외로 빠져나가거나 또는 인터넷을 통해 더욱 음성적이며 보다 다양한 방식으로 성매매를 할 수 있다. 마찬가지 방식으로, 환경오염에 대한 강한 통제는 물과 공기를 깨끗이 유지하는 데 기여하겠지만 기업활동을 위축시켜 실업문제의 해결을 더 어렵게 할 수 있다. 경우에 따라서 치료가 오히려 질병보다 더 안 좋은 결과를 낳을 수도 있다.

③ 비용 부담: 사회문제의 해결은 막대한 자원의 투입을 요구한다. 환경오염 정화, 빈곤퇴치, 일자리 만들기 등은 개별적으로도 천문학적인 액수의 공

적 자금을 필요로 한다. 경제적 자원이 제한된 상황에서 환경오염 방지 예산의 증가는 범죄예방이나 국방 등과 같이 다른 분야에 쓰일 예산의 감소나 세금의 증가로 밖에 나타날 수 없다. 사람들은 사회문제가 해결되어야 한다는 주장에는 모두 공감한다. 하지만 서로 다른 이해관계와 가치로 인해 문제해결에 들어가는 비용을 누가 분담하고 또 얼마만큼의 자원을 어디에 투입해야 하는가에 대해서는 좀처럼 같은 의견을 내기가 어려울 것이다.

④ 적절한 해결책 찾기: 어떤 사회적 조건이 사회문제로 규정되면 이에 대한 해결방안을 찾기 위한 노력은 바로 시작된다. 이러한 시도는 그러한 사회문제가 해결되어야 한다는 공감대가 추상적으로나마 사회에 광범위하게 퍼져있기 때문에 가능하다. 하지만 사회문제는 사람들의 의지와 공감으로만 해결되지 않는다. 대부분의 사회문제는 수많은 요인들이 실타래처럼 복잡하게 엉켜져 있기 때문에 적절한 해결의 실마리를 찾기란 여간 어려운 일이 아니다. 설사 실마리를 찾는다고 하더라도 채택의 문제가 앞에 가로 놓여 있다. 어떤 해결책은 실행하기가 현실적으로 불가능하고 또 어떤 해결책은 사람들의 이해관계로 인해 강한 저항을 받는다. 예를 들어, 금연을 위해 담배농사와 제조를 금하기는 쉽지 않다. 성매매에 대한 전면적인 단속은 성매매종사자, 업소, 일부 성매매종사자 관련 인권 및 사회단체의 강한 반발을 불러일으켰다.

제 2 장

범죄

1. 범죄 이론
2. 범죄유형
3. 범죄동향 및 특성
4. 범죄자 특성
5. 범죄 전망 및 정책적 대안

제2장 범죄

우리는 하루에도 수없이 많은 범죄 뉴스를 접하고 있다. 20대 부부가 어린 딸을 폭행·살해하거나, 30대의 여성이 전 남편을 살해하여 바다에 버리거나, 70대의 노인이 자신의 성적 쾌락을 위해 관광객을 바다에 익사시키는 등의 강력사건부터, 상점절도나 소매치기, 성매매 등과 같이 폭력을 사용하지 않은 재산범죄나 윤리범죄에 이르기까지 너무도 많은 범죄들이 사회문제가 되어 매일 매일 우리들을 찾아오고 있다. 이런 현상을 어떤 사람은 범죄가 일상화된 '말세적' 현상이라고 말하기도 한다.

그러나 동서고금을 통해 어느 사회나 범죄는 항상 존재하기 마련이다. 적게는 2~5%에서 많게는 20~30%의 인구가 범죄를 저지르고 있다. 앞에서 언급한 강력사건들은 세기말적 현상이 아니라, 인간의 사회생활 속에서 항상 존재하여 온 사회적 실재로 우리들이 일상생활 속에서 인식을 못하고 있었을 뿐이다.

우리의 일상생활 속에서 항상 따라다니는 범죄에 대해 일반인들은 한 가지 신화(myth)와 같은 생각을 가지고 있다. 사람들은 '범죄란 가난하고 못 배우고 사회에서 소외된 폭력적인 사람들이 주로 저지르는 행위'로 간주하고 있다(Sullivan, 2006: 296). 따라서 '범죄적 요소(criminal elements)'의 핵심인 범죄자를 철창 안에다 집어넣으면 우리가 사는 사회는 법을 잘 준수하고 서로 존경할 수 있는 사람들이 넘치는 사회가 될 것이라는 신화적 기대감이 그것이다. 과연 듣기에도 그럴듯한 이런 신화는 정말 맞는 말일까?

1. 범죄 이론

범죄학의 기원은 1700년대의 유럽국가로 거슬러 올라간다. 그 당시 사법제도는 가혹하고 강압적이며 결과를 예측할 수 없는 처벌로 인해 많은 사람들로부터 원망의 대상이 되었다(Sykes and Merton, 1978). 결과적으로 나쁜 법이 범죄자를 만든다는 정서가 점차로 확산되면서 범죄의 원인을 다른 각도에서 보기 시작하였다. 1767년 범죄학의 고전학파인 이탈리아 학자 베카리아(Beccaria)는 그의 저서 『범죄와 처벌에 관한 에세이』에서 특정 범죄에 대한 사면금지, 처벌의 고려사항, 고문금지와 관련된 형사사법 절차와 범죄예방에 대해 서술하였다. 그는 범죄의 원인보다는 범죄 처리절차에 대해 보다 과학적이고 합리적인 방법을 제시하였다(Jones, 1986). 예를 들어, 범죄에 대한 실질적인 측정은 범죄자의 정신적 상태를 보고 하는 것이 아니라 사회에 대한 피해의 정도를 고려하여야 하며 피해자의 사회적 지위나 종교적 교리에 의해 정해지는 것이 아니라고 주장하였다[1]. 실제로 중세의 유럽에서는 범죄자를 잡기 위해 죄를 저지른 증거가 전혀 없는 여성들을 마녀로 몰아 모두 처형하는 '마녀사냥'이 빈번하였다. 베카리아의 합리적이고 이성적 판단은 범죄의 원인을 보다 과학적으로 분석하게 하는 기반을 마련하였다.

가. 생물학적 이론

범죄의 원인을 개인의 생물학적 속성으로 찾으려는 노력은 19세기부터 시작되었다(Sykes and Merton, 1978). "범죄학의 아버지"라 불리는 이탈리아의 의사 출신인 롬브로소(Lombroso)는 교도소의 재소자를 대상으로 범죄행위를 관찰하였다. 그는 범죄의 원인을 생물학적, 해부학적 속성에서 찾았다. 그에 따르면, 범죄성은 원시적인 조상이 가졌던 유전자가 격세유전을 통해 발현하는 것으로 범죄자에게는 육체적 특성이 있다는 것이다. 범죄자의 약 3분의 1은 유전을 통해 범죄성을 물려받는 생래적 범죄자(born criminal)이며, 이들은 두꺼운 머리카락, 경사진 앞이마, 검은 피부, 곱슬머리 등과 같은 신체적 특성을 나타낸다고 주장하였다(Brown et al., 1991). 롬브로소는 생래적 범죄자 외

1) 여기서 범죄자의 정신적 상태란 귀신이나 마귀의 영향으로 범죄를 저질렀다는 것을 말한다.

에도 탐욕 등에 의해 쉽게 범죄를 저지르는 기회적 범죄자(criminaloid), 충동적이고 잔혹한 범죄를 저지르는 정신이상 범죄자(insane criminals)에 대해서도 언급하였다(곽대경 외, 2007).

생물학적 속성과 범죄성 간의 관계에 대한 견해는 1940년대 쉘던(Sheldon)의 연구에서 다시 나타났다(Sheldon, 1949; Mednick and Christiansen, 1977에서 재인용). 쉘던은 일탈과 관련이 있는 신체 유형 3가지(내배엽형, 외배엽형, 중배엽형)를 제시하였다. 그 중 중배엽형(mesomorphs)인 사람은 근육질이며 적극적이고 공격적인 성격의 소유자로 내배엽형이나 외배엽형의 사람보다 일탈행위를 일으킬 가능성이 더 높다.

1920년대 말 독일의 랑게(Lange) 교수는 범죄행위에 영향을 주는 쌍생아의 유전적 요인에 대한 연구를 하였다. 랑게 교수는 37쌍의 일란성 쌍생아를 대상으로 실험을 한 결과, "유전이 중요한 범죄 원인"이라고 주장하였다(Mednick and Christiansen, 1977: 47). 예를 들어, 한 개의 난자에서 태어난 일란성 쌍생아의 경우 한쪽이 범죄자이면 다른 한쪽이 범죄자가 될 확률이 60~70%인 반면에, 이란성 쌍생아의 경우는 약 15~40%만이 함께 범죄자가 된다는 것이다(Rowe and Osgood, 1984).

1960년대에는 범죄성향을 유전인자의 염색체와 연결하는 연구가 전개되었다. 정상적인 남성은 46개의 XY 염색체 구조를 갖고 있으며, 정상적인 여성은 46개의 XX 염색체 구조를 가지고 있다. 그러나 약 1,000명당 1명꼴로 Y 염색체를 하나 더 가지고 있는 사람이 있는데 이들은 일반적으로 키가 크고 공격적이며 범죄경력을 가지고 있다고 주장되었다(Mednick and Christiansen, 1977).

범죄를 밝히는 생물학적 속성에 대한 연구로 공격성과 성호르몬간의 관계를 들 수 있다. 일반적으로 남성이 여성보다 더 공격적인 이유는 남성 호르몬인 테스토스테론(testosterone)의 수준이 높기 때문이라고 알려져 있다(Liska and Messner, 1999).

범죄원인의 생물학적 속성에 대한 설명은 방법론적인 측면에서 많은 비판을 받아왔다(Schmalleger, 1996; Liska and Messner, 1999; Akers, 2000; 곽대경 등, 2007; 이순래 등, 2017). 오늘날의 생물학적 연구들은 초기 연구보다 방법론에서 훨씬 체계적이 되었음에도 불구하고, 연구결과에 대한 일관성이 결여되었다.

예를 들어, 많은 연구에서 일탈자와 비일탈자를 구분해 주는 생물학적 요인들이 연구마다 달라서 그 결과도 일관성 있게 나오지 않았다(Walters, 1992). 생물학적 설명의 또 다른 한계점은 이론이 생물학적 이상성(abnormality)에 한정시킴으로써 표본 집단의 문제점을 드러내고 있다. 예를 들어, 교도소 재소자들만을 상대로 표본조사를 해 경사진 이마를 가진 사람들이 생래적 범죄자라는 결과를 낳기도 하였다.

나. 심리학적 이론

심리학적 이론은 범죄자들을 정신적, 심리적 결함이 있는 것으로 가정하고 있으며 범죄자만의 특성이나 성격이 있다고 주장하고 있다. 프로이드(Freud)의 정신분석학 이론은 정신의 3가지 요소 중 본능적 충동(the id), 자아(the ego), 초자아(the superego) 등 본능적 충동과 초자아에 대한 자아의 균형적 통제가 이루어지지 않아 불합리하며 반사회적인 본능적 충동이 돌출되었을 때 범죄가 발생한다고 한다(Akers, 2000: 59).

정신분석학적 접근방법으로 맥코드와 맥코드(McCord and McCord, 1959)의 알코올 중독에 관한 연구가 있다. 이 연구에 의하면, 모든 사람은 다른 사람에게 의존하려는 욕구를 가지고 있는데 초기 유년기에 특히 강하다. 이런 욕구를 정상적으로 충족시켜주지 못하면 성장 후 독립심과 충돌하여 결국 정신적 갈등을 일으켜 알코올 중독자가 된다고 설명한다. 이런 사람들은 공격적이며, 비사회적이고, 충동적이며, 혼자 있기를 좋아하며, 죄의식을 느끼지 못한다. 이런 사람들은 또한 자기불만에 쌓여있고 자기도취에 잘 빠진다고 설명되었다.

성격과 범죄에 관한 연구로 글루엑 부부(Glueck and Glueck, 1950)의 연구가 있다. 이 연구에 의하면, 반사회적 행위를 보이는 개인들은 특별한 성격을 지니고 있다. 비행청소년들은 적대적, 충동적, 반항적, 파괴적이며, 남을 배려하지 않으며, 쉽게 분노하는 성격을 지녔다는 것이다.

심리학자 에이젠크(Eysenck)는 성격과 반사회적 행위에 관한 연구에서 범죄와 관련 있는 세 가지 성격을 발견하였다. 그것은 외향성(extraversion), 신경성(neuroticism), 정신질환성(psychoticism)으로, 청소년 비행자의 경우 외향성이 신경성보다 비행에 영향을 더 미치며, 성인의 경우는 그 반대로 나타났다고 한다(Eysenck, 1989).

성격과 범죄를 연구할 때 범죄자와 정상인을 구분 지워주는 성격을 어떻게 측정하느냐가 중요한 문제로 대두되었다. 이 문제를 해결하기 위해 성격 특성에 대한 목록을 개발하였다. 첫 번째로 개발된 목록은 미국 미네소타의 MMPI(Minnesota Multiphasic Personality Inventories)로 우울증, 정신분열, 일탈성, 비생산성 과다행동증, 불안 등과 같은 정신병리 현상을 반영하는 하위척도로 나누어져 500여 개 문항으로 이루어져 있다. 교정시설 내에 거주하는 청소년은 반사회적, 비도덕적 행동을 측정하는 항목에서 높은 점수를 받았다 (Akers, 2000: 62).

다. 사회학적 이론

범죄의 원인을 신체의 일부나 심리적 상태로부터 찾으려는 생물학적 분석이나 심리학적 분석들은 개인의 행동이 사회적 환경에 의해 영향을 받는다는 점을 간과하였다. 따라서 범죄를 연구하는 많은 사회학자들은 범죄의 원인을 거시적 사회 환경으로부터 개인과 개인 간의 관계, 개인과 집단 간의 관계, 집단과 사회관계 전반에 걸쳐 논의하고 있다.

(1) 아노미이론과 긴장이론

1890년대 프랑스의 사회학자인 뒤르켐(Durkheim)은 그의 저서 『노동의 분화』(1893)에서 강력한 집합의식을 가진 '기계적 유대(mechanic solidarity)'의 사회에서 다양한 사회적 가치와 규범을 가지게 되는 '유기적 유대(organic solidarity)'의 사회로 전환함에 따라 무규범적 상황이 발생한다고 주장하였다. 산업화가 된 현대사회와 같이 유기적 유대를 가지고 있는 사회에서는 발달된 분업체계를 가지게 되고 사회의 각각 다른 부분들이 마치 유기체처럼 서로 의존하며 생존하게 된다. 이 과정에서 서로를 규제하고 통제하는 규칙이 존재할 수 없게 되는 상황이 발생하게 되는데 이를 무규범적 혹은 아노미적(anomic) 상황이라고 하였다.

뒤르켐은 그의 저서 『자살론』(1897)에서 약화된 사회적 통합과 비규제가 자살을 일으키는 여러 가지 과정을 설명하면서 아노미적 자살에 대해 논의하였다. 예를 들어, 일반적으로 경기가 후퇴하거나 불경기에는 경제적 수단을 상실하게 되어 실업이 증가하게 되고 이는 자살률의 증가로 이어진다. 그러나 호황기나 경기가 팽창하는 시기에도 인간은 자살은 하게 되는데, 이는 인간의 끊임없는 욕구의 상승으로 인해 자신이 가지고 있는 수단과 목표 간의 괴리가 커져 스트레스가 증가하게 되고, 사회는 이를 통제할 만한 규제수단이 없어 아노미적 자살(anomic suicide)이 증가하게 된다는 것이다.

뒤르켐의 아노미 개념을 발전시킨 머튼(Merton, 1968)은 긴장과 좌절을 유발하는 사회적, 경제적, 문화적 조건들이 범죄를 일으킨다는 아노미이론을 정립하였다. 그에 따르면, 문화적으로 규정된 목표와 사회적으로 승인된 수단 사이의 괴리가 아노미적 조건을 유발하고 이에 따른 긴장은 범죄를 발생시킨다. 인간은 목표와 수단의 소유여부에 따라 사회적 적응을 하게 되는데 그 유형에는 다섯 가지가 있다. 첫째, 순응(conformity)하는 유형이다. 이런 유형의 사람은 전통적인 사회적 목표와 이를 성취하기 위한 사회적으로 승인된 수단을 가지고 있는 일반적인 사람이다. 둘째, 혁신(innovation)하는 유형이다. 이런 유형의 사람은 물질적 풍요나 사치와 같은 전통적인 목표는 가지고 있으나 사회적으로 혹은 제도적으로 용납할 수 있는 수단을 가지고 있지 않다. 이런 유형의 사람들은 절도를 하거나 마약을 팔거나, 돈을 갈취하는 등 우리가 생각할 수 있는 일반적인 범죄를 저지르는 사람들이다. 셋째, 의례(ritualism)적인 유형이다. 이런 유형의 사람들은 제도적으로 인정된 수단을 가지고 사회적 지위나 부를 이룰 사람들로서 더 이상의 목표를 상실한 사람들이다. 이들은 범죄를 저지를 확률이 극히 낮다. 넷째, 패배주의(retreatism)적 유형이다. 이런 유형의 사람은 기존의 목표와 사회적으로 용인된 수단 모두를 부정하는 패배자로서 정신병자, 마약중독자, 방랑자, 노숙자 등이 여기에 속한다. 다섯째, 혁명(rebellion)적 유형이다. 이런 유형의 사람들은 전통적인 목표와 수단을 모두 거부하고 새로운 목표와 수단을 추구하는 사람이다. 급격한 사회적 변화를 추구하는 혁명가가 여기에 속한다고 한다.

(2) 사회해체이론과 비행하위문화이론

앞의 심리학적 이론이나 긴장이론이 개인적 요소에 중점을 둔데 반해, 사회해체이론은 사회 생태적 요소에 초점을 맞춘 이론이다. 시카고 대학 사회학자들에 의해 주도된 사회해체이론은 도시의 사회질서가 생태학적인 관점에서 공생(symbiosis), 협동(cooperation), 경쟁(competition) 및 주기적 변화(cyclical change)로 이해될 수 있다고 주장하였다. 버지스(Burgess, 1925)의 지대이론(Zonal theory)에 의하면, 도시는 거주자들의 공생, 협동 및 경쟁의 관계를 통해 발전하게 되며, 도시의 특정 활동이 특정 공간지대에 몰려 있는 동심원 유형을 띤다. 중심지대에는 상업과 공업이 점유하게 되고, 두 번째 지대인 변이지대는 상업지역이 잠식되어 가면서 이주 및 이민자들이 주거하는 지역을 포함한다. 세 번째 지대는 다세대주택이 대부분인 지역으로 노동자들이 거주한다. 네 번째 지대는 단독주택으로 중산층이 거주하는 주거 지대이다. 다섯 번째 지대는 통근자 거주 지역으로 소득이 높은 사람들이 주로 사는 지역으로 출퇴근을 자신의 승용차로 하는 지역이다. 도시 내 변이지역에서 범죄율이 높은 이유는 사회 생태적 변화로 인해 사회통제과정이 붕괴되어 사회해체 현상이 일어나고 결과적으로 범죄 행위를 조장하기 때문이다(Akers, 2000).

코헨(Cohen)은 그의 저서 『비행소년들』(1955)에서 저소득층 청소년의 비행 행위는 일종의 중산층의 가치와 규범에 대한 저항이라고 주장하였다. 이들 청소년들은 중산층의 문화로부터 '지위 좌절(status frustration)'을 경험하고 이에 대한 탈출구로 자신들만의 비행문화를 사회화하게 된다. 이 문화 안에서는 남을 속이고 물건을 훔치는 등의 중산층에서 보면 부정적인 가치와 규범이 우선시된다.

(3) 사회학습과 차별접촉이론

심리적 긴장이나 좌절과 사회적 환경간의 관계를 고려하는 긴장이론과는 달리, 사회학습이론은 주위환경에 대한 학습에 주목한다. 사회학습이론의 기본 전제조건은 모든 범죄는 행위자가 배운 규범, 가치 행위의 결과라는 것이다(Siegel, 2007: 221). 범죄자들은 주위로부터 범죄의 기술을 배우고 범죄에 대한 자신만의 변명인 부정적 규범을 배우며, 재판에서 어떻게 대응할 것인지에 대해서 배운다.

사회학습이론의 선두주자인 서덜랜드(Sutherland)의 차별접촉이론은 여덟 가지의 원칙을 제시하고 있다(Sutherland and Cressey, 1978). 첫째, 범죄행위는 학습된다. 둘째, 범죄행위는 대화나 정보유통 과정에서 상호작용을 통해 배운다. 셋째, 범죄행위는 주위의 가까운 사람(친척, 친지, 친구, 혹은 이웃)으로부터 배운다. 넷째, 범죄의 기술이나 범죄에 대한 동기나 합리화 등을 배운다. 다섯째, 법을 지키는 것을 선호하는 사람보다 법위반에 호의적인 사람이 더 범죄를 저지르게 된다. 여섯째, 차별교제는 비행친구와 얼마나 자주 만나며(frequency), 얼마나 오래 만나 왔으며(duration), 처음 비행친구를 사귀어 온지가 얼마나 됐는지(priority), 그리고 얼마나 친한지(intensity)에 따라 다양하다. 일곱 번째, 범죄행위에 대한 학습과정은 정상적인 행위의 학습과정과 같다. 여덟 번째, 범죄행위는 일반적 욕구와 가치의 표현임에도 불구하고 이런 일반적 욕구나 가치로 설명할 수 없다. 서덜랜드의 차별접촉이론은 후일 사회통제이론을 비롯해 많은 이론의 기초가 되거나 논쟁의 대상이 되었다.

(4) 사회통제이론과 사회유대이론

사회학습이론은 사람의 본성은 착하거나 악하지도 않은 중립적으로, 특정 가치를 배움에 따라 범죄자가 된다고 전제하고 있다. 반면에 사회통제이론은 사람의 본성은 사악하여 사회적 통제가 없으면 모든 사람이 범죄자가 될 수 있다는 것을 전제로 하고 있다. 사회통제이론은 왜 사람이 범죄를 저지르는가 보다는 똑같은 상황에서 왜 사람이 범죄를 저지르지 않는가에 초점을 맞추고 있다.

초기의 통제이론은 낮은 자아통제와 자긍심에 대한 연구였다. 리스(Reiss, 1951)에 의하면, 비행자들은 사회적 순응행위를 하기에는 심약한 자아와 자기통제가 결여되어 있다고 한다. 한편, 레클리스(Reckless, 1967)는 강한 자아상(self-image)은 범죄를 일으키게 하는 견인력(pulls)과 압박(pressure)을 막아준다고 주장하였다.

사회유대(social bond)이론가인 허쉬(Hirschi, 1969)는 청소년들이 비행을 저지르는 것은 사회적 유대가 약해지기 때문이라고 주장한다. 이런 사회적 유대(혹은 통제)의 요소로 4가지(애착, 관여, 참여, 신념)를 지적하고 있다. 애착은 부모에 대한 애착, 친구에 대한 애착, 학교에 대한 애착이 있다. 부모에 대한 애착은 부모를 존경하는지, 부모와 얼마나 대화를 나누는지 등으로 측정을 한다. 친구에 대한 애착은 친구가 몇 명이며, 친구와 얼마나 자주 만나는지 등으로 측정하고, 학교에 대한 애착은 선생님을 얼마나 존경하며, 공부를 좋아하는지, 학교성적은 어떤지 등으로 측정한다. 관여는 데이트와 같이 학생들이 많이 하는 행위에 얼마나 많은 시간과 정열, 혹은 노력을 하였는가를 포함하고 있다. 참여는 공부하는 것, 가족과의 시간 및 과외활동 등과 같은 전통적인 행위에 얼마나 참여하는지가 포함되어 있다. 신념은 법집행관을 얼마나 존경하고 있으며, 법을 얼마나 잘 준수하는지 등으로 측정한다.

(5) 억제이론과 낙인이론

앞의 이론들은 주로 범죄의 원인이 무엇인가에 초점을 맞춘 반면에, 억제이론이나 낙인이론은 범죄의 처벌에 초점을 맞춘 이론이다. 억제이론과 낙인이론은 사회통제 요인 중 하나인 사법기관과 법률의 역할이 어떻게 범죄에 영향을 미치는지를 연구한 이론이다. 억제이론은 사법기관의 처벌에 의해 범죄를 설명할 수 있다고 본다. 억제이론은 인간은 합리적인 자유의지에 의해 행동한다는 고전학파의 전제를 이용하고 있다(Akers, 2000). 더 나아가 억제이론은 인간은 쾌락을 추구하고 고통을 피하려고 하기 때문에 범죄로부터 얻는 수익이 처벌보다 약할 때 범죄를 저지르지 않는다고 가정한다. 따라서 처벌의 여부와 강약에 따라 범죄발생의 가능성이 달라진다.

억제에는 일반효과와 특별효과의 두 가지 효과가 있다. 일반효과는 범죄자를 처벌하여 전시효과를 나타냄으로써 일반 대중에게 똑같은 범죄를 저지르지 못하게 하는 효과이다. 특별효과는 범죄를 저지른 당사자를 처벌함으로써 다시는 똑같은 범죄를 저지르지 못하게 하는 효과가 있다. 범죄의 억제효과는 처벌의 세 가지 특성에 의해 영향을 받는다. 범죄자는 언제나 처벌을 받으며(확실성), 범죄자가 얼마나 빨리 체포되고(신속성), 범죄자가 얼마나 무거운 처벌을 받는가(엄격성)가 범죄의 재발에 영향을 미친다. 신속성과 확실성은 범죄의 예방에 효과가 있다는 여러 연구가 있으나, 엄격성에 대해서는 다양한 결과가 나타나고 있다(Akers, 2000; Siegel, 2007). 예를 들면, 선거에서 5천 원짜리 음식을 대접받았을 때에 50만 원의 벌금을 물린 결과, 선거기간 중 음식접대는 거의 대부분 사라졌다. 이는 엄격한 처벌이 효과를 나타낸 사례이다. 그렇다면, 과연 살인자를 전부 사형시킨다고 해서 살인이 다시 발생하지 않을까? 아직도 처벌의 엄격성에 대해서는 많은 논란이 일고 있다.

낙인이론은 범죄의 처벌을 주관하는 사법기관의 절차로부터 범죄는 어떻게 정의되고 누가 일탈자로 규정되는지에 관심을 두고 있다. 르머트(Lemert, 1967)는 낙인이론을 일차적 일탈과 이차적 일탈이라는 개념으로 설명하고 있다. 일차적 일탈은 사회규범을 위반하였으나 개인의 심리적 상태와 사회적 역할의 수행에는 영향을 미치지 않는 일탈로써 일시적이며 다양한 상황에서 발생하는 근본적인 일탈이다. 이차적 일탈은 사회적 반응에 의해 야기되는 일탈로 범죄경력자는 이차적 일탈에 의해 규정되는 경우가 많다고 본다(곽대경 외, 2007). 사회에서 한번 범죄자로 낙인찍히면, 영원히 범죄자로 취급받기 때문에, 많은 사람들이 범죄자로 낙인찍히는 것이 두려워 범죄를 덜 저지르는 경향이 있다는 사실도 낙인이론으로 설명할 수 있다.

(6) 갈등이론

갈등이론은 범죄의 원인을 밝히는데 초점을 맞춘 것이 아니라 사회적 계급 또는 형사사법기관과 사회와의 갈등에 중점을 둔 접근방법이다. 마르크스는 자본가와 노동자 사이의 갈등을 법으로 해결하는데, 법은 불공평하며 권력을 가진 지배계급의 이익을 대변하는 중요한 도구로 보고 있다.

마르크스는 사회의 갈등이 생산수단의 소유여부로 인하여 발생한다고 본 반면, 다렌도르프(Dahrendorf, 1959)는 제도적 권위에 의해 발생한다고 생각하였다. 현대사회에서는 생산수단이 권력을 부여하는 게 아니라 제도적 권위가 권력을 부여한다는 것이다.

볼드(Vold, 1958)는 집단 간의 이익이 갈등을 초래한다고 주장하였다. 인간의 생활은 자신이 속해 있는 집단의 일부분이며 산물이기 때문에 자신의 이해와 맞는 집단에 소속되어 집단의 이익을 위해 행동하려는 경향이 있다. 볼드가 볼 때, 집단의 이해에 대한 경쟁은 필연적인 것이다.

퀴니(Quinney, 1977)는 마르크스주의 범죄학의 일원으로 정부 외에도 다양한 제도(교육, 종교, 대중매체 등)가 지배계급의 이해관계를 대변한다고 주장한다. 특히, 사회통제기제를 합리화하기 위해 국가가 나서서 형사사법제도를 보강한다. 형사사법제도의 가장 큰 목적은 쇠퇴하는 자본주의 기본질서를 유지하는 역할을 하고 있다고 본다(이순래 외, 2017).

2. 범죄유형

가. 폭력범죄와 재산범죄

범죄를 폭력범죄와 재산범죄로 분류하는 방법은 세계 각국이 가장 많이 사용하는 방법으로 수많은 범죄의 유형 중에서 주요 범죄에 대한 패턴을 쉽게 이해하기 위해 만들어진 방법이다. 미국 FBI(2018)는 폭력범죄에 살인, 강도, 강간, 가중폭행을, 재산범죄에는 야간침입절도, 절도, 자동차 절도를 포함시키고 있다. 우리나라는 강력범죄와 재산범죄로 나누고 있으며 이 분류에 속하는 개별범죄의 종류는 외국의 경우와 다소 차이가 있다.

대검찰청의 『범죄분석』(2018)이나 법무연수원에서 발행하는 『범죄백서』(2018)는 범죄를 크게 형법범죄와 특별법범죄로 구분하고 있다. 현행 형사법체계에서 일반형법은 기본법이고, 특별형법은 형법전에 대해 부속적이며 보충적 성격을 지니는 형법으로 특별한 범죄에 적용되는 형법이다. 일반형법을 위반한 범죄를 형법범죄라고 하고, 특별형법을 침해한 범죄를 특별법범죄라고 한다.

형법범죄는 세부적으로 재산범죄, 강력범죄(흉악), 강력범죄(폭력), 위조범죄, 풍속범죄, 과실범죄, 기타형법범죄로 구분되고, 특별형법범죄는 도로교통법 범죄, 가정폭력범죄의 처벌 등에 관한 특례법 위반, 마약류관리에 관한 법률위반, 아동청소년의 성보호에 관한 법률위반, 정보통신망 이용촉진 및 정보보호 등에 관한 법률위반, 근로기준법 위반, 식품위생법 위반, 자동차관리법 위반 등이 있다(대검찰청, 2018). 재산범죄는 형법상 재산적 법익을 침해하는 죄 중에서 절도, 사기, 횡령, 배임, 장물, 손괴죄를 가리킨다. 강력범죄(흉악)는 형법범중 살인, 강도, 성폭력, 방화이며, 강력범죄(폭력)는 폭행, 상해, 협박, 공갈, 약취와 유인, 체포·감금죄를 지칭한다.

이 외에도 범죄의 유형은 화이트칼라 범죄 혹은 기업범죄, 조직범죄, 증오범죄, 공공질서위반 범죄(public order crime), 약물(혹은 마약)범죄, 사이버범죄 등 학자나 실무가의 필요에 따라 다양한 형태로 분류되고 있다. 개별화된 범죄분류로 많이 등장하는 범죄는 약물(혹은 마약)범죄가 있으며, 최근에는 사이버범죄를 별도로 다루는 경우가 많다.

나. 화이트칼라 범죄

화이트칼라 범죄는 정상적인 절차에 따라 사업 또는 영업을 하는 과정에서 존경을 받거나 책임을 져야 하는 사람이 저지르는 범죄로 때로는 직업범죄 혹은 사업범죄로 불리기도 한다(Siegel, 2007: 396). 화이트칼라 범죄라는 용어는 1930년대 서덜랜드가 처음 사용하였는데, 그 당시에는 화이트칼라 범죄자는 부유하고 권력 있는 사람들의 범죄행위를 일컫는 말이었다. 그러나 현대사회에서는 존경받지도 않고 높은 사회적 지위에 있지도 않는 사람이라도 자신의 직업상 업무를 수행하는 과정에서 직업과 관련된 지식과 정보를 가지고 저지르는 범죄행위를 화이트칼라 범죄로 확대해석하고 있다(장준오, 1999: 37~39). 화이트칼라 범죄에는 탈세, 신용카드사기, 파산사기, 직무상 횡령 및 배임, 뇌물수수, 돈세탁 등의 범죄가 있다.

화이트칼라 범죄는 ① 발견되기가 어렵고, ② 폭력을 피하고, ③ 사회적 도덕성에 심한 상처를 주고, ④ 개인이나 조직이 경제적 이득을 취하고, ⑤ 사회적 지위나 직업상 위치를 이용하고, ⑥ 간접적으로 사회에 미치는 물질적 피해가 다른 범죄에 비해 규모가 크며, ⑦ 많은 사람들이 이를 진짜 범죄(true crime)로 생각하지 않는다는 특징을 가지고 있다. 근래에는 화이트칼라 범죄를 저지르는 주체에 대한 분석단위 -개인 혹은 집단-가 확실치 않아 직업범죄(occupational crime) 혹은 기업범죄(corporate crime)로 구분하여 사용하고 있다. 기업범죄에는 증권거래의 내부자거래, 분식회계, 불법 신용카드조작,

환경범죄, 불법노동 사용, 개인연금의 착취, 회사기록의 조작, 공무원에 대한 뇌물공여 등 수많은 범죄가 있다.

다. 조직범죄

조직범죄(organized crime)와 관련해서 우리의 뇌리를 스치고 지나가는 것은 국내외 영화나 드라마들일 것이다. 미국 영화 〈대부〉나 우리나라의 〈모래시계〉, 〈친구〉, 〈두사부 일체〉, 〈범죄도시〉, 〈독전〉 등이 조직범죄자와 연관된 영화들로 많은 사람들이 관람하고 조직범죄와 접할 수 있는 기회이다. 이런 영화나 드라마는 일반인들의 흥미를 일으키기에 충분하나, 조직범죄의 실상에 대해 왜곡된 사실을 전파함으로써 조직범죄를 미화시키는 경향이 있다. 이와 같은 현상은 조직범죄라는 단어가 가지는 애매함에 기인한다. 구체적으로 어느 정도 조직화되어야 하며 어떤 일들을 어떻게 하는 것이 조직범죄인가하는 문제가 있다.

유엔의 초국가적 조직범죄 방지협약은 조직범죄를 "3명 이상의 범죄자가 구조화된 조직에서 일정기간 동안 함께 활동하면서 재정적 혹은 물질적 이득을 취하기 위해 저지르는 심각한 범죄(serious crime)"라고 규정하고 있다(United Nations, 2004). 1991년 제정된 일본의 폭력단 대처법은 "그 집단의 구성원들이 집단적, 상습적, 폭력적으로 불법행위를 행할 우려가 있는 단체"라고 규정하고 있다(고건호, 1994; 곽대경 등, 2007에서 재인용). 독일은 "가능한 단기간에 막대한 이익을 얻을 목적으로 빈번히 업무를 분담하여 의식적으로 장기간에 걸쳐 위법한 행위를 반복하는 범죄 집단"으로 규정하고 있다(고건호, 1994). 우리나라는 "통솔체계를 갖추고 있는 범죄단체 혹은 조직에 의해서 수행되는 범죄"라고 정의하고 있다(곽대경 외, 2007).

조직범죄는 합법적인 업무를 가장하고 불법적인 수단을 사용하여 최대한의 이익을 취하기 위해 은밀히 활동하는 특징을 가지고 있다. 조직범죄는 또한 경제적 이득을 취하는 것이 가장 중요한 목적이지만 이를 행하는 과정에서 권력과 지위도 조직범죄의 동기로 나타나는 특징을 가지고 있다(Siegel, 2007: 413).

조직범죄는 폭력과 부패행위가 수반된다는 특징도 있다. 조직범죄자들은 돈이 되는 사업이면 어디든지 참여를 하고 있는데, 국내에서 저지르는 범죄의 유형에는 노점상, 오락실, 게임장 및 유흥업소 갈취, 오락실 및 유흥업소 직접 운영, 고리대금업 및 채권추심업 참여, 도박장 및 사설경마장 개설, 증권조작, 유흥업소 갈취, 건설공사 불법수주, 부동산개발, 불법 기업인수, 농수산물이나 공산품 등 유통업 불법개입, 직업소개와 용역(경비)업 불법참여, 연예사업 운영, 약물유통 등이 있다(박경래, 2006). 국제적 조직범죄는 인신매매, 매춘, 도박, 무기밀거래, 불법이민, 돈세탁 등이 포함되어 있으며 국제적으로 새롭게 등장하는 조직범죄로는 사이버범죄, 신원관련 범죄(identity related crime), 문화재 밀매, 해적, 장기밀매 등이 있다.

라. 증오범죄와 '묻지마' 범죄

증오범죄는 다양한 사회적 가치와 다변화된 사회적 구조에서 발생하는 자기표현의 폭력적 표출과 연관되어 있다. 증오범죄는 특정인이나 특정집단을 대상으로 한 폭력행위로서 범죄대상의 인종적, 민족적, 종교적, 혹은 성별(性別) 공통점이 증오의 대상이 되고 있다(Siegel, 2007: 344; FBI, 2019). 따라서 증오범죄에는 백인이 아닌 유색인종에 대한 인종차별, 특정종교에 대한 폭력적 배타성, 동성연애자에 대한 분노 등이 범죄로 나타난다. 미국의 FBI 보고에 의하면, 증오범죄의 58%는 인종과 관련된 증오범죄이고 22%는 종교와 관련된 범죄이며 15.9%는 성적 취향과 관련된 범죄이다(FBI, 2017). 영국에서는 증오범죄가 2012/2013년에 비해 2017/2018년도에 123%나 증가하였으며 2018년에는 전년도에 비해 17%가 증가할 정도로 계속 상승하는 추세를 보이고 있다(Home Office, 2018: 7). 영국 내무성에 따르면, 영국의 증오범죄는 76%가 인종관련, 12% 성관련, 9%가 종교관련, 8%가 장애인 관련 증오범죄이다.

우리나라에서는 민족성과 관련된 증오범죄는 매우 낮은 반면에 "불특정 다수를 대상으로 무차별적으로 폭력을 행사하는 '무차별 범죄(random crime)'"(박형민, 2013: 225)나 "범행동기와 목적이 불분명하고 범죄자와 피해자 간에 특정한 이해관계나 상호작용 없이 불특정한 사람을 대상으로 하는 [무동기]범죄"(김상균, 2012: 198; 박지선, 2019: 186 재인용)가 '묻지마' 범죄와 상호 대체할 수 있는 용어로 사용되고 있다.

국내에서는 범죄자의 재정적 파탄이나 정신적 불안요인 등으로 인해 범죄피해자에 대한 무차별적 범죄를 가하는 경우가 많다. 예를 들면, 직장을 잃은 실업자가 골목길에 주차한 차량들을 무차별적으로 방화하기도 한다. 2008년 2월 국보 1호인 숭례문에 대한 방화도 자신의 경제적 문제에 대해 사회 전반을 향하여 불만을 표출한 사례이다. 2016년 5월 서울 강남 소재 노래방 인근 화장실에서 한 남성이 아무 이유 없이 한 20대 여성을 살해한 사건도 묻지마 범죄의 한 예다. 한국사회에서는 근래에 이처럼 사회전반 혹은 불특정 상대를 대상으로 한 이런 묻지마 범죄가 증가하고 있다.

일반적으로 증오 범죄의 대상은 범죄의 공격으로부터 자신을 보호할 수 없고, 공격받기 쉬우며, 공격자가 손쉽게 발견할 수 있는 상대들이다. 이들은 특정 민족 혹은 인종이나 특정 종교, 혹은 특별한 성적 취향을 가져 대다수의 사람들로부터 지탄을 받는 사람들이다. 증오범죄의 발생요인으로 ① 빈약하거나 불확실한 경제적 조건, ② 영화나 TV를 통한 인종적 편견, ③ 정치적 홍보 안에 내재되어 있는 특정 대상에 대한 증오가 가득 찬 담론, ④ 인종적·민족적·성적 차별이 들어 있는 단어의 사용, ⑤ 특정대상 집단에 대한 개인의 좋지 않은 기억 및 경험, ⑥ 사회적 불안 및 불만에 대한 희생양의 필요성 등이 지적되고 있다(Siegel, 2007: 343).

증오범죄의 유형에는 ① 모험추구 증오범죄, ② 방어적 혹은 반사적 증오범죄, ③ 임무수행 증오범죄, ④ 보복적 증오범죄가 있다(Siegel, 2007: 345). 모험추구 증오범죄는 어린아이들이 개구리에게 돌을 던지는 것과 같이 재미를 위해 상대방의 재산이나 육체에 피해를 주는 범죄이다. 모험추구 증오범죄가 전체 증오범죄의 2/3를 차지하고 있다. 방어적 혹은 반사적 증오범죄는 범죄자가 자신의 행위를 자신이나 지역사회를 보호하기 위한 정당방위라고 정당화하는 범죄이다. 임무수행 증오범죄는 세상의 잘못을 제거하기 위해 개인의 잘못된 점을 징벌하는 범죄이다. 미국의 스킨헤드나 KKK(Ku Klux Klan)단이 좋은 사례이다. 보복적 증오범죄는 공격의 빌미를 주는 증거에 대한 사실여부와 관계없이 싫어하는 대상에 대해 보복하는 범죄이다.

인종적, 종교적, 성적 취향과 관련하여 증오범죄가 발생한다면, 묻지마 범죄는 불특정 상대를 대상으로 한 무차별적/무동기적 범죄로 범죄자들에게는 공통적으로 나타나는 3가지 특징이 있다(박지선, 2019: 193-196). 첫째, 고립된 대인관계를 가지고 있다. 묻지마 범죄자들은 주변에 친한 친구가 별로 없으며 가족과도 단절된 형태의 사회적 관계를 가지고 있다. 사회적으로 고립된 이들은 불특정 상대방에 대함 막연한 적대감을 가지고 범행을 저지르고 있다. 둘째, 인지적 왜곡이다. "만성적 스트레스 상황에 노출되고 현실에 대한 비판이 극도에 달하면" 타인과의 대화나 상대방의 행동을 부정적으로 해석하는 경향이 있다(박지선, 2019:194). 셋째, 반복적인 좌절과 실패로 인해 무력감과 낮은 자존감을 가지고 있다. 실직, 직장문제, 이혼 등으로 인해 좌절을 느끼고 자아존중감에 상처를 입게 되면, 결과적으로 반사회적 행위에 취약하게 되어 묻지마 범죄를 저지르게 된다.

윤정숙 등(2013: 14)에 의하면, 묻지마 범죄유형에는 3가지가 있다: ① 현실 불만형, ② 정신장애형, ③ 만성 분노형. 첫째, 현실 불만형 범죄자들은 "사회에 불만이 있거나 자신의 처지를 비관하여" 묻지마 범죄를 저지른다, 둘째, 정신 장애형의 묻지마 범죄자들은 조현병 등의 정신장애가 있거나 마약이나 환각 물질 등에 영향을 받아 범죄를 저지른다. 셋째, 만성 분노형의 묻지마 범죄자들은 상대방의 의도나 행동을 잘못 해석하거나, 특별한 이유 없이 단순히 재미로 범죄를 저지른다. 윤정숙 등의 연구결과에 의하면, 만성 분노형이 전체의 45.8%를 차지하고, 정신장애형이 37.5%, 현실 불만형이 16.7%로 나타났다.

마. 공공질서위반 범죄

공공질서위반 범죄는 발생건수로는 가장 큰 범죄로, 성적(性的) 특성과 도덕성이 관련된 범죄이다. 이 범죄에는 매춘, 도박, 약물중독, 술주정, 교통위반, 풍기문란 행위 등이 있다. 이 범죄는 종종 '피해자 없는 범죄'(victimless crime)라 불리고 있는데, 가해자 외에는 다른 사람이 이런 행위로 인해 뚜렷한 피해를 입지 않기 때문이다. 그러나 사회의 질서나 관습을 파괴하는 행위이기에 범죄로 분류되어 왔다(Sullivan, 2006). 그럼에도 불구하고 살인이나 강도와 같은 일반범죄는 내재적으로 잘못된 것이고 위험하다는 인식이 일반인들 사이에 존재하는 반면, 공공질서위반 범죄는 법을 위반하였을 뿐이지, 타인에게 해를 끼치지 않는다고 생각하고 있다. 실제로 공공질서위반 범죄자는 자신을 범죄자라 생각지 않으며 자신의 행동도 범죄로 생각하지 않지만, 자신은 자신이 속한 사회나 집단으로부터 소외되기도 한다.

공공질서위반 범죄의 성적 특성이나 도덕성과 관련하여 동성애는 많은 논쟁을 가져왔다. 동성애가 과연 공공질서위반 범죄인가? 특정 성적 취향을 가졌다하여 타인에게 피해를 주지 않는 상황에서 과연 그 취향이 범죄가 될 수 있을까? 그렇다면 우리는 법의 한계를 넘은 불법행위와 합법적 행위이나 사회적 관습에서 보면 받아들일 수 없는 행위를 어떻게 구분할 것인가? 시겔(Siegel, 2007: 428)은 이런 행위들을 구분하여 주는 기준으로 사회적 해악(social harm)을 제시하고 있다. 특정행위가 일반대중에게 극단적으로 해롭다고 간주되었을 때, 우리는 이런 행위를 법의 한계를 벗어난 행위라 한다. 1970년대 이전에는 동성애가 공공질서위반 범죄로 취급되었으나 근래에는 많은 수의 국가들에서 사회적으로 받아들일 수 있는 행위로 간주되는 동시에 폭력적인 증오범죄의 대상이 되기도 한다. 2010년도 미국 인구조사에 의하면 동성애자의 수는 2000년에 비해 2배가량 증가한 200만 명에 이를 정도로 동성애가 점점 확대되고 있는 실정이다(U.S. Census Bureau, 2010).

3. 범죄동향 및 특성

우리나라 범죄의 전체 발생건수는 지난 10년 동안 증감을 반복하면서 다소 줄었지만 커다란 변동은 보이지 않고 있다(법무연수원, 2019). 2008년에 218만 9천여 건이었던 범죄 발생건수가 2011년에는 약 190만 2천여 건으로 최저점에 이르렀다가 다시 증가하여 2015년에는 202만 7천여 건, 2017년에는 전년보다 다소 감소한 182만 4천 여 건이 발생하였다. 전체범죄는 크게 형법범죄와 특별법 범죄로 나눌 수 있다. 형법범죄는 형사법을 위반한 범죄로, 세부적으로 재산범죄, 강력범죄(흉악), 강력범죄(폭력), 위조범죄, 풍속범죄, 과실범죄, 기타형법범죄로 구분된다. 특별법 범죄는 형법범죄 외의 범죄로 주로 도로교통법 위반, 교통사고처리 특례법 위반, 마약류관리에 관한 법률 위반, 성매매법 위반, 근로기준법 위반, 식품위생법 위반, 저작권법 위반 등이 있다.

〈그림 2-1〉 우리나라 전체범죄발생건수 현황(2008~2017)

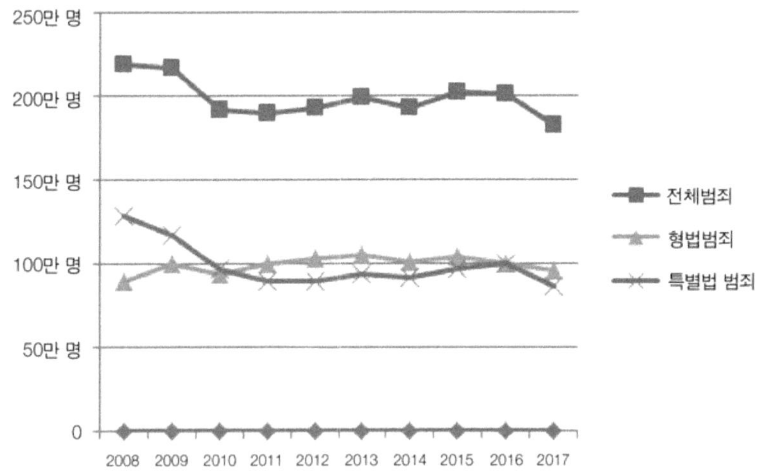

자료: 법무연수원, 2019.

2008년부터 2017년 사이에 형법범죄의 전체 발생건수는 약 6.2% 증가하였다(〈그림 2-1〉 참조; 법무연수원, 2019:73). 같은 기간 동안 특별법 범죄는 2008년 최고치(128만 여 건)를 기록한 후 증감을 반복하다가 2017년에는 감소하여 86만 6천 여 건이 발생하였다. 이 기간 동안 특별법 범죄는 32.7% 감소하였다.

가. 형법범죄

형법범죄는 세부적으로 재산범죄, 강력범죄(흉악), 강력범죄(폭력), 위조범죄, 풍속범죄, 과실범죄, 기타형법범죄로 구분되고 있지만, 분석대상으로는 재산범죄, 강력범죄(흉악)와 강력범죄(폭력)를 주로 다루고 있다.

2008년부터 2017년 사이 형법범죄는 2015년에 최고정점에 이른 후 계속해서 감소하고 있다(〈표 2-1〉 참조). 같은 기간 동안 형법범죄는 인구 10만 명 당 1,958건이 발생하였다. 형법범죄 중 가장 많이 차지하는 범죄는 재산범죄로 같은 기간 연평균 59.1%를 차지하고 있으며 강력범죄(폭력)가 25.1%를 차지하고 있다. 여기서 재산범죄는 절도, 장물, 사기, 횡령, 배임, 손괴죄를 포함한다. 그리고 강력범죄는 흉악범과 폭력범으로 구성되어 있는데, 흉악범은 살인, 강도, 방화, 성폭력을 포함하며, 폭력범은 폭행, 상해, 협박,

공갈, 약취와 유인, 체포와 감금, 손괴·강요·주거침입, 폭력단체 등의 구성·활동이 포함된다(대검찰청, 2018).

〈표 2-1〉 형법범죄 발생현황(2008년~2017년)

(단위: 건)

연도	형법범죄		재산범죄		강력범죄(흉악)		강력범죄(폭력)	
	발생건수	범죄율*	발생건수	범죄율*	발생건수	범죄율*	발생건수	범죄율*
2008	902,501	1,821.7	503,302	1,015.9	24,023	48.5	265,787	536.5
2009	998,594	2,006.3	561,972	1,129.1	27,014	54.3	273,973	550.4
2010	943,585	1,867.9	568,623	1,125.6	28,134	55.7	242,770	480.6
2011	1,000,849	1,972.7	605,361	1,193.2	29,382	57.9	251,707	496.1
2012	1,037,166	2,035.7	633,602	1,243.6	28,895	56.7	253,115	496.8
2013	1,056,704	2,066.2	667,214	1,304.6	33,780	66.1	237,553	464.5
2014	1,016,209	1,979.8	617,119	1,202.3	34,126	66.5	233,655	455.2
2015	1,047,761	2,033.3	622,126	1,207.3	35,139	68.2	248,707	482.7
2016	1,005,689	1,945.4	573,445	1,109.3	32,963	63.8	251,889	487.2
2017	958,865	1,851.9	542,336	1,047.4	36,030	69.6	238,789	461.2
평균	996,792	1,958.1	589,510	1,157.8	30,949	60.7	249,795	491.1

* 범죄율은 인구 10만명당 범죄 발생 건수.
자료: 법무연수원, 2019.

〈그림 2-2〉에서 보듯이, 지난 8년간 전체범죄가 다소 감소하는 추세와 더불어 재산범죄도 감소하는 추세를 보이고 있다. 강력범죄 중 흉악범죄는 2010년 대비 28.0%가 증가하였으며, 폭력범죄는 약 1.6%가 감소하였다.

〈그림 2-2〉 전체범죄, 재산범죄, 강력범죄 발생건수

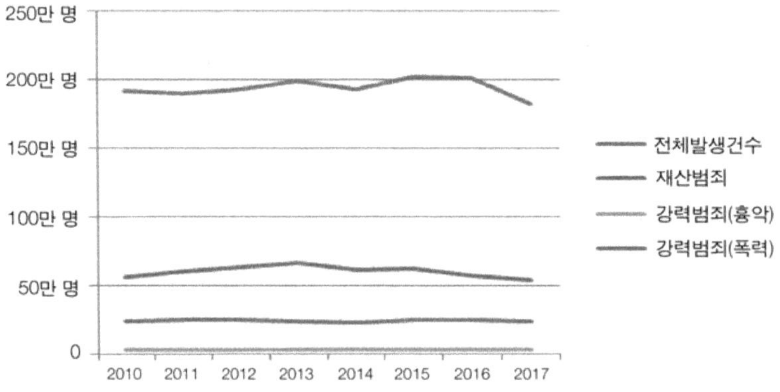

자료: 법무연수원, 2019.

(1) 재산범죄 발생현황

대검찰청(2018)의 분류에 의하면, 재산범죄에는 절도, 사기, 장물, 횡령, 배임, 손괴가 있다. 전체 인구 10만 명 당 범죄건수를 의미하는 범죄율은 재산범죄의 경우 연평균 1,157.8건으로 2013년을 정점으로 점차 감소 추세를 보이고 있다(법무연수원, 2019: 104). 재산범죄 중 지난 10년 간 평균적으로 가장 많이 발생한 범죄는 절도로 연평균 범죄율이 493.5로 나타났으며, 두 번째로 많이 발생하는 범죄는 사기로 465.0의 범죄율을 나타내고 있다(〈표 2-2〉 참조). 절도의 경우는 2008년부터 2012년까지 증가세를 보이다, 2016년 이후에는 급격한 감소 추세를 보이고 있다. 반면에, 사기는 같은 기간 동안 13.7%의 증가 추세를 보이고 있다. 2017년 한 해 동안 발생한 사기범죄는 241,642건으로 전체 형법범죄의 25.2%를 차지하고 있다.

〈표 2-2〉 주요 재산범죄 유형별 발생건수와 발생비 추이

(단위: 건, 발생비, %)

연도	절 도			사 기		
	발생건수	범죄율	증감율*	발생건수	범죄율	증감율*
2008	223,264	450.7	-	205,140	414.1	-
2009	256,680	515.7	14.4	224,889	451.8	9.1
2010	268,007	530.5	17.7	205,913	407.6	−1.6
2011	281,561	555.0	23.1	226,360	446.2	7.7
2012	291,055	571.3	26.8	239,720	470.5	13.6
2013	288,757	564.6	25.3	272,664	533.2	28.8
2014	266,784	519.8	15.3	244,008	475.4	14.8
2015	246,424	478.2	6.1	257,620	499.9	20.7
2016	203,573	393.8	−12.6	250,600	484.8	17.1
2017	184,355	356.0	−21.0	241,642	466.7	12.7
연평균	251,046	493.6	10.6	236,856	465.0	13.7

주: 증감률(*)의 기준연도는 2008년임.
자료: 대검찰청, 2018.

(2) 강력범죄 발생현황

지난 10년 동안(2008년~2017년) 강력범죄(흉악)은 증감을 반복하는 가운데 꾸준히 증가하는 추세인 반면, 강력범죄(폭력)는 전반적으로는 감소추세를 보이고 있다(〈표 2-3〉 참조).[2)]

〈표 2-3〉 연도별 주요 강력범죄 발생건수 및 범죄율

구분 / 연도	강력범죄(흉악)		강력범죄(폭력)	
	발생건수	범죄율	발생건수	범죄율
2008	24,023	48.5	265,787	536.5
2009	27,014	54.3	273,973	550.4
2010	28,134	55.7	242,770	480.6
2011	29,382	57.9	251,707	496.1
2012	28,895	56.7	253,115	496.8
2013	33,780	66.1	237,553	464.5
2014	34,126	66.5	233,655	455.2
2015	35,139	68.2	248,707	482.7
2016	32,963	63.8	251,889	487.2
2017	36,030	69.6	238,789	461.2

강력범죄(흉악)과 강력범죄(폭행)을 전부 합쳐서 가장 많이 발생하는 범죄는 폭행으로 2017년 한 해에 165,498건이 발생하여 전체 강력범죄(흉악+폭행) 중 60.2%를 차지하고 있으며, 두 번째로 많이 발생하는 범죄는 상해죄로 전체 강력범죄의 17.9%이다. 세 번째로 많이 발생하는 범죄는 성폭력 범죄로 전체 강력범죄의 11.9%를 차지하고 있다.

강력범죄(흉악) 중에서는 성폭력 범죄(연평균 81.4%)가 가장 많이 발생하고 있으며, 2009년 이후 매년 끊임없이 증가하는 추세를 보이고 있다(〈표 2-4〉 참조). 전체에서 차지하는 비율은 그다지 크지 않으나 피해가 심각한 범죄인 살인은 지난 10년 간 전반적으로 감소하는 추세를 보이고 있으며, 강도와 방화 역시 비슷한 감소추세를 보이고 있다. 강도의 경우는 2013년 사건발생이 2011년에 비해 절반 이하로 줄어드는 특이한 현상을 나타내고 있다.

2) 강력범죄(흉악)은 살인, 강도, 방화, 성폭력 범죄를 포함하고 있다. 강력범죄(폭력)은 폭행, 상해, 협박, 공갈, 약취·유인, 체포·감금, 폭처법(손괴 등)과 폭처법(단체 등의 구성활동) 위반이 포함되어 있다.

〈표 2-4〉 강력범죄(흉악) 죄명별 발생 현황(2008~2017)

[단위 : 건(%)]

죄명 \ 연도	합계	살인	강도	방화	성폭력
2008	24,023	1,120	4,828	1,946	16,129(67.1)
2009	27,014	1,390	6,381	1,866	17,377(64.3)
2010	28,134	1,262	4,402	1,886	20,584(73.2)
2011	29,382	1,221	4,021	1,972	22,168(75.4)
2012	28,895	1,022	2,626	1,882	23,365(80.9)
2013	33,780	959	2,001	1,730	29,090(86.1)
2014	34,126	938	1,618	1,707	29,863(87.5)
2015	35,139	958	1,472	1,646	31,063(88.4)
2016	32,963	948	1,181	1,477	29,357(89.1)
2017	36,030	858	990	1,358	32,824(91.1)
연평균	30,948 (100)	1,068 (3.5)	2,952 (9.5)	1,747 (5.6)	25,182 (81.4)

자료: 대검찰청, 『범죄백서, 2019』, 83쪽.

강력범죄(폭력)는 지난 10년 간 증감을 반복하지만 전반적으로 감소하는 추세를 보이고 있다(법무연수원, 2019:89). 죄명별로 발생 현황과 추이를 살펴보면, 폭행은 2008년부터 2017년 사이에 전반적으로 30.2% 증가한 반면에, 상해는 지속적인 감소 추세를 보이는 가운데 지난 10년 간 58.1%를 감소하였다(〈표 2-5〉 참조). 같은 기간 동안 협박은 전반적으로 증가추세를 보이고 있는 반면에, 공갈은 감소 추세를 보이고 있다. 약취와 유인은 전반적으로 감소추세를 보이고 있는 동안에, 체포와 구금은 전반적으로 증가하였다. 폭처법(손괴등), 폭처법(단체의 구성·활동)은 전반적으로 감소 추세를 보이고 있다.

〈표 2-5〉 강력범죄(폭력) 죄명별 발생 현황(2008~2017)

[단위: 건(%)]

죄명 연도	합계	폭행	상해	협박	공갈	약취·유인	체포·감금	폭처법(손괴)	폭처법(단체구성활동)
2008	265,787	127,141	117,871	6,195	9,883	263	1,377	2,629	428
2009	273,973	136,101	111,511	7,010	14,053	485	1,450	2,925	438
2010	242,770	128,282	93,764	5,492	9,939	225	1,109	2,254	1,705
2011	251,707	141,753	88,008	5,991	8,834	272	1,157	2,468	3,224
2012	253,115	146,190	82,066	7,594	10,859	210	1,219	2,379	2,598
2013	237,553	143,525	74,092	8,159	6,768	193	1,274	2,190	1,352
2014	233,655	146,625	65,840	9,205	7,162	206	1,265	2,140	1,212
2015	248,707	161,636	62,700	14,107	5,356	195	1,383	2,207	1,123
2016	251,889	172,071	55,761	16,444	4,763	203	1,579	878	190
2017	238,789	165,498	49,376	16,007	4,981	216	1,728	843	140
연평균	249,795 (100.0)	146,882 (58.8)	80,099 (32.1)	9,620 (3.9)	8,260 (3.3)	247 (0.1)	1,354 (0.5)	2,091 (0.8)	1,241 (0.5)

주: 대검찰청, 『범죄백서, 2019』, 91쪽.

나. 특별법 범죄

특별법 범죄는 형법범죄 이외의 범죄로 주로 교통사고처리 특례법 위반, 도로교통법 위반, 마약류관리에 관한 법률위반, 성매매법 위반, 성폭력법 위반, 근로기준법 위반, 식품위생법 위반, 저작권법 위반 등이 있다. 특정범죄 가중처벌 등에 관한 법률(특가법) 위반이나 폭력행위 처벌법(폭처법) 위반은 특별법 범죄에 속하나 통계상으로는 형법범죄로 분류되어 있다(법무연수원, 2019).

특별법 범죄의 발생건수는 2008년 1,286,951건으로 최고치를 기록한 후 증감을 반복하면서 감소추세를 보이고 있다(〈표 2-6〉 참조). 특별법 범죄 중에서 가장 많이 발생하는 범죄는 도로교통법 위반으로, 그 중에서도 음주운전이 가장 많다. 2008년부터 2017년 사이 연 평균 24만 건 가량 발생하고 있다. 전체 특별법 범죄 중에서 음주운전이 차지하는 비율은 약 24%에 이르고 있다.

특별법 범죄 중에서 두 번째로 많이 발생하는 범죄는 교통사고처리 특례법 위반이다. 이 법은 과실로 교통사고를 일으킨 운전자에 대한 형사처벌을 규정한 법률이다. 이 법률위반은 연평균 19만여 건이 발생하고 있으며 전체 특별법 범죄의 약 19%를 차지하고 있다.

세 번째로 많이 발생하는 특별법 범죄는 무면허 운전으로 연평균 6만2천여 건이 발생하고 있으며 전체 특별법 범죄 중 약 6%를 차지하고 있다. 무면허운전은 대체로 감소하는 경향을 보이고 있다.

급속한 정보화와 IT산업의 발전에 따라 나타나는 컴퓨터범죄는 또 다른 특별법 범죄이다. 법무연수원의 자료(2019)에 의하면, 컴퓨터범죄는 컴퓨터를 이용하거나 컴퓨터를 대상으로 하는 범죄들을 통칭한다. 컴퓨터 범죄는 다른 특별법 범죄에 비해 상대적으로 많은 범죄는 아니나 현대사회에서 일반인들에게 미치는 영향은 무시할 수 있는 수준이 아니다. 특히, SNS를 이용한 악플은 피해자에게 커다란 정신적 피해를 주고 있으며 심지어는 악플로 인해 유명 연예인이 자살하는 사례가 나타나고 있다. 2017년의 경우 정보통신망법 위반 중에서 악성 댓글의 게시 등 정보통신망에서의 명예훼손이 46%가량을 차지하고 있다(법무연수원, 2019:140).

특별법 범죄 중에서 주목해 볼만한 또 다른 범죄는 마약류범죄이다. 마약류 범죄에는 마약, 대마, 향정신성의약품과 관련된 법규를 위반한 범죄가 포함되어 있다. 마약류 사범은 연평균 11,000여 건이 적발되고 있으며 전체 특별법 범죄 중에서 약 1%를 차지하고 있다(〈표 2-6〉 참조). 비록 숫자는 적으나 사회에 미치는 부작용이 커서 관련기관에서는 많은 주의를 기울이고 있는 범죄이다. 우리나라는 마약청정국으로 알려져 있으나 2015년 이후 마약류 범죄가 꾸준히 증가하고 있다. 최근에는 캐나다와 미국이 대마 흡연을 합법화하면서 국내 유입이 늘고 있다. 우리나라에서는 대마의 흡연, 소지, 유통은 불법이다. 대마사범은 2007년에 비해 65.3%가 증가하였다.

〈표 2-6〉 특별법 범죄 죄명별 발생현황(2008~2017)

[단위: 건(%)]

죄명 / 연도	특별법 범죄 (합계)	발생건수				
		교통사고처리 특례법 위반	도로교통법 위반		컴퓨터 범죄	마약류 사범
			무면허 운전	음주운전		
2008	1,286,951	187,027	156,526	387,455	–	9,898
2009	1,169,591	199,816	98,234	290,260	–	11,875
2010	973,715	198,375	58,751	267,316	–	9,732
2011	901,871	189,608	47,466	219,265	–	9,174
2012	897,244	192,563	30,045	210,820	–	9,255
2013	939,685	184,846	35,757	234,900	40,722	9,764
2014	917,626	193,099	35,737	219,392	36,211	9,984
2015	972,970	200,301	42,320	211,014	39,415	11,916
2016	1,002,601	193,032	67,203	201,979	32,456	14,214
2017	866,011	185,509	47,087	178,693	31,427	14,123
연평균	992,827	192,418	61,913	242,109	36,046	10,994

자료: 대검찰청, 『범죄백서, 2019』, 73-137쪽.

다. 개별범죄의 발생현황

(1) 사기범죄

우리나라 형법 제347조에 의하면, 사기란 "사람을 기망(欺罔)하여 재물의 교부를 받거나 재산상의 이익을 취득"함으로써 성립하는 범죄로 재산의 손실을 동반하는 역동적이고 다면적인 사회적 현상이다. 남을 기망한다는 말은 어떤 현상을 잘못 이해하게 만들어 결과적으로 잘못된 행동을 실행하게 만드는 것이다. 이런 사기의 유형에는 사회의 역동성만큼 무수히 많은 종류가 있다. 우리나라 법률에 나타난 사기의 유형에는 단순사기죄(형법 제347조), 컴퓨터 등 사용사기죄(제347조의 2), 준사기죄(제348조), 편의시설 부정이용죄(제348조의 2), 부당이득죄(제349조), 상습사기죄(제351조), 「특정경제범죄가중처벌등에관한법률」(제3조) 위반 등이 있다. 이 외에도 매매·할부 관련사기, 신용카드 관련사기, 수표·어음·보험·금융 관련사기, 차용·계 관련사기, 부동산 사기, 취업·알선·투자 관련사기 등이 있다(곽대경 외, 2007).

컴퓨터 등 사용사기죄는 컴퓨터를 조작하여 재산상의 이득을 취하는 범죄이다. 형법 제348조의 준사기죄는 "미성년자의 지적 미숙함이나 사람의 심신장애를 이용하여 재물의 교부를 받거나 재산상의 이익을 취득하거나, 제3자로 하여금 취득하게 함"으로써 성립하는 범죄이다. 편의시설 부정이용죄는 "부정한 방법으로 대가를 지불하지 않고, 자동판매기, 공중전화, 기타 유료자동설비를 이용하여 재물 또는 재산상의 이익을 취득"하는 범죄이다. 부당이득죄는 "사람의 궁박한 상태를 이용하여 현저하게 부당한 이익을 취득하거나 제3자로 하여금 취득"하게 하는 범죄이다.

사기범죄를 저지르는 사람은 상대방을 현혹하여 믿게 만드는 기술을 가지고 있다. 따라서 사기범죄의 피해자가 되지 않기 위해서는 첫째, 의심나는 제안은 거절하고 둘째, 상세하고 문서화된 정보를 요구하고 셋째, 내용을 더 꼼꼼히 살펴보고 넷째, 주의사람이나 전문가에게 물어보아야 할 것이다(공정거래위원회, 2006).

사기범죄는 우리나라에서는 단일범죄로 가장 많이 발생하는 범죄 중 하나이다.[3] 사기범죄 건수는 2017년 말 현재 241,642건이며 재산범죄 발생건수 중에는 약 44.6%를 차지하고 있으며, 전체 형법범죄 중 25.2%를 차지하고 있다. 사기범죄는 또한 교통법규 위반을 포함한 우리나라 전체 범죄 발생건수(1,824,876건)의 13.2%를 차지하고 있다.[4]

가장 많이 사용하는 사기범죄의 수법은 판매를 가장한 '매매가장' 사기(23.2%)이며, 두 번째로는 사기 칠 물건이나 대상을 가짜로 속이는 것('가짜 속임': 16.8%) 수법이다. 세 번째로 많이 사용되는 수법은 돈을 빌리고 갚지 않는 사기이다('차용사기': 10.3%)(대검찰청, 2018: 73).

사기범죄는 남성이 전체의 65.6%를 차지하고 여성이 34.4%를 차지하고 있다(대검찰청, 2018: 71). 다른 범죄에 비해 사기범죄에 대한 여성비율은 높은 편이며, 특히 재산범죄 중에서는 가장 높은 여성비율을 나타내고 있다. 사기범죄가 연륜과 경험이 필요한 지능범이라는 점에서 연령별로는 40대가 26.1%로 가장 많고 50대는 24.7%로 나타났다. 이 두 연령대를 합치면, 전체

3) 2017년 한해에 도로교통법 위반이 296,097건으로 나타났으나, 이 법령의 위반에는 음주운전, 무면허운전, 음주측정거부 등으로 나눠져 있으며, 도로교통법 위반 중에서 가장 많이 발생하는 음주운전은 178,693건으로 사기범죄 전체 발생건수보다는 적다.

4) 대검찰청 「2018 범죄분석」에 의하면 사기범죄가 총 241,642건(71쪽)으로 나타났으며, 같은 책자의 통계표(피의자원표)에는 223,122건으로 나타났다. 법무연수원 「범죄백서 2019」(105쪽)에는 230,034건으로 나타났다.

사기범죄의 절반을 차지하고 있다. 학력은 고등학교 중퇴자 혹은 졸업자가 전체 사기 발생건수의 24.0%를 차지하고 있다. 사기범죄자의 생활정도를 살펴보면, 중산층 이하의 계층에서 전체 사기의 34.6%로 가장 많은 범죄를 저지르고 있다.

(2) 절도범죄

2017년 기준으로 절도범죄는 개별범죄로는 도로교통법 위반과 사기 다음으로 가장 많이 발생하는 범죄(대검찰청, 2018:65)이다. 우리나라 형법 제326조에 따르면, 절도란 타인의 재물을 절취하는 것으로 규정하고 있다. 법령에는 이와 같은 단순절도죄 외에도 야간주거침입절도죄, 특수절도죄, 상습절도죄 등이 있으며, 자동차 등의 불법 사용도 절도죄(형법 제331조 2항)에 해당된다(배종대, 1999: 316). 절도범죄의 유형을 범행 장소에 따라 구분을 하면, 주택절도, 상점절도, 업소절도, 지하철절도, 노상절도, 공장절도, 학교절도 등으로 구분할 수 있다(조병인, 2001). 절도범죄의 범행수법에 따라 구분하면, 침입절도, 소매치기절도, 날치기절도, 차량이용절도, 속임수절도 등으로 구분할 수 있다. 절도범죄의 범행수법은 침입절도가 15.2%로 가장 많았고, 다음으로는 치기절도[5] 11.3%, 속임수절도[6] 1.0%의 순서로 나타나고 있다(대검찰청, 2018:67). 침입절도 중에서는 빈집털이가 가장 많고, 다음으로는 상점털이, 사무실 털이 등의 순서로 나타나고 있다. 범행대상을 분류기준으로 삼으면 현금절도, 차량절도, 오토바이절도, 자전거절도, 귀금속절도, 골동품절도, 농축산물절도, 해산물절도, 기계류절도 등으로 구분할 수 있다.

절도범죄는 2008년부터 2012년까지 계속해서 증가하다고 2012년을 정점으로 점차 감소하여 2017년에는 184,355건으로 감소하였다(〈표 2-2〉 참조). 절도범죄로 인한 재산피해액을 살펴보면 10만~100만 원 사이의 피해가 49.4%로 가장 많았고, 그 다음으로는 1만~10만 원 사이의 피해가 25.8%로 나타나, 100만 원 이하의 피해는 전체의 3/4을 차지하고 있다(대검찰청, 2018:67).

절도범죄는 다른 범죄와 마찬가지로 남성의 비율이 76.2%로, 여성 23.8%

5) 치기절도는 소매치기, 날치기, 들치기의 범죄수법을 의미한다.
6) 속임수절도는 전화를 걸어 업주를 밖으로 유인하는 등 속임수를 이용한 절도를 의미한다.

보다 월등히 높다. 절도범죄의 연령대를 살펴보면 19세~30세 사이의 연령대에서는 전체의 20.4%를 차지하고 있으며, 18세 이하는 18.9%, 51세~60세 16.8%의 순서로 나타나고 있다. 절도범죄자는 30세 이하의 젊은 연령층이 주를 이루고 있다(대검찰청, 2018:68). 절도범죄자의 성별과 연령을 함께 고려하여 보았을 때, 30세 이하에서는 남성범죄자의 비율이 높은 반면에, 41세 이상의 연령대에서는 여성범죄자의 비율이 남성에 비해 높은 것으로 나타났다.

절도범죄자의 교육정도를 살펴보면, 고등학교 졸업자가 저지르는 절도범죄가 가장 높게 나타났으며, 그 다음으로는 중학교 졸업자가 두 번째로 많이 절도범죄를 저지르고 있다. 절도범죄의 범행동기는 우발적 동기(30.8%)가 가장 많았고, 그 다음으로는 '기타이욕'[7](19.4%), 생활비 마련(10.0%)의 순서로 나타나고 있다. 소년범죄자의 경우는 호기심이나 유혹의 소년 절도 전체의 20.9%를 차지할 정도로 즉흥적이고 충동적인 경우가 많다.

(3) 폭력범죄

폭력이란 넓은 의미로 "인간의 신체나 재물에 피해를 주는 인간의 공격적인 행위"(허경미, 2018:135)로 규정할 수 있으며, 구체적으로는 물질적, 경제적, 정서적, 정신적 가해행위도 포함되고 있다(곽대경 외, 2007: 205). 우리나라의 '형법'에는 폭력이라는 개념이 구체적으로 정의되어 있지 않지만, '특별법'인 「폭력행위등처벌에관한법률」에는 형법의 단순폭행과 구별하여 '집단적', 혹은 '상습적'으로 폭행을 가하는 행위를 폭력이라 규정하고 있다. 이 외에도 특별법의 「성폭력범죄의처벌및피해자보호등에관한법률」에서는 성폭력범죄에 대해 규정하고 있다. 현행 형법상의 폭행의 개념은 네 가지 유형으로 분리할 수 있다(허경미, 2018:136). 첫째, 최광의의 폭행으로 사람이나 물건에 대한 폭력 행사로 현행법상의 소요죄나 다중불해산죄[8]의 폭력이 이 범주에 속한다. 둘째, 광의의 폭행으로 사람에게 직·간접으로 폭력을 행사하는 것으로 공무

---

7) 기타이욕은 유흥비 마련, 도박비 마련, 생활비 마련, 혹은 호기심이나 유혹을 제외한 기타의 욕심을 말한다.

8) 다중불해산죄는 폭행, 협박 또는 손괴의 행위를 할 목적으로 다중이 집합하여 그를 단속할 권한이 있는 공무원으로부터 3회 이상의 해산명령을 받고도 해산하지 아니하는 범죄를 말한다.

집행방해죄나 특수절도죄, 강요죄가 여기에 속한다. 셋째, 협의의 폭행은 신체에 대한 폭력의 행사로 폭행죄와 특수공무원폭행죄가 여기에 속한다. 넷째, 최협의의 폭행은 상대방의 반항을 완전히 저지하는 가장 강력한 폭력의 행사를 말한다. 살인, 강도, 강간죄가 여기에 속한다.

폭력의 유형은 학자에 따라 혹은 필요에 따라 다양하게 분류되고 있다. 모이어(Moyer, 1983; 최인섭 외, 2003에서 재인용)는 폭력을 대상과 방법에 따라 ① 분노, 욕구, 공포 등으로 인해 발생하는 '정서적 폭력', ② 단지 금전적 보상을 요구하는 '도구적 폭력', ③ 어떤 목적이나 목표 없는 '무차별적 폭력(random violence)', ④ 목표를 가진 집단에 의해 발생하는 '집단적 폭력(collective violence)'으로 나누고 있다. 이 외에도 우리가 흔히 말하는 폭력범죄 유형에는 가정폭력, 학교폭력, 직장폭력 등이 있다. 가정폭력에는 가족폭력, 배우자학대, 부부폭력, 아내학대 및 구타, 아동학대, 노인학대 등이 포함되어 있다. 학교폭력에는 물리적 폭력, 집단따돌림, 금품갈취가 있다. 직장폭력에는 물리적 폭력, 허위사실 유포와 같은 언어적 폭력, 집단 따돌림이나 간접적 성희롱과 같은 정신적 폭력이 있다.

이 절에서는 여러 가지 유형의 폭력범죄 중에서 최협의의 폭력인 살인과 강도를 개별범죄로 살펴보기로 한다.

① 살인: 살인은 인간의 생명을 박탈하여 죽음에 이르게 하는 행위를 말한다. 인간을 죽음에 이르게 하는 모든 행위가 살인은 아니다. 예를 들어, 경찰관이 법을 집행하는 과정에서 죽음에 이르게 하는 경우가 있고, 의사가 환자를 치료하는 과정에서 실수로 죽음에 이르게 하는 경우도 있다. 이런 사례들은 인간을 죽이려는 의도가 없는 경우로 살인에서 제외한다. 인간을 의도적으로 죽일 목적을 가지고 행한 행위를 범죄적 살인, 혹은 고의적 살인(homicide)이라 한다.

브롬버그(Bromberg, 1961)은 살인의 유형을 정상적인(normal) 살인과 정신병질적(psychopathic) 살인으로 구분하고 있으며, FBI 행동과학부의 학자들(Douglass, Burgess, Burgess, and Ressler, 2006)은 이윤추구형(criminal enterprise) 살인, 개인적(personal cause) 살인, 성적(sexual) 살인, 집단(group cause) 살인으로 구분하고 있다(박지선, 2019:119). 우리나라 대검찰청(2018)은 살인범죄로 일반살인, 존

속살해, 영아살해, 촉탁살인, 자살교사 및 방조로 구분하고 있다. 우리나라는 일반살인이 전체 살인의 대략 90%를 차지하고 있다(대검찰청 2018:41). 살인범죄는 지난 10여 년 동안 매년 1천여 건이 발생하고 있으며 점차로 감소하는 추세를 보이고 있다(〈표 2-4〉 참조).

2017년 통계(대검찰청 2018)를 보면, 살인범죄는 밤 시간대(20:00~03:59)에 가장 많이 발생하고(37.4%), 그 다음으로는 오후시간대(12:00~17:59)에 많이 발생(24.7%)하고 있다.

살인범죄자는 85%가 남성이며 51세~60세 연령층이 26.6%로 가장 많았다. 여성 살인범죄자는 41세~50세 연령층이 23.0%로 가장 많았다.

살인범죄 피해자는 59.0%가 남성이며, 전체 살인범죄 피해자 중 66.4%가 41세 이상의 연령층이다. 살인범죄로 인해 피해자가 사망하는 경우는 전체의 34.2%이고 나머지는 살인미수, 예비, 음모, 방조 등으로 36.%%가 피해자가 상해를 입었으며, 30.3%는 아무 피해도 입지 않았다. 살인범죄자와 피해자의 관계를 살펴보면, 전체의 27.9%가 타인인 것으로 나타났다. 살인범죄의 가해가가 친족관계인 경우가 전체의 27.6%로 나타났으며, 그 다음이 이웃/지인(17.2%), 애인(10.4%), 친구/직장동료(9.7%) 등의 순서로 나타났다.

② 강도: 강도는 재산범죄인 동시에 폭력범죄이다. 우리나라 형법 제333조에 의하면, 강도죄는 폭행 또는 협박으로 타인의 재물을 강취하는 행위 및 기타 재산상의 이익을 취하거나 제3자로 하여금 이를 취득하게 하는 행위라 규정하고 있다.

강도의 유형에는 특수강도, 준강도, 인질강도, 강도상해·치상, 강도살인·치사, 강도강간, 해상강도(형법 제333조~제340조) 등이 있으며, 특별법인 「성폭력범죄의처벌등에관한특례법」에는 특수강도강간이 포함되어 있다.

강도의 원인으로 가장 많이 제시되는 설명으로는 상대적 박탈감이다(허경미, 2018:149). 경쟁적 자본주의 사회에서의 빈부격차는 상대적으로 빈곤한 사람들이 경제적으로 풍요로운 사람에 대해 상대적 박탈감을 느껴 이에 대한 반발감으로 범행을 저지른다는 주장이다. 한편, 경제적 풍요로움에서 원인을 찾는 학자도 있다. 고드(Leroy Gould)에 의하면, "경제적 풍요는 재물을 소유하지 못한 사람들에게 상대적 박탈감을 증대시키는 한편, 이들이 타인의 재물을 취득할 수 있는 기회도 많아지기 때문에 아마추어 강도가 늘어난다는 것이다"(허경미, 2018:150, 재인용).

대검찰청(2018)에 의하면, 우리나라 강도범죄 유형중에서 침입강도(42.7%)가 가장 많고, 다음으로 노상강도(10.7%), 차내강도(1.4%)의 순서로 나타나고 있다. 범행동기별로 살펴보면, 우발적 동기가 20.0%로 가장 많았고, 그 다음으로 생활비 마련(16.5%), 유흥/도박비 마련(6.4%)의 순서로 나타나고 있다. 강도범죄자는 90.3%가 남자이며 연령별로는 19세~30세 사이(28.2%)가 가장 많으며, 그 다음으로는 31세~40세(23.0%)로 나타났다. 강도범죄의 피해자가 입은 재산상 피해액수는 10만 원 초과~100만 원 이하(38.9%)로 가장 많고, 그 다음이 100만 원 초과~1,000만 원 이하(19.2%)로 나타났다. 10만 원 이하의 재산피해도 15.4%가 나타났다. 신체피해정도는 63.5%가 신체적 피해가 없는 것으로 나타났으며, 상해피해를 입은 경우는 34.2%로 나타났다. 강도범죄 피해자가 사망하는 경우는 2.3%에 이르고 있다.

③ 성폭력범죄: 성폭력범죄는 "상대방의 동의 없이 강제적으로 행해지는 다양한 성적 행위를 모두 포괄하는 개념"(박지선, 2019:218)으로 강간, 윤간, 강도강간 뿐 아니라 성추행, 언어적 희롱, 음란전화, 성기노출, 성적 가혹행위, 음란물 보이기, 음란물 제작에 이용, 윤락행위 강요, 인신매매, 강간미수, 어린이 성추행, 아내강간 등 상대방의 의사에 반(反)하여 가하는 성적 행위로 모든 신체적, 언어적, 정신적 폭력을 포괄하는 광범위한 개념을 포함하고 있다.[9] 근래에는 성폭력범죄 피해자의 '성적 자기결정권'을 범죄의 주요 구성요건으로 내세우고 있다(허경미, 2018:246).

성폭력범죄 중에서 강간에 대한 해석은 시민사회와 형사사법제도가 약간의 다른 해석을 나타내고 있다. 우리나라의 강간죄에 대한 형법 제297조에 의하며 "폭행 또는 협박으로 부녀자를 강간한 자"로 규정하고 있어 강간죄에는 남성피해자를 제외하고 있다. 미국의 경우도 강간을 "여성의 의지에 반하여 강제로 간음하는 것"(UCR, 2018: Uniform Crime Report)으로 규정하고 있어 남성피해자의 강간피해를 제외하고 있다. 그러나 시민단체의 의견이 많이 반영된 성폭력범죄예방교육 자료에 의하면, 남성도 강간피해의 대상자가 된다

9) https://helper.skku.edu/helper/violence/violence.do.

고 기술하고 있다[10].

성폭력범죄는 형법상의 전체 강력범죄(흉악과 폭력) 중에서 폭행, 상해 다음으로 가장 많이 발생하는 범죄로 지난 10년 간 연평균 2만5천여 건이 발생하였다(〈표 2-4〉 참조). 성폭력범죄가 가장 많이 발생하는 계절은 여름(32.3%)이고 그 다음은 봄(27.1%), 가을(23.3%), 겨울(17.3%)의 순서로 나타나고 있다(대검찰청, 2018:54-55). 발생장소를 살펴보면, 주거지에서 가장 많이 발생하고 있으며(16.1%), 그 다음으로는 노상(13.6%), 교통수단(12.8%)로 나타나고 있다.

성폭력범죄 피해자의 연령은 21세~30세 사이가 가장 많았으며(39.4%), 그 다음으로는 16세~20세(21.2%), 31세~40세(12.5%)의 순서로 나타나고 있다. 전체 성폭력범죄 피해자의 약10%가 15세 이하의 청소년이다. 성폭력범죄자와 피해자의 관계를 살펴보면, 타인이 가장 높은 비율(68.7%)를 차지하고 있으며, 그 다음으로는 이웃이나 지인(9.5%), 친구(6.2%), 애인(4.0%), 친족(3.1%)의 순서로 나타나고 있다. 청소년의 경우는 피해자가 친구(23.5%)인 경우가 두 번째로 높은 것으로 나타났다. 성폭력범죄의 발생시간은 밤(20:00~03:59)에 가장 많이 발생하였으며(40.9%), 오후(12:00~17:59)에 두 번째로 많이 발생하였다(22.2%). 성인의 성폭력범죄는 97.74%가 단독으로 범죄를 저지른 반면에, 청소년들은 15.7%가 공범과 같이 성폭력범죄를 저지른 것으로 나타났다(대검찰청, 2018:56).

13세 미만인 아동을 대상으로 한 성폭력범죄는 2012년 이후 대체로 증가세를 보이고 있으며 2017년 한 해에만 총 1,270건이 발생하였다(대검찰청, 2018:82). 이들 13세 미만 아동을 대상으로 가장 많이 발생하는 범죄유형은 '강제추행'으로 전체 아동대상 성폭력범죄의 76.9%를 차지하고 있다. 두 번째로 많이 발생하는 유형은 '강간/간음'으로 14.6%가 발생하고 있다. 통신매체를 통한 아동성폭력범죄는 전체의 3.8%를 차지하고 있다.

④ **사이버범죄**: 컴퓨터와 인터넷 사용이 급증함에 따라, 21세기 들어 발생 증가율이 가장 높은 범죄는 사이버범죄이다. 현실세계에서 발생하는 거의 모든 범죄가 이제는 인터넷을 통해 발생하고 있으며, 이런 현상은 인터넷 보급의 확산과 병행하여 증가하고 있다. 2019년에는 세계인구의 56%인 43억3천

10) 여성가족부에서 마련한 성폭력범죄 예방교육 시험문제에 의하면, 남성도 강간범죄피해자가 될 수 있다는 문제를 출제하고 있다.

만 명이 사용하고 있으며, 아시아 국가들의 53.6%가 인터넷을 사용하고 있다. 우리나라는 전체인구의 95%가 인터넷을 사용하고 있다.[11)]

사이버범죄는 컴퓨터범죄, 사이버테러, 네트워크범죄라고도 부른다(허경미, 2018:343) 예전에는 컴퓨터 장비나 운영과 관련하여 발생하는 범죄인 컴퓨터범죄가 주를 이루었으나 인터넷 사용의 확장과 더불어 인터넷 상의 범죄가 늘어나게 된다. 사이버범죄는 넓은 의미에서 컴퓨터범죄나 인터넷범죄를 모두 포함하고 있다.[12)]

사이버범죄는 다른 일반범죄와는 다른 특성이 있다(장준오, 2003). 첫째, 비대면성이다. 사이버공간에서는 서로 얼굴을 마주치지 않아 상대의 존재를 덜 의식하게 되고, 이에 따라 직설적이거나 노골적인 표현을 쉽게 할 수 있다. 둘째, 익명성이다. 사이버 상에서는 자신의 신상정보(예를 들어, 성별이나 연령 등)가 알려지지 않거나, 필요에 따라서는 자신의 신분을 위장할 수 있어 자유로운 의사표현을 할 수 있다. 셋째, 빠른 전파성이다. 인터넷 상에서는 특정 소식이나 정보를 순식간에 세계 어디든지, 자신이 원하는 만큼 보낼 수 있다. 스팸메일이 그 예이다. 넷째, 사이버범죄는 전문적인 기술을 요한다. 사이버범죄는 해킹, 바이러스 배포, 지적재산물의 불법복제 등 일정 기술 이상의 전문 지식과 기술을 요한다.

사이버범죄는 분류의 목적에 따라, 혹은 사용자의 요구에 따라 다양하게 분류되고 있다. 먼저, 컴퓨터 기기 자체를 대상으로 한 범죄(예: 컴퓨터 메모리 절도)와 컴퓨터사용범죄(예: 해킹)가 있다. 한국사이버범죄백서(2001)는 사이버범죄를 전산망범죄(예: 해킹, 바이러스 유포, 개인정보침해), 불건전정보범죄(음란물 제작 및 유포, 사이버폭력, 저작권침해), 영상미디어범죄(음란채팅, 아이디/아이템 절도, 사이버도박)로 구분하고 있다.

사이버범죄의 내용에 따른 분류를 살펴보면, 사이버폭력범죄는 사이버상의 언어폭력이나 욕설, 사이버명예훼손 등이 있다. 사이버재산범죄는 지적재산권침해, 인터넷사기, 게임아이템절도, 사이버도박 등이 있다. 성관련 사이버

11) www.statista.com/statistics/617136/digital-population-worldwide/; www.internetworldstats.com/asia.htm, 2019.11.15. 검색 자료에 의하면 2019년 현재 우리나라는 세계에서 17번째로 인터넷을 많이 사용하고 있다.

12) 대검찰청이나 법무연수원 등 사법기관에서는 아직도 컴퓨터범죄라는 용어를 사용하고 있으며, 이 용어 안에는 사이버 혹은 인터넷 상에서 발생하는 모든 범죄를 포함시키고 있다.

범죄는 채팅이나 게시판을 통해 성적 수치심을 유발하는 사이버성폭력, 사이버스토킹, 사이버 성매매알선, 사이버 음란사이트 운영 등이 있다. 전문적 기술을 이용한 사이버범죄는 해킹, 바이러스/스파이웨어 유포, 스팸메일 유포, 피싱(phishing), 아이디 절도, 개인정보침해, 불법유해사이트 운영 등이 있다.

경찰청의 사이버안전국의 통계에 의하면 사이버범죄는 정보통신망 침해범죄(해킹, 서비스거부공격 및 악성프로그램 유포)과 정보통신망 이용범죄(인터넷사기, 사이버금융범죄, 개인위치 정보침해, 사이버 저작권 침해, 및 기타), 불법컨텐츠범죄(사이버 음란물, 사이버도박, 사이버명예훼손·모욕, 사이버 스토킹 및 기타)로 구분된다. 사이버 금융범죄에는 우리가 주변에서 많이 보거나 당할 수 있는 보이스 피싱(voice phishing)을 비롯해, 스미싱(smishing), 파밍(pharming), 메모리 해킹, 몸캠피싱이 포함되어 있다. 보이스 피싱은 개인정보를 낚시하듯이 공공기관이나 지인을 사칭해 상대방을 속여 해킹 등의 방법으로 금융정보를 탈취해 금전을 편취하는 범죄이다. 스미싱(Smishing)은 문자메시지(SNS)와 피싱의 합성어로 문자메시지로 악성코드를 설치하게 해 소액결제나 개인금융정보를 탈취하는 범죄이다. 파밍(pharming)은 악성코드에 감염된 사용자의 PC를 조작하여 이용자가 가짜 금융회사 홈페이지에 접속하도록 유도해 금융정보를 탈취하고 이 정보로 예금 등을 인출하는 범죄이다. 메모리해킹(Memory Hacking)은 PC 메모리에 있는 데이터를 위·변조하는 해킹 기법으로 악성코드를 통해 정상 은행사이트의 보안프로그램을 무력하게 만들어서 예금을 부당 인출하는 범죄이다. 몸캠피싱은 성적욕구가 강한 사람들을 대상으로 음란화상채팅을 유도한 후 영상유포 협박으로 금전을 갈취하는 범죄이다.

경찰청 자료에 의하면, 사이버범죄는 2014년에 110,109건이 발생하였으며, 2016년에는 153,075건이, 2018년에는 149,604건이 발생하였다. 2014년부터 2018년 사이 35.8%가 증가하였다. 2017년도 공식통계(법무연수원, 2019)에 의하면, 사이버범죄 중에서 가장 많이 발생하는 범죄는 정보통신망법 위반(명예훼손)으로 전체 처리건수의 28.4%를 차지하고 있으며, 그 다음으로는 컴퓨터사용 사기죄가 22.2%를 차지하고 있다.

보이스 피싱은 2018년에 34,132건이 발생하였으며 피해액이 4,040억 원에 이르고 있다.[13] 메신저 피싱은 2018년에 9,601건이 발생하여 216억 원의 피해가 발생하였으며, 몸캠피싱은 1,406건에 34억 원의 피해가 발생하였다.

이 외에도 인터넷을 통한 불법 금융투자, 인터넷 불법 금융광고 등과 같은 사이버범죄도 금융감독원을 통해 적발되기도 한다.

4. 범죄자 특성

무수히 많은 유형의 범죄는 과연 누가 저지를까? 어떤 사람이 어떤 유형의 범죄를 저지르는가? 왜 같은 유형의 범죄를 반복해서 저지르는가? 이는 범죄에 대해 조금이라도 관심이 있는 사람이라면 누구나 가질 수 있는 질문들이다. 범죄를 분석하기 위해서는 범죄행위의 분석도 중요하지만 행위의 주체인 범죄자에 대한 분석도 매우 중요하다. 범죄자를 분석하기 위한 가장 기본적인 요소는 연령, 성별, 교육, 인종 등이 있다.

신문에 범죄관련기사가 나왔을 때 우리는 연령과 관련하여 상식수준의 분석을 할 수 있을 것이다. 예를 들어, 나이가 젊을수록 폭력범죄를 많이 저지르고 점차로 나이가 들어가면서 폭력범죄가 줄어든다고 생각하고 있다. 2007년 통계를 보면 20세가 넘어서면서 증가하여 20대 중반에 절정에 이르게 된다(대검찰청, 2007: 238~239). 그러나 2017년 통계에서는 20대 중반에서는 미성년자보다는 폭력범죄를 더 저지르지만 폭력범죄를 최고로 많이 저지르지 않고 있다. 오히려 41~50세 사이의 사람들이 폭력범죄를 가장 많이 저지르는 현상을 나타내고 있다(〈표 2-7〉 참조; 법무연수원 범죄백서, 2018: 98). 18세 이하에서는 폭행범죄를 가장 적게 저지르고 있는 반면, 18세 이하의 청소년들은 다른 연령층에 비해 공갈(28.9%)범죄를 뚜렷하게 많이 저지르고 있다. 예전에는 청소년들이 폭행범죄를 가장 많이 저지른다는 사회적 통념이 바뀌고 있는 실정이다.

2017년 한해, 전체 범죄자의 연령별 분포를 살펴보면, 41~50세 사이(24.3%)가 가장 많이 범죄를 저지르고 있으며, 그 다음이 51~60세(23.4%), 31~40세(19.0%), 61세 이상(11.8%), 18세 이하(4.0%)의 순서로 범죄를 저지르고 있다.

13) 경상투데이, "[독자기고]사이버금융범죄 바로 알고 대처하자," 2019.10.16.

젊은 사람들은 나이든 사람에 비해 재산범죄나 강도와 같은 '가시적 범죄(visible crime)'를 횡령이나 기업범죄와 같은 '숨겨진 범죄(hidden crime)'보다 더 많이 저지르고 있다(Kornblum, Jullian and Smith, 2007). 그러나 최근에는 이런 추세가 상반되게 나타나고 있다. 강도의 경우는 19세~30세의 젊은 층이 가장 많고(28.2%), 그 다음은 31세~40세(23.0%)였다(대검찰청, 2018:49). 18세 이하의 강도범죄자는 16.6%로 다른 범죄에 비해 소년범죄자 비율이 높다. 절도의 경우는 19세~30세 사이가 전체 절도범죄의 20%로 가장 높게 나타나고 있으며, 18세 이하는 18.9%를 차지하고 있으며, 31세~40세 사이가 13.4%, 41세~50세 사이가 14.9%, 51세~60세 사이가 16.8%로 절도범죄도 점차적으로 고령화 현상을 보이고 있다. 재산범죄 중의 하나인 사기 범죄는 연륜과 경험이 필요한 지능범죄라는 점에서 연령별로는 40대가 26.1%로 가장 많고 50대는 24.7%로 나타났다. 이 두 연령대를 합치면, 전체 사기범죄의 절반을 차지하고 있다.

〈표 2-7〉 강력범죄자(폭력) 연령별 구성비(2017)

[단위 : 명 (%)]

연령 죄명	폭행	상해	협박	공갈	약취 · 유인	체포 · 감금	폭처법(손괴 등)	폭처법(단체등 구성활동)
계	228,999 (100)	74,115 (100)	17,463 (100)	5,527 (100)	299 (100)	2,771 (100)	2,987 (100)	618 (100)
18세 이하	11,517 (5.0)	6,519 (8.8)	626 (3.6)	1,597 (28.9)	23 (7.7)	240 (8.7)	475 (15.9)	46 (7.4)
19~25세	31,773 (13.9)	10,465 (14.1)	1,206 (6.9)	732 (13.2)	42 (14.0)	468 (16.9)	448 (15.0)	195 (31.6)
26~30세	18,179 (7.9)	5,718 (7.7)	1,079 (6.2)	329 (6.0)	23 (7.7)	215 (7.8)	208 (7.0)	126 (20.4)
31~40세	43,625 (19.1)	13,250 (17.9)	3,342 (19.1)	869 (15.7)	72 (24.1)	519 (18.7)	420 (14.1)	151 (24.4)
41~50세	52,522 (22.9)	16,072 (21.7)	4,845 (27.7)	835 (15.1)	48 (16.1)	576 (20.8)	556 (18.6)	64 (10.4)
51~60세	47,761 (20.9)	14,485 (19.5)	4,194 (24.0)	725 (13.1)	42 (14.0)	429 (15.5)	515 (17.2)	17 (2.8)
61세 이상	21,923 (9.6)	7,151 (9.6)	1,865 (10.7)	322 (5.8)	40 (13.4)	175 (6.3)	247 (8.3)	1 (0.2)
미 상	1,699 (0.7)	455 (0.6)	306 (1.8)	118 (2.1)	9 (3.0)	149 (5.4)	118 (4.0)	18 (2.9)

주: 통계수치는 강력범죄자 처분인원 기준.
자료: 대검찰청, 『2018 범죄분석』, 98쪽.

성별도 범죄자의 특성과 범죄 형태를 이해하는데 중요한 요소 중 하나이다. 일반적으로 남성의 범죄성이 여성보다 높으며, 남성은 여성보다 폭력범죄를 더 많이 저지르고 있다. 2017년도 남성에 의한 강력범죄(폭력) 건수(274,915건)는 여성에 의한 건수(55,633건)보다 4.9배가 높다. 여성의 경우는 전체범죄 중 재산범죄의 비율이 25.2%인데 반해, 강력범죄(흉악)의 비율은 0.4%, 강력범죄(폭력)의 비율은 15.9%로 강력범죄의 비율이 상대적으로 낮은 편이다[14]. 다른 범죄에 비해 사기범죄에 대한 여성비율은 높은 편이며, 특히 재산범죄 중에서는 가장 높은 여성비율을 나타내고 있다. 전체 형법범죄 중 여성이 가장 많이 저지르는 범죄인 사기(48,496건)는 전체사기범죄 중 21.7%를 차지하고 있다. 남성과 비교하였을 때, 여성범죄자들이 가장 많이 저지르는 형법범죄는 약취와 유인 범죄로 전체의 28.8%(남성 71.2%)를 차지하고 있으며 다음으로는 절도로 전체 여성형법범죄의 23.7%를 차지하고 있다(대검찰청 2018: 491). 특별형법범죄 중에서 여성이 가장 많이 저지르는 범죄는 교통사고와 음주운전이다. 2008년 교통범죄의 경우에 여성범죄자의 비중이 10.9%였으나 2017년에는 15.0%로 증가하였다. 이는 남성에게서도 같은 형태로 나타나고 있다.

범죄자의 교육수준 역시 범죄를 분석하는데 중요한 역할을 하고 있다. 전체 범죄자 중 1/3가량이 고등학교 정도의 교육수준을 보이고 있다(대검찰청, 2018). 특히 고등학교 정도의 학력을 가진 사람이 흉악범죄를 가장 많이 저지르고 있다(〈표 2-8〉 참조). 대학원 이상의 학력을 가진 자는 폭력범죄를 가장 적게 저지르고 있으며, 과실범죄(업무상 과실치사상, 과실치사상)를 가장 많이 저지르고 있다. 재산범죄자 중에서 사기범죄자의 학력을 살펴보면, 고등학교 중퇴자 혹은 졸업자가 전체 사기 발생건수의 24.0%를 차지하고 있다.

14) 대검찰청(2018) 분류에 의하면, 강력범죄(흉악)에는 살인, 강도, 방화, 성폭력이 포함되어 있으며, 강력범죄(폭력)에는 폭행, 상해, 협박, 공갈, 약취와 유인, 체포와 감금, 폭력행위 등(손괴, 강요, 주거침입 등), 폭력행위 등(단체 등의 구성, 활동) 처벌에 관한 법률위반이 포함되어 있다.

〈표 2-8〉 학력별 범죄현황

	초등이하	중등	고등	대학	대학원	기타	미상	계
전체	3.8%	7.0%	30.7%	17.1%	1.6%	1.0%	38.8%	100.0%
재산 범죄	4.1%	8.0%	30.5%	14.6%	1.4%	0.8%	40.6%	100.0%
강력 (흉악)	4.5%	8.1%	35.7%	28.2%	3.3%	1.4%	18.8%	100.0%
강력 (폭력)	3.7%	7.7%	31.2%	14.5%	1.3%	0.8%	40.8%	100.0%

주: 학교별로 재학, 중퇴, 졸업 포함.
자료: 대검찰청, 『범죄분석』, 2018.

범죄자의 인종도 범죄를 분석하는데 자주 사용되고 있다. 유럽이나 미국에서는 백인이 흑인이나 유색인종을 향한 인종차별이나 증오범죄가 계속 발생하고 있다. 우리나라는 민족적 동질성 때문에 인종관련 범죄는 별로 발생하지 않는 것으로 알려져 있다. 그러나 최근 국내에 체류하는 외국인이 240만명(2018년 말 현재)에 달하는 등 외국인이 증가하면서 이들에 의한 혹은 이들에 대한 범죄가 증가하고 있다. 아직까지 국내에서 발생하는 외국인 범죄는 내국인이 범하는 범죄에 비해 수적으로나 비율적으로 미약하나, 최근에는 외국인에 의한 범죄는 상승하고 있는 추세이다. 2014년부터 2017년 사이에 한국인의 전체 범죄는 5.6% 감소한 반면에, 외국인 범죄는 약 17.3%가 증가하였다. 같은 기간 동안 외국인이 가장 많이 저지르는 범죄는 도로교통법 위반(17.2%)이며 그 다음으로는 폭행(14.9%), 절도(8.0%), 사기(7.0%), 상해(6.1%), 성폭력(2.6%)의 순서로 나타나고 있다.

〈표 2-9〉 외국인범죄 주요 죄명별 발생 현황(2014~2017년)

(단위: 명, %)

	2014		2015		2016		2017	
계	30,930	100(%)	37,928	100(%)	43,463	100(%)	36,277	100(%)
형법 범죄	16,729	54.1	20,024	52.8	20,370	46.9	19,003	52.4
폭행	4,313	13.9	5,353	14.1	5,784	13.3	5,423	14.9
상해	3,179	10.3	3,047	8.0	2,612	6.0	2,196	6.1
사기	2,101	6.8	2,944	7.8	2,805	6.5	2,548	7.0
절도	1,783	5.8	2,306	6.1	2,817	6.5	2,906	8.0
성폭력	613	2.0	749	2.0	798	1.8	950	2.6
강도	75	0.2	119	0.3	89	0.2	66	0.2
특별법 범죄	14,201	45.9	17,904	47.2	23,093	53.1	17,274	47.6
도교법*	4,997	16.2	7,288	19.2	9,029	20.8	6,248	17.2
교특법	1,641	5.3	1,958	5.2	2,024	4.7	1,850	5.1
외환법	1,042	3.4	704	1.9	415	1.0	221	0.6
관세법	63	0.2	75	0.2	65	0.1	87	0.2

*도교법=도로교통법; 교특법=교통법규특례법; 외환법=외국환거래법.
자료: 대검찰청, 『범죄분석』, 해당 연도.

5. 범죄 전망 및 정책적 대안

오늘날 우리는 사물인터넷(IoT), 인공지능(AI), 로봇기술, 빅데이터 등과 같은 첨단정보통신기술이 경제·사회 전반에 융합되는 4차 산업혁명의 시대에 살고 있다. 이런 기술들은 우리들의 경제, 사회, 문화 전반을 혁신적으로 변화시키고, 우리의 사고방식과 생활양식을 새롭게 변화시키고 있다. 첨단정보통신 기술의 하나인 드론은 편의점이나 백화점을 찾아다니는 소비 형태를 생산자가 소비자에게 직접 상품을 배달하는 Door-to-door 형식으로 바뀌며 소비자의 편의성을 강조하게 되었다. 이런 소비경제 패턴의 변화는 직업의 형태를 변화시켜 기존의 취업자를 실직자로 만들며 새로운 유형의 취업자를 만들어 내고 있다. 단일민족 문화를 강조하던 국가는 다문화 사회로 변화하고 있으며 각각의 존재를 강조하면서도 새로운 형태의 커다란 문화를 창조하고 있다. K-pop, K-drama, K-food, K-beauty와 같은 한류 열풍이 한 예이다.

범죄양상도 이런 새로운 시대의 변화에 걸맞게 진화하고 있으며 기존의 전통적 범죄 외에도 새로운 형태의 범죄를 양산해 내고 있다. 인터넷을 통해, 혹은 비대면적 수법을 통해 예전에 없었던 범죄들이 발생하고 있다. 피싱, 파밍 등과 같은 인터넷 범죄는 현대사회에서 중요한 범죄 중의 하나가 되어 가고 있다. 우리사회의 인터넷 사용이 증가함에 따라 인터넷과 관련된 사이버 범죄도 급속히 증가하고 있다. 예를 들어 2017년에 비해 2018년에는 보이스피싱 범죄가 41%가 증가하였으며, 온라인상의 인터넷 사기는 같은 기간 동안 20%나 증가하고 있으며, 메신저 피싱이나 몸캠피싱과 같은 새로운 유형의 범죄들이 계속해서 생겨나 국민의 삶을 피폐화시키고 사회적 약자의 곤궁함을 악용하여 시민경제의 근간을 위협하고 있다.[15)]

현대사회 범죄의 새로운 추세는 청소년과 관련되어 있다. 청소년에 의한 소년범죄는 저연령 현상이 나타나고 있으며 재범 특히, 4범 이상의 소년범이 증가하여 청소년 범죄자들이 경력범죄화하는 현상이 나타나고 있다(이승현, 2018:108). 다시 말해, 경력범죄자들은 이미 어려서부터 범죄의 길로 접어든다는 것이다.

소년범죄 중에서 많은 비중을 차지하는 성폭력범죄는 2007년 당시 43.3%에 불과하던 것이 최근 10년간 급증하여 2016년에 85.5%를 차지하였다(이승현, 2018:111). 이런 성폭력범죄의 발생 원인으로 인터넷의 사용량의 증가에 기인하고 있다. 청소년들은 스마트폰과 인터넷 등 다양한 매체를 통해 많은 성 관련 정보를 제공받고 있으며, 청소년의 그릇된 성인식이 더해지면서 성폭력범죄가 증가하고 있는 것으로 분석된다. 따라서 소년의 강력범죄를 예방하기 위해서는 성폭력범죄 관련 예방대책 마련과 성폭력범죄 소년범에 대한 초기 대응 체계 마련이 필요하다.

또한 소년 특별법 범죄 중에서는 2008년부터 2017년까지 도로교통법위반(2017년 42.2%)이 가장 높은 비율을 차지하고 있다. 도로교통법위반 범죄 중에서는 무면허 운전과 음주운전이 많아, 청소년을 대상으로 한 도로교통법에 대한 사전교육이 필요하다. 지방법원의 소년부에서는 소년범에 대한 형사처벌보다는 보호목적의 선도를 중점을 두기 때문에(이승현, 2018:165), 소년범들은 자신이 저지른 행위에 대한 범죄의식의 결여가 많아 재범의 우려가 높다.

---

15) 경상투데이, "[독자기고] 사이버금융범죄 바로 알고 대처하자," 2019.10.16.

따라서 소년범 재범자 관리를 위한 지속적 모니터링과 재범예방을 위한 프로그램 개발에 중점을 두어야 한다.

우리나라 범죄추세 중에서 청소년들의 범죄 외에도 여성과 관련된 범죄의 변화도 주목할 만하다. 20세기 말부터 시작된 사회제도의 변화에 다른 여성의 사회적 지위의 변화는 여성으로 하여금 사회적 활동을 증가시켜 범죄를 저지를 확률뿐만 아니라 범죄의 대상이 될 확률도 높아졌다(Hagan, 1989).[16] 근래에는 우리 사회에서 오랫동안 은폐되었던 성범죄들이 미투(Me-too) 운동을 통해 폭로되면서 성범죄가 우리의 일상 속에 깊숙이 파고들었으며, 성 자체가 불평등한 권력관계를 형성하여 성범죄의 중요한 원인이 되었다(김지영, 2018:169).

성폭력 범죄는 성인의 경우 대다수(2017년, 70%)가 모르는 사람에 의해 발생하고 있으며, 성폭력 범죄 유형 중에서 강제추행의 비율(2017년 48.7%)이 가장 높은 비중을 차지하고 있다. 다음으로 많이 나타나는 유형은 '카메라 등 이용촬영'(일명, 몰카)으로, 2008년에는 성폭력범죄에서 차지하는 비중이 3.6% 수준이었으나 2017년에는 20.2%로 증가하였다(대검찰청, 2018:14). 그러나 성폭력범죄자의 처벌 중에서 강간과 추행의 죄에 대한 집행유예 비율이 2007년에 비해 두 배가량 증가하여 가벼운 처벌이 계속되고 있음을 보여주고 있다(김지영, 2018;175). 처벌 없는 범죄는 만연하게 된다는 대법원 판례에서 보듯이, 성폭력범죄에 대한 관용적인 처벌은 범죄의 재발을 촉진하는 결과를 초래하고 있다. 우리나라 강력범죄(흉악)의 90%가 성폭력 범죄(법무연수원, 2019:83)라는 점에서 국민생활과 사회에 미치는 영향이 클 뿐 아니라 국가의 치안질서를 파괴하는 행위라 이에 대한 대책이 시급하다.

우리나라 범죄현상 중에서 단일 유형으로 가장 많이 발생하는 범죄는 교통범죄이다. 국민 2명당 1대꼴로 자동차를 보유하고 있는 우리나라는 2017년 기준, 교통사고를 통한 사망률이 10만 명당 10.0명으로 OECD 회원국 중에서는 멕시코, 칠레, 미국, 라트비아, 터키 다음으로 높은 사망률을 보이고 있다.[17] 교통범죄 유형의 하나인 '음주운전' 범죄의 경우는 지난 10여 년 동안

16) 1990년 호주상속제도가 폐지되고 호주승계제도로 변화하면서 딸도 아들과 같이 동등하게 상속을 받을 수 있을 뿐 아니라, 호주가 될 수 있게 되었다(상속법 제199호).

17) 연합뉴스, "한국 교통사고 사망률 OECD 최상위권," 2017년 10월 2일.

연평균 24만 2천여 건이 발생하여 다른 어떤 범죄보다도 발생률이 가장 높았다. 2018년 9월 윤창호 학생은 카투사에 복무하던 중 군 휴가기간에 부산 해운대에 갔다가 만취한 운전자가 몰던 차량에 치여 사망하였다. 이 사건을 계기로 일명 '윤창호법'을 입법하게 되어 음주운전자에 대한 처벌을 강화하였다. 음주운전을 통한 사망사고는 가해자를 최고 무기징역에 선고할 수 있게 되었다. 한편, 교통범죄 중 과속운전자에 부과되는 교통범칙금과 벌점이 외국에 비하여 지나치게 경미하여 교통범칙금 및 벌점제도에 대한 개선방안이 필요는 주장도 있다(윤해성, 2018: 290). 따라서 교통사고의 증가를 방지하기 위해서는 도로교통법의 개정도 필요한 실정이다.

현대사회의 특징 중 하나인 세계화는 많은 사람의 이주를 이끌었으며, 전 세계적으로 2019년 한 해에만 2억7천6백만 명의 사람들이 한 나라에서 다른 나라로 이주를 하고 있다.[18] 우리나라는 2018년 한 해에 3천1백만 명의 외국인이 입국하였으며, 그 중 240여 만 명이 90일 이상 체류하였다.[19] 전체 인구 대비 체류외국인의 비율은 4.8% 수준으로 다문화사회의 진입단계에 들어서고 있다. 이들이 국내에서 정착하는 과정에서 여러 가지 문제점들이 발생하고 있다. 국제결혼에 적응치 못해 가정폭력이 발생하며, 합법적 취업을 못해 불법취업하는 사례가 계속 늘고 있다. 국내 체류외국인의 불법체류율은 약 15% 정도로 35만 여명에 이르고 있다(출입국외국인정책본부, 2019). 불법체류자들은 주로 사증면제나 무비자관광 등 합법적으로 입국하여 불법체류하고 불법취업을 하고 있다.

우리나라에 거주하고 있는 외국인에 의한 범죄발생비율은 내국인의 범죄율보다는 낮으나, 계속해서 증가하고 있다(법무연수원, 2018:170). 2018년 현재, 외국인의 인구 10만 명당 범죄발생비율은 1,794명이며 이는 내국인 범죄발생비율 1,852명과 비교된다. 외국인범죄의 특징을 살펴보면, 지능범죄의 발생율은 현저히 낮은 편이나 살인, 강도, 절도, 폭력범죄의 발생비율은 내국에 비해 현저하게 높은 비율로 나타나고 있다(최영신, 2018).

외국인의 강력범죄가 증가하는 이유 중의 하나가 '대화소통'이다. 대화소통이 안 되는 것이 원인이 되어 거리폭행이나 가정폭력으로 나타나고, 더 나

18) IOM, https://migrationdataportal.org/?i=stock_abs_&t=2019.
19) 출입국·외국인정책본부, http://www.moj.go.kr/moj/2412/subview.do.

아가 살인으로 이어지고 있다. 앞으로도 사회 체제에 적응하지 못하고 사회적 불안정으로 인해 발생하는 외국인 범죄는 꾸준히 증가할 것이다. 따라서 이들 외국인의 사회 정착과 인권을 보장하는 사회통합정책을 국가적 차원의 예방정책으로 마련되어야 하고 국제적 협력도 강화하여야 한다.

국제사회의 범죄예방과 법적 조치에 관한 국제적 협력을 관장하는 유엔 범죄예방 및 형사사법 위원회(UN Commission on Crime Prevention and Criminal Justice; 유엔 형사사법 위원회)는 매년 범죄관련 주요 의제를 채택하여 각국 정부로 하여금 법적, 정치적, 사회적 대책을 마련하도록 권고하고 있다. 지난 5년간 유엔 형사사법위원회는 이민여성에 대한 폭력, 밀입국, 인종차별, 사이버범죄, 환경범죄, 테러리즘에 우선순위를 두고 그 해결책을 찾기 위한 노력으로 각국과의 협력을 강조하였다. 이중에는 우리사회에 밀접하게 연관되어 있는 주요 범죄가 포함되어 있다. 우리나라는 유엔의 다양한 국제협약에 일부 비준하고 있지 않지만, 국제사회의 일원으로 국경을 초월한 초국가적 범죄의 확산을 방지한다는 차원에서 국제적 협력과 이에 따른 법적 조치를 시행하여야 할 것이다.

제 3 장

청소년 문제

1. 청소년의 특징
2. 우리나라 청소년 현황
3. 청소년 문제
4. 청소년 문제의 유형
5. 정책적 대응방안

제3장 청소년 문제

청소년들은 사회화를 통하여 사회의 규범과 가치를 내면화하고 있다. 사회화 과정에서 자신의 인성이나 개성을 개발하거나 잘하는 것이나 행복한 것을 찾는 것은 성공을 위해 유보되는 경향을 보인다. 발달 특성상 사회관계 형성과 유지에 어려움을 겪게 되는 청소년들은 타인에 대한 공감능력이 부족하거나 기성세대의 권위와 사회 질서에 대한 의구심을 가지게 될 때 갈등과 혼란을 경험하게 된다. 이와 더불어 유해환경과 비행하위문화로부터 영향을 받는 경우 청소년들은 건강하지 못한 생활을 하거나 더 나아가 사회에 부정적인 영향을 미치는 문제행동을 하게 될 가능성이 높아진다.

이 장에서는 청소년문제를 예방하고 이에 적절하게 개입하기 위하여 청소년 특징을 이해하고, 청소년 문제행동을 유형별로 살펴본 후 해결방안을 찾아보고자 한다.

1. 청소년의 특징

가. 청소년의 개념

우리나라 청소년에 대한 정의는 한 가지로 통일된 개념이 없이 미성년자, 소년, 십대, 아동, 연소자, 젊은이, 청소년, 학생 등으로 다양하게 혼용하여 쓰이고 있다. 일반적으로 생애과정상 청소년기는 인생의 두 번째 시기라는 특정 시기를 말하고 있어서(Adams, 2005), 생애과정에 있어 아동도 아니고 성인도 아닌 그 사이의 특정 시점을 가리키는 'youth'를 청소년 개념으로 많이 사용하고 있다. 'youth'는 아동기와 성인기 사이의 과도기가 아니라 고유한 인생의 발달 단계로 인정하여 청소년의 자율성과 책임성 등을 강조하기도 한다. 청소년에 대한 또하나의 개념인 'adolescent'는 사회문화적 현상이자 특징에 대한 정의이기 때문에 이 개념을 청소년의 신체적 특징과 관련시키기 쉽지 않지만, 이 시기에 신체의 급격한 변화와 심리적 및 학업 발달이 활발하게 일어나고 있음을 강조하고 있기 때문에 우리는 청소년의 정의로 사용하고 있다. 'youth'와 달리 성장과 성숙이 일어나고 있는 발달 단계이므로 기성세대의 가치나 규범을 수용하고 자신의 권리를 유보해야 한다는 관점을 보인다(김진화 외, 2003). 이런 의미에서 청소년은 중·고등학생과 같은 학생 연령층에 해당된다.

청소년기를 설명할 때 보통 연령에 따른 구분을 사용하는데 이 또한 한가지로 정의하기는 쉽지 않다. 청소년을 연령에 따라 구분하는 이유는 교육, 규제, 보호, 복지 등에 관련된 법률적 및 행정적 사유에 따른 필요 때문이며, 상징적인 구분의 기준으로써 사용되는 경우가 많다. 청소년 또는 청소년기에 대한 국제적인 기준을 보면, 유엔과 세계은행은 청소년을 15~24세에 해당되는 사람이라고 정의하고, 세계보건기구는 10세부터 19세에 해당되는 시기로 보고 있지만, 각국은 적게는 7세부터 많게는 40세까지 저마다 연령 범주를 달리하고 있다(〈표 3-1〉 참조).

〈표 3-1〉 각국 청소년의 연령 범주

국가	연령	국가	연령	국가	연령
가봉	7~14	그리스	14~30	네팔	40세까지
레소토	15~45	미국	16~24	방글라데시	15~30
벨기에	26세까지	불가리아	14~35	브라질	14~24/30
스리랑카	15~29	스위스	15~34	스페인	30세까지
시리아	15~24	아르헨티나	40세까지	오스트리아	14/15~25/27
요르단	15~24	에티오피아	14~30	이집트	18~35
인도	15~30	자메이카	15~25	잠비아	12~35
중국	7~30	핀란드	29세까지	헝가리	15~35

자료: 김진화 외(2003), 『청소년 문제행동론』, p.13.

우리나라 청소년 관련 법규는 아동, 소년, 미성년 등 사용하는 명칭 자체가 다양하고, 연령 규정도 관련 법규마다 조금씩 다르다. 예를 들어, 청소년기본법에는 9세에서 24세 사이의 사람이라고 규정하고 있으며, 아동복지법은 유엔의 아동권리에 관한 협약에 준거해서 만18세 미만을 아동이라고 정의하는데 비해, 청소년보호법에서는 연 19세 미만으로 청소년을 규정하고 있다(〈표 3-2〉 참조).

〈표 3-2〉 우리나라의 청소년 연령 규정

법 령	관련조문	연 령	호 칭
청소년기본법	제3조(정의)	만9세 이상~24세 이하	청소년
청소년보호법	제2조(정의)	연 19세 미만	
청소년성보호법	제2조(정의)	연 19세 미만	
아동복지법	제2조(정의)	만18세 미만	아동
민법	제4조(성년기)	만19세 미만	미성년자
형법	제9조(형사미성년자)	만14세 미만	형사미성년자
소년법	제2조(정의)	만14세~19세 미만	소년
근로기준법	제62조(최저연령)	만15세 미만	(취업금지)

나. 청소년기의 특징

청소년기는 의존적인 존재인 아동에서 자립적이고 독립적인 존재인 성인으로 발달하는 과정이다. 신체적, 심리적, 사회적 영역에서 발달 과정 중에 있는 청소년들은 발달단계 특성상 미숙한 아동기에서 성숙한 성인으로 옮겨가는 과도기로서 아동집단과 성인집단 사이에서 영향을 모두 받지만 그 어느 쪽에도 속하지 않는 주변인의 특징을 보이는 동시에 급격한 변화와 갈등을 경험하면서 성장발달의 불균형으로 인한 성인으로서의 지위와 역할이 지연된 현상인 '지불유예기'의 특성을 보인다(조선화 외, 2005).

청소년기에 수행해야 할 발달 과업(김익균 등, 2005)은 다음과 같다. 첫째, 자기 신체상 확립, 성역할 정립 및 동년배와의 성숙한 관계 수립 등 정체성의 확립, 둘째 인지능력 완성을 지향하는 지적 기능의 개발, 셋째 절대적 도덕관에서 상대적 도덕관으로 변화함으로써 도덕적으로 성숙되어 가는 시기로 사회적 책임감의 확립, 가치관 및 인생관의 수립, 마지막으로 부모로부터의 독립 성취, 경제적 독립심 확립, 직업 선택과 준비, 결혼생활 준비 등이다.

성인기를 준비하고 잠재된 능력을 개발하며 균형 잡힌 발달을 꾀하는 청소년기에 주어진 과업을 성공적으로 수행하고 사회적 가치관을 내면화할 수 있도록 동기부여를 받는 과정 중에 현실적인 어려움에 봉착하는 경우가 많다. 특히 청소년에 대해 가장 오랜 기간 동안 적극적이며 지속적인 지원을 아끼지 않는 가족으로부터 모순되는 이중적 요구를 경험하게 된다. 예를 들어, 부모는 청소년들에게 가능하면 다양한 많은 경험을 할 것을 권한다. 친구, 활동, 취미생활에 있어서 다양성을 사회적 가치처럼 강조하면서도 실제로 부모세대의 가치관과 규범에서 벗어나는 것을 쉽게 이해하지 못한다. 또한 청소년의 머리에는 인생은 정의롭고 공평한 것이라는 이상적인 생각으로 꽉 차 있고, 실용적인 부모를 보수적이라고 여길 수 있다. 청소년들은 자신을 독립적인 존재로 여겨 부모로부터 해방되려고 노력하지만, 사회적인 존재로서 청소년을 존중하는 경우는 드물다. 학교에서도 별반 차이를 보이지 않아, 교과과정 중에서 기존의 문화를 습득하고 새로운 문화를 창조하도록 강조하지만 입시나 사회적 성공 등 획일화된 목표를 달성하기만을 독려 받는다.

이러한 이중적인 기대와 잣대는 부모-자녀 간 및 교사-학생 간에 갈등 발생의 여지를 제공하고 있다. 동시에 부모나 교사 자신들이 갖고 있는 능력의 한계로 인해 사회의 발전과 변화에 적절히 대응하지 못하여 혼란이 발생되고 이로 인해 부모나 교사의 권위가 원활하게 수행할 수 없게 되면 갈등이 발생할 가능성은 더 높아진다(Adams, 2005). 결국, 청소년은 사회변화에 대한 적응과정에서 자신의 부모 및 교사 등과 갈등을 경험하게 된다.

2. 우리나라 청소년 현황

가. 청소년 인구

2019년 우리나라 청소년 인구(9~24세)는 876만 5천명으로 총인구의 17.0%를 차지하며, 2020년 854만 2천명(16.5%)으로 추계되는데, 7·80년대만 하더라도 전체 인구의 1/3 이상을 차지하였던 청소년 인구비중은 이제 1/5이하로 감소하였다. 1982년(1,420만 9천명) 정점을 찍은 청소년 인구는 지속적으로 감소하는 추세를 보이고 있다. 이에 비해, 우리나라 총인구는 2019년 5,170만 9천명으로 2030년까지 지속적으로 증가 후 감소할 것이라고 예상된다.

청소년 인구 중 여자 청소년의 비율은 47.8%(418만 6천명)이고 2020년은 48.9%로 추계하고 있고 이후 감소할 것이라고 예상된다. 2030년대에는 남녀청소년 모두 400만명이 무너지게 될 것이다〈표 3-3〉.

〈표 3-3〉 청소년 인구 및 구성비

(단위: 천명, %)

	총인구	청소년 인구 (9~24세)	구성비	남자	구성비	여자	구성비
1970	32,241	11,330	35.1	5,848	51.6	5,481	48.4
1980	38,124	14,015	36.8	7,216	51.5	6,799	48.5
1982	39,326	14,209	36.1	7,322	51.5	6,887	48.5
1990	42,869	13,553	31.6	6,991	51.6	6,563	48.4
2000	47,008	11,501	24.5	5,987	52.1	5,514	47.9
2010	49,554	10,370	20.9	5,468	52.7	4,902	47.3
2019	51,709	8,765	17.0	4,579	52.2	4,186	47.8
2020	51,781	8,542	16.5	4,448	52.1	4,094	47.9
2030	51,927	6,543	12.6	3,362	51.4	3,181	48.6
2040	50,855	5,310	10.4	2,722	51.3	2,588	48.7
2050	47,745	5,235	11.0	2,685	51.3	2,550	48.7
2060	42,838	4,458	10.4	2,286	51.3	2,172	48.7

자료: 통계청, 「장래인구추계」.

나. 학령인구

청소년에 대한 정보로서 학령인구(6~21세)는 청소년의 특징을 이해할 수 있는 또 다른 토대를 제공한다. 2019년 현재 초등학교에서 대학교까지의 학령인구는 804만 7천명(15.6%)이고 2020년 782만 1천명으로 추계된다. 이 감소추세는 1980년 1,440만 1천명을 정점으로 이후 지속되고 있다.

학령인구의 구성비는 1970년(39.1%) 이후 꾸준히 감소추세를 보여 2019년 23.5%p 감소하였는데, 2020년은 인구가 더 감소하여 15.1%p로 추계되는 등 지속적으로 감소세를 예상하고 있다. 2019년 학령인구는 연령대별로 6~11세(초등학교) 인구의 비율이 5.3%(276만 5천명)로 가장 높고 12~14세(중학교대상)는 2.5%(131만 8천명)로 가장 낮아서 2배가량 차이를 보인다.

〈표 3-4〉 학령인구 및 구성비

(단위: 천명, %)

연도	총인구	학령인구(6~21세)	구성비	초등학교(6~11세)	구성비	중학교(12~14세)	구성비	고등학교(15~17세)	구성비	대학교(18~21세)	구성비
1970	32,241	12,604	39.1	5,711	17.7	2,574	8.0	2,101	6.5	2,218	6.9
1980	38,124	14,401	37.8	5,499	14.4	2,599	6.8	2,671	7.0	3,632	9.5
1990	42,869	13,361	31.2	4,786	11.2	2,317	5.4	2,595	6.1	3,663	8.5
2000	47,008	11,383	24.2	4,073	8.7	1,869	4.0	2,166	4.6	3,275	7.0
2010	49,554	9,950	20.1	3,280	6.6	1,985	4.0	2,084	4.2	2,601	5.2
2019	51,709	8,047	15.6	2,765	5.3	1,318	2.5	1,454	2.8	2,511	4.9
2020	51,781	7,821	15.1	2,717	5.2	1,358	2.6	1,382	2.7	2,364	4.6
2029	51,941	6,249	12.0	1,831	3.5	1,240	2.4	1,350	2.6	1,828	3.5
2030	51,927	6,076	11.7	1,797	3.5	1,143	2.2	1,321	2.5	1,815	3.5
2040	50,855	5,204	10.2	2,085	4.1	1,017	2.0	916	1.8	1,186	2.3
2050	47,745	5,073	10.6	1,733	3.6	941	2.0	1,002	2.1	1,396	2.9
2060	42,838	4,188	9.8	1,398	3.3	793	1.9	832	1.9	1,164	2.7

자료: 통계청, 「장래인구추계」, 해당 연도.

다. 청소년과 근로

(1) 청소년의 경제활동

청소년층(15~24세) 고용률은 2018년 26.2%로 나타나서 전년보다 1.0%p 감소하였지만, 실업률은 10.5%로, 전년보다 0.2%p 증가하였다.

청소년층 고용률은 2011년 이후 20%대를 유지하고 있는데, 2011년(23.1%) 이후 고용률은 2013년(23.9%)을 제외하고 지속적으로 증가하다가 2018년에 다소 감소하였다. 한편, 청소년층 실업률은 2013년까지 9%대였는데 2014년 대부터 10%대를 유지하고 있는데, 2018년 실업률인 10.5%는 가장 높았던 2016년의 10.7% 다음으로 높았다.

〈표 3-5〉 청년층의 고용률 및 실업률

(단위: %)

청소년(15~24세)	고용률	실업률
2011	23.1	9.7
2012	24.1	9.0
2013	23.9	9.3
2014	25.6	10.0
2015	26.7	10.5
2016	26.9	10.7
2017	27.2	10.3
2018	26.2	10.5

자료: 통계청, 「경제활동인구조사」, 해당 연도.

(2) 청소년 취업자의 임금 및 노동시간

2017년 상용근로자 5인 이상 규모 사업체의 상용근로자 중 청소년(20~24세)의 월평균 임금은 185만 5천원이며, 전년(181만 9천원)대비 2% 증가하였다. 남자청소년의 급여는 192만 8천원으로 여자의 180만 9천원보다 많아서, 2016년 대비 임금 상승률은 남자(3.5%)가 여자(0.8%)보다 높았다(고용노동부, 고용형태별 근로실태조사(구 임금구조 기본통계조사)).

한편, 중·고등학생은 2018년에 9.0%가 아르바이트 경험이 있는데, 2016년에 비해 2.3%p 감소한 것이다. 성별 차이를 살펴보면 남자 청소년(8.7%)보다 여자(9.4%)가 그리고 중학생(1.8%)보다 고등학생(15.0%)의 경험률이 높게 나타났고, 일주일 평균 2.7일, 일일 평균 6.2시간 일하고, 시간당 7,785원을 받았다. 이는 2016년에 비해 근로일수(2.8일)와 시간(6.7시간)은 줄었지만 시간당 금액(6,575원)은 많아진 것으로 나타났다. 업종별로는 음식점, 식당, 레스토랑(45.9%), 뷔페, 웨딩홀, 연회장(14.1%) 등 주로 서빙이나 주방업종에서 아르바이트 경험이 많다. 성별에 따른 순위에는 차이가 없고, 학급별로는 중·고등학생 모두 음식점, 식당, 레스토랑 경험이 가장 많지만(중-39.5% 고-46.5%), 다음으로는 중학생은 전단지 배포(29.9%)를 고등학생은 뷔페, 웨딩홀, 연회장(15.1%)에서 일한 경험이 더 많다(여성가족부, 청소년 매체이용 및 유해환경 실태조사, 2018).

라. 보호대상 아동

보호대상 아동[20](만18세 미만) 발생 수는 2009년(9,028명)부터 계속 감소하여 2018년은 3,918명이며 전년대비 207명 감소하였다(보건복지부, 보호대상아동현황보고, 2019), 발생 원인은 학대·부모빈곤·실직 등(2,726명)이 가장 많으며, 다음으로 미혼부모·혼외자(623명), 유기(320명), 비행·가출·부랑아(231명), 미아(18명)의 순으로 나타났다. 2009년 대비 유기(222명)에 의한 발생 외에 다른 원인에 의한 발생은 모두 감소하였다.

보호대상 아동은 시설보호에서 2,449명으로 가장 많이 보호를 받고 다음으로 가정위탁(1,294명), 입양(174명), 소년소녀가정(1명)의 순으로 나타났다. 2009년 이후 보호유형별 순위는 변화가 없다.

3. 청소년 문제

가. 문제행동의 개념

청소년 문제와 문제행동에 대한 개념은 대다수의 연구에서 구분하여 사용하지 않는 경향이 있다. 설령 개념적으로 이들 간에 구분을 하더라도 상호간의 구분이 완전히 배타적이지도 않고 중첩되며 구분하기 어려운 경우가 많을 뿐만 아니라 대부분 행동이나 결과로 나타난 청소년 문제에 주로 관심을 갖고 대책을 수립하는 경향이 있어서 실제적으로는 구분 자체가 실익이 없다고 할 수 있다.

청소년기가 변화와 혼돈의 시간이라는 것에 대하여는 이의가 없다. 그러나 이러한 혼란기를 겪는 청소년의 행동과 변화가 정상인지 비정상인지, 반사회적인지 비동조적인지 또는 순기능적인지 역기능적인지 판단은 쉽지 않다. 문제 여부에 대한 판단은 부모의 관점, 제도적인 기대, 법적·통제적 측면, 문화적인 규정 등뿐만 아니라 청소년 자신의 관점도 반영되어야하기 때문이다.

20) 보호대상 아동이란 보호자가 없거나 보호자로부터 이탈된 아동 또는 보호자가 아동을 학대하는 경우 등 그 보호자가 아동을 양육하기에 적당하지 아니하거나 양육할 능력이 없는 경우의 아동을 말함(아동복지법 제3조제4호)

하지만, 청소년 문제는 기성세대 등과 같은 특정 집단의 주관적인 인식에 의해서 정의되고 있는 현실이다.

그럼에도 불구하고 청소년 문제(행동)의 개념은 이에 대한 이해가 사회, 문화, 시대적 가치에 따라 다르게 정의되며, 관련 학문의 고유 관점에 따른 접근방식이 다르기 때문에 모두가 수용할 수 있는 일반화된 정의를 내리는 것은 쉽지 않다. 먼저, 일반적으로 청소년 문제는 사회구성원들이 공유해야 하는 가치, 규범, 윤리 등에 비추어 바람직하지 못한 청소년의 행동이라고 간주하는 것이 보통이다. 한국청소년개발원(2003)은 구체적으로 결과로 나타나는 행동에 관심을 갖고 있어서, 문제행동을 타인 또는 자신에게 해를 주거나 재산상에 피해를 야기하는 다양하고 광범위한 행동이라고 본다. 좁은 개념으로 청소년 문제를 청소년의 부적응, 이상행동, 비동조적 행동, 비행, 일탈, 범죄 등의 개념과 혼용해서 쓰기도 한다.

정리하자면, 미래의 주인공으로서 자신의 적성과 능력을 계발하고 청소년 시기에 걸맞은 성, 역할 등을 학습하는 과정에 있어서 부모의 권위가 손상되거나, 사회 규범이 지켜지지 않거나, 사회 가치와 문화를 유지하고 발전하는 기능을 제대로 수행하지 못하거나, 이해당사자에게 직접적인 피해를 끼치면서 사회적 비용이 발생되는 청소년의 행동을 포괄적으로 청소년 문제라고 정의할 수 있다.

나. 청소년 문제에 대한 이론적 관점

청소년 문제에 대해 사회학을 비롯하여 생물학, 심리학, 가족학, 사회복지학 등 다양한 분야에서 관심을 가지고 있다.

개인의 유전적 특징을 포함한 개인적 특성을 강조하는 생물학적 및 심리학적 관점에서는 생물학적 변인과 심리적 특성으로 청소년 문제를 조망하고 있다. IQ(West, 1973)나 체형(Gluecks, 1956) 등 생물학적 특성으로 문제행동을 설명하려는 시도는 일관되고 구체적인 결과물을 내놓지 못하고 있으며, 프로이드의 자아, 에릭슨의 자아감 등의 심리학적인 접근은 기본적인 역학관계를 밝히는 데는 어느 정도 성공하였지만(김진화 외, 2003) 일반화의 한계를 가지고 있다.

사회문화적 관점에서는 청소년 문제를 문화적 유형과 청소년 갈등의 관계로 설명하여, 가족구성원의 가치관이 다를 경우 청소년 문제 발생가능성이 있다고 주장하고 있다. 미드(Mead, 1970)는 부모자녀간의 영향력에 따라 문화 특징을 세 가지로 나누어 설명하고 있다. 첫째, 부모의 세대관이 우세한(postfigurative) 문화에 있어서, 부모와 조부모는 인생의 불변함을 강조하고 문화의 안정성과 연속성을 위한 지침을 제공한다. 가족 구성원 의식과 정체감은 사전에 결정되며, 자녀에게 핵심적인 행동 지침을 알려주고, 부모의 기대와 가치에 부합되게 자녀는 성장하게 된다. 둘째, 각 세대가 독자적인 가치관을 갖는(cofigurative) 문화의 부모나 자녀는 각기 다른 가치, 규범 또는 원규 등을 갖는다. 부모로부터의 학습 대신에 자녀는 또래 집단으로부터 배우게 된다. 이 문화에서 구성원들은 서로 갈등할 가능성이 있는 자신만의 기준을 갖고 있기 때문에 갈등 발생의 여지를 갖고 있다. 마지막으로, 부모가 실제적으로 자녀로부터 배우게 되는 젊은 세대의 가치관이 우세한(prefigurative) 문화에서는 성인은 자녀의 새로운 권위를 인정하게 된다. 부모는 무엇이 옳고 기대되는지에 대한 자녀의 지침을 통해 부모가 해야 할 것을 알게 된다. 이 단계에서 청소년들은 청소년 중심의 지침을 통해 부모의 기대를 형성한다.

사회구조적 차원에서 보면 느슨한 사회적 통제와 문제행동 간의 관계를 살펴보는 아노미적 관점은 다원화되는 사회 속에서 청소년들이 자신의 추구해야 할 가치와 규범이 명확하지 않거나 혼란스러울 때 자살과 같은 문제행동을 일으킬 가능성이 높다는 주장을 한다. 설령 가치를 내면화하였더라도 성공할 수 있는 합법적인 수단을 갖지 못하게 되면 청소년들의 문제행동 가능성은 높아진다. 예를 들어보자. 우리나라의 과잉 교육 및 획일화된 성공가치관은 성취해야 할 목표를 단순화하고 있다. 좋은 대학, 돈 많이 버는 직장 등 성공하고자 하는 문화적 목표를 수용하였지만, 성과가 좋지 못한 경우에 비합법적인 수단에 의존하게 되면 문제의 심각해진다.

사회관계적 측면을 보면, 청소년기는 관심의 대상이 부모로부터 친구와 새로운 세상으로 변화되는 시기이므로, 부모와의 유대감을 우호적으로 유지하면서 새로운 친구와의 건전한 관계형성이 매우 중요한 시기이며, 미성숙한 시기적 특성상 문제행동에 하더라도 바로 정상적인 행동으로 복귀할 수 있는 능력 개발이 시급히 요청된다. 이를 위해, 사회통제이론, 학습이론, 중화이론 등의 개념을 이해할 필요가 있다. 부모의 심리적 지지와 부모에 대한 애착은 청소년들에게 문제행동을 하지 않을 억제기제로써 작용을 할 수 있다. 원만하고 정서적으로 밀착된 부모자녀관계, 일관된 자녀훈육방법, 심리적 및 현재적 통제, 부모와 닮고 싶은 열망 정도 등이 높을수록 문제행동 가능성은 낮아지지만(Hirschi, 1969), 문제행동 친구와 지속적이고 친밀한 관계를 형성하게 되면 학습을 통하여 문제행동을 하게 된다(Sutherland, 1947). 더군다나, 자신의 문제행동을 합리화할 수 있는 중화 기제를 내면화 하게 되면 문제행동에 대한 비난을 무력화시킴으로써 내적통제력을 약화시키고 문제행동의 발생가능성이 높아진다(Sykes and Matza, 1967).

다. 청소년 문제의 발생 요인

청소년문제는 유형이 다양하고 복합적인 요인들에 의해 발생된다. 브로펜브레너(1989)에 의하면, 청소년 개인은 자신의 개인적 특성을 포함한 미시적인 영역에서부터 사회문화적인 거시체계로부터 모두 영향을 받는다고 주장한다. 청소년은 고유의 생물학적 특성을 기반으로 가족, 친구, 교회 등으로 구성된 미시체계와 이 미시체계들 간의 관계인 학교, 또래집단 등의 영역인 중간체계와 서로 영향을 주고받는다. 또한 이러한 제 환경간의 관계는 외체계와 영향을 서로 주고받게 되며, 외체계는 직접적으로 개인의 특징이나 활동에 영향을 주지 않는다. 거시체계는 실체로서의 체계가 아니라 신념, 문화, 가치 등의 상징적인 차원이다. 청소년에게 영향을 주는 체계들을 개인, 가족, 친구, 학교, 사회 등으로 범주화하여 그 특징을 살펴보기로 한다.[21)]

(1) 개인 요인

청소년이 낮은 자아존중감, 자아통제력 및 문제해결능력, 높은 공격성과 충동성 등의 특징을 보이게 되면 청소년 문제 발생 가능성이 상대적으로 높아진다. 낮은 자아존중감을 보이는 청소년은 부정적인 자아상을 형성하게 되

21) 보다 자세한 내용은 고성혜, 1997; 김진화 외, 2003; 서울시·자녀안심하고 학교보내기운동 서울협의회, 2000 참조

고, 열등감을 호소하거나 위장하기 위해서 문제행동을 하는 경우가 많다. 정서적 자아가 지배적이며, 어린 시절의 정서적 단절 경험, 자신의 문제와 갈등의 투사 등 미성숙한 자아상을 보이게 될 때 자존심 손상, 수치심, 격분에 의해 폭력을 행사하거나 자신의 낮은 자아를 지지해주는 또래집단과 유대감과 소속감을 갖기 쉬워서 이들이 문제 집단인 경우 자연스럽게 문제행동에 가담하게 될 가능성이 높다. 공격성이 너무 약하거나 강할 때 문제행동을 할 수 있다. 과소통제형인 청소년은 행동 억제력은 약하지만 충동성은 강한 특징을 보이는데, 반사회적 경향을 띠게 되면 반사회적 성격장애자가 될 수 있고, 과잉통제형은 지나치게 자제력이 강해서 평소에 폭력적 행동을 지나치게 억제하는 경향이 있으나, 자신의 억제수준을 넘어서는 촉발자극이 주어지면 극단적인 공격적 행동을 할 수 있으며, 자살까지도 행할 수 있다.

충동성 역시 문제와 매우 밀접하게 연관되어 있어서, 문제 청소년은 행동에 대한 자기통제 능력이 약하며, 문제해결 의지보다 자기통제적 사고 없이 즉흥적으로 문제를 대처하여 불안 상태에서 벗어나려는 경향이 있다. 스트레스 상황을 통제불가능한 것으로 인식하는 경향이 높으며, 문제 상황 해결보다 무력감이나 우울감, 분노 등 정서적인 괴로움의 문제를 더 크게 인지하고 직면하는 문제를 해결하기보다 무시하거나 회피하려는 경향이 있다(서울시·자녀안심하고 학교보내기운동 서울협의회, 2000: 10~11).

(2) 가족 요인

청소년 문제를 예방하고 재발을 방지하기 위해서 건강한 가정과 지지적인 가족관계의 중요성을 아무리 강조해도 지나침이 없다. 가족 요인 중에서 부모의 사회경제적 지위와 가족특성(구조적 측면과 기능적 측면) 등은 청소년 문제뿐 아니라 기본적인 발달에도 지대한 영향을 미치는 중요한 요인이다.

기본적인 의식주 해결도 필수불가결한 기능이지만, 1차적 사회화 기관으로 자녀의 정서, 인성, 사회성 형성의 주도적인 역할을 가족 구성원 특히 부모가 수행한다. 경제발전과 도시화에 따라서 농촌사회적 성격을 갖는 사회의 감소, 1세대 가족과 1인 가족의 증가와 이혼, 별거로 인한 한부모 가정의 증가에 따라서 자녀에 대한 심리적 및 정서적 지원이 부족하고 경제적으로도 원활한 지지가 어렵게 되는 경우 문제가 발생할 가능성이 있다. 청소년의 요구와 부모의 지지간의 균형은 청소년들의 자아통제에 영향을 미치기 때문에 청소년의 요구에 대한 적절치 못한 만족이나 무조건적인 충족 또한 청소년 문제를 유발하는 요인이 될 수 있다. 한편 부모자녀간의 심리적 거리, 양육태도, 의사소통 등 가족의 기능적인 측면은 청소년 문제행동에 영향을 미치는 중요한 요소이다. 부모의 부적절한 양육태도 뿐 아니라 부부간의 불화, 가족 간의 폭력 및 갈등은 청소년의 문제행동을 촉발할 수 있는 계기를 제공할 수 있다.

(3) 또래 관계

청소년기에 들어서면서, 청소년은 점차 부모보다 또래 관계로부터 영향을 더 받게 된다. 청소년은 보다 많은 시간을 또래와 보내며 특정 관계를 맺게 되고 가족에 의해 제공되었던 정서적 지원을 대신하게 되며 하위문화적인 가치와 태도를 학습하게 되는데, 특히 비행 친구와의 어울림은 청소년 문제의 직접적인 원인이 된다. 친밀한 집단이 법준수에 대하여 비우호적으로 정의하여 일탈 욕구를 표출하게 되면 문제행동으로 연결되는데, 비행친구와 자주, 오래 그리고 친하게 지낼수록 문제 행동에 대한 또래의 영향이 강해지게 된다(Sutherland, 1947). 문제 있는 친구와의 어울림은 즉흥적이고 우발적인 문제행동 가능성을 높여주기도 하며, 잠재적 또는 반복적 문제행동에 대한 정당화를 시켜주는 소속감, 유대감 및 자아상을 형성해주게 된다. 문제 청소년은 사고치기, 터프함, 기민함, 흥미위주, 운명주의 및 자율성 등의 가치에 대하여 의미부여를 하며, 학교의 주류적 문화에서 밀려나 있거나 가정의 경제적 형편이 열악한 경우, 일반적인 성공가치와 관련된 규범과 문화를 수용하고 자신을 격려하기가 매우 힘들다. 즉 사회생활 속에서 긴장과 갈등을 경험하는 청소년들은 추진력과 야망, 책임성, 일상생활에서의 성취와 성공, 장기적인 계획과 합리적 지출, 물리적 행동과 폭력사용의 자제, 건전한 오락의 활용, 타인재산의 존중, 미래를 위한 즉흥적 만족의 억제 및 대인관계에서의 예의범절과 자아통제와 같은 바람직한 문화와는 반대되는 그들만의 문화체계를 형성하여 문제청소년이 되기 쉽다(Cohen, 1955).

(4) 학교 및 지역사회 요인

청소년기에 들어서면 가장 많은 시간을 보내는 장소는 학교이다. 공식적인 사회화가 활발하게 진행되는 학교는 청소년들에게 다양한 경험과 기회를 제공한다. 청소년들이 학업수행 능력이 떨어지거나 교사와의 관계가 좋지 않거나 학교의 규범과 가치를 내면화하지 못하는 경우에 문제행동을 하게 될 가능성이 커진다. 학교에서 인정을 받게 되면 성취감과 자아만족감 내지 존재감이 강화되지만, 반대의 경우에는 스트레스를 경험하게 되고 이를 적절히 이겨낼 수 없는 청소년들은 문제 청소년으로 낙인찍히거나 스스로 문제 학생이라는 정체감을 갖게 되기 때문이다. 현실적으로 학교부적응 청소년들은 자아기능의 약화, 욕구불만의 누적, 문제해결능력 부족, 비현실적 지각, 동기유발의 결여, 목적의식의 결핍 및 발달의 부조화 등과 같은 부정적인 평가를 받게 된다.

4. 청소년 문제의 유형

청소년 문제의 유형을 범법행위(소년법 위반 및 학교폭력 가해)와 청소년이라는 사회적 신분에 맞지 않는 지위 비행(가출, 유해약물) 및 자기파괴적 행위(자살)로 나눠서 살펴보도록 한다.

가. 청소년범죄

2017년 청소년범죄 발생이 가장 높은 유형은 재산범죄(39.9%)이다. 2017년 소년범죄자(19세 미만)는 7만 2,759명으로 전년(7만 6천명)보다 4.3%p 감소하였지만, 전체 범죄자 중 소년범죄자의 구성비는 3.9%로 전년대비 1.0%p 증가하였다. 범죄 유형별로 살펴보면 재산범죄가 가장 많고 그 다음은 폭력범죄, 교통범죄 등과 흉악범죄의 순으로 나타났다. 재산범죄가 차지하는 비중은 39.9%로 전년보다 3.6%p 감소하였지만, 흉악범죄와 폭력범죄는 각각 0.4%p와 3.3%p 증가하였다. 재산범죄자의 구성비는 2014년부터 감소 추세를 보이는 반면, 강력범죄자는 2016년부터 증가 추세이다.

〈표 3-6〉 소년범죄자 현황

(단위: 천명, 명, %, %p)

	전체 범죄자 (천명)	소년 범죄자 (명)	구성비	범죄유형별 구성비			
				재산 범죄	강력 (흉악) 범죄	강력 (폭력) 범죄	기타
2008	2,473	134,992	5.5	29.4	2.2	25.2	43.1
2009	2,519	113,022	4.5	40.5	2.8	26.1	30.6
2010	1,954	89,776	4.6	45.1	3.5	25.9	25.5
2011	1,908	83,068	4.4	45.7	4.0	26.8	23.6
2012	2,118	107,490	5.1	44.3	2.9	30.5	22.3
2013	2,147	91,633	4.3	49.9	3.0	24.1	22.9
2014	1,880	77,594	4.1	46.7	4.1	24.9	24.2
2015	1,949	71,035	3.6	45.1	3.8	24.6	26.4
2016	2,020	76,000	3.8	43.5	4.4	25.6	26.4
2017	1,862	72,759	3.9	39.9	4.8	28.9	26.4
증감률	−7.8	−4.3	0.1	−3.6	0.4	3.3	−

자료: 대검찰청, 「범죄분석통계」, 해당 연도.

구체적으로 살펴보면, 2017년 전체 청소년범죄 유형 중 청소년 강력범의 비율이 전년대비 0.4%p 상승하였는데 이는 성폭력범의 비율 증가가 영향을 미친 것으로 보인다. 재산범의 비율은 2008년에 29.4%(39,688명)이었던 것에 반해, 2017년에 39.9%(29,056명)로 10.5%p 증가하였는데, 재산범 중 절도범의 비율이 지속적으로 약 70~80% 정도를 차지하고 있는 것에 주목할 필요가 있다.

청소년의 전과를 살펴보면, 2017년 청소년 전과자는 37.4%로 2016년의 38.9%보다 1.5%p 감소하였고, 지난 10년간 전과자의 비율은 2008년 30.8%에서 2013년 41.6%까지 증가한 이후 다시 감소세를 보인다. 그러나 4범 이상 청소년범죄자의 비율은 계속 증가하여, 2008년 7.0%에서 2017년 14.1%로 2배 증가하였다. 이는 청소년범죄의 상습화가 우려할 만한 수준에 있어서 체계적인 교정교육과 지속적인 사후관리가 필요함을 시사한다(2018 청소년백서 2018: 456).

나. 학교폭력

학교는 학생들에게 지식 및 기술을 전수하는 장소인 동시에 사회 구성원이 되는데 필요한 건전한 가치관, 태도 및 규범을 내면화시켜주며, 균형 잡힌 심리적·신체적 성장과 발달에 기여하는 곳이다. 하지만 관련 연구에서 일관되게 나타나듯이 학생은 입시와 학교 성적을 가장 고민하고 있으며 정서적 발달은 정상적으로 이루어지지 않아 스트레스와 불안을 경험하게 된다. 2018년 통계청에 의하면 13~18세 청소년의 50.7%는 학교생활에서 스트레스를 받으며, 47.3%는 공부 때문에 스트레스를 받고 있다. 중고등학교 재학생 중 58.0%만이 전반적인 학교생활에 만족하고 있고, 재미있어서 공부하는 비율은 17.9%에 불과하다(통계청, 사회조사, 2018).

우리나라 청소년의 경우 학교 중도탈락률이 현저하게 낮기 때문에 재학기간이 상대적으로 길어서 교내에서 필요한 상담과 지원을 받을 여건이 열악하고 학업성과로만 평가받는 경우 청소년들의 문제 발생가능성은 높아진다. 청소년의 문제행동 중 가장 심각하고 대표적인 것이 학교폭력이다. 폭력의 발생 빈도, 잔인성, 조직성, 동기 및 가해 청소년의 태도 등을 살펴볼 때 청소년기에 겪는 갈등 표출이나 실수로 이해하기에는 그 정도가 매우 심각한 상태이다. 더욱이 폭력소년의 저연령화 및 여학생 비율의 증가 등으로 학교 폭력은 사회문제의 하나로 자리 잡은 지 오래고, 효과적인 예방 대책을 찾기 쉽지 않다. 그럼에도 불구하고 학교 현장에서 일선 교사는 인권침해 우려로 적극적인 선도를 하지 못하고 있는 현실이다. 물론 이러한 현상은 오늘날 갑자기 생긴 현상이라기보다 이전부터 있던 일이지만 최근 그 심각성과 양상이 점차 커져왔다.

김준호(2007)는 학교폭력을 "학교 교내, 주변, 등하굣길, 집 주변, 학원 주변 등 물리적인 장소는 물론이고 교육과 관련된 장소 및 현장에서 부모와 교사를 제외한 모든 사람이 학생에게 행사한 정도가 상당히 심각한 유형무형의 모든 폭력"이라고 포괄적으로 정의한다. 학교폭력 예방 및 대책에 관한 법률(제2조제1호)에 의하면 '"학교폭력"이란 학교 내외에서 학생을 대상으로 발생한 상해, 폭행, 감금, 협박, 약취·유인, 명예훼손·모욕, 공갈, 강요·강제적인 심부름 및 성폭력, 따돌림, 사이버 따돌림, 정보통신망을 이용한 음란·폭력 정보 등에 의하여 신체·정신 또는 재산상의 피해를 수반하는 행위'를 말한다.

대부분의 시간을 학교에서 보내는 우리 청소년에게는 폭력이 발생되는 현장이 학교 내외인 경우가 많은데, 이전의 학교폭력 양상과 달리 집단화된 가해자와 소수의 피해자 및 다수의 방관자내지 가해동조자로 대별된다. 더구나 학교폭력 피해자는 일시적이거나 감정적인 것이 아니라 사이버공간에서까지 지속적으로 연결되는 유무형의 폭력을 당하고 있는 불가항력적인 상황이다. 고성혜(2007: 8~9)는 학교폭력의 가해행동은 집요하고 장기적이며, 심리적 괴롭힘에 대한 구조 활동이 쉽지 않고, 가해행동 발생 시점이 점차 낮아져서 초등학생의 학교폭력이 심각해지고 있다고 우려하고 있다. 전혀 저항할 수 없는 심신미약과 같은 학생을 대상으로 한 학교폭력이 보고되고 있으며, 특별한 이유 없이 충동적이거나 괴롭히는 행동에 동조하고 개입하는 것을 장난 정도로 여기거나 죄의식이 갖지 않는 경향을 보인다는 것이다. 김준호(2007)는 같은 공간에 있는 시간이 많아서 피해자는 항상 불안감을 느끼며, 피해자가 폭력을 예방하는 방법이 많지 않다고 주장하고 있다.

청소년들은 학교폭력을 학교에서 발생할 수 있는 중요한 안전문제로 인식하고 있고 실제 피해 경험률도 높다. 자녀안심하고 학교보내기운동 서울협의회(현 청소년희망재단, 2003)의 중학생 1,134명을 대상으로 한 학교안전에 관한 조사 결과, 복도·계단에서 장난치다 다치는 것(49.6%) 다음으로 학교폭력(47.7%)이 중요한 안전 요소인 것으로 응답되어, 학생들의 학교폭력에 대한 위험성을 인지하는 비율이 매우 높음을 알 수 있다. 후속 연구(서울시·청소년희망재단, 2007)에서도 초등학생과 중학생 1,036명 중 학교생활하면서 복도·계단에서 장난치다 다치는 것(61.3%)과 학교폭력(50.8%)을 가장 위험하게 느끼는 것으로 나타나서, 장난이라는 비의도적인 사건을 제외한다면 학교폭력을 가장 위험한 것을 인지하고 있으며 응답률이 이전 조사보다 높게 나타났다. 고학년 청소년의 피해 유형은 심리적인 따돌림보다 물리적인 폭력 피해가 더 많다. 학교 내에서 일어날 수 있는 안전관련 사건으로서 폭력·금품갈취 등의 피해를 본 학생은 40.6%이고 따돌림은 64.6%이다. 교급별로는 따돌림 피해는 초등학생(69.1%)이 중학생(60.4%)보다 그리고 폭력·금품갈취 피해는 중학생(46.1%)이 초등학생(34.7%)보다 더 많아서, 교급이 높아짐에 따라 물리적인 피해가 더 문제가 됨을 알 수 있다(서울시·청소년희망재단, 2007).

폭력이 주로 발생하는 장소는 교실 안이며, 가해자는 학교 동료나 선후배 등 대다수가 또래 학생들이다. 2006년 국가청소년위원회는 통계청 교육통계 자료를 기초로 전국 중·고등학생 수에 따라 교급별, 지역별, 성별을 반영하여 14,430명을 대상으로 청소년 유해환경 접촉 실태조사를 수행하였다. 지난 1년간 일반 청소년의 학교폭력 피해 경험률은 심한 욕설·협박 11.8%, 금품갈취 7.0%, 폭행 6.5%, 그리고 집단따돌림 3.0%로 나타났다. 이전에 실시되었던 조사(2002년)에 비해 경험률이 모두 증가하였고, 2005년에 비해서는 따돌림만 0.5% 증가하였고 나머지 피해는 모두 감소하였다. 폭력을 당한 장소는 학교 교실 안이 33.0%, 동네골목이 17.4%로 가장 높았다. 가해자는 학교 동료나 선후배(29.0%)와 다른 학교 동료나 선후배(10.3%)가 가장 많았는데, 모르겠다와 무응답이 각각 49.4%와 8.6%임을 감안하면 대다수가 또래 학생임을 알 수 있다. 폭력 이유는 상대가 잘못했기 때문이 25.0%, 특별한 이유없이가 8.9%이다.

전국 초등학교 4학년부터 고등학교 3학년까지의 학생을 대상으로 진행된 2019년 학교폭력 실태조사 결과(교육부, 2019), 전체 피해응답률은 1.6%로 2018년 1차 조사에 비해 0.3%p 증가했다. 학교급별로 초등학생의 3.6%, 중학생의 0.8% 그리고 고등학생의 0.4%가 피해를 입었다고 보고하고 있어서, 초·중학교는 각각 0.8%p, 0.1%p 증가했고, 고등학교는 지난해와 동일한 것을 알 수 있다. 학생 천 명당 피해유형별 응답 건수는 언어폭력(8.1건), 집단따돌림(5.3건), 사이버 괴롭힘, 스토킹, 신체폭행(각 2건) 등의 순으로 조사되어 2018년 대비 대부분의 피해유형에서 감소한 것으로 나타났다.

〈표 3-7〉 학교폭력 피해 경험

(단위: 건/1,000명)

구분	2013년 1차	2014년 1차	2015년 1차	2016년 1차	2017년 1차	2018년 1차	2019년 1차	증감 (건)
언어폭력	13.6	9.4	6.8	6.2	6.3	8.7	8.1	−0.6
집단또돌림	6.6	4.6	3.6	3.3	3.1	4.3	5.3	1.0
스토킹	3.7	3.0	2.6	2.0	2.3	3.0	2.0	−1.0
사이버 괴롭힘	3.6	2.5	1.9	1.7	1.8	2.7	2.0	−0.7
신체폭행	4.7	3.1	2.4	2.2	2.2	2.5	2.0	−0.5
금품갈취	4.0	2.2	1.5	1.2	1.2	1.6	1.4	−0.2
성추행·성폭행	1.3	1.0	0.9	0.8	0.9	1.3	0.9	−0.4
강제심부름	2.4	1.3	0.9	0.8	0.7	1.0	1.1	0.1

자료: 교육부, 「학교폭력 실태조사 결과」, 2019.

피해유형별로 차지하는 비중은 언어폭력(35.6%)과 집단따돌림(23.2%)이 대표적이며, 사이버 괴롭힘(8.9%), 스토킹(8.7%), 신체폭행(8.6%) 등의 순으로 높게 나타났는데, 2018년과 비교하면 언어폭력과 집단따돌림은 증가하였고, 나머지 유형은 모두 감소하였다. 2013년을 기준으로 보면 학교폭력의 유형 중 폭행, 금품갈취와 강제심부름은 비교적 감소하는 추세라고 할 수 있지만, 집단따돌림과 성추행·성폭행은 개선되고 있지 않고 있다.

〈표 3-8〉 피해유형

(단위: %, %p)

구분	'13년 1차	'14년 1차	'15년 1차	'16년 1차	'17년 1차	'18년 1차	'19년 1차	증감 (%p)
언어폭력	34.0	34.6	33.3	34.0	34.1	34.7	35.6	0.9
집단또돌림	16.6	17.0	17.3	18.3	16.6	17.2	23.2	6.0
사이버 괴롭힘	9.1	9.3	9.2	9.1	9.8	10.8	8.9	-1.9
스토킹	9.2	11.1	12.7	10.9	12.3	11.8	8.7	-3.1
신체폭행	11.7	11.5	11.9	12.1	11.7	10.0	8.6	-1.4
금품갈취	10.0	8.0	7.2	6.8	6.4	6.4	6.3	-0.1
강제심부름	6.0	4.7	4.2	4.3	4.0	3.9	4.9	1.0
성추행·성폭행	3.3	3.8	4.2	4.5	5.0	5.2	3.9	-1.3

자료: 교육부, 「학교폭력 실태조사 결과」, 2019.

피해 장소는 교실 안이 30.6%로 가장 많았고 다음은 복도가 14.5%, 급식실과 매점이 8.7%, 놀이터가 5.6%, 사이버공간이 5.4% 등의 순으로 나타나서 학교 안에서 학교폭력이 더 많이 발생됨을 알 수 있다. 이러한 결과는 이전 연구결과와 유사하게 교실 안이 가장 위험한 곳임을 말해주고 있다. 교급별 차이를 보면, 학년이 높을수록 운동장(초-11.5%, 중-4.9%, 고-3.7%)과 놀이터(초-6.7%, 중-2.2%, 고-1.7%)에서 피해를 당했다는 비율이 낮았으며, 급식실/매점(초-7.7%, 중-11.8%, 고-12.6%)과 사이버 공간(초-3.9%, 중-10.3%, 고-10.5%)은 높은 것으로 나타났다. 폭력 피해를 알렸다는 응답자는 81.8%로 보호자가 42.2%이고 선생님이 26.9%인데, 학년이 높을수록 보호자에게 알렸다는 응답률은 낮아지고(초-45.8%, 중-33.2%, 고-25.3%), 선생님께 알렸다는 응답률은 높아졌다(초-24.2%, 중-34.4%, 고-47.4%).

한편, 학교폭력 가해 경험 조사 결과는 다음과 같다. 전국 6,242명의 학생을 대상으로 한 청소년보호위원회(2002)의 조사결과에 의하면, 지난 1년간 다른 사람에게 욕설이나 협박을 가한 학생은 10.1%였고, 폭행을 가한 학생은 6.1%로 남학생(9.7%)이 여학생(2.6%)보다 많았으며, 중학생(6.9%)이 일반계 고등학생(5.1%)이나 실업계 고등학생(5.8%)보다 다소 많았다. 금품갈취를 한 학생은 2.1%이며, 집단따돌림을 시킨 경험률 역시 4.7%로, 폭력이나 금품갈취처럼 중학생의 경험률이 일반계, 실업계 고등학생보다 다소 높았다.

2019년 학교폭력 실태조사에서 나타난 가해경험을 보면, 먼저 괴롭혀서라는 응답이 29.7%로 가장 많았고, 다음으로는 장난으로(17.7%), 오해와 갈등으로(16.1%), 마음에 안들어서(13.0%), 다른 친구가 하니까(8.6%) 등으로 순으로 높게 나타났다. 교급별로 보면, 괴롭혀서라는 응답률은 고학년일수록 낮았고(초-32.1%, 중-19.5%, 고-18.3%), 오해와 갈등(초-15.7%, 중-17.7%, 고-18.1%)과 마음에 안들어서(초-11.9%, 중-17.3%, 고-20.7%)는 높았다

경찰청(2005)의 가해학생 7,993명 사례를 분석한 결과에 의하면 중학생이 4,627명(57%)으로 고등학생 3,117명(39%)보다 더 많이 보고되었다. 가해 유형은 폭행 52.2%, 금품갈취 44.7%, 집단따돌림 0.3% 순으로 나타났다. 금품갈취 이유는 유흥비를 목적으로 하였다는 경우가 67%로 가장 많았고, 상납하기 위해서가 11%, 생활비 충당은 1.4%였다.

다. 가출

청소년 가출에 대하여 청소년기에 흔히 겪는 스트레스 해소, 현실 도피 또는 친구 따라서 우발적으로 발생되는 충동적으로 발생하는 단순한 일회성 도피라고 이해할 수도 있지만, 일단 이루어진 한 번의 가출은 이후의 습관적 가출로 연결되고 학업을 중단하게 되며, 다른 가출청소년이나 비행청소년과 어울려서 또 다른 비행을 저지를 가능성이 높은 문제행동이다.

청소년 가출은 동기에 따라서 도피형, 목적지향적, 맹목적 가출로 나눌 수 있으며, 빈도에 따라 일과성 가출과 상습적 가출로 그리고 가출준비에 따라서 충동적 가출과 계획적 가출로 분류할 수 있다. 우리 청소년 가출은 부모로부터 독립하거나 희망하는 목표를 달성하기 위한 자립, 목적지향적 가출이라기보다, 도피적, 상습적, 가정탈출형이 늘어나고 있다. 즉 현재 겪고 있는

갈등과 욕구불만을 해소하기 위해 가출하거나, 가출을 외박정도로 가볍게 여겨 쉽게 행동으로 옮기고, 새로운 환경에 대하여 환상을 갖고 가출을 하거나 친구와 함께 또는 연쇄적으로 가출하는 추세를 보이고 있다(고성혜, 2000; 서울 YMCA, 1995; 이용교, 1992).

2018년 최근 1년 동안 심각하게 가출을 고민해 본 적이 있는 청소년은 12.8%이다. 여자 청소년(14.8%)이 남자 청소년(11.0%)보다 고민한 비율이 높았고, 학교급별로는 중학생(15.5%)이 고등학생(14.1%)이나 초등학생(8.4%)보다 높았다. 2016년과 비교했을 때, 가출을 고민해 본 경험률은 전체적으로 감소하였다(여성가족부, 청소년 매체이용 및 유해환경 실태조사, 2018).

경찰청의 가출 청소년 가출 신고 현황에 의하면, 2017년 가출 청소년(9~19세)은 22,354명으로 지난해의 21,852명보다 502명 증가하였지만, 2011년 29,281명에 비해 6,927명(23.7%) 감소하였다. 신고된 가출청소년은 남자(9,012명)보다 여자(13,342명)가 더 많은데 남자 가출 청소년은 지속적으로 감소 추세를 보이고 있는 것으로 나타났다.

〈표 3-9〉 가출청소년 신고접수 현황

(단위: 명)

구분	2011년	2012년	2013년	2014년	2015년	2016년	2017년
남	11,579	12,051	10,570	10,171	9,104	9,038	9,012
여	11,702	16,945	14,183	13,434	12,658	12,814	13,342
계	29,281	28,996	24,753	23,605	21,762	21,852	22,354

자료: 경찰청, 9~19세 가출청소년 통계

2018년 여성가족부 조사에 의하면 지난 1년간 가출을 경험한 학생은 2.6%로 나타났으며 2016년에 비해 0.1%p 감소하였다[22]. 성별로는 남학생(2.7%)이 여학생(2.5%)보다 가출 경험이 더 높으며, 학교급별로는 중학생(3.4%)이 고등학생(3.1%)과 초등학생(1.3%)보다 높았다. 최근 1년간의 가출 횟수를 살펴보면, 1회 가출했다는 청소년이 가장 많았고(1.6%), 2회는 0.5%, 3~4회는 0.3%, 5회 이상은 0.2%로 나타났다. 청소년 가출의 주된 원인은 부모님과의

22) 하지만 전체 가출청소년의 규모를 2017년 교육통계연보의 전국 초·중·고등학생 현황을 기준으로 추정해 보면, 경찰청의 가출신고 청소년 수보다 5배 가량 많은 112,378명으로 추측된다. 성별로 살펴보면, 남자 청소년은 60,344명이며, 여자 청소년은 52,035명으로 추정되고, 학교급별로는 초등학생(16,322명)보다 중학생(45,842명)과 고등학생(50,214명)이 더 많다고 추정된다.

갈등(70.0%)이 가장 많고 다음은 자유롭게 살고 싶어서(7.1%)와 공부에 대한 부담감(3.9%) 등의 순으로 나타났다.

〈표 3-10〉 청소년 가출 경험 및 원인

(단위: %)

	가출경험	가출 원인								
		가출 호기심	가족과 의갈등	어려운 가정 형편	학교가 싫어서	공부 부담감	친구/선후배 권유	자유로운 생활	사회 경험 욕구	기타
2016	2.7	1.8	74.8	1.2	4.7	6.1	1.2	8.0	0.3	1.9
2018	2.6	2.7	70.0	0.8	3.2	3.9	0.7	7.1	0.5	11.1
남자	2.7	3.9	69.1	0.9	4.2	3.9	0.7	7.0	0.9	9.3
여자	2.5	1.3	71.1	0.7	2.0	3.9	0.8	7.2	0.0	13.1
초등학생	1.3	1.4	66.8	0.0	4.6	7.4	1.7	10.9	0.0	7.2
중학생	3.4	3.8	66.1	1.2	2.8	3.5	0.9	6.3	0.0	15.4
고등학생	3.1	2.1	74.7	0.7	3.1	3.2	0.3	6.5	1.0	8.4

자료: 여성가족부, 청소년 매체이용 및 유해환경실태조사

가출 청소년 중에서 '청소년쉼터'를 알고 있다는 응답 비율은 44.8%이고 이용한 적이 있다는 응답 비율은 14.7%에 불과하였다.[23] 가출 청소년 지원 기관을 이용해 본 적이 있는 응답자는 지원 기관에서 제공받은 서비스는 '상담 및 정보'(64.2%)와 '잠시 쉴 공간과 간식'(44.5%)으로 나타났다. 성별로는 여자청소년은 '상담 및 정보'를 제공 받은 경우가 74.5%로 가장 많았고, 남자 청소년은 '잠시 쉴 공간과 간식'을 제공 받은 경우가 56.6%로 가장 많았다. 학교급이 높을수록 '상담 및 정보'를 제공 받은 비율이 높게 나타났다(예, 고등학생의 경우 74.5%).

23) 1991년 「청소년 기본법」이 제정되고 1992년 최초로 '청소년쉼터'가 설치되었으며, 2004년에는 「청소년복지 지원법」이 제정(2005년 2월 시행)됨으로써 청소년쉼터의 법적인 설치근거가 마련되었다. 초기에는 한 가지 유형의 쉼터로 운영되다가 지원 서비스 내용을 차별화 할 필요성이 제기되어 2004년에 '일시쉼터(드롭인 센터)'를 설치하기 시작하였고, 2005년부터는 중장기적인 보호 필요성이 제기되어 중장기쉼터를 설치하여 운영하기 시작하였다. 청소년쉼터는 가출 청소년의 생활보호뿐만 아니라 상담, 자립역량 강화, 고충처리, 문화 활동 프로그램 기회제공 등을 통해 가출 청소년들의 가정·사회로의 복귀를 지원하고 있으며, 청소년 보호시설의 전문화 및 차별화된 지원 서비스를 제공하기 위하여 일시, 단기 및 중·장기 쉼터로 특성화하여 설치·운영하고 있다. 청소년쉼터는 가출 청소년을 일정기간 보호하면서 상담·주거·학업·자립 등을 지원하는 시설(「청소년복지 지원법」 제31조제1호)로서 쉼터의 활동범위에는 가출 청소년의 일시보호 및 숙식제공, 가출 청소년의 상담·선도·수련활동, 가출 청소년의 학업 및 직업훈련 지원활동, 청소년의 가출예방을 위한 거리상담 지원활동, 그밖에 청소년복지지원 관리 등이 포함된다. 가출 등 위기청소년의 조기발견과 개입, 가정 및 사회복귀를 위한 청소년쉼터는 자치단체경상보조로 지원되고 있다. 2018년도에는 전년대비 7개소를 확대하여 전국에 130개소가 설치·운영되고 있다.

라. 유해약물

청소년기에는 아동기를 벗어나 전혀 새로운 환경을 경험하게 된다. 새로운 경험은 일반적으로 스트레스를 동반하게 되는데, 이때 청소년이 스트레스를 크게 느끼거나 회피하고자 하는 욕구가 강할수록 유해약물을 접할 유혹과 사용 가능성이 높아지게 된다. 청소년기의 유해약물 이용은 신체적 및 정신적으로 큰 폐해를 미치며, 성인기 준비의 걸림돌이 되는 동시에 다른 문제로 연계될 가능성이 높다는 것은 이미 알려진 사실이다. 청소년의 모험심 또는 호기심에 의한 약물복용 가능성을 생각하지만, 실제로 유해약물을 접하는 청소년의 비율은 매우 낮으며 정상적인 대다수는 경험이 적다.

세계보건기구는 마약류를 "약물사용에 대한 욕구가 강제적일 정도로 강하고(의존성), 사용약물의 양이 증가하는 경향이 있으며(내성), 사용을 중지하면 온몸에 견디기 힘든 증상이 나타나며(금단증상) 그리고 개인에 한정되지 아니하고 사회에도 해를 끼치는 약물"로 정의하고 있다. 우리나라 청소년 유해약물에 대한 정의는 청소년보호법 제2조제4호에 나와 있다. "청소년 유해약물은 주세법에 따른 주류, 담배사업법에 따른 담배, 마약류관리에 관한 법률에 따른 마약류, 화학물질관리법에 따른 환각물질 및 청소년보호위원회가 결정하고 여성가족부장관이 고시한 것"이라고 적시하고 있다.

유해 약물은 술, 안정제와 같은 대뇌 기능을 저하시키는 종류와 코카인, 암페타민과 같이 대뇌를 흥분 혹은 각성시키는 종류로 나눌 수 있다. 대부분의약물 중독자들은 흔히 청소년기에 술, 담배부터 시작해서 본드 흡입이나 각성제, 대마초 등으로 옮겨가고 결국은 다른 불법내지 환각 물질로 이행하는 수가 많다.

청소년기의 유해약물 남용은 다음과 같은 문제점과 폐해를 가져오게 된다. 첫째, 청소년이 약물남용을 하면 성인보다 더 빠르게 중독되고, 장기적으로 성인병 등 각종 질환을 일으킬 수 있다. 둘째, 약한 약물에서 시작하여도 차츰 더 강한 약물 또는 소량에서부터 대량으로 빠르게 진행되고, 쉽게 여러 약물을 복합적으로 남용하게 된다. 셋째, 청소년들은 발달과정에 있기 때문에 약물남용 상태에서 현실 판단 능력이나 자제력을 상실하여 다른 문제행동을 저지르는 경우가 적지 않다. 넷째, 특히 청소년 시기의 유해 약물 남용은 건강에 대한 영향뿐만 아니라 다른 유형의 유해 약물과 가출, 성경험, 신체 활동, 식생활, 안전의식 등에 관련된 문제행동이나 불건전 행태와 밀접하게 관련되어 있어서 유해 약물 남용은 각종 문제행동을 유발하는 '관문약물'이라고 불린다(한국마약퇴치운동본부, 1999).

여기에서는 청소년보호법에서 규정한 유해약물 중에서 마약류(2018년 청소년 마약범죄자 119명, 전체의 0.8%)를 제외하고 주류, 담배 및 각성제와 같은 환각 물질의 사용실태와 특징을 알아보기로 한다.

(1) 중·고등학생 흡연과 음주

흡연 시작 연령이 빠를수록 니코틴 중독이 훨씬 심하며 수명이 단축된다. 청소년기의 흡연은 정상적인 폐 발육과 기능에 좋지 않은 영향을 미치며 비흡연자에 비해 호흡기 질환 증상이 상대적으로 흔하며 운동 능력이 저하된다. 성인기의 호흡기 질환의 위험 인자가 될 수도 있다. 흡연으로 인해 호흡기 질환과 동맥 경화가 조기에 시작될 가능성이 높으며, 성인기의 관상동맥 심장질환, 동맥경화성 말초혈관 질환, 뇌졸중 등의 발생 위험성을 높인다(U.S. Department of Health and Human Service, 1994; 보건복지부, 질병관리본부 및 교육인자원부, 2007).

술은 중추신경억제 물질로써 뇌기능을 둔화시키며 수면이나 마취효과를 가져오는 중독성이 강한 습관성 물질이다. 알코올은 대뇌피질을 공격하여 이완시킴으로써 마치 흥분한 사람처럼 보이게 된다. 우리가 청소년의 음주를 우려하는 이유는 청소년기에 알코올 의존에 빠지는 중독 현상은 드물지만, 술을 잘 소화하지 못하면서 많은 양을 섭취함으로서 발생하는 병리적 중독 상태가 실제적으로 더 문제가 되기 때문이다.

2018 청소년 매체이용 및 유해환경 실태조사(여성가족부, 2018)에 의하면 중·고등학생의 흡연율은 6.7%, 음주율은 16.9%로 전년보다 각각 0.3%p, 0.8%p 증가한 것으로 나타났다.[24] 흡연율은 2007년 13.3%로 가장 높았고, 2016년(6.3%)까지 감소하다가 2017년 이후 다시 증가하였고, 음주율도 유사하게 2006년 28.6%로 정점을 기록 후 2016년(15.0%)까지 감소하다가 2017년

24) 흡연율은 최근 30일 동안 1일 이상 흡연한 사람의 백분율이고, 음주율은 최근 30일 동안 1잔 이상 술을 마신 적이 있는 사람의 백분율임.

이후 다시 증가 추세를 보인다.

흡연의 생애 경험률을 확인 한 결과, 중·고등학생의 9.6%가 경험이 있는 것으로 나타났다. 특히, 남자 청소년의 흡연 생애 경험이 14.1%로 여자 청소년(4.7%)보다 3배 많으며, 고등학생의 흡연 생애 경험률(12.8%)은 중학생(5.7%)보다 2.2배 정도 많은 것으로 나타났다.

한편, 중·고등학생의 33.5%는 생애 음주 경험이 있고, 고등학생의 비율은 44.3%이다. 생애 음주 경험이 있는 청소년들의 45.3%는 가족이 음주를 권유, 강요 및 말리지 않은 경험이 있으며, 이러한 경험은 중학생(50.4%)이 고등학생보다 높다.

2018년 음주와 흡연을 하는 장소를 알아본 결과, 흡연을 하는 학생의 주된 흡연 장소는 놀이터·공터·공원 등이 61.5%로 가장 많고, 다음으로는 PC방·비디오방·노래방(16.6%), 집·친구집(12.8%), 학교(5.8%), 술집·나이트클럽 등(3.3%) 순으로 나타났다. 음주를 하는 학생이 술을 마시는 장소는 중학생, 고등학생 모두 집·친구 집에서가 각각 79.7%, 76.8%로 가장 높게 나타났다. 흡연은 주로 집밖에서 하지만 음주는 주로 집에서 하는 차이를 보인다.

(2) 환각물질

청소년들은 성인에 비해 비의료적인 목적의 각성제나 본드와 같은 유해 환각물질 복용을 더 쉽게 하고 있기 때문에 예방이 용이하지 않지만, 상습적이 아닌 경우가 많아 치유의 가능성은 더 높다고 할 수 있다. 연령의 하향화 추세를 보이고 있어서 우리는 청소년의 환각약물 남용에 대한 예방과 재활에 관심을 가져야 한다.

약물 남용에 대한 연구에 있어서 대상 연령 및 청소년의 특징, 연구 방법 등에 따라 약간씩 차이를 보이지만 국내외의 연구는 공통적으로 음주와 흡연이 제일 먼저 시작되고 대개 18~25세에 약물복용이 최고조에 달했다가 그 이후는 줄어든다고 보고하고 있다. 아직 약물을 복용하지 않았으나 호기심을 가지고 있는 청소년들이 약물 남용에 빠지지 않도록 지도하는 것이 매우 중요하다. 아동들이 어려서부터 약물남용의 해악을 이해하고, 약물남용을 억제하며 유혹을 거부할 수 있도록 적절한 예방교육이 적극적으로 이루어져야 한다.

2018년 조사에 의하면, 지난 1년 동안 환각성 물질을 이용한 경험률은 0.3%로 나타났다. 환각성 물질 이용 경험이 있는 중고등학생들의 환각성 물질 주된 획득경로는 '집'(34.5%)이며, 성별에 따른 차이를 보면, 여학생의 환각성 물질 주된 이용 경로는 '집'(57.0%)이지만, 남학생은 '집'(23.9%)과 '성인에게 얻어서'(21.7%), '친구 또는 선후배'(21.2%) 등으로 좀 더 다양하게 나타났다. 학교급별로는 중학생은 '집'(53.5%), 고등학생은 '성인에게 얻어서'(31.5%)로 나타났다.

환각성 물질 위험에 대한 교육 경험이 있다는 응답은 30.5%로 2016년도에 비해 감소하였다. 교육이 도움되었다는 응답은 70.2%이지만, 환각성 물질 유경험자 중 환각성 물질 위험에 대해 교육받은 청소년의 83.4%는 교육이 도움되지 않았다고 응답하였다.

마. 자살

자살은 연령대에 관계없이 나타나는 자기파괴적인 행동이다. 어려움에 대한 최후의 피난처인 자살은 동기가 다양하고, 상황이 복잡하며, 심리적 상태가 복잡하기 때문에 특정 원인으로 자살 행위를 설명하는 것은 매우 어렵다. 서울시와 자녀안심하고 학교보내기운동 서울협의회(2000)는 청소년의 분노, 스트레스, 상실, 좌절에 대한 대처 능력이 성인에 비해 급격히 붕괴되는 취약성이 있어서 단기간에 자멸적 침몰이 일어날 수 있다고 지적하고 있다.

자살 또는 자살행동은 자살 사고(ideation), 자살 위협(threat), 자살 시도(attempt), 성공한 자살(committed or completed suicide) 등으로 나눌 수 있는데, 자살 사고를 하더라도 위협으로 그치는 경우가 대부분이며, 자살 시도로 연결되는 경우는 절망감, 우울증, 무력감 및 기타 인지적 특성들에 따른 심각성이 영향을 미친다. 청소년들의 자살 사고나 시도는 절망이나 비관, 우울증상과 직접적인 관련이 없고, 자살 시도는 행동상 및 충동상 장애와 더 밀접하게 관련되었다는 견해가 더 많다. 일시적으로 겪는 장애나 스트레스로부터 벗어나고자 하는 즉흥적이고 극단적인 방법의 선택이라고 할 수 있어서 청소년의 자살은 일종의 도피적인 방법의 충동적 실행 결과로 나타나는 경향이 있다.

2017년 청소년의 사망원인을 보면 고의적 자해(자살)가 가장 많아서 운수사고와 암보다도 많다. 「고의적 자해(자살)」은 인구 10만 명당 7.7명, 「운수사고」는 3.4명, 「악성신생물(암)」은 2.7명으로 전년보다 각각, 0.1명, 0.4명, 0.4명 감소하였다. 「고의적 자해(자살)」은 2010년 8.8명으로 정점을 기록 후 감소하여 지금까지 7명대를 유지하고 있다.

〈표 3-11〉 청소년(9~24세) 사망원인

(단위: 건/10만 명)

	1위	2위	3위
2000	운수사고 (14.3)	고의적 자해(자살) (6.0)	악성신생물(암) (4.5)
2006	운수사고 (6.4)	고의적 자해(자살) (6.0)	악성신생물(암) (3.6)
2007	고의적 자해(자살) (8.6)	운수사고 (6.6)	악성신생물(암) (3.8)
2010	고의적 자해(자살) (8.8)	운수사고 (6.0)	악성신생물(암) (3.3)
2015	고의적 자해(자살) (7.2)	운수사고 (4.0)	악성신생물(암) (2.9)
2016	고의적 자해(자살) (7.8)	운수사고 (3.8)	악성신생물(암) (3.1)
2017	고의적 자해(자살) (7.7)	운수사고 (3.4)	악성신생물(암) (2.7)

주: ( ) 안의 수치는 사망률, 사망률=(사망자수/당해연도 연앙인구)x10만명.
자료: 통계청, 「사망원인통계」, 해당연도.

2005년 서울시교육청 산하 학교보건원에서 서울시내 8개 고등학교에서 2,400여명을 대상으로 한 연구에 의하면, 지난 1년 동안 공부를 제대로 할 수 없을 정도의 우울증을 경험한 비율이 22.3%, 심각한 자살사고를 가졌던 비율이 6.3%, 자살할 계획을 가졌던 비율이 2.8%, 실제로 자살시도를 해봤던 비율이 2.0%, 그리고 자살 시도로 인하여 병원치료를 받았던 경험을 가진 학생 비율이 0.6%로 조사되었다. 이보다도 청소년보호위원회(청소년 자살의 원인과 실태, 2004)의 조사결과는 훨씬 심각하게 나타났다. 조사대상 11~22세 청소년 중 자살 생각을 해 본 응답자는 25.1%인데 교급별로는 중학생(27.9%)보다 고등학생이, 특히 인문계 학생(28.4%)이 더 생각을 많이 한 것으로 조사되었다. 자살방법에 대하여 구체적으로 생각해 봤다는 응답 학생의 비율은 20.1%이고 여학생(27.7%)과 실업계 고등학생(27.6%)이 상대적으로 높게 나타났다. 실제적으로 자살경험이 있는 응답자는 4.5%인 55명이고 인문계 고교생(4.6%)보다 실업계 고교생(6.1%)이 더 높았다.

5. 정책적 대응방안

앞에서 살펴본 바와 같이 청소년 문제는 자기파괴적 행위부터 사회로부터의 도피 및 타인에 대한 스트레스 해소 등 그 유형이 매우 다양하다. 청소년은 발달과정에 있고 성인에 비해 사회 환경의 영향을 더 많이 받으며, 합리적 사고와 종합적 판단 능력이 상대적으로 떨어지기 때문에 청소년 문제를 예측하고 이에 대한 대책을 세우기가 어렵고 청소년 인구의 지속적인 감소, 가족구조의 다양화와 가족 기능의 위축, 뉴미디어와 통신기술의 급격한 발달에 따른 매체환경의 급변과 이로 인한 청소년의 유해환경 노출 위험 증가, 제4차 산업혁명시대의 도래, 청년 노동시장의 위축 및 고용 불안 등 청소년을 둘러싼 사회·경제적 환경 변화는 정책수립에 어려움으로 작용하고 있다(2018 청소년백서, 여성가족부 2018: 7).

청소년 문제의 해결과 예방을 위한 방안은 청소년 문제(행동)의 심각성, 지속성, 사회적 파장 등에 따른 유형별 대책도 있을 수 있지만, 청소년 자신의 개인심리적 문제와 청소년에게 영향을 미치는 사회환경을 개선하여 청소년 문제를 예방하고 청소년을 지지 또는 선도할 수 있는 대안을 찾는 것이 효과적일 것이다. 청소년의 개인심리적, 가족, 친구 및 학교 그리고 사회 영역에서 구체적으로 우리가 해야 할 일을 제시해본다.

가. 개인심리적 영역

청소년 문제의 예방을 위한 핵심적이며 중요한 것은 청소년의 문제행동을 유발하는 내적 기제를 적절하게 통제하고, 부정적인 외적 환경의 영향을 최소화 내지 극복할 수 있는 능력을 계발하는 것이다. 청소년의 건전한 유대형성, 청소년 복원력 및 역량 강화 등은 문제 행동의 예방 및 재발 방지의 기초가 된다.

청소년 유대(bonding)의 증진이 가장 시급하다. 청소년은 부모 및 교사를 포함한 중요한 타자들과 건전하고 긍정적인 유대감을 형성하는 경우 건강한 사회구성원으로 성장할 수 있고 타인에 대해 신뢰감을 갖게 된다. 유대형성이 불완전하면 자아정체감이 불확실하게 형성되고, 유대감이 낮은 경우 자신

뿐 아니라 타인에 대한 불신감이 높아지며 정서적인 공황을 경험할 수 있다. 따라서 유대의 결핍은 약물, 충동적 행동, 문제 청소년과의 교제 등의 문제 행동을 유발하고 불건전한 유대를 통하여 대리충족할 가능성이 높아진다(Elliot et al., 1985). 두 번째, 청소년의 복원력(resilience)이 촉진되어야 한다. 변화가 동반하는 긴장 상황에 대하여 건강하고 유연하게 적응할 수 있는 보호적인 요인인 복원력을 개발 내지 강화하여 위험환경의 영향 및 부정적인 행동 가능성을 감소시켜서 청소년으로 하여금 자긍심과 자기 효능감을 갖게 하는 긍정적인 효과를 볼 수 있다.

끝으로, 청소년 역량이 강화되어야 한다. 청소년기의 발달과업을 성공적으로 수행하기 위해서 사회적, 정서적 및 인지적 측면에서의 청소년 역량 강화는 필수적이다. 사회적 역량강화는 청소년은 구체적인 사회적 또는 대인적 관계 형성을 위하여 감정, 사고 및 행동을 통합하는 대인관계 기술의 계발을 의미하는데, 사회적 의미 및 상징 해석, 대인관계 관련 문제의 적절한 대처 및 행동에 관련된 결과와 장애 예측 등을 포함한다. 자기 자신 및 타인의 감정과 정서적 반응을 인식하고 적절하게 대응할 수 있는 정서적 역량이 배양되어야 한다. 인지적 역량은 학습 및 지적 성취도와 연관된 논리력, 분석력 및 추리력 학습 인지 능력에 관련되어 있다(윤철경 외, 2005: 33~40).

나. 가족 영역

부모는 자신들도 청소년기에 권위적인 부모자녀관계에 대한 거부감을 느꼈던 경험이 있었을 것이다. 하지만 사회생활을 하면서 권위적으로 변해가며 빠른 사회 변화에 부응하는 일관된 훈육을 실시하는데 어려움을 겪고 있다. 자녀에 대한 부모의 태도는 대체로 평등적이거나 민주적이라기보다 권위주의적, 후견적, 이중적이라고 할 수 있다. 더구나 부모는 자녀의 적성이나 능력에 관계없이 과잉 기대로 자녀들에게 심리적 부담감을 주기 쉽다. 그로 인해, 청소년들은 권위적이고 보수적인 부모와 갈등을 경험하며, 부모의 기대와 자신의 능력 사이의 괴리는 문제행동의 발생 가능성을 높인다.

성적지상주의적 환경속에서 청소년들은 공부에 절대적인 시간과 노력을 투여하도록 종용받는다. 부모들은 자신의 자녀가 가능하면 궤도에서 벗어나지 않고 성공에 이르는 정확하고 신속한 사다리에 올라갈 수 있도록 무한의 지원과 희생을 아끼지 않으며, 자녀들은 공부 외에 그 어떠한 것도 신경 쓸 것 없으며 짜인 일정대로 톱니바퀴처럼 돌아가는 것이 최고의 덕목이다. 청소년은 스스로 결정할 수 있는 것도 없으며 비판 능력도 필요 없다. 공부 열심히 하고, 학원 잘 다니는 청소년은 반대로 모든 것을 요구할 수 있는 권한을 갖고 있으며 부모는 최선을 다하는 좋은 부모라는 허상과 대리만족 속에서 그 이상 더 해줄 것이 없을까하고 걱정한다. 결국 건강한 사회인이 되기 위한 부모의 권위와 가르침은 설자리가 없으며, 사회 가치와 규범은 부차적인 문제가 되었다.

맹목적이고 무비판적인 생활 속에서 경험하는 갈등과 스트레스에 대해 청소년은 원인, 본질 그리고 해답도 찾기 어렵다. 이를 예방내지 해결하기 위해서 부모들은 성적지상주의와 부모 중심적인 가치에서 벗어나 사회구성원으로서 청소년의 잠재적 가능성을 최대한 발휘하는데 의미를 부여하고 장기적으로 깊이 있는 이해와 지지가 필요하다. 가족 구성원들은 건강한 연대를 강화하고 자녀가 독립적으로 능력과 적성에 맞는 인생을 설계하도록 지도해야 한다. 한편으로, 청소년 자신은 성장에 따른 복합적이고 지속적인 변화를 받아들이면서 잘 조정해야하고 사회의 다양한 요구를 적절하게 수용하여 낙오되지 않고 사회구성원으로 성장하여야 한다. 보호자들은 청소년이 발달 단계 및 과업 수행 상 다양한 환경과 경험에 따른 실수와 혼란에 대하여 질책보다 가능성을 인정하여 긍정적인 관심과 지지를 보여주어야 한다.

다. 학교 영역

학교 교육은 지식 및 기술 학습과 사회의 가치, 규범, 역할 등을 전수하는 기능을 하고 있다. 학교에서 청소년은 보편적이고 공정한 지식과 가치를 배울 기회를 제공받아야 하고, 자신도 충분히 수용하여 성인기에 능력을 펼칠 준비를 하여야 한다. 하지만 현실은 특정 지위나 직업을 위해 무한히 경쟁하는 냉정한 전쟁터가 되었고, 부모의 사회경제적 배경 및 지역적 특성에 따라 교육 기회가 불공정해지고 있는 현실이다. 소모적 경쟁에 따른 사교육 시장이 갈수록 비대해 지고 있으며, 고등교육 기관인 대학교 진학률은 70% 가까이(2018년 69.7%)되어 입시준비 교육을 하는 것은 더 이상 의미를 상실하였다. 실생활에 있어서 대학진학자가 해당 연령의 30%를 초과하는 교육의 대중화 시대에는 대학졸업자의 30%가 전통적으로 생각되어 오던 사무직을 갖지 못하고 노동시장에서 비대학졸업자와 같이 경쟁하게 되어 전문기술이나 전문지식이 필요 없게 된다고 전문가들은 말한다.

우리나라 사회는 그간 학문을 숭상하는 유교적 전통, 교육투자를 통한 급속한 경제 성장 및 신분이동 그리고 사회 특권의 향유가 가능하였기 때문에 국가적으로는 인재의 양성과 국부의 창출이라는 절대적인 명분하에 그리고 개인적으로는 사회적, 경제적, 문화적 및 정치적으로 우월한 지위 획득이라는 막연한 가능성을 위한 입시위주의 교육이 일반화되었다. 물론 교육은 사회이동의 중요한 수단이기 때문에 경쟁은 앞으로도 있을 것이다. 그렇지만 요즘 청소년은 전통적 사고를 중시하지 않으며, 스스로 선택하는 개성 있고 독립적인 삶을 누리려고 노력하고 있으며, 장기적으로 성공지향적인 목표 설정보다는 단기적 성취에 만족해하는 경향을 보인다.

오늘날 많은 청소년은 정형화된 교육환경에서 행복하지 않으며, 획일화된 경쟁속에서 개인의 능력이나 소질 개발은 등한시하고, 사회구성원으로서 협동과 상호 신뢰를 구축하기보다 경쟁과 타인에 대한 승리가 중요시되는 발전적이지 못한 문화를 경험하게 된다. 그 결과, 폭력, 약물남용, 가출, 자살, 학교중퇴 등과 같은 병리현상이나 부적응 현상과 같은 청소년문제는 증가할 수밖에 없을 것이다.

교육 영역에서 청소년 문제에 미치는 부정적인 영향을 감소시키기 위한 대책을 살펴보자. 먼저, 수없이 연구하고 실험해 본 외국에서 성공사례를 우리나라 교육시스템에 적용해 본다. 주입식으로 표준화된 교과과정에 따라 무비판적으로 공부하고, 단순 암기위주의 시험성적순으로 평가되고 진학하는 현 교육체계에서 벗어나 즐거운 공간에서 공동체의 구성원으로서 시민성을 학습하고 창조적인 사고를 배우는 교육시스템을 도입해야 한다. 자유학교, 비공식학교, 개방학교 등으로 불리는 대안학교와 같이 기존의 획일화된 교과과정 및 규율이 적용되지 않고 평가도 다양한 학교의 학력도 인정되어야 한다. 이와 더불어 전통적인 학교 체제의 개혁이 필요하다. 학교 개념과 형태를 다양화하고 선택과 이동을 쉽게 한다. 이미 제도화된 기존의 교육체계를 단번에 바꾸는 것이 아니라 기존의 학교라는 틀은 유지하면서 학교선택권 확대, 개성 존중, 다양한 수업 방식 도입, 권위주의적 교사관의 변화, 민주 시민으로서의 청소년 권리와 책임의식 강조, 봉사활동 활성화, 평등하고 공정한 평가 시스템 확립 등을 도입하여 추진해야 한다. 이를 통해 학생은 정체감과 소속감을 높일 수 있고, 개성과 소질을 살려서 자기가 하고 싶은 것을 무엇이나 자랑스럽게 그리고 성실하게 하는 사람으로 성장할 수 있는 가능성이 높아지고 문제행동의 가능성은 낮아질 수 있다.

라. 사회 및 정부의 영역

청소년들이 책임감 있고 적극적으로 사회생활을 영위할 수 있도록 법적, 사회적으로 청소년들을 보호할 수 있는 장치가 마련되어야 할 필요가 있다. 청소년에 대한 체계적인 관심과 보호에 대한 정책적 논의가 시작된 것은 청소년보호법이 제정된 1997년부터이다. 이와 더불어 청소년 관련 조직 및 사업을 확대하여 정책 영역을 확장함으로써 청소년 보호에 대한 사회적 인식 및 공감대 형성에 기여하고, 실제 청소년 보호에 있어서도 가시적인 성과를 많이 보이고 있다(윤철경 외, 2005). 또한 아동·청소년 성보호에 관한 법률 제정, 청소년 성매수자 신상공개 등 활발하게 청소년보호를 위한 노력을 경주하였다.

한편 학교폭력의 피해자의 수와 피해 정도가 심각해짐에 따라 피해자 가족모임이 활성화되었다. 1995년에 청소년폭력예방재단이 설립된 이후, 1999년 자녀안심하고 학교보내기 운동 그리고 2002년 학교폭력대책국민협의회 등 민간이 주도하는 학교폭력 근절 및 예방노력이 국가로 하여금 학교폭력예방 및 대책에 관한 법을 제정하고, 국무총리실 산하에 폭력추방 범국민 추진본부협의회를 구성하는 변화를 갖게 하였다. 2005년부터 「학교폭력 예방 및 대책 기본계획」을 수립·시행해왔으며, 기존 학교폭력 대책의 보완 필요성에 따라 「학교 안팎 청소년 폭력 예방 대책」(2017) 및 「학교 안팎 청소년 폭력 예방 보완대책」(2018)을 발표한 바 있다.

청소년보호 차원뿐 아니라 문제 청소년 선도에 대한 정부의 역할은 청소년

문제를 예방하거나 재발을 방지할 수 있는 정책을 수립, 실천하는 직접적인 업무추진과 더불어 사회 각 공적·사적 부문들이 청소년 문제에 적극적으로 개입하도록 간접적으로 지원하는 것이다. 예를 들어 청소년을 지원하는 프로그램을 활성화하여 가출, 비행, 약물남용 등의 문제가 있는 청소년들의 재활이나 정상화를 위해 관련 전문가/활동가를 지원하는 것이 더 효율적일 수 있다. 청소년문제의 발생률을 낮추기 위해서 문제청소년들을 처벌하고 격리하는 것이 아니라 사회 속에서 일상적인 활동을 하면서 정상적인 생활에 복귀하도록 지원하는 사회내 처분이 우선되어야 한다. 문제청소년들이 사회가치의 수용, 분노조절, 욕구 통제 및 사회기술 등을 수용하면서 스스로 변화될 수 있도록 지원할 필요가 있다. 이를 위해서는 사회복지 차원에서 청소년문제를 바라보고 유관 기관과의 협력이 반드시 필요하다.

한편, 청소년들에게 유해환경을 제공하는 성인과 기관에게 대한 법적, 행정적 처벌을 실효적으로 강화해야 한다. 청소년들에게 음주제공, 담배 판매, 유해 장소 제공 및 알선 등과 같이 청소년에게 문제 환경을 조성하여 청소년 문제를 유발하는 성인에 대한 처벌은 아주 엄격하게 실시되어야 한다. 외국과 같이 무관용(zero tolerance)나 즉시퇴출(one strike out)을 도입하여 국가에 의한 처벌이 엄격하고, 확실하고, 신속하면 처벌된 사람들이 느끼게 되면 법규위반이 감소될 것이다(Gibbs, 1975). 2010년에 청소년관련 업무를 여성가족부가 총괄하게 되었으니 적정한 인원과 예산을 확보하고 청소년을 대상이 아니 주체로써 바라보고 정책과 사업을 수행할 것을 기대해 본다.

제 4 장

경제적 불평등과 빈곤

1. 경제적 불평등과 빈곤에 대한 개념
2. 경제적 불평등과 빈곤의 양상
3. 빈곤층의 사회인구학적 특성
4. 경제적 불평등과 빈곤에 대한 설명
5. 경제적 불평등과 빈곤의 결과
6. 경제적 불평등과 빈곤에 대한 대책

제4장 경제적 불평등과 빈곤

인간은 세상을 살아나가기 위해 많은 경제적 자원을 필요로 한다. 이러한 자원에는 옷, 식량, 집 등과 같이 생존을 위한 기본적 자원도 있고 또 보다 나은 삶을 영위하기 위한 자동차, 휴대폰, 컴퓨터 등과 같은 자원도 있다. 하지만 모든 사회는 이러한 자원을 그 구성원들에게 똑같이 분배하지 않는다. 어떤 사람은 다른 사람보다 훨씬 많은 재산을 가지고 있는 반면 어떤 사람은 다른 사람보다 훨씬 적은 재산을 가지고 있다. 일부의 사람들은 평당 5천만원 이상을 호가하는 50억원대 아파트를 소유하고 있는 데 비해 또 일부의 사람들은 월세 10만원짜리 반지하 단칸방에서 여러 식구들이 어울려 살고 있기도 하다. 어떤 사람들은 연 수백억원대의 소득을 올리는 데 비해 또 어떤 사람들은 일당 10만원의 일자리를 찾기 위해 새벽 인력시장을 전전해야 하는 처지에 있다. 일부 사람들은 천만원 이상의 1등석 비행기를 타고 수시로 골프여행을 다니는 데 비해 또 일부의 사람들은 시내버스비나 전철요금을 절약하기 위해 머릿속에서 복잡한 계산을 하기도 한다.

이러한 사회의 경제적 불평등 구조에서 특히 취약한 집단은 빈곤층이다. 한국은 과거 40여년 간의 경제발전을 통해 가난한 농업국가에서 2019년 현재 GDP규모로 전 세계 205개국 가운데 12위의 경제대국으로 성장했다. 1인당 국민소득도 3만 달러를 넘어섰고 거리 곳곳은 자동차로 넘쳐나고 있다. 겨울철 아파트 안에서는 내의만 입고 생활하며 옷은 유행이 지나거나 싫증이 나서 버리고 남은 음식물찌꺼기 처리로 고심을 하기도 한다. 하지만 이러한 경제적 풍요로움 속에서도 빈곤의 모습은 여전히 곳곳에서 목격할 수 있다. 노숙자, 비닐하우스 거주자, 점심을 거르는 아동, 무료점심제공 버스 앞에 늘어선 행렬, 거리의 행상, 폐지를 모아 판 돈으로 생계를 유지하는 노인은 마음만 먹으면 언제든지 어렵지 않게 만날 수 있다.

경제적 불평등과 빈곤 그리고 이것들의 확대는 여러 측면에서 중요한 사회문제가 된다. 먼저 빈곤은 삶의 여러 가지 부정적 측면들, 예를 들면 높은 질병률, 조기 사망률, 저학력, 높은 범죄피해율 등과 연결되어 있다. 둘째, 가난에 따른 실업문제 해결과 복지지원 및 기타 사회적 비용은 당사자는 물론 대다수 국민들에게 무거운 짐이 된다. 셋째, 불평등의 심화는 가난하지 않은 사람에게조차도 사회적 위화감과 반감, 불만, 걱정, 스트레스를 유발시킬 수 있으며, 이는 심할 경우 정치 및 사회질서를 위협하는 사회적 불안과 반기의 유발요인이 될 수 있다. 특히 젊은이들에게 있어 경제적 불평등의 확대는 자신들의 부모가 구입할 수 있었던 집, 받을 수 있었던 교육, 가졌던 직업을 획득하지 못하고 자신과 자신의 가족을 돌볼 능력을 떨어뜨림으로써 불안감, 자포자기감, 잠재적 폭력성을 조장시킬 수 있다.

1. 경제적 불평등과 빈곤에 대한 개념

우리 사회의 경제적 불평등과 빈곤은 어느 정도인가? 경제적 불평등이 더 심화되고 빈곤층이 증가하고 있는가 또는 경제적 불평등이 완화되고 빈곤층은 감소하고 있는 것인가? 이 같은 질문에 대한 대답은 경제적 불평등과 빈곤을 어떻게 정의하고 측정하는가에 따라 달라질 수 있다.

가. 사회적 불평등과 사회계층

일반적으로 사회학자들은 경제적 불평등과 빈곤 현상을 사회적 불평등과 사회계층이라는 용어를 통해 접근하고 설명한다. 사회적 불평등은 어떤 사회에서 가치 있는 자원이나 그러한 자원에 대한 접근이 구성원들에게 똑같이 분배되지 않는 현상을 일컫는다. 이러한 측면에서 경제적 불평등은 사회적 자원 중 주로 경제적 자원의 분배가 불평등한 현상이다. 이러한 맥락에서 빈곤은 경제적 자원이 부족하거나 이러한 자원에 대한 접근이 제한된 상태로 이해될 수 있다.

사회적 불평등과 유사한 개념으로 불공정(inequity) 또는 불공평(unfairness)이라는 개념이 쓰인다. 불평등은 자원이 결과적으로 똑같이 분배되지 않는 현상을 일컬으며 사실적인 차원에서 확인이 가능하다. 이에 비해 불공정은 정의(justice)라고 하는 가치가 개입된 개념으로 자원의 분배가 옳게 이루어지지 않는 현상을 말한다. 사람들은 분배가 옳은지 그른지를 판단하기 위해 주로 어떤 자원을 얻기 위해 투입된 다른 자원이나 다른 사람의 분배과정을 비교하거나 고려한다. 따라서 평등한 분배가 옳은 분배 또는 공정한 분배임을 그대로 말해주지는 않는다. 예를 들어, 빈둥빈둥 노는 사람이나 열심히 일하는 사람이나 똑같은 보상을 받는다면 이것을 옳다고 판단할 사람은 그리 많지 않을 것이다. 이러한 측면에서 평등한 분배와 공정한 분배는 별개라고 할 수 있다.

사회적 불평등은 사회집단의 차원에서도 발생한다. 어떤 집단은 다른 집단에 비해 보다 많은 자원을 소유하고 있다. 이와 같이 어떤 집단들이 사회적 자원에 대한 통제나 접근에 있어 위계적으로 서열화된 불평등 현상을 사회계층(social stratification)이라 한다. 결과적으로 서열화된 집단은 지구의 표면을 겹겹이 둘러싸고 있는 지층(strata)과 같은 모습을 지니고 있다.

사회계층은 체계적으로 사회구조에 내재화되어 있다. 비슷한 계층에 속한 사람들은 자신들이 달성하고자 하는 교육수준, 얻고자 하는 건강의 정도, 갖고자 하는 생활수준 등과 같은 삶의 기회(life chance)에서 비슷한 처지에 놓이게 된다. 그렇기 때문에 사회계층은 불평등이 제도화되어 있는 조건이다. 여기서 제도화란 위계화된 체계가 단단히 설립되어 있음을 의미한다. 따라서 사회계층체계 내에서 사람들은 보통 어떤 집단이나 집단에 속한 사람들이 다른 집단이나 집단의 사람들에 비해 보다 많은 영향력을 행사하고 존경을 받으며 보다 많은 자원을 가질 수 있을 것으로 또는 그 반대로 인식한다. 이 같은 방식으로 사회계층은 일정한 유형을 가지고 지속적이고 안정적으로 유지된다.

나. 빈곤

일반적으로 빈곤 또는 가난은 세상을 살아나가는데 필요한 물질적 자원들 특히 중요하게는 식량, 옷, 집, 의약품 등의 자원이 결핍한 상태로 규정된다. 하지만 이러한 규정은 부정확하거나 적절하지 않을 수 있다. 지금으로부터 100여 년 전까지만 하더라도 많은 사람들은 냉난방이 제대로 안 되는 집에서 살았으며 사시사철 식량이 부족했고 특히 봄철에는 굶기가 일쑤였으며 매우 남루한 옷을 입고 다녔다. 오늘날의 입장에서 보면 이러한 생활은 당연히 궁핍의 표시이지만 당시의 사람들은 그러한 생활수준을 빈곤이라고 하지 않았다. 왜냐하면 대부분이 그렇게 살았고 또 그렇기 때문에 보통의 생활수준으로 받아들였기 때문이다.

빈곤에 대한 정의는 과연 어느 정도로 결핍한 상태를 빈곤이라고 규정할 것인가의 문제에 봉착하게 되면 더욱 복잡해진다. 이런 측면에서 빈곤에 대한 보편적이고 완전히 만족할 만한 정의는 거의 없다고 할 수 있다. 이 같은 한계 내에서 오늘날의 많은 학자, 정치인, 정책결정가, 사회운동가 등은 절대적 빈곤, 상대적 빈곤, 문화적 빈곤의 세 가지 개념을 가지고 빈곤을 이해하고 설명하며 또 해결하려고 노력한다(Sullivan, 2005).

(1) 절대적 빈곤

빈곤에 대한 일부의 정의는 사람들이 삶에 필요한 기본적인 필수품을 구입할 수 없는 경제적 수준을 의미한다. 비록 '기본적인 필수품'이라는 용어가 상대적이지만 그럼에도 불구하고 우리는 이것을 건강하고 생산적인 삶을 유지시킬 수 있게 해주는 영양섭취, 주택, 의복, 의료서비스 등등에 의해 규정할 수 있다. 예를 들어, 우리는 건강을 유지하기 위해 쇠고기를 먹을 필요는 없다. 하지만 인간의 신체는 어떤 식품으로부터라도 어느 정도의 단백질, 비타민, 무기물 등을 공급받아야 한다. 영양학자들은 하루에 필요한 최소한의 영양분과 영양섭취량을 비교적 정확하게 말해줄 수 있다. 이와 마찬가지로 오늘날에 있어 냉난방시설이 제대로 안 갖추어져 있는 주택은 건강에 해를 끼치기 때문에 정상적인 주택으로 인정하기가 어렵다. 의학자들은 우리 인간이 정상적인 체온을 유지하기 위한 최소한과 최대한의 실내 온도를 비교적 확실하게 이야기해줄 수 있다.

이런 측면에서 빈곤에 대한 절대적 정의는 사람들을 빈곤 집단과 그렇지 않은 집단으로 구분하게 해주는 고정된 경제적 수준을 설정시켜준다. 즉 개인이나 가족이 소유하고 있는 경제적 자원의 양이 어떤 경제적 수준 밑이면 빈곤층에 속하게 되고 넘으면 빈곤층이 아닌 것이다. 이 같은 경제적 수준은 사회 전체가 더 부유해지거나 가난해진다고 해서 필연적으로 변해야 할 필요는 없다.

빈곤에 대한 절대적 개념은 오늘날 많은 국가들 특히 대부분의 개발도상국들에 있어 빈곤층을 위한 사회정책과 프로그램을 개발하기 위한 기초로 사용되고 있다. 이들 정책과 프로그램에서는 생활필수품으로 간주되는 것들을 구입할 수 있는 최저 소득을 빈곤선(poverty line)으로 설정해 놓고 이 빈곤선 밑의 소득을 얻는 개인과 가구를 빈곤층으로 규정한다. 한국에서는 정부가 2015년까지 공식적으로 발표하는 최저생계비가 빈곤선의 개념으로 널리 사용되었다.

최저생계비는 보건복지가족부 산하의 중앙생활보장위원회에서 심의, 의결을 거치며 보건복지가족부장관이 매년 9월 1일까지 다음 연도의 최저생계비를 공표했다. 최저생계비의 산출을 위해 3년마다 계측조사를 실시하며 비계측연도의 최저생계비는 전년도의 소비자물가상승률을 적용하여 추정한다. 계측조사에서 최저생계비는 생활필수품으로 선정된 모든 품목에 대하여 최저한의 소비수준을 정하고 이를 화폐가치(가격×최저소비량)로 환산한 총액으로 구한다. 가장 최근인 2015년의 계측조사에서는 식료품비가 전체 최저생계비의 37.1%로 가장 많고 다음으로 주거비가 17.8%, 교통통신비가 9.4%를 차지하였다(〈표 4-1〉 참조).

〈표 4-1〉 2015년 표준가구의 최저생계비 비목별 구성

(2015년 계측조사 기준)

비목	금액(원)	비율(%)
식료품비	619,348	37.1
광열수도비	118,850	7.1
가구집기비	47,403	2.8
피복신발비	69,414	4.2
교양오락비	32,207	1.9
교통통신비	156,939	9.4
기타소비	93,697	5.6
주거비	297,310	17.8
보건의료비	69,826	4.2
교육비	76,633	4.6
비소비지출	86,699	5.2
계	1,668,329	100.0

주: 표준가구는 부 40세, 모 37세, 아들 11세, 딸 9세의 4인으로 구성.
자료: 한국보건사회연구원, 2015.

2011년에서 2015년까지 5년간 최저생계비는 소비자물가상승률이 반영되어 평균적으로 약 4%씩 인상되었다(〈표 4-2〉 참조).

〈표 4-2〉 최저생계비의 변화 (2011년~2015년)

(단위: 원, %)

연도	1인가구	2인가구	3인가구	4인가구	5인가구	6인가구	인상률
2015	617,281	1,051,048	1,359,688	1,668,329	1,976,970	2,285,610	2.3
2014	603,403	1,027,417	1,329,118	1,630,820	1,932,522	2,234,223	5.5
2013	572,168	974,231	1,260,315	1,546,399	1,832,482	2,118,566	3.4
2012	553,354	942,197	1,218,873	1,495,550	1,772,227	2,048,904	3.9
2011	532,583	906,830	1,173,121	1,439,413	1,705,704	1,971,995	5.6

주: 인상률은 4인기준.
자료: 보건복지부, 2015.

비록 빈곤선이 생활필수품을 구입할 수 있는 최저 소득이라고 하지만 이러한 소득은 특정 사회의 경제적 수준과 물가에 따라 차이날 수밖에 없다. 세계은행(World Bank, 2008)은 빈곤선을 지역과 경제수준에 따라 다르게 설정하는 데, 1인당 하루 소득이 개발도상국은 $1, 남미는 $2, 동유럽과 구소련 지역은 $4, 선진국은 $14.4가 빈곤선으로 제시되어 있다. 미국은 최소한의 건강유지에 필요한 식품구입비를 기준으로 빈곤선을 책정하고 있는데, 2018년의 경우 4인가구(64세이하 성인 2인+17세 이하 아동 2인)의 빈곤선은 $25,465이다(〈표 4-3〉 참조). 한편 절대적 빈곤은 사람들이 배고픔을 경험할 수 있는 정도에 기초해서 하루 1,960칼로리 이하의 열량을 소비하는 수준으로 규정하기도 한다(UNDP, 2003).

〈표 4-3〉 미국의 가구 유형별 빈곤선 (2018년)

가구 유형	빈곤선($)
1인가구(성인 1인)	13,064
2인가구(성인 2인)	16,815
3인가구(성인 2인+아동 1인)	20,212
4인가구(성인 2인+아동 2인)	25,456

주: 성인은 64세이하, 아동은 17세이하임.
자료: US Census Bureau, 2018.

(2) 상대적 빈곤

절대적 빈곤문제를 어느 정도 해결한 선진국에서는 빈곤상황을 규정하기 위해 절대적 빈곤 대신에 상대적 빈곤의 개념을 사용하기도 한다. 사람들은 보통 다른 사람들이 가진 재산이나 소득을 비교하여 자신의 재산과 소득이 많다든지 또는 적다고 평가한다. 이러한 성향에 기초해서 상대적 빈곤은 한 사회 내 다수의 사람들이 누리고 있는 물질적 또는 경제적 생활수준과 비교해 상대적으로 낮은 수준의 생활상태로 규정된다. 이에 의해 빈곤층은 전체 사회구성원의 소득 범위에서 가장 낮은 위치에 있는 개인이나 가구 또는 중위(중간) 소득의 몇 퍼센트(%) 이하의 소득을 얻는 개인이나 가구로 결정된다.

절대적 빈곤선과 마찬가지로 상대적 빈곤선도 규정하는 기관이나 국가에 따라 차이가 난다(<표 4-4> 참조).

〈표 4-4〉 주요 기관 또는 국가의 상대적 빈곤선 규정

기관/국가	상대적 빈곤선
OECD	중위소득의 50%, 40%(미국의 경우)
EU	중위소득의 60%
세계은행(World Bank)	개발도상국은 평균소득의 1/3, 선진국은 평균소득의 1/2
영 국	평균소득의 50%
프랑스	중위소득의 50%
일 본	평균소비지출의 68%
한 국	중위소득의 50%(통계청)

우리나라도 2015년부터 상대적 빈곤 개념을 도입하여 그간 기초생활수급자 선정 및 급여 기준으로 활용해온 최저생계비를 기준중위소득으로 개편하여 사용해오고 있다. 기준중위소득은 중앙생활보장위원회의 심의·의결을 거쳐 고시하는 국민가구소득의 중위값을 의미한다. 최근 5년간에 걸쳐 기준중위소득은 평균적으로 4인가구 기준 약 2.3% 인상되어 왔다.(<표 4-5> 참조). 2019년의 경우 생계급여의 선정기준은 기준중위소득의 30%로 책정되어 있다(<표 4-6> 참조).

상대적 빈곤은 경제적 자원을 다른 사람에 비해 일부의 사람들이 적게 가

지고 있음을 의미하기 때문에 경제적 불평등과 직접적으로 관련되어 있다. 만약 하층의 생활수준이 별로 변하지 않는 데 비해 중상층의 생활수준이 상승하면 상대적 빈곤율은 이러한 경제적 불평등을 반영하여 커진다. 반면 하층의 생활수준이 중상층의 생활수준보다 높은 비율로 상승하면 상대적 빈곤율은 줄어든다.

상대적 빈곤의 개념에 의하면 사회는 아무리 부유하게 되더라도 빈곤은 존재하게 된다. 부의 배분에 있어 누군가는 남보다 적은 양을 가지게 마련이기 때문이다. 따라서 상대적 빈곤의 개념을 사용하면 빈곤은 경제적 자원의 불평등이 완전히 제거되어야만 사라질 수 있다.

〈표 4-5〉 기준중위소득의 변화

(단위: 원, %)

	2015	2016	2017	2018	2019
1인가구	1,562,337	1,624,831	1,652,931	1,672,105	1,707,008
2인가구	2,600,196	2,766,603	2,814,449	2,847,097	2,906,528
3인가구	3,441,364	3,579,019	3,640,915	3,683,150	3,760,032
4인가구	4,222,533	4,391,434	4,467,380	4,519,202	4,613,536
5인가구	5,003,702	5,203,849	5,293,845	5,355,254	5,467,040
6인가구	5,784,870	6,016,265	6,120,311	6,191,307	6,320,544
인상률		4.0	1.7	1.2	2.1

주: 인상률은 4인기준.
자료: 통계청, 2019.

〈표 4-6〉 2019년 생계급여 선정기준

구 분	1인가구	2인가구	3인가구	4인가구	5인가구	6인가구
금액(원/월)	512,102	871,958	1,128,010	1,384,061	1,640,112	1,896,163

자료: 보건복지부, 2019.

(3) 문화적 빈곤

절대적 빈곤과 상대적 빈곤의 개념은 어떤 특정한 생활수준을 달성하는 데 필요한 경제적 자원의 분배와 관련지어 규정된다. 그러나 일부의 학자들은 빈곤이 경제적 조건뿐만 아니라 문화적 조건과도 연관되어 있다고 주장한다 (Hayes, 1970). 이들에 따르면 빈곤은 사람들이 얼마나 많은 자원을 가지고 있느냐 뿐만 아니라 사람들이 왜 보다 나은 경제적 수준을 달성하는데 실패하느냐에 의해서도 바라볼 필요가 있다는 것이다. 예를 들어, 일부의 사람들은 일자리를 얻는 데 필요한 기술이 없기 때문에 가난할 수 있다. 또 다른 사람들은 어린 자녀를 보육원에 맡기고 일하러 나갈 형편이 안 돼 가난할 수 있다. 또 어떤 사람들은 미래에 보다 많은 수입을 얻기 위해 대학을 다니면서 일시적으로 수입이 별로 없는 생활을 택해 가난할 수 있다.

빈곤에 대한 이 같은 문화적 정의에 따르면 빈곤층은 지속적으로 가난하거나 마지못해 가난하게 된 사람들을 일컫는다. 여기에는 오랫동안 특히 세대에 걸쳐 가난한 사람들이 주로 포함된다. 그래서 이들은 여러 사회에서 빈곤 프로그램이 초점을 맞추고 있는 집단이기도 하다.

빈곤에 대한 문화적 개념을 적용하더라도 가난한 사람들 대부분은 경제적으로도 가난하기 때문에 빈곤에 대한 문화적 개념이나 절대적 개념 사이에는 큰 차이가 없다. 하지만 문화적 개념은 일시적으로 가난한 사람이나 자진해서 가난을 택한 사람들 예를 들면 대학생, 직업훈련생, 취업이나 재취업준비생, 일시적 휴·폐업자를 빈곤층에서 제외시킨다는 점에서 차이가 있다. 이 같은 구분의 근거는 빈곤의 근본 문제가 만성적인 빈곤에 있다는 관점이다. 대학생이나 취업준비생은 지금은 가난하지만 상대적으로 멀지 않은 장래에 자신들의 가난한 상황을 개선할 수 있는 가능성이 높기 때문에 지금의 신분 그 자체로서 빈곤층이나 사회문제로 볼 수 없다. 빈곤에 대한 이러한 상대적 개념은 빈곤에 대한 경제적이고 획일적이고 경직된 접근을 피함으로써 빈곤층을 위한 자원이 실제의 빈곤층 즉 빈곤의 늪에 빠진 사람들에 효율적으로 사용되는 것을 도와준다.

2. 경제적 불평등과 빈곤의 양상

가. 소득

소득은 임금이나 봉급, 그리고 자산에 대한 소유나 투자로부터 들어오는 수입을 통틀어 일컫는다. 한국사회에서 소득은 불평등하게 분포되어 있다.

2019년 전체 가구의 월평균 소득은 483만원이었다(통계청, 2019). 하지만 소득 상위 20% 가구의 월평균 소득은 932만원이었다. 이와는 대조적으로 소득 하위 20% 가구의 월평균 소득은 124만원이었다. 상위 20% 가구와 하위 20% 가구의 소득을 비교할 경우 상위가구가 하위가구보다 7.5배 소득이 많다. 소득분배의 불평등을 나타내는 지표인 지니계수는 2018년의 경우 0.345이었다(통계청, 2018).

최근에 한국의 소득 불평등은 일정한 상태를 유지하는 경향을 보이고 있다(〈표 4-7〉 참조). 2015년에서 2017년까지 3개년 동안 소득 하위 20% 가구의 전체 소득 점유율은 3.6%에서 3.7%로 0.1% 포인트 증가했으며, 소득 상위 20% 가구의 전체 소득 점유율은 45.8%에서 47.4%로 1.6% 포인트 증가했다. 이들 두 집단의 소득 점유율이 미세하지만 같이 증가하면서 소득 하위 20%에 대한 소득 상위 20%의 비는 2015년의 12.7배에서 2017년의 12.8배로 단지 0.1배 증가했으며 지니계수도 비슷한 형태를 보인다.

〈표 4-7〉 가구의 소득점유율과 지니계수

연도	하위 20%(A)	상위 20%(B)	B/A	지니계수
2015	3.6	45.8	12.7	0.352
2016	3.7	47.2	12.8	0.355
2017	3.7	47.4	12.8	0.355

자료: 통계청, 2018.

소득의 불평등은 비단 한국만이 갖고 있는 현상은 아니다. 미국의 경우, 2017년 소득 상위 20% 가구의 최저 연소득은 $12만7천으로 소득 하위 20% 가구의 최고 연소득인 $2만5천보다 5배 정도나 많다(US Census Bureau, 2018). 아울러 미국 전체 소득에서 차지하는 비율에서 소득상위 10% 가구는 약 47%인 반면 소득하위 50% 가구는 약 13%에 지나지 않았다. 지니계수도 미국(2017년)은 0.391, 독일(2017년)은 0.294, 일본(2017년)은 0.339, 중국(2015년)은 0.386, 멕시코(2017년)는 0.458, 브라질(2017년)은 0.533이다(The World Bank, 2018).

소득의 불평등은 국가 간에도 나타난다. 세계의 부유한 20개 국가의 평균 소득은 가난한 20개 국가의 평균소득보다 37배나 많다(World Bank, 2001). 특히 국가 간의 소득 격차는 시간이 지날수록 증가하는 경향을 보여, 1960년부터 2002년까지의 지난 40여 년 간 세계에서 부유한 20개 국가의 개인 평균 소득은 $11,417에서 $32,339로 세배 증가한데 비해 가난한 20개 국가들의 개인 평균 소득은 $212에서 $267로 약간 증가하는 데 그쳤다(Schifferes, 2004).

고소득자의 소득은 임금이나 봉급보다 건물임대료, 주식배당금, 예금이자와 같이 투자로부터 오는 수입이 차지하는 비율이 높은 경향이 있다. 고소득은 생활비를 제외하고도 추가소득을 더 생산할 수 있는 부문에 투자할 수 있는 잉여자본을 제공해준다. 저소득자는 생활비를 조달하는 데도 빠듯하기 때문에 여분의 자본이 없으며 따라서 거의 전적으로 임금이나 봉급에 의존해야 한다. 이러한 현상은 머튼(Merton)이 '가진 자는 더 많이 가지게 될 것이다'라는 성경구절을 인용해 만든 개념인 마테효과(Matthew effect)가 적용될 수 있다. 머튼은 이 용어를 과학에서 이미 명성을 얻은 학자가 그렇지 못한 학자들에 비해 보상을 보다 쉽게 얻을 수 있는 경향을 설명하기 위해 만들었다. 만약 어떤 사람이 한 체계에서 좋은 위치를 갖고 있으면 그는 그만큼 유명하고 또 정보와 인맥이 많기 때문에 또 다른 보상을 남들보다 쉽게 얻을 수 있다.

나. 재산

소득과 마찬가지로 재산도 불평등하게 분배되어 있다. 일반적으로 재산은 개인이나 가족이 통제할 수 있는 돈과 값어치 있는 물건으로 규정될 수 있다. 이러한 재산에는 예금, 주식, 채권, 부동산(집, 땅, 건물 등), 공장, 가게, 차, 가전제품 등이 포함된다. 2018년의 경우 소득 상위 20% 가구의 전체 평균 자산은 9억572만원인데 비해 소득 하위 20%의 전체 평균 자산은 1억3천332만원으로 이들 간의 차이는 6.8배에 이른다(통계청, 2018). 자산 점유율에 있어서 상위 20% 가구는 43.3%인데 반해 하위 20% 가구는 7.8%로 이들 간의 비는 5.6배 정도 된다. 이 같은 가계자산의 불평등 정도를 지니계수로 환산하면 0.588이다. 이 밖에 2015년의 경우 비금융자산의 지니계수는 0.609이며 금융자산의 지니계수는 0.613이었다(통계청, 2018).

재산은 소득보다 더 불평등하게 배분되어 있다. 예로, 한 조사(Forbes, 2019a)에 따르면 2019년 삼성그룹회장 부자의 재산은 25조2천억원, 현대자동차그룹회장 부자의 재산은 7조7천억원, SK그룹회장의 재산은 3조2천억원, SK그룹 회장의 재산은 3조1천억원이었다. 미국의 경우, 2018년 전체 가구 중 가장 부유한 1%가 국가 전체 부의 40%, 상위 10%가 국가 전체 부의 70%를 점유하고 있다(FRB, 2019). 중국은 2015년의 경우 부유층 상위 1%가 중국 전체 재산의 33%를 차지하고 있는 것으로 나타났다(한겨레신문, 2017).

오늘날 전 세계에는 $10억 이상의 자산을 보유한 사람이 약 2,153명이고 이들의 자산 평균은 $40억이며 총합은 $8조7천억에 이른다(Forbes, 2019b). 하지만 다른 한편으로 전 세계 인구의 11%인 8억여 명이 매일 굶주림을 느끼고 있다(UNDP, 2018). 만약 식량이 전 세계의 모든 사람들에게 평등하게 분배된다면 지구상의 모든 인구는 기아상태라고 할 수 있는 하루 1,960칼로리 미만의 영양섭취보다 훨씬 많은 2,760칼로리의 영양을 섭취할 수 있다.

부유층과 중하층은 재산의 양뿐만 아니라 종류에 있어서도 차이가 난다. 대개 중하층이 소유하고 있는 재산은 시간이 지나면서 가치가 떨어지는 차나 가전제품과 같은 소비재로 구성되어 있다. 이에 비해 부유층의 재산은 소득을 창출하거나 시간이 지나면서 가치가 상승하는 경향이 있는 주식, 부동산과 같은 자본재가 많이 차지하고 있다.

부유층과 중하층의 부를 크게 차이 나게 하는 주요 요인은 상속이다. 이는 현재 국내 주요 대기업의 총수가 지닌 자산의 대부분이 상속에 바탕을 두고 있다는 사실과 재벌 2,3세가 내는 수백억원에서 수천억원대의 상속세로 쉽게 추정할 수 있다. 미국의 경우 부유한 가족일수록 보다 많은 재산을 상속받는 경향이 있다. 2016년의 경우, 미국 가구들 가운데 유산을 상속받은 가구의 유산 중위액수는 $6만9천이었으며 최상위 자산가 10%의 평균 유산액은 $36만7천인데 비해 최하위 자산가 10%의 평균 유산액은 $4,600에 지나지 않았다(Survey of consumer Finances, 2017).

다. 빈곤

(1) 빈곤층의 규모

한국에서는 공식적으로 절대적 빈곤의 개념에 근거한 빈곤선인 최저생계비에 따라 빈곤층과 빈곤율을 정한다. 지난 2010년부터 2018년까지 8년의 기간을 살펴보면, 최저생계비 이하의 소득자로서 기초생활보장 급여를 받는 절대빈곤층은 2010년의 155만 명에서 2014년에는 132만 9천명으로 줄어들었으나 그 이후부터는 매년 조금씩 증가하여 2018년에는 174만 4천명에 이르렀다(〈표 4-8〉 참조). 기초생활보장 수급자들이 전 국민에서 차지하는 비율인 수급률은 2010년의 3.1%에서 2014년에는 2.6%로 감소하였다가 이후 다시 매년 조금씩 증가하여 2018년에는 3.4%에 이르렀다고 할 수 있다.

〈표 4-8〉 기초생활보장 수급 현황

(단위: 천명)

	2010년	2011년	2012년	2013년	2014년	2015년	2016년	2017년	2018년
수급자 수	1,550	1,469	1,394	1,351	1,329	1,646	1,630	1,582	1,744
수급률(%)	3.1	2.9	2.7	2.6	2.6	3.2	3.2	3.1	3.4

주: 수급률은 전국민 대비 기초생활보장급여 수급자 수의 비율.
자료: 보건복지부, 2019.

한편 중위소득의 50% 이하 소득을 얻는 가구를 상대적 빈곤층으로 규정했을 경우, 이들의 비율인 상대빈곤율은 2015년 17.3%에서 계속 조금씩 증가하여 2018년 20.3%를 나타냈다.

〈표 4-9〉 상대빈곤율 추이

(단위: %)

2015년	2016년	2017년	2018년
17.3	18.3	19.1	20.3

자료: 한국보건사회연구원, 2018.

한국의 절대빈곤율은 1990년대 중반까지만 해도 3%내외를 유지했으나 외환위기를 겪으면서 빈곤층이 급증함에 따라 대부분의 연구들이 10%이상을 제시할 정도로 급상승했다(박순일, 2000). 이후 2000년대에 이르러 경제가 회복되면서 빈곤율은 다소 완화되는 기미를 보였다. 하지만 2000년대 중초반 이후 계속해서 절대적 빈곤이든 상대적 빈곤이든 빈곤층의 규모는 좀처럼 줄어들고 있지 않다. 2000년대 들어 실업률이나 소득수준 등의 여러 경제지표들이 1990년대 후반의 외환위기가 본격화되기 이전 수준으로 회복되었다. 또한 빈곤증가에 대응하기 위해 국민기초생활보장제를 2000년부터 도입했으며 1990년대 말부터 정부는 1990년대 중반에 6%대이던 복지예산을 10%대로 대폭 증가시켜왔다. 그럼에도 불구하고 빈곤문제는 별로 개선되고 있지 않다.

이 같은 빈곤문제의 답보 현상에 대해 주요 학자들과 관련 기관들은 1990년대를 지나면서 발생한 빈곤층을 유발시킬 수 있는 다양한 사회적 변화들을 원인으로 제시한다(구은회, 2004; 보건복지가족부, 2008; 한국경제연구원, 2019). 대표적으로 비정규직 양산 등으로 표현되는 노동시장의 유연화, 저성장에 따른 실직과 고용불안의 지속, 급속한 고령화, 이혼 등의 가족해체 증가 등을 들 수 있다. 이러한 요인들은 소득분배구조의 악화, 빈곤에 취약한 특성을 지닌 노인, 여성, 아동 집단 등의 증가를 낳는 경향이 있다. 더군다나 이러한 요인들은 구조적이고 제도적이며 또 복합적으로 작용하기 때문에 좀처럼 해결되기가 어렵고 또 앞으로 한국의 빈곤문제가 쉽게 해결되기 어려울 것임을 시사한다.

경제적 불평등과 마찬가지로 빈곤도 세계적인 현상으로 나타난다. 현재 전 세계 인구의 절반에 가까운 30억 명이 하루에 $2.5이하로 생활하고 있다(UN Population Fund, 2018). 전 세계 인구 10명의 1명꼴인 7억명은 하루에 $2 이하로 살아가고 있다. 아프리카의 사하라 사막 이남 지역에서는 3명 중에 1명이 굶주림에 시달리고 있으며 인구의 40% 이상이 하루에 $2 이하로 생존하고 있다. 2018년의 경우 동아시아와 동남아시아에서도 여전히 4억명이 하루에 $2 이하로 생활하고 있다(World Bank, 2019).

저개발국만큼 심각하지는 않지만 빈곤문제는 부유국에도 해당된다. 미국의 경우 2016년의 공식적인 빈곤율은 12.7%를 기록하였다(US Census Bureau, 2018). 이는 미국에서 절대빈곤선 이하의 소득으로 살아가는 인구가 4,040만 명이나 됨을 의미한다. 일본의 경우도 2016년에 전체 인구의 16.3%가 상대적 빈곤선 이하의 경제생활을 영위하고 있다(The Guardian, 2017).

3. 빈곤층의 사회인구학적 특성

가. 아동

한 조사(한국보건사회연구원, 2018)에 따르면 한국의 상대적 아동빈곤율은 2018년 현재 10.9%에 달하는 것으로 나타났다. 특히 조손가정, 한부모가정, 다자녀 가정, 실업이나 미숙련 직종취업 부모의 가정, 장애부모 가정, 저학력부모 가정, 고연령부모 가정의 자녀가 빈곤에 더 취약하다.

아동이 생계를 책임지지 않는 마당에서 이들 가정의 빈곤은 부모에게 그 원인이 있다. 고연령의 부모나 조부모, 장애부모, 저학력부모 모두 경제적 활동에 참여하는 데 있어 사회적으로 제약이나 지장을 받고 있으며 설사 취업하더라도 저임의 임시직이나 일시직에 종사할 가능성이 높다. 한부모는 자녀양육과 가사부담으로 인해 집 바깥에서의 취업에 어려움을 겪는다. 동일한 경제적 조건에서 다자녀 가정의 경우 자식 한 명에게 돌아가는 경제적 자원의 몫은 소자녀 가정에 비해 적을 수밖에 없다. 이 같이 상대적으로 높은 아동빈곤율의 수치는 현재 한국에서 진행되고 있는 가족구조의 변화, 예를 들면 높은 이혼율과 한부모가정 및 조손가정의 증가와 어느 정도 연관성을 가지고 있다.

나. 노인

노인층도 다른 연령층에 비해 빈곤율이 높은 편이다. 2018년 노인가구의 빈곤율은 65%로 노인 3명 중 2명 정도가 빈곤상태에 놓여 있다고 할 수 있다(보건사회연구원, 2018). 이러한 노인의 빈곤율은 비노인가구보다 높음은 물론 아동의 빈곤율보다도 월등히 높다. 노인가구는 또한 빈곤탈출률이 낮은 반면 빈곤재진입률은 높아 장기빈곤의 경향이 강한 집단이다(구인회, 2005). 노인들 중에서는 저학력자와 여성의 빈곤이 특히 심각하다. 이 같은 노인의 높은 빈곤율에 대한 원인으로 고령과 질병에 따른 근로능력의 저하, 핵가족의 증가와 개인주의의 확산에 따른 자녀 또는 친족 간의 사적 이전소득의 감소 등을 들 수 있다.

다. 여성

전체적으로 여성은 남성보다 더 빈곤하다. 2018년 여성가구주의 상대빈곤율은 28.3%로 전체 가구의 상대빈곤율인 20.3%보다 8% 더 높게 나타난다(보건사회연구원, 2019). 이러한 경향은 남녀 간의 평등을 강조하는 최근에 들어서도 좀처럼 줄어들고 있지 않다. 예로서, 2005년 여성가구주의 상대빈곤율은 29.1%로 13년이 지난 2018년의 수치와 큰 차이가 없다. 이 같이 빈곤층에 여성의 비율이 높거나 증가하는 현상을 빈곤의 여성화(feminization of poverty)라고 일컫는다.

여성과 여성가구주의 자녀가 빈곤에 처하는 데에는 여러 가지 이유들이 있겠지만 특히 노동시장에서 여성이 겪는 경험의 맥락에서 먼저 이해할 필요가 있다. 여성에게 불리한 고용과 작업장에서의 성별 분리 그리고 동일 직종이라도 여성에게는 남성보다 적은 임금을 지급하는 임금차별은 여성의 높은 빈곤율을 야기하는 주요 원인이다. 전통적인 성별 노동분화 규범에 따라 여성은 가사노동 종사자가 다수이고 혹시 취업자라고 하더라도 비정규직 노동에 종사하거나 노동경력이 불안정하고 불규칙하기 때문에 남성에 비해 상대적으로 높은 수준의 빈곤위험에 직면해있다.

여성의 경제적 불리함은 여성가구주 가정에서 특히 심각하게 나타난다. 가부장적인 성별분업 사회체제 안에서 주 부양자인 남성 배우자가 사망하거나 실직, 질병 혹은 이혼 등으로 생계 유지자로서의 역할을 수행하지 못하게 될 경우 여성과 자녀의 경제적 수준은 크게 위협받게 되며 빈곤에 빠질 위험이 매우 높아지게 된다. 최근의 높은 이혼율도 이 같은 여성의 빈곤율 증가에 상당한 기여를 하고 있다.

4. 경제적 불평등과 빈곤에 대한 설명

경제적 불평등과 빈곤 문제에 접근하거나 대처하기 위해서는 기본적으로 이 문제에 대한 명확한 이해가 있어야만 한다. 사회학자들은 경제적 불평등과 빈곤을 설명하기 위해 다양한 이론적 접근을 사용한다. 이들이 경제적 불평등과 빈곤의 속성, 원인, 과정, 결과와 관련해 던지는 질문과 제시하는 답 및 해결책은 자신들이 채택한 이론적 관점에 따라 상이하게 형성된다. 오늘날의 사회학에서는 세 가지 주요 이론들 즉 구조기능론, 갈등론, 상징적 상호작용론이 경제적 불평등과 빈곤을 이해하기 위한 기본 관점으로 가장 많이 사용되고 있다.

가. 구조기능론

(1) 사회계층체계의 기능

기본적으로 구조기능론은 주어진 사회구조의 기능과 결과에 의해 사회를 설명하려는 경향이 있기 때문에 현존하는 경제적 불평등도 전체 사회의 유지를 위해 어떤 기능을 수행하고 있다고 본다. 따라서 기능론은 모든 사회구성원이 궁극적으로는 불평등에 의해 어느 정도 혜택을 입을 수 있다고 주장하면서 계층이 전체 사회에 이바지하는 방식에 설명의 초점을 맞춘다.

기능론의 기원은 여러 사회 계급들이 전체사회를 위해 각각 서로 다른 기능을 수행하는 부분으로 이해될 수 있다고 강조한 뒤르켐의 주장에서 찾아볼 수 있다(Durkheim, 1893). 이런 의미에서, 사회계급은 인체에서의 기관과 같은 존재로 간주될 수 있다. 데이비스와 무어(Davis and Moore, 1945)는 이 같은 뒤르켐의 이론 및 사회 제도는 전체 사회를 위해 뭔가 기능하기 때문에 존재한다는 파슨즈(Parsons)의 구조기능주의에 근거해서 불평등에 관한 기능론적 설명을 제시했다. 이들에 따르면 어느 정도 사회 내 자원의 불평등한 분배체계인 계층현상은 불가피할 뿐만 아니라 사회적으로 필요하다는 것이다. 이들의 주장은 다음과 같이 요약될 수 있다.

- 사회는 복잡하고 다양한 지위와 역할들로 이루어져 있는데, 사회가 잘 기능하기 위해서는 이러한 지위에 가장 능력 있는 사람이 들어서야 한다.
- 사회의 생존과 유지를 위해 어떤 지위는 다른 지위보다 더 중요하다. 예를 들어, 의사의 일은 청소부의 일보다 사회적으로 더 중요하다.
- 대개 중요한 지위는 그 역할을 수행하기 위해 오랜 기간의 훈련과 교육, 비용, 노력, 능력 등을 요구한다. 의사가 되기 위해서는 청소부보다 훨

씬 많은 교육과 훈련을 필요로 한다.

- 사람들은 자기들의 시간, 노력, 비용을 귀중한 자원으로 생각한다.
- 사람들의 능력과 재능은 다 똑같지 않다.
- 따라서 사회적으로 중요한 자리에 능력 있고 또 필요한 훈련과 교육을 받은 사람이 들어가도록 장려하기 위해 사회는 자연스레 불평등한 보상체계, 즉 계층체계를 발전시켜 왔다. 따라서 계층체계는 필요한 재능과 기술을 가진 사람들이 사회적으로 중요한 자리를 차지해 맡은 일을 잘 수행하도록 동기부여를 하기 위해 나온 것이다.

기능론에 있어 사회계층체계는 사람들로 하여금 사회에 유용하고 중요한 일을 수행하도록 동기화시키기 위해 사회적 자원을 불평등하게 분배시키는 근본적인 메커니즘이다. 이러한 맥락에서 사회적으로 유용하지 않거나 중요하지 않은 일을 수행하는 사람들은 당연히 보상을 적게 받아야 한다. 따라서 빈곤은 사회적 의무를 소홀히 하는 사람들에 대한 자연스런 보상이며 나아가 사람들로 하여금 자신들의 사회적 의무를 소홀히 하지 않도록 해주는 사회적 메커니즘인 셈이다. 만약 모든 지위와 역할에 동일한 보상이 주어진다면 사람들은 어렵고 힘들거나 오랜 훈련을 요구하는 일을 구태여 하지 않을 것이며 그렇게 되면 사회의 유지는 힘들어진다.

데이비스와 무어의 이론은 계층체계가 왜 필요하며 또 거의 모든 사회에서 보편적으로 나타나는 현상인가를 설명하는 기본적인 기능이론이다. 하지만, 이 이론은 여러 가지 측면에서 비판받는다(Tumin, 1953; Wrong, 1959). 비록 대부분의 사람들은 어떤 자리가 다른 자리에 비해 기능적으로 사회의 유지와 생존에 더 중요하다는 것을 인정하지만, 과연 그 자리가 어느 정도로 더 중요한지 정확하게 판단하기란 좀처럼 쉽지 않다. 의사의 임금이 청소부의 임금보다 많은 만큼 의사가 청소부보다 사회적으로 더 중요한가? '올바른' 사회의 유지를 위해 가정주부, 중고등학교 교사, 대통령, 국회의원 중 누가 더 많이 기여해왔는가? 한국사회에서 변호사가 경찰관보다 기능적으로 더 중요한가? 만약 중요하다면 그 기준은 무엇이고 사회는 어떻게 그런 결정을 내리는가? 오히려 현재 의사의 임금이 청소부의 임금보다 더 많기 때문에 괜히 의사가 청소부보다 더 중요하게 보이지는 않는가? 청소를 하지 않으면 도시는 쓰레기와 오물로 뒤덮일 것이고 그러면 전염병이 만연해 수많은 사람이 목숨을 잃을 수도 있다. 기능이론에 비판적인 사람들은 자리가 사회에서 차지하는 기능적 중요도에 따라 보상이 공평하게 분배되지 않으며, 아울러 사회에 대한 기능적 중요도를 판단하는 기준의 존재에 대해서도 회의적이다.

기능이론은 계층현상을 영속화시키고 사회적으로 비생산적이라는 비판도 받는다. 혹시 어떤 한 시기에 보상이 많은 높은 지위가 많은 노력을 하고 재능을 갖춘 사람에 의해 차지되더라도 높은 지위에 있는 사람은 자신의 부와 지위를 자식에게 물려주려고 할 것이다. 이렇게 되면 높은 지위의 부모를 둔 자식은 별다른 재능이 없어도 많은 부와 높은 지위를 얻을 수 있는 반면 낮은 지위의 부모를 둔 자식은 재능이 뛰어나더라도 적절한 훈련과 교육을 받지 못해 높은 지위를 얻기가 힘들다. 대기업 설립자의 2, 3세 회장들이 그 기업에 고용되어 있는 일반 사원들보다 본래적으로 더 뛰어난 경영 자질과 능력을 갖추었다고는 말하기 어려울 것이다. 이렇게 계층을 영속화 시키는 상황은 자신의 재능을 살릴 기회를 박탈당한 개인과 사회적으로 중요한 자리에 재능 있는 사람을 배치시키지 못하는 사회 모두에게 해가 될 수 있다.

이 밖에 현실적으로 사람들은 성, 지역, 피부색과 같은 귀속적 특징에 의해 보상이 차별화되고 있으며, 아울러 사람들은 보상에 연연하지 않는 이타주의적 또는 자기희생적 행동을 하는 경우가 있는데, 이 같은 현상들을 설명하는 데 있어서 기능론은 한계를 가진다.

(2) 빈곤의 기능

일부 기능론자들은 빈곤과 같이 사회적으로 바람직하지 못하거나 거부감을 주는 조건이나 상황이 지속되는 까닭은 이것이 사회나 또는 최소한 사회 내 일부 집단들을 위해 긍정적인 기능을 수행하기 때문이라고 주장하기도 한다. 빈곤이 사회적으로 어떻게 기능적이 될 수 있는가에 대해 갠즈(Gans, 1994)는 다음과 같은 이유들을 들고 있다.

• 빈곤의 존재는 소위 사회의 더러운 일(dirty work)이 수행되게끔 보장해준다. 사회적으로 필요한 일임에도 불구하고 소위 저임금의 더럽고(Dirty), 위험

하고(Dangerous), 어려운(Difficult) 3D업종이기 때문에 사람들이 하기를 꺼려하는 일들이 있다. 영세사업장의 화학제품제조나 선반작업, 건설현장에서의 자재 나르기, 쓰레기 수거, 식당의 음식 나르기나 설거지 등의 일은 만약 사람들이 좋은 대우를 해주지 않으면 아무나 하려들지 않을 것이다. 가난한 사람들은 별다른 선택을 갖고 있지 않기 때문에 소위 '먹고살기 위해' 이러한 3D의 일이라도 해야만 할 수밖에 없다.

• 가난한 사람들이 저임금으로라도 기꺼이 일을 하기 때문에 이들은 부유층에 이익이 되는 다양한 경제적 활동에 보조금을 제공해주는 역할을 한다. 예를 들어, 가난한 사람들이 부유층의 심부름을 해주고 가사일을 대신 해줌으로 인해 부유층은 여분의 시간을 가지고서 자신들의 전문적인 일, 문화생활, 여가활동을 할 수 있다.

• 빈곤은 빈민층과 관련된 사람들을 위한 일거리와 일자리를 제공해준다. 여기에는 빈민을 도와주는 사회복지사와 시민·사회단체 종사자, 빈민층으로부터 사회를 보호하는 경찰, 빈민들로부터 수익을 얻는 복권 및 도박업자 등이 있다.

• 빈곤은 빈민층 이외의 사람들은 원하지 않는 저급의 상품시장을 창조하고 유지시켜준다. 상대적으로 가난한 사람들이 중고차, 철지난 옷, 재생품, 유통기한이 임박한 식품을 더 많이 사는 경향이 있다. 이로 인해 이러한 물건을 제조, 판매하는 사람들은 빈민층으로부터 이익을 얻는다.

• 빈민층은 성공을 향한 사회적 경쟁체계에서 공식적으로 실패자 또는 낙오자로서 비춰짐으로 인해 가난하지 않은 사람들의 사회적 지위를 확인시키고 보장해준다. 위계적인 모든 사회에서 누군가는 맨 밑바닥에 있어야 하며 이는 다른 사람들로 하여금 자신들은 가난하지 않으며 그래도 세상에서 뭔가를 이루었다는 성취감을 느끼도록 해준다.

• 빈민층은 사회적 규범의 정당성을 지지하지 않는 일탈자로 인식되어져 종종 비난받기도 한다. 예를 들어 근면과 검소의 바람직함을 정당화하기 위해 이러한 규범을 지키려는 사람들은 게으르거나 낭비하는 사람의 결과를 보

여주는 것이 필요한데, 빈민층은 이들의 중요한 사례 또는 희생양이 되기도 한다.

• 빈민층은 자신들이 산출한 문화를 다른 계층이 채택하고 사용함으로 인해 문화적 기능을 수행한다. 빈민층 또는 하층민의 노래는 민요나 소위 민중가요, 그림은 민화나 민중미술, 사용하던 물건은 토속품이나 민예품으로 또는 이것들의 소재로 수집되고 활용된다. 경우에 따라 일부 빈민층의 특이한 스타일과 행동은 이들을 문화적으로 영웅대접을 받게 하기도 한다.

• 빈민층은 소위 사회 저명인사나 지도층을 자선 제공자로서 바쁜 생활을 보낼 수 있게 해준다. 이들 명사들은 자신들을 돋보이게 하기 위해 또는 자신들의 사회적 지위에 따른 책무로서 노블리스 오블리제(noblesse oblige)를 수행하기 위해 자신들이 남들 특히 돈만 버는 데만 매달리는 사람들보다 뭔가가 다르다는 것을 보여줄 필요가 있다. 이러한 목적의 일환으로 이들은 자선단체를 만들거나 자선단체의 대표와 임원으로 활동한다.

나. 갈등론적 관점

기능론과 달리 갈등론은 모든 사람의 공동 이익을 반영하는 사회란 존재하지 않는다고 본다. 갈등론에 따르면, 인간의 무한한 욕망에 비해 사회적 자원은 한정되어 있기 때문에 이러한 제한된 자원을 놓고 인간들이 서로 다투고 경쟁하는 것은 자연스런 현상이다. 그러므로 사회는 주요 자원들에 대해 이해가 서로 다른 계급들로 나뉘어져 있는 장이며, 이들 계급은 각각 자신의 이익을 지키거나 늘리기 위해 다른 계급과 끊임없는 투쟁을 벌이고 있다. 이러한 투쟁과정에서 승자와 패자가 나눠지며, 이는 계층체계를 형성하는 불평등한 자원의 분배를 낳는다.

갈등론에 의하면 이러한 불평등한 분배는 기능론자들이 주장하는 것처럼 재능에 대한 보상이나 중요한 자리에 대한 충원과는 아무런 상관이 없다. 대신 사람들은 강제, 착취, 억압, 상속 등을 통해 계층체계 내에서 자신들이 원하는 자리를 획득한다. 일단 자리를 얻게 되면 사람들은 자기보다 낮은 지위의 사람들이 자신들의 자리에 진입해 들어오는 것을 막으려고 노력한다.

상위 집단이 하위 집단의 진입을 막는 노력은 여러 방식으로 이루어진다.

예를 들어, 고용주는 자신의 이익을 최대화하기 위해 가능한 가장 싼 노동력을 찾는다. 부유층은 자신들에게 부과된 소득세를 줄이거나 회피하기 위해 세금체계의 허점을 이용하기도 한다. 법률체계도 부유층에 유리하게 되어 있다. 배임, 세금포탈, 횡령, 가격담합, 허위광고, 뇌물수수와 같은 기업범죄나 화이트칼라 범죄는 폭력, 소매치기, 절도와 같은 하위층이 저지르기 쉬운 범죄보다 발견되기도 처벌되기도 어렵고 처벌되더라도 처벌의 수위가 낮은 경향이 있다. 이들이 이 같은 방식으로 이익을 볼 수 있다는 것은 부유층을 포함한 사회 상위층이 조세법을 제정하고 법체계를 설계하며 법을 집행하는 경찰의 유지비를 제공한다는 점에서 그렇게 놀랄 일도 아니다.

갈등론의 기반을 제공한 마르크스에게 있어 부유층은 자신의 지위를 보호하기 위해 자신이 동원할 수 있는 자원을 단순하게만 사용하지는 않는다. 이들은 피지배집단에게 현재의 자원분배체계는 자연스럽고 모두가 선호하는 제도임을 확신시킨다. 이는 부분적으로 가난한 사람에게 당신들도 부자가 될 수 있다고 설득시킴으로써 이루어진다. 예를 들어, 사람들은 학교와 대중매체를 통해 열심히 노력하면 나중에는 결국 성공할 수 있다라고 배운다. 물론 이러한 믿음의 의미는 빈곤이 열심히 일하지 않았기 때문에 생긴 결과라는 것이다. 따라서 가난은 자신의 잘못인 셈이다. 이러한 믿음은 사람들의 관심과 주의를 일부 집단이 계속 권력을 유지하도록 기여하는 사회구조와 장벽으로부터 비껴가게 만든다. 이로 인해 빈곤은 사회문제라기보다는 개인문제로 비춰지며 가난한 사람은 기존 사회체계의 변동을 요구하는 일에 별로 관심을 보이지 않으려 하게 된다.

사람들은 일단 성공을 하게 되면 자신의 자리와 재산을 자식들에게 물려주고 싶어 하는데 이것이 사람들로 하여금 현재의 상태를 바꾸기 어렵게 만든다. 더군다나 부유층의 자녀는 성공의 핵심조건인 양질의 교육서비스에 대한 보다 나은 접근 기회를 가진다. 이에 비해 가난한 환경에서의 성장은 교육적 성공, 정신적 고통, 인지적 발달, 신체적 건강의 측면에서 아이들에게 부정적인 결과를 가져오는 데, 이는 가난한 집의 아이가 사회적으로 상승이동하는 것 또는 출세하는 것을 어렵고 힘든 도전이 되게끔 만든다(Duncan and Brooks-Bunn, 1997). 이는 결국 가난한 사람은 태어나면서부터 부유한 사람에 비해 사회적 이동에 있어 불리함을 가지고 있음을 의미한다.

갈등론에 따르면 부유층과 권력집단은 다양한 통제수단과 권력의 행사를 통해 불평등을 지속시켜 나가는데 이는 시간의 흐름에 따라 결국 불평등의 심화를 낳게 한다. 하지만 현대사회 특히, 자본주의가 발전한 사회에서 상층계급과 하층계급 간의 양극화 현상은 증가하지 않고 있다. 오히려 장기적으로는 중간계급 예를 들면, 변호사, 의사, 교사, 전문가, 관리자, 자영업자 등의 비율이 증가하고 있다. 또한 갈등론의 주장과 달리 현대사회에서는 상층계급이 중하층계급으로 또는 하층계급이 중상층계급으로 움직이는 사회적 이동이 이전 사회보다 훨씬 활발히 이루어지고 있다. 한 연구(구인회, 2005)에 따르면 한국에서 빈곤에 진입한 사람들 가운데 4분의 3정도가 2년 안에 빈곤을 탈피한다.

한편 갈등론자들은 불평등의 부정적인 측면을 부각시키면서 사회 전체의 이익을 위해 자원의 똑같은 분배를 강조하는 경향이 있다. 하지만 평등한 분배가 옳은 분배 또는 공정한 분배임을 그대로 이야기해주지는 않는다. 만약 빈둥빈둥 노는 사람이나 열심히 일하는 사람이나 똑같은 보상을 받는다면 이것을 옳다고 느낄 사람은 그리 많지 않을 뿐만 아니라 사회가 효율적이고 생산적으로 작동하지 못하게도 할 수 있다.

다. 상징적 상호작용론

경제적 불평등과 빈곤의 생산과 관련해 구조기능론과 갈등론이 사회적 및 경제적 구조의 역할에 초점을 맞추는데 비해 상징적 상호작용론은 사회적 실체에 대한 주관적 요소의 중요성에 초점을 맞춘다. 상징적 상호작용론에 의하면 사람들은 주변에 있는 다른 사람과의 상호작용을 통해 자신과 자신의 상황을 규정한다. 마찬가지의 방식으로 사람들은 부와 빈곤 그리고 가난으로 불리는 것의 결과에 대해 규정한다.

이 같은 접근은 빈곤의 조건하에서 살아가는 사람들 가운데서 생겨나는 가치, 태도, 심리적 지향에 초점을 맞추는 빈곤에 대한 문화적 분석을 시도하도록 이끈다(Marks, 1991). 이러한 분석의 기본적인 생각은 가난한 사람들도 다른 집단의 사람들과 마찬가지로 어떻게든 자신들이 기분 좋게 느끼는 방식으로 현재의 상황에 적응하게끔 도와주는 문화적 지향을 발전시킨다는 것이다.

이러한 문화적 지향은 루이스(Lewis, 1966)의 빈곤문화(culture of poverty)에 대한 연구에 의해 처음으로 구체화되었다. 그에 따르면 빈곤문화는 장기간에 걸쳐 가난한 사람들 가운데 생겨나는 믿음, 가치, 규범으로서 이들이 현재 자신들이 처한 상황 즉 만성적인 박탈과 절망에 적응하도록 한다. 가난한 사람들은 사회 내에서 권력의 중심과 중요한 결정과정 그리고 영향력 있는 집단과 조직에 효과적으로 참여하거나 통합되지 못하는 경향이 있다. 루이스에 따르면, 이는 경제적 자원의 결핍, 사회적 격리와 차별, 불안과 의심 및 무관심 등을 포함한 다양한 요인들의 결과이다. 혹시 이들이 참여하는 사회제도들이 있다고 하더라고 이것들은 많은 경우 교도소, 군대, 공공부조체계 등과 같이 사회 주변부에 위치하고 있는 기관으로 이들의 상황을 바꾸는 데 별로 도움을 주지 못한다. 이로 인해 이들의 문화적 지향은 자신들에게 발생하는 것에 대해 별로 통제력을 갖지 못하거나 아무리 노력해도 자신들의 미래나 세상은 별로 바뀌지 않을 것이라는 숙명론, 소외감, 무력감, 절망감, 열등감, 의존심 등을 갖게 된다.

이 같은 문화적 지향을 지닌 가난한 사람들은 자신들의 처지를 개선할 노력을 좀처럼 보이지 않을 것이다. 왜냐하면 자신의 운명은 자신의 통제 밖에 있기 때문이다. 또한 이들은 현재의 노력과 미래의 결실 간의 연관성에 대한 확신이 별로 없기 때문에 미래를 위해 현재를 희생하려 들지 않을 것이다. 이 같은 문화적 지향이 발달하면 빈곤은 결국 어느 정도 자기영속화된다(self-perpetuating). 이러한 문화적 지향을 이루는 가치와 규범은 사회화과정을 통해 다음 세대로 계속 전달되어 하나의 독자적인 하위문화를 형성할 수 있다. 이렇게 되면 빈곤은 좀처럼 깨기 힘든 악순환이 될 가능성이 많다.

한편 빈곤에 대한 문화적 분석은 사회의 피해자를 오히려 비난한다는 점에서 비판받는다. 즉 빈곤은 개인의 결점과 노력 부족에 기인하기 때문에 빈곤층은 자신들을 탓해야 한다는 것이지만 문화적 분석은 특정한 사회적 조건 예를 들면 차별, 기회의 부족, 사회적 고립 등이 빈곤문화를 낳은 근본적 원인이라는 점을 간과한다. 빈곤문화에 대한 또 다른 비판으로 이것이 모든 가난한 사람들에게 적용되지 않는다는 점을 들 수 있다. 여러 연구들은 빈곤문화에 갇힌 가난한 사람들 가운데 자신들의 삶을 개선시킨 사례가 많음을 보여준다(구인회, 2005; Mead, 1994). 따라서 비록 빈곤문화가 일부 가난한 사람들로 하여금 가난에서 헤어나지 못하게 만들기도 하지만 가난의 자기영속화에 대한 이것의 적용범위와 영향력은 제한적이라고 할 수 있다.

5. 경제적 불평등과 빈곤의 결과

만약 사회계층의 위치가 단지 통계나 연구 목적을 위한 범주의 구분에 지나지 않는다면 경제적 불평등과 빈곤의 개념은 오직 사회과학자나 정부기관에만 중요할 따름일 것이다. 하지만 사회계층의 위치는 모든 사람의 생활양식과 삶의 기회에 실제적으로 중요한 영향을 미친다. 사회계층은 개인이 얼마나 건강한가, 얼마나 오래 살 것인가, 어떤 가족생활을 할 것인가, 어떤 종류의 교육을 받을 것인가 등과 밀접하게 관련되어 있다.

가. 건강과 수명

(1) 건강

사회경제적 지위와 건강은 직접적인 관계가 있다. 부유하고 학력이 높으며 고임금의 직업을 갖고 있는 사람은 가난한 사람보다 건강할 가능성이 더 높다. 한 조사에 따르면, 자신의 건강이 좋다고 생각하는 비율은 중상층계급이 하층계급보다 더 높으며, 자신의 건강이 나쁘다고 느끼는 비율도 하층계급이 중상층계급보다 더 높다고 한다(Kennedy et al., 1998). 실제로도 가난한 사람은 결핵과 같은 전염병은 물론 당뇨, 심장질환, 암과 같은 만성 질환에 걸릴 위험과 병으로 사망할 확률이 더 높다(조선일보, 2015; Malatu and Schooler, 2002).

중상층계급과 하층계급 간의 이러한 차이는 여러 요소들에 의해 발생한다. 먼저 가난한 사람은 위험하고 건강에 위해한 환경에 살거나 일할 확률이 더 높다. 둘째, 부유한 사람은 건강에 좋은 음식이나 영양을 섭취할 수 있는 능력이 더 많다. 셋째, 부유한 사람은 좋은 건강을 유지하는데 필요한 의료·보건서비스는 물론 보다 훌륭한 의료·건강시설에 접근할 기회를 더 가진다.

사회경제적 지위는 정신건강과도 관련이 있다(정은희, 2015; Leventhal and Brooks-Gunn, 2003). 낮은 계층의 사람들은 경제적 어려움과 사회적 관계에서 주로 명령과 통제를 받는 입장에 있기 때문에 스트레스와 긴장 그리고 불안에 노출될 확률이 상당히 높다. 게다가 이들은 그러한 스트레스와 긴장에 효과적으로 대처할 수 있게 해주는 주변 환경에 대한 통제력도 많지 않다. 결과적으로 하층계급은 정서적 문제를 겪을 가능성이 높고 또한 이러한 문제로부터 빠른 시간 안에 벗어나기가 쉽지 않다.

한편 빈곤은 전 세계적으로 가장 주된 건강문제로 확인되고 있다. 절대빈곤은 안전하지 못한 물과 위생, 실내공기의 오염, 높은 산모와 영유아사망률, 기아 및 영양실조와 연관되어 있으며 특히 저개발국에서 이런 연관성은 심각하게 나타난다(WFP, 2018). 매일 미국, 일본, 유럽의 인구를 합친 약 8억 명이 지구상에서 굶주림을 겪고 있다. 매년 310만 명의 어린이가 기아와 영양실조로 사망하는데 이는 8초에 1명꼴로 어린이가 배가 고파 죽는 형국이다.

(2) 수명

중상층계급과 하층계급 간의 신체적, 정신적 건강에 차이를 나타나게 해주는 요인은 결과적으로 수명에도 영향을 주어, 일반적으로 중상층계급의 사람들은 하층계급의 사람보다 오래 산다. 태어난 지 1년 안에 사망할 확률은 빈곤층의 아이가 중상층의 아이보다 훨씬 높다(Kendall, 2001). 또한 빈곤층의 아이는 중상층의 아이보다 영양결핍, 질병, 사고, 폭력 등으로 인해 사망하는 비율이 더 높다. 2018년의 조사(경향신문, 2019)에 따르면, 암 사망률은 저소득자가 고소득자에 비해 3배정도 많은 것으로 나타났다.

나. 가족생활

가족생활의 형태도 사회계급에 따라 다르다. 하층계급의 가족은 중간 계급의 가족보다 자녀를 더 많이 가지는 경향이 있으며 아울러 이혼율도 높다(Whitehead and Popenoe, 2004). 2015년의 경우 인구 1,000명당 이혼건수인 조이혼율은 대졸 남성이 4.4건, 여성이 4.4건인 반면 고졸 남성은 6.4건, 여성은 7.5건이었다(경향신문, 2017).

중상층계급의 사람들은 자신들의 삶에 대한 통제력을 보다 많이 가질 수 있다. 따라서 이들은 장기간에 걸쳐서 나타나는 결실을 얻기 위해 당장의 즐거움이나 만족을 기꺼이 연기할 가능성을 하층계급의 사람들보다 더 많이 가지고 있다. 이와 비슷한 경향으로 하층계급의 사람들은 과거나 미래보다 현재에 더 치중하는 데 비해 중상층계급의 사람들은 과거, 현재, 미래를 연계해서 생각하는 편이 강하다. 남녀의 성역할에 관해서도 하층계급과 노동자계급은 전통적인 개념에 근거해 남녀의 차이를 분명하게 구분하는 경향이 있다.

자녀양육이나 의료비지출에 어려움을 겪는 가난한 부모는 생계에 매달리느라 자녀를 제대로 감독하거나 지도하기가 힘들고 또한 필요한 건강관리를 제대로 해주기 어렵기 때문에 자녀에 대해 소홀하기 쉽다. 자녀훈육에 있어서도 하층계급은 신체적 처벌에 의존하는 경향이 있다. 하지만 중상층계급에 있어서 훈육은 부모와 자식간의 정서적 애착에 보다 근거하고 있으며, 아울러 논리적 설명이나 설득 또는 애정을 조절하는 방식을 더 사용한다. 자녀양육의 목표도 계급에 따라 차이가 난다. 중상층계급의 부모는 자녀들이 창의력과 유연성을 요구하는 직업을 가지기를 기대하며, 그래서 이러한 직업에 필요한 자율성과 독창력을 자녀들에게 심어주는 데 더 노력한다. 이에 비해 하층계급의 부모는 자녀들이 규칙과 절차를 요구하는 직업을 가지기를 바라며, 그래서 자녀들에게 권위에 대해 존중하고 복종할 것을 강조하는 경향이 있다.

다. 교육

교육수준은 계급 위치를 반영할 뿐만 아니라 계급지위의 획득에도 기여한다. 교육을 많이 받은 사람일수록 보다 높은 소득과 안정된 직장을 가질 수 있다. 계급의 지위가 높을수록 자녀들이 보다 많은 양질의 교육을 받을 가능성이 높다. 이에 비해 가난한 사람은 부유한 사람이 자녀들에게 제공하는 만큼 교육의 기회를 제공할 재정적 능력을 갖고 있지 못하다. 아이들의 인지적 발달과 학업성취를 촉진시킬 수 있는 참고서, 컴퓨터, 여행 및 기타 학용품과 학습 경험을 제공하는 데 있어 가난한 부모한테는 경제적 여력이 없거나 큰 부담으로 작용할 수밖에 없다.

2017년의 가구소득별 영유아 양육비를 비교하면 월 소득 200만원 미만 가구는 자녀 1명당 월평균 50만8천원을 썼고, 월 소득 200만~550만원 가구는 82만9천원, 월 소득 550만원 초과 가구는 월평균 129만원을 지출했다(박진아, 2017). 고소득층(월 소득 550만원 초과)이 지출하는 양육비는 저소득층(월 소득 200만원 미만)에 비해 2.5배 많은 수준이다. 특히 교육비 가운데 사교육비 지출은 소득수준에 따른 차이가 확연히 드러난다. 2018년의 경우, 자녀 1명당 사교육비로 쓴 돈이 월 소득 199만원 이하 가구에서는 9만9천원인데 비해 월 소득 300만~399만원 가구에서는 22만2천원, 800만원 이상 가구에서는 50만5천원으로 고소득층(월 소득 800만원 이상)이 저소득층(199만원 이하) 보다 사교육 지출이 5배 이상 많다(통계청, 2018).

대체적으로 가난한 가구의 자녀는 부유한 가구의 자녀보다 학업성적에 있어 낮은 점수를 받는 경향이 있다(이정환, 2002; Seccombe, 2001). 가난한 부모는 그렇지 않은 부모에 비해 평균적으로 낮은 교육을 받았기 때문에 그들의 자녀들이 학업을 성공적으로 수행하도록 장려하거나 도와주는 데 있어 관심을 덜 기울이거나 어려움을 겪을 수 있다. 빈곤은 가난한 성인들이 학력을 높이는 데도 장애물로 작용한다. 빈곤을 탈출하기 위해 교육을 더 받으려는 성인들은 일하면서 학교를 다녀야 하거나 자녀양육과 비싼 등록금에 큰 부담을 느낄 수밖에 없다. 결국 가난과 교육이 연결되는 사이클은 다음 세대로 전달이 되면서 가난한 아동의 낮은 교육적 성취는 빈곤을 영속화시키는 경향으로 나타난다.

6. 경제적 불평등과 빈곤에 대한 대책

불평등을 줄이려는 정책과 노력은 항상 논란의 소지가 되곤 한다. 우선 이러한 프로그램은 복잡할 뿐만 아니라 불평등을 제거하거나 감소시키는 방식에 대해 사람들의 합의를 구하는 것이 어렵기 때문이다. 기능론에서 주장하듯이 일부의 사람들은 불평등이 실제로는 사람들이 성공하기 위해 열심히 노력하도록 동기를 부여한다고 주장하기도 한다. 게다가 만약 대다수의 사람들이 불공평한 부의 분배를 없애자는데 동의를 하더라도 권력을 갖고 있는 사람들이 그러한 변화를 기꺼이 수용하기란 어려울 것이다. 왜냐하면 이들 지배층은 기존 사회의 권력 및 부의 분배 체계에서 기득권을 갖고 있기 때문이다. 또한 불평등을 줄이기 위해 부의 세습을 야기하는 상속을 제한하는 정책에 대해서도 부유층이 지지하지 않을 것이다.

비록 불평등을 줄이는 어떤 구체적인 정책과 프로그램에 대해 합의를 구하는 것이 어렵기는 해도 사회 저변에는 부의 사회적 양극화와 빈곤이 해결되어야 할 문제라는 의견에 대해 광범위한 동의가 존재한다. 그렇기 때문에 사람들은 여전히 정부가 가난한 사람들을 위해 특별한 노력과 관심을 기울어야 한다고 생각하고 있다. 실제로 정부는 각종 정책과 프로그램을 개발, 시행하고 있으며 또 정부 예산에서 사회복지 부문은 큰 비중을 차지하고 있다. 이와 더불어 가난한 사람들을 지원하고 돕는 수많은 공공 및 민간단체들과 개인들이 지금 이 시간에도 지역과 국가별로 또는 전 세계적으로 다양한 프로그램을 가지고 활동하고 있다. 이들 기관이 빈곤을 줄이거나 없애기 위해 주로 실행하고 있는 정책과 프로그램에는 고용 확대, 취업 프로그램의 활성화, 소득지원 프로그램의 증가 등이 있다.

가. 고용 확대

빈곤은 상당 부분 실업과 관련되어 있기 때문에 빈곤을 줄이는 정책은 우선 일자리 창출과 고용 확대에 초점을 맞출 필요가 있다. 만들어지는 일자리도 허드렛일, 최저임금 수준의 일, 일시직, 비정규직이 아니라 어느 정도의 수입을 보장하는 안정적인 일이어야 한다. 그래야만 빈곤층을 가난의 굴레에서 빠져나오게 할 뿐만 아니라 차상위 빈곤층이나 노동자계층에도 도움을 주어 사회 전체적으로 경제적인 불평등을 완화시킬 수 있다. 고용 확대를 위해서는 일자리를 늘리는 기업에 대해서 세제혜택을 주거나 공공사업 프로젝트를 적극적으로 추진하는 정책을 사용할 수도 있다.

일자리를 만드는 정책은 당연히 광범위한 지지를 이끌어 내겠지만 이것이

효과를 발휘하기 위해서는 추진과정에서 빈곤층의 사회인구학적인 특징도 중요하게 고려할 필요가 있다. 앞에서 살펴본 바와 같이 빈곤층의 상당수는 일을 하기에 신체적으로 어려운 사람들이다. 이들은 새로운 일자리 창출에 의해 크게 혜택을 받기 어려울 수 있는 노인, 아동, 장애인, 여성가구주이다. 따라서 일자리를 늘리는 정책을 펼치더라도 이들에게 적합하거나 혜택이 돌아가는 방식이어야 한다.

나. 취업 프로그램

빈곤을 줄이는 사회정책으로서 빈곤층이 노동시장에서 효과적으로 경쟁할 수 있도록 이들에게 필요한 능력을 갖추게끔 하는 방법이 있다. 이는 일부 사람들이 가난한 주요 이유가 괜찮은 일자리를 찾는 데 필요한 교육, 기술, 동기가 부족하기 때문이라는 생각에 기초하고 있다. 이에 따라 다양한 교육 지원, 직업 훈련 및 상담, 취업 알선 프로그램들이 제공되고 있다.

하지만 정부의 취업프로그램은 그 동안의 많은 노력에도 불구하고 이 프로그램을 거친 사람들 중 상당수가 안정된 직장을 잡지 못하거나 저임의 비정규직에 종사하는 등 가시적인 성공을 거두지 못하는 측면이 있다. 이러한 미적지근한 결과에 대한 이유로서 몇 가지 요인들을 제시할 수 있다. 첫째, 이러한 프로그램이 재정적으로 충분히 뒷받침되지 않아 해당자들 중 상대적으로 적은 수의 사람들에게만 기회가 미쳤을 수 있다. 둘째, 이러한 프로그램이 대개 직업기술 훈련과 직업 알선에 초점을 맞추는 대신 대상자들이 일자리를 얻고 유지하는 데 어려움을 가져다 줄 수 있는 건강, 교통, 자녀보육, 주거 등의 문제들을 소홀히 다루는 측면이 있을 수 있다. 셋째, 직업훈련이 대개 사람들을 가난으로부터 빠져나오기 어렵게 만드는 저임의 직종에 치중되는 경향이 있다.

다. 소득지원 프로그램

빈곤 자체가 구조적인 문제이고 또 경제, 가족, 성, 정치 등의 다양한 사회 부문들과 서로 연결되어 있는 만큼 이것을 없애거나 줄이는 많은 정책과 프로그램 또한 결실을 맺는 데 상당히 오랜 시간이 걸린다. 따라서 이러한 정책과 프로그램의 시행 과정에서 빈곤층이 겪는 당장의 경제적 어려움을 덜어주기 위해 즉각적인 복지프로그램을 제공할 필요가 있다. 이러한 프로그램에는 소득, 주택, 건강보험, 자녀보육 및 교육 등에 대한 지원이 있다.

현재 정부는 기준 중위소득 30% 이하의 소득자로서 기초생활보장 급여를 받는 빈곤층에게 생계급여, 주거급여, 교육급여, 해산급여, 장제급여, 자활급여, 의료급여 등을 지급하고 있다. 생계급여는 현금으로 지급되며 기준은 최저생계비에서 현물로 지급되는 의료비, 교육비, 기타 법에 의한 지원액(주민세, TV수신료 등)을 차감한 금액으로 소득이 없는 수급자가 받을 수 있는 최고액의 현금급여 수준이다. 2019년의 경우 4인 가구에 대한 생계급여 기준은 약 138만원이다(〈표 4-10〉 참조). 주거 및 기타 급여에 대해서도 규정에 따라 일정액의 현금을 기초생활보호 대상자에게 지급하고 있다(〈표 4-11〉 참조).

〈표 4-10〉 2019년 월별 생계급여 기준

(단위: 원)

	1인 가구	2인 가구	3인 가구	4인 가구	5인 가구	6인 가구
생계급여	512,102	871,958	1,128,010	1,384,061	1,640,112	1,896,163
긴급복지생계급여	441,900	752,600	973,800	1,194,900	1,415,900	1,636,900

주: 1) 긴급생계급여는 긴급히 생계를 해결해야 할 필요가 있을 경우 지급하며 최저생계비 중 식료품비(37.7%)에 해당함.
2) 8인 이상 가구의 경우 현금급여 기준은 218,022원씩 증가함.
자료: 보건복지부, 2011a.

〈표 4-11〉 주거 및 기타 급여 기준

급여 종류	급여 내용
주거급여	4인 가구의 경우 월 임대료 36만 5천원(서울기준), 자가 가구에게는 자택수리비(중보수인 경우 702만원 지원)
교육급여	중학생: 부교재비 32,000원, 학용품비 71,000원 고등학생: 부교재비 209,000원, 학용품비 81,000원
해산급여	1인당 60만원, 쌍둥이는 120만원 지급
장제급여	최대 75만원 지급
자활급여	자활에 필요한 금품의 지급 또는 대여 등
의료급여	의료비 지원

자료: 보건복지부, 2019.

정부가 빈곤층의 생활보장을 위해 각종 급여를 지급하고는 있지만 현행 제도의 실효성에 대해서는 여러 가지 문제점들이 제기된다. 먼저 급여액의 수준이 여전히 낮다. 생계급여는 아직 최저생계비에 미치지 못하고 있으며, 최저생계비 또한 4인가구의 경우 2019년 기준 중위소득 461만원의 30%에 지나지 않는다. 각종 연구기관들과 학자들이 제시하는 상대빈곤율이 20%대에 이르는 상황에서 현재 3%대에 머물러 있는 기초생활보장급여 수급율도 상당히 낮다고 할 수 있다. 덧붙여 기초생활보장 급여 대상자 선정과정에서 나타나는 관료적인 행정절차의 까다로움과 선정결정자에 주어진 과도한 재량이 문제점으로 지적되기도 한다.

라. 단체행동

빈곤을 줄이기 위한 프로그램들은 주로 정치인, 행정관료, 학자, 기타 전문가들과 같이 저소득층이 아닌 사람들에 의해 만들어진다. 이는 이들 전문가가 가난한 사람들의 이익을 어느 정도로 잘 대변하고 있는가 또 이들이 빈곤과 이에 관련된 문제들에 대해 어느 정도로 정확하고 성실하게 이해하고 있는가에 대해 의문을 제기하게 만들 수 있다. 그렇기 때문에 가난한 사람들은 자신의 이익을 실현시킬 수 있는 단체행동을 통해 자신들의 문제를 자신들 스스로 해결할 필요도 있다. 단체행동 과정에서 빈곤층은 물적으로나 인적으로 자원이 풍부하지 않기 때문에 경우에 따라 시민·사회단체와의 연계를 활용하여 보다 효과적으로 자신들의 이익을 달성하는 방법도 고려해 볼 만하다.

제 5 장

여성문제

1. 여성문제의 제기
2. 여성문제의 개념
3. 여성문제 이론
4. 우리나라의 여성문제
5. 여성문제의 해결을 위한 여성정책

제5장 여성문제

1. 여성문제의 제기

여성들은 어떠한 지적 교육도 받지 않고 모든 계층에서 열등한 지위를 갖는다. 어떤 종류의 이원적인 철학을 가졌는지는 모르겠으나 한국 남성들이 생각하는 자연(自然)은 여성이 열등한 존재로서 남성에게 부속된 상태이다. 『어린이를 깨우치는 학문의 요약(격몽요결)』과 같은 널리 읽혀지는 교과서들이 여성에게 이러한 관점을 강요하고, 남성들과 만나기 시작하면서 여성에 대한 이러한 평가는 매일 매일의 확증을 받는다. 소녀들을 위한 정규적인 학교는 없다. 비록 상류계급의 여성들이 집안에서 전해지는 필사본으로 읽는 것을 배운다하더라도 글을 읽을 줄 아는 한국여성의 숫자는 1천명 가운데 두 명 정도로 보인다. 이처럼 미신, 남자들의 잘못된 교육, 문맹, 극히 낮은 법적 권리, 그리고 냉혹한 관습은 세계의 어떤 국가보다 더 낮은 지위를 여성에게 안겨주고 있다. 여성의 권리는 적고, 그 나마의 권리도 법보다는 관습에 의존한다.(E. B. 비숍, 『한국과 그 이웃나라들』, 1994: 394~396)

유모(母)차, 자(子)궁, 처녀작, 도련님. 우리가 일상에서 자연스럽게 써오고 있는 이들 단어의 공통점은 무엇일까. 조만간 사전적 뜻이 변하거나 단어가 사라질 수 있다는 점이다. 1957년 한글학회가 출간한 《큰사전》에서는 '계집'을 '여성으로 태어난 사람'으로 정의했다. 그러나 이제 '계집'은 여성을 지칭하는 낮춤 표현이 됐다. 여교사, 여류작가, 여직원, 여교수, 여의사, 여군 등의 단어가 불편하다는 인식 역시 확대되고 있다. 젠더 감수성이 높아짐에 따라 성차별적 요소가 있다는 지적을 받는 사례는 더 있다. 저출산은 '아이를 적게 낳는다'는 뜻으로, 저출산이라는 사회적 문제의 책임이 여성에게 있는 것으로 오인될 소지가 있다. 민족 명절인 추석을 앞두고 성차별 언어를 바꾸자는 움직임은 다시 떠오르고 있다. 성차별 요소가 있는 단어들을 고쳐둔 '성평등 언어사전'도 최근 등장했다(시사저널, 2019, 9.11).

첫 번째 인용문은 100여 년 전 영국의 한 저명한 여성 지리학자가 조선을 4차례 방문하여 남긴 기록의 일부이다. 그 글에는 100여 년 전 한국여성의 일반적인 낮은 지위에 대한 연민이 넘쳐난다. 그러나 두 번째 인용 신문 기사는 높아진 한국여성의 지위를 간접적으로 잘 보여준다. 인용문에 언급된 언어들은 그동안 일상생활에서 당연하게 사용되었던 표현들이었지만 이제는 성차별적인 것으로 여겨져 개선되고 있는 중이다.

처음으로 여성문제가 제기되고 논의가 가능하게 된 배경은 18세기 산업화 과정에서 사회적 억압 상황이 표현 가능하게 되었던 시대적 상황과 관련이 있다. 첫째, 18세기의 계몽주의 사상과 천부인권설에 영향을 받은 프랑스 대혁명과 유럽 각지에서 있었던 1848년의 혁명에 의해 신분제가 타파되었다. 이에 따라 남성들의 지위에 변화가 일어나고 뒤이어 여성들의 낮은 지위에 대한 인식이 생기게 되고 이것이 여성문제화된 것이다. 둘째, 산업혁명으로 인해 공장노동자가 등장하고, 특히 그전에는 가정의 울타리에서 가내노동의 조력자였던 여성이 산업노동자로서 사회적 생산에 참여하게 된 것이 여성문제에 대한 사회적 관심을 불러오게 된다. 자본주의 초기 단계에서 열악한 상황에 놓인 여성 산업노동자는 육아와 가사노동과 사회적 노동의 삼중고를 짊어진 눈에 띄는 존재였기 때문이다.

특히 1960년대의 여성해방운동을 가져온 여성문제에 대한 논의의 이면에는 생리학과 의학의 발전, 특히 경구용 피임약의 발명이 커다란 기여를 했다. 여성이 자연 상태에서 임신하고 출산하고 육아를 책임지는 전통적인 여자의 삶에서 벗어나서 사회적 삶에 관심을 돌릴 수 있는 환경이 조성되었기 때문이다. 생물학적으로 자연적인 것으로 보였던 여성의 전통적 삶이 여성 스스로에 의해 통제할 수 있는 삶으로 바뀌었던 것이 여성문제 논의를 가능하게 하고 더 나아가 여성해방운동을 가능하게 한 것이다.

20세기 초까지만 해도 여성은 사회적으로 그저 임신을 통한 '아이 생산 기구'에 지나지 않았다. 피임이란 것은 종교상 금지된 행위로서 그 당시 미국에서는 피임 요령을 담은 편지를 주변 사람에게 보내는 행위만으로도 체포되어 박해를 당하고 있었다.

아래에 소개된 런던 타임즈의 1921년 3월 17일 기사는 세계 최초로 영국 런던에 산아제한 클리닉을 열었던 메리 스톱스 박사에 관한 기사이다. 스톱스 박사는 대중을 붙잡는 힘이 있었는데 "여성의 입속에 들어 올 수 없는 것이라면 질 속에도 들어올 수 없다"라는 유명한 말을 남기며 여성의 성적 권리, 나아가 출산 조절의 권리를 주장했다.

"3년 전 '기혼자의 사랑(Married Love)'라는 책으로 센세이션을 일으켰던 메리 스톱스 박사가 17일 런던의 홀로웨이에 가족계획 클리닉을 또다시 세워 논란을 일으키고 있다. 이날 조용히 문을 연 이 클리닉은 기혼여성에게 각종 피임에 관한 정보와 피임도구를 제공할 것으로 알려졌다. 스톱스 박사는 클리닉을 통해 가난한 기혼여성들에게 자신이 고안한 자궁 내 고무피임도구를 나눠 줄 계획이다. 한편 가톨릭계 의사인 할리데이 서덜랜드는 이 클리닉의 활동이 교리와 어긋난다는 이유로 스톱스를 고소했다. 그러나 스톱스 박사는 이에 굴하지 않고 맞고소할 계획이라고 밝혔다.

메리 스톱스 박사가 1918년 쓴 '기혼자의 사랑'은 영국 최초의 성생활 지침서인데 발기 불능이었던 첫 남편과의 이혼 경험을 바탕으로 쓴 책. 그녀는 이 책에서 여성도 남성만큼 성을 즐길 자유가 있다는 주장을 펴 화제를 모았었다."

2. 여성문제의 개념

여성문제는 여성이 생물학적 성(sex)을 이유로 사회적 성(gender)이 차별받는 것으로 정치적, 경제적, 법적, 문화적, 제도적, 성적, 교육적인 면에서 불평등한 대우를 받는 것이다.

한국사회에서 여성문제는 다양한 모습을 가진다. 정치적인 면에서는 여성의 권리를 대변할 국회위원이나 장차관 같은 고위 공무원이 적은 것, 경제적인 면에서는 여성의 평균임금이 남성에 비해 60% 정도에 불과한 것과 승진이나 보직에서 불리하며 비정규직 노동자가 많은 것, 불황 시 우선적으로 정리해고가 되는 것 등이다. 법적으로는 호주제 개정 전 여성에게 불리했던 여러 법적 조치들과 1인 1적의 가족관계등록부 시대에도 미혼모에게 불리한 조항 등이다. 문화적으로는 남아선호사상에 의해 태어나기 전부터 낙태의 대상이 되는 것, 제도적으로는 군복무가산제와 남성교사할당제를 둘러싼 논쟁이 예가 된다. 성적인 차별로는 간통죄가 폐지된 현재에도 여성의 간통에 더 비난하거나 성폭행과 성희롱을 피해자 중심으로 보지 않는 관습들이 여전하다. 교육 현장에서는 여성차별적인 관행과 관습이 여전히 남아있다.

생물학적 성(sex)과 사회적 성(gender)

생물학적 성은 출생 시 한 개인이 가지고 태어나는 해부학적, 유전적 특성에 따라 결정되는 성이다. 남성 생식기를 가지고 있으면 남성, 여성 생식기를 가지고 있으면 여성이 된다. 사회적 성은 사회문화적으로 획득된 성으로 남성과 여성 간에 심리적, 문화적, 사회적으로 나타나는 차이에 따라 결정된다. 예를 들면 남성동성애자로서 동성 사이에서 주로 여성의 역할을 맡고 있고 그렇게 대접받고 인정된다면 생물학적 성은 남성이지만 사회적 성은 여성이다. 반면 여성 동성애자(레즈비언)로서 동성 사이에서 주로 남성의 역할을 맡고 있고 그렇게 대접받고 인정된다면 생물학적 성은 여성이지만 사회적 성은 남성이 된다.

3. 여성문제 이론

다양한 여성문제를 다루는 이론들은 여성문제의 원인과 성격을 무엇으로 어떻게 보는지의 관점에 따라서 여러 갈래의 페미니즘으로 나누어진다. 즉 페미니즘은 여성문제의 원인이 사회제도에 국한된 것인지, 아니면 여성문제의 성격이 커다란 사회구조에 따라 영향을 받은 것인지 따라 달라진다.

자유주의 페미니즘은 여성문제는 사회구조와는 상관없이 특정한 법이나 제도의 결함으로 나타나는 것으로 보며, 마르크스 페미니즘은 자본주의라는 사회구조가, 급진적 페미니즘은 가부장제라는 사회구조가 여성문제를 초래하는 주요 원인이라고 간주한다. 한편 사회주의 페미니즘은 자본주의와 가부장제라는 두 사회구조가 여성문제를 결정짓는 원인이라고 본다. 최근에는 포스트모던 페미니즘, 에코 페미니즘, 흑인 페미니즘과 같은 다양한 관점의 페미니즘도 주목 받고 있다.

가. 자유주의 페미니즘

자유주의 페미니즘의 탄생은 18세기의 계몽주의 사상과 이에 따른 자유주의 사상, 천부인권설에서 영향을 받았다. 초기의 계몽주의 사상을 잘 나타낸 '만인(萬人)은 이성(理性)적 존재로서 동등하다'에서 만인 중에는 '이성 없는 여성'은 들어가 있지 않았다. 그러나 점차 자유주의 사상과 천부인권설에 의해 여성도 이성을 가진 존재이며 하늘로부터 부여받은 인권을 가지고 있고 자유를 누릴 권리가 있는 사람이라는 인식이 널리 받아들여지게 되었다. 자유주의 페미니즘의 초기 주장자들은 『여성선언(1791)』으로 널리 알려지고 프랑스 혁명에 동참해 여성시민권을 주장한 올랭프 드 구즈(Olympe de Gouges), 『여성 권리의 옹호(1792)』를 써서 여성교육의 필요성을 강조한 영국의 울스턴 크래프트(Wollstone craft)와 19세기의 계몽주의 사상가로 유명한 존 스튜어트 밀(John Stuart Mill)이 있다. 밀은 『여성의 종속』(2018)에서 19세기 여성의 낮은 사회적 지위에 대해 다음과 같이 묘사한다.

> "모든 여성은 아주 어려서부터 그들의 이상적 성격은 남성과 정반대의 것, 즉 자기 의지나 자제에 의한 통제가 아니라 타인의 통제에 굴종하는 것이라는 신념으로 길러진다. 모든 도덕규범은 남을 위해 사는 것, 다시 말해서 철저히 자신을 부정하고 애정이외의 모든 삶을 포기하는 것을 여성의 의무로서 지적하고 있으며, 모든 통념들은 또한 그것이 여성의 본질이라고 말한다. . . .여성이 인간으로서 생각하고 추구하는 목표, 또는 사회적 야망의 대상들은 오로지 남자를 통해서만 그녀에게 주어질 수 있다는 사실을 볼 때 남자에게 매력적인 존재가 되고자하는 목표가 여성교육과 성격 형성의 북극성이 되지 않았다면 오히려 기적일 것이다."

즉 여성의 낮은 지위는 도덕적 규범과 관습 때문이고 여성교육을 제한한 사회적 법과 제도에 있다는 것이다. 따라서 여성의 교육 확대를 주장하며, 여성에게 불리하거나 불합리한 도덕적 규범이나 관습에 기반한 사회, 경제, 정치, 법률제도의 개혁에 초점을 맞춘다. 또한 여성이 취업에서의 균등한 기회를 보장받아야하며, 공공부문에서의 남녀 차별도 금지되어야 한다고 주장한다.

원래 자유주의 페미니즘은 공적인 영역인 사회와 사적이 영역인 가정을 서로 분리된 영역으로서 간주했기 때문에 사적인 영역에 속하는 매춘, 미혼모, 포르노 등의 문제는 개인적 자유에 따른 선택의 문제로 받아들였다. 그러나 현실적인 상황에서는 그런 개인적 영역에 속하는 문제가 공적인 영역에서의 문제와 겹치게 된다.

이런 인식은 1960년대에 다양한 여성해방운동이 전개되는 과정에서 자유주의 페미니즘으로 하여금 공적인 영역과 사적인 영역의 분리라는 입장을 수정하게 만든다. 이런 입장에 선 대표적인 자유주의 페미니스트가 베티 프리던(Betty Friedan)이다. 여성운동의 대모로 추앙받는 베티 프리던은 NOW (National Organization for Women, 전미여성기구)을 이끌면서 20세기 여성의 지위 향상에 기여한 가장 중요한 인물로서 언급된다. 대표적인 저서인 『여성의 신비』는 1960년대 여성 해방운동을 불러일으킨 책이며, 여성동등법안이 부결된 직후 1982년에 출간된 『제2의 단계』는 여성운동의 방향을 수정하여 다시 제기한 책이다.

자유주의 페미니즘은 최초로 여성문제를 이론화시켰고, 이를 여성운동으로 표출시켰다는 평가를 받는다. 19세기 가정이나 사회에서 여성의 권리라는 인식조차 없던 상황에서 여성의 시민권과 참정권을 요구한다는 것은 법적인 처벌까지도 감수해야했기에 이들의 주장은 아주 놀라운 주장이었다. 이에 따라 개선된 법과 제도들은 여성들의 지위 향상에 커다란 기여를 하였다. 국가별로 20세 이상의 남녀가 평등하게 선거에 할 수 있는 권리인 보통선거권이 수십 년 후에 남성과 같이 여성에게도 부여된 것은 자유주의 페미니스트들에 의해 전개된 여성 참정권운동 노력의 결과인 것이다(〈표 5-1〉 참조).

〈표 5-1〉 국가별 보통선거가 처음 실시된 해(년도)

	남	여
미 국	1870	1920
독 일	1870	1920
영 국	1918	1928
이탈리아	1912	1945
일 본	1925	1945
프 랑 스	1848	1946
한 국	1948	1948

또한 자유주의 페미니즘은 구체적이고 실질적인 여성문제를 다양하게 제기하고 분석하는 경험적 연구를 통해 페미니즘의 이론화에 기여했다. 특히 현재는 제3세계 여성의 삶의 질을 개선하고, 제3세계 여성문제를 해결하는데 일조하고 있다.

그러나 자유주의 페미니즘은 여성문제를 사회구조의 속성에 따른 부수적인 결함으로만 파악하고 있으며 기존의 커다란 사회구조 자체가 여성억압의 현실임을 외면하고 있다는 비판을 받는다. 또한 집단 간의 차이에 따른 불평등 문제를 간과해서 '백인 중산층 여성의 운동'이라는 평가도 받는다. 더 나아가 왜 여성 차별적인 관습과 제도가 생겼는지에 대한 역사적 규명이 빠져 있다고 지적받는다.

제3세계 여성문제는 아직도 도덕적, 종교적 규범이나 관습에 따른 법적, 제도적 제한 속에 해결되지 않고 있다. 북아프리카의 이슬람 국가에서 광범위하게 행해지는 '여성할례'의 관습은 여성의 존엄성을 무시하고 기본적인 성적인 권리마저 뺏는 야만적 행위이다. 제3세계 자유주의 페미니스트들은 제도적으로 이를 금지시키기 위해 여성할례 금지운동을 전개하고 있다. 아래 신문기사는 제3세계의 여성의 지위를 잘 보여준다.

AFP통신과 CNN, BBC 등 외신들은 사우디 법원이 엄격한 이슬람 율법에 따라 성폭행을 당한 19세의 여성에게 태형 200대와 6개월 징역형을 선고해 국제적인 비난을 사고 있다고 보도했다. 자신이 사는 마을 이름을 따 '카티프 소녀'로 알려진 이 여성은 평소 알던 남자 고등학생이 자신의 사진을 찍자 이를 돌려받기 위해 함께 승용차에 탔다. 하지만 곧 7명의 남자들에게 납치당해 집단 성폭행을 당했다. 사우디 법원은 가해자들에게 2~9년형을 선고했지만 피해자인 카티프 소녀에게도 90대의 태형을 선고했다. 남자 형제 또는 친척의 보호 없이 모르는 남성과 접촉해 이슬람 율법을 어겼다는 이유였다. 피해 여성의 억울함은 여기서 그치지 않았다. 피해자가 항고하고 언론에 호소하자 고등법원은 14일 징역 6개월에 태형 200대로 형량을 높였다. 피해 여성의 변호인에 대해서는 변호사 면허를 박탈하고 법정 출석도 금지했다. 피해 여성과 변호사가 사법 시스템을 무시하고 언론 플레이를 한다는 이유였다."(중앙일보, 2007.11.23.)

애플과 구글이 여성의 인권을 침해하고 통제하기 위한 앱을 허용하면서 사우디아라비아의 여성 차별 정책을 돕는다는 비난을 받고 있다. 사우디 법에는 모든 여성에게는 합법적인 '보호자'가 있어야 하고, 여성들은 허락 없이 여행을 갈 수도, 국경을 넘을 수도 없다. 사우디 정부는 한층 더 나아가 'Absher'라는 앱을 개발했다. 이 앱을 사용하면 보호자가 여성이 갈 수 있는 장소, 이동 가능한 공항 등을 설정할 수 있다. 여성이 지정된 장소 외의 지역에 가면 알람이 울리고, 여성의 위치가 전송된다. 휴먼 라이츠 워치와 국제 앰네스티는 사우디 정부가 개발한 앱을 허용한 구글과 애플 스토어에 유감을 표시했다. . . . .사우디아라비아 국제 앰네스티 연구원 다나 아메드도 여성 위치 추적 앱이 여성의 자유를 제한하는 도구일 뿐이라고 비판했다. "이런 방식은 여성의 인권을 후퇴시킬 뿐만 아니라 후견인 법에 따른 차별체제를 다시 한번 공고히 한다."고 말했다. 이들 인권단체는 애플과 구글이 여성을 가두는데 사용되는 앱임을 인지하라고 촉구했다.(YTN, 2019.2.12.)

나. 마르크스 페미니즘

마르크스 페미니즘은 19세기 이후 노동계급의 산업여성노동자들이 사회적인 영역에 참여하면서 등장했다. 앞에서도 언급한 것처럼 그 당시 여성노동자는 가정에서나 사회에서나 아주 열악한 환경에 놓여있었다. 여성노동자들은 결혼 후 계속되는 임신과 출산으로 몸은 허약해지고, 아이들은 많았으며, 남성노동자보다 적은 임금으로 더 나쁜 작업환경에서 장시간 노동을 해야 했기 때문이다. 마르크스 페미니즘은 이런 산업여성노동자의 문제가 커다란 사회구조인 자본주의 체제로 인한 것으로 보았다. 즉 여성문제는 남성의 자산과 이윤추구를 위해 여성노동의 착취를 불가피하게 만든 자본주의 제도 그 자체로 인한 것이다.

마르크스 페미니스트는 자본주의 체제가 자본의 이익에 따라 여성노동을 상황에 따라 이용한다고 주장한다. 사회적 영역인 생산노동의 경우 호황일 때는 여성노동을 차별화시켜 저임금으로 활용하고 불황일 때는 먼저 정리해고나 명예퇴직을 시킨다. 한편 사적인 영역인 가정에서 여성은 가사노동을 전담하지만 여성이 원래 있어야 할 곳은 가정이라는 고정 관념 아래 가사노동의 가치는 인정되지 않고 자본가 계급에 의해 몰수당한다는 것이다.

엥겔스는 마르크스 페미니즘을 주장한 대표적인 마르크스주의자로 그는 『가족, 사유재산 및 국가의 기원』(2012)에서 사유 재산제의 모순이 남녀불평등의 원인이라고 주장한다. 엥겔스에 따르면 여성의 생물학적 특성에서 비롯된 성별 분업이 공적인 영역과 사적인 영역에 나누어서 이루어지면서 사회경제적인 상황 변화로 남성이 차지하는 공적인 영역이 더 중요해지고, 반면에 여성노동은 자본이익의 극대화라는 면에서 차별적인 임금과 불평등한 대우를 받게 되었다는 것이다. 엥겔스 이후의 마르크스 페미니즘의 주요 학자로는 『여성과 사회주의』를 쓴 베벨(August Bebel), 레닌(Vladimir Lenin), 독일 사민당의 여성 잡지 『평등』을 창간, 편집한 제트킨(Clala Zetkin) 등이 있다.

마르크스 페미니스트는 여성문제의 해결은 우선 여성이 가사노동에서 해방되어야하며 그 방법으로 가사노동의 사회화를 주장한다. 여성의 가사노동은 노동의 대가가 없고 공적인 생산영역과 분리되어서 일어나기 때문이다. 다음으로 공적인 생산노동에서 이루어지는 여성의 저임금과 같은 경제적 불평등의 해결을 위해서는 자본주의 제도의 철폐가 이루어져야 한다고 주장한다. 자본의 이익을 극대화하는 사유재산제를 기반으로 한 자본주의 체제 안에서는 여성노동을 둘러싼 여성문제의 해결이 요원하기 때문이다.

여성문제를 보는 마르크스 페미니즘의 관점은 법적, 제도적 미비로 여성문제를 규정한 자유주의 페미니즘의 한계를 넘어섰다는 긍정적인 평가를 받는다. 여성문제가 왜, 어디에서 시작되었는지에 대한 역사적인 규명을 했으며 자본주의 제도라는 사회구조와 여성문제를 연결시켰기 때문이다. 그러나 마르크스 페미니스트들은 성별 차별을 계급적인 문제로 환원해 설명하고 성별 분업이 가장 최초의 계급적 적대감이라는 주장을 경시한다. 또 산업여성노동자만을 여성문제의 대상으로 삼는 제한점이 있다. 우리나라의 경우 여성경제활동 비율이 50%를 약간 넘기 때문에 산업 여성 노동자는 전체 여성의 50%를 약간 넘는다. 그렇다면 산업여성 노동자가 아닌 나머지 여성들의 문제는 어떻게 해결하는가에 대한 의문이 남는다. 더욱이 사회주의 국가에서 나타나는 여성문제를 단지 자본주의 이데올로기의 잔재로만 설명하는 것은 설득력이 떨어진다.

아래 인용된 시는 박노해의 『노동의 새벽』에서 발췌한 "이불을 꿰매면서"라는 제목의 시로 마르크스 페미니즘 관점에서 쓰인 시이다.

이불호청을 꿰매면서
속옷 빨래를 하면서
나는 부끄러움의 가슴을 친다

똑같이 공장에서 돌아와 자정이 넘도록
설거지에 방청소에 고추장 단지 뚜껑까지
마무리하는 아내에게
나는 그저 밥 달라 물 달라 옷 달라 시켰었다

동료들과 노조 일을 하고부터
거만하고 전제적인 기업주의 짓거리가
대접받는 남편의 이름으로
아내에게 자행되고 있음을 아프게 직시한다.

명령하는 남자, 순종하는 여자라고
세상이 가르쳐 준 대로
아내를 야금야금 갉아먹으면서
나는 성실한 모범근로자였었다

노조를 만들면서
저들의 칭찬과 모범표창이
고양이 꼬리에 매단 방울 소리임을,
근로자를 가족처럼 사랑하는 보살핌이
허울 좋은 솜사탕임을 똑똑히 깨달았다

편리한 이론과 절대적 권위와 상식으로 포장된
몸서리쳐지는 이윤추구처럼
나 역시 아내를 착취하고
가정의 독재가가 되었었다

투쟁이 깊어갈수록 실천 속에서
나는 저들의 찌꺼기를 배설해낸다
노동자는 이윤 낳는 기계가 아닌 것처럼
아내는 나의 몸종이 아니고
평등하게 사랑하는 친구이며 부부라는 것을
우리의 모든 관계는 신뢰와 존중과
민주주의에 바탕해야 한다는 것을

잔업 끝내고 돌라올 아내를 기다리며
이불 홑청을 꿰매면서
아픈 각성의 바늘을 찌른다

다. 급진적 페미니즘

1960년대 후반 여성해방운동과 함께 등장한 급진적 페미니즘은 여성의 지위를 결정하는 것은 가부장제에 기반한 남녀 간의 사회적 관계라고 주장한다. 자유주의 페미니즘이나 마르크스 페미니즘으로는 사회나 계급에 따라 다르게 나타나는 여성문제나 문화적으로 다양한 여성문제를 설명하지 못한다는 것이다.

즉 여성문제의 원인은 법적, 제도적 문제나 하나의 사회구조로서의 자본주의 체제가 아니라 남성이 사회에서나 가정에서 여성을 지배하고 통제하는 제도인 가부장제라는 것이다. 따라서 법이나 제도, 노동이 아닌, 남성이 여성을 지배하고 통제하는 사회적 맥락인 성애, 출산, 친족제도, 문화가 주요 관심 대상이 된다.

이런 급진적 페미니즘의 주장은 "개인적인 것이 정치적인 것이다"로 표현된다. 자유주의 페미니즘에서 개인적인 자유의 선택의 문제로 여겨졌던 성, 피임, 출산 등이 가부장제라는 큰 사회구조와 연결되어 현실적인 여성문제로 부각된다. 이런 인식을 앤더슨(Mary Anderson, 1988)은 밀즈(C. W. Mills)의 '사회학적 상상력'을 여성문제의 이해에 적용하여 '여권론적 상상력'이 발휘되는 것으로 보았다. 앤더슨은 여성문제는 개인적인 문제와 사회적인 쟁점이 상호 관련되어 있고 한 여성에게 있어 고충으로 여겨지는 문제가 실은 커다란 사회구조인 가부장제에 의해 영향 받는다는 것이다.

대표적인 급진주의 페미니스트인 파이어스톤(Firestone)은 생물학주의 페미니즘의 선두주자이다. 급진적 여성단체인 레드스타킹을 이끌었던 파이어스톤은 『성의 변증법』(2016)에서 여성문제의 원인은 여성의 생물학적 특성인 임신과 출산 기능 때문이라고 주장했다. 여성이 임신과 출산에서 자유롭지 못해서 경제적으로 남성에게 의존하게 되었고 남성은 여성의 성과 출산을 통제하고 지배해 왔다는 것이다.

따라서 여성과 남성의 불평등을 제거하기 위해서는 이성애를 기초로 한 생물학적 가족을 철폐하고 피임을 통해 출산과 성을 통제하여 과학적 기술을 통해 시험관아기를 낳을 것 등을 주장했다. 파이어스톤의 이런 관점은 여성의 생물학적 특성인 출산 자체를 여성문제의 원인으로 보고 그 중요성을 거부했다는 의의가 있다.

글로리아 스타이넘(Steinem), 페미니스트로 미국의 진보적인 여성주의 잡지인 『미즈(Ms)』 지의 발행인과 편집장이다. 글로리아 스타이넘은 20대 후반 〈쇼〉라는 잡지에 "나는 플레이보이 클럽의 바니 걸이었다"라는 다큐멘타리 폭로기사를 실어서 유명하게 된다. 바니 걸로 위장 취업해 취재한 이 기사는 착취와 매춘에 시달리던 바니 걸의 실상을 자세히 폭로해 큰 반향을 일으켰다. 「미즈」 창간호에서 그녀는 자신의 임신중절 사실을 공개하면서 '출산의 자유'와 '선택의 자유'를 주장했다. 현재 일반적으로 통용되는 '미즈(Ms.)'란 용어는, 1970년대 당시 미스(Miss)와 미세스(Mrs.)로 양분된 여성 호칭을 하나로 통일시킨 매우 혁신적인 신조어였는데 『미즈』지로 인해 널리 쓰이게 되었다.

스타이넘의 『과격한 행동과 일상의 반란』(*Outrageous Acts and Everyday Rebellions*)은 우리나라에서 『남자가 월경을 한다면』과 『일상의 반란』이라는 제목으로 2권짜리 책으로 번역 출간되었다. 스타이넘은 "결혼은 관계를 파괴하는 제도로 여성을 합법적 반쪽인간으로 만든다"라며 수많은 독신 여성 추종자를 만들어왔으나 66세에 전격 결혼해서 변절자라는 비난을 받았다. 이에 대해 "내가 변한 것이 아니라 결혼이라는 제도가 평등한 관계로 변했기 때문에 결혼했다" 고 주장했다. 그녀의 결혼식에서 주례는 '남편과 아내'라는 말 대신 '파트너'라는 말을 사용해서 화제를 뿌리기도 했다.

아래 인용문은 『남자가 월경을 한다면』이라는 글의 일부이다.

"그렇게 되면 분명 월경이란 부럽고도 자랑할 만한 남성의 일이 될 것이다. 남자들은 자기가 얼마나 오래 그리고 많이 하는지 자랑삼아 떠들어 댈 것이다. . . . 의회는 지체 높은 위인들의 노동력 손실을 막기 위해 국립월경불순 연구소에 기금을 조성할 것이다. 의사들은 심장마비 보다는 생리통에 대해 더 많이 연구할 것이다. 생리대는 연방정부가 무료로 배포할 것이다.

물론 생리대 회사들은 '총각들의 산뜻한 그날을 위하여' 등의 광고 문안을 작성할 것이다. 목사나 신부는 신께서는 우리의 죄를 사하려고 피를 주셨다. 혹은 랍비는 매월 한 번씩 행해지는 정화의식이 없는 여성들은 깨끗할 수가 없다고들 할 것이다."

루빈(Jerry Rubin)은 여성문제의 원인이 남성의 유대를 공고히 하는 사회제도, 특히 친족제도에 있다고 본다. 친족제도는 사회화 과정을 통해 개개인들을 성적 범주에 따라 조직화시키고 이 과정에서 주어진 성체계 속에서 남성은 여성을 통제하고 지배한다. 전통적인 부계 중심의 혈통주의는 생물학적 성과 문화적 성체계가 연결되어 여성에 대한 남성의 지배가 가능하게 하는 사회적 맥락이다. 이성애로 기초로 한 남성 중심의 친족제도에서 벗어나는 대안은 여성끼리의 동성애주의로 발전하게 된다.

맥키넌(Catharine MaCkinnon)은 성지배가 표출되는 다른 측면으로 여성의 성을 통제하는 권력행사인 강간, 성폭력, 성희롱 등을 든다. 성은 남성권력의 일차적 영역이며 강간, 성폭력, 성희롱을 통해 남성의 성적 권력이 여성에게 행사된다고 본다. 따라서 맥키넌은 역시 이성애에 기반한 남성의 여성 지배를 벗어나기 위해 자매애나 여성동성애를 주장다.

한편 급진주의 페미니즘의 또 다른 학자인 밀레트(Kate Millett)는 『성의 정치학』(2007)에서 여성문제에 있어 더 중요한 원인은 생물학적 요인보다 심리적 · 문화적 요인이라고 주장한다. 가부장제라는 용어를 일반화시킨 밀레트는 문화 속에 구축되어서 온 가부장장적 이데올로기가 여성문제의 근원이라는 것이다. 따라서 여성문제의 해결을 위해서는 가부장적 이데올로기에 담겨져 있는 여성과 남성의 역할, 지위, 기질을 제거해야 한다고 주장한다. 더 나아가 여성이 가지고 있는 생물학적 특성인 출산이나 남을 배려하고 돌보는 여성적인 특성을 긍정적으로 보자고 제안한다. 이런 관점을 파이어스톤의 생물학주의와 비교하여 문화주의로 부른다.

급진적 페미니즘은 여성문제의 대안으로 개개인이 여성 · 남성의 생물학적 특성에 관계없이 상황에 따라 바람직한 자질들이 적절하게 발휘될 수 있는 양성성을 발휘하도록 사회화 과정이 진행되어야한다고 주장한다. 또 대부분의 급진적 페미니스트는 남성위주의 성애와 사랑을 강요하는 이성애가 정상이라는 인식에서 벗어나야한다고 하고 여성들 사이의 자매애와 여성 동성애를 강조하는 경향이 있다.

급진적 페미니즘은 남성중심의 문화와 여성중심의 문화를 이해하는데 많은 기여를 했다고 평가받는다. 또한 페미니즘의 관심 대상이 아니었던 여성의 개인적 삶인 성, 출산, 피임, 육아 같은 개인적인 영역에 속하는 문제를 공적인 영역에서 논의의 대상으로 삼았다는 점도 긍정적이다.

그러나 여성문제를 대부분 남성과 여성의 대립구도로 설명하고, 초기 생물학주의에서는 여성의 특질을 약점으로 파악했으며, 남성과 여성을 동질적 범주로 봤기 때문에 그 속에 내재된 계급적, 인종적 차별을 간과했다는 지적도 받는다. 더 나아가 여성문제의 해결을 위해서는 가부장제라는 커다란 사회구조를 어떻게 극복해야 하는지에 대한 질문에 설득력이 떨어진다는 비판도 있다.

라. 사회주의 페미니즘

1970년대에 등장한 사회주의 페미니즘은 마르크스 페미니즘과 급진적 페미니즘에 대한 비판에서 출발한다. 즉 마르크스 페미니즘은 여성문제의 원인을 자본주의 체제로 보지만 자본주의 이전의 사회에도 비자본주의 사회에도 여성문제는 계속 존재했으며, 자본주의 제도가 없어져도 여성문제가 해결되지는 않는다는 것이다. 한편 급진적 페미니즘에 대해서도 여성문제를 역사적으로 규명하지 못하여 가부장제 개념도 비역사적으로 적용하고, 여성을 동일집단으로 취급하여 여성 내부의 계급적, 인종적 차이를 고려하지 않는다고 비판한다.

사회주의 페미니즘은 여성문제에 대해 마르크스 페미니즘과 급진적 페미니즘의 장점을 모아 통합적으로 설명하고자 한다. 즉 여성문제는 커다란 사회구조인 자본주의 체제와 가부장제가 상호 결합되어 작용함으로써 발생했다는 것이다. 따라서 사회주의 페미니즘은 자본주의 사회에서의 계급과 가부장제의 성체계 간의 상호관련성에 주목하여 어떻게 두 사회구조가 연관되어 다양한 여성문제를 생산하는지에 관심을 갖는다.

대표적인 사회주의 페미니스트인 미첼(Juliet Mitchell)은 『여성의 지위』(1984)에서 자본주의 산업사회에서의 여성지위에 대해 설득력 있는 이론을 전개한다. 미첼은 마르크스 페미니스트들은 자본주의가 사회주의로 전환되면 여성해방이 일어나 여성문제는 저절로 해결된다고 보았지만 현실적으로 사회주의 국가에서 여성문제는 해결되지 않았고 구체적으로도 설명되지 않았다고 주장한다. 미첼은 자본주의의 경제적 생산양식, 재생산(출산), 성애(섹슈얼리티), 어린이 사회화와 관련된 여성의 역할(육아)이라는 네 가지 사회적 맥락이 여성의 종속적인 지위를 결정하는 중요한 요인이라고 제시한다. 더 나아가 여성이 공적인 영역에서 임금을 벌수 있는 권리가 충분히 보장될 때 여성문제의 해결이 가능하다고 주장한다. 왜냐하면 자본주의 발달과정에서 성별 분업이 일어나 여성이 사회적 노동에서 배제된 것이 여성문제의 원인이라고 보기 때문이다.

월비(Sylvia Walby) 또한 『가부장제의 이론화』에서 자본주의 체제 내에서 더 유연하게 가부장제를 이해할 수 있는 포괄적인 이론을 제시함으로서 사회주의 페미니즘의 관점에서 여성문제를 분석하고 있다. 월비는 가부장제를 남성이 여성을 지배하고 억압하며 착취하는 하나의 체계적 사회구조이며 관행으로 본다. 월비는 자본주의와 가부장제는 별개의 체계로서 역사적 상황에 따라 조화롭게 상호작용하거나 긴장상태에 놓이거나 한다고 전제한다. 예를 들면 일반적으로 자본주의는 성별 분업을 통해 가부장제로부터 이득을 얻지만 전쟁 중에는 여성이 노동시장에 진출함으로서 자본주의와 가부장제가 협력 관계에서 벗어난다는 것이다.

월비는 가부장제가 작동되는 여섯 가지 사회적 맥락에 주목한다. 가사노동이나 육아 같은 무급 가사노동이 가정에서 남성에 의해 몰수되는 생산관계, 낮은 임금과 지위를 갖는 여성의 유급노동, 정책에 있어 남성의 우위를 보장하는 가부장적 국가, 유형화되고 체계적인 남성 폭력, 강박적인 이성애에 표출되어 있는 성성에서의 가부장적 관계, 미디어 · 종교 · 교육제도와 같은 가부장적 문화조직 등이다. 월비는 이 여섯 가지 가부장제가 각기 독립적이지만 서로 상호작용하여 여성문제의 정도를 결정짓는다고 본다. 월비의 이런 관점은 역사적인 변화 가능성을 수용할 수 있고, 인종이나 계급에서 오는 차이도 배려하고 있다는 평가를 받는다.

사회주의 페미니즘은 마르크스 페미니즘의 계급 환원적인 차원을 극복하고 여성문제 논의를 자본주의의 현실적인 경제구조 안에서 가부장제와 결합시켜 확장시켰다는 평가를 받는다. 특히 미첼과 월비의 주장은 여성문제를 어떻게 구체적으로 분석해야 하는지에 대한 설득력 있는 이론들이다. 또한 가사노동을 둘러싼 논쟁이나 성별분업체계에 대한 분석도 일정한 성과를 거두었다고 할 수 있다.

그러나 대부분의 사회주의 페미니스트는 자본주의 분석과 가부장제 분석을 기계적으로 통합시켜서 마르크스 페미니즘과 급진적 페미니즘의 절충에 불과하다는 비판을 받는다.

4. 우리나라의 여성문제

국내총생산(GDP)과 1인당 국민소득, 외환보유고 등 우리나라의 국가경제력이 세계 10위권을 상회하는 것에 비해 우리나라 여성의 지위는 높아진 경제적 위상과는 달리 선진국과 아직 차이를 보인다.

세계경제포럼(WEF)이 2006년부터 책정한 '성 격차지수(GGI: Gender Gap Index)'를 보면 특히 선진국과 큰 차이를 보인다. 성 격차지수는 경제참여와 기회, 교육 성취도, 건강과 생존, 정치권한 등의 분야에서 성별에 따라 어떤 차이가 나는지를 수치화한 지수이다. 이 성 격차지수에서 한국은 최초의 보고서인 2005년에 58개국 중 54위를 기록했고, 2012년엔 135개국 중 108위, 가장 최근 보고서인 2018년에는 149개국 중 115위를 기록했다. 반면 유엔개발계획(UNDP)에서 발표한 성불평등지수(GII, Gender Inequality Index)는 생식 건강, 여성권한, 노동참여의 3개 영역의 5개 지표(모성사망비, 청소년출산율, 여성의원 비율, 남녀 중등교육 비율, 남녀 경제활동참가율)로 측정되는데, 우리나라는 2018년 현재 155개국 중 10위로, 성 격차지수(GGI)와 극단적인 대조를 이룬다.(여성가족부, 2019) 이런 차이는 두 지표의 측정방식에 따른 문제로, 이를 둘러싼 논쟁도 뜨겁다. 그러나 문재인 대통령이 2019년 국민과의 대화에서 성차별 문제에 대해 "여성의 경제활동 참가율, 여성고용률, 여성임금 차별, 유리천장 등 우리사회에 차별이 존재하는 것은 엄연한 현실"(여성신문, 2019. 11. 19)이라고 대답했던 것처럼 경제활동과 고용영역에서의 성차별과 함께 한국사회의 여러 영역에서 여성문제로서 성차별이 존재하고 있다.

가. 경제활동과 고용 영역에서의 여성문제

우리나라에서 여성차별이 가장 눈에 띄게 나타나는 영역은 경제활동과 고용 분야라고 할 수 있다. 마르크스 페미니즘의 분석대로 성별 분업으로 구조화된 자본주의 사회구조는 가사노동이나 사회적 노동 두 분야 모두에서 여성의 지위를 차별 받게 한다.

우리나라 여성의 경제활동참가율은 1980년에 42.8%, 1990년에 47.0%, 1997년에는 49.5%까지 꾸준히 상승하였다가 외환위기의 영향으로 1998년에 47%대로 잠시 떨어졌지만 2000년 48.3%의 참가율을 보인 이후 점차 증가해 왔다.

그러나 여성의 경제활동 참여가 이처럼 지속적으로 증가해 왔음에도 불구하고, 현재 우리나라 여성의 경제활동참가율은 59.4%(2018년, OECD 기준)로 OECD 평균 64%에도 못 미친다. 한국경제연구원이 2008년~2018년의 '30-50클럽'국(1인당 국민소득 3만 달러 이상, 인구 5천만 명 이상 국가) 7개국의 고용지표 6개를 분석한 결과 우리나라는 경제활동 참가율과 고용률 등 4개 지표는 상승했지만, 여성의 경제활동 참가율은 지난 10년간 대체로 상승추세를 보였음에도 개선 추세는 느렸으며 상위국보다 크게 낮았다(〈표 5-2〉 참조).

〈표 5-2〉 주요국가의 여성경제활동참가율 (2018, OECD 기준)

국가	전체 (%)
독 일	74.3
영 국	73.6
일 본	71.3
프 랑 스	68.5
미 국	68.2
한 국	59.4
이탈리아	56.2
OECD 평균	64*

*2018년 OECD 고용지표.
자료: 한국경제연구원, 2019.

여성의 경제활동참여가 증가한 이유는 첫째, 산업 및 직업구조의 변동으로 인한 여성 취업기회의 확대 둘째, 여성들의 결혼 및 출산지연과 같은 생애과정(life course)에 있어서의 인구학적 변화 셋째, 성별 노동 분화에 의해서 여성들의 전통적인 활동영역으로 여겨져 온 가사노동에 대한 여성 자신들의 태도 변화 및 사회적 반응의 변화 넷째, 가족이 가지고 있던 여성에 대한 사회경제적 보장체로서의 역할이 약화되면서 여성의 경제적인 독립을 보장해 줄 수 있는 취업의 중요성이 더욱 부각된 점 등을 주요 요인으로 들 수 있다.

노동시장에서 여성이 받는 차별의 형태는 취업률뿐만 아니라 직종, 임금, 모집, 채용, 배치, 훈련, 승진, 해고 등의 전 과정에서 나타난다. 여성의 취업이 확대되어 왔음에도 불구하고 평균적으로 볼 때 남성과 대등한 경제적 대우를 받지 못하고 대등한 경제적 지위를 성취하지 못하고 있는 것이다.

직종 측면에서 볼 때, 여성은 보수와 사회적 지위가 높은 행정 관리직이나 전문직에는 덜 취업되어 있고, 보수와 사회적 지위가 낮은 판매직, 서비스직, 생산직 등에 집중되어 있다. 사무직에서 여성의 비중이 증대되어 왔지만 이것을 여성들이 사회경제적 지위가 높다고 여겨져 온 직종에의 진출 확대로만 해석하기는 곤란하다. 왜냐하면 사무직 내에서의 분업이 가속화되면서 업무의 구상과 실행이 분리되어, 단순한 실행의 업무에 종사하는 사무보조 직업에 여성채용이 증가한 것이기 때문이다. 이는 사무직 내에서도 직업적 지위가 높은 사무직 감독자에 여성 비율이 매우 낮은 것으로도 입증된다.

〈표 5-3〉 남성 대비 여성 임금 수준

(단위: %)

연도	임금수준
2010	62.6
2015	62.8
2017	64.7

자료: 고용노동부, 「고용형태별 근로실태조사」, 2018.

우리나라의 남성 대비 여성 임금 수준은 2001년 63.6%를 정점으로 낮아지다가 2010년 62.6%, 2016년 62,8%, 2018년 현재 64.7%로 성별 임금격차는 점진적으로 완화되고 있는 것으로 보인다(〈표 5-3〉 참조).

인적자본론에서는 여성의 이런 낮은 임금은 상대적으로 빈약한 인적자본 때문이라고 본다. 여성의 낮은 교육수준, 짧은 근무 시간, 근속 연수 차이, 상대적으로 짧은 경력, 가사 및 출산으로 인한 노동시장 참여의 단절현상이 낮은 생산성과 연결되어 임금격차를 가져오는 주요 요인이라는 것이다. 한편, 소득불평등을 노동시장의 구조적 특성에서 찾으려고 시도하는 이중노동시장론이나 노동시장분절론 등에서는 남성과 여성 간 임금격차는 '차별의 결과'로 여성이 저임금, 낮은 고용안정성, 승진결여 등으로 특징지어지는 노동시장에 차별적으로 집중 배치되기 때문이라고 본다.

그런데 한국노총 중앙연구원의 「성별 임금격차 해소를 위한 정책방안과 노조의 과제」 보고서(2019)에 의하면 우리나라 여성노동자의 낮은 임금은 인적자본론보다는 남성과 여성 간 임금격차를 '차별의 결과'로 보는 이중노동시장론이나 노동시장분절론을 지지하고 있다. 이 보고서에 따르면 우리나라의 성별임금격차는 작년 통계청의 경제활동인구조사 기준 37.1%으로 지난 2015년 41.8%, 2016년 40.6%, 2017년 38.7%에 비하면 줄었지만 아직 상당히 높다. 배우자가 있는 여성과 상대적 저학력 여성의 노동환경이 열악한데, 비혼 여성과 배우자가 있는 여성의 성별임금격차는 각각 13.4%, 41.5%로 매우 큰 차이를 보인다. 학력에 따라서도 대학원 졸업과 고졸 이하 여성의 성별임금격차가 각각 27.9%, 38.3%로 차이가 크다. 그런데 여성 노동자에게는 교육수준·지위·직업·산업 등 인적 특성으로 설명하지 못하는 임금차별이 상당했으며, 임금차별이 점한 비율이 52.6%에 달했다. 임금차별의 비중은 특히 배우자와 자녀가 있는 여성일수록 높아져, 임금격차에서 임금차별이 차지하는 비중이 자녀가 없는 유배우여성은 46.7%, 영·유아 자녀가 있는 유배우여성의 경우 60.3%였다(〈표 5-4〉 참조). 즉 성별 임금격차에는 여기에 합리적이지 않는 젠더 편견, 유리천장이나 남성 편향적으로 기울어진 운동장 등의 요인들이 존재한다.

〈표 5-4〉 우리나라 성별, 혼인상태별 월평균임금 및 임금격차

(단위: 만원, %)

혼인상태		남성	여성	임금격차
전체		300.9	189.3	37.1
혼인상태	비혼	215.5	186.6	13.4
	유배우	340.7	199.3	41.5
	이혼/사별	23.2	162.3	30.0
교육수준	고졸이하	251.5	155.2	38.3
	초대졸	281.1	190.6	32.3
	대졸	334.4	228.5	31.7
	대학원졸	443.0	319.5	27.9

자료: 한국노총중앙연구원, 2019.

한편 여성은 채용과 배치 시부터 남성과 동등한 대우를 받지 않으며, 같은 자격을 갖춘 남성과 여성에게 주어지는 직무도 다른 것이 일반적이다. 특별한 경우에는 구색을 맞추기 위해 소수의 여성인원만을 채용하기도 하며, 채용 시 외모와 키 같은 신체적 조건도 중요한 요소로 작용한다. 일단 채용을 한 후에도 승진 가능성이 높고 권한과 책임이 무거운 직무에 여성을 배치하는 것을 피하고, 승진기회가 막힌 단순 보조 업무직에 배치하는 경우가 많다. 우리나라 기업은 채용에서 의사결정 직책에 이르는 기업의 승진 경로 상에서 여성을 차별하며, 여성들에게 관리자가 되기 위한 경력개발 기회를 부여하지 않고, 여성의 장기근속을 지원하는 제도가 미비 되어있어서 여성이 상위직으로 진출하기는 매우 어렵다. 금융노조, 공공노련, 금속노련 조합원 남녀 2,443명을 대상으로 실시한 실태조사 결과에 따르면, '현재 일자리에서

최종적으로 기대할 수 있는 직급'을 묻는 질문에 부장급 이상을 기대하는 비중은 남성이 68.5%인 반면 여성의 경우 42.7%에 그쳤다. 진급누락 및 진급대상자 제외 경험에서도 여성은 57.9%로 남성(42.5%)보다 높았다. 진급에 걸리는 기간도 사원급에서 대리급으로 올라갈 때 남성과 여성은 각각 4.2년, 6.4년이 걸렸다(한국노총 중앙연구원, 2019). 승진가능성이 높은 직무에 주로 주어지는 사내 · 외 훈련의 기회에서도 여성은 배제된다. 따라서 훈련을 받지 못하는 여성들은 인사 고과 평가에서 불리하게 마련이고 승진에서 남성과 경쟁하기가 어렵다.

불황 시에 여성이 우선 정리해고 되는 사례는 1990년대 말 IMF 구제 금융 시기에서 잘 관찰된다. 노동부가 발표한 1998년 6월 고용동향에 따르면, 사무직 여성근로자가 1997년도 6월에 비해 16.6% 감소한 반면, 남성 사무직은 1997년도 6월보다 오히려 6.3% 증가한 것으로 분석되어 IMF 구제 금융이 진행되던 시기에 여성들의 일자리를 남성들이 대체한 것으로 나타나고 있다. 또한 해고를 유도하기 위해 기혼여성근로자의 지방 발령, 대기발령 등 성차별적 고용행위가 늘어나기도 하였다.

그러나 IMF 구제 금융이 진행되던 당시 정부의 실업정책은 고용창출을 위한 공공근로사업 중심으로 남성 위주의 가부장제적 성격을 가지고 있었기 때문에 실질적으로 실업정책의 혜택을 받아야 할 많은 여성들이 배제되었다. 실업보험의 수혜자들도 대부분 남성이었다. 즉 실질적으로 많은 여성들이 가계부양의 책임을 맡고 있으며, 가장의 실업으로 인해 부양자가 될 수 있음에도 불구하고 여성은 가정의 생계를 담당하는 자가 아니라는 이유로 우선적으로 해고를 당하고 정부의 실업정책에서도 소외를 당한 것이다.

한편 취업여성 중 기혼여성의 비율이 더 높지만 가사노동과 사회적 노동의 이중노동 부담과 출산·육아문제는 여성의 경력 단절을 가져오고 노동시장 이탈 후 재진입을 막는 요인이 된다. 〈그림 5-1〉을 보면 우리나라 여성의 연령계층별 경제활동참가율은 서구 선진국의 역U자형과 달리 전형적인 M자형을 나타내고 있다.

〈그림 5-1〉 연령별 여성의 경제활동참가율

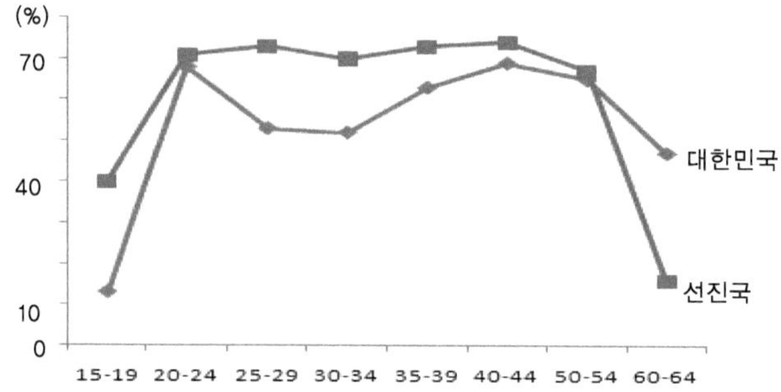

자료: 여성가족부, 2018.

최근 노동계의 쟁점인 비정규직근로자 문제도 여성문제의 하나이다. 2018년 현재 전체 비정규직 노동자 중 여성은 55.1%로 44.9%인 남성에 비해 10%포인트 이상 높다. 여성노동자의 41.5%가 비정규직이며, 이 비중은 2014년 39.9%를 기록한 이후 4년째 상승하고 있다. 반면 남성 노동자는 비정규직 비중이 26%로 여성보다 많이 낮으며 추세도 2012년부터 감소하거나 보합세이다. 비정규직 중 여성은 시간제 근로자 비중이 약 54%로 이 비중도 7년째 상승하고 있는데 반해, 남성 비정규직의 시간제 비중은 여성의 절반도 되지 않는다(KBS, 2019. 7.1). 2018년 현재 남성정규직 노동자의 월 평균 임금 대비 여성 비정규직의 임금은 37.5%에 불과하다. 이런 격차는 여전히 저소득층의 가계부양에 큰 비중을 차지해 온 40~50대 실직 가장 여성노동자들이나 영세사업장의 실직 여성노동자들에 대한 사회적 고려 없이 '남성 생계부양자 모델'로 설계된 우리사회의 성차별 구조를 그대로 반영한다. 즉 여성근로자의 경우 고용형태와 성별에 의해 이중차별을 받고 있는 것이다. 무엇보다 혼인 상태별로 볼 때 여성 비정규직의 약 42.6%가 배우자가 없는 것으로 나타났기 때문에 여성의 수입이 가족 내에서 부차적이거나 또는 양육을 위해 여성 스스로 비정규직을 선호한다는 통념이 틀린 것으로 지적되어야 한다(정형옥, 2007).

나. 정치 영역과 정책 결정에서의 여성문제

여성의 사회적 지위 향상을 위해서는 개인적인 문제를 정치적인 것으로 보는 여권론적 상상력이 필요하다. 여성문제는 그 어느 것도 정치적이 아닌 것이 없기 때문이다. 이런 의미에서 여성문제의 해결을 위해서는 여성을 대변할 수 있는 정치세력화가 무엇보다도 중요하지만 그동안 정치와 정책결정에 참여하고 있는 여성의 비율은 매우 낮았다.

2002년 및 2004년의 정당법 개정을 통해 여성의 정치 참여를 높이기 위한 제도를 도입한 결과 17대 총선 이후 점진적 변화가 오고 있다. 비례대표에 여성을 50% 이상 추천하고 명부 순위에 따라 2인마다 여성 1인이 포함되도록 의무화하는 '여성 비례대표제'와 지역구 후보자 공천 시 30%를 여성 후보자에게 할당하는 '여성 공천할당제'는 실질적으로 여성 정치인의 수를 늘린 공로가 있다.

그 결과 1992년 14대 국회에서 4명(1.3%), 15대 국회 9명(3%), 16대 국회 16명(5.9%)에 불과했던 여성 국회의원 비율이 17대 국회에서는 42명(14.1%)으로 확대되었고, 18대 국회에서는 전체 의석수 299개 가운데 지역구 14명, 비례대표 27명으로 총 41명(13.7%)을 배출했다(여성부, 「2007 국민과 함께 하는 업무보고」, 2007). 그러나 외국의 국회의원 비율에 비하면 아직 갈 길이 멀다. 2019년 현재 우리나라 여성 국회의원의 비율은 17.0%로, 스웨덴 46.1%, 노르웨이 41.4%, 네덜란드 36.0%에 비하면 아주 낮은 비율이며 독일, 영국, 미국에 비해서도 낮다(〈표 5-5〉 참조). 주요 선진국 중 우리나라보다 여성 국회의원 비율이 낮은 나라는 일본뿐이다.

〈표 5-5〉 IPU(국제의원연맹) 여성 국회의원 비율 및 각국의 순위

(년, %, 순위)

	2016		2017		2018		2019	
	순위	여성 국회의원 비율	순위	여성 국회의원 비율	순위	여성 국회의원 비율	순위	여성 국회의원 비율
스웨덴	5	43.6	6	43.6	5	43.6	7	46.1
노르웨이	15	39.6	13	39.6	10	41.4	13	41.4
네덜란드	22	37.3	20	38.0	26	36.0	27	36.0
독일	26	36.5	23	37.0	45	30.7	47	30.7
영국	48	29.4	47	30.0	39	32.0	38	32.0
미국	96	19.4	100	19.4	100	19.4	103	19.6
한국	106	17.0	119	17.0	116	17.0	118	17.0
일본	155	9.5	164	9.3	158	10.1	160	10.1

자료: 국가지표체계(2018)에서 재구성.

여성의 관점과 요구를 반영하여 여성문제를 해결할 수 있는 정책 결정 과정에서도 여성의 참여비율은 점차 개선되고 있다〈표 5-6〉. 여성가족부는 2017년 말 43개 중앙행정기관 소관 436개 정부위원회 여성 참여현황 결과를 발표했는데, 평균 여성참여율이 40.2%로 법정기준인 40%를 최초로 달성한 것으로 나타났다. 참여정부 이래 '정부위원회의 매년 여성위원 참여 목표율을 설정하고 증가시켜온 결과 2010년 22.3%, 2015년 27.7%, 2017년에는 40.2%였다(〈표 5-6〉 참조).

〈표 5-6〉 연도별 정부위원회 여성위원 참여 현황(2010~2019년)

(단위: 명, %)

		2014	2015	2016	2017	2018	2019
중앙행정기관 위원회	여성위원 수	2,630	2,575	2,805	3,028	3,548	3,680
	여성비율	32	34	38	40	42	43
	증감률	2	2	2	2	1	1
지방자치단체 위원회	여성위원 수	51,556	47,911	53,577	59,414	64,097	NA
	여성비율	29	30	32	36	40	NA
	증감률	1	2	2	4	3	NA

자료: 한국여성정책연구원, 『성 인지 통계』(2018)에서 재구성.

여성공무원의 경우 〈표 5-7〉에서 보듯이 2017년 현재 여성공무원은 전체 공무원의 41.4%를 차지하고 있지만, 남성할당제를 주장하는 논의가 있을 정도로 하위직에서는 비율이 높은 반면 5급 이상 여성공무원의 비율은 13.0%에 불과하며, 5급 이상 관리직에서 상위직급으로 갈수록 여성 비율이 더욱 낮다. 3급 이상 고위직 공무원 중에서 여성공무원의 비율은 2018년 현재 6.4%에 불과하며, 중소벤처사업부, 국세청, 특허청, 금융위원회 등 13곳의 정부부처에는 여성 고위 공무원이 1명도 없었다. 이에 인사혁신처는 2022년까지 3급 국장급 이상 여성 고위 공무원의 비율을 10%로 늘리고 4급 이상 14.8%인 여성 고위 공무원의 비율을 21%로 확대하고, 2018년 안에 모든 정부부처에서 여성고위 공직자를 1명 이상 임용하는 제도를 실시할 예정이라고 밝혔다(인사혁신처, 2018).

〈표 5-7〉 연도별 여성 공무원 비율

(단위: %)

주요지표	2010	2015	2017
전체 여성공무원 비율	34.6	38.1	41.4
5급 이상 여성공무원 비율	6.8	10.7	13.0

자료: 행정안전부, 「지방자치단체공무원인사통계」, 2018.

한편 2018년 현재 중앙행정기관에 채용된 여성공무원 비율은 50.6%이지만, 직종별로 보면 특정직에 편향되어있고, 별정직 39.0%, 일반직 36.3%, 특히 정무직에는 14.3%에 불과한 낮은 수치를 보인다(〈표 5-8〉 참조).

〈표 5-8〉 중앙정부 공무원 여성 비율(2018년, 단위: %)

	전체	별정직	일반직	정무직	특정직
남성	49.4	62.0	63.7	85.7	44.6
여성	50.6	39.0	36.3	14.3	55.4
계	100	100	100	100	100

자료: 한국여성정책연구원 성 인지통계, 2018.

최근 5급 이상 국가공무원(행정고시) 채용시험의 여성합격자의 비율이 2018년 36.7%에서 2019년 38.1%로 증가했다는 사실은 고무적이지만 고위 공무원으로의 승진 가능성에 대한 전망은 앞으로 지켜봐야 할 것으로 보인다(〈표 5-9〉 참조).

〈표 5-9〉 국가고시 합격자 여성비율(1992-2018)

(단위: %)

	행정고시	외무고시	사법시험
1992	3.2	10.0	-
1995	10.4	5.7	8.8
2000	25.1	30.0	18.9
2005	44.0	52.6	32.3
2010	47.7	60.0	41.5
2015	48.2	64.5	38.6
2018	36.7	60.0	-

자료: 한국여성정책연구원, 『성 인지통계』, 2018.

다. 법과 제도 영역에서의 여성문제

법과 제도적 측면에서 여성문제를 해결하려는 법제화는 1998년에 대통령 산하 여성특별위원회를 설치하고 2001년에 여성부가 출범한 이후 비교적 빠르게 진행되었다. 1990년대 초부터 2005년까지 한국에서는 여성과 관련된 거의 모든 정책이 입법화되었다. 성폭력 특별법, 가정폭력 방지법, 남녀차별 금지 및 구제에 관한 법률, 호주제 폐지, 성매매 특별법과 모성보호관련 입법 등이다. 이 법들은 공적 영역에서 여성들이 평등권을 획득하기 위해 여성의 신체적 특수성에 대한 국가의 보호와 지원을 법제화한 것이다. 더욱이 공적 부문에서 여성의 대표성을 증가시키기 위한 적극적 조치와 성폭력, 성희롱에 관한 법은 평등에 대한 적극적인 해석과 기존의 사생활 개념에 도전하는 법들이었다. 또한 적극적 조치, 성폭력, 성매매 문제는 단순히 국가가 피해자 여성을 보호하는 것을 넘어서 남녀의 권력 관계, 공사구분 개념에 대한 정치적 도전을 가져오기도 하였다.

2008년 1월 1일 호주제의 폐지 이후 매스컴에서는 유명 여성 연예인들의 자녀 성 변경에 대한 두 건의 기사를 보도했다.

방송인 김미화씨가 서울가정법원에 '성본 변경 허가심판'을 청구했고, 재판부의 허가를 받아 자신이 양육하는 두 딸의 성을 재혼한 남편의 성으로 바꾸었다. 또 탤런트 최진실씨는 이혼 후 아들과 딸의 양육권과 친권을 확보한 후 가족관계등록제에 따라 자녀들의 성과 본을 자신의 성과 본으로 바꾸어 달라는 신청을 냈다고 기사화되었다.

이는 호주제 폐지 개정 민법의 주요 내용인 양친과 양자를 친생자관계로 보아 종전의 친족관계를 종료시키고 양친과의 친족관계만을 인정하여 양친의 성과 본을 따르도록 하는 친양자제도를 신설하는 법조항(민법 제 908조의 2항과 8항 신설)과 자녀의 복리를 위하여 자녀의 성과 본을 변경할 필요가 있을 때에는 부 또는 모의 청구에 의하여 법원의 허가를 받아 이를 변경할 수 있도록 하는 민법 제 781조 제 6항에 따른 것이다.

특히 전 국민의 관심을 받은 호주제의 폐지를 주요 내용으로 하는 민법이 2005년 3월에 공포 개정되고, 드디어 2008년 1월 1일 호주제가 철폐되어 새로운 가족관계 등록법안에 따라 1인 1적의 가족관계등록부가 시행되었다. 그동안 여성에게 불리했던 호주제의 폐지는 여성이 법과 제도적 차별 없는 평등한 사회 구성원이 되는데 기여할 것으로 기대된다. 특히 새 아버지의 성과 자녀의 성이 달라 고통 받아온 재혼가족 여성 및 재혼을 꺼리던 이혼 여성의 고통이 해소될 것으로 보인다.

한편 여성 종중 회원 자격을 두고 법적 분쟁을 벌이던 여러 사례도 여성에게 종중회원 자격을 인정하는 판례가 늘고 있고, 증여와 상속에서 여성차별의 관행이 있었던 법적 조치들도 여성에게 유리한 방향으로 가고 있다. 또 이혼 후 여성이 재산분할 신청을 할 경우 불리하게 일률적으로 정해졌던 위자료 액수와 비율도 여성의 재산 형성 기여도에 따라 결정되는 추세이다.

그러나 1987년의 남녀고용평등법의 집행과정에서 보듯이 여성에게 불리한 사회적, 문화적 통념과 정치적 환경이 법 집행에 여전히 강력한 영향을 주고 있다. 지난 20여 년 동안 여성들의 요구에 따라 여성문제의 해결을 위한 법제화가 진행되었고 법제화는 여성문제 해결을 위한 빠르고 가시적인 결과물이었다. 그러나 여성에 가해지는 성폭력을 방지하기 위해 반(反) 성폭력 법을 만들었음에도 불구하고 최근에 많은 성폭력 사례들이 기각되거나 패한 사례들이 많다. 결국 이런 경험에서 본다면 여성문제를 위한 법을 어떻게 해석하고 집행하고 운영하고, 그 법이 제대로 적용되도록 하는 사회적, 문화적, 정치적 환경 조성의 중요성을 깨닫게 된다. 여성문제의 제도화, 법제화가 여성 여성문제의 해결을 위한 현실을 바꾸는 것은 아니다.

한편 공무원 임용 제한 기간의 적용 예외 사유에서 임신과 출산을 명기하지 않고 있는 지방 공무원법, 재혼할 경우 유족 연금을 받을 권리를 상실하게 돼 있는 공무원 연금법 등도 성차별적인 법조항으로 지적되고 있다.

라. 교육 영역의 여성문제

교육 영역에서 여성문제는 다양한 측면에서 나타난다. 우선 교과과정에서의 불평등을 살펴보면, 교과과정의 불평등은 주로 교과서와 전래동화에 나타난 성차별 사회화와 교과과목 운영시의 성차별로 나타난다. 초·중·고 교과서에 여성이 등장하는 비율은 남성의 등장비율에 비해 훨씬 적고, 문학작품의 저자가 여성인 경우도 드물며, 역사적 인물 중에서도 여성의 비율이 극히 낮다. 교과서에 나오는 여성들에 대한 묘사 또한 외부활동을 중심으로 한 남성들과는 달리 주로 가정에서 가사를 돌보는 전통적인 여성상에 편중돼 있어 시대적 변화를 반영하지 못하고 있다. 전래동화 속의 여성의 모습은 편향되어 있거나 부정적인 모습 일색이다. 예를 들면 백설 공주, 헨델과 그레텔, 신데렐라 같은 서양 전래동화나 우리나라의 전래동화로 널리 알려져서 읽히는 장화홍련, 콩쥐팥쥐에서 주인공으로 등장하는 여성은 모두 사악하고 나쁜 계모이다.

이런 성차별적 요소를 개선하기 위해 당시 교육인적자원부는 2015년 2학기에 교과서의 삽화 속에 나타난 성차별적인 요소를 바꾼 초등학교 개정 교과서를 보급하였다. 여성민우회 같은 여성단체에서도 교과서를 검토하여 성차별적 표현을 바꾸도록 건의했고, 숙명여대 여성학 교과서는 history를 herstory로 바꾸어서 표현하는 양성성이 고려된 영어 단어를 쓰기도 했다. 또 백설 공주 이야기를 '흑설 공주 이야기'로 바꾸는 것처럼 전래동화의 내용을 양성성이 가미된 페미니즘 동화로 개작하는 작업이 페미니스트들에 의해 이루어졌다.

국가인권위원회(인권위)는 '2018 초·중등교과서 모니터링 결과발표 및 토론회'보고서에서 초·중등교과서에 성 역할 고정관념 지양이 필요하다고 지적했다. . . .성 역할 고정 관념의 대표적인 예로는 초등학교 도덕 교과서 예처럼, 여성을 주로 집안일을 하는 사람으로 그리는 내용이 교과서에 여전히 상당 부분 담겨 있는 것으로 나타났다.

〈엄마가 아빠에게 듣고 싶었던 말〉

"여보, 팔이 아픈데 좀 쉬어요. 내가 설거지할게요"

〈엄마가 사랑이에게 듣고 싶었던 말〉

"엄마, 여러 가지 일을 하느라 힘드시죠? 청소는 제가 할게요."

초등학교 3학년 '국어활동' 교과서의 문학 작품에는 '꽃신은 아가씨처럼 곱고 예뻤어' '하늘에서 선녀가 내려온 것 같다고 칭찬 했어' 등과 같은 표현, '얼굴이 두꺼비 같은 아줌마'와 같은 표현 역시 여성의 외모에 대한 평가에 기초한 문장이라고 분석했다....중학교 '도덕1' 교과서에서는 위인으로 이순신, 간디, 소크라테스, 정도전 등 남성 위인만 등장한 반면 여성은 등장하지 않았다.... 또한 보고서는 남성은 기업의 대표나 우두머리로 등장하는 경우가 많았으며, 학부모를 대부분을 여성으로 묘사하고 있다고 지적하고, '녹색 어머니'라는 표현은 여성을 양육과 돌봄의 주체라는 고정관념을 확산시킬 수 있으므로 '교통봉사자'라고 표현하라고 권고했다.(한겨레,2019.2.28)

한편 오랫동안 성별 대학진학률의 차이는 여성의 고등교육 기회의 불평등과 관련되어 논의되어 왔었다. 여성의 대학진학률은 1970년에 4.1%, 1980년에 8.4%로 남성의 대학진학률의 30% 정도에 불과해서 대학교육기회의 불평등이 심했지만 2005년부터 여성의 대학진학률은 남성보다 높아졌다(2005년, 여성 75.1%, 남성 73.8%). 2018년 현재 여성의 대학진학률은 73.8%로 남성의 대학진학률인 65.9%보다 높다(한국여성정책연구원, 2019년 성인지통계). 이제 보다 더 중요하게 고려되어야 할 점은 여대생의 졸업 후 취업과 관련된 진로지도이다. 이에 대한 해결 방안으로 정부 주도의 '여대생 커리어개발센터'가 발족되었지만 실제적인 성과로 연결되어야 한다.

이와 더불어 최근 교육 영역에서 해결해야 할 여성문제로 자주 언급되는 것은 초·중·고교에서의 관리직 여성교원의 낮은 비율, 대학 내의 여성교수의 낮은 비율 등이다. 교육 현장의 성 불평등이 교육 과정을 통해 성 불평등을 재생산하기 때문에 남녀 평등한 교육환경 조성은 긴요한 과제이다. 정부는 '여성교원 관리직 임용 목표제'를 추진하여 여성교장과 여성교감의 비율을 2010년 20%, 2015년 30%로 높이는 것을 목표로 해서 추진한 결과, 교장, 교감 중 여성비율은 2018년 42.7%로 올라섰다.

그러나 국공립대 여성 교수의 비율은 2010년 초의 10% 대에서 2018년 현재 16.2%로 증가했지만 여전히 저조한 수치를 보인다(〈표 5-10〉 참조). 여성교수의 전공이 예체능이나 소수의 인문학 부문에 편중되는 현상도 개선되어야 하며, 대학에서 여성교수가 중요한 보직을 맡는 것도 중요하다.

〈표 5-10〉 국공립대 여성교수의 비율(단위 : %)

2015	2017	2018
13.9	14.9	16.2

자료: 한국교육개발원, 2019, 「교육기본통계」.

마. 사회문화 영역에서의 여성문제

오랫동안 사회문화 영역의 여성문제로는 우리나라의 왜곡된 출생 성비를 꼽아왔었다. 그러나 지난 20여 년 동안 우리나라의 출생 성비(여아 100명 당 남아의 수)는 1999년 116.5(셋째 아이의 출생성비는 192.7)를 정점으로 점차 감소하고 있다. 2017년 현재 출생 성비는 106.6으로 자연 출생 성비인 103~104에 비교적 가까운 것으로 나타났으며, 셋째 아이의 출생 성비도 106.4이다. 전통적인 유교가부장제의 영향인 남아선호사상으로 인위적인 성을 선택한 결과였던 출생 성비는 출생 전부터 여자아이라는 이유로 낙태의 대상이 되는 문화적 차별이 점차 없어진 결과와 함께 한 자녀만 갖는 추세에 따른 것으로 보인다(〈표 5-11〉 참조).

〈표 5-11〉 출산순위별 출생 성비(2010~2017년) (여아 100명당 남아의 수)

	총 출생 성비	첫째아 출생 성비	둘째아 출생 성비	셋째아 출생 성비
2010	106.9	106.4	105.8	110.9
2015	105.3	106.0	104.5	105.5
2017	106.3	106.5	106.1	106.4

자료: 통계청, 「인구동향조사」, 2018.

66년 간 이루어졌던 한국의 낙태 금지는 다가오는 2020년 말까지 해제되어야 한다고 헌법재판소가 결정했다. 이는 여성의 선택을 옹호하는 입장의 큰 승리였다. 이제 국회의원들은 2020년 12월 31일까지 법을 개정해야 한다. 20주 후 태아의 낙태는 불법인 채로 남아있다. 이전에 한국에서 낙태를 한 여성은 징역 1년이나 벌금형에 처해졌다. 또한 낙태를 도운 의사나 의료업 종사자들은 2년의 징역형에 처해질 수 있었다. . . . 한국보건사회연구원의 2019년도 조사 결과에 따르면 15세부터 44세까지 여성 중 1/3이 그 법이 불공정하다고 보았다. 응답자의 20%는 낙태가 불법이더라도 낙태를 하겠다고 대답했다. 보건복지부에 따르면 2018년에 한국에서 5만 명의 여성이 낙태를 했다. 공식적인 기록을 따랐을 때, 이 숫자는 2011년, 16만 8000명에서 줄어든 것이지만, 실제 수치는 정부가 보도하는 것보다 10배는 높을 것이라고 추정된다. 1960년 초, 한국정부는 인구수를 통제할 수 있을 정도로 만들기 위해 가정 당 아이를 줄이자는 캠페인을 했다. 이는 남아선호사상과 결합되어서, 초음파 기술로 태아의 성별을 알게 된 몇몇 부모들은 여아로 판명된 태아들을 불법적으로 낙태하기 시작했다. 동시에 미혼모에 대한 심각한 사회적 낙인은 여성을 낙태로 이끄는 또 하나의 요소가 되었다. 그러나 2017년, 23만 5000명이 넘는 사람들이 낙태 합법화를 위한 탄원서에 사인했고, 원칙적으로 낙태 합법화에 반대하는 몇몇 교회도 여성에게만 처벌을 부과하는 것에 반대했으며, 지난 3월에 한국 인권위원회는 낙태금지 현행법이 헌법에 위배된다고 밝혔다. (CNN, 2019. 4.11)

바. 성 영역에서의 여성문제

성 영역에서의 부각되는 여성문제는 여성들의 성적 위험과 관련된 성폭력과 성희롱, 성매매이다. 한국사회에서 성폭력에 대해 관심을 둔 것은 불과 20여 년 전이다. 1983년 '한국여성의 전화'가 아내폭행 문제를 쟁점화 시키면서 성폭력은 여성에 대한 폭력으로 정의되었고, 1992년 성폭력 특별법 제정을 둘러싼 여성단체들의 토론을 통해 성폭력은 성적인 것에 초점을 둔 것으로 재정의 되었다. 성폭력은 성을 매개로 가해지는 신체적· 언어적· 심리적 폭력으로, 남녀 간에 발생하는 성적인 폭력은 물론 동성 사이에 발생하는 내용까지 포함하며 그 유형으로는 성추행, 강간, 강간미수, 조직문화 내 성희롱 등이 있다.

우리 사회에서는 성폭력 범죄가 날로 증가하고 있고, 2000년 이후 형기만료 후 1년 이내 성폭력범죄의 재범률은 30~40%이라는 높은 수준을 유지하고 있다. 성폭력 발생 건수도 1999년 8,565건, 2005년 11,757건, 2010년 19,939건, 2015년 31,063건, 2017년 32,824건 최근 5년간 급증하고 있는 추세이다(한국여성정책연구원, 2018 성 인지통계). 경찰청 통계(2019년)에 따르면 성폭력범죄는 2015년 3만 651건에서 3만 2234건으로 늘어났으며, 2015년~2017년의 3년간 하루 평균 성폭력범죄가 83건인데, 이 중 61건이 강간과 강제추행 관련 범죄였다.

단순하게 강간 건수가 증가하는 것 이외에도 최근 성폭력 범죄는 점점 더 심각하게 변하고 있는 양상이다. 성폭력범죄가 이제는 부녀자들만을 대상으로 하지 않고 어린 여자 아이를 대상으로 하며, 나아가 동성 간에도 벌어지고 있다. 특히 주목할 것은 20세 미만 성폭력 사건 피해자와 가해자가 모두 급증하고 있다는 사실이다. 성매매와 성폭력으로 부터 청소년을 보호하기 위해 2000년 '청소년의 성보호에 관한 법률'이 제정되고 2012년 '아동 · 청소년의 성보호에 관한 법률'이 제정되었지만 20세 이하의 청소년·아동을 대상으로 한 성폭력 발생건수는 줄어들지 않고 있다. 이에 대한 법적 대책으로 13세 미만의 아동을 상대로 성폭력범죄를 범한 뒤 살해할 경우 법정형을 사형 또는 무기징역으로 강화하는 등 '성폭력범죄의 처벌 및 피해자 보호 등에 관한 법률 개정안'과 '성폭력범죄 공소시효 30년 연장 법안'이 국회에 제출되어 있다.

성폭력 피해자들을 위한 정부의 지원 프로그램으로는 상담, 의료, 법률, 수사 서비스가 있으며, 365일 24시간 One-Stop으로 제공받을 수 있도록 지원센터를 설치, 운영하고 있다. 무료 법률 지원, 무료 진료와 함께 전문적 의료서비스를 받을 수 있도록 하고도 있다. 또 다른 대책으로는 '특정 성폭력 범죄자에 대한 위치 추적 전자장치 부착에 관한 법률'이 2008년 10월부터 시행되어 성폭력범죄자에 대한 전자발찌제가 도입되었다. 그러나 전자발찌제도는 성범죄 전과를 가진 특정인의 재범을 위해 도입되었지만, 전자발찌를 부착한 전과자의 재범사건이 계속해서 등장하고 있어서 감시, 관리 체계의 실효성에 대한 지적이 잇따라 제기되고 있는 실정이다.

최근 몇 년간 성 영역에서의 여성문제 이슈로는 디지털 성범죄, 미투 운동, 여혐문화 등이 거론된다.

널리 알려진 디지털 범죄로는 2019년도에 발생한 서울교육대학원 남학생 단체 SNS 성희롱 사건, 버닝썬 사건으로 인해 밝혀진 연예인 단체 카톡방 몰카 공유 사건, 기자 단체 카톡방 음란물 공유 사건 등이 있지만 수사와 처벌이 제대로 이루어지지 않는 실정이다. 이에 국회는 2019년 '방송통신위원회의 설치 및 운영에 관한 법률 일부 개정 법률안'을 통과시켰는데, 이 개정안은 몰래 카메카, 리벤지 포르노 등 디지털 성범죄 정보가 유통될 경우 방송통신심의위에서 상시 전자심의 체계를 구축하는 등 디지털 성범죄 피해 영상물을 차단하는 내용을 담고 있다(시사위크, 2019, 11.21). 한편 디지털 성범죄에는 국제적인 협력도 요구된다. 한국여성인권진흥원 주최 디지털 성범죄 대응 국제 컨퍼런스(2019)에서 영국의 클레어 맥그린 교수는 이미지를 기반으로 하는 성폭력과 관련해 법적인 규제방안을 발표했다. 맥그린 교수는 '이미지 기반 성폭력'에는 불법촬영, 보복성 영상물부터 딥페이크(진짜와 구별되지 않는 가짜를 만들어내는 인공지능 기술) 기술을 활용해 포르노 영상에 사진을 합성하는 일까지 포함된다며, 최근 페이스북 본사와 함께 모색한 동의 없는 성적인 이미지 공유 문제에 대한 대응방안을 발표하기도 했다. 각국의 토론 참석자들은 첫째, 국제적인 협력 없이는 디지털 성범죄를 근절하거나 제대로 처벌하기 어렵다는데 공감하고, 다른 성범죄와 달리 디지털 성범죄는 유포를 통한 피해가 얼마든지 재생산될 수 있다는 점까지 고려하면, 여러 국가 간 공조는 더욱 필수적이라고 의견을 모았다. 둘째, 피해의 심각성에 견주면 수사나 처벌이 미온적이란 지적도 나왔다. 셋째, 죄질에 합당한 처벌과 함께 디지털 성범죄 예방을 위한 인식개선 캠페인이 필수적이라고 입을 모았다(한겨레신문, 2019년, 11. 20).

미투 운동(Me Too movement)은 성폭행이나 성희롱을 고발하기 위한 것으로, 미국에서 시작되었다. 2017년 10월 할리우드 유명 영화제작자인 하비 와인스틴의 성추문을 폭로하고 비난하기 위해 소셜 미디어에 해시태그(#MeToo)를 다는 것으로 대중화되었다. 이는 직장 및 사업체 내의 성폭행 및 성희롱을 SNS를 통해 입증하며 보편화되었다. 한국의 미투 운동은 2018년 1월 현직 여성검사에 의해 시작되었고, 뒤따라 유명 연극 연출가의 성추행 사실이 SNS를 통해 폭로되면서 '위력에 의한 성폭력' 에 대한 고발이 대한민국을 강타했다. 더불어 시인, 극작가, 배우와 탤런트, 정계인사나 전직 국회의원 등 20명에 달하는 인사들이 가해자로 지목되었다. 이에 대해 정부는 대해 "피해자들의 폭로가 있는 경우 형사고소 의사를 확인하고, 친고죄가 폐지된 2013년 6월 이후의 사건은 고소 없이도 적극 수사할 것"이라 발표하고, 분야별 신고상담센터를 운영 계획을 밝혔다. 그러나 이 계획은 전문 상담원조차 확보하지 못하며 어려움을 겪고 있으며, 예산 책정도 받지 못한 상황에서 발표된 탓에 체계적인 진행 여부가 불투명하다(위키백과, 2019, 11).

여혐(여성혐오, misogyny)는 여성에 대한 혐오나 멸시, 또는 반여성적인 편견을 뜻한다. 이는 성 차별, 여성에 대한 부정과 비하, 여성에 대한 폭력, 남성우월주의 사상, 여성의 성적 대상화를 포함한다. 다수의 인문과학 및 사회과학 연구자들은 2010년대 대한민국의 대부분의 인터넷 커뮤니티에서 여성혐오가 관찰되며, 안티 페미니즘을 표방하는 경우가 많다고 지적한다. 특히 연구자들은 일간 베스트의 '전략적 여성혐오' 이후 온라인상에서 많이 사용되는 여성혐오 표현이 사회로 번지고, 그 수준이 김치녀 레토릭이 그대로 담긴 노래가 나오기에 이르렀다고 지적한다. 2016년 한국여성정책연구원의 '남성의 삶에 관한 기초연구(Ⅱ)' 보고서에 따르면 한국 남성 54%가 김치녀와 같은 여성혐오 표현에 '공감한다'고 응답했으며, 인터넷에 여성혐오 댓글을 쓰는 사람은 남성 청소년과 대학생이 많은 것으로 드러났다. 특히 여성혐오성 댓글을 단 사람들 중 남성 청소년(27.9%)이 대학생(23.1%) 및 무직 남성(24.2%)보다 많았으며, 경기도교육연구원이 2015년 진행한 '중고등학생의 맹목적 극단주의 성향에 대한 연구에 따르면 '어느 정도 맞는 내용'이라는 응답이 열 명 중 한 명꼴(10.2%)이었을 정도로 여성혐오가 "일종의 '또래문화'"로 정착되고 있다는 우려가 나타났다. 언론 비평사들은 방송사의 예능 프로그램 및 언론사 보도들의 여성 혐오적 측면들도 지적하고 있다. 또한 힙합문화 씬에서의 여성혐오에 대한 연구, 게임계 여성혐오에 대한 비판 등이 이어지고 있다. 여성혐오 범죄로는 2016년 발생한 강남역 살인사건이 있으며, 이 사건 이후 페미니즘 논의가 급부상하면서 여성혐오는 2016년 누리미디어에서 선정한 사회과학분야 최다 검색 키워드로 선정됐다(위키백과, 2019).

성폭력과 더불어 성희롱 문제가 1993년 서울대 조교 성희롱 사건을 계기로 사회적 이슈로 부각되었다. 과거와는 달리 많은 여성들이 공적인 영역에 진출하면서 이에 따른 제반 조건들에 문제가 제기되자, 성희롱 역시 위법적이고 성차별적인 문제로 공론화된 것이다. 성희롱은 학교나 직장 내에서 위계적인 권력을 가진 자가 낮은 위계 위치에 있은 사람에게 성적 접근을 강요하는 것이다. 주로 가부장제적인 조직문화를 가진 한국사회에서는 남성이 성희롱의 가해자로, 여성이 피해자로 파악된다. 그러나 남성이 남성을, 여성이 남성을 성희롱하는 사례도 있어서 단순히 성별 위계 구조만의 문제로 보는 것은 한계가 있다.

성희롱의 유형은 언어적 성희롱, 신체적 성희롱, 시각적 성희롱으로 나누어진다. 언어적 성희롱은 성적인 농담, 음담패설, 외모에 대한 지나친 평가 등이 있으며, 신체적 성희롱은 신체의 가벼운 접촉에서부터 강간까지 다양하게 나타나고, 시각적 성희롱은 사무실에서 음란물을 보거나 전시하는 것, 안면 있는 이에게 음란 이메일을 보내는 것, 몸을 응시하는 것 등이 있다.

여성가족부의 2018년 성희롱 실태조사에 의하면, 일반 직원의 경우 2015~2018년 3년간 직장에서 재직하는 동안 본인이 한 번이라도 성희롱 피해를 경험한 사람은 전체 응답자의 8.1%였다. 공공기관여성·저연령층·비정규직·사회서비스업의 성희롱 피해경험이 높은 것으로 나타났다. 즉 성희롱 피해비율이 공공기관(16.6%)이 민간사업체(6.5%)보다, 여성(14.2%)이 남성(4.2%)보다, 20대 이하(12.3%)가 30대(10.0%), 40대(6.0%), 50대 이상(5.0%)의 다른 연령대보다, 비정규직(9.9%)이 정규직(7.9%)보다 높았다. 한편 성희롱 피해 비율이 지방자치단체(28.1%)가 대학(20%),국가기관(13.9%), 초중고(10.9%)보다 높았으며, 사회서비스업(11%)이 개인서비스업(8.0%), 제조업(7.0%), 유통서비스업(5.3%)보다 높았다. 성희롱 피해 경험이 있는 응답자에게 성희롱 행위자의 직급과 성별에 대해 질문한 결과, '상급자'(61.1%)가 가장 높고 그 다음은 '동급자'(21.2%)로 나타났고, 행위자의 성별은 대부분 남성(83.6%)이었다. 성희롱 피해경험자의 81.6%가 성희롱 피해에 대처하지 않고 '참고 넘어갔다'고 응답하였으며, 그 이유로는 '큰 문제라고 생각하지 않아서'(49.7%), '문제를 제기해도 해결될 것 같지 않아서'(31.8%)순으로 나타났다. 성희롱 피해를 드러내지 못하는 이유는 직장 내 성희롱 문제 인식이 충분치 않고 조직의 문제해결 의지에 대한 낮은 신뢰와 2차 피해에 대한 두려움이 있는 것으로 나타났다. 성희롱 피해 경험에 대해 주변의 부정적인 반응이나 행동 등으로 인해 또 다시 피해를 경험한 사람은 전체 응답자의 27.8%로, 여성·비정규직·종사자 규모가 작은 민간 사업체에서 성희롱 피해 경험에 대해 부정적인 반응이나 행동 등으로 다시 어려움을 겪게 되는 비율이 높은 것으로 나타났다(여성가족부, 『2018년 성희롱 실태조사』, 2019, 3,5).

성매매는 여성에게 가해지는 또 다른 성적 위험이다. 성매매는 여성에 대한 도덕적 낙인을 전제로 한 '윤락'대신 성을 사고파는 행위로 개념화됐으며, 재산상의 이익 또는 쾌락을 추구하기 위해 성을 알선 · 구매하는 모든 행위를 포함한다. 한국사회에서 성매매는 성을 파는 여성, 성을 사는 남성은 물론 이들을 연결하는 중간 매개자 및 성산업과 관련되어 다양하게 전개되고 더욱더 일상화되고 있다.

성매매의 문제점은 성매매 여성들이 자신의 몸에 대한 통제권을 상실하고 성행위의 조건을 자발적으로 선택하지 못함으로서 인간 이하 대우를 받는다는 점이다. 또한 성매매여성은 업주와 합리적인 고용 계약을 맺지 못하고 돈을 벌 수 없거나 빚을 지는 구조 속에 놓이게 되고, 인신매매나 빚에 의한 감금생활 하에서 성산업의 착취구조와 연결된다.

정부는 성매매 여성을 피해자로 규정하고 성매매에서 벗어날 수 있도록 1995년부터 시행했던 「윤락행위 등 방지법」을 폐지하고, 2004년 「성매매 알선 등 행위의 처벌에 관한 법률」, 「성매매 방지 및 피해자 보호 등에 관한 법률」을 시행하였다. 이에 따라 성매매업소의 선불금이 법적으로 무효가 되어 성매매 강요로부터 벗어날 수 있게 되었고, 성매매 업주에 대해서는 성매매로부터 얻은 금품과 재산을 몰수하도록 하는 등 처벌을 강화하였다. 또한 성매매 여성들의 탈 성매매를 유도하기위해서 성매매 상담소를 성매매집결지, 유흥지역에 설치하여 상담이 현장에서 이루어지도록 하였다.

우리나라의 성매매 시장 규모는 최대 37조원으로 추정되고 있다. 암시장(Black Market) 전문 조사업체인 미국 '하보스코프 닷컴(Havocscope)'이 2015년 발표에 의하면, 한국 성매매 시장의 규모는 세계 6위 규모다. 큰 국토와 인구를 가진 중국, 스페인, 일본, 독일, 미국 다음으로 크다. 시장 규모는 120억 달러, 12조 9,000억 원으로 발표되었다. 세계 5위인 미국보다 3조 원 정도 적고, 7위인 인도보다 3조 원 정도 많다. 한국형사정책연구원에서 발간한 '조직범죄 단체의 불법적 지하경제운영실태(2015)' 보고서는 한국의 성매매 시장 규모를 하보스코프 추산치의 3배 수준인 30조~37조 6천억 원이라고 추정한다(여성가족부, 2018).

한국은 성매매가 일상화된 국가로 평가되고 있으며, 다양한 형태의 성매매 업소가 곳곳에 존재하는데, 가장 고전적인 곳이 '성매매 집결지'다. 흔히 차별적 뜻이 포함된 사창가, 집창촌으로 불리는 곳이다. 여성가족부의 「2016년 성매매실태 조사보고서」에 따르면, 성구매가 가장 활발히 이뤄진 곳은 유흥주점·안마시술소와 같은 '겸업형 업소'이다. 조사대상자 1,050명을 상대로 확인된 성구매는 2,283회인데, 이 중 59.0%(1,346회)가 겸업형 업소, 16.4%(375회)가 성매매 집결지가 포함된 '전업형 업소', 15.4%는 휴게방 등 '변종형 업소'에서 이뤄졌다. 2004년 성매매처벌법 이후에도 '성매매 집결지'는 여전히 존재하고 있으며, 2016년 기준, 42곳에 이른다. 서울에만 5곳으로, 속칭 미아리 텍사스, 영등포역 휘파리 골목 등이 대표적이다. 그 외 경기도 7곳, 대구 5곳, 부산 4곳 등 전국에 고루 분포해 있다.

성매매 피해를 막기 위한 제도는 국가별로 다르다. 한국과 같이 성구매자와 성판매자 모두를 처벌하는 국가가 다수이고, 독일, 네덜란드, 스위스 등과 같은 일부 국가는 성매매를 합법화해 제도권에서 규제하기도 한다. 그러나 성매매 합법화 제도는 결과적으로 애초 목적과 반대로 성판매자의 인권을 후퇴시켰고, 도리어 성적 착취를 증가시켰다는 연구들도 있다. 2002년부터 성매매를 합법화한 독일 정부가 5년 뒤 발간한 보고서도 이를 뒷받침하고 있다. 성판매자의 1%정도만 업소와 고용 계약서를 작성했으며, 99%는 사회보장서비스를 받지 못하면서 합법화 이전과 달라진 게 없다는 것이다. 성 판매 여성 중 87%가 물리적 폭력, 59%가 성폭력 경험을 겪었으며, 합법화 이후에도 성판매자의 90% 이상은 여성이었고, 특히 이 중 65%는 이주여성이 차지했다고 한다. 특히 남성의 성구매가 크게 늘어 성매매 시장만 기하급수적으로 증가시켰다는 평가가 있다.

또 다른 성매매 합법화 국가인 네덜란드에서도 부작용이 크다는 평가가 나오고 있다. 「UN인권이사회 보고서」(2012)는 네덜란드 성매매 여성의 60~70%가 범죄조직에게 성매매를 강요당하고 있다고 밝힌 바 있다. 합법화가 성판매자의 인권 보장이 아닌 성구매자, 즉 남성의 독점적 소비 권리, 포주의 이윤 획득, 여성의 상품화만 고착화시켰다는 지적이다.

이런 맥락에서 성구매자만 처벌하는 '노르딕 모델'이 최근 대안으로 떠올랐다. 1999년 스웨덴에서 시작한 이 제도는 성구매자를 형사 처벌하는 반면, 성판매자는 처벌 대신 성매매에서 벗어날 수 있도록 지원한다. 노르웨이, 아이슬란드, 이스라엘 등도 모두 성매매의 근본 원인을 수요에서 찾았고, 수요를 차단해야 성매매를 근절할 수 있다고 판단해서 이 '노르딕 모델'을 도입한 나라들이다. 스웨덴의 경우 '노르딕 모델' 제도 시행 전 13.6%였던 성 구매 경험 응답 비율이 8%로 줄었고, 성판매자도 최대 75% 이상 감소했다. 게다가 성 착취 목적의 인신매매도 크게 줄어들었다고 한다. 이런 효과에 힘입어 노르딕 모델을 시행하는 국가가 최근 크게 늘어났다. 성에 자유롭고 관대하여 성매매를 범죄로 간주하지 않았던 프랑스가 2016년 이 법을 시행했다. 성매매를 합법화했던 캐나다도 제도를 전면 수정해 2014년 노르딕 모델로 전환했고, 아일랜드도 2017년 3월부터 이 제도를 시행하고 있다. 성매매 합법화 국가와 극명히 대비되는 효과가 드러나면서, 유럽의회와 유럽위원회는

2014년 "각 국가들이 노르딕 모델을 채택하도록 권고한다"는 내용의 결의안을 통과 시켰다(SBS, 2018, 2018년 성매매 리포트).

사. 가정 영역에서의 여성문제

가정에서 여성이 당면하는 주요 문제는 가사노동, 아내폭력으로 남성과의 권력관계에서 논의가 된다. 그동안 가사노동은 전통적인 여성의 몫으로 '사랑의 노동(labor of love)'으로 낭만적으로 인식되어 왔다. 그러나 산업화를 거치면서 결혼 후에도 경제활동에 참여하려는 여성이 늘어나고 이에 대한 긍정적인 사회적인 분위기, 동반자적 부부관계를 원하는 젊은 세대의 요구 등이 가사노동의 분담에 대한 인식변화를 가져왔다. 특히 가사노동이 사적인 공간에서 고립되어서 반복적으로 수행되면서 무급으로 이루어지는 노동이라는 특징은 전업주부에게도 더 이상 매력적이지 않게 되었다.

여성의 가사노동 시간은 결혼 여부에 따라 차이가 많이 나지만, 남성은 여성에 비해 그 차이가 적다. 여성의 경우 2004년에 미혼 여성은 하루 50분, 기혼 여성은 하루 4시간 14분으로 기혼여성이 거의 5배 정도 더 가사노동을 하며, 2014년에는 미혼 여성은 하루 1시간, 기혼 여성은 3시간 9분으로 3배 더 가사노동을 하고 있다. 특히 기혼의 경우 성별 가사노동시간의 차이는 더 큰데, 2004년에 기혼여성이 4시간 14분, 기혼 남성은 39분으로 기혼여성이 6.5배 정도 더 가사노동을 하며, 2014년에는 기혼여성 3시간 9분, 기혼 남성은 38분으로 기혼여성이 5배 정도 더 가사노동을 하고 있다<표 5-13>. 한편 2004년-2014년의 가사노동시간 성별 변화를 보면 여성의 가사노동 시간은 비교적 많이 줄어든 반면 남성의 가사노동시간은 변화가 미미한 것으로 조사되었다.

<표 5-12> 남녀별/혼인상태별 평균 가사시간

(단위: 시와 분)

	미혼			기혼		
	전체	여성	남성	전체	여성	남성
2004	0.33	0.50	0.21	2.34	4.14	0.39
2009	0.37	0.53	0.26	2.32	4.06	0.46
2014	0.42	1.00	0.27	1.58	3.09	0.38

자료: 한국여성정책연구원, 「2018, 성인지통계」 에서 재구성.

최근 주방 가전용품의 사용이 늘어나고, 가사노동이 사회적 생산영역에서 이루어지는 가사노동의 사회화가 음식준비와 청소, 빨래 세탁에 이르기까지 다양한 형태의 상품화가 이루어져서 가사노동 시간이 줄고 있다.

또한 요일별 평균 가사활동행위자 남녀별 비율(2009와 2014년)을 보면 여성이 가정관리(음식준비 및 정리, 의류관리, 청소 및 정리, 가정관리 관련 물품구입, 가정경영) 및 가족 및 가구원 돌보기의 가사활동에 참여하는 비율이 남성보다 약 2배 정도 높아서 여전히 가사노동이 여성의 몫인 것을 알 수 있다(〈표 5-13〉). 특히 2009년 2014년 사이에 가족 및 가구원 보살피기는 36.8%에서 30.5%로 감소했지만, 이 영역은 여전히 여성의 몫으로 남아있음을 보여주고 있다.

〈표 5-13〉 요일별 평균 가사활동행위자 남녀별 비율

(단위 : %)

	연도	요일평균	여성 요일평균	남성 요일평균
가정관리	2009	75.1	97.2	49.9
	2014	75.1	96.6	50.5
가족 및 가구원 돌보기	2009	36.8	50.0	21.9
	2014	30.5	39.1	20.7

자료: 통계청, 「생활시간조사」, 2018.

한편 가사노동에 대한 남녀별 가치관에 대한 〈표 5-14〉를 보면, 2006년에는 '공평하게 부담해야 한다'는 비율이 32.4%, '부인이 주로 하지만 남편도 부담 한다'는 비율이 59.4%였지만, 2018년에는 '공평하게 부담해야 한다'는 비율이 59.1% '부인이 주로 하지만 남편도 부담 한다'는 비율이 34,6%로, '공평하게 부담해야 한다'는 응답이 '부인이 주로 하지만 남편도 부담 한다'는 응답보다 2배 가까이 증가하여 그 비율이 역전된 것을 알 수 있다. 2018년도에는 여성은 '공평하게 부담해야 한다'는 비율이 63.4%, '부인이 주로 하지만 남편도 부담해야 한다'는 비율이 31.7%임에 반해, 남성은 '공평하게 부담해야 한다'는 비율이 54.6%'부인이 주로 하지만 남편도 부담해야 한다'는 비율이 37.5%로서 여전히 남녀 간의 견해 차이가 있음을 알 수 있다.

〈표 5-14〉 가사분담에 대한 남녀별 가치관 (2006, 2018)

(단위: %)

		부인이 전적으로 책임	부인이 주로 하지만 남편도 부담	공평하게 부담	남편이 주로 하지만 부인도 부담	남편이 전적으로 책임
2006	여자	3.9	55.8	38.4	1.6	0.3
	남자	8.0	61.4	25.2	3.3	0.7
	전체	5.9	59.4	32.4	1.9	0.3
2018	여자	2.5	31.7	63.4	1.8	0.6
	남자	5.2	37.5	54.6	2.1	0.6
	전체	3.8	34.6	59.1	1.9	0.6

자료: 통계청, 「사회통계조사」, 2006; 통계청, 「사회조사」, 2018.

가사노동에 대한 가치관의 변화와 함께 가사노동의 분담에 대한 실태도 변화를 보이고 있는 것처럼 보인다. 2006년과 2018년을 비교하면, 2006년에는 부인이 '전적으로 부담'이 36.5%이고 '부인이 주로 부담하지만 남편도 부담'이 53.2%이며 '공평하게 부담'은 단지 7.9%에 불과했지만 2018년에는 부인이 '전적으로 부담'이 26.9%이고 '부인이 주로 부담하지만 남편도 부담'이 50.8%이며 '공평하게 부담'은 19.5%로 특히 '공평하게 부담'이 2배 넘게 증가했다. 그러나 부인이 '전적으로 부담'과 '부인이 주로 부담하지만 남편도 부담'이 2006년 89.7%, 2018년에 77.7%로 여성의 가사노동 부담이 감소했지만, 여전히 현실적으로는 가사노동의 부담이 상당부분 여성에 의해 수행되는 것을 알 수 있다〈표 5-15〉.

2018년의 경우 가사분담의 양상은 젊을수록 '부인이 주로 부담하지만 남편도 부담'의 비율과 '공평하게 부담'의 비율이 높아지고, 교육수준이 높을수록 '부인이 주로 부담하지만 남편도 부담'과 '공평하게 부담'의 비율이 높게 나타났다.

〈표 5-15〉 가사분담의 연령별·교육별 실태 (2006/2018)

(단위: 비율)

		부인이 전적으로 책임	부인이 주로 하지만 남편도 분담	공평하게 분담	남편이 주로 하지만 부인도 분담	남편이 전적으로 책임
2006	15~19세	54.3	19.6	26.2	0.0	0.0
	20-29세	24.7	61.0	12.4	1.7	0.2
	30~39세	36.9	54.6	7.6	0.9	0.1
	40~49세	36.8	53.2	6.6	1.6	0.2
	50~59세	35.6	53.4	7.6	2.8	0.6
	60세 이상	38.8	46.3	9.7	3.8	0.4
	초 졸 이하	40.2	45.5	9.8	3.5	1.0
	중 졸	34.8	52.5	9.0	2.9	0.7
	고 졸	38.1	54.0	6.3	1.4	0.2
	대 졸 이상	31.4	58.7	8.9	0.9	0.1
	평 균	36.5	53.2	7.9	1.9	0.1
2018	19~29세	15.1	43.2	35.9	5.3	0.4
	30~39세	18.9	52.9	26.1	1.9	0.1
	40~49세	27.3	53.3	17.5	1.7	0.1
2018	50~59세	30.4	49.6	16.8	2.6	0.5
	60세 이상	30.9	48.9	16.7	2.7	0.8
	65세 이상	33.5	46.4	16.4	2.6	1.0
	초 졸 이하	35.9	44.7	15.4	2.7	1.3
	중 졸	29.1	46.5	20.6	3.4	0.4
	고 졸	29.0	50.5	17.7	2.3	0.4
	대 졸 이상	21.5	54.3	22.1	2.1	0.1
	평 균	26.9	50.8	19.5	2.4	0.4

1998년에 「가정폭력 범죄의 처벌 등에 관한 특례법」, 「가정폭력방지 및 피해자보호 등에 관한 법」이 시행되었다. 그 직후인 1999년 한국여성개발원의 조사에서는 여성응답자 중 36%가 남편에게 구타를 당한 것으로 조사되었다.

한편 가정폭력에 대한 인식도 변화하고 있는 것으로 나타났다. 가정폭력 발생 시 경찰에 신고하겠다는 응답률이 2013년보다 높아졌는데, 본인의 가정에서 발생할 경우 61.4%, 이웃 가정에서 발생할 경우 65.0%가 신고하겠다는 의사를 밝혀서 가정폭력에 대한 국민인식이 크게 개선되었음을 시사한다('13년 가정폭력 신고의사 본인가정의 경우 55.0%, 이웃가정의 경우 55.6%) (여성가족부, 201).

「2016년 가정폭력 실태조사」(여성가족부) 결과에 따르면, 지난 1년간 부부 폭력률은 2013년(가정폭력 실태조사는 매 3년마다 이루러지는 조사임)에 비해 성별, 유형별, 폭력 피해와 가해 모두에서 감소했으며, 특히 정서적 폭력이 현저하게 감소한 것으로 나타났다. 여성의 배우자 폭력 가해율은 9.1%였고, 남성의 배우자 폭력 가해율은 11.6%였다. 여성이 응답한 지난 1년간 배우자로부터의 폭력 피해율은 12.1%('13년 29.8%)로 폭력유형별로는 정서적 폭력 10.5%('13년 28.6%), 신체적 폭력 3.3%('13년 4.9%), 경제적 폭력 2.4%('13년 3.5%), 성적 폭력 2.3%('13년 4.3%) 순이었다. 여성이 배우자로부터 폭력을 처음 경험한 시기는 '결혼 후 1년 미만'이 18.1%, '결혼 후 1년 이상 5년 미만'이 44.2%로 여성의 62.3%가 결혼 후 5년 내에 처음 폭력을 경험했고 '결혼 전 교제기간'에 처음 폭력을 경험했다는 여성도 2.0%였다. 부부폭력 이유로는 여성과 남성 모두 '성격차이'와 '경제적 문제'라는 응답이 가장 많았는데, 여성피해자는 성격 차이(45.3%), 경제적인 문제(25.7%), 배우자의 음주문제(9.6%), 시가·처가 문제(9.3%) 순으로 꼽았고, 남성피해자는 성격차이(47.5%), 경제적인 문제(22.4%), 본인의 음주문제(7.5%), 이유를 모르겠다(6.3%) 순이었다. 폭력발생 이후 도움 요청한 대상은 '가족이나 친척' 12.1%, '이웃이나 친구' 10.3%, '경찰' 1.7% 순이었다. 경찰에 도움을 요청하지 않은 이유는 '폭력이 심각하지 않다고 생각해서' 41.2%, '집안 일이 알려지는 것이 창피해서' 29.6% 순이었다. 여성긴급전화 1366이나 상담소 및 보호시설 등 지원기관에 도움을 요청하지 않은 이유는 '부부간에 알아서 해결할 일인 것 같아서'(27.6%), '폭력이 심각하지 않다고 생각해서'(18.6%)라고 답했다.

그러나 상해까지 이어진 가정폭력 범죄의 경우에 피해자 10명 가운데 8명이 여성이며, 남성이 가해자인 사례가 절대다수라는 연구 결과가 최근 발표됐다. 대검찰청의 검찰통계시스템(KICS)의 가정폭력 사범 자료 중 상해 관련 범죄통계분석에 따르면, 피의자 성별로는 남성이 83.8% 여성이 16.2%였고, 피해자는 여성이 78.5% 남성이 21.3%다. 2017년 9~11월(1천682건)과 2018년 9~11월(1천472건)의 전체 3천154건 분석 결과, 파트너 관계에서 발생하는 사건이 79.1%를 차지했고 기타 친족 간의 사건이 20.9%였다. 파트너 관계는 법률상 부부관계로 간주하는 사실혼 및 법률혼 관계를 비롯해 동거인 및 연인 관계까지 포함한다. 가정 내 상해 사건에서 피의자가 일방적으로 폭력을 쓴 경우는 전체 사건의 77.1%에 달했다. 피의자가 남성일 때 83.6%가 일방 폭력, 14.6%가 쌍방 폭력이었다. 피의자가 여성일 때는 43.6%가 일방 폭력, 51.0%가 쌍방 폭력이었다. 폭력이 발생한 동기를 보면 생활양식·가치관

(52.2%) 문제가 가장 많았고 동거 의무(17.8%), 경제·부양 문제(10.6%), 가사협조(7.9%), 기타(6.8%), 이혼 관련(3.5%), 신고 관련(1.1%) 등의 순으로 나타났다(연합뉴스, 2019. 11. 25).

한편 가정폭력 중 최근 가장 사회문제로 부각된 것은 다문화가정의 가정폭력이다. 여성가족부에 따르면 2015년 29만 9,241가구였던 다문화가정은 2016년 처음으로 30만 가구를 넘긴 후 2018년 33만 4,856가구까지 꾸준히 증가했다. 2014년부터 2018년까지 최근 5년간 다문화 가정폭력 검거건수는 총 3,993건으로 4천 건에 육박했다. 2018년에는 1,273건이 발생해 하루 평균 3.5건 이상 검거된 것으로 드러났다. 지역별로는 경기(1,736건), 서울(712건), 전남(201건), 인천(185건), 경북(144건) 순으로 집계됐다. 연도별로 살펴보면 2014년 132건, 2015년 782건, 2016년 976건, 2017년 839건, 2018년 1,273건이었다. 5년 사이 10배 이상 급증한 수치다. 이러한 증가세에 따라 전체 가정폭력 검거건수에서 다문화 가정폭력 검거건수가 차지하는 비율도 매년 늘어나서, 2014년에는 0.7%에 불과하던 비율이 2018년에는 3.0%까지 올랐다(한국공보뉴스, 2019. 9. 19).

2018년 국가인권위원회가 발표한 '결혼이주여성 체류실태' 자료를 보면, 결혼이주여성 920명 가운데 42.1%에 이르는 387명이 가정폭력을 당했다고 답했다. 가정폭력 피해 유형(복수응답)을 보면 81.1%(314명)가 가정에서 심한 욕설을 듣는 등 심리·언어적 학대에 시달렸고, 67.9%(263명)는 성행위를 강요받거나 성적인 학대를 당했다. '흉기로 위협 당했다'는 응답도 19.9%(77명)나 됐다. 가정폭력 시 도움을 요청한 경험이 있느냐는 질문에는 '없다'(31.7%)는 응답이 '있다'(27.0%)는 답변보다 많았다. 결혼이주여성이 가정폭력을 당해도 신고를 꺼리는 가장 큰 이유는 이주여성이 결혼한 뒤 귀화 시험을 보려면 최소 2년간 국내에 체류해야 하고, 한국 국적을 취득할 때는 한국인 배우자의 신원보증이 필요하기 때문이다(한국경제, 2019. 7. 8).

부(部)차원으로는 2005년 2월 여성부가 전국가정폭력실태조사를 2004년 1년간 혼인경험자 6,156명(남성 3,071명, 여성 3,085명)을 대상으로 실시했다. 조사 결과에 따르면 배우자로부터 신체적 폭력을 당한 경우는 15.7%로 6가구 중 1가구 꼴로 신체적 폭력을 경험했으며, 남성 주도의 아내 폭력은 12.1%

에 달했다. 반면 여성주도의 남편 폭력은 3.7%로 낮았다. 신체적 폭력 외에도 모욕 등의 정신적 폭력은 42.1%, 원치 않는 성관계를 갖는 성적 폭력도 7.1%로 나타났다. 이 가운데 어느 한 가지라도 경험한 가구가 44.6%에 달했다. 배우자 폭력의 원인으로는 가부장적 태도, 열등의식, 스트레스, 음주, 아동기 경험 등으로 밝혀졌다. 사회적으로 중요한 일은 남성이 하고 집안일은 아내가 주로 해야 한다는 가치관이 기준이 되는 부부간 권력구조 형태에 따라 아내폭력을 보면 평등형 부부는 부부간 신체적 폭력이 있는 비율이 9.9%인 반면, 남편 우위형 부부는 그 비율이 21.7%로 두 배 이상 높았다.

가정폭력 감소를 위해 요구되는 정책 1순위는 '폭력 허용적 사회문화 개선'(24.9%)이었으며, 다음으로 '가정폭력 관련 법 및 지원서비스 홍보' (15.5%), '가중 처벌 등 가해자에 대한 법적 조치 강화'(13.6%), '학교에서 아동기부터 폭력 예방교육 실시'(12.2%) 순으로 나타났다(여성가족부, 2017, 『2016년 가정폭력 실태조사』). 이에 따라 정부는 2016년 전국 가정폭력실태조사를 계기로 가정폭력 근절을 위한 종합계획을 마련하였고, 그동안 가정폭력을 '가족 문제'로 방치했던 사회적 관행을 제거하는 계기를 마련하는 한편 각급 학교에서 매년 가정폭력 예방교육을 실시하고, 가정폭력 피해자의 치료비, 직업훈련비, 소송비 등을 무료로 지원하며, 전국 어디서나 전화 '1366'번을 통해 가정폭력의 신고와 피해 상담을 지원하고 있다.

여성가족부는 여성정책이 시대 변화를 따라가지 못하는 지체 현상을 극복해야 한다는 인식 아래 가정폭력 발생 시 경찰이 보다 수월히 현행범을 체포할 수 있도록 응급조치에 긴급체포 가능 항목을 넣는 등 사고 초기 대응의 실효성을 높이는 방향으로 가정폭력처벌법 개정을 추진 중이다. 가정폭력도 형법상 처벌을 받는 엄연한 폭력이라는 사회적 인식을 제고하기 위해 성폭력·가정폭력 예방 주간으로 지정하고 여성을 괴롭히는 각종 폭력을 근절하기 위한 방안을 모색하고 있다. 여성폭력 예방교육 기회와 접근성에 한계가 있는 취약계층, 도서벽지 주민 등을 위한 '찾아가는 폭력예방교육'을 실시하는 등 성평등 제고와 여성폭력 예방에 힘쓰고 있다(매일경제, 2019, 11.20). 한편, 2017년 기준으로 가정폭력 피해자 보호시설은 66개소이고 입소가능한 정원은 1,108명이다(〈표 5-16〉 참조).

〈표 5-16〉 가정폭력 피해자 보호시설 현황

(단위: 개소, 명)

연도	개소 수	입소 정원
2005	57	872
2015	70	1,164
2017	66	1,108

자료: 여성가족부, 「가정폭력 피해자 지원시설 운영실적」, 2018

아래는 여성에 대한 폭력을 막고자하는 프랑스의 사례이다.

유럽에서 가정폭력으로 인한 살인사건 발생률이 가장 높은 편인 프랑스 정부가 두 달 넘게 가정 폭력에 대한 정부의 무능과 기능 장애로 촉발된 시위대의 요구에 따라서 배우자에게 피살되는 여성을 줄이기 위한 정부의 광범위한 대책을 발표했다고 AP통신 등이 보도했다. 유엔이 정한 "세계 여성폭력 추방의 날"을 맞아 프랑스 정부는 폭력적인 배우자들에게서 무기류를 압수하고 경찰에 가정 폭력에 대비한 훈련을 강화하고 가정폭력범에게 전자 팔찌를 채우고 전국에 매를 맞는 여성들을 위해 1000개의 대피 쉼터를 추가로 신설하는 방안 등의 구체적인 방안을 밝혔다. 프랑스 정부는 새로운 가정폭력 살인 근절 대책을 위해서 내년부터 3억6000만 유로(4665억 원)를 투입하기로 했다. 프랑스 활동가들은 프랑스의 사법 절차와 수사 과정이 여성을 보호하는데 크게 부족하다고 주장해 왔으며, 학생이나 경찰 뿐 아니라 법원 판사들에 대한 교육도 필요하다고 주장한다. 이번 대책에 가정 폭력에 대한 안이한 의식을 가진 법관들을 재훈련하거나 스페인처럼 가정폭력 특별 법원을 마련해서 적절한 판결을 내리게 하는 조항은 빠져있다고 이들은 지적했다. (뉴시스 2019, 11. 26)

5. 여성문제의 해결을 위한 여성정책

1990년대 중반 이후 우리나라 여성정책은 여성의 현실을 변화시키고 여성문제를 해결하는 주도적인 역할을 해왔다. 여성정책은 그동안 여성에 대한 특별 보호와 관심을 기울여야 한다는 '발전 속의 여성(WID, Women in Development)' 전략에서 발전의 참여자이자 수혜자인 여성을 양성관계에 위치시키는 '젠더와 발전(GAD, Gender and Development)'전략으로, '성 주류화(Gender Mainstreaming)'전략으로 발전되어 왔다. 또한 여성정책은 여성문제를 해결하는 또 다른 축인 여성운동과 유기적으로 결합하여 우리나라의 여성 현실을 구성하고 변화시키는데 중요한 역할을 해왔다.

"성 중립적" 관점, "성인지적" 관점과 "성 주류화" 관점은 무엇인가?

성 중립적(gender neutral)관점의 여성정책에서는 남성과 여성이 평등하다는 것이 전제가 된다. 이에 반해 성인지적(gender sensitive)관점의 여성정책은 현실적인 가부장적 사회를 인정하고 평등이 아닌 차이를 극복하는데 관심을 갖는다. 예를 들면 성 중립적 관점에서 화장실을 만든다면 남녀는 평등하다는 것을 전제로 남자 화장실이나 여자 화장실이나 화장실 크기나 변기의 수를 같게 만든다. 이 경우 화장실 사용에서 불이익을 보는 것은 여성이 된다. 그러나 성인지적 관점에서는 화장실을 사용자의 특징에 따라 여성의 생리적 구조를 고려해서 남녀별로 다르게 설치하게 된다.

성 주류화(gender mainstreaming)는 모든 정치적, 경제적, 사회적 영역의 정책에 성차별이 해소되는 성인지적 정책을 수립하고자 하는 구조적 체계적 접근이며 정책에 내재한 성차별을 제거함으로써 불평등한 젠더관계를 변화시킬 수 있다는 새로운 성 평등 전략이다. 성 주류화는 공적영역에서의 남녀평등 혹은 양성평등을 의미하며, 공적영역에서의 남성이 행사하는 역할에 여성들이 접근하는 것과 공적 자원을 동원하여 여성 복지를 증진시키는 것 모두를 포함한다. 즉 성 주류화는 법, 제도적 평등, 동등한 처우를 통해 여성의 사회 진입을 막아온 공적 영역에서의 차별을 제거하는 정책을 만드는 것을 의미한다. 또 다른 측면에서는 남성과 같아질 수 없는 여성의 특수한 욕구를 여성 친화적인 정책을 통해 보완해주는 것으로, 성 주류화의 궁극적인 목표는 남성과 같아지는 것으로서의 젠더, 다른 하나는 남성과의 차이로서의 젠더로서 둘 다 정책을 통해 공적영역에 여성들이 통합되도록 하는 것이다.

제도적으로는 공공정책의 성 주류화를 위한 핵심 도구로 '성 인지 예산제도', '성 인지통계'와 함께 국가 및 지방자치단체가 정책을 수립하고 시행하는 과정에서 '성별영향분석평가제도'를 도입하였다. '성 인지 예산제도'는 정책집행 예산이 여성과 남성에게 미칠 영향을 미리 분석하여 여성과 남성이 동등하게 예산의 수혜를 받고 예산이 성차별을 개선하는 방향으로 집행되는지를 평가하는 것으로 국가재정법에 반영하기로 하고 2006년 10월에 공포하여 2010년부터 시행하고 있다. '성 인지통계'도 공공정책 수립과정에서 양성평등 관점이 고려될 수 있도록 성별 구분을 통계작성의 승인요건으로 하는 규정을 마련하여(2006년 12월) 현재 시행 중이다.

'성별영향분석평가제도'는 선진국에서 이미 실시하고 있는 제도로, 양성평등의 성인지 정책을 수행하는 대표적인 제도이다. '성별영향분석평가제도'는 정책을 입안, 집행, 평가할 때 성별 요구와 차이를 고려하여 정책이 여성과 남성에게 고르게 혜택을 가져올 수 있게 하는 것으로, 성별 통계의 객관적 자료와 정책 고객의 요구에 대한 검토를 통해 실태를 정확하게 분석하고 정책의 시행과 폐지가 여성과 남성에게 어떠한 차별적 영향을 미치는지를 파악하여 궁극적으로는 해당 정책을 양성 평등한 효과를 가지는 정책으로 개선해 나가기 위한 제도이다(여성부 2007, 「성별영향평가 안내서」, 12~15).

'성별영향분석평가제도'는 2003년에 도입되어 2008년 이후 모든 정책에 성별영향평가가 도입되었다. 과학기술부, 문화관광부, 농림부, 보건복지부, 서울시 등에 처음 도입되었고, 사회적 파급 효과가 크고 성별에 따라 수혜도 편차가 클 것이라고 예상되는 정책, 국제적으로 공인된 양성평등관련 지표에 영향을 주는 정책 등을 대상으로 선정되고 있다.

여성가족부는 '2018년 성별영향평가 종합분석 결과보고서'에서 2018년 중앙부처를 비롯한 305개 기관의 법령·사업 등 3만 3,195건에 대해 성별영향평가를 실시한 결과 8,835건의 개선계획을 수립해 2,613건을 바꿨다고 발표했다. 성평등 의식 문화 확산을 위한 개선사례로는 과학기술정보통신부의 경우 우표 발행시 인물 관련 우표는 성별 균형을 고려하는 것, 교육부의 교과서 모니터링단이 교과서의 성차별이나 성별 고정관념이 담긴 내용을 검토할 때 국가인권위원회와 여성가족부 추천자가 포함이 제시되었다. 다른 사례로는 소방청에서 성별 특성을 반영해 임산부 근무복을 착용할 수 있도록 소방공무원 복제규칙을 수정해 명문화한 것, 문화체육관광부에서 공연예술 표준계약서에 성희롱·성폭력에 따른 계약해지 내용을 명시해 성폭력 예방을 강화한 것, 인천광역시가 체육지도자 및 선수 대상 성희롱 예방교육을 실시하고 여성 선수들로 구성된 종목에 남성 지도자가 선임되면 여성 플레잉 코치를 배치하도록 한 것, 강원도 정선군에서 만 7세 이하 자녀를 둔 경우 기존에 여성(엄마)만 당직에서 제외하던 것을 남성(아빠)도 제외해 부모의 공동육아를 장려하는 것 등이다(뉴시스, 2019, 8, 27).

'성별영향분석평가제도'의 결과에 대해 비판적인 견해들도 발표되었다(민주노동당 정책위원회, 2008년). 대부분의 성별영향평가제도 보고서가 불성실하며 형식적이며, 해당 부처들이 자기들이 수행하는 사업 중 여성관련 사업을 재

확인하는 수준에 그친 경우가 많았다는 것이다. 더 심각한 문제는 평가 담당자가 성별영향평가에 대한 이해가 없고 또 양성평등에 대한 올바른 관점이 없을 경우 평가 자체가 의미가 없고, 아니면 개선해야 할 문제점을 잘못 판단하는 경우까지 발생할 수 있다는 것이었다. 실제로 중앙부처 성별영향평가 책임부서 담당자와 실제 평가 작업을 수행한 수행부서 담당자를 대상으로 실시한 설문조사 분석에서 평가담당자 중 성인지 교육을 전혀 이수한 적이 없는 사람이 58명 중 27명(47%)이었고, 성별영향평가 제도가 정부 정책의 실효성을 높이는데 긍정적인 제도라는 의견은 66%였지만, 나머지 34%는 제도의 긍정성을 인식하지 못하거나 취지를 이해하지 못하는 것으로 나타났다는 것이다.

그러나 지난 10여 년간 각 부처의 성별영향평가에 대한 결과 점검과 보완이 이루어지고 주무행정부처인 여성가족부가 다양한 부처와 기관의 사업선정부터 평가 작업이 진행될 때까지 성별영향평가 사업을 기획, 조정하는 역할을 좀 더 적극적으로 수행한 결과 '성별영향분석평가제도'는 상당한 성과가 있는 것으로 보인다.

그러나 〈표 5-17〉 2017년 OECD 주요국 유리천장지수에서 나타나듯이, 우리나라는 여전히 성차별적인 나라로 아직 갈 길이 멀다.

〈표 5-17〉 OECD 주요국 유리천장지수(GCI: The Glass-Ceilng Index), 2017년

(단위: 순위)

	전체	고등 교육	경제활동 참가율	임금 격차	관리직 여성비율	사내이사직 여성비율	모성유급 육아휴직	배우자유급 육아휴직
한국	29	28	28	29	29	29	13	2
덴마크	7	5	5	4	24	9	12	15
아이슬란드	1	1	4	14	2	1	18	6
노르웨이	3	8	3	6	8	2	5	4
핀란드	4	3	1	26	13	5	6	9
스웨덴	2	2	2	10	6	4	9	9
일본	28	23	26	28	28	28	10	1
프랑스	6	18	9	9	17	3	17	10
영국	22	20	16	19	10	12	23	18
미국	20	15	19	25	1	16	29	22

자료: 한국여성정책연구원, 「성 인지통계」(2018)에서 재구성.

2017년에 이어 2019년에도 한국은 OECD 29개 회원국 중 꼴찌였다. 영국 이코노미스트가 '세계 여성의 날'을 맞아 발표한 '2019 유리천장 지수'(GCI, the glass-ceiling index)에서 한국은 유리천장 지수에서 100점 만점에 20점으로 회원국 평균인 60점에는 턱없이 못 미친다. 스웨덴은 80점을 훌쩍 넘기며 정상을 차지했고, 노르웨이·아이슬란드·핀란드·프랑스가 뒤를 이었다. 한국은 10개 성차별 항목 중 3개 부문에서 꼴찌를 기록했다. 우선 한국은 여성 임금이 남성과 비교했을 때 34.6%나 적었다. 여성 관리자 비율도 12.5%에 불과했고, 여성 기업이사의 비율도 2.3%로 꼴찌였다. 스웨덴의 경우 여성 관리자와 이사의 비율이 각각 39.0%, 36.9%였다. 한국은 3차 교육(고등교육) 이수자의 남녀 비율 차가 6.6%포인트로 꼴찌에서 두 번째였다. 노동참여인구의 남녀 비율 역시 20.3%포인트로 바닥권이었다. 이코노미스트는 "꼴찌인 한국은 남녀 간의 임금 격차가 터무니없이 크고, 경제활동 참여자 비율도 남성이 79%인데 비해, 여성은 고작 59%에 불과하다"고 지적했다. 이코노미스트는 2022년까지 고위공직자의 10%, 공기업 임원의 20%, 정부위원회 위원의 40%를 여성으로 채우겠다는 문재인 대통령의 공약을 소개하며 "아직 갈 길이 멀다"고 진단했다(중앙일보, 2019. 3. 8).

따라서, 앞으로 여성가족부가 성별 영향평가제도를 보다 적극적으로 시행하면서 분석 평가대상사업이 될 수 있는 과제를 더 적극적으로 발굴하고 각 부처의 사업에 개입할 수 있는 여지가 더 확대되어야 한다고 보인다.

한편 여성가족부는 성인지 예산제도 개선을 추진하고 성과지표와 성과목표 관리 강화, 평가체계 구축 등 성인지 예산의 성과관리 강화방안을 마련해 제도의 내실화를 도모하겠다고 밝혔다. 이에 따라 2019년 9월 정부가 국회에 제출한 2020년도 예산안에는 35개 중앙관서의 284개 사업에 대한 성인지적 분석 내용이 포함된 성인지 예산서가 첨부됐다. 성인지 예산은 제도 시행 초기에 비해 작성기관과 사업 수, 예산 규모가 큰 폭으로 성장하고 있어서, 2010년 29개 기관 195개 사업에서 2020년 35개 기관 284개 사업으로 늘어났고 예산은 7조 5천억 원에서 31조 7천억 원으로 증가했다(이데일리, 2019. 9.18).

북유럽국가들은 성평등한 사회문화를 기반으로 가족친화문화 확산을 통한 일·생활 균형, 여성대표성 제고 등에서 큰 성과를 낸 지역인데, 여성가족부는 성평등지수가 높은 핀란드와의 성평등 분야 정책 교류 내용을 담은 양해각서(MOU)를 체결하여 북유럽 국가의 모범사례를 공유하고 있다.

> 여성가족부는 2019년 6월 핀란드 사회정책보건부(Ministry of Social Affairs and Health)와 성평등 분야 정책 교류 내용을 담은 양해각서(MOU)를 체결하였다고 밝혔다. 이번 양해각서(MOU)는 성평등 사회 실현에 있어서 국제사회 모범국인 핀란드와의 교류협력 확대를 통해 양국 간 협력 증진과 우리나라의 성평등 정책을 발전시키는 계기를 마련하고자 체결한 것으로, 주요 내용은 성평등 관련 정책 성과 공유, 성평등 정책 담당자와 전문가의 인적교류, 강연·교육 등 공동 프로그램 운영 등을 담은 협력활동이다. 핀란드는 성평등한 사회제도를 기반으로 성평등 및 일·생활 균형 문화를 정착시켜 여성 고용률을 높이는 데 성공한 대표적인 국가로, 유리천장지수가 경제협력개발기구(OECD) 회원국 29개 국 중 4위에 오르는 등 여성 대표성 제고에서 큰 성과를 내고 있으며, 성평등 관련 국제 지표에서도 최상위권에 위치해 있다. (여성종합뉴스, 2019. 6. 11)

한편 2019년 11월말 유엔 아시아태평양경제사회위원회(UN ESCAP)가 개최하는 '북경 행동강령 채택 25주년 기념 아·태장관회의'가 2020년 북경행동강령 채택 25주년이 되는 것을 기념하여 개최되었는데, 회의 의제는 '2030 지속가능발전의제 관점에서의 북경행동강령 이행 현황 및 점검'이었다. 회의의 세부 주요 의제로는 첫째 포용발전, 공동번영, 양질의 일자리 관련 이슈, 둘째 폭력 고정관념 철폐 이슈, 셋째 책무성, 참여, 성인지적 제도 이슈 , 넷째 환경 보전, 기후 조치, 대응력 강화 이슈였다. 이번 회의에서 채택된 최종보고서는 2020년 3월 유엔여성지위위원회(CSW)에 전달된다.

'북경 행동강령 채택 25주년 기념 아·태장관회의'에 참석한 이정옥 여성가족부 장관은 회의 의제와 관련된 우리 정부의 20여 년간의 정책노력과 성과를 발표했는데, 그 주요 발표 내용은 다음과 같다.

첫째, 우리나라의 성평등제도 및 북경행동강령 이행을 위해 정부가 추진해 온 성과를 소개했다. 특히 정부정책 전반에 성평등 관점을 반영하기 위해 2019년 보건복지부, 법무부, 고용노동부 등 8개 부처에 양성평등정책담당관을 신설한 것과 공공부문 여성대표성 제고를 위한 5년 로드맵(2018년~2022년)을 수립하고 노력한 결과, 각 분야에서 여성 고위직 비율이 증가하고 있음을 알렸다.

둘째, 미투(Me Too) 운동의 전 세계적 확산을 계기로, 성희롱·성폭력 범죄를 근절하기 위해 2018년부터 공공부문, 민간부문, 문화예술계 등 각 분야별 특수성을 고려하여 대책을 수립하고, '범정부 성희롱·성폭력 및 디지털 성범죄 근절 추진협의회(민·관 합동)'의 운영'의 성과를 공유했다. 세부적으로는 예방교육에 대한 특별점검 및 실태조사 실시, 분야별 신고센터 운영 및 상담지원, 2차 피해방지 등 피해자 보호 제도 강화 업무상 위계·위력 간음·추행죄의 법정형 상향 등 가해자 처벌을 강화하는 법령개정 및 예방교육 이수결과의 관리자 평가반영 등 예방 및 인식개선, 추진체계 강화에 대해 설명했다.

셋째, 맞벌이 부모의 돌봄 공백을 해소하기 위한 아이돌봄서비스 지원 및 양육 취약 계층인 한부모 아동양육비 지원을 확대하고 일·가정 양립을 위한 가족친화인증기업(2017년 2,802개에서2019년 3,834개로 확대)을 확대하는 등 여성의 돌봄 부담을 완화하려는 정부의 노력도 설명했다.

넷째, '성평등을 위한 동반관계 구축' 특별회의에서는, 우리 정부가 성주류화를 위해 2006년 성인지 예산제도를 도입하여 전면 시행한 결과 2010년 7.5조원 수준이었던 성인지 예산이 2019년에는 25.4조원 수준으로 크게 증가한 것과 2011년에 성별영향평가를 법제화하여 2018년 2,600개 이상의 정책개선과제를 발굴하는 등 '성평등 관점에서 정부정책을 지속 발전'시키고 있음을 알렸다. 특히, 의약품 사용·승인 정책에 대한 특정성별영향평가를 통해 국가가 지원하는 신약 개발 시 성별 임상시험을 하도록 하고, 특정성별에서 발병률이 높은 질환에 대한 연구지원을 강화하는 등 '의약품 정책에 성인지적 관점을 도입'한 사례를 소개했다.

다섯째, '성평등을 위한 파트너십 구축'을 주제로 한국의 성평등 관련 공적개발원조(ODA, Official Development Assistance) 공여 현황에 대해 발표했다. 여성가족부가 양자 공적개발원조(ODA)의 일환으로 추진하는 여성직업능력개발 초청연수, 여성 역량강화 지원, 여성폭력 방지 및 피해자 지원 등과 UN Women에 기여금을 지원하여 실시하는 분쟁지역에서의 성평등 증진 및 아·태 지역의 여성·여아(女兒)에 대한 폭력 근절 등을 소개했으며, 전 부처·기관 공적개발원조(ODA)사업에 대한 성 주류화 및 성평등 사업 확대를 위해 사업 발굴 시부터 기획, 심사, 추진 및 평가 단계까지 틀을 마련하는 연구를 진행하고 있음을 밝혔다(여성가족부, 2019).

제 6 장

고령화 문제

1. 인구 고령화 추세
2. 노인 삶의 방식 변동에 대한 사회이론
3. 노인 인구의 특성
4. 고령화 사회의 사회·경제적 특성
5. 고령화의 미래와 정책적 제안

제6장 고령화 문제

인구고령화는 출산율 하락과 기대수명의 상승으로 인해 고령인구의 비중이 증가하면서 나타난 인구·사회적 현상이다. 우리나라는 세계 어느 나라보다도 단기간에 출산변천을 마무리했다. 1960년에는 합계출산율이 6명이었다. 1960년대 가족계획도입 후 불과 20년도 안 되어 1983년 대체수준 2.1명 이하로 떨어졌다. 그리고 2000년대 이후는 합계출산율이 1.3이하인 초저출산 수준을 유지하고 있다. 반면 기대수명은 20세기 이후 계속 증가하고 있다. 기대수명은 1950년대 48세에서, 1970년 62.3세, 2000년 76세 그리고 2018년 82.7세로 급속도로 향상되었다(통계청, 2019.12).

〈표 6-1〉 한국, 일본, 프랑스, 영국, 독일, 미국 등의 인구고령화 속도

(65세이상 노인인구비율 7%에서 14%, 14%에서 20%)

국가	고령화 사회 진입년도	고령화사회→ 고령사회 소요기간	고령사회 진입년도	고령사회 → 초고령사회 소요기간	초고령사회 진입년도
한 국	2000	18	2018	8	2026
일 본	1970	26	1996	9	2005
프랑스	1855	115	1980	39	2019
영 국	1930	45	1975	49	2024
스웨덴	1890	85	1975	46	2018
미 국	1944	69	2013	13	2029

자료: 고령화사회와 고령사회는 K. Kinsella and Wan He, *An Aging World: 2008*, 2009. p.14; 초고령사회는 김복순, 2016, 67쪽.

급격한 인구변천, 즉 단기간에 급격하게 이루어진 출산변천과 기대수명 향상은 급속한 인구고령화를 초래한다. 인구 고령화는 단순히 노인인구의 절대 수가 증가하는 사회현상이 아니라 65세 이상의 노인인구가 총인구에서 차지하는 비율이 증가하는 사회현상을 의미한다. UN은 인구 고령화 수준에 따라 전체 인구 중 65세 이상 노인 인구 비율이 7%에 도달하면 고령화사회(ageing society),

14%이면 고령사회(aged society), 20%이면 초고령사회(super-aged society)로 규정한다.

〈표 6-1〉에서 보는 바와 같이, 장기간에 걸쳐 인구변천을 마무리한 서구 국가들은 장기간에 걸쳐 인구고령화가 진행되고 있다. 전체인구 중 65세 인구가 7%인 고령화사회에서 14%인 고령사회로 진입하는 소요기간이 프랑스는 115년, 스웨덴 85년, 미국 65년, 영국은 45년이 걸렸다. 반면 서구에 비해 인구변천이 단기간에 마무리된 한국과 일본은 불과 18년, 26년이 걸렸다. 또한 고령사회에서 초고령사회로의 전환기간도 우리나라와 일본은 서구에 비해 짧다. 특히 우리나라는 서구국가는 물론 일본보다도 짧은 기간에 급속한 인구고령화가 이루어지고 있다.

인구고령화는 단순히 인구구조의 변동만을 말하지는 않는다. 인구고령화는 우리에게 기존과 다른 방식의 삶을 요구한다. 20세기 이후, 특히 인구변천이 본격적으로 진행되었던 1960년대 이후, 우리는 과거와 전혀 다른 방식의 삶을 살고 있다. 산업화와 도시화는 우리들 대부분이 농촌 대신 도시에서 삶의 터전을 꾸리게 하였고, 서구식 개인주의 확산은 가족전체 성원의 이해관계보다 자신의 이해에서 자신의 삶을 선택하게 – 이를테면 혼인할 배우자를 부모가 아닌 개인 스스로가 선택하게 하는 것과 같이 – 하는데 많은 영향을 미쳤다. 과거에는 가족 성원들이 위계질서 속에서 노인을 공경하고 서로 상부상조하는 공동체적 삶의 방식을 중시했지만, 오늘날에는 개인들 스스로가 자신의 삶을 선택하고 책임지며 부모와 자녀간의 관계보다 부부간의 관계를 더 중시하고 또 개인의 독립성을 강조하는 개인주의적 삶의 방식으로 살고 있다.

물론 이러한 삶의 방식 변동도 인구구조의 변동에 상당한 영향을 미쳤다. 산업화와 도시화 및 개인주의적 삶의 방식은 특히 20세기 종반에 출산력을 급격히 하락시켰고 또 낮은 수준의 출산율을 유지시키는데 크게 기여했다. 또 20세기 후반 우리 사회의 급격한 산업화는 농촌의 많은 젊은이들을 도시로 이주하게 만들었고, 오늘날 농촌 사회의 노인 비율을 증가시키는데 커다란 기여를 했다. 게다가 자신의 삶을 더 중시하는 개인주의적 사고도 노인가구의 비율을 높이는데 많은 영향을 주었다. 인구구조의 변동, 특히 노인인구 비율의 증가는 미래에도 계속될 것으로 예상될 뿐 아니라 세계 어느 나라보다 가장 빠른 속도로 진행될 것으로 추정되고 있다.

인구구조 변동과 삶의 방식 변동 간의 밀접한 관계는 우리 미래 삶의 방식에도 영향을 미칠 수밖에 없다. 우선적으로 노동시장이 변한다. 생산가능 인구수와 비중이 간소하며, 의존 인구 특히 노인인구 수와 비중이 급격하게 증가한다. 이는 필연적으로 노동력의 연령구조 변동 – 정년연장, 노인 취업과 빈곤 – 과 노인부양의 문제 – 연금과 가족부양 – 를 초래하기 마련이다.

1. 인구 고령화 추세

가. 인구 구성비

2018년은 인류역사상 최초로 지구상에서 65세 이상 노인인구 수가 5세 이하의 아동인구 수를 뛰어넘은 해이었다. 2019년에서 2050년 사이 세계의 65세 노인인구수는 2배 이상으로 증가할 것으로, 5세 이하 아동의 수는 별 변화가 없을 것으로 전망된다. 2050년에는 65세 이상 노인인구가 5세 이하 아동인구의 두 배가 넘을 것으로 예측된다(UN, 2019a).

2019년 세계인구에서 65세 이상 노인이 차지하는 비율은 9.1%이지만 2050년이 되면 15.9%로 증가할 것으로 예상된다. 세계 인구를 인구고령화 수준으로 볼 때, 2019년 이미 고령화 사회를 넘었고, 2050년이 되면 고령사회마저 초월할 것으로 예상된다. 1990년대만 해도 인구고령화 문제는 일부 유럽국가의 문제라고 생각했다. 왜냐하면 〈그림 6-1〉에서 보듯이, 세계인구에서 65세 이상 노인인구의 비율은 6%에 불과했고 일부 유럽 국가에서만 15%를 넘었기 때문이다(UN, 2019b). 2019년 세계인구에서 65세 이상 노인인구가 차지하는 비율은 9.1%이다. 대륙별로 보면, 아프리카와 서아시아지역은 5% 미만, 중국을 포함한 상당수의 비서구 국가들이 10% 이상의 수준을, 그리고 유럽과 북미 그리고 호주와 뉴질랜드는 15%이상의 수준을 보여주고 있다. 2050년이 되면, 사하라 이남 아프리카 지역은 여전히 낮은 수준을 보여주지만, 지구상에서 상당부분의 국가들이 15%이상의 인구고령화 수준을 보여줄 것으로 전망된다. 결론적으로 인구고령화 수준과 추세는 세계 지역별로 상당한 차이를 보이지만, 전반적으로 인구고령화가 진행될 것으로 전망된다.

〈그림 6-1〉 세계 각국의 65세 이상 노인인구의 구성비 변화 (1990년, 2019년, 2050년)

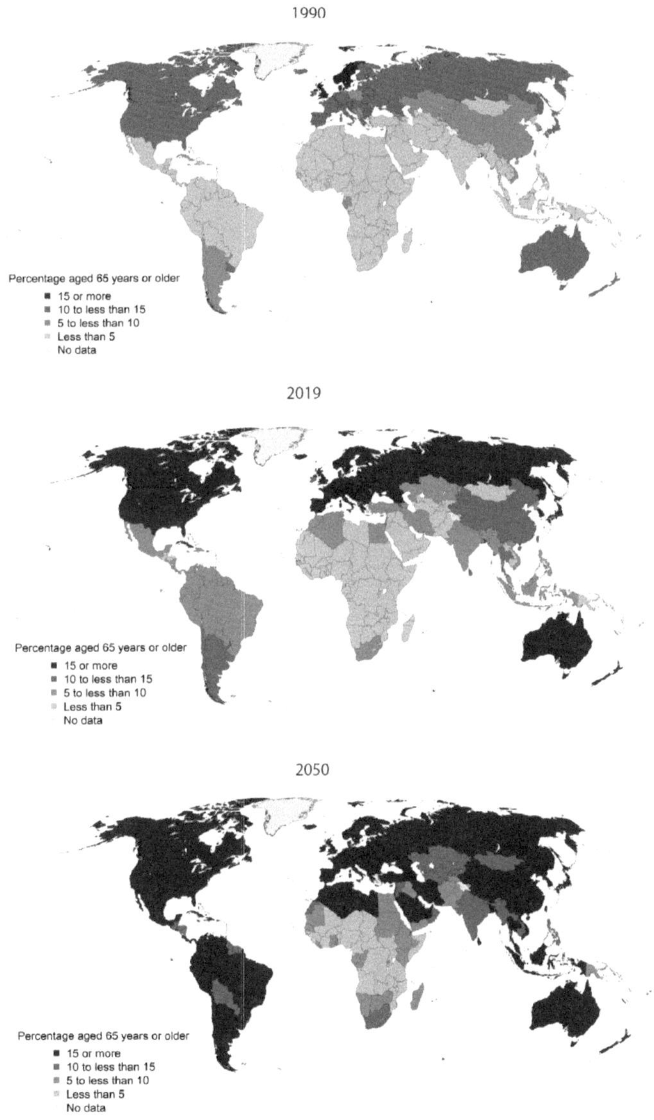

자료: United Nations, *World Population Prospects, 2019: Highlights*, 2019, p.19.

노인인구의 비율은 선진국이 개발도상국보다 높고, 미래에도 계속 높을 것으로 전망한다. 〈표 6-2〉에 의하면, 2015년에서 2050년 사이 선진국은 65

세 이상 노인인구의 비율은 22.3%에서 36.4%, 개발도상국은 7.5%에서 2050년 18.0%, 최빈국은 4.1%에서 7.7%로 증가할 것으로 전망한다. 한편 15세미만의 아동 비율은 2015년과 2050년 사이 선진국 16.4%에서 15.7%로, 개발도상국 28.1%에서 22.2%, 최빈국은 40%에서 30.5%로로 감소할 것으로 예상한다.

우리나라는 1960년대 이래 세계에서 가장 단기간 내에 급속한 출산변천을 경험하였다. 1960년 6명이었던 합계출산율이 1960년대 중반 가족계획정책이 본격적으로 시행된 후 불과 20년도 안 되는 기간에 대체수준(1983년) 이하로 떨어졌다. 그와 병행하여 사망률도 감소했다. 남녀전체 평균수명은 1960년 55세에서 1980년 65세, 1990년 70세, 그리고 2010년 이후에는 80세를 넘었다. 이러한 단기간 내에 경험한 출산율과 사망률의 급속한 변동으로 말마암아, 우리나라는 세계 어느 나라보다 인구고령화가 급속하게 진행될 것으로 전망된다.

〈그림 6-2〉 한국의 연령별 인구구성비 추세: 1960-2060

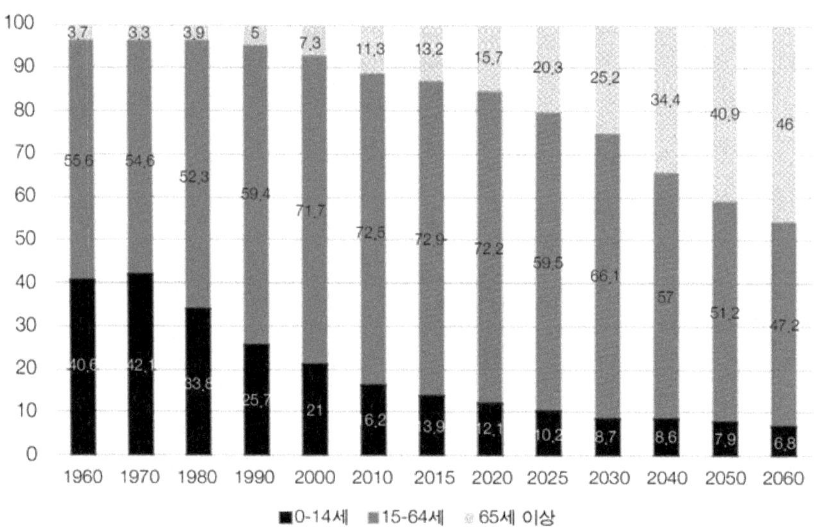

자료: 1960-2015년은 2016년 고령자통계보도자료(인구 13쪽). 2015은 2015년 등록 센서스 [외국인제외], 2020년 이후는 장래인구통계(통계청, 2019년 3월) 54쪽.

급속한 고령화 현상은 인구 구성비의 변화에도 잘 나타난다. 65세 이상 인구가 전체인구 중 차지하는 비율은 1960년 3.7%, 1980년 3.9%, 1990년

5%였기 때문에, 1990년까지만 해도 우리나라에서 인구고령화는 거의 사회문제가 되지 않았다. 우리나라에서 고령화 문제는 65세 이상 노인 인구의 비율이 7%에 도달한 2000년대에 시작되었다. 65세 이상 노인인구 비율은 2000년 7.2%에서 2010년 11.3%, 2020년 15.7%, 2030년 25.2%, 2050년 40.9% 그리고 2060년 46%로 급속히 증가할 것으로 전망된다. 우리나라에서 인구 고령화문제가 나타난 시기는 서구에 비해 상당히 늦지만 그 진행 속도는 매우 빠르다. 게다가 2050년 이후 우리나라는 세계에서 가장 높은 고령화 수준을 보일 것으로 예상된다.

2015년의 우리나라 인구구조에서 0~14세 13.9%, 15~64세 72.9%, 65세 이상은 13.2%를 차지하고 있다. 0~14세 유년인구는 지속적인 출산율 감소로 인하여 2030년 8.7%, 2060년 6.8% 수준으로 하락할 것으로 전망되며, 15~64세 생산가능인구는 2015년 현재 72.9%수준에서 점차 감소하여 2030년 66.1%, 2060년 47.2% 수준으로 낮아질 것으로 전망된다.

나. 연령의존비

인구고령화가 사회경제적 발달에 미칠 수 있는 잠재적 영향은 흔히 연령의존비(age dependency ratio)에 의해 평가된다. 의존비는 경제적으로 의존해야한다고 간주되는 집단의 크기를 경제적으로 활동가능하다고 간주되는 집단의 크기와 비교하는 것이다. 경제적으로 활동가능하거나 의존해야한다는 사람들을 구분하는 결정요인들이 대개 불분명하기 때문에, 의존비는 주로 연령범위에 근거해서 계산된다.

일반적으로 15세 미만의 자녀들과 65세 이상의 노인들은 경제적으로 의존해야 하는 사람들로 간주한다. 의존비는 유소년의존비(child dependency ratio), 노년의존비(old-age dependency ratio), 총의존비(total dependency ratio)의 세 형태로 분류한다. 유소년의존비는 15세 미만의 인구수를 생산가능 연령대(15-64세) 인구수로 나누어 계산한다. 노년의존비는 65세 이상 인구수를 생산가능 연령 인구로 나누어 계산한 수치이다. 총의존비는 15세 미만의 인구수와 65세 이상 인구수를 합친 인구수를 생산가능 연령 인구수로 나눈 것이므로, 유소년의존비와 노년의존비를 합하여 계산한다.

물론 이런 방식의 부양 개념은 현실을 너무 단순화하는 한계를 지닌다. 65세 이상 노인들 가운데 많은 사람이 여전히 경제 활동을 계속하고 있으며, 15-64세 인구 모두가 경제활동을 하는 것도 아니다. 65세 이상 노인 중에는 자녀를 포함한 타인들에게 경제적 지원을 요구하지 않을뿐더러, 심지어 자녀들에게 경제적 지원까지 하는 사람들도 있다. 더구나 15-64세 사람들 모두가 자녀나 노인들에게 경제적 지원을 하는 것도 아니다. 특히 생산 활동을 위한 훈련기간이 길어짐에 따라, 청소년과 젊은 성인들은 더 오랜 기간 학교에 다니고 더 늦은 나이에 노동시장에 진입한다. 이러한 연령집단 내의 이질성에도 불구하고, 의존비는 인구고령화가 초래하는 생산시장과 소비시장의 변동을 이야기해주는 유용한 지표로 사용되고 있다.

다가올 미래에 선진국에서 예측가능한 주요 변동은 현재 노동인구에 속하는 연령대의 인구 집단들이 조만간 경제적으로 의존해야 하는 노인인구 집단으로 바뀐다는 것이다. 〈표 6-2〉에 의하면, 선진국 노년의존비가 2015년 26.7에서 2050년 45.8로 1.7배가 된다는 것이다. 유럽에서 노년의존비는 2015년 26.4에서 2050년 48.1로 1.8배가 된다. 2050년 유럽에서는 노동인구 2명이 한명의 은퇴자를 부양해야 한다. 이런 상황이라면, 노동인구에 속하는 젊은 사람들로부터 세금을 걷어 은퇴 노인들에게 연급을 부여하는 유럽의 연금체계가 유지되기 어려운 것은 당연하다.

노년의존비는 개발도상국에서 더 급격히 변동할 것으로 전망한다. 〈표 6-2〉에 의하면, 개발도상국 노년 의존비는 2015년 9.7에서 2050년 22.8로 2.3배로 증가할 것으로 추정한다. 인구강대국인 중국과 인도의 경우, 중국은 13.1에서 46.7로 3.6배, 인도는 8.6에서 20.5로 급등한다. 한국은 2015년 18에서 65.8로 껑충 뛴다. 일본은 43.3에서 70.7로 상승한다. 한국은 향후 35년간 노년의존비가 가장 급등하는 나라이다.

흥미로운 것은, 2015년과 2050년 사이 개발도상국은 유소년의존비가 계속 감소할 것으로 추정되는 반면, 선진국에서는 유소년의존비가 약간 증가할 것으로 전망한다. 유소년의존비는 2015년에서 2050년 사이 개발도상국은 42.8에서 35.0로, 최빈국은 70.8에서 48.8로 감소하여 개발도상국이 최빈국보다 더 낮은 수준이지만 그 감소폭은 최빈국이 더 클 것으로 전망된다. 반면 선진국은 24.8에서 27.1로 증가할 것으로 전망된다.

〈표 6-2〉 대륙별·경제발달 단계별 부양비, 노령화 지수, 중위연령의 변동: 2015-2050

지역별	백분비				의존비			중위 연령
	0-14	15-64	65+	80+	총	유소년	노년	
2015								
세계	26.4	65.7	8.3	1.7	52.3	39.7	12.6	29.6
선진국	16.4	66.0	17.6	4.7	51.5	24.8	26.7	41.2
개발도상국	28.1	65.6	6.4	1.1	52.5	42.8	9.7	27.8
최빈국	40.0	56.5	3.6	0.5	77.2	70.8	6.3	19.7
동아시아	16.8	72.2	11.0	2.2	38.6	23.3	15.3	37.9
한국	14.0	72.9	13.1	2.8	37.2	19.2	18.0	40.6
중국	17.2	73.2	9.6	1.6	36.6	23.5	13.1	37.0
일본	12.9	60.8	26.3	7.8	64.5	21.1	43.3	46.5
남아시아	29.8	65.0	5.4	0.8	53.7	45.4	8.3	26.1
인도	28.8	65.6	5.6	0.9	52.5	43.9	8.6	26.6
동남아시아	26.5	67.5	5.9	1.0	48.1	39.3	8.8	28.8
중앙아시아	34.4	59.1	6.5	0.8	51.5	44.1	7.5	26.5
서아시아	30.1	64.8	5.1	1.0	54.3	46.4	7.9	26.3
라틴아메리카	25.7	66.7	7.6	1.6	50.0	38.6	11.4	29.2
사하라 아프리카	43.0	53.9	3.1	0.4	85.6	79.8	5.7	18.3
유럽	15.7	66.7	17.8	4.7	50.0	23.6	26.4	41.7
북미	18.7	66.4	14.9	3.8	50.5	28.1	22.5	38.3
호주/뉴질랜드	18.9	66.0	15.0	3.8	51.4	28.7	22.7	37.6
2050								
세계	21.3	57.2	21.5	4.5	59.6	34.0	25.6	36.1
선진국	15.7	57.8	26.5	9.9	72.9	27.1	45.8	45.1
개발도상국	22.2	63.4	14.4	3.6	57.8	35.0	22.8	34.9
최빈국	30.5	62.9	6.6	1.1	59.0	48.5	10.3	26.1
동아시아	13.4	58.2	28.4	9.5	71.7	23.0	48.7	49.9
한국	11.4	53.4	35.1	13.9	87.2	21.4	65.8	53.9*
중국	13.5	58.9	27.8	8.9	69.7	22.9	46.7	49.6
일본	12.4	51.3	36.3	15.1	95.1	24.3	70.9	53.3
남아시아	19.6	66.9	13.4	2.7	49.4	29.4	20.0	36.7
인도	19.1	67.1	13.7	2.8	49.0	28.5	20.5	37.3
동남아시아	19.5	64.9	15.6	3.5	54.1	30.1	24.1	37.6
중앙아시아	22.2	66.1	11.8	2.3	51.4	33.6	17.8	34.4
서아시아	22.3	64.4	13.3	2.9	55.3	34.6	20.6	34.4
라틴아메리카	17.1	63.4	19.5	5.7	57.8	27.0	30.8	41.2
사하라 아프리카	33.5	61.6	4.9	0.7	62.4	54.4	8.0	23.7
유럽	15.1	57.3	27.6	10.1	74.6	26.4	48.1	46.2
북미	17.2	60.1	22.7	8.6	66.3	28.6	37.7	42.1
호주/뉴질랜드	17.1	60.2	22.7	8.6	66.2	28.4	37.8	41.6

주: *통계청(2019)의 전망에 의하면, 우리나라 중위연령은 2050년 57.9세, 2060년 61.3세에 이를 것으로 전망된다.

유소년의존비와 노년의존비를 합친 총의존비를 세계 차원에서 보면, 향후 35년 동안 약간 증가할 것으로 예상된다. 하지만 선진국과 개도국은 최빈국과 상이한 변동 패턴을 보일 것으로 전망된다. 2015년에서 2050년 사이, 선진국은 51.5에서 72.9로 개도국은 52.5에서 57.8으로 증가하는 반면 최빈국은 77.2에서 59로 감소할 것으로 전망한다. 그 이유는 선진국과 개발도상국에서 유소년의존비의 감소폭이 노년의존비의 증가폭보다 작은 반면, 최빈국은 유소년의존비 감소폭이 노년의존비 증가폭보다 크기 때문이다. 대륙별로 보면 이러한 특성이 확연히 나타난다. 총의존비를 보면, 유럽이 50.0에서 74.6로 증가한 반면 사하라 이남 아프리카는 85.6에서 62.4로 감소했다. 사하라 이남 아프리카에서 유소년의존비는 79.8에서 54.4로 크게 감소하지만 노년의존비는 5.7에서 8.0으로 약간 증가했다. 반면 유럽은 유소년의존비에 비해 노인의존비가 큰 폭으로 증가했다. 아프리카에서는 높은 출산율로 커다란 유소년 코호트가 성년 코호트로 이동하면서 유소년의존비가 상당히 감소했다. 유럽에서는 노동인구를 형성하고 있는 베이비붐 코호트가 노년인구로 진입하면서 노년의존비가 급증했다.

아시아에서 총의존비의 경우, 동아시아는 38.6에서 71.7로 증가, 남아시아는 53.7에서 49.4로 감소, 동남아시아는 48.1에서 54.1로 증가, 중앙아시아는 51.5에서 51.4로, 서아시아는 54.3에서 55.3으로 거의 변동이 없다. 동아시아가 급격한 총의존비 변동을 보인다. 유소년의존비는, 동아시아 23.3에서 23.0, 남아시아는 45.4에서 29.4로 감소, 동남아시아 39.3에서 30.1, 중앙아시아는 44.1에서 33.6로, 서아시아는 46.4에서 34.6으로 감소함으로써, 남아시아가 가장 큰 감소폭을 보여줄 것으로 전망한다. 한편 노년의존비는, 동아시아 15.3에서 48.7, 남아시아는 8.3에서 20.0로, 동남아시아 8.8에서 24.1, 중앙아시아는 7.5에서 17.8로, 서아시아는 7.9에서 20.6으로 증가하여, 동아시아가 가장 큰 증가폭을 보여줄 것으로 전망한다. 이는 20세기 후반 급속한 출산변천 과정에서 태어난 아이들이 20세기 전반에 노인 연령에 들어서면서 노년의존비가 급증되는 현상을 여실히 보여준다.

한국의 총의존비는 1960-70년대 비교적 높은 수준에서 감소하여 2010년대 가장 낮은 수준으로 정점을 찍은 뒤 2020년 이후 급속하게 증가할 것으로 전망된다. 총의존비는 2015년 37.2에서 2050년 87.2로 두 배 이상 증가할 것으로 예상된다. 2010년 이전까지 총의존비 감소는, 〈그림 6-3〉에서 보여주는 바와 같이, 주로 유소년의존비 감소에 기인한다. 노년의존비는 1960년대 이래 꾸준히 증가하고 있다. 2020년 이후의 급속한 총의존비 증가는, 1955년 이후에 출생한 베이비붐 세대들의 연령이 65세 이상으로 진입한 결과 초래된 노년의존비의 급격한 증가에 기인한다. 한국의 총부양비를 일본과 비교하면, 일본의 총부양비는 2015년 58%수준이지만 2050년 92%에 육박한다. 한국은 일본보다도 인구고령화가 훨씬 급격하게 진행될 것으로 전망된다.

〈그림 6-3〉 한국의 총부양비, 유소년부양비, 노년부양비 추세: 1960-2060

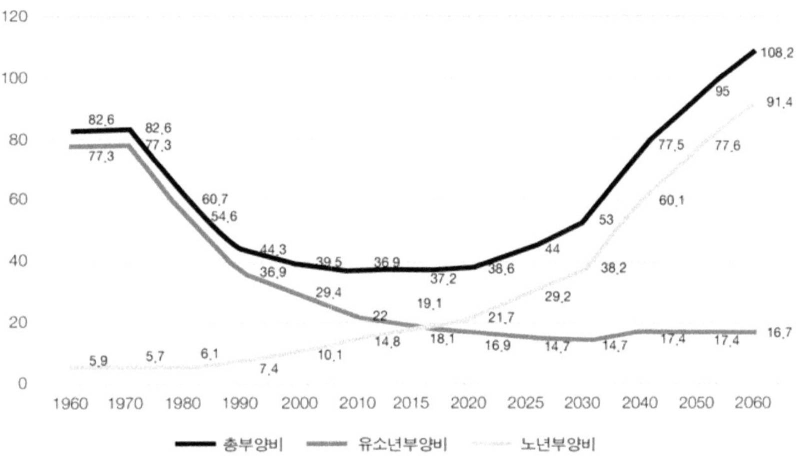

자료: 통계청 자료. 1960-2015년은 2016년 고령자통계보도자료; 2015년은 2015년 등록센서스 [외국인제외]; 2020년 이후는 장래인구통계(통계청, 2019년 3월).

인구변천을 경험하는 나라의 연령구조는 경제적 혜택을 가져올 수 있는 방식을 이동을 하는데, 이것은 때때로 인구학적 배당(demographic dividend)으로 언급된다. 한국의 경우 1950년대 후반이후 태어난 베이비붐 세대가 1970년대 이후 본격적으로 노동시장에 진입하면서 일인당 국민소득이 향상되고 높은 경제성장을 이룩하였다. 그러나 베이비붐 세대가 65세 이상 노인인구에 진입하는 2020년부터는 노동인구가 감소할 것이라 예상된다. 2020년과 2050년 사이 15-64세 노동인구는 3,728만에서 2,255만으로 감소하여 약 40%를 상실할 것으로 추정한다. 반면 65세 인구는 811만에서 1,800만으로 거의 2배로 증가할 것으로 전망된다. 하지만 유년부양비(0~14세인구/15~64세인구)는 2020년 현재 12.1%에서 2050년 7.9%로 계속 낮아질 전망된다.

다. 중위연령

한 사회의 인구고령화 수준은 그 사회의 중위연령(median age)으로 측정되기도 한다. 중위연령은 전체인구를 가장 연소자부터 가장 연장자를 일렬로 나열했을 때 정중앙에 위치한 사람의 연령으로 정의한다. 따라서 중간연령은 젊은 인구와 늙은 인구를 똑같은 수로 나누는 연령이다.

2015년 세계 인구의 중위연령은 29.6세이다(〈표 6-2〉 참조). 세계인구의 반은 29.6세 이하이고, 나머지 반은 29.6세 이상이다. 2050년 세계 인구의 중위연령은 36.1세로 2015년보다 7.5세 높아질 전망이다. 선진국, 개발도상국, 최빈국은 상당한 차이가 난다. 2015년 선진국은 41.2세, 개도국은 27.8세, 최빈국은 19.7이다. 2050년 선진국은 45.1세, 개도국은 34.9세, 최빈국은 26.1세로 선진국은 개도국보다 10.2세, 최빈국보다는 19세가 더 높을 것으로 전망된다. 2015년에 선진국은 개도국보다 13.4세, 최빈국보다 21.5세가 높았다. 따라서 선진국, 개발도상국, 최빈국 간의 차이는 줄어들 것으로 전망한다.

대륙별로 보면, 2015년 중위연령은 유럽이 41.7세로 일본 다음으로 높으며 사하라 이남 아프리카는 18.3세로 가장 낮다. 2050년에는 동아시아가 가장 높고 그 다음으로 유럽이 높을 것으로 전망된다. 이는 동아시아의 급격한 인구고령화를 반영한다. 사하라 이남 아프리카는 2050년에도 중위연령은 23.7세로 다른 지역에 비해 현저하게 낮을 것으로 전망된다. 그 외의 지역들은 40세에 근접하거나 넘을 것으로 전망이다. 중위연령의 증가폭은 동아시아와 라틴아메리카는 12세로 유럽(4.5세)보다 훨씬 크다.

2015년 한국의 중위연령은 40.6세로 선진국보다 아직은 낮다. 하지만 한국의 중위연령은 2050년 57.9세, 2060년 61.3세에 도달하여 세계에서 가장 높을 것으로 전망된다. 2060년에는 한국 인구의 절반이상이 61세 이상의 인구들로 구성된다. 여기에는 2000년대 이후 초저출산율이 커다란 기여를 할 것이다. 따라서 만일 출산율이 상승하면 중위연령이 하강할 것으로 예측된다.

〈그림 6-4〉 한국의 중위연령 추세: 1960-2060

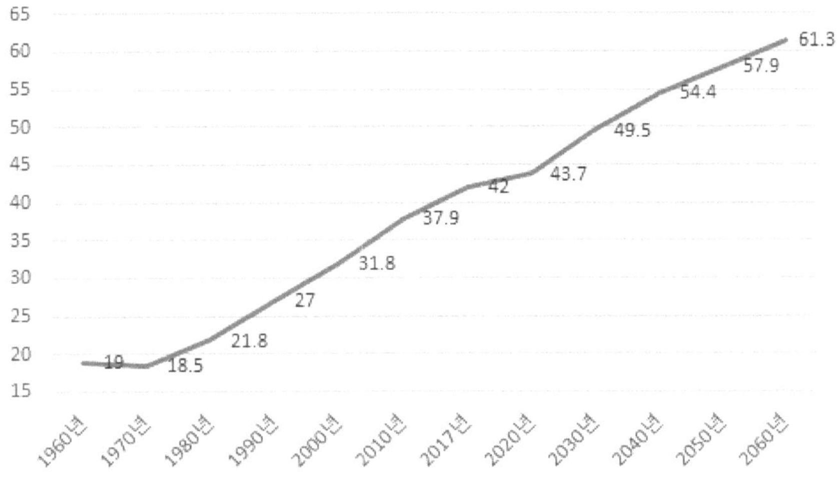

자료: 통계청, 「장래인구특별추계: 2017-2067년」, 2019.

라. 고령인구의 고령화

65세 이상 노인은 신체적인 측면에서 동일한 특성을 갖지 않으며, 일반적으로 세 집단으로 분류된다. 65~75세 노인은 비교적 활동적이고 건강한 초기 노인(young-old)으로, 초기 노인보다 도움을 더 요청할 가능성이 많은 75세 이상의 노인은 고령 노인(old-old)으로, 그리고 85세 이상의 노인은 초고령자(oldest-old)로 불린다(Newgaten, 1996). 특히 초고령자는 초기 노인이나 고령노인에 비해 일반적으로 건강이 더 나쁘고 또 경제적인 문제로 더 고통을 받기 쉽다.

인구고령화에서 주목해야할 점은 노인인구 자체도 점점 고령화되어 간다는 사실이다. 세계의 80세 이상 노인인구는 1990년 5400만에서 2019년 1억4300만으로 거의 3배가 증가했는데, 2050년에는 그 수가 무려 4억2600만으로 증가할 것으로 전망된다(UN, 2019a). 다가올 미래에 80세 이상 초고령 노인인구는 어느 연령의 집단보다 가장 높은 증가율을 보일 것으로 예상한다.

특히 초고령인구는 선진국보다 개도국에서 급속히 증가할 것으로 예상한다. 2019년 세계 80세 노인인구 중 38%가 유럽과 북미에 거주했지만, 2050년에는 그 비율이 26%로 감소될 것으로 전망된다(UN, 2019a). 2005년에는 초고령인구 수가 선진국과 개발도상국이 거의 비슷하지만, 2050년에는 개발도상국이 선진국보다 훨씬 더 많을 것이다. 2050년이 되면 초고령인구의 70%가 개발도상국에 거주할 것으로 기대한다.

대륙별로 80세 이상 고령인구를 보면, 아시아가 7,100만(49%)로 가장 많고 그 다음이 유럽으로 3,900만(27.7%)이다. 하지만 2050년에는 아시아가 유럽보다 많은 수와 높은 비율의 초고령인구를 보유할 것이다. 아시아는 2015년 7,100만에서 2050년 2억 5,100만으로 3.5배, 유럽은 3,900만에서 7,200만으로 1.9배가 증가할 것으로 전망된다(UN, 2019c). 그 결과 2050년이 되면, 초고령인구의 대륙별 분포비율은 아시아는 59%로 10%가 증가하고 유럽은 16.8%로 10.47%가 감소할 것으로 전망된다. 절대 수에서는 아시아가 절대 위력을 발휘할 것이지만, 증가율 측면에서 보면 아프리카와 라틴아메리카도 아시아와 비슷한 증가율을 보일 것으로 전망된다.

한국에서 65세 노인 중 80세 이상 초고령 인구가 차지하는 비중을 보면, 2010년에는 22.9%로 유럽(27.7%)보다 낮지만, 2050년이 되면 그 비중은 40%로 선진국 37.4%보다 높을 것으로 전망한다. 이러한 초고령인구의 높은 비율은 미래 한국사회에 젊은 세대들에게 상당한 부담을 지울 것이다.

초고령인구는 다른 연령의 인구들에 비해 자원을 훨씬 더 소모한다. 80세 이상의 초고령자 수의 증가는 연금과 은퇴소득이 더 오랜 기간 요구되며, 건강보호 비용도 증가한다는 사실을 의미한다. 또 세대 간 관계가 증조부까지 확대될 수 있다. 100세 이상 노인들은 전체 인구 중 매우 미미한 비율을 차지하고 있지만, 특히 선진국에서 영양상태 향상, 건강보호 등을 통해, 그 수가 증가하고 있다. 유럽에서 1950년과 1990년 사이에 백세이상 노인의 수는 두 배가 되었다. 유엔은 세계의 백세 이상 노인들의 수가 27만으로 추정되지만 2040년에는 230만 명으로 증가할 것으로 전망된다.

마. 고령인구의 여성화

20세기 사망률의 감소는 남성보다 여성에게 우호적이었다. 특히 모성사망률이 감소하면서 여성의 평균수명은 남성의 평균수명보다 길게 되었다. 여성의 평균수명이 남성의 평균수명보다 길면, 여성 노인의 수가 남성노인의 수보다 많기 마련이다.

2015년 60세 이상과 80세 이상 노인인구의 성비(여성 100명당 남성의 수)를 보면, 세계는 85.6, 62.7이다. 선진국은 76.9, 54.5이고, 개발도상국은 90.2, 79.7이다. 선진국이 개도국에 비해 낮은 성비를 보이지만, 60세 이상에 비해 초고령인구에서 선진국과 개도국에서 더 낮은 성비를 보인다. 대륙별로 보면, 유럽이 60세 이상 노인인구와 초고령인구에서 가장 높은 여성비율을 보인다. 유럽에 비해, 아프리카, 아시아, 라틴아메리카에서 낮은 수준의 여성노인인구 비율을 보인다. 이러한 사실을 통해, 우리는 비서구사회에서 여성보다 남성이 노인이 되기 전에 사망할 확률이 더 높거나 혹은 의료보건정책이 서구보다 덜 여성우호적이었다는 사실을 암시한다고 할 수 있다. 하지만 노인인구의 성비는 그들이 젊었을 적 그들이 살던 곳의 사회경제적 역사적 경험과 문화적 특성을 반영할 수 있다.

〈표 6-3〉 세계의 각 대륙과 주요 국가의 노인 성비: 2015, 2050

	60세 이상		80세 이상	
	2015	2050	2015	2050
세계	85.6	88.7	62.7	72.9
선진국	76.9	83.0	54.5	68.2
개발도상국	90.2	90.1	79.7	74.9
최빈국	87.6	87.1	80.8	75.0
유럽	73.1	79.6	51.5	65.0
동유럽	60.4	66.8	38.9	43.7
북유럽	83.5	90.6	59.8	78.5
남유럽	78.9	84.5	57.8	68.2
서유럽	81.8	86.6	55.8	73.0
북미	83.9	89.9	62.1	76.7
호주와 뉴질랜드	90.4	89.2	68.2	76.3
아시아	91.3	91.2	69.6	76.2
동아시아	92.0	94.1	66.3	77.6
한국	77.4	83.6	44.5	63.4
중국	96.0	96.5	74.0	81.4
일본	79.8	81.9	54.5	62.5
남아시아	95.9	92.2	85.7	81.3
인도	94.5	92.7	81.2	79.4
중앙아시아	70.3	68.7	50.7	40.7
서아시아	84.2	94.2	61.3	75.3
동남아시아	82.2	80.8	58.9	61.9
라틴아메리카 및 캐리비언	81.4	84.3	60.7	66.7
사하라 남부 아프리카	82.5	87.5	70.7	67.4

2. 노인 삶의 방식 변동에 대한 사회이론

가. 근대화 이론

고령화 이론 중 가장 대표적인 이론은 아마 근대화 이론일 것이다(Cowgill and Homes, 1972). 근대화 이론은 노인의 지위가 근대화 과정을 통해 낮아졌다고 주장한다. 이 이론은 노인의 지위를 떨어뜨리는 네 가지 사회적 요인들을 제시한다. 첫 번째 요인은 현대 의학기술의 발달이다. 현대 의학기술의 발달로 노인의 수는 몇 배로 증가하였고, 이러한 노인들의 증가는 상당부분 인구 고령화에 공헌했다. 인구 고령화는 노인들에게 은퇴에 대한 압력을 가중시켰다. 은퇴는 개인의 인생에서 가장 자랑스러워했던 역할을 빼앗고, 그 개인의 소득도 감소시킨다. 두 번째 요인은 현대 산업기술의 발달이다. 산업기술의 발달은 많은 새로운 직업들을 생성하였고, 그 결과 노인들이 오랫동안 근무해왔던 직업들은 그 위상이 약화되거나 심지어는 그 자체마저 사라졌다. 세 번째 요인은 도시화로, 젊은이들을 도시로 이주하게 하여 확대가족보다 핵가족을 선호하게 만들었다. 네 번째 요인은 교육의 대중화로, 젊은이들에게 노인들의 경륜과 지혜보다 자신들의 지식과 경험들이 더 우수한 것으로 인식하게 만들었다.

근대화 이론은 산업 사회에서 노인의 지위가 저하되는 여러 요인을 잘 설명하는 장점이 있지만, 시간과 공간을 초월하여 모든 사회에 적용하는 데는 문제가 있다는 비판도 있다. 이를테면, 산업사회 이전의 사회에서 노인들이 항상 존경을 받은 것은 아니다. 일부 유목 사회에서 병약한 노인들은 사회적 지위가 건강한 젊은이들보다 낮았었으며, 심지어는 유기되기까지 하였다(Hooyman and Kiyak, 2002). 또 산업사회 이전의 유럽사회에서 지배적인 가족구조는 확대가족이 아니라 핵가족이었다(Lasslett, 1976). 요컨대, 노인이 모든 사회에서 높은 사회적 지위를 누려왔던 것은 아니며, 그 지위에 영향을 미치는 사회적 요인들은 사회마다 다를 수 있다.

나. 기능주의 이론

기능론자들은 개인의 생애과정은 그가 살고 있는 사회에서 요구한 것과 밀접한 관계가 있다고 주장한다. 이러한 이유로 개인의 생애과정은 사회마다 다를 수 있다(Aries, 1962). 이를테면, 산업사회 이전 사람들은 대개 일찍 어른이 되는 방식을 배웠다. 어른이 되는데 필요한 기술은 비교적 간단했기 때문에, 특별한 훈련이나 교육이 필요하지 않았다. 사람들은 읽거나 글을 쓰는 방식을 알 필요가 없었다. 그래서 아이에서 어른으로의 이전(transition)이 비교적 일찍 일어났다(심지어 8살에서 10대 중반까지). 그리고 대부분의 사람들은 신체적으로 허용할 때까지 일을 했다. 오직 성직자와 지배층만이 비생산적인 일에 종사했다.

한편 산업사회에서는 기술수준이 복잡해졌고 노동의 분화가 일어났다. 상당한 수준의 교육과 노동 훈련이 요구되었다. 훈련과 교육은 산업사회 이전보다 상당히 광범위한 수준에서 요구되었다. 또 산업사회의 복잡한 기술은 적은 수의 인간노동을 통해 모든 사람들이 요구하는 재화와 서비스를 공급할 수 있게 하였다. 따라서 모든 사람이 노동시장에 참여할 필요가 없게 되었다.

이러한 요인들이 생애과정을 산업사회 이전과 다르게 만들었다. 첫째, 산업사회에서 어른이 되는 연령이 연기되었다(Kett, 1977). 아동기는 10대 초반까지 그리고 그 후에는 청소년기가 생성되었다. 청소년기는 교육과 심리적 성숙을 통하여 어른시기를 준비하는 시기가 되었다. 청소년은 어른으로 간주되지 않았고 또 가족 부양과 같은 어른의 책임도 기대되지 않았다. 그리고 투표나 전일제 성인노동과 같은 특권도 부여되지 않았다. 두 번째는 노년이다(Plakans, 1994). 산업사회에서 대부분의 사람들은 사망하기 오래 전에, 비록 그들이 건강하고 일할 능력이 있을지라도, 일자리를 떠날(은퇴할) 것이 장려되거나 강요된다. 아마 젊은 노동자들이 더 건강하고 힘이 있기 때문에 더 많은 일을 할 수 있기 때문일 것이다. 그러나 노년 노동자의 노동 역량에 상관없이, 은퇴는 은퇴한 노년 노동자의 일자리만큼 노동시장의 일자리가 확대되기 때문에 젊은 사람들에게 노동시장의 진입을 용이하게 해 준다.

기능론적 입장에서, 젊은이와 노인들에 대한 대우는 그것이 그들의 역량과 발달 – 생물학적 그리고 사회학적 모두에서 – 에서 모순을 발생할 때 사회문제가 된다. 만일 임의적인 연령 기준이 불공평하게 적용되면, 그것은 역기능적이 되고 사회의 와해를 불러일으킨다. 만일 젊은이들이 직업 세계에 합류하는 특권을 얻지 못하면, 자기 존중의 의미를 얻기 위해 범죄나 마약에 빠져들 수 있다. 마찬가지로, 노인들에게 강제된 은퇴도 의기침체나 심지어 알코올 중독에 빠져들게 할 수 있다. 그러므로 사회는 모든 생애 단계에서 그들의 성원들에게 적합한 지위를 부여해야 하며, 사회에서 바람직한 목표로 인정되는 것을 성취할 수 있게끔 해 줄 필요가 있다(Riley, Kahn and Foner, 1994). 사회는 모든 사람들이 사회에 공헌할 수 있게끔 되어야 한다. 전산업사회에서 산업사회로 전이하면서, 어떤 것은 상실되었다. 사회 와해의 정도는 사회에 공헌을 할 수 없는 젊은이와 노인들이 많을수록 더 심각해진다.

다. 갈등이론

산업사회 이전, 노인은 경제적 자원 특히 자산을 통제했기 때문에 상당한 권력을 가졌다. 게다가 친족 유대는 오늘날보다 더 중요했고, 사람들은 인생을 시작하기 위해서는 부모의 지원이 필요했다. 젊은이들은 부모에게서 장사를 배우거나 농사를 지을 땅을 얻었다. 아들과 딸은 똑같이 부모에게 의존해야 했다. 이러한 상황에서, 사회 관습과 법률은 사회에서 부모의 지배적인 지위를 강화하고 지원했다. 요컨대, 산업사회 이전 노인들의 지배적인 위치는 정치적, 경제적, 사회적 자원에 대한 그들의 통제력에 기인한다. 과거 우리나라에서는 노인들이 이런 자원을 통제했기 때문에 노인들의 지위가 높았다고 할 수 있다.

산업사회에서 사람들은 자신들의 삶을 부모에게 많이 의존하지 않는다. 비즈니즈는 학교에서 배울 수 있고, 대부분의 사람들이 기업이나 공공기관에서 봉급자로 일을 한다. 또 취업도 부모의 도움 없이 할 수 있다. 가족 유대도 일반적으로 덜 중요하게 되었다. 그 결과 가족과 친족은 더 이상 노인에게 권력과 특권을 유지시켜주는 근원이 아니다. 이러한 변화는 노인의 지위를 하락시켰다. 노인은 더 이상 경제적 권력의 소유자가 아니며 또 자녀들은 그들의 경제적 생계를 부모에게 의존하지 않기 때문이다.

갈등론적 접근방식에서는, 어떤 연령 집단의 위치는 그 집단이 접근하는 경제적, 정치적, 사회적 자원에 의해 결정된다. 일자리와 사회 경제적 보상은 다른 자원들에 비해 젊은이들과 노인들의 접근이 제한하는데, 그 이유는 젊은 성인과 중장년층이 그들을 배제시킴으로써 일자리가 부족한 경제적 상황에서 경쟁을 약화시켜서 많은 혜택을 볼 수 있기 때문이다.

라. 성공적 노화

근대화이론이 노인의 부정적 측면에 초점을 맞춘 반면, 성공적 노화이론은 노인의 긍정적 측면을 강조하고 부각시키는 경향이 있다. 노인이 사회활동에 소극적이 아니라 적극적으로 참여함으로써, 노인의 삶의 만족도와 질을 향상시키는데 관심을 가진다.

노화는 시간의 흐름에 따라 나타나는 불가역적 현상이지만, 모든 사람이 동일한 수준으로 경험하는 것은 아니다. 어떤 노인은 다른 노인보다 아프고 허약하지만, 다른 어떤 노인은 젊은 사람 못지않게 건강하다. Rowe와 Kahn (1987)은 이러한 노화의 이질성을 '병적노화(pathological aging)', '일반노화(usual aging)', '성공적 노화(successful aging)'로 구분한다. 동시에 그들은 성공적 노화의 세 가지 조건으로 질병과 관련 장애의 회피, 높은 인지와 신체기능의 유지, 그리고 삶에 대한 적극적 참여 활동을 제시했다(Rowe와 Kahn, 1997). 노화는 동질적 상태가 아니라 이질적이고 다차원적인 성격을 지닌 변화의 과정이라는 것이다.

성공적 노화는 신노년의 개념으로 이어진다. 인생의 여명기를 뜻하는 노년은 생산적 활동을 지속하고자 노력하는 '신노년'으로 바뀌었다. 개인의 경제적 자립성 혹은 자율성을 중시하는 서구의 개인주의 이데올로기에 근거하여, 노년 즉 신노년은 젊은 사람들과 마찬가지로 자기 개발과 관리에 투자하고 자녀로부터 독립된 삶을 추구해야 한다.

신노년의 성공적 노화는 인간의 생애주기를 '연령분절'에서 '연령통합'으로 전환시킨다(Riley and Riely, 2000). 산업사회에서 사람들의 생애주기는 교육, 노동, 여가라는 세 가지 형태의 시기로 구분되었다. 청년기에 교육을 완료되고, 중장년기에 노동에 종사하고, 노년기에 여가를 보내는 방식이다. 연령분절에서 노인은 교육이나 노동의 기회가 배제되며 여가가 강제된다. 반면 연령통합에서 교육과 노동의 기회는 배제되지 않는다. 왜냐하면 교육과 노동, 여가는 특정 생애 기간에 배분되지 않고, 전 생애기간에 걸쳐 동시에 존재하기 때문이다.

성공적 노화는 개인의 경제적 자립 혹은 자율성을 중시하는 서구의 개인주의 이데올로기, 노인관, 그리고 전통적인 맬서스주의 가족문화에서 배태된 것이라 할 수 있다. 한 예로 18세기 독일의 마을 입구 여러 곳에 다음과 같은 경고가 적힌 몽둥이가 세워져 있었다. “자녀에게 먹을 것을 의존하는 자는 이 몽둥이로 맞아 죽을 것이다”(Gaunt, 1983: 260; Thane, 2000: 74). 이러한 경고는 우리나라를 포함한 동양의 효 문화와는 상반되는 것처럼 보인다. 하지만 이 문구는 사지를 움직여 일을 할 수 있는 한, 노인이 자식에게 의존하지 않고 스스로 생활을 꾸려나갈 것을 장려하고 강제하는 서구의 자율성 문화에서 배태된 것이라 할 수 있다. 성공적 노화의 개념은 서구의 경제적 자립과 자율성을 중시하는 서구의 개인주의 문화에 토대를 두고 있다 할 수 있다. 반면 효문화는 젊었을 적 자녀에게 자신의 모든 것을 투자할 것을 장려하고 그러면 노후에 자녀로부터 보다 큰 보상을 받을 것을 기대한다(이성용, 1997).

3. 노인 인구의 특성

가. 노인의 인식과 정의

서구에서는 65세 이상의 사람을 노인으로 간주하지만, 과거 우리나라는 60세를 노인을 규정하는 연령으로 보는 경향이 있었다(김태헌, 2007). 만 60세 되는 해의 회갑이 영향을 미쳤을 것이다. 우리 사회에서 자신을 노인으로 규정하는 연령은 1990년대 이후 급격하게 상승하고 있다. 노인으로 생각하는 연령은 1994년 64세에서 2017년 71.4세로 상승했다. 특히 75세 이상을 노인으로 인식하는 비율은 1994년 3.1%에서 2017년 26.9%로 증가했다.

65세 이상의 노인을 대상으로 한 한국보건사회연구원의 「2017년 노인실태조사」에 따르면, 노인을 규정하는 연령을 69세 이하로 응답한 노인은

13.8%에 불과하며, 노인 응답자의 59.4%가 70-74세, 14.8%가 75-79세, 12.1%가 80세 이상으로 응답했다. 노인으로 규정하는 평균연령은 71.4세였다. 인구사회학적 특성별로 보면, 도시(동부)가 농촌(읍·면부)보다 높은 기준의 노인연령을 나타냈다. 80세 이상이라 응답한 비율은 동부 13%로 읍·면부 10.1%보다 높았다. 또한 남성이 여성보다 높은 노인연령을 보였다-남성 71.8세, 여성 71.1세. 80세 이상을 노인으로 규정한 비율은 남성 13.6%, 여성 11%이었다. 성공적 노화의 입장에서 볼 때, 도시 노인이 농촌 노인보다 그리고 남성 노인이 여성노인보다 늦은 나이까지 경제적 자립의 필요성을 느낀다고 할 수 있다.

나. 노인의 신체적 특성

사람이 나이가 들면서 신체적 변화가 오는 것은 보편적인 현상이다. 물론 신체적 노화 현상이 모든 사람에게 동일한 수준으로 발생하는 것은 아니다. 40대에 노인의 신체적 모습을 보이는 사람이 있는가 하면, 70~80이 넘었음에도 불구하고 젊은 사람의 체력과 모습을 보여주는 사람도 있다.

노화 과정(aging process)은 일차와 이차로 분류될 수 있다. 일차 노화 과정은 신체 세포로, 이차 노화 과정은 운동의 결핍, 스트레스, 잘못된 영양상태 그리고 질병과 같은 환경적 요소로 야기된다(Whitbourne, 2005).

일차 노화 과정은 나이가 들면서 흰머리가 생기거나 탈모가 되고, 주름살이 늘고 질병에 대해 허약해지는 것과 같은 것이다. 육체는 나이가 들면서 퇴화된다. 뇌세포는 태어나면서 날마다 수천 개 씩 상실된다. 피부는 재생되지만, 나이가 들면서 탄력이 없어진다. 무릎 관절에 이상이 생기고 골다공증으로 고생을 할 수 있다. 하지만 더 중요한 것은 신체의 면역성이 점차 약화되어 간다는 것이다. 그 결과 젊었을 때 치명적이 아니었던 질병도 늙었을 때는 사망에 이르게 할 수 있다(Quadagno, 2008).

노화과정은 점진적인 과정이다. 모든 신체가 동일한 비율로 쇠퇴하지 않는다. 20대 중반부터, 피부는 탄력성을 잃고 건조해지며 주름살이 생긴다. 30대에는 근육이 줄어들기 시작하고 힘을 잃기 시작한다. 나이가 들면서 폐활량도 감소한다. 피 순환도 원활하지 못하게 된다. 뼈도 약화되고 골밀도도 줄어든다. 노인과정은 그 자체가 질병은 아니지만 질병에 걸릴 가능성을 높게 만든다. 노년에서 질병은 산발적이 아니라 만성적이 된다.

이차 노화 과정에는 스트레스의 역할이 매우 중요하다. 자신의 역량을 훨씬 뛰어 넘는 스트레스를 받게 되면 현저하게 나이를 먹을 수 있다. 또 노인이 되면 스트레스를 감당할 수 있는 역량도 감소된다. 스트레스는 자체로 이차 노화 과정을 촉진시킨다. 노인은 많은 스트레스들을 받으며 산다. 이를테면 배우자의 죽음, 친한 친구와 친척들의 죽음 그리고 지위의 상실 등에서 막대한 스트레스를 받는다. 심장병, 암, 백혈병 등과 같은 질병은 삶의 변동에서 나오는 스트레스가 원인이 되는 경우가 많다(Rowe and Kahn, 1998).

노화 과정에 영향을 미치는 요인 중에는 피할 수 있는 것도 있다. 이를테면 감소된 산소 흡입량, 폐활량, 피 순환 등은 연령에 관련되지만 연령에 따른 활동부족과 관련된다. 사전조치로 그러한 위험을 감소시킬 수 있다. 꾸준한 운동과 건강관리, 그리고 예방 진단은 65세 이상 노인들의 만성질환을 줄일 수 있다(Binstock and George, 2001).

인구고령화에서, 특히 성공적 노화의 관점에서, 노인의 신체적 특성은 매우 주된 관심사이다. 기대수명의 증가가 건강하지 못한 노년기의 증가를 동반한다면, 이는 젊은 세대에게 보다 큰 요보호 부담을 제공하기 때문이다.

〈표 6-3〉와 〈표 6-4〉는 2005년과 2015년 센서스에 근거하여 65세 이상 인구의 성별, 연령별 활동장애 유병률을 분석한 표이다. 우선적으로 시각·청각·언어장애를 살펴보면 2005년과 2015년 모두 80세 이후 그 비율이 급격히 상승함을 알 수 있다. 특히 85세 이상의 노인들은 거의 5명에 한명 꼴로 시각·청각·언어장애를 가지고 있다. 시각·청각·언어장애 평균 유병율을 성별로 비교하면, 2005년에는 차이가 나지 않았지만 2015년에는 남성이 높은 장애 비율을 보였다. 이는 여성에 비해 높은 남성의 청각장애 비율에 기인한다. 치매는 시각·청각·언어에 비해 장애 비율은 낮지만 80세 이후 급상승하는 유사한 연령 패턴을 보인다. 하지만 여성이 남성보다 높은 치매 장애 비율을 나타낸다. 중풍을 포함한 장애 비율은 가장 높은 유병율을 보인다. 신체장애 비율은 2005년에 비해 2015년 감소했지만, 75세가 넘어가면 남자는 4명 중 1명, 여자는 3명 중 1명이 장애를 보인다.

성공적 노화는 평생학습을 강조한다. 배우기와 기억하기 장애를 보면 지난 10년 사이 그 비율이 감소했지만, 75세 이후 급증함을 볼 수 있다. 성공적 노화의 생물학적 한계를 보여준다.

노인들이 일상생활을 수행하는 어려움은 많은 경우 일상활동능력(ADL, Activities of Daily Living)과 도구적 일상활동능력(IADL: Instrumental Activities of Daily Living)에 의해 파악된다. 일상활동능력은 걷기, 앉기, 목욕하기, 식사하기, 옷 갈아입기, 화장실 이용 등과 같은 것으로, 도구적 일상활동능력은 쇼핑, 병원가기, 은행 업무 등과 같은 것으로 평가된다. 〈표 6-3〉과 〈표 6-4〉에서 일상활동(집안 활동)과 도구적 일상활동(집밖 활동) 능력은 지난 10년 사이 장애 비율이 감소했지만, 80세 이상이 되면서 현격히 증가되고 또 여성이 남성보다 높게 나타난다. 특히 여성의 경우 85세가 넘으면 40% 이상이 집밖 출입이 어렵게 된다.

〈표 6-3〉 65세 이상 인구 성별, 연령별 활동장애 유병율: 2005

(단위: %)

연령 장애종류	시각 청각 언어장애		치매		신체장애 (중풍포함)		배우기 기억하기 집중하기		옷입기 목욕하기 밥먹기 집안보행		쇼핑 병원가기, 집밖 보행	
	남	여	남	여	남	여	남	여	남	여	남	여
65~69세	3.3	2.9	1.5	1.8	15.3	22.4	3.8	4.8	3.1	3.0	8.8	12.1
70~74세	5.5	4.5	2.6	2.5	22.7	31.0	6.4	7.4	4.6	4.9	13.7	18.1
75~79세	8.6	6.8	3.5	4.4	32.1	38.4	9.3	10.8	7.0	7.1	20.7	24.8
80~84세	12.9	11.7	5.7	7.0	37.2	43.3	14.6	16.1	9.6	10.2	27.1	31.9
85세 이상	18.9	18.4	9.1	13.3	43.5	47.5	21.2	25.0	14.4	17.5	33.9	41.4
전체*	6.1	6.1	2.7	3.8	22.8	31.9	6.9	9.2	5.1	6.1	14.5	20.4

주: * 전체 65세 이상 노인 중 각 장애 변수별 응답률.
자료: 조영태, 2007.

〈표 6-4〉 65세 이상 인구 성별, 연령별 활동장애 유병율: 2015

(단위: %)

연령 장애종류	시각 청각 언어장애		치매		신체장애 (중풍포함)		배우기 기억하기 집중하기		옷입기 목욕하기 밥먹기 집안보행		쇼핑 병원가기, 집밖 보행	
	남	여	남	여	남	여	남	여	남	여	남	여
65~69세	3.3	2.2	0.3	0.4	10.6	16.8	2.0	2.2	1.8	1.6	3.8	6.4
70~74세	5.0	3.7	0.7	0.9	17.1	26.9	3.7	4.7	3.0	3.0	7.1	11.5
75~79세	7.6	6.1	1.8	2.4	25.0	37.9	6.4	8.3	5.0	5.4	11.8	19.3
80~84세	13.6	10.5	3.5	5.2	34.7	47.9	10.6	13.9	7.7	9.4	19.3	29.5
85세 이상	21.2	19.6	6.4	10.8	46.8	56.5	18.8	25.0	14.1	18.5	29.7	41.8
전체*	6.8	6.3	1.4	2.7	20.0	32.5	5.3	8.1	4.1	5.6	9.5	17.4

주: * 전체 65세 이상 노인 중 각 장애 변수별 응답률.
자료: 통계청, 「2015년 인구주택총조사 표본자료」.

노인들의 건강상태는 만성질환 유병률을 통해 알 수 있다. 한국보건사회연구원의 「노인 생활실태 조사」에 의하면, 65세 이상 노인 중 만성질환을 한 가지 이상 앓고 있는 노인의 비율은 1998년 86.7%, 2004년 90.9%, 2017년 89.5%로 나타났다. 성별을 비교하면, 2004년과 2017년 모두 여성노인이 남성노인보다 한 개 이상의 만성질환을 앓고 있는 유병율이 높은 것으로 나타났다. 만성질환 유병률은 2004년 남성 84.4%, 여성은 95%, 2017년 남성 86.4%, 여성 92.6%이다. 지난 13년 사이 남성의 유병률은 1% 증가한 반면 여성은 2.4% 증가했다. 특히 3개 이상의 만성질환이 있는 65세 이상 노인의 복합만성질환 이환율은, 보건사회연구원의 노인실태조사에 따르면, 2004년 54.8%에서 2008년 30.7%로 떨었지만 그 후 계속 증가하여 2011년 44.3%, 2014년 45.2%, 2017년 51%로 증가했다. 2004년과 2017년 조사를 성별로 비교하면, 남성은 3.5%가 증가했지만 여성은 7.4%가 감소했다.

연령을 보면, 지난 13년 사이 65-74세 노인의 건강상태는 크게 향상되었다. 만성질환이 없는 노인의 비율은 65-69세 5.4%, 70-74세 3.3%가 증가되었다. 반면 75세 이상 노인의 건강상태는 악화된 것처럼 보인다. 특히 3개 이상의 만성질환을 앓고 있는 비율은 2017년 75-79세 58.7%, 80-84세 61.5%로 2004년 75세 이상 57.2%보다 높다. 이는 기대수명은 증가되었지만, 건강하지 못한 상태로 삶을 유지하는 노인들의 비중이 지난 13년간 증가되었다는 사실을 함축한다.

〈표 6-5〉 노인의 성별·연령별 만성질환 유병률: 2004년과 2017년

(단위: %)

	없음		1개		2개		3개 이상	
	2004	2017	2004	2017	2004	2017	2004	2017
전체	9.1	10.5	17.1	16.5	19.0	22.0	54.8	51.0
성별								
남성	15.6	14.6	25.9	21.2	21.3	23.5	37.1	40.6
여성	5.0	7.4	11.5	13.0	17.5	20.9	66.0	58.6
연령별								
65-69	10.3	15.7	20.9	19.6	18.9	23.1	49.8	41.7
70-74	7.9	11.2	15.6	17.0	17.4	21.8	59.1	50.0
75-79	8.7	6.5	13.4	13.6	20.7	21.2	57.2	58.7
80-84	-	4.5	-	14.5	-	19.5	-	61.5
85+	-	7.0	-	13.0	-	25.1	-	54.9

자료: 2004년은 정경희 외, 2005; 2017년 정경희 외, 2017.

6

다. 노화의 심리적 특성

노화 과정은 신체적 측면과 더불어 심리적 측면을 수반한다. 사회적 요인들은 노화 과정의 심리적 결과에도 영향을 미친다. 자기 존중과 지위는 노화 과정이 일어나면서 특히 중요하다. 노인들은 자신들의 행동반경이 축소된다. 일자리에서 은퇴를 하고, 가까운 친구와 친척들을 하나 둘 떠나보내고, 사회 참여활동이 줄어들면서 그들의 세계는 축소된다. 동시에 노인들의 사회적 지위는 영향력이 줄어들고 덜 중요하게 된다.

새로운 환경은 새로운 역할을 요구하게 되므로 기존 생활방식으로부터의 조정이 필요하다. 그러나 노인에게 그러한 조정은 매우 어려운데, 왜냐하면 노인의 새로운 역할들이 명확하게 정의되어 있지 않기 때문이다. 노인들은 자신의 행위에 있어 참조해야 할 역할 모델이나 준거집단이 거의 없다. 특히 고령화라는 새로운 사회현상과 개인주의 사고의 확산으로 인해 전통적인 노인관이 급격히 뒤바뀌고 있는 우리나라에서 노인 세대들의 심리는 매우 혼란스럽다.

이처럼 혼란스러운 상황에서 노인들은 전통적 노인 이미지와 매스컴 등에서 보여주는 새로운 노인 이미지 사이에서 방황하기 쉽다. 새로운 노인의 이미지는 과거의 노인들과 달리 젊은 세대들과 마찬가지로 건강하게 활발한 사회참여를 요구한다. 이런 성공적인 노인 이미지는 많은 노인들에게 심리적 어려움을 준다. 활발한 사회참여를 하지 못하고 또 건강하지 못한 노인들에게 자신들을 나약하고 쓸모없는 사람들이라는 부정적 이미지를 심어주기 쉽다. 특히 대중매체는 '쓸모없는 한물 간 사람들'이라는 부정적 이미지와 인식을 노인들과 젊은 세대에게 심어주기 쉽다. 그리고 그러한 이미지와 인식은 노인들에게 의기소침이나 우울증 등을 야기할 수 있다.

그러한 부정적 이미지는 상당부분 잘못된 것이다. 이를테면 인간의 두뇌는 나이가 들면서 퇴화하지 않는다. 두뇌는 90세가 넘어서도 잘 기능할 수 있고, 또 기억력 상실도 갑자기 일어나는 것이 아니라 서서히 점차적으로 일어난다. 또 노인들의 경륜은 젊은 사람들의 일상생활에서 많은 도움을 줄 수 있다.

4. 고령화 사회의 사회·경제적 특성

가. 노인의 가구 형태와 혼인 상태

1990년까지만 해도 동아시아의 가족구조는 급격한 사회경제적 변동에도 불구하고 견고한 것처럼 보였다. 그러나 한국의 가족구조는 1990년대 이후, 특히 외환위기 이후 급격하게 압축적으로 복합적으로 변하였다.

미국의 경우, 1950년대 이후 자녀와의 별거 현상이 증가한 배경에는, 인구 고령화로 인한 노부모부양자의 감소와 같은 인구학적 특성의 변화가 아니라, 노인들의 독립적인 생활에 대한 선호와 그것을 가능하게 한 사회보험의 확대가 있었다.

도시화와 핵가족화 그리고 개인주의의 확산으로 노인들로 구성된 노인가구의 비율이 증가하였다. 전체 가구 중 가구주 연령이 65세 이상인 고령자가구의 비율은 1980년에 5.9%에 불과했으나 2015년 19.5%로 상승하였고, 그 수도 67.7만에서 372만으로 5.5배로 증가하였다. 고령자 가구 중 노인부부만이 동거하는 제1세대 가구의 비중은 1985년 21.7%에서 2015년 34.5%로, 그 수는 8.4배로 증가하였다. 2세대 비중은 1985년 35%(23.7만)에서 2015년 26.2%(97.6만), 3세대 비중은 1985년 24.5%에서 2015년 7.4%로 감소하였다. 홀로 사는 노인단독 가구의 비중은 1985년 17%(11.5만)에서 2015년 32.9%(122.3만)로 2배가 증가하였다(통계청, 2016). 이러한 고령자가구의 가구유형 분포 변동은 1985년 이후 노부모와의 동거문화가 급격히 변화했음을 말해준다.

〈표 6-6〉 고령자가구의 연령별 가구유형 분포

	1990	2005	65-69세	70-79세	80세 이상	2015	65-69세	70-79세	80세 이상
계	100.0	100.0	100.0	100.0	100.0	100.0	100.0	100.0	100.0
1세대가구	16.9	33.0	39.6	33.1	15.9	21.7	21.6	21.8	22.0
2세대가구	23.4	24.9	28.6	21.2	27.2	43.6	43.2	44.1	43.1
3세대이상가구	47.6	23.4	17.3	24.5	36.1	4.6	4.7	4.5	4.6
1인가구	8.9	18.1	14.1	20.8	20.4	29.2	29.6	28.8	29.7
비혈연가구	1.2	0.5	0.4	0.4	0.4	0.8	0.9	0.8	0.8

자료: 1990년은 통계청, 「2003년 고령자통계」, 2003; 2005년은 2005년 센서스 자료; 2015년은 2015년 인구주택총조사 표본 마이크로 데이터.

〈표 6-7〉에서 1990년까지만 해도 65세 고령자가구의 절반이 3세대이상 가구이었다. 그런데 2015년 3세대이상 고령자 가구의 비중은 불과 4.6%로 떨어졌다. 하지만 2005년에만 해도 80세 이상은 36%가 3세대이상 가구에서 살았다(2000년에는 그 비율이 45.1%이었다). 2005년 연령이 올라갈수록 1세대 가구의 비율이 감소하고 노인 단독가구 비중은 60대보다 70대 이상이 높다. 2세대가구의 비중은 70대보다 80대에 높다. 이런 사실을 종합해보면, 2005년에는 노부부 중 한 명이 사별하면 자식의 세대와 합류하는 경향이 있었다는 사실을 함축한다고 할 수 있다. 반면 2015년에는 연령에 따른 가구유형 분포가 그다지 차이를 보이지 않는다. 이는 2015년에는, 2005년에 비해, 배우자와의 사별 후 자녀세대와 합치는 경향이 크게 줄었음을 말한다. 즉 2005년과 2015년 사이 노부모와 성인부모 간의 관계가 크게 변하였다고 할 수 있다. 동일한 코호트인 2005년 70대와 2015년에 80대를 비교하면, 1세대가구 비중이 감소한 반면 2세대와 3세대 가구 비중은 증가했다. 이는 지난 10년 사이, 배우자와 사별한 노인들이 2세대의 자녀가구 보다 자녀를 분가시킨 성인자녀 세대와 합치거나 혹은 홀로 사는 경우가 증가했다는 사실을 함축한다.

특히 우리는 1990년 이후 65세 고령자 가구 중 1인가구(혹은 노인단독가구) 비중의 증가에 주목할 필요가 있다. 고령자 1인 가구의 비중은 1990년의 8.9%에서 2005년에 18.1%, 2015년에 29.2%로. 25년 사이에 3배 이상 증가하였다. 게다가 가장 타인의 도움이 절실한 초고령층인 80세 이상 노인에서 1인 가구의 구성비가 2000년의 15.0%에서 2005년에 20.4% 그리고 2015년 29.7%로 증가하였다. 이는 노부모부양 즉 효를 오랜 기간 가장 중요한 덕목으로 간주했던 우리 사회에서 매우 놀라운 변화이다. 불과 20-30년 만에, 그것도 어느 시기보다 젊은 세대로부터 가장 많은 도움을 받아야 하는 고령화 시대에 우리의 전통적인 가치인 효 문화가 소멸되었다.

65세 이상 노인 1인 가구의 분포를 먼저 성별로 살펴보면(〈그림 6-5〉 참조), 2000년과 2015년 여성노인이 남성노인에 비해 압도적으로 높은 비율로 1인가구를 구성하고 있다. 하지만 지난 15년 사이 여성노인 1인가구의 비중은 2000년 85.1%에서 2015년 76.6%로 감소한 반면 남성노인 1인가구의 비중은 2000년 14.9%에서 24.4%로 증가했다. 성별·연령별로 살펴보면, 지난 15

년 사이 여성노인 1인가구의 비중은 65-74세는 큰 폭(12%)으로 감소했지만 85세 이상에서는 오히려 상승했다. 85세 이상 노인 1인 가구 중 80%이상이 여성가구이다.

지난 15년 사이 85세 이상 1인가구의 수는 2000년 2.1만에서 2015년 11.5만으로 8.4만이 증가했다. 남성 가구는 4천에서 1.9만으로 증가한 반면 여성 가구는 1.7만에서 9.7만으로 8만이 증가했다. 지난 15년 간 초고령 1인가구 증가분의 95%를 여성노인이 설명한다.

〈그림 6-5〉 65세 이상 노인 1인 가구의 성별·연령별 분포 (2000년과 2015년)

(단위: %)

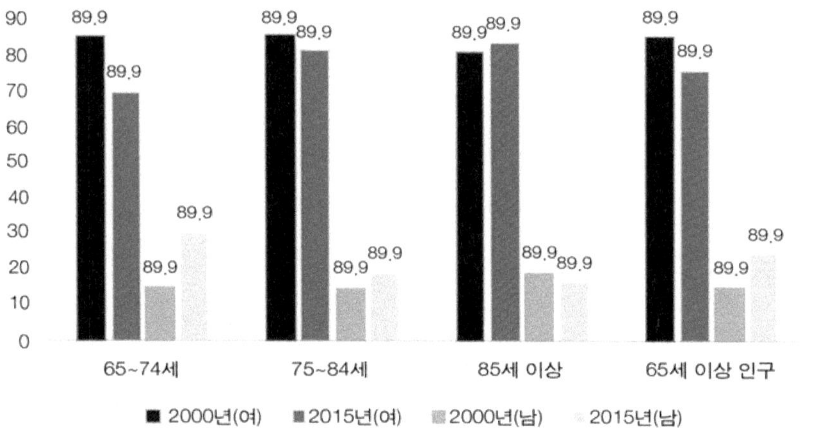

자료: 통계청, 「인구주택총조사에 나타난 1인가구 현황 및 특성」, 2018.

노인단독가구는 일반적으로 노인부부가족 혹은 노인과 자녀가 함께 사는 가구들과 다른 특성을 지니기 쉽다. 노인단독가구와 노인부부가구를 비교할 때 노인단독가구가 훨씬 열악하다. 우선적으로 노인단독가구는 노인부부가구에 비해 여성과 고령인 비율이 높고 교육수준이 낮다. 노인단독가구는 자녀와 동거하지 않는 이유가 노인의 자발적인 의사보다는 자녀와의 관계에서 기인하는 경우가 많다. 노인단독가구는 노인부부가구보다 덜 사회적 지지를 받고, 또 노인단독가구의 노인들은 주관적으로 느끼는 삶의 만족도도 낮다. 그리고 노인부부가구보다 더 많은 물질적 지지를 원한다(안경숙, 2005).

〈표 6-7〉은 2005년과 2015년 65세 이상 노인의 성별·연령별 혼인상태를 보여준다. 2015년 65세 이상 인구의 혼인상태를 보면 유배우 60.8%, 사별

34.5%, 이혼 3%, 미혼 0.8%의 순으로 나타난다. 2005년에 비해, 남녀 모두 유배우 비율은 증가하고 사별 비율은 감소했다.

하지만 성별로 보면 다른 패턴이 나타난다. 남성노인은 모든 연령에서 유배우가 절대적으로 높은 비율을 차지하고 있다. 이는 아마 여성보다 남성의 높은 혼인연령으로 인해 남성배우자가 여성배우자보다 나이가 많고 또 남성보다 긴 여성의 기대수명에 기인할 것이다. 여성은, 특히 70세 이상에서, 사별이 유배우보다 높은 비율을 차지하고 있다. 기대수명이 늘어남에 따라 남녀 모두 사별 비율이 지난 10년간 감소했다. 사별의 감소는 노인 여성의 유배우 비율을 모든 연령에서 향상시켰다. 한편 황혼이혼이 증가함에 따라 남녀 노인 모두 이혼 비율이 증가했다. 하지만 이혼 구성비는 남성이 여성보다 그리고 60대가 70세 이상보다 높다.

〈표 6-7〉 65세 이상 인구의 혼인상태: 2005년과 2015년

(단위: %)

		전체					남자					여자				
		(천명)	미혼	유배우	사별	이혼	(천명)	미혼	유배우	사별	이혼	(천명)	미혼	유배우	사별	이혼
65세 이상 전체	2005	4,365	0.5	55.4	42.9	1.1	1,736	0.4	85.0	13.3	1.3	2,629	0.5	35.9	62.5	1.0
	2015	155,412	0.8	60.8	35.5	3.0	65,094	0.8	84.7	10.7	3.8	90,318	0.8	43.5	53.3	2.4
65~69세	2005	1,680	0.6	70.9	26.9	1.7	756	0.5	89.9	7.8	1.8	924	0.5	55.4	42.5	1.5
	2015	47,587	1.3	75.4	18.2	5.2	22,386	1.3	87.4	5.5	5.9	25,201	1.2	64.8	29.4	4.5
70~79세	2005	2,020	0.4	52.4	46.3	0.9	785	0.4	84.8	13.9	1.0	1,235	0.5	31.8	66.9	0.9
	2015	74,854	0.7	62.3	34.5	2.5	31,808	0.6	85.9	10.3	3.2	43,046	0.7	44.9	52.4	2.0
80세 이상	2005	666	0.5	25.6	73.4	0.5	196	0.4	66.8	32.3	0.5	470	0.6	8.5	90.5	0.5
	2015	32,971	0.4	36.1	62.6	0.9	10,900	0.2	76.0	22.6	1.2	25,201	0.5	16.4	82.3	0.7

자료: 통계청, 2005년과 2015년 인구주택총조사 표본 데이터.

나. 노인들의 경제활동

일은 경제적 능력을 주지만, 또한 자신에 대한 자부심과 가치도 부여한다. 산업화 이전 서구사회와 오늘날의 많은 비서구사회에서 노인들은 대개 움직일 수 있는 한 일을 했다. 노인들은 자신의 체력에 맞추어서 일을 했다. 은퇴는 산업화 이후에 생성된 최근의 개념이다.

우리나라는 외환위기를 전후로 하여 중·고령층 사람들의 취업 형태에 커

다란 변화를 가져왔다. 센서스 분석 결과에 의하면, 외환위기 직후 50대 남성의 취업률이 크게 떨어졌지만, 그 이후 계속 증가하였다(박경숙, 2006). 50대 중년층의 경제활동참여율은 1983년 이래 2007년 사이 70% 수준이었지만, 60대는 1980년대 40% 수준에서 2000년대 50%수준으로, 70대 이상 노년층은 1983년에는 9%수준이었으나 계속 증가하여 2007년 24% 수준으로 증가했다. 우리나라의 경제활동참여수준을 OECD 국가와 비교해보면, 50대는 중간층이지만, 60세 이상 노년층은 최고수준에 있다. 2007년 OECD 평균은 20%에 머물고 있으나 우리나라는 38.6%로 최고치를 보인다(장지연, 2008).

우리나라 고령자의 경제활동참여 비율이 높다는 것은 근로소득 이외에 의존할 기타소득수준이 부재하다는 것을 의미한다고 볼 수 있다. 2006년 고령자연구패널에 의하면, 50세 이상 고령자 가구 중 전체가구 소득에서 고령자의 근로소득이 차지하는 비율이 약 40%를 차지하며, 다른 가구원의 기여분이 30%, 그리고 동거하지 않은 가족으로부터 사적이전이 16%를 차지한다.

성공적 노화의 관점에서 보면, 높은 사적이전소득의 비중은 고령층 노동자의 근로소득상실 혹은 경제적 자립능력의 상실과 공적소득이전의 취약성을 의미한다. 이는 또한 가족을 포함한 타인들에게 자신의 삶을 의존하여 생활하는 빈곤노인들의 증가로 인도한다. 우리나라의 노인빈곤율은 OECD 국가들 중 최고의 수준을 보인다. 특히 65세 이상 노인 1인 가구의 74%가 빈곤가구이다. 이는 노인빈곤이 1인 가구에 집중되어 있음을 나타낸다(김복순, 2015).

고령층(65-79세) 취업자가 근무하는 산업부문을 보면(통계청 2019.09), 사업·개인·공공 서비스업(42.8%)과 농림어업(25.3%) 그리고 도소매·음식숙박업(14.6%)이 83%를 차지한다. 직업분포를 보면, 단순노무종사자(35.4%) 농림어업종사자(24%) 서비스·판매종사자(18.2%) 그리고 기능·기계조작 종사자(14.1%)로 대부분을 차지하고 있고 관리자 전문가는 5.6%에 불과하다. 도소매업 등 서비스업과 농림어업 분야 종사자의 연령 분포는 심각한 고령화 현상을 나타낸다. 노인들은 급격한 산업화 과정에서 새로운 핵심 산업에 진출하지 못하고 농촌의 경우에는 남아 있고, 도시의 경우에는 관리직·전문직보다 서비스 직종이나 단순노무직 직종에서 주로 일을 하는 경향이 높다.

다. 노후부양 실태

현재 65세 이상 노인들 대부분은 자녀가 노부모를 모시는 것을 당연시하는 전통적 가족주의 가치관 속에서 그들의 인생 대부분을 보냈다. 그러한 가치관은 자신도 늙었을 때 자녀가 당연히 노후부양을 할 것이라는 사고를 가지게 했을 것이다. 그래서 그들은 젊었을 적 자신의 노후에 그다지 걱정도 준비도 하지 않았을 것이다. 그러나 서구의 개인주의와 핵가족 이데올로기 확산은 우리의 전통적 가족주의 가치관을 약화시켰고, 노후부양을 자녀와 같은 가족 성원들 보다 개인 스스로가 책임져야 한다는 인식을 강화시켰다. 서구의 개인주의 세계관 그리고 성공적 노화의 관점에서, 일부 연구들(김정석, 2001; 조성남, 2004)은 2000년대 초에 이미 가족보다 개인이 자신의 노후부양을 책임져야 할 것이라는 주장을 하였다.

최근 고령자가구 중 노후준비를 하고 있다는 비율은 증가하고 있지만(예, 2011년 28.1%에서 2017년 32.5%로 증가) 그 비율은 서구에 비해 매우 낮다. 단지 65세 이상 노인 중 약 1/3만이 노후준비를 했다고 응답했다. 준비를 하지 못한 노인들 중 상당수는, 우리 사회의 공적연금의 취약과 가족문화 특성상, 자녀들에게 자신의 노후부양을 의존할 수밖에 없다. 서구 사회와 비교할 때, 우리나라 노인들이 자신들의 생활비를 가족 성원들의 사적 이전소득으로 충당하는 비율은 매우 높다(김수완·조유미, 2006). 노후준비가 안된 상태에서 자녀의 노후부양마저 없는 노인들은 빈곤의 나락으로 빠질 가능성이 매우 높다.

통계청의 2017년과 2019년 고령자통계에 의하면, 65세 이상 노인 중 취업자가 비취업자보다 높은 비율로 노후준비가 되어 있다고 하였다. 2019년 취업노인 39.1%, 비취업노인 57.5%가 노후준비가 되어 있지 않다고 응답했다, 2017년 통계청의 사회조사에 의하면, 65-74세 노인의 경우 비취업자가 취업자보다 노후준비를 한 비율이 높지만 75세 이상에서는 차이가 없었다. 그리고 연령에 상관없이 비취업 노인은 취업노인보다 더 높은 비율로 노후를 자녀에게 의지하고자 했다(통계청, 2019). 이러한 사실은 자신의 근로능력 상실을 상당부분 노후준비 미약과 동일시하고 경제적 자립 능력이 상실하면 그나마 의지할 곳은 자녀밖에 없다는 노인들의 사고를 엿보여준다고 할 수 있다.

우리나라 노인빈곤율이 높은 이유 중의 하나는 공적연금의 취약에 있다. 국민연금은 우리나라 노인의 노후 준비 중 가장 높은 비율을 차지한다. 국민연금제도는 1988년 도입되었는데, 그 당시 국민연금자의 비율은 26.5%에 그쳤다. 그 후 국민연금 적용대상자가 확대되었고, 1999년에는 국민연금, 공무원연금, 교원연금 가입자를 포함한 공적연금 가입자는 전체취업자의 80%를 넘게 되었다. 공적연금제도의 확대는 많은 사람들에게 노년기의 노후보장에 상당한 도움을 제공하는 장점이 있지만, 계층 간의 불평등을 확대시키는 문제점을 야기하고 있다. 이를테면, 남성이 여성보다 국민연금 수혜비율이 높다.

〈그림 6-6〉 노부모 부양에 대한 견해 추이(전연령 대상)

(단위: %)

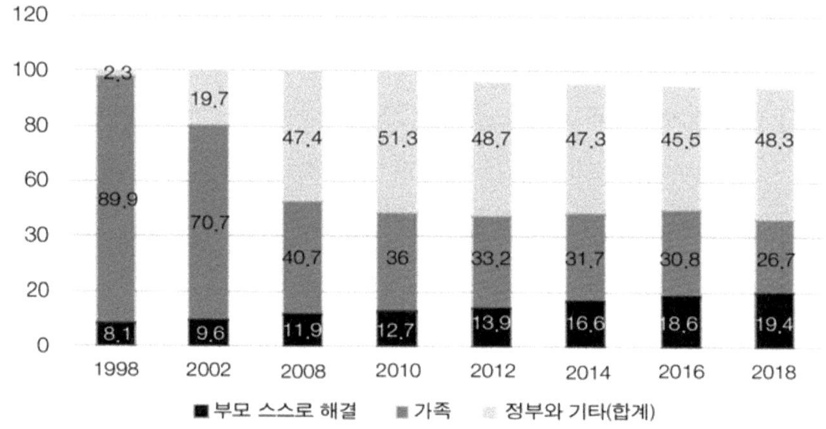

자료: 통계청, 각년도 사회지표와 사회조사 결과.

〈그림 6-6〉은 노부모 부양을 누가 책임지는가에 대한 견해에 대한 응답의 추이를 나타낸다. 대상은 15세 이상 인구이다. 〈그림 6-6〉에서 보는 바와 같이 가족이 노부모의 노후부양을 책임져야 한다는 견해의 비율은 2000년대 들어 급감하고 있다. 반면 부모 스스로 해결해야 한다는 비율은 비교적 최근 10년 사이 급증하였다. 그리고 정부와 기타(가족 포함)가 함께 책임져야 한다는 비율은 2002년에서 2010년 사이에 급증했다. 이러한 추세는 노부모부양을 자녀가 책임지어왔던 효문화 전통이 약화되고 노부모 개인 스스로 책임을 져야한다는 서구의 자율성 이데올로기가 우리 사회에 점점 강화되는 노인관 이데올로기의 변화를 보여준다.

〈그림 6-7〉은 만약 가족이 노부모부양을 책임진다면, 가족구성원 누가 그 역할을 떠맡는지에 관한 응답의 추세가 1990년대 이후 어떻게 변화하였는지를 보여준다. 1997년 외환위기 이전에는 장남이 절반이상을 차지하였다. 5명 중 4명이 노부모 부양은 장남을 포함한 아들이 책임을 져야한가도 응답했다. 하지만 노부모 부양의 책임 주체는 외환위기 직후 급변하였다. 직후인 1998년에는 능력있는 자식이 노부모를 부양해야 한다는 답변이 절반에 달했다. 하지만 능력이 있는 자식이 노부모를 부양해야 한다는 견해는 급격하게 감소했고, 그 자리를 모든 자식이 차지하였다. 2018년에는 모든 자식이 노부모를 책임져야 한다는 응답이 72%를 차지하고 있다. 즉 노부모 부양의 책임이 과거에는 장남 혹은 아들로 집중된 반면 오늘날에는 아들과 딸 모두에게 분산되었다. 그리고 65세 이상 노인들도 모든 자녀가 책임져야 한다는 응답이 가장 많았다. 이와 같이 노부모 부양에 대한 책임은 모든 자녀들에게 평등하게 분산되고 공유화되고 있다. 하지만 노부모 부양책임에 대한 평등화와 분산은 정작 노부모를 책임져야할 시기에 다가오면 모든 자녀가 책임을 회피할 위험의 소지를 지닌다.

〈그림 6-7〉 노부모 부양은 자녀 중 누가?

(단위: %)

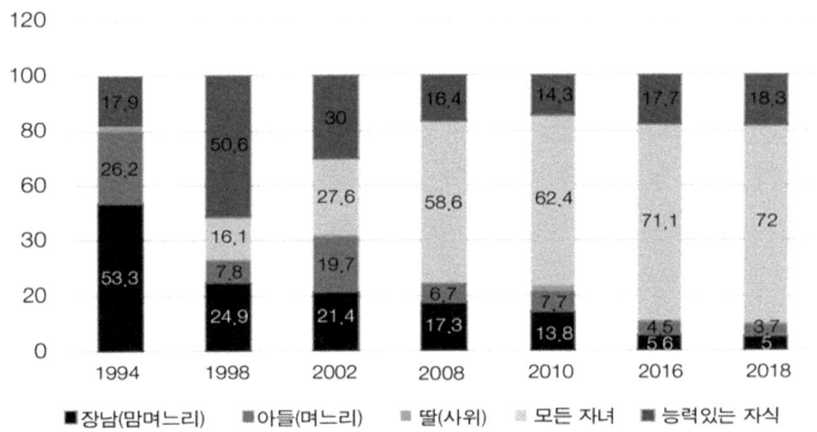

자료: 통계청, 각년도 사회지표와 사회조사 결과. 대상은 15세 이상.

어째든 어떤 의미에서 보면, 오늘날 개인주의와 핵가족 이데올로기의 확산은 우리 사회에서 전통적으로 노인들의 삶을 보호하여 왔던 가족이란 보호막을 상실하게 하는데 커다란 기여를 했다고 할 수 있다. 이러한 보호막의 상실은 노인 취업과 노인빈곤율의 증가에 공헌을 했을 것이다.

라. 연령차별주의와 세대갈등

연령차별주의(ageism)는 특정 연령대의 사람들에 대한 부정적 속성 때문에, 그 연령대의 사람들이 지배당하거나 착취당할 수 있다는 이데올로기이다. 이 이데올로기는 원래 노인들에 대한 반응으로 출발했으나, 그러한 편견과 차별을 경험하는 모든 연령대의 사람들에게 적용될 수 있다.

연령차별주의는 노인들을 평가절하하게 만든다. 가장 대표적인 것의 하나는 젊은이 모습(특히 여성)에 터무니없는 높은 가치를 부여하는 것이다(Whitbourne, 2005). 노인의 모습은 젊은이의 미 기준에 부합되지 않고, 또 많은 사람들은 그러한 노인의 모습에 혐오감을 느낄 수 있다. 최근 우리사회에서 불고 있는 동안 열풍은 노인 연령차별주의를 나타낸다.

또 다른 연령차별주의는 노인들이 쓸모가 없다는 믿음이다. 노인들은 일을 하지 못하고 아이를 낳지 못하기 때문에 더 이상 유용하지 않다. 젊은이들에게 일자리를 물려주어야 한다. 그와 같은 믿음과 편견 및 차별은 노인을 희생자로 만들고 또 강제 은퇴의 관행에 정당성을 부여한다. 은퇴는 노인들의 건강, 자존심, 사회적 지위, 경제적 안정에 고통을 준다. 은퇴는 노인들을 주류사회에서 격리시킨다. 매일 일을 해 왔던 세계는 이미 가버렸고, 감소된 소득은 사회적 활동을 감소시킨다. 더 이상 생산적인 노동자가 아니라 낮은 지위와 부정적인 이미지를 가진 사람으로 대치된다. 따라서 강제 은퇴는 널리 퍼져있는 심각한 형태의 연령차별주의라고 할 수 있다.

연령차별주의는 우리나라와 같은 비서구사회보다는 서구사회에서 문화적 그리고 심리적으로 깊이 뿌리내려 있었다. 그러나 세계화는 이러한 서구의 연령차별주의를 특히 대중교육과 매스미디어를 통해 우리 사회에 암암리에 전파하고 있다.

매스미디어는 연령차별주의를 진척시키는데 커다란 공헌을 한다. 텔레비전 드라마에서 젊은 사람들은 세상이치에 맞는 생각과 행동을 하는 사람들로 투영되는 반면 노인들은 시대에 뒤떨어진 낡은 사고와 행동을 하는 사람으로

그려진다. 이를테면, 고부간의 갈등을 나타내는 드라마에서 많은 경우 젊은 며느리는 착하고 현명한 젊은 여성인 반면 시어머니는 이치에 닿지 않는 권위주의적인 늙은 여성으로 비춰진다. 이러한 드라마는 암암리 노인은 몸과 정신이 병들고 가족과 사회에 부담만 주는 부정적 이미지의 사람이라는 인식을 많은 사람들에게 심어준다. 그 결과 노인들의 지위와 권위는 점점 약화되고 사라진다.

고령화는 연령차별주의와 결부되어 세대갈등을 야기한다. 고령화가 되면서 이를테면 국민연금과 같은 사회보장 기금을 받을 노인들의 수는 급증한다. 이러한 사회보장 기금은 그 당시의 젊은 사람들의 세금에서 나온다. 요컨대 사회보장 기금은 투자 기금이 아니다. 그러하기 때문에, 사회보장 프로그램에서 혜택을 받는 노인의 수가 많아지면 젊은 세대들에게서 불평이 나오기 쉽다(Roszak, 2001; Weinstein, 1998). 어느 시점에 가서는 젊은 세대가 낸 세금보다 노인들이 받는 돈이 더 많을 수도 있다. 그에 대한 해결책은 받는 기금을 줄이고, 사회보장 세금을 증가시키고, 받는 연령을 올리는 것 등이다. 이러한 해결책은 불가피하게 세대간 갈등을 야기하기 마련이다. 노인들은 자신들의 사회보장 기금을 유지하거나 늘리기 위해, 젊은 세대들은 노인들의 사회보장 기금으로 가는 세금을 줄이기 위해 서로 강력한 목소리를 낼 것이다.

이처럼 각 세대가 자신의 세대 권익을 위한 목소리를 내면서 전통사회에서 가졌던 노인의 지위 약화는 세대갈등을 점점 더 강화시킬 수 있다. 이러한 세대갈등에는 세대들에게 서로 간의 권익을 우선시하고 강조하는 서구의 이데올로기(이를테면 시장경제와 복지국가 이데올로기)보다 어쩌면 각 세대에게 서로의 양보와 희생을 강조하는 동양의 이데올로기가 더 바람직한 해결책이 될 수 있을 것이다.

마. 노인 학대

인구의 고령화는 앞에서 언급한 노년부양비에서 보듯이, 젊은 세대에 대한 노인 세대의 의존성을 증가시킬 것이다. 노인의 의존성은 노인 학대를 야기하는 주된 요인 중의 하나이다. 노인 학대는 많은 경우 육체적이나 정신적으로 황폐한 노인들을 돌보는 과정에서 분출하는 좌절감이나 스트레스에서 발생하기 쉽다(한동희, 1996; 이성희·한은주, 1998). 특히 치매나 만성질환과 같이 유병기간이 긴 경우 가족의 부담이 가중화되기 때문에 노인들이 노인 학대를 경험할 가능성이 높아지기 쉽다. 게다가 학대 경험들이 누적될수록 학대의 심각성도 점점 약하게 인지하게 될 수 있다(고보선, 2005).

신체적 의존성뿐 아니라 경제적 의존성도 노인 학대를 야기할 수 있다. 노인들의 경제적 어려움 혹은 경제적 의존은 부양자에게서 노인 학대를 야기할 수 있다(이성희·한은주, 1998; 서윤, 2000; 김창기·박일연, 2003). 그러나 노인 학대는 노인이 부양자에게 경제적으로 의존하는 경우뿐 아니라 부양자가 노인에게 재정적으로 의존한 경우에도 일어날 가능성이 높다(Quinn and Tomita, 1997). 한국에서는 가해자가 실직상태에 있거나 경제적으로 어려운 경우 노인 학대가 일어날 가능성이 높다(한은주, 2000).

노인들에 대한 연령차별주의는 노인들을 사회에서 소외시키고 정신적 그리고 신체적으로 무능한 사람들이라는 인식을 심어줄 수 있다. 아츨리(Atchley, 2000)는 노인차별을 사회가 노인들을 고립시키고 더 이상 기대할 것이 없는 무능한 사람들로 인식시킨다고 하여 '기회의 상실'이라 명명하였다. 이러한 노인들의 저가치화는 노인들이 젊은 사람들의 학대를 받게 만드는 환경을 조성할 수 있다(Hotaling et al., 1998; 한은주, 2000에서 재인용). 이런 점에서, 연령차별주의는 노인들의 자긍심을 크게 손상시키며 또 부양자와 자녀들에게서 존중을 받지 못하게 만들어 학대를 받을 가능성을 높여준다(Henton et al., 1984; 한동희, 1996에서 재인용). 65세 이상의 제주도 노인을 대상으로 한 연구(고보선, 2005)에서 연령차별주의의 경험을 많이 한 노인일수록 노인 학대의 경험이 많을 뿐더러 노인 학대의 심각성 인지도는 낮은 것으로 나타났다. 요컨대 노인 학대는 가해자나 피해자와 같은 개인적 특성보다 오히려 사회에 만연한 연령차별주의가 그 원인을 제공할 수 있다(김한곤, 2003).

게다가 개인주의와 핵가족 이데올로기의 확산은 가족구성원간의 결속력을 약화시킬 수 있다. 가족 구성원간의 결속력 약화는 노인 학대의 발생가능성을 높게 만들뿐더러 노인 학대의 심각성에 대한 인지를 낮게 만드는데 기여할 수 있다(고보선, 2005; 권중돈, 2004).

5. 고령화의 미래와 정책적 제안

우리나라뿐 아니라 세계의 많은 국가에서, 전후 베이비붐세대가 노인세대가 되면서 노인인구의 비율은 급격히 증가하고 있다. 1950년대 후반에서 1960년대 중반 사이에 태어난 베이비붐 세대는 10년 후에는 본격적으로 노년 인구가 될 것이다.

이들 베이비붐 세대는 오늘날 노인층을 형성하고 있는 세대들과는 근본적으로 다른 사회경제적 특성을 지닌다. 어떤 점에서 이들은 근대 교육의 최초 수혜자라고 할 수 있다. 베이비붐 이전 세대들은 전쟁을 겪는 등 절대빈곤 상황을 경험했지만 베이비붐 세대는 그러한 상황을 경험하지 않았다. 이들이 노년층을 형성할 때는 이전 세대와는 다른 특성을 보일 것이다. 이를테면 개인주의적 성향이 강한 베이비붐 이후의 세대는 자신들의 권리를 보다 강력하게 주장함으로서, 제한된 공공 자원에 대해 강력한 영향력을 행사함으로써 세대 간의 갈등을 야기할 수도 있다.

그러나 분명한 것은 노인은 어린아이와 마찬가지로 가장 의존적인 연령대의 사람들이다. 고령화가 될수록 젊은 세대들과의 상호의존이 더 절실하게 요구되기 마련이다. 그럼에도 불구하고, 개인주의 확산은 우리사회에서 연령차별주의를 야기할 수 있고, 또 각 세대들은 자신들의 책무보다 권리를 강조함으로써 세대 간의 갈등을 야기할 수 있다. 따라서 사회 성원들 간의 상호의존보다 개인의 자유와 권리를 강조하는 오늘날 우리사회의 개인주의적 삶의 방식은 각 세대 간의 상호의존성을 더 절실히 요구하는 고령화 사회에 역행하고 있다고 볼 수 있다.

우리나라 고령화정책은 개인의 자율성에 기반을 둔 성공적 노화 이론에 근거하고 있다. 앞에서 살펴본 바와 같이, 외환위기 이후 우리나라 노인문제는 점점 심각해지고 있다. 세계에서 가장 노인이 살기 좋았던 우리 사회는 세계에서 가장 높은 노인 빈곤율과 자살율을 보인다. 사실 오늘날 노인 세대들은 젊은 시절 자식을 잘 키우면 자신의 노후는 편할 것이라는 세계관에서 자신의 모든 것을 자녀들에게 투자하면서 젊은 시절을 보낸 사람들이다. 젊은 시절 모든 것을 자녀에게 투자하여 빈털터리가 된 이들에게, 투자한 대가로 자녀에게 노후보양이란 보상을 기대했던 노인들에게, 경제적으로 독립된 삶을 꾸미라는 요구는 너무 가혹하다. 게다가 경제적 자립하기에는 공적기금도 너무 빈약하다. 이는 서구의 성공적 노화 이론에 기반한 정부정책의 한계를 절실히 보여준다고 할 수 있다. 우리의 전통적 삶의 방식에서 개인주의 문화를 수용하는 새로운 방식의 노인 정책이 요구된다.

제 7 장

가족 문제

1. 가족에 대한 접근방식
2. 가구 구조의 변동
3. 혼인 형태의 변동
4. 정책적 대응

제7장 가족 문제

가족 문제는 모든 사람의 관심을 이끈다. 아마 우리들 거의 모두가 가족성원들과 관계를 맺고 생활하기 때문에 그럴 것이다. 가족은 가장 오래된 그리고 가장 기본적인 사회제도이다. 가족은 역사적으로 정치, 경제, 교육 그리고 종교적 활동의 중심에 있어 왔다. 그러나 20세기 사회의 다른 측면들의 급격한 변동들과 마찬가지로 가족은 그 형태와 기능들이 변하고 있다.

대표적 기능주의 가족학자인 머독(Murdock)에 따르면, 가족은 "공동거주, 경제적 협동, 이성애 및 재생산을 특징으로 하는 사회집단이며, 성인 남성과 성인 여성－이들 두 사람의 성관계는 사회적으로 승인된 것이며 또 계속 유지된다－그리고 한 명 이상의 자녀를 포함한다"(Adams, 1986: 2). 인구 센서스에서도 이와 유사하게 가족을 "한 가구에 혈연, 혼인 혹은 입양으로 관련되어 살고 있는 두 명 이상의 사람들"로 정의한다(Siegal and Swanson, 2004: 204). 가족에 대한 이러한 정의는 가족을 보편적 제도로 가정한다. 머독 유형의 정의는 오늘날 널리 사용되고 있지만, 세계의 다양한 형태의 가족들을 포괄하지 못하고 있다는 비판을 받는다. 오늘날 널리 퍼져 있는 일인 가족은 물론, 혼인한 부부가 그 부모의 집에 들어와서 사는 동양의 전통가족마저 배제되어 있다.

가족의 정의와 마찬가지로, 가족의 역할과 기능도 오늘날 도전받고 있다. 가족은 전통적으로 현 세대의 사회 성원들을 대치할 미래의 성원들을 생산하고, 또 가족의 성원들을 사회화시키는 역할과 기능들을 해왔다. 그러나 오늘날 그러한 가족의 역할과 기능들 중 많은 부분들이 가족 이외의 제도들에 의해 수행되고 있고, 그 결과 가족의 전통적인 역할과 기능들은 많이 약화되거나 심지어 소멸되기까지 하고 있다.

가족에 대한 전통적 정의는 가족의 다양성을 강조하는 학자들의 생각들과는 상반되며, 오늘날의 급격한 사회경제적 변동 및 이데올로기 변동에 상관없이 가족은 어떠해야 하며 그리고 가족 성원들은 어떤 식으로 행동해야 한다는 고정된 관념을 가지게 할 수 있다. 요컨대, 전통적 보수적 가족 가치관(이를테면, 구조기능주의 관점)을 지닌 사람들은 높은 이혼율, 동거, 동성애 부부, 기러기 아빠, 무자녀 등과 같은 오늘날의 가족 현상들을 심각한 사회문제로 인식할 것이다. 반면 비판적이고 진보적인 가치관(이를테면, 마르크스주의 관점이나 페미니스트 관점)을 가진 사람들은 오늘날의 가족 현상들을 급격한 사회변동들과 조화를 이루는 과정이라고 생각할 수 있다.

1. 가족에 대한 접근방식

가. 기능주의적 접근방식

기능주의자들은 가족이 사람들의 생존과 사회의 유지에 필수적인 기본 기능들을 수행하기 때문에 모든 사회에서 존재한다고 주장한다. 이들이 말하는 가족은 앞에서 언급한 가족의 정의에 따른 유형의 가족이다. 가족이 사회에 행하는 기여는 다음의 여섯 가지로 요약될 수 있다.

① **성행위와 재생산의 규제:** 모든 사회에는 누가 누구와 성행위를 할 수 있는지 그리고 어떤 조건하에서 아이를 임신하고 출산할 수 있는지를 구체화하는 규칙들이 있다. 대부분 사회에서, 아이는 혼인한 부부 사이에서 가족 성원으로 태어나는 것을 원칙으로 한다. 가족은 아이를 가지고 기를 수 있는 안정된 환경을 제공한다. 이런 방식으로 가족은 한 세대에서 다음 세대로 사람들을 대체하는 과정에 기여한다.

② **사회화와 교육:** 모든 사람들은 그들 문화의 가치, 규범 및 언어를 배우고 또 그들 사회에서 유용한 기술들을 발달시켜야만 한다. 대부분의 사회에서, 부모와 가족 성원들은 대개 자녀를 적절하게 사회화하는 책임을 일차적으로 진다. 가족은 매우 중요한 사회화의 대행자이다.

③ **사회적 지위의 부여:** 가족은 자녀에게 그들 사회에서 다른 사람들과 비교할 수 있는 사회적 위치를 부여한다. 어떤 가족에서 태어나는 가에 따라, 자녀는 받을 수 있는 교육 기회와 물질적 혜택들이 다를 수 있다. 인도

의 카스트 사회와 같이 사회계층 간의 이동 가능성이 낮은 사회일수록 자녀의 위치는 그가 태어난 가족이 그 사회에서 차지하는 위치에 따라 결정될 것이다. 일류대 입학생들 가운데는 부유층 집안의 자녀들이 높은 비율을 차지한다는 사실은 가족이 여전히 자녀의 미래 사회적 지위에 큰 영향을 미칠 수 있다는 사실을 시사한다.

④ 경제 활동: 가족은 흔히 경제적 생산에서 기본 단위가 된다. 가족과 친족 성원들은 함께 한 해의 사업 계획을 세우고, 농사를 짓고, 살 집도 짓는다. 가족 성원들은 자신이 속한 가족의 생존에 필요한 물품들을 공통으로 생산하고, 또 그것을 함께 소비한다. 하지만 그러한 경제적 활동에서 행하는 가족 성원들의 역할과 생산한 물품의 분배와 소비는 각 성원이 가족과 친족에서 차지하는 위치에 따라 차이가 날 수 있다.

⑤ 보호막: 모든 사회에서 가족은 다양한 형태로 가족 성원을 보호한다. 구성원이 너무 어리거나 늙거나 혹은 아파서 타인의 도움을 필요로 할 때, 대부분의 사회에서 가족은 일차적으로 도움을 제공한다. 탁아소, 양로원 그리고 병원이 발달되지 않았던 시절에는 가족성원들이 아이들, 노인들, 그리고 아픈 사람들을 전적으로 돌보아야 했다. 게다가 그러한 책무들은 서구의 일부 국가들 – 특히 영국(맥팔레인, 2014) – 을 제외하고는 가족이 국가나 다른 기관보다 일차적으로 수행하였다.

⑥ 애정과 동료애: 모든 사람은 사랑과 애정 그리고 심리적 지원이 필요하다. 대부분의 사람들에 있어 이러한 욕구들은 가족 성원들에 의해 충족된다. 사람들은 가족 성원들이 지원하는 이러한 욕구들을 통해 긍정적인 자의식과 자신의 가치를 발달시키고 외로움과 고독을 떨쳐 버린다.

보호막 기능 및 애정과 동료애 기능은 구분될 필요가 있다. 과거 전통적 가족은 보호막의 기능을 더 강조했지만, 오늘날의 가족은 가족 간의 사랑과 같은 애정과 동료애 기능을 더 중요시하는 경향이 있다(박민자, 2006). 오늘날에도 시골에 가면 할아버지가 집안이나 밭에서 일을 하고 온 할머니에게 "수고했어"라는 말로 고마움을 표하는 경우를 볼 수 있다. 이 말에는 부부가 동고동락을 함께 해 온 공동생활, 특히 어려움을 함께 극복해야 하는 생활이 배어나온다. 그러나 오늘날 젊은 세대가 서로에게 애정을 표현하는 "사랑해"라는 말에는 평상 생활의 애정표현일 뿐, 어려움을 함께 이겨나가자는 의식은 부재해 보인다. 전자는 인생의 고난 극복에 초점을 맞춘 반면 후자는 즐거운 인생에 초점을 맞추었다고 할 수 있다.

가족은 전통적으로 위의 여섯 가지 기능들을 수행해왔지만, 최근 그러한 기능들을 수행하는 다른 제도들이 부상하고 있다. 그 제도들의 부상에 산업화와 도시화 및 개인주의의 확산은 커다란 기여를 하였다. 서구에서는 산업화와 도시화 과정이 산업혁명 이후 약 200년 동안 비교적 장기간에 걸쳐 진행되었지만, 우리나라는 한국 전쟁이후 불과 20-30년의 짧은 기간에 일어났다. 게다가 1960년대 가족계획정책의 도입은 우리나라를 포함한 많은 비서구국가에서 가족 내 여성의 지위를 크게 증진시켰고, 또 서구식 대중교육은 확대가족보다 핵가족의 우월성을 강조하는 서구의 개인주의 이데올로기에 정당성을 부여했다. 그 결과 서구사회의 가족에 비해 가족 성원들 간의 역할과 기능들이 분명하게 구분되었던 비서구사회(우리 사회를 포함한)의 가족은 더 급격한 변화를 경험하였다.

전통적으로 성행위와 자녀 재생산은 전적으로 혼인한 부부 사이에서 일어났지만, 최근 비혼 여성의 비율과 출산율 현상이 미미한 수준으로 나타나고 있다. 이를테면 2018년 혼외 출생아 수는 7천 2백명으로 전체 출생아의 2.2%를 차지하고 있다(통계청, 2019). 비혼모 현상에는 여성들이 노동시장에 진출하여 남편이나 다른 가족 성원들의 도움이 없이도 자녀를 키울 수 있는 경제력과 자기 자신의 삶을 가족 성원으로서의 삶보다 더 중시하는 개인주의가 크게 기여했을 것이다. 게다가 2007년 국내 입양문화 활성화를 위해 취해진 '혼인한 사람만이 입양할 수 있다'는 조항의 삭제는 아이를 원하는 미혼 여성들이 새로운 형태의 가족을 형성하는데 일조하였을 것이다. 사회화와 교육에 관련해서도, 탁아소와 유치원, 학교 그리고 대학이 문화와 삶에 필요한 기술과 지식을 전달하는데 있어 가족보다 점점 더 중요한 대행자가 되고 있다. 게다가 산업사회에서 개인의 사회적 위치는 비록 인생의 초기에 가족의 배경에 의해 많은 영향을 받을 지라도, 귀속지위보다 스스로 노력하여 얻을 수 있는 성취지위에 의해 결정되기 쉽다. 경제적 활동과 관련해서도, 산업사회에서는 대부분 사람들이 집 밖의 직장에서 가족 성원이 아닌 타인들과 일을 함께 하므로, 가족은 더 이상 경제적 생산 활동에서 중심적인 역할을 수행하지 않는다. 마지막으로, 병원, 양로원, 은퇴 공동체 그리고 다른 많은 제도들이 취약한 사람들을 돌보아주고 보호해준다.

요컨대 산업화와 도시화 그리고 개인주의의 확산 등으로 인해 가족의 전통적 기능들을 다른 제도와 조직들이 수행하게 됨에 따라 가족은 과거 전통사회에서 수행했던 중추적 기능들을 상당부분 상실하고 있다. 그 결과 전통사회에서 가족이 수행했던 역할들은 변하고 있고, 또 그 역할들은 과거만큼 중요한 것으로 간주되지 않는다. 예를 들어, 노인 부양은 과거에는 가족의 주된 기능이었지만 정부의 복지정책과 개인의 연금으로 인해 가족은 노인 부양에서 더 이상 중추적 역할을 수행하지 않게 되었다.

기능주의적 관점에서 볼 때, 새로운 가족 현상이 그 사회의 사회질서와 통합에 해가 되면 사회문제가 된다. 오늘날 우리가 흔히 말하는 가족해체 현상은 그것이 사회를 와해시키고 불안정하게 만들 위험이 있다고 가정되므로 사회문제로 간주된다. 가족해체현상이 사회문제인지 아닌지에 대한 논쟁들의 핵심에는 가족의 전통적 기능들이 다른 제도들에 의해 성공적으로 수행될 수 있는지의 여부에 달려 있다. 그러한 논쟁에는 다음과 같은 질문들이 제기될 수 있다. 탁아소와 유치원이 가족을 대신하여 아이들을 잘 사회화하고 교육할 수 있는가? 노인복지제도가 가족을 대신하여 효율적으로 노인들을 잘 부양 할 수 있는가? 한 부모 가족은 두 부모 가족과 마찬가지로 자녀들에게 사회에서 적합한 행동과 태도들을 잘 사회화시키고 교육시킬 수 있는가? 이혼이 사회문제인가 아니면 여성의 자율성을 해치는 기존의 가족제도가 사회문제인가?

여성의 노동시장 참여는 여성에게 경제적 독립과 자율성을 주어 여성의 지위를 향상시켰고, 그러한 여성의 지위 향상은 앞에서 언급한 비혼모와 같은 새로운 가족 형태뿐 아니라 이혼율도 상승시켰다. 즉 전통적인 가족 형태를 붕괴시키는데 일조하였다. 여기서 또 다른 질문이 야기된다. 기존의 전통적 가족의 이해는 가족의 여성 성원의 이해와 상반되며, 남성 가족 성원들은 여성 가족 성원들을 지배하기 때문에 남녀평등에 위배된다. 그리고 이혼은 불행한 가족생활을 종식시키고 개인이 보다 나은 삶을 추구하는 제2의 선택이라면(Cherlin, 1990), 높은 이혼율은 사회문제로 간주될 수 없다. 즉 동일한 현상이라고 할지라도 어떤 접근 방식에서 보느냐에 따라 사회문제가 될 수도 있고 안 될 수도 있다.

나. 갈등이론과 페미니스트 접근방식

갈등이론과 페미니스트 접근방식은 개인 혹은 집단 간의 경쟁에 초점을 맞춘다. 모든 해석은 잠재적인 갈등의 요소들을 구체화하도록 가정된다. 스프레이는 가족에 대한 갈등론적 접근방식에서 사용되는 기본 가정들을 다음과 같이 요약했다(Sprey, 1979).

첫째, 인간은 자기중심적이므로, 필요하다고 생각되면 다른 사람들을 희생시켜서라도 자신의 이익을 추구하는 경향이 있다. 희소성이 실제로 존재하거나 인식되는 조건 하에서 선택을 할 때, 사람들은 타인의 이해보다 자신의 이해를 우선시할 것이다.

둘째, 인간 환경은 상징적이다. 왜냐하면 인간 환경은 사람들이 생성한 아이디어들과 상징들로 구성되어 있기 때문이다. 인간은 정점에 있는 위대한 상징들을 열망하고 또 성취하고자 한다. 인간이 권력, 위세, 특권 등과 같은 상징적인 것들을 얼마만큼 원하는지는 알 수 없다. 그러나 희망과 열망 그리고 그것에 대한 성취 사이에는 영원히 불일치가 존재하며, 그러한 불일치가 갈등의 근원이 된다.

셋째, 경쟁은 거의 모든 사회적 관계에 만연되어 있다. 경쟁은 한쪽 편에 이득을 주고 다른 편에는 손실을 주는 상황을 정의한다. 사람들은 자신들의 관계가 항상 경쟁적이라는 사실을 인식하지 못하는데, 왜냐하면 이방인들에 대항하는 동맹관계에서 얻은 보상이 그러한 경쟁 관계를 감추기 때문이다. 이를테면 남편과 부인은 그들 사이의 경쟁 관계를 인식하지 못할 수 있는데, 왜냐하면 그들이 협동을 통해 얻는 혜택이 경쟁 관계의 비용을 상쇄시키기 때문이다. 하지만 이런 사실은 남편과 부인 사이의 관계에 경쟁이 없다는 것을 의미하지 않으며, 단지 부부가 흔히 그런 경쟁 관계를 인식하지 못하고 있다는 것을 의미한다.

가족을 분석할 때 가족 성원들에게 유용한 자원들과 그러한 자원들이 가지는 중요한 상징성을 이해하는 일은 필수적이다. 자원들이 중요한 상징을 가지며 또 희소한 것으로 인지될 때, 그 자원들에 대한 경쟁은 치열해진다. 경쟁은 희소한 자원들이나 양립할 수 없는 목표들을 향한 개인들이나 집단들 간의 대결로 정의된다.

갈등론의 접근방식은 마르크스의 이론에 뿌리를 두고 있다. 마르크스는 자본주의의 체제가 전반적으로 지배 계층의 아이디어를 지지한다고 믿었다. 갈등론과 페미니스트 접근방식에서 가족은 다른 사회제도들과 마찬가지로 지배집단의 이해관계에 기여한다. 서구사회에서 아내와 자녀들을 통제하는 가장의 권위는 봉건사회의 가장 즉 영주(그리고 국왕제도)에 의해 정당화되었다. 영주는 모든 가족의 가장들에 대한 '가장'이었고, 또 각 가정의 가장은 가족성원들의 '가장'이다. 따라서 가부장제는 여성과 아내를 가장인 남편과 영주에게 이중으로 종속시켰고, 가장이 영주에게 종속되는 위계구조를 정당화하는데 크게 기여한다(기틴스, 1997). 가부장적 위계구조는 서구사회뿐 아니라 동양사회에서도 강조되었다. 하지만 서구의 가부장제는 핵가족의 사적 권위에 근거하고 동양의 가부장제는 확대가족의 공적 권위에 기초하는 주된 차이점이 있다. 서구와 달리, 동양에서 가장의 권위는 가족이란 법인단체에서 부여받고 지지되었던 까닭에 공적인 것이었다(이성용, 1997; 2007).

오늘날에도 지배형태의 가족은 지배계층의 경제적 이해에 기여할 수 있다. 예를 들어, 핵가족은 자본주의자들의 경제적 이윤 추구에 큰 도움을 줄 수 있다. 확대가족에 비해 핵가족(그리고 1인 가족)은 자본주의자가 생산한 상품들을 소비할 소비단위의 수를 크게 증가시킬 수 있다. 확대가족에 비해 핵가족은 많은 상품들−이 중에는 거의 사용할 필요가 없는 것도 있다 − 을 소비한다. 각각의 핵가족은 거주할 집과 텔레비전, 냉장고, 자동차 등을 소유한다. 세탁기는 일주일에 불과 몇 시간 사용하지만 대부분의 가족은 다른 가족들과 공유하기 보다는 자신의 것을 구입한다. 만일 확대가족이라면 그러한 소비재를 공동으로 구입하여 함께 사용했을 것이다. 그러면 그 소비재의 시장은 축소될 것이고, 자본가의 이윤도 감소될 것이다. 확대가족의 공동체 가족은 물품들을 공동으로 소유하기 때문에 자본주의 경제가 의존하는 사적 재산의 소유권을 위협한다.

갈등이론가들은 또한 가족 체제가 사회경제적 불평등의 영속에 기여한다고 주장한다. 왜냐하면 많은 사회에서 특히 자본주의 사회에서 상속이 친족제도에 근거하기 때문이다. 상속제도는 가족이 세대에 걸쳐 부를 축적하고 영속시키는 것을 가능하게 한다. 이를테면 미국의 록펠러 집안이나 우리나라의 삼성 가문은 막대한 재산을 후손들에게 물려주었다. 재산을 상속 받은 사람은 받지 못한 사람보다 확실한 경제적 이점이 있다. 이러한 제도에서 가족은 종속과 지배를 영속시키는 통로의 역할을 한다.

갈등이론과 페미니스트 접근방식은 근대론자와 구조주의자들의 '전형 가족' 이데올로기를 집요하게 공격한다. 앞에서 언급한 머독의 가족의 정의에 근거하여, 기틴스(1997)는 공동거주, 경제적 협동, 재생산, 이성애를 전형 가족의 주된 네 가지 기능으로 가정했다. 그녀는 이 네 가지 기능이 가족의 보편적 특성이 아니라고 주장한다. 먼저 사람들이 같이 살고 있지 않아도 서로를 가족으로 인식할 수 있고 또 가족 성원이 아닌 사람도 같이 살 수 있다는 점에서 공동거주 기능이 갖는 문제점을 제기한다. 경제적 협동에 대해서는, '협동'의 관념이 평등한 분배를 함축하지만 가족 내의 분업과 자원의 할당은 좀처럼 공평하게 이루어지는 것이 아니라 성과 연령에 따라 차이가 난다는 점을 지적한다. 이성애와 재생산도 마찬가지로, 이성간의 성관계를 의미하는 이성애는 다양한 성애의 한 형태이고, 결혼이 항상 자녀의 재생산에 연계된 것은 아니며, 또 일부일처제 결혼은 세계의 모든 결혼 가운데 10%에 불과했다고 지적한다. 그녀는 결혼이 보편적이 아니라고 주장한다. "머독의 정의는 공동거주, 경제적 관계, 성애, 재생산 등이 조직될 수 있는 다양한 방법을 고려하지 않았다"(기틴스, 1997: 99). 세계에는 전형 가족이 유일한 형태로 존재한 것이 아니라 다양한 형태의 가족들이 존재하였다. 여기서 우리는 마르크스주의자와 페미니스트들이 왜 동성애 가족이나 비혼모 등과 같은 다양한 형태의 가족에 호의적인지를 알 수 있다.

기틴스의 비판에서 엿볼 수 있듯이, 갈등이론과 페미니스트 접근방식은 가족 내의 권력관계에 초점을 맞춘다. 전통 가족제도, 특히 가부장 가족제도는 남성이 정치적·경제적 의사결정을 내리고 여성과 아이들은 복종하는 제도로 가정한다. 따라서 마르크스주의자와 페미니스트들은 일차적으로 전통 가족제도의 주된 특징의 하나인 성별분업에 강한 의문을 제기한다. 남편과 아내 사이의 관계는 마르크스 이론의 자본가와 노동자 사이 관계와 비교된다. 엥겔스는 일부일처제 가족을 아내가 최소한의 지원과 보장을 받는 대가로 남편에게 강제로 몸을 팔고 가내노동을 하는 제도로 보았다(Engels, 1942: 138).

산업사회에서 여성은 남성의 지배를 받는 종속적 지위를 받아들이기 보다는 평등한 지위를 요구한다. 이러한 변화는 여성들이 노동시장에 참여하여 획득한 경제력과 권력을 통해 남성들의 강제에 저항할 수 있는 자원을 축적한 결과에 기인한다. 역으로, 과거 여성이 남성에게 종속될 수밖에 없었던 이유는 여성들이 남성으로부터 독립하여 살 수 있는 경제력이 없었기 때문이라고 할 수 있다. 오늘날 노동시장 참여를 통해 획득한 경제력과 권력은 여성이 남성과 평등한 삶을 누릴 수 있는 발판을 만들어 주었다. 이러한 사고는 오늘날 많은 여성들이 자녀의 출산과 결혼보다 자신의 경력을 더 중시하게 만든다. 왜냐하면 남성으로부터 독립할 경제력이 없는 여성은 남성에게 종속될 수밖에 없는 결혼생활을 해야 하기 때문이다. 이와 같이 갈등이론과 페미니스트 입장은 전형 가족을 가족 성원들의 '통합'으로 보는 것이 아니라 서로가 자신의 이해를 최대화하는 '권력 투쟁'의 장으로 인식한다.

게다가 갈등이론과 페미니스트는 생물학적인 '모성애'를 부정한다. 그들은 모성애를 생물학적 모성애와 사회적 모성애로 구분한다. 생물학적 모성애는 여성이 아이를 임신하고 출산하면 거기서 종결된다(기든스, 1997). 모성애는 본능이 아니라 사회적 이데올로기이다(기든스, 1997; Glenn, Chang and Forcey, 1994). 모성애는 사회적 구성물이므로 아이를 돌보고 양육하는 일은 어머니와 똑같이 아버지도 할 수 있다는 결론이 나온다. 자녀 양육의 동등한 부담에 정당성을 부여한다. 만일 페미니스트들이 모성애를 생물학적 본능으로 인정한다면, 여성들은 아이들을 낳고 키우기 위해 집밖의 일보다 집안의 일을 하는 것이 합리적이기 때문에 여성은 일보다 출산이 더 중요하다고 생각될 수 있으며, 가부장적 가족제도에 정당성을 부여할 수 있는 위험의 소지가 생긴다.

갈등이론가들은 지배 집단이 일부일처제, 핵가족, 가족 상속, 사적 재산이 최선의 것이라는 사실을 학교, 미디어 등을 통해 사람들에게 교육시킴으로써 자신의 위치를 위협받지 않도록 보호한다고 주장한다. 사람들은 사회화와 교육을 통하여 이러한 믿음을 내면화하기 때문에 미혼모 등 다양한 형태의 가족들을 인정하지 않게 된다. 게다가 강력한 사회적 규범들은 사람들에게 사회적으로 용납되는 유일한 형태의 가족에서 살도록 동기화시킨다. 따라서 갈등이론과 페미니스트 접근방식에서 보면, 기능주의자와 반대로 오히려 전형 가족이 사회문제가 된다. 전형 가족은 지배집단의 이해에 기여할 뿐, 산업사회에서 요구하는 여성의 자유과 권리를 방해하기 때문이다.

구조기능주의자는 새로이 생성된 가족현상이 기존의 사회질서를 위협하기 때문에 새로이 생성된 가족현상(혹은 다양한 가족)을 사회문제라고 간주하는 반면, 갈등론자와 페미니스트들은 그 반대로 기존의 가족 형태들이 오늘날 급격히 변화하는 사회 환경에 적합하지 않다고 가정하기 때문에 구조기능주의자들이 보편적이라고 가정하는 전형가족을 오히려 사회문제라고 볼 것이다.

다. (탈)근대성 이론: 맬서스주의 혼인체제와 아노미 가족문화

근대성 이론은 사회적 진보와 보편 원칙을 가정한다. 사회적 진보는 개인의 자유와 자율성이란 근대성 혹은 근대정신(modernism)에 기초해야 하고, 또 개인의 자유와 자율성은 인권이란 보편 원칙으로 나타난다. 근대성의 고전 가족이론에 따르면, 산업혁명은 전근대의 확대가족을 근대의 핵가족으로 전환시켰다고 가정한다. 산업화와 도시화 그리고 사회경제적 발전의 과정에서 전통사회의 확대가족은 근대사회의 핵가족으로 변천한다. 확대가족에서 핵가족으로의 전환은 사회적 진보를 뜻하는 보편원칙이었다. 그런데 놀랍게도 근대성의 진보는 역사란 시간의 개념이 아니라 서구와 비서구란 공간의 개념에 근거하고 있다. 근대성과 근대사회란 사회적 진보를 이룩한 곳은 서구이므로, 만일 비서구 사회가 서구사회처럼 사회적 진보를 이룩하고자 한다면 서구의 근대성 모델을 추종해야 한다.

앞에서 언급한 기능주의와 갈등주의 접근방식의 가족이론은 사회적 진보를 뜻하는 근대성의 보편원칙에 근거한 이론이다. 20세기 후반 서구의 근대성 가족이론은 영국의 케임브리지 역사인구학자들에 의해 무너지기 시작하였다.

라사렛(Laslett, 1977)에 따르면, 산업혁명이전에도 서유럽에서 보편적인 가족형태는 확대가족이 아니라 핵가족이었다. 헤이널(Hajanl, 1963; 1982)은 이탈리아 동북부의 트리에스테(Trieste)와 러시아의 상트 페테르부르크(St. Peterburg)를 남북으로 잇는 경계선을 중심으로 하여 서유럽과 기타 지역이 다른 패턴의 가구형성 패턴 혹은 가족문화를 보인다고 주장했다. 헤이널에 따르면 북서유럽은 '단순 가구(simple household)'의 체제로 다음과 같은 특징이 있다. 첫째 비교적 혼인연령이 높으며 비혼율이 높다. 둘째, 파트너들은 혼인 이전 가구들을 순환하는 생애주기 서번트(life-cycle servant) 생활을 한다. 셋째, 신혼부부는 혼인시점에 새로운 독립적인 신거주 가구를 형성한다.

반면 동유럽과 아시아를 포함한 기타지역들은 연합가족(joint household) 체제를 형성하며 서유럽과 상이한 특성을 보인다. 첫째, 남녀 배우자들 모두는 비교적 이른 나이에 결혼을 한다. 둘째, 혼인을 하면 새로운 경제적으로 독립된 가구를 형성하는 것이 아니라 주로 특정 배우자의 부모 가구에 들어가 결혼생활을 시작한다. 셋째 어느 시점에 가면 연합가구는 둘 혹은 그 이상의 새로운 가구들로 분리된다. 헤이널의 후계자들은 서유럽의 독특한 가구형성 패턴을 맬서스주의 혼인체제라 부른다(맥팔레인, 2014; 이성용, 2013).

상이한 가구 형태는 상이한 가족문화의 동반을 가져오기 마련이다. 서유럽의 핵가족에서는 부부 관계가 부모-자녀 관계보다 중시되는, 우리나라를 포함한 대부분의 비서구 사회의 확대가족에서는 부모-자식 관계가 부부관계보다 중시되는 삶의 방식이 있다(이성용, 2013). 서유럽에서 혼인은 경제적으로 독립된 가구형성을 의미했기 때문에, 신혼부부의 살림살이(경제)와 신혼부부 부모의 살림살이는 별개의 독립채산제였다. 특히 서유럽 특유의 문화인 서번트 체제(servant system)은 자녀들에게 어릴 적부터 타지에서 임금노동을 수행하게 함으로써, 혼인 후 경제적으로 독립된 가구를 형성할 수 있는 혼인자금을 마련하는데 결정적 역할을 했다(맥팔레인, 2014). 16세기부터 19세기 초반 근대 영국에서 젊은이들의 60-70%가 서번트 생활을 경험하였다(이성용, 2013). 서구인은 노후에 자녀로부터 경제적 혜택을 거의 기대할 수 없기 때문에, 자녀를 이해관계가 아니라 사랑으로 키운다고 말한다. 서구는 빈민과 노인에 대한 부양책임을 가족이 아니라 교회, 영주, 길드, 정부가 떠맡아 왔던 오랜 전통이 있다. 이런 까닭에 자녀는 이해관계가 결핍된 '애완동물(pet)'이었다. 부부관계가 부모-자녀관계보다 중시되었던 까닭에, 부부의 주된 이혼 사유도 '불임'이 아니라 '성불능'이었다(맥팔래인, 2014).

우리나라를 포함한 많은 비서구사회에서 산업화와 경제성장을 이룩하기 위해 근대성 이론을 받아들였다. 특히 문화와 가족관련 근대성 이론은 서구의 삶의 방식이 비서구인의 삶의 방식보다 우월하다는 인식의 서구화(westernization)를 동반하며, 대중교육과 대중매체는 서구화 이데올로기를 비서구사회의 사람들에게 널리 보급하고 이식하는데 결정적인 역할을 하였다(Caldwell, 1982). 앞에서 언급한 바와 같이, 서구의 근대성은 개인주의 이데올로기, 특히 개인의 자율성과 경제적 독립성을 전제로 한다. 반면 두 유형의 가족문화는 구명보트와 법인단체라는 상반된 윤리를 동반한다.

우리나라는, 특히 1997년 외환위기 신자유주의가 도입된 이후, 부계의 가족주의 문화와 개인주의 개인화가 혼재된 아노미 가족문화를 형성하였다고 할 수 있다(김혜경, 2013; 이성용 2019). 이를테면 오늘날 비혼 젊은이들(특히 여성)에게 결혼은 배우자간의 친밀성과 섹슈얼리티를 억제할 뿐 아니라 자아성취를 방해하고 개인의 희생을 요구하는 제도로 인식되는 반면, 비혼은 여태까지 누려온 자유로운 삶 - 그러나 자신외의 다른 가족 성원들에게는 책임 없는 삶 - 을 선택하는 행위로 간주되는 경향이 있다(박수민, 2017). 기혼여성의 출산 결정에서도 한편으로는 자녀양육에 대한 남편의 경제적 역량을 요구하지만 다른 한편으로는 출산과 양육으로 인한 여성 자신의 경력 손실을 요구한다(이성용, 2019). 우리나라에게 가족문화는 확대가족의 법인윤리가 핵가족의 구명보트 윤리로 대체된 것이 아니라, 개인의 이해에 따라 전자와 후자를 선택하는 경향이 있다.

2. 가구 구조의 변동

가. 가구 변동

가족은 혈연, 혼인, 입양 등을 통해 관계가 형성된 까닭에 공동거주하지 않는 사람도 가족에 포함된다. 반면 가구는 "한 거주 단위에서 같이 살고 있는 가족관계의 성원들과 가족관계를 갖지 않는 사람들"로 구성된다(Siegal and Swanson, 2004: 203). 비록 가구에는 가족 성원이 아닌 사람들도 포함될 수 있지만, 우리나라는 가구의 구성원들이 거의 대부분 가족관계에 있는 사람들로 구성된다. 따라서 가구구성을 분석하면 우리 가족 관계의 많은 측면을 고찰할 수 있다. 사실 한국의 가구 및 가족 변화에 관한 대부분의 연구들은 가구를 기본 단위로 하여 분석하였다.

〈표 7-1〉에서 보는 바와 같이, 우리나라의 총가구수는 1980년에 약 797만 가구였으나 이후 급속히 증가하여 2015년에는 1,911만 가구에 이르렀다. 35년 만에 총가구수가 약 2.5배 증가한 것이다. 반면 가구당 평균 가구원수는 1980년 4.5명에서 2015년 2.5명으로 계속 감소했다(1970년 이전에는 평균 가구원수가 5~6명이었다).

〈표 7-1〉 총가구수와 평균 가구원수의 변동: 1980-2015

	1980	1985	1990	1995	2000	2005	2010	2015
총가구수(1,000가구)	7,969	9,571	11,355	12,991	14,391	15,988	17,574	19,111
평균 가구원수(명)	4.5	4.1	3.7	3.3	3.1	2.9	2.7	2.5

자료: 통계청, 「2010 인구주택총조사 표본집계결과(가주주택부문)」, 2011. 단, 2010년과 2015년은 통계청, 「2015 인구주택총조사. 전수부문: 등록센서스 방식 집계결과」, 2016.

가구원수별 가구의 구성비를 살펴보면(〈그림 7-1〉), 1980년에는 5인 이상의 가구가 가장 높은 비율을 보였지만, 2015년에는 가장 낮은 비율을 보인다. 4인 가구의 비율은 1985년에서 2010년 사이에는 가장 높은 비율을 보였지만, 2015년에는 두 번째로 낮은 비율을 보인다. 5인 이상의 가구 비율이 1985년 이후 급격히 하락한 데에는 3세대 가구비율의 감소, 1950년대 후반 이후에 태어난 베이비붐 세대 자녀들의 분가, 그리고 세 자녀 출산가정의 감소에 기인한 것으로 보인다. 4인 이상의 가구 구성비는 1980년 이후 계속 감소세를 보이는 반면 3인 이하의 가구 구성비는 계속 증가세를 보인다. 특히 1인 가구 구성비의 증가율은 매우 놀랍다. 불과 30년 사이에 그 구성비가 5배 이상으로 증가하였다. 1인 가구는 별도의 단원에서 구체적으로 살펴볼 것이다.

〈그림 7-1 〉 가구변천: 1980-2015년

(단위: %)

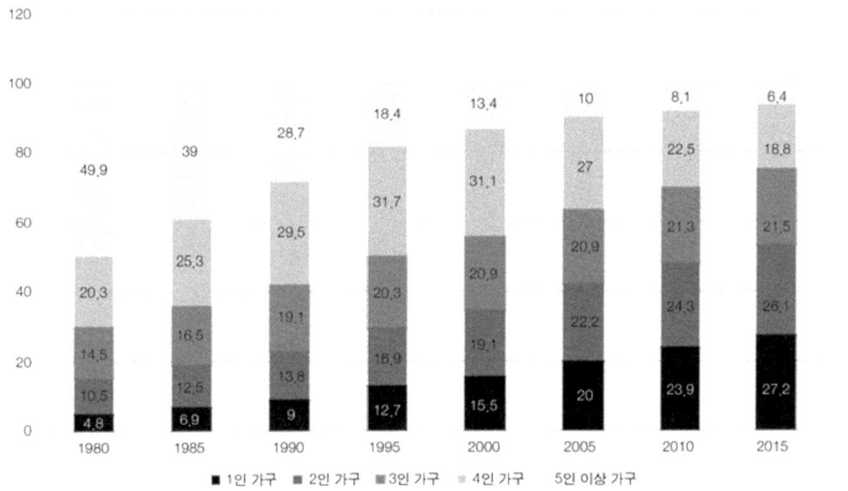

자료: 통계청, 「2010 인구주택총조사, 표본집계결과(가주주택부문)」, 2011. 단, 2015년은 통계청, 「2015 인구주택총조사, 전수부문: 등록센서스 방식 집계결과」, 2016.

〈그림 7-2〉 1인가구와 세대변천: 1980-2015년

(단위: %)

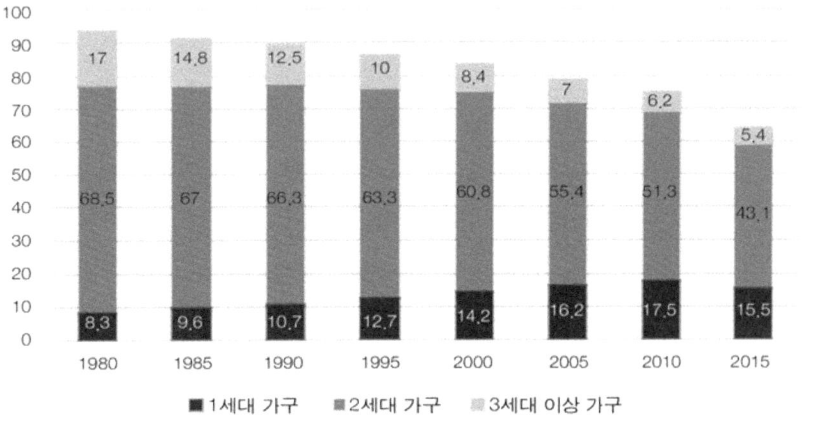

자료: 통계청, 「2010 인구주택총조사, 표본집계결과(가주주택부문)」, 2011. 단, 2015년은 통계청, 「2015 인구주택총조사, 전수부문: 등록센서스 방식 집계결과」, 2016.

〈그림 7-2〉는 전체가구 중 1인가구와 비친족 가구를 제외한 친족가구를 대상으로 하여 지난 35년간 세대별 가구분포의 변동을 보여준다. 1세대 가구의 구성비는 1980년에서 2010년까지 계속 증가한 반면 2세대와 3세대이상 가구의 구성비는 계속 감소하고 있다. 2015년 1세대 구성비의 감소는 1인가구의 증가에 기인하는 것처럼 보인다. 1세대 가구의 증가는 무자녀 부부가족의 증가와 자녀를 출가시킨 상태에서 사는 노인가구의 증가를 의미한다. 반면 3세대 이상 가구의 구성비 감소에는 성인 자녀들이 혼인을 하여 분가하는 가족현상 – 아파트 청약권을 얻기 위해 부모에게서 분가하는 세대주 현상을 포함하여 – 과 성인 자녀가 일하는 장소와 부모가 거주하는 장소가 다른 관계로 성인자녀 가족과 부모가 따로 사는 현상들이 상당한 영향을 미쳤을 것이다.

2세대 가구의 구성비도 1990년 이후에는 계속 감소하고 있다. 2세대 가구의 전체 비율은 2000년에 비해 2010년 확실히 감소했지만, 유형별로 살펴보면 차이가 난다. 1995년 이후 2010년 사이 양부모와 자녀가 사는 2세대 가구의 비율 – 1995년 50%, 2000년 48.2%, 2005년 42.2%, 2010년 37% – 은 감소하는 반면 한부모와 자녀가 사는 2세대 수 – 1995년 96만 2000년 112.4만, 2005년 137만 2010년 159.4만 – 는 증가하고 또 조손가구의 2세대 수는 2000년 4.5만에서 2005년 5.8만으로 증가하였다가 2010년 5.1만으로 감소하였다. 더불어 3세대 가구의 비율은 1980년대 이후 계속 감소하고 있다. 이러한 변동은 1980년대 이후, 특히 외환위기 이후, 구조기능주의자와 같은 보수주의자가 전형적인 가족라고 말하는 가족의 형태가 근본적으로 변화하고 있다는 사실을 나타낸다.

이상의 분석들을 종합해 보면 다음과 같다. 첫째, 1980년 이래 평균 가구원 수는 계속 감소하고 있다. 둘째, 5인 이상 가구의 비율은 1980년대 이후 계속 감소하고 있다. 2000년 이전에는 4인 가구가 3인 가구보다 월등히 높은 비율을 유지하였지만, 그 후 감소하여 2015년에는 3인가구가 오히려 높은 비율을 보인다. 셋째, 1세대 가구의 구성비는 감소하는 반면 3세대 이상 가구의 구성비는 증가하고 있다. 2세대 가구의 구성비도 1990년 이후에는 감소 추세를 보인다. 2세대 가구 중 양부모와 자녀로 구성되는 전통적인 핵가족의 비율이 최근 감소하고 한부모 가족과 조손가족의 수가 증가하는 경향이 있다. 1980년 이후 우리나라 가족에 근본적인 변동이 발생하고 있다.

나. 1인 가구

2015년 「인구주택총조사」에 의하면 우리나라 1인 가구의 수는 약 520만으로, 전체가구의 27.2%를 구성한다. 장래가구 추계에 의하면, 1인가구의 비중은 2017년 28.5%(558.3만)에서 2047년 37.3%(832만)으로 증가할 것으로 전망된다(통계청, 2019.09).

〈그림 7-3〉 성·연령별 1인 가구 비율 추세: 2000년과 2017년

전체	여성	남성

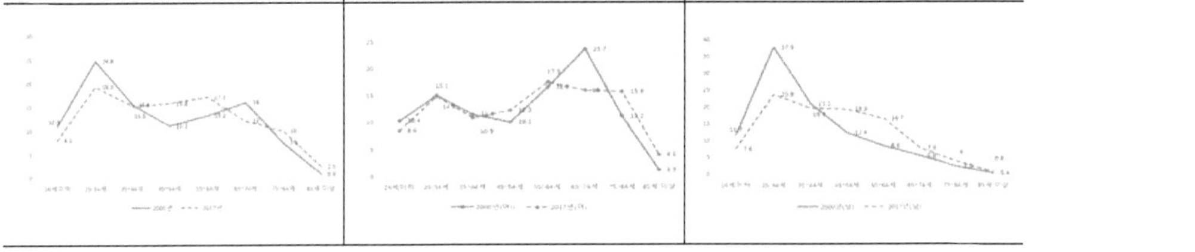

자료: 통계청, 「인구주택총조사에 나타난 1인 가구의 현황과 특성」, 1918, 12쪽.

〈그림 7-3〉을 보면, 남녀전체 연령별 1인가구 분포를 보았을 때, 25-34세의 비중이 가장 높다. 34세 이하 집단과 65세 이상 노인 집단의 1인 가구 비율을 비교하면, 34세 이하 청년집단이 높은 비율을 보인다. 그러나 남녀를 구분하면 상황이 바뀐다. 남성의 1인 가구 비율은 34세 이하 집단이 65세 이상 노인 집단보다 2배 이상 훨씬 높은 비율을 보인다 - 2017년, 청년 31.4%. 노인 12.7%. 여성 1인 가구 비율은 65세 이상 노인집단(2017년 35.9%)이 34세 청년집단(23.5%)보다 높지만, 청년층과 노년층 모두가 높아 쌍봉 패턴을 보인다.

1인가구의 비율은 2000년에서 2015년 사이 15.5%에서 27.2%로 두 배 가까이 증가했다. 하지만 1인 가구 비율의 변동은 연령별·성별에 따라 상이한 패턴을 나타낸다. 흥미롭게도 청년집단의 1인 가구 비율은 남녀 모두, 지난 17년간 증가한 것이 아니라, 감소했다. 가장 높은 비율을 보였던 25-34세 청년 1인 가구 비중은 2000년 24.5%에서 2017년 19.3%로 낮아졌다. 이 기간 동안 여성의 비율은 미미한 변화를 보이지만, 남성의 1인 가구 비중은 2000년 37.9%에서 2017년 23.8%로 크게 감소했다.

눈에 띄는 또 다른 변화는 45세-64세 중년층 1인 가구 비율의 증가이다.

이 연령대의 1인 가구 수는 2000년 53만9천 가구에서 2015년에는 184만9천 가구로 3배 이상 늘었고, 그 비중도 24.3%에서 32.9%로 높아졌다. 특히 남성 1인 가구의 비중은 2000년 21%에서 2017년 36.1%로 커졌다.

중년층 1인 가구의 비율 증가에는 만혼, 그리고 중년층의 비혼율과 이혼율 증가가 큰 기여를 했을 것으로 추정된다. 45-49세까지 평생 비혼 비율은 2000년에는 남성 1.2%, 여성 1.1%에 불과했다(이성용, 2012). 그러나 2015년 40-49세 비혼율은 남성 18.2%, 여성 8.8%로 크게 증가하였다(통계청, 2016.12). 게다가 이혼율 역시 외환위기 이후 증가하였다. 조이혼율은 1997년 1.5에서 2000년 2.5, 2003년 3.4로 정점을 이룬 뒤 계속 2이상을 유지하고 있다. 이혼율은 남녀 모두 40-50대에서 가장 높게 나타나고 있다(이성용, 2012). 이러한 혼인상태의 변동은 2015년 40대와 50대 1인 가구의 혼인상태 분포에서도 잘 나타난다. 40대의 경우 비혼이 무려 56.3%에 달했고 그 다음이 이혼으로 23.3%였다. 유배우 비율은 18.5%, 사별은 2%에 불과했다. 50대는 비혼 22%, 유배우자 23.9, 사별 15.8%, 이혼이 28.4%이었다(이여봉, 2017).

65-74세의 1인 가구 비율을 살펴보면, 지난 17년 사이 남성은 약간 증가한 반면 여성은 크게 감소했다. 65~74살의 노인 1인 가구 중 이혼가구의 비율은 2000년 3%에서 2015년 16.2%로 높아졌다. 반면 기대수명의 증가로 인해 사별가구의 비율은 2000년 90.6%에서 2015년 70.2%로 줄었다. 노인가구가 배우자 사별로 1인가구가 되는 비율은 감소했지만, 이혼으로 노인 1인 가구가 되는 비율은 증가했다. 이러한 이혼율과 기대수명의 증가는 65-74세의 1인 가구 변동에 상반된 영향을 미쳤을 것으로 추정된다. 남성은 1인 가구 비율의 증대로 여성은 감소로 이어졌을 것이다. 왜냐하면 이혼 후 홀로 살 가능성은 남성이 여성보다 높기 때문이다.

보다 곤혹스러운 현상은 남녀 모두 75세 이상 노인의 경우, 1인 가구의 비율이 증가했다는 것이다. 2000년 이전에는 노인들이 배우자와의 사별 후 자녀의 집에 합류하는 경향이 높았지만 2000년대 이후에는 자녀와 합가하지 않고 홀로 사는 추세가 증가되고 있는 사실을 반영하고 있다.

1인가구의 비율을 지역별로 살펴보면, 도시가 농촌보다 약간 높다. 2015년 당시 일반 가구 대 1인 가구의 비율은 읍·면(농촌) 지역 29.8%, 동(도시) 지역 26.6%였다(통계청, 2016). 1인 가구 비율을 지역별로 보면 강원이 31.2%로 가장 높고 인천이 23.3%로 가장 낮았다. 하지만 2015년 1인가구의 수를 보면, 전체 520.3만 가구 중 동부 79.3%(412.5만), 읍·면 20.7%(107.8만)로 구성되어 있었다. 60세 이상 노인 1인 가구의 비율은 읍·면이 47.6%로 동 25.8%보다 훨씬 높았다. 반면 20-39세 청년 1인가구의 비율은 동 39.1%로 읍·면 21.3%보다 높았다(통계청, 2016.9).

1인가구는 다인가구에 비해 낮은 소득수준을 보일 뿐만 아니라 높은 소득 불평등도 보인다(윤승비·장건, 2018). 청년 1인 가구 빈곤율은 2011년 12%에서 2014년 21.2%로 상승했다(김태완·최준영, 2017: 9).

2006년과 2016년 「가계동향조사」를 분석한 홍승아 등(2017)의 연구에 따르면, 1인가구는 2인 이상 가구에 비해 낮은 가구소득수준을 보였다. 1인가구의 월 가구소득 분포를 보면 70%이상이 2006년 월 200만 미만, 2016년 300만 미만이었다. 반면 2인 이상 가구에서는 2006년 월 200만 미만이 26.8%, 2016년 300만 미만이 22.5%에 불과했다. 월 500만 이상의 고소득에서도, 1인가구는 2006년 1.8%, 2016년 7%에 불과했지만 2인 이상 가구에서는 2006년 13.1%, 2016년 36.6%이었다. 전 소득구간에 비교적 골고루 분포되어 있는 2인 이상 가구와 달리, 1인가구는 저소득 구간에 집중적으로 분포되어 있었다.

1인가구의 소득수준을 성별로 분석하면, 남성 1인 가구가 여성 일인가구보다 대체로 높은 소득수준을 보인다. 가계동향조사 분석결과에 따르면, 남성의 경우 평균소득이 2006년 183만에서 2016년 253만으로 38%(70만)가 증가한 반면, 여성은 같은 기간 129만에서 234만으로 무려 82%(105만)가 증가했다. 지난 10년간 성별 1인가구의 소득수준을 보면, 남성은 정체된 반면 여성은 크게 증가했다. 그 주된 이유는 지난 10년 간 25-44세 남성 1인 가구에서 저소득층의 비율이 증가했지만, 동 연령대 여성 1인 가구에는 고소득층 비율이 증가했기 때문이다(홍승아 등, 2017: 43-44). 2005-2012년 「한국복지패널」 자료를 분석한 한 연구(김종숙·배효종, 2014)에서도, 최근 유입된 중년층 남성 1인 가구에서 빈곤계층의 유입이 상당히 높은 수준으로 나타나고 있음을 밝히고 있다. 청년기의 빈곤율 증가에 남성 1인가구의 증가가 커다란 역할을 하고 있다.

2006년과 2016년 사이 24-44세 1인가구의 연령별 소득수준을 살펴보면,

20대 1인가구는 월평균소득이 141만에서 177만으로 36만(25%)이 증가했다. 반면 30대는 171만에서 273만으로 그리고 40대는 164만에서 260만으로 100만 가까이 혹은 그 이상으로 증가했다(홍승아 등, 2017: 46).

한국에서 1인 가구 현상은 서구의 개인화 이론이 말하는 개인의 자유를 향유하기 위한 '화려한 싱글'의 자발적인 현상이 아니라 '고립된 혹은 고독한' 비자발적 현상일 가능성이 높다. 청년 1인 가구의 경우는 남성이 여성보다 경제적 취약계층에 속할 가능성이 훨씬 높다. 화려한 싱글은 아마 최근 유입된 고소득 화이트칼라 30대 1인 가구들에만 해당할 수 있다. 국회 예산 정책처 '1인 가구의 인구·경제적 특징 분석' 보고서에 따르면, 30대에서만 1인 가구의 소득이 다인 가구의 소득보다 높았다. 그 이유는 30대 1인가구가 동년배 다인가구에 비해, 화이트칼라 비중(62.3%, 51.7%)과 대졸이상 학력의 비율(62.2%, 51.9%)이 높았기 때문이다(경향 2017년 12월 31일 "1인 가구 특징 … 살만한 30대, 불안한 50대, 가난한 60대). 하지만 청년 1인가구의 상당수는 경제적 취약계층에 속한다. 따라서 보편적으로 빈곤한 노인 1인가구와 달리, 청년세대(특히 30-40대) 1인 가구에서는 소득격차가 두드러진다.

서울시복지재단의 '서울시 고독사 실태파악 및 지원방안 연구보고서(송인주, 2016)'에 따르면, 전체 고독사 중 45-64세 중·장년층 비율이 62%로 가장 높았다. 65세 이상 노인은 16.6%였다. 연령대로 보면 50대가 35.8%로 가장 높았다. 성별로 보면, 남성이 84%로 여성보다 압도적으로 높았다.

또한 2016년 '무연고 사망자 현황'에 따르면, 무연고 사망자들(1,245명 중 연령미상 107명을 제외한 1,138명)은 남성 81%, 여성 19%로 구성되었다. 전체 무연고 사망자 중 40대 남성 13.6%, 50대 남성 29.2%, 60-64세 남성 12.9%를 차지하였다. 즉 40-64세 남성이 전체 고독사 중 55.7%를 차지하였다. 이는 직장과 가정에서 쫓겨나고 어느 곳에서도 사회적 지원을 받지 못하는 중장년층 1인가구 남성들이 고독사란 위험군에 가장 빠져 있다는 사실을 함축한다. 전체 고독사 중 65세 노인의 고독사 비율은 33.8%(남 22.8%, 여 11%)이다. 그런데 〈그림 7-3〉에서 보여주는 바와 같이, 45-64세 남성 1인 가구 수는 2000년 19.8만에서, 2010년 57만, 2017년 100.7만으로, 17년 사이 무려 5배 이상으로 늘어났다.

다. 평균수명의 증가

20세기 초 한국인의 평균수명은 남자 23세, 여자 24세에 불과했다. 1940년대에 평균수명은 남자 43세, 여자 47세로 남녀 각각 약 2배 정도 증가하였다. 1960년대 이후 경제발전은 우리의 생활수준을 향상시켰고 의학기술도 발달시켰다. 그 결과 남녀의 평균수명은 계속 상승해서 1971년에 남자 59.0세, 여자 66.1세, 1981년에 남자 62.3세 여자 70.5세, 1991년에 남자 67.7세 여자 75.9세로, 2017년에 남자 79.7세, 여자 85.7세로 향상되었다(참조 표 7-2). 남녀 평균수명은 계속 증가하여 2030년에 남자 82.6세 여자 87.7세, 2050년에 남자 86.2세 여자 90.1세에 도달할 것으로 추정되고 있다.

한국 전쟁이후 남녀 모두 평균수명이 증가하였지만 증가속도는 여자가 더 빨랐다. 그 결과 남녀 간의 평균수명의 차이는 1990년대까지 계속 증가하였다. 1955~60년 남녀 간의 평균수명 차이가 2.6세에 불과했지만, 1970년에 6.9세로 약 2.7배 증가하였고 1991년에는 그 차이가 무려 8.1세로 증가하였다. 모성사망률 감소와 유방암과 자궁암 치료로 인한 성인 여성들의 사망률 감소는 20세기 후반 여성의 평균수명의 증가에 큰 기여를 했다. 이러한 남녀 평균 수명의 차이는 도시화 현상과 더불어 농촌의 여성노인 단독가구의 증가에 많은 영향을 미쳤다.

〈표 7-2〉 평균수명

(단위: 세)

	1971	1981	1991	2000	2002	2005	2017	2030	2050
전체	62.3	66.2	71.7	75.9	77.0	77.9	82.7	85.2	88.2
남자	59.0	62.3	67.7	72.1	73.4	74.8	79.7	82.6	86.2
여자	66.1	70.5	75.9	79.5	80.4	81.5	85.7	87.7	90.1

자료: 통계청, 「장래인구 특별추계 결과」, 2005; 2017년부터는 통계청, 「장래인구특별추계: 2017-2067년」, 2019.

라. 출산율 변동과 혼인연령 상승

우리나라 출산율은 1960년을 기점으로 본격적으로 하강하였다. 1960년 우리나라의 합계출산율(여성 1인이 낳는 평균 자녀 수)은 6.0명으로 높은 출산수준을 보였다. 그러한 높은 출산 수준은 불과 20년 만인 1980년대 초 대체출산수준 이하로 떨어졌다. 1990년 들어 우리나라의 합계출산율은 외환위기 이전까지 1.5~1.7명 수준을 유지하였으나, 2000년 이후 감소하여 1.3의 초저출산 수준을 보여주고 있다. 특히 2018년에는 1명 미만으로 떨어졌다.

〈표 7-3〉 합계출산율의 변동

(단위: 명)

	1960	1970	1983	1990	1995	2000	2005	2010	2015	2017	2018
합계출산율	6.0	4.5	2.1	1.6	1.7	1.5	1.08	1.22	1.24	1.05	0.98

자료: 통계청, 「2010년 출생통계(확정)」, 2011. 단, 2015년부터는 통계청, 「2018년 출생통계(확정)」, 2019.

2000년대 이후 한국의 초저출산이 1997년 말 외환위기라는 급격한 경제적 환경의 변동으로 야기된 여성의 초혼연령상승과 그와 병행한 비혼 비율의 증가에 의해 상당한 영향을 받았다는 사실은 분명해 보인다(이성용, 2006; 전광희, 2005). 여성의 초혼연령은 20세기 들어 계속 증가되어 왔지만, 외환위기 직후 그 증가폭이 커졌다. 1990년대 이후를 볼 때, 외환위기가 일어난 1997년 여성의 평균 초혼연령은 25.7세로 1990년 24.8세에 비해 7년 동안 0.9세가 증가된 반면, 외환위기가 발생한지 7년이 지난 2004년에는 27.5세로 약 2년이 증가되었다. 또한 2004년에서 2010년 사이에 또 1.4년이 증가하였다. 남성의 초혼연령도 1990년에서 1997년 사이에 0.7년이 증가한 반면, 1997년에서 2004년 2년이, 그리고 2004년에서 2010년 1.2년이 증가했다. 여성과 마찬가지로 외환위기 이후 남성의 초혼연령은 높은 폭으로 증가하고 있다. 이러한 초혼연령의 급증은 1995년 이후 40세 미만의 유배우구성비 감소현상을 설명한다.

〈표 7-4〉 초혼연령의 변동

(단위: 세)

	1925	1940	1955	1960	1970	1980	1990	1995	2000	2005	2010	2015	2018
남	21.1	21.8	24.7	25.4	27.2	27.3	27.9	28.4	29.3	30.9	31.8	32.6	33.2
여	16.6	17.8	20.5	21.5	23.3	24.1	24.8	25.4	26.5	27.7	28.9	30.0	30.4

자료: 1980년 이전은 권태환·김두섭, 2002, 304쪽; 1990년과 1995년은 통계청, 「2002년 혼인 이혼통계 결과」, 2003; 2000년과 2005년은 통계청, 「2007년 혼인통계결과」, 2008; 2010년부터는 통계청, 「2018년 혼인이혼 통계」, 2019.

초혼 연령의 상승은 연령별 출산율의 변동에 즉각 반영되어 나타난다. 그것은 우리나라의 혼외 출산율이 매우 미미하기 때문이다. 우리나라 출산의 거의 대부분은 혼인한 부부 사이에서 일어난다. 25~29세 출산율은 1990년에 169.4에서 2010년 79.7 그리고 2018년 41로, 18년 만에 25% 수준으로 감소하였다. 2007년 이후에는 30~34세 연령대보다 낮은 출산율을 보인다. 반면 30대 초반 여성들의 출산율은 1990년 50.5에서 2010년 112.4로 상승했지만 2018년 91.4로 감소했다. 30대 후반의 출산율은 1970년에서 1990년 사이에는 감소했지만, 그 후 증가 추세를 보인다.

〈그림 7-4〉 모(母)의 연령별 출산율 추이

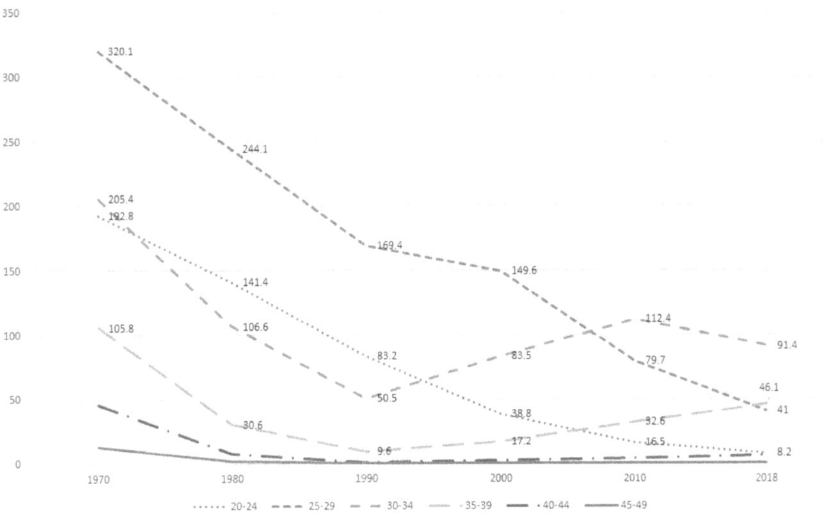

자료: 2000년 이전은 통계청, 「2006년 통계로 보는 여성의 삶」, 2006; 2005년은 통계청, 「출생통계」, 2005; 2010년부터는 통계청, 「2018년 출생통계(확정)」, 2019.

초혼 연령의 상승은 모(母)의 연령별 출산 구성비에 변화를 준다. 25~29세 모의 출생 구성비는 1995년 54.2%로 절반 이상을 차지하였지만 2010년 30%, 2018년 20%로 줄어들었다. 반면 30~34세 모의 출생 구성비는 1990년에 16.9%에서 2015년 49.3%로 계속 증가하였지만, 2018년에는 43.8%로 감소하였다. 만혼으로 인해 30대 후반의 출생 구성비도 계속 증가하고 있다. 35~39세 모의 출생구성비는 1991년의 2.4%에 불과했지만, 그 후 계속 증가하여 2010년 15%, 2018년 28%로 껑충 뛰었다. 그러나 20대 초반의 출생구성비는 1991년의 25.4%에서 2000년 11.5%, 2018년 4%로 감소하였다.

총출생아수는 1995년 71.6만에서 2005년 43.5만으로 10년 만에 60% 수준으로 떨어졌다. 2010년 총출생아 수는 약간 증가했지만 다시 감소하여 2018년에는 32.7만에 불과하였다. 1995-2005년 사이 총출생아수의 감소는 상당 부분 젊은 가임여성의 수와 그들의 출산율 감소에 기인한다. 하지만 비혼율의 증가도 유배우 출산율의 하락 못지않게 총출산아수와 출산율 감소에 기여를 했다.

〈그림 7-5〉 모(母)의 연령별 출생아수 구성비 및 총출생아수 추이

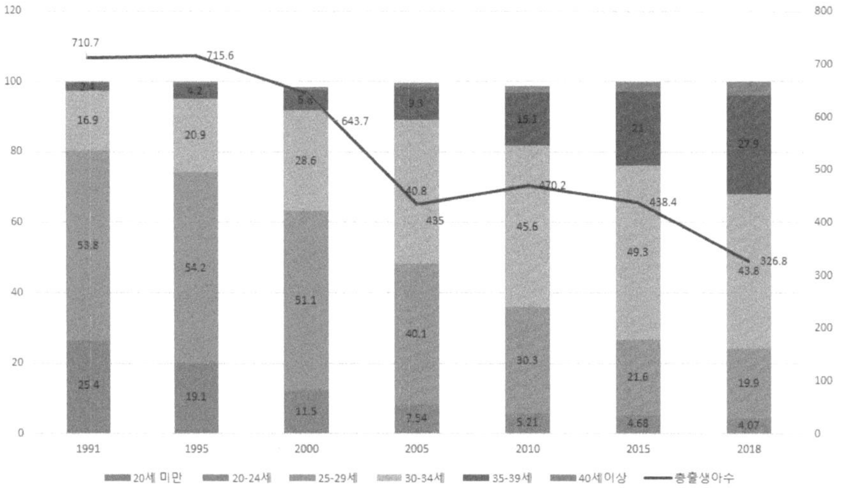

자료: 1991-2000년은 통계청, 「2000년 출생사망통계결과」, 2001; 2005년은 통계청, 「2015년 출산통계」, 2016; 2010년부터는 통계청, 「2018년 출생통계(확정)」, 2019.

초혼 연령의 상승은 연령별 혼인율 변동에도 강한 영향을 미친다. 〈표 7-4〉에서 보듯이, 1960년에는 여성의 초혼 평균연령이 21.6세로, 당시의 여성들은 오늘날의 여성보다 훨씬 젊은 연령에 혼인을 했음을 알 수 있다.

최근 40~50년간 여성의 평균 혼인 연령 상승은 여성의 연령별 유배우율에도 크게 영향을 미쳤다. 먼저 15~19세 여성의 유배우율이 1960년의 7% 수준에서 2000년에 0.4%로 떨어졌다. 약 50년 전만 해도 4~5명 중 한 명이 만 20세가 되기 전에 결혼을 했지만, 오늘날에는 10대에 혼인하는 여성을 보기란 좀처럼 어렵다. 20~24세 여성의 유배우구성비도 1960년의 64.8%에서 2010년에 3.9%로 지난 50년간 6%수준으로 떨어졌다. 25~29세 여성의 유배우구성비도 1960년의 93.1%에서 2010년에 30%로 감소하였다. 이런 수치들의 감소는 약 40~50년 전 여성들은 60% 이상이 만 25세가 되기 전 그리고

만 30세가 되면 거의 대부분이 혼인을 통해 가족을 형성했지만, 오늘날 여성은 70%가 만 30세가 넘어서야 자신의 가족을 형성한다는 사실을 보여준다. 이런 현상은 비록 부모와 떨어져 사는 자녀들의 구성비가 증가하고 있지만, 과거보다 자녀가 부모에게 의존하여 사는 기간이 훨씬 길어졌다는 사실을 의미한다.

30~34세 그리고 35~39세 여성과 남성의 비혼 구성비는 외환위기 이후 증가하고 있다(〈그림 7-6〉 참조). 30~34세 여성의 비혼구성비는 1995년 6.7%에서 2005년 19%, 2015년 37.5%로, 35-39세는 1995년 3.3%에서 2005년 7.6%, 2015년 19.2%로 증가하였다. 여성에 비해 남성의 비혼구성비는 훨씬 더 급증하였다. 30~34세 남성의 비혼구성비는 1995년 19.4%에서 2005년 41.3%, 2015년 55.8%로, 35-39세는 1995년 6.6%에서 2005년 18.6%, 2015년 33%로 증가하였다. 이와 병행하여 50세까지 결혼을 하지 않는 생애미혼율도 남성은 2010년 5.8%에서 2015년 10.9%로 껑충 뛰었고, 이러한 추세는 계속되어 2035년에는 29.3%가 될 것으로 전망된다. 여성도 2010년 2.8%에서 2015년 5%로, 그리고 2035년에는 19.5%로 뛸 것으로 전망된다(통계청, 2019).

〈그림 7-6〉 성별 미혼인구(30대) (1980~2015)

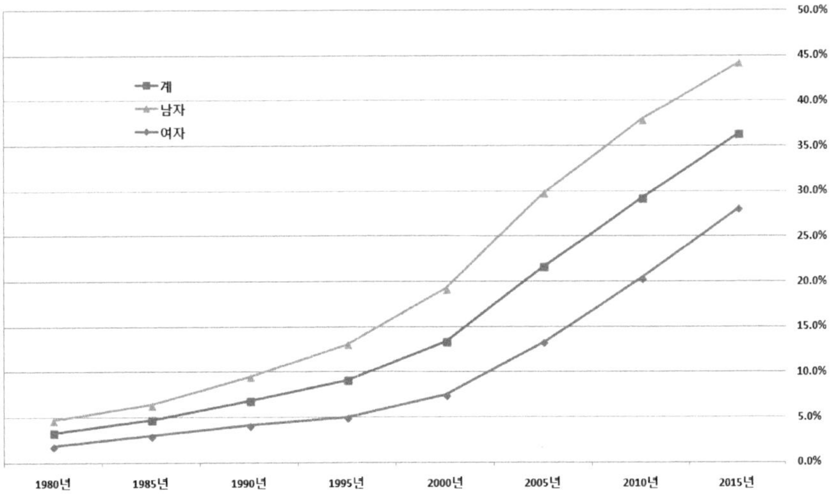

자료: 통계청, 「2015 인구주택총조사 표본 집계 결과: 인구·가구·주택 기본특성항목」, 2016.

2000부터 2014년 사이 합계출산율의 변동요인을 분석한 한 연구에 따르면(이상협·이철희·홍석철, 2016), 그 기간 합계출산율의 감소는 70%가 유배우율의 감소, 24%가 유배우 출산율의 감소에 의한 것이다. 만약 15-49세 여성의 유배우율이 2000년 수준을 유지했다면 2012년 가상 합계출산율은 2.3명에 달했을 추정한다(53쪽). 즉 2000년 이후 초저출산의 주된 원인은 만혼과 비혼 증가로 인한 유배우 여성 비율의 감소에 의한 것이다. 따라서 출산율을 증가시키려면 혼인연령을 떨어뜨리고 비혼율을 감소시키려는 노력이 필요하다.

3. 혼인 형태의 변동

가. 가족과 혼인에 대한 태도

앞에서 말한 바와 같이, 특히 외환위기 이후, 혼인연령이 상승하고 남녀 비혼율이 증가하고 생애미혼율도 증가하고 있다. 이러한 현상은 우리 사회의 혼인과 가족에 대한 가치관 변화와 밀접한 관계를 가진다. 혼인은 더 이상 보편적 행위가 아니다. 개인의 선택적 행위이다. 그러나 그것의 선택이 자발적인지 아닌지에 대한 연구는 요망된다.

〈표 7-8〉은 15세 이상 기혼여성들을 대상으로 결혼과 자녀의 필요성을 조사한 한국보건사회연구원 자료 분석결과이다. '반드시 혼인을 해야 한다'는 비율은 2009년까지 그다지 변화가 없었으나 2012년 이후 급감하고 있다. 또한 결혼을 하는 편이 좋다는 응답 비율은 2012년까지 증가했으나 그 이후 감소하고 있다. 달리 말해 혼인의 필요성에 대한 긍정적 응답은 2015년 이후 급감하였다. 기혼여성의 혼인에 대한 인식은 2015년 이후 급변한 것처럼 보인다.

교육수준에 따른 결혼을 반드시 해야 한다는 응답 비율의 분포를 보면 2006년에는 교육수준이 높을수록 높았으나(김승권 외, 2006), 2018년 조사에서는 중졸과 대학원졸 여성이 고졸과 대졸 여성보다 높다(이소영외, 2018). 불과 20~30년 전만 해도 혼인의 의미가 자녀출산이나 가계 계승과 같은 가족의 차원에 한정되었으나, 최근에는 점점 개인의 행복이나 자아실현과 같은 개인적 차원으로 옮아가고 있다(박민자, 2004). 한국 가족의 아노미 현상을 감안하면, 혼인의 필수성은 혼인을 보호막으로 생각하는 하류층 여성과 혼인의 특권을 인정하는 최상층 여성들에서 높게 나타날 수 있다. 2010년 센서스를 이용하여 서울의 강남과 강북에서 교육수준에 따른 비혼구성비를 분석한 한 연구에 따르면, 강북에서는 중졸 여성이 가장 낮은 비혼구성비를 보이는 반면 강남의 30대 기혼여성에서는 중졸 여성이 가장 높은 수준의 비혼구성비를 보였다(이성용·황명진, 2014).

'자녀를 반드시 가져야 한다'는 사고는 외환위기 이후 급격히 감소했다. 2012년에는 자녀를 반드시 가져야 한다고 응답한 응답자는 절반도 안 되었다. 그 비율이 2015년 급증하였지만 2018년 다시 절반 수준으로 떨어졌다.

〈표 7-5〉 혼인 및 자녀의 필요성 변동

(단위: %)

년도	혼인의 필요성				자녀의 필요성	
	반드시 해야 함	하는 편이 좋음	해도 좋고 안해도 됨	하지 않는 편이 좋음	반드시 가져야 한다	반드시 가질 필요는 없음
1991	–	–	–	–	90.3	8.5
1997	–	–	–	–	73.7	26.0
2000	26.2	29.4	38.2	5.4	58.1	41.5
2003	25.7	28.7	37.1	7.9	54.5	44.9
2006	27.9	29.8	38.2	4.0	53.8	46.2
2009	28.5	32.1	30.5	4.4	55.9	44.1
2012	19.1	42.2	33.7	4.7	46.3	53.5
2015	11.5	37.7	44.4	6.0	60.2	39.6(10.6)*
2018	9.0	30.4	53.3	6.0	49.9	49.7(16.9)

주: * '있는 것이 없는 것보다 낫다'와 '없어도 무관'이라는 응답을 합친 것(괄호 안의 숫자는 '없어도 무관'이라는 응답).

자료: 김승권 외, 「2012년 전국출산력 및 가족보건·복지실태조사」; 2015년은 이삼식 외, 「2015년 전국출산력 및 가족보건·복지실태조사」; 이소영·김은정·박종서·변수정·오미애·이상림·이지혜, 「2018년 전국출산력 및 가족보건·복지실태조사」, 한국보건사회연구원.

교육수준으로 볼 때, 교육수준이 낮을수록 반드시 자녀가 있어야 한다는 비율이 높게 나타났다(2015년 자료에 의하면, 중졸이하 66.9%, 고졸 60.2%, 대졸 59.9%, 대학원졸 58.8%). 그런데 '없어도 무관'하다는 응답은 고졸(11.3%)과 대졸 기혼여성(10.4%)이 중졸 이하(8.7%)와 대학원졸(8.2%) 여성보다 높은 비율로 나타났다. 교육수준이 높을수록 기대자녀의 수는 감소했다(이소영외, 2018). 구체적으로 중졸의 기대 자녀수는 2.2명, 고졸은 2.0명, 대졸은 1.9명, 그리고 대학원졸은 1.8명이다. 소득이 높은 여성이 낮은 여성보다 자녀를 반드시 가져야 한다는 비율이 높게 나타났다.

이러한 교육수준에 따른 자녀 의견과는 달리, 배우자의 사회경제적 지위가 출산행위에 미치는 영향을 분석한 연구(이성용, 2006; 2019)는 출산행위에 여성의 사회경제적 지위는 부적 영향을 남편의 사회경제적 지위는 정적 영향을 미치는 것으로 나타난다. 또한 통계청의 신혼부부 통계(2017)에 따르면, 맞벌이 부부(42.2%)가 외벌이 부부(30.9%)보다, 경제활동을 하지 않는 부인(29.9%)이 경제활동을 하는 부인(42.6%)보다, 그리고 부부 연소득이 높을수록(1억원 이상 43.3%, 1천만원 이하 30.9%) 무자녀 비중이 높았다. 즉, 교육 및 사회경제적 지위가 높은 여성일수록 자녀출산보다 자아성취를 더 중시하고, 출산과 양육으로 인한 기회비용도 증가하는 경향이 있다.

오늘날 40세 이하의 여성들은 그 이전 세대 여성들보다 대졸 비율이 높다. 이들 최근 여성들은 이전 세대 여성들보다 혼인이나 자녀보다 자신의 자아성취나 경력을 더 중시하는 경향이 있다. 이러한 경향은 2012년 이후 혼인의 필수성에 대해 부정적 의견을 표명하는 기혼여성의 비율이 증가하는 것에서 볼 수 있다. 또한 고소득의 경제활동을 하는 기혼 여성이 보이는 높은 비율의 무자녀는 이들 여성이 자신의 경력을 출산보다 중시하는 이데올로기를 반영한다. 반면 경제적 소득이 낮거나 경제활동을 하지 않는 여성들은 자녀출산이란 전통적 이데올로기를 따르는 경향이 있다.

오늘날 정부의 저출산정책, 워라밸(work-life balance, 일과 생활의 균형) 정책은 출산과 양육으로 인한 여성의 기회비용을 감소시키거나 심지어 제거해야 한다는 기본가정을 전제로 하고 있다. 이러한 정책입안자의 의도와는 달리, 정책 수용자들인 우리나라 여성들은 정부의 일과 가정의 양립 정책이 결혼과 출산으로 인한 기혼여성의 기회비용 감소에 그다지 기여하지 않는다는 인식을 가지는 것처럼 보인다. 2018년 전국출산력 조사에 의하면, 무자녀 유배우 여성 중 54.6%, 그리고 1자녀 유배우 여성은 20.7%만 향후 자녀출산 계획이 있다고 응답했다(이소영외, 2018: 155). 향후 출산 중단의 주된 이유에, 특히 향후 출산이 가능한 저연령의 여성들에게, 자녀양육비 부담과 고용불안정이 높은 비율로 나타났다. 이러한 결과는 자녀양육비 부담을 덜 느끼고 고용이 비교적 안정된 고소득 경력직 여성일수록 자녀를 출산할 가능성이 높다는 생각을 인도할 수 있다. 그런데 워라벨 이론이 기본가정으로 깔고 있는 서구 취업여성의 향상된 출산율과 상반되게, 한국의 고소득 경력직 여성들은 그렇지 않은 여성들보다 자녀 출산을 할 가능성이 높다는 경험적 증거들이 많이 제시되고 있다. 오히려 남편의 안정적인 기장과 고소득이 출산에 정적 관계를 보인다. 이러한 발견들은 우리 사회의 출산 결정에서 여성은 자아성취란 개인주의 입장에서 남성은 일차 가족 생계부양자라는 가족주의 입장에서 영향을 미친다는 사실을 밝혀주고 있다. 우리나라 출산행위는 여성의 개인주의와 남성의 가족주의가 혼합된 아노미에 의해 발생한 현상이라 할 수 있다.

나. 이혼

우리나라에서 이혼율은 조이혼율, 일반이혼율, 유배우 이혼율 등의 세 가지 지표들로 나타낸다. 조이혼율은 1년간 발생한 이혼 건수를 당해 연도의 연앙인구(7월 1일)로 나눈 수치에 1,000을 곱한 수치이다. 일반 이혼율은 조이혼율의 분모를 당해 연도의 15세 이상 여성의 연앙인구로 바꾸어 계산한 수치로 나타낸다. 유배우 이혼율은 이혼율을 결혼한 사람들에게 국한시켜 계산한 지표로, 분모에 당해 연도 유배우 인구의 연앙인구를 사용한다.

우리나라의 이혼율은 1990년대 특히 외환위기 이후 급증하였다. 〈그림 7-9〉에서 보듯이, 이혼건수는 1970년에서 2000년까지 매 10년마다 약 2배가량 계속 증가하였다. 2000년 이후 이혼 건수는 2003년을 정점으로 하여 약간 감소하고 있다. 이혼 건수 추세와 마찬가지로, 조이혼율도 70년 이후 꾸준히 증가추세를 유지했고, 특히 외환위기 이후 급격히 증가했다. 조이혼율은 1995년 1.5에서 2003년 3.5까지 증가했다가 그 후 감소하여 정체 상태를 유지하고 있다. 유배우 이혼율도 2003년을 정점으로 하여 감소했다.

〈그림 7-7〉 이혼건수 및 조이혼율 추이: 1970-2010년

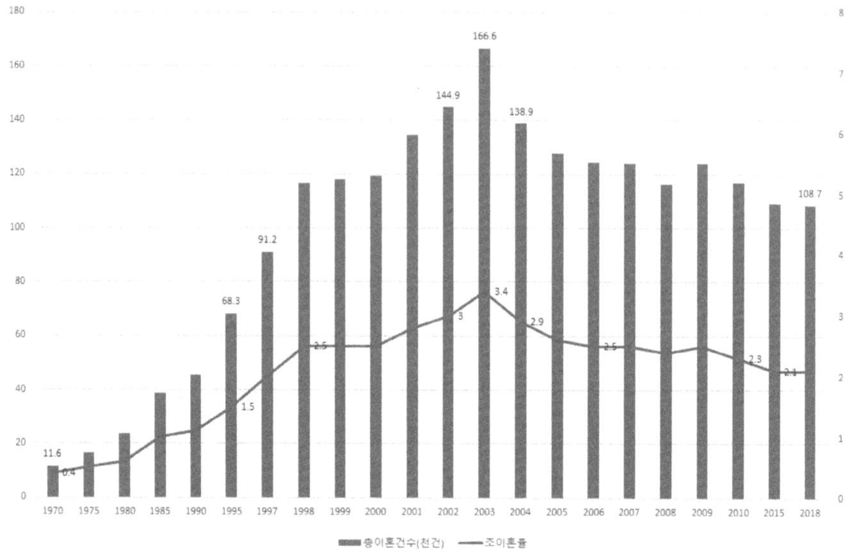

자료: 통계청, 「2018년 혼인이혼통계」, 2019.

이혼율 증가에 기여하는 사회적 조건들은 다음과 같이 요약될 수 있다. 첫째, 전통적 가족 기능이 약화되면서 결혼생활에 만족하지 못하는 부부들이 쉽게 헤어질 수 있는 환경이 조성되었다. 과거에는 부부생활이 행복하지 않을 지라도, 홀로 아이들을 키울 능력이 없거나 노후에 자녀에게서 받을 수 있는 노후부양 때문에 이혼을 하지 않고 버티는 경향이 많았다. 반면 오늘날에는 많은 한부모가 배우자 없이 자녀를 키울 역량이 있고 또 자녀대신 정부의 노인복지기금이나 개인연금 등을 통해 노후보장을 받을 수 있다. 사실 최근 우리나라에서 부부간의 관계를 부모와 자식 간의 관계보다 더 중시하는 경향과 자녀에게서 노후보장을 기대하지 않는 경향이 증가하고 있다.

둘째, 여성지위의 향상은 이혼에 기여하는 기회들과 긴장들을 증가시킨다 (Brehm, 1985). 기회의 측면에서 보면, 오늘날 노동시장에 참여하고 있는 많은 여성들은 남편의 도움이 없이도 자신과 자녀들을 책임질 수 있는 경제적 역량이 있다. 그러한 경제적 역량은 여성들에게 만족하지 않는 결혼생활을 더 이상 유지하지 않게 하는 기회들을 증가시킨다. 여성의 경제적 자립성과 페미니즘 이데올로기는 가족 내에서 부인과 남편의 역할을 재정의하게 만들며, 이러한 역할의 재정의는 이혼을 촉진시킬 수 있는 의견 불일치와 스트레스들

을 야기할 것이다. 이를테면, 남편은 부인이 부엌일을 전적으로 책임져야 한다고, 부인은 서로 반반씩 책임을 져야 한다고 생각한다. 명절 때 남편은 시댁의 제사에 우선적으로 참여해야 한다고 주장하고, 부인은 시댁과 친정에 교대로 먼저 방문해야 한다는 의견을 고집할 수도 있다. 이러한 갈등은 기혼 여성 특히 일을 하는 기혼 여성들에게 일어나기 쉬운데, 이것이 축적되고 폭발되면 이혼으로 이어질 가능성이 높아지기 마련이다(Houseknecht, Vaughan and Macke, 1984).

셋째, 오늘날 과거와 달리 이혼은 더 이상 커다란 오명이 아니다(Thornton, 1985). 과거에 이혼한 사람은 실패한 인생을 산 사람으로 간주되었고, 또 집안에 이혼한 사람이 있으면 집안 망신이라 생각하여 그 사실을 숨기기까지 하였다. 이혼 한 사람이 여성인 경우는 더욱 그러했다. 하지만 오늘날의 높은 이혼율은 이혼한 여성들에 대한 사회적 비난을 거의 없게 만들었고, 이혼한 많은 여성들도 사회적 활동을 하고 있다. 요컨대, 오늘날에는 이혼이 더 이상 오명으로 작용하지 않고, 또 이혼을 절대로 해서는 안 된다는 사람은 시대에 뒤떨어진 사람으로 인식하는 사회적 분위기까지 형성되고 있다. 2012년 한국보건사회연구원의 자료 분석결과에 따르면, '이혼은 절대로 해서는 안됨'으로 응답한 사람은 7.3%에 불과했다(김승권 외, 2012). 또한 이혼숙려법의 결과에서 보듯이 법적으로 이혼의 쉬움은 이혼율을 증가시킬 수 있다.

이혼율의 변동은 이혼에 대한 사회적 인식을 반영하지만, 이혼을 선도적으로 수용하고 전파하는 집단이 있게 마련이다(이성용, 2013). 사회경제적 변동보다 이데올로기의 확산을 강조하는 혁신-전파이론에 따르면, 이혼은 혁신적 행위이다. 페미니즘은 여성들에게 '아내'와 '어머니' 이외의 것에서 새로운 정체성을 추구할 수 있다는 아이디어를 확산시켰다. 이러한 페미니즘 아이디어는 교육수준이 높은 여성들에게 선도적으로 어머니나 아내가 되는 역할을 연기하고, 심지어 부정하고, 자신의 경력을 추구하라는 유인책을 제공할 것이다(McLanahan, 2004). 우리나라에서도 이혼이란 혁신적 아이디어는 일차적으로 교육수준이 높은 여성들에게 전파되었고, 그런 다음 교육수준이 낮은 여성들을 포함한 모든 여성들에게 확산되었다. 그 결과 과거에는 사회경제적 지위가 높은 여성, 골드미스가 이혼율이 높았지만, 최근에는 반대로 교육수준이 높은 여성일수록 낮은 이혼율을 보인다(이성용, 2013; 통계청, 2017.05). 남성들은 전통적으로 사회경제적 수준이 낮을수록 높은 이혼율을 보여 왔지만, 이러한 현상은 2000년대 들어 더욱 분명하게 나타나는 경향이 있다(이성용, 2013; 통계청, 2017.05).

이혼은 자녀의 사회화나 감정적 지원과 같은 가족 기능의 수행에 심각한 장애요인으로 작용할 수 있다. 이혼은 이혼한 당사자들뿐 아니라 그들 가족 성원들 – 특히 자녀들 – 에게 심각한 스트레스를 줄 수 있다. 이혼으로 인한 가족의 와해는 사회의 기존질서를 위협할 수 있다.

이혼을 한 사람들은 대개 이혼을 한 후 정서적 어려움, 경제적 어려움, 자녀의 문제, 사회적 지지의 문제를 경험한다(이원숙, 2004). 정서적 어려움은 이혼한 지 얼마 안 되는 사람들에게 일어난다. 이혼은 특히 이혼 초기의 여성들에게 분노와 상실감을 준다. 이혼 전의 불행했던 결혼생활의 회상은 이혼 후에도 이혼자에게 분노와 자괴감을 일으키기 쉽다. 또 이혼은 이혼 전 유대를 맺어 왔던 많은 사람들을 사라지게 하며, 그 결과 친밀한 유대를 맺어왔던 사람들이 심각하게 줄어든다.

이혼 여성은 이혼 후 이혼 남성보다 주거 및 생계의 어려움 등 심각한 경제적 문제에 봉착하기 쉽다. 많은 이혼 여성들이 남편에게서 자녀양육비를 받지 못하고, 심지어 이혼할 때 양육비나 위자료를 받지 않는다는 조건으로 자녀 양육권과 친권을 가진다. 양육비를 받고 싶어도 이혼한 전남편의 소득이 없어서 받지 못하는 경우가 대부분이고, 위자료의 액수도 1천만 원 이하인 경우가 많다.

그러나 이혼 여성의 경제적 어려움은 그녀의 사회경제적 지위에 따라 차이가 난다. 교육 수준과 소득 수준이 높은 전문직 여성들은 이혼 후에 경제적 어려움을 별로 느끼지 않을 수 있지만, 그렇지 않은 대부분의 이혼 여성들에게 경제적 어려움은 생존 그 자체의 문제가 될 것이다. 특히 이혼 전 남편의 소득에 전적으로 의존하여 생활하였던 전업주부 여성들은 취업의 어려움, 그리고 취업했을 때 자녀 양육의 어려움 등을 경험하기 쉽다. 이혼 후 경제적 어려움은 일부 상류층의 전문직 여성을 제외하고는 대부분의 여성들에게 생존의 문제가 된다(이원숙, 2004).

또 이혼은 건강상의 문제를 동반하기도 한다. 이혼한 사람은 독신자나 혼인상태에 있는 사람들보다 만성질환으로 고통을 받고 또 자살을 할 가능성이 높다(Kiecolt-Glaser et al., 1987; Verbrugge, 1979). 이혼한 부모의 자녀에게 부모의 이혼은 의심의 여지없이 고통을 준다. 하지만 아이들은 부모가 매일 싸우는 집안보다는 이혼한 집안에서 자라는 것이 더 행복할 수 있다(Amato and Booth, 1997; Jekielek, 1998).

부모의 이혼은 자녀에게 많은 충격을 남긴다(Frustenberg and Cherlin, 1991; Wallerstein, 1998). 첫째, 이혼의 충격은 아이의 나이에 따라 다르다. 이를테면 5~10세의 아이는 부모의 이혼에 대해 죄책감을 느낀다. 자신이 죄를 지어 부모가 이혼을 했다고 생각한다. 13세 미만의 아이는 부모에게 매우 화를 낸다. 한편 청소년들은 흔히 자신들이 부모의 갈등을 해결하고자 노력한다. 게다가 청소년들은 이혼의 이유들을 잘 이해하지만, 자신들의 미래에 오는 영향을 걱정한다. 둘째, 이혼 가정의 아이들은 비행을 저지를 가능성이 높다(Rankin, 1983; Wells and Rankin, 1991). 셋째, 학교 성적이 떨어지고 학교를 그만둘 가능성이 높다. 넷째, 이혼 자체가 이러한 모든 부정적 결과들을 가져온다는 것은 사실이 아니지만, 이혼을 둘러싸고 발생하는 사회 경제적 조건들은 그런 문제의 원인이 된다(Amato, 1993; Amato and Rezac, 1994; Furstenberg and Teitler, 1994). 마지막으로, 이혼의 충격은 성인시절까지 지속되며 그들이 성인이 될 때 정신적 건강에 부정적인 영향을 미칠 수 있다(Cherlin, Chase-Lansdale and McRae, 1998). 이혼한 자녀들 – 특히 자신이 십대나 청소년 시절에 부모가 이혼한 – 은 또한 그들의 결혼생활에서도 이혼을 할 가능성이 높다.

이혼의 경험이 모두 나쁜 것만은 아니다. 한부모가족에서 살고 있는 자녀들은 그 경험으로 인한 혜택을 볼 수 있다(Amato, 1987; Dowd, 1997). 이를테면, 한부모 가족은 그(혹은 그녀)의 십대 아이들에게 집안일 의사결정에서 보다 많은 책임과 역할을 준다. 더구나 만일 자녀가 같이 살고 있지 않는 부모와 계속 접촉을 한다면 이혼의 경험은 덜 부정적일 수 있다.

다. 재혼

이혼율의 증가는 재혼의 증가를 가져온다. 재혼가족은 "배우자 한쪽 혹은 양쪽이 이전에 결혼했다가 이혼했거나 사별한 두 파트너가 결혼에 의해 형성된 가족이다. 여기에는 방문을 하거나 함께 동거하는 전혼자녀가 있을 수도 있고 없을 수도 있는데 대개 성인부부와 아동이 재혼가족체계를 구성한다. 그리고 계부모가족은 생물학적 부모가 아닌 성인과 생물학적 부모인 성인이 결혼해서 아동과 대부분 혹은 같이 사는 가족"이다(Sager et al., 1986; 이원숙, 2004: 340에서 재인용).

〈표 7-6〉에서 보듯이, 초혼 구성비는 남자는 1972년 94.6%에서 2005년 80.2%로 감소했다가 그 후 약간 증가하여 2018년 84.0%를 보인다. 여자는 1972년 97.1%에서 1990년 85.8%로 감소한 뒤 1995년 증가하였다가 그 후 다시 감소하는 등 변동을 보인다. 재혼 구성비는 남자의 경우 1972년의 남자 5.4%에서 증가하여 2005년 18.9%로 정점을 이룬 뒤 약간 감소하여 2018년 16.0%를 보인다. 여자는 1972년 2.9%에서 1990년 14.0%로 급상승한 뒤 약간 감소했다가 다시 증가하여 2005년 21.1%로 정점을 이룬 뒤 감소하여 2018년 18.2%를 보인다. 특히 1990년 이후 남성보다 여성의 재혼 구성비가 높다는 사실은 1990년대 이후 여성의 이혼에 대한 오명이 매우 취약해지고 여성의 사회경제적 지위가 향상되었음을 의미한다.

〈표 7-6〉 혼인 종류별 구성비 변화

(단위: %)

		1972	1981	1990	1995	2000	2005	2010	2015	2018
남자	초혼	94.6	90.	86.9	89.3	86.8	80.2	83.7	84.7	84.0
	재혼	5.4	8.9	12.8	10.0	13.0	18.9	16.3	15.3	16.0
여자	초혼	97.1	91.1	85.8	89.3	85.3	78.0	82.4	82.6	81.7
	재혼	2.9	8.6	14.0	10.0	14.5	21.1	17.6	17.4	18.3

자료: 통계청, 「2018년 혼인이혼통계」, 2019.

재혼은 흔히 초혼에 실패한 한쪽 혹은 양쪽의 배우자에게 초혼의 실패를 만회할 수 있는 행복한 결혼생활에 대한 욕망과 환상을 가지게 한다. 사실 재혼은 이혼한 부모와 자녀에게 정서적, 경제적, 사회적 지지를 다시 회복시켜 줄 수 있고, 또 이혼여성에게는 경제적 어려움의 극복에 도움을 줄 수 있다. 재혼은 배우자에게 이혼으로 인한 분노, 좌절감, 외로움, 소외감 등을 제거시켜줄 수 있다.

그러나 재혼에 대한 긍정적인 환상과 욕망은 무자비하게 깨질 수 있다. 우선적 요인은 재혼한 배우자의 자녀들이 될 것이다. 재혼부부는 흔히 계부모도 친부모처럼 자녀를 사랑하고 자녀는 친부모처럼 계부모를 존경하는 친부모가족처럼 기능할 수 있다고 믿는다. 그러나 이러한 기대와 환상이 재혼가족에서 현실적으로 유지되는 경우는 드물다. 게다가 새로운 배우자는 이전 배우자와 불화를 가지게 만들었던 문제점들을 가지지 않을 것으로 기대하지만 마찬가지로 똑같은 문제점들을 가질 수 있고 또 그러한 문제점을 가지지 않았을지라도 이전 배우자가 가지지 않았던 새로운 문제점들을 가질 수 있다. 그 결과, 재혼은 그 나름대로의 긍정적인 측면을 가지지만 재혼가족의 이혼율은 매우 높은 편이다(이원숙, 2004).

라. 국제결혼

우리나라에서 국제결혼이 사회적으로 주목받기 시작한 것은 1990년대 이후라고 할 수 있다. 1990년 이전 우리나라의 국제결혼은 한국 여성들이 미국이나 일본의 남성들과 결혼하여 해외로 나가는 것이 주류를 형성한 반면, 외국 여성들이 한국 남성들과 결혼하여 한국에 사는 형태의 국제결혼은 드물었다. 게다가 국제결혼을 통해 해외로 나가는 부부의 규모도 1979년의 6,300건을 정점으로 감소하여 1990년대 중반 이후에는 1,100건에 불과하였다(통계청, 1997: 109; 2003: 117).

국제결혼의 양상은 1990년대에 바뀌었다. 1990년대 이후에는 외국 여성들이 한국 남성들과 결혼하여 한국에 거주하는 형태의 국제결혼이 급증하였다(김두섭, 2006; 이해경, 2005). 게다가 국제결혼의 규모는 비록 외환위기 직후 약간 감소되었지만 2000년 이후 급증하여 2005년 4.3만으로 정점을 이루었다가 그 후 계속 감소하여 2018년 2.3만을 이루고 있다. 국제결혼의 수는 1990년의 4,710건에서 2005년에 43100건으로 무려 8.6배가 증가하였다. 그 결과 2005년에 국제결혼의 건수는 전체 결혼 건수 중 13.6%를 점유했다. 이러한 현상은 “한국사회에서 국제결혼이 다양한 혼인형태의 하나로 이미 자리 잡았으며, 더 이상 비정상적인 혼인 형태로 간주될 없다는 것을 의미"한다(김두섭, 2005: 35).

〈그림 7-8〉 국제결혼 추세: 1991-2018

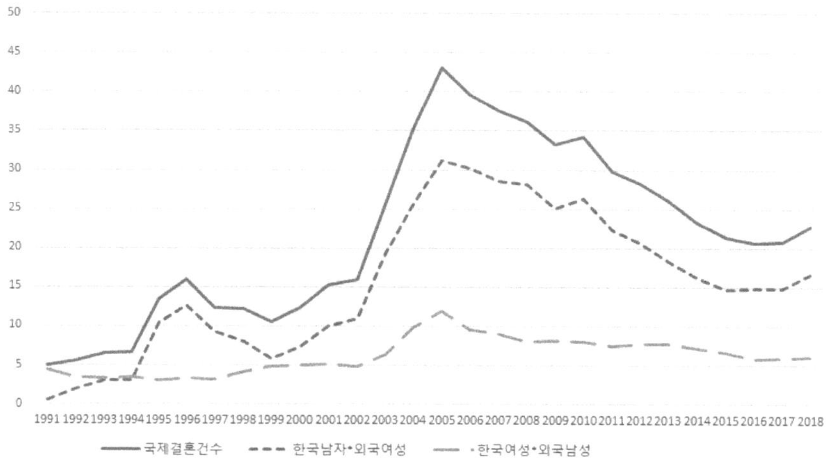

자료: 1991~2006년은 이삼식·박종서·김필숙·김형석, 「국제결혼 이주여성의 결혼 출산행태와 정책방향」(보건사회연구원, 2007), 83쪽; 2007~2017년은 통계청, 「2017년 혼인이혼통계」, 2018, 14쪽; 2018년은 통계청, 「2018년 혼인 이혼통계」, 2019.0

〈그림 7-9〉와 〈그림 7-10〉에서 보듯이, 한국인과 국제결혼을 한 여성과 남성의 국적과 구성비는 상이하다. 먼저 2000년에서 2018년 사이 한국남성과 결혼한 외국인 여성배우자의 국적 분포를 살펴보자. 외국인 여성 배우자 총 37.8만 명 가운데, 중국이 17.6만(46.4%)으로 압도적으로 높은 비율을 보인다. 그 다음이 베트남 여성으로 9.9만으로 26.1%를 구성한다. 〈그림 7-9〉에서 보듯이, 2015년까지는 한국남성과 결혼한 중국인 여성의 수가 베트남 여성보다 많았으나 2016년 이후로는 베트남 여성이 가장 높은 비율을 보인다. 그 다음으로 필리핀 6.4%(2.4만), 일본 5.1%(1.9만), 캄보디아 2.6%(9900명), 태국 2.5%(9300명), 기타 8.7%(3.3만) 등으로 구성되어 있다. 캄보디아 혼인여성은 2000~2002년에는 1~2명에 불과했으나 2004년 이후 급증하여 2007년에는 1,804명으로 정점으로 이루었다가 감소하여 2018년에는 455명에 이르고 있다, 필리핀 혼인여성은 2000년부터 비교적 높은 비율을 보였으며 2012년 2,216명으로 정점을 이루었다가 감소하여 2018년 852명이 되었다. 최근에는 태국 혼인여성의 수가 증가하는 추세를 보이고 있다.

2000년부터 2018년 사이 한국여성과 혼인한 외국인 남성 배우자 총수는 13.8만 명에 달한다. 그 중 일본인 남편 3.8만(27.4%)으로 가장 높은 비율을 보이며, 그 다음이 중국인 남편 3.6만(25.9%) 미국인 남편 2.7만(19.5%)을 차지하고 있다. 동남아 출신으로는 파키스탄과 베트남 남편이 비교적 높은 비율을 보이고 있고, 최근에는 베트남 남편의 수가 증가하는 추세이다. 외국인 아내와 남편의 국적을 비교하면, 여성배우자는 중국, 베트남, 필리핀 등 제3세계 출신이 높은 비율을 차지하는 반면 남성배우자는 중국을 제외하면 일본, 미국, 캐나다 등 선진국 출신이 높은 비율을 구성하고 있다.

외국인 남편(39.6세)과 한국인 아내(36.6세)의 평균 부부연령 차이는 3.1세인 반면, 외국인 아내(33.1세)와 한국인 남편(41.4세) 사이의 평균 부부연령 차이는 8.3세로 두 배가 넘는다. 특히 베트남(17.1년), 필리핀(12.6년), 몽고(10.9년) 출신의 외국인 아내들과 한국인 남편 사이의 평균 부부연령 차이는 무려 10년이 넘는다.

국제결혼을 한 남편과 아내들 가운데 상당수는 초혼이 아니라 재혼이다. 외국인 아내를 맞이한 한국인 남편은 45%가 재혼이고 55%가 초혼이다. 외국인 남편을 맞이한 아내는 47.2%가 초혼이고 52.8%가 재혼이다. 또한 외국인 아내를 맞이한 한국인 남편은 대부분 농촌 노총각이 아니라, 그들의 약 65%가 서울과 수도권에 거주하고 있다(김두섭, 2006).

〈그림 7-9〉 국가별 한국남성과 외국여성 간 국제결혼 추세

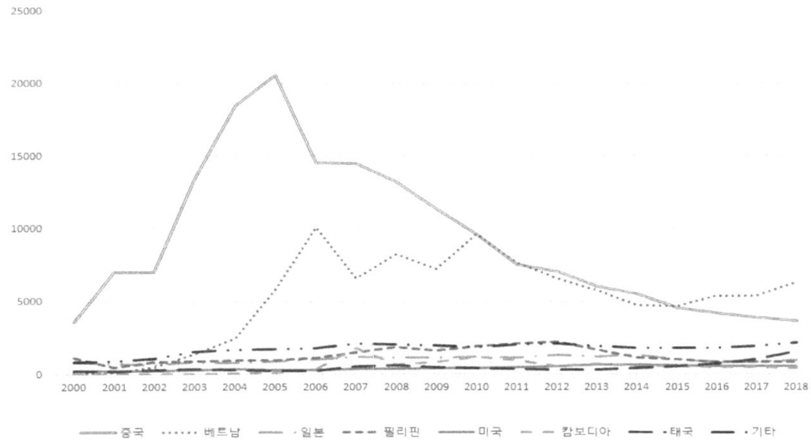

자료: 2006년까지는 통계청, 「혼인이혼통계보도자료」, 2010이며 2007년 이후는 통계청, 「혼인이혼통계자료」, 2017.

〈그림 7-10〉 국가별 한국여성과 외국남성 간 국제결혼 추세

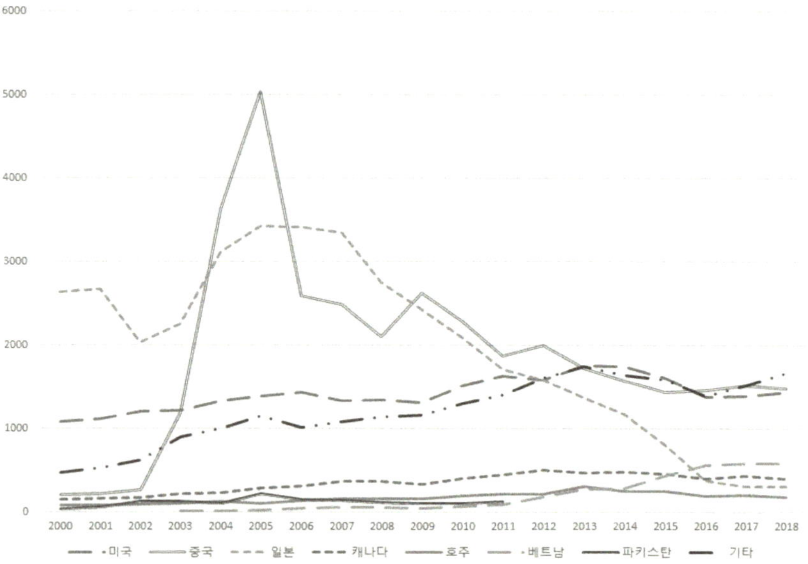

자료: 2006년까지는 통계청, 「혼인이혼통계보도자료」, 2010이며 2007년 이후는 통계청, 「혼인이혼통계자료」, 2017.

1990년대의 갑작스러운 국제결혼의 증가는 특히 외국인 여성과 결혼한 가정에서 많은 문제들을 야기하고 있다. 그들 가정 중 상당수는 경제적 어려움을 겪고 있다. 또 최근 국제결혼의 상당수는 우리보다 경제적으로 못사는 나라 출신의 여성을 아내로 맞이한 결혼이다. 따라서 많은 경우 제 3세계 출신의 아내들은 남편의 잘못된 가부장적 의식과 아내 나라의 문화에 대한 잘못된 이해 등으로 고통을 받는다(이혜경, 2005). 그러나 다행히도, 최근 외국인 아내의 문화와 언어를 남편과 자녀에게 교육시키는 등 다문화 가정에 대한 이해를 제고하려는 노력이 일어나고 있다.

4. 정책적 대응

가족문제에 대한 정책적 대응을 위해서는 우선적으로 1960년대 가족계획 정책과 외환위기 이후 신자유주의 도입 그리고 2006년 저출산 정책이 우리 가족 삶의 방식에 미친 역사적 영향들을 살펴보아야 할 것이다. 일차적으로 1960년대 가족계획정책은 불과 20년 만에 합계출산율을 6.0에서 대체수준인

2.1명 밑으로 떨어뜨리는 데 획기적으로 기여했지만, 출산변천은 그와 동시에 우리 전통적인 가족문화의 쇠퇴, 그리고 여성의 지위 향상과 개인주의 가족문화의 도입을 가져왔다. 외환위기 이후 급성장한 페미니즘과 개인화의 토대를 형성시켜 주었다. 40~50년이란 매우 짧은 기간에 수백년 이상 유지되어 왔던 전통 가족문화는, 특히 대중교육과 대중매체에 의해, 그 정당성이 상실되었다. 더욱이 학교 교육과 대중매체는 우리의 전통 가족문화가 지니는 폐해들을 폭로하는 작업에 전력 질주하여 왔다. 그 폭로 작업은 우리 전통의 가족주의 법인윤리와는 상반된 서구의 개인주의 구명보트 윤리에 토대를 두었다. 그 결과 우리의 전통 가족문화를 통해 형성되어 왔던 우리 고유의 정체성과 자부심은 상실되었다.

하지만 우리의 가족주의적 전통적 삶의 방식은 서구의 개인주의적 삶의 방식에 의해 완전히 대체되지 않고 혼재된 상태로 남아 있다. 개인들은 자신의 이해와 필요에 따라 가족주의 윤리(규범) 혹은 개인주의 윤리를 선택하는 아노미 가족문화가 형성되었다, 이를테면 부모 부양에 대한 책임회피는 '결혼이 부모와 경제적으로 독립된 가구 형성'이란 구명보트 윤리에 의해 정당화되고, 부모로부터 결혼자금을 요구하는 것은 자녀에 대한 부모의 책임을 중시하는 가족주의 법인윤리에 의해 정당화되고 있다. 따라서 비혼과 이혼 등 오늘날 다양한 가족문제들을 해결하기 위해 정부는, 단순하게 개인주의 이데올로기에 기초한 서구의 가족정책을 수입함으로써 해결하려는 대신, 오늘날 우리 사회가 당면한 아노미 가족문화란 현실에서 초래되는 많은 문제들을 우리 방식으로 해결하려는 정책을 수립해야 할 것이다.

제 8 장

일과 노사문제

1. 산업사회의 일반적 문제
2. 노사관계 문제
3. 노동시장의 문제
4. 임금 문제
5. 노동문제 해결을 위한 정책적 대응: 노동복지

제8장 일과 노사문제

사람들은 사회의 구성원으로 태어나 성장하게 되면서 어떤 형태건 '일'을 하게 된다. 그런데 전통사회에서의 일은 대부분 자급자족적인 성격이었지만, 현대 사회에서의 일은 주부의 가사노동이나 자원봉사활동 같은 경우를 제외하면 대부분 경제적 반대급부를 얻기 위한 직업으로서의 성격을 띠게 된다.

산업혁명을 통해 본격적으로 등장한 산업사회의 발전은 많은 사람들로 하여금 이전까지의 신분적 예속에서 벗어나 자유로운 계약을 통해 일을 하도록 하였고, 생산력의 급속한 증대를 통해 이전에 비해 풍요로운 물질적 삶을 영위할 수 있도록 하였다. 그러나 그 이면에는 여러 가지 문제들이 발생하고 있었다.

이 장에서는 산업사회 등장 이후, 일의 세계에서 발생한 여러 가지 사회문제를 산업사회의 일반적인 문제점, 노사관계 문제, 노동시장 문제, 임금정책 등 노동정책의 문제, 노동복지 문제로 구분하여 다룬다.

1. 산업사회의 일반적 문제

가. '산업예비군'의 존재

산업사회에 들어서면서, 대부분의 자본주의 산업국가들에서 고용주는 순수하게 경제적인 원리에 의해서 노동자를 고용하거나 해고하게 되었다. 뿐만 아니라 노동력도 다른 상품과 마찬가지로 수요공급의 원칙에 따라 매매가 이루어지게 되었다. 고용주의 입장에서는 노동력을 구매할 때도 되도록 싸게 사려고 하므로, 노동력을 팔기 위해 거리를 떠도는 '산업예비군' 즉 일자리를 구하려고 애쓰는 실업자가 많을수록 노동력을 더 싸게 구입할 수 있었다.

노동자의 인간적 측면이 관심의 대상이 되지 않고, 경제적 원칙이 적용되는 과정에서 나타난 산업예비군의 존재는 그 자체가 커다란 사회적 불안 요인이었을 뿐만 아니라, 일단 직장을 얻은 사람들의 위치도 불안하게 하였다.

산업사회 형성 초기에 광범위하게 존재했던 산업예비군은 산업화의 진전과 경제성장에 따라 노동수요가 증대하고 노동조합의 영향력이 커지게 되면서 그 문제가 일부 완화되기도 하였다.

그러나 이후 정보사회로의 변동이 진행되어 오면서, 또 현재 제4차 산업혁명에 따른 인공지능(AI; Artificial Intelligence) 사회로 진행하면서, 현재 산업예비군 즉 실업자 문제는 오히려 더 크고 중요한 사회문제로 부각되고 있다. 실업의 문제는 저개발국 뿐만 아니라 경제성장이 정체되어 낮은 수준에서 유지되고 있는 선진국들도 직면한 중요한 사회문제로 부각되고 있다.

나. 노동자 소외

고용주의 관심이 가능한 한 저렴한 임금으로 많은 노동을 시켜서 최대의 이윤을 추구하는 것인 한, 자본가들은 주어진 시간 안에 노동력을 최대한으로 이용하는 방식을 추구하게 되었고 이것은 기계화와 분업의 도입으로 나타났다. 이에 따라 작업은 보다 단조로워졌고 노동자의 작업은 인간적 요구와 필요에 따른 생체리듬 대신에 기계의 리듬을 따르게 되었다. 이것은 인간이 만들어낸 기계가 인간으로부터 독립하여 인간 위에 군림하는 것으로서, 기계에 대한 인간 노동자의 소외를 뜻하는 것이었다.

다. 물신주의와 풍요 속의 빈곤

인간관계가 궁극적으로 화폐-상품관계로 전환되는 현상을 인간관계의 '물화(物化)'라고 한다(Luk cs, 1986: 154). 인간관계가 물화될수록 사람들 간의 정서적 관계는 축소되고, 경제적 합리성이라는 틀에서 인간관계는 금전타산적 관계로 변화된다.

이렇게 되면, 개개인은 결코 고립된 인간이 아님에도 불구하고 항상 자신을 고독한 원자로 느끼게 된다. '고독한 군중'도 이러한 사회관계를 표현하는 말이며, 근대의 핵심인 '합리성' 자체를 거부하는 포스트모더니즘(post-moder nism)도 이러한 물화된 인간관계에 대한 반성에서 출발한 것이라고 볼 수 있다(한상진·김성기, 1991: 225).

물신주의는 화폐(돈)에 대한 숭배로 발전한다. 모든 상품이 화폐와 교환되는 상황에서 화폐를 가지면 모든 상품을 살 수 있기 때문에, 상품에 부여된 신비한 힘은 화폐에도 부여되며 화폐는 사람 위에 군림하게 되고 인간은 그 화폐에 예속된다. 결국 화폐를 가지면 모든 것을 할 수 있다는 황금만능주의가 일반화된다.

그런데 사람들은 과거 어느 때 보다 물질적 풍요를 누리면서도, 다른 사람과의 비교를 끊임없이 하게 되면서, 프롬(Fromm, 1974: 166)이 지적한 '결핍의 심리'를 강박관념으로 갖게 된다고 한다. 소비자들은 시장으로부터 계속해서 보다 새롭고 좋은 물건들을 제공받고 있지만, 이것을 전부 소유할 수는 없기 때문에 심리적으로 항상 불안과 초조감에 휩싸여서 '풍요 속의 빈곤'을 느끼게 된다는 것이다.

2. 노사관계 문제

산업사회의 핵심적인 사회적 관계 중의 하나는 노동력을 판매하는 노동자들과 노동력을 구매하여 사용하는 사용자(자본가)들 간의 관계이다. 이 양자 간의 관계를 노사관계라고 하는데, 이러한 노사관계는 임금과 노동력의 교환이 이루어지는 노동시장 및 노동력이 사용되는 생산과정을 통해서 구체적으로 실현된다. 따라서 넓은 의미의 노사관계란 '노동시장과 생산조직 내에서 노사 간에 일상적이고 지속적으로 이루어지는 모든 사회적 관계'를 의미하는 것이다.

한편 좁은 의미의 노사관계는 '노동자와 사용자 간에 이루어지는 노동력 매매와 사용에 관한 협상적인 관계'를 의미한다. 그런데 노사 간의 협상적 관계는 대립적이면서 동시에 타협적이다. 본질적으로 노동자는 높은 임금과 적은 노동시간, 쉬운 노동을 원하는 반면에 사용자는 높은 생산성을 위해 낮은 임금, 낮은 비용과 장시간·고강도 노동을 추구함으로써 노사 양자 간에는 대립이 불가피하다.

그러나 다른 한편에서는, 자본주의 사회를 전제로 하는 한 노동자들은 생계유지를 위해 사용자를 필요로 하며, 사용자는 자본의 증대를 위해 노동을 필요로 하기 때문에 양자는 공존하고 타협할 수밖에 없다. 이러한 노사간 대립과 타협의 관계를 일반적으로 좁은 의미의 노사관계라고 보는 것이다. 따라서 이 장에서 말하는 노사관계란 노동조건 일반을 놓고 노동자들과 자본가 간에 발생하는 대립과 타협의 상호작용 관계를 의미한다.

노사관계의 핵심은 양자를 대표하는 노조와 기업 간의 관계에 있지만, 노사관계가 이들 간의 관계에만 한정되지는 않는다. 왜냐하면 개별 노조들은 지역이나 산업별로 연맹을 결성하고 더 나아가 전국적 조직을 형성하여 자신들의 이해관심을 거대한 조직의 힘을 통해 관철하려고 하는 한편, 기업가들도 그들 나름대로의 이해관계에 상응하는 연합조직을 결성하여 대응하기 때문이다.

가. 노사관계의 주체와 환경

노사관계의 직접 당사자는 노동자와 사용자이다. 이 양자 간의 관계가 기본적인 노사관계를 이룬다. 하지만 대다수 산업사회에서 노사관계에는 국가가 제3의 당사자로 개입되어 있다. 국가는 노사 간의 관계로부터 영향을 받으면서 동시에 이것에 대해 영향을 미치는 위치에 있다.

던롭(Dunlop)의 노사관계체계론에서는 국가를 노사 양 쪽으로부터 상대적 자율성을 갖는 것으로 전제한다. 그러나 여러 나라의 산업화 과정의 경험에서 볼 때, 국가는 경우에 따라서는 친노동적이기도 하고 또 어떤 경우에는 친자본적 입장을 보이기도 하면서, 노사문제를 초래하는 핵심 당사자이기도 했다.

따라서 노사관계는 노동자(노동조합)와 사용자(사용자단체) 및 제3의 주체인 국가를 세 축으로 하여 이루어지며, 이러한 주체들 간의 상호작용은 각자의 힘을 바탕으로 사회·경제·문화·정치적 환경의 영향을 받아가면서 지속적으로 이루어진다고 볼 수 있다. 이러한 관계를 요약하면 〈그림 8-1〉과 같다.

〈그림 8-1〉 노사관계 주체의 상호작용

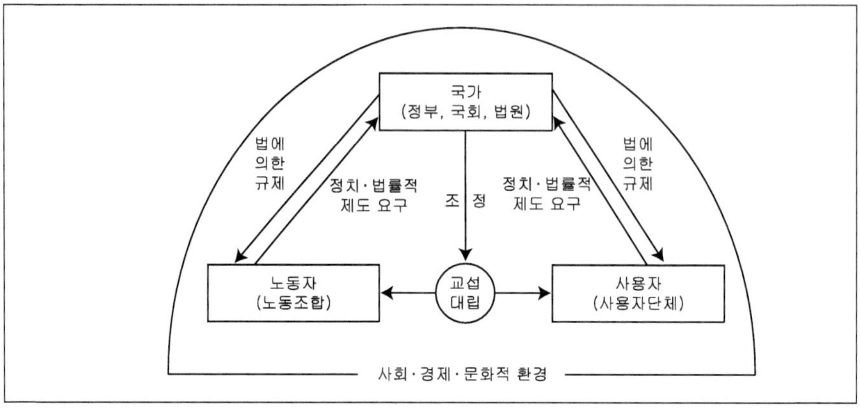

자료: 심윤종 등, 『산업사회학』, 2000, 266쪽.

나. 노사관계의 유형

노사관계는 주요 당사자들인 노동자들과 사용자가 어떤 환경에서 어느 정도의 세력을 가지고 어떻게 대응하는지가 복합적으로 작용하면서 다양한 유형을 나타낼 수 있다.

(1) 커의 분류

커(Kerr, 1957)는 20세기 중후반 서구 각 나라의 노사관계를 비교하여, 그 유형을 다음과 같이 네 가지로 분류하였다.

첫째는 '절대적 노사관계'인데, 노사 간의 역학관계에서 사측이 일방적인 우위를 점하여 절대적인 결정권을 갖는 유형이다. 따라서 임금 및 노동시간 등의 제반 노동조건이 사용자측의 일방적 의사에 따라 결정되는 노사관계이다.

둘째는 '친권적 노사관계'인데, 노동자의 생활과 작업환경에 직접적으로 영향을 미치는 중요한 노동조건에 관하여 노동자들이 공동결정의 기회를 가짐으로써 기업 내에서 노사관계가 마치 가족처럼 유지되는 유형이다. 따라서 양자는 근본적으로 신뢰관계를 유지하는 가운데 서로 협력하는 유형이다.

셋째는 '계급투쟁적 노사관계'인데, 프랑스의 노사관계 예처럼 노동조합이 출발할 때부터 노사관계가 대립·갈등하는 계급투쟁적 성격이 농후했다는 것이다.

넷째는 '경쟁적 노사관계'인데, 영국, 미국 등에서 볼 수 있는 형태로서 노사가 서로 상대방의 입장을 정당한 것으로 인정하기 때문에 모든 문제를 대등한 관계에서 교섭과 조정을 통해 해결한다는 것이다.

이러한 커의 분류는 노사관계 주체들의 힘의 관계나 대응양태 등을 정태적으로 고려하여 노사관계의 이념형적 유형을 제시하고 있는 정도이지만, 절대적 노사관계나 계급투쟁적 노사관계가 사회문제를 야기한다는 점에서 바람직하지 않다는 시사를 받을 수 있다.

(2) 콜의 분류

콜(Cole)은 자본주의사회에서 보편적으로 나타나는 노사관계의 유형으로 다음과 같은 세 가지 형태를 제시하였다(김윤환, 1970 : 7).

첫째는 '종속적 노사관계'인데, 이 단계에서 노동자는 일할 수 있는 기회를 얻게 된다는 사실 자체를 중시하여 기업가에게 충성을 바칠 각오가 되어 있고, 기업가는 이러한 약점을 이용하여 노동자를 자기 밑에 완전히 예속시키고자 하기 때문에, 노동자가 사용자의 지시에 절대적으로 복종해야 하는 일종의 전제적 노사관계가 성립한다고 하였다.

둘째는 '대등적 노사관계'인데, 이 단계에서 노동자들은 경제적 약자로서 자신들이 처해 있는 객관적 상황을 인식함으로써 차츰 자기의식을 획득하게 되면서 더 이상 굴종과 침묵이 아닌 집단적 대결과 주장으로써 자기이익을 확보하려고 한다. 결국 자본에 대항하기 위한 수단으로 노동조합을 만들게 되고, 조합 활동은 노사관계를 대등한 관계로 발전시킨다는 것이다.

셋째는 '협력적 노사관계'인데, 이 단계는 잉여노동력이 무제한으로 존재하던 산업화의 초기과정과는 달리 고용주가 생산의 지속적인 유지 내지 향상을 위해서 노동자에게 의존하게 된다. 따라서 기업 내에서의 노동자들의 발언권이 경영참가를 원할 정도로 강화되기도 하며, 노사 쌍방은 힘의 대결이 아니라 협력이 절대적으로 필요하다는 인식을 새롭게 한다는 것이다.

콜의 이러한 노사관계 분류는 노사관계를 둘러싼 환경과 노사 양자의 변동하는 힘의 관계를 역사적으로 파악하여 노사관계의 발전과정을 유형으로 설명해 주는 것으로서, 협력적 노사관계가 노사문제의 중요한 해결점이라는 점을 시사하고 있다.

다. 우리나라의 노사관계

(1) 노사관계의 기본틀

1960년대 초반 산업화가 시작된 이후 1987년에 소위 '노동자 대파업'이 발생하기 이전까지의 우리나라 노사관계는 절대적 노사관계나 종속적 노사관계에 가까웠다. 노동자들의 세력이 미약하였고, 국가 또한 친경영자적인 노동정책을 실시하였기 때문이다. 그런데 이러한 절대적·종속적 노사관계는 1987년 여름의 '노동자 대파업' 이후 노동자들의 저항이 급증하면서 경쟁적 노사관계나 대등적 노사관계로 변화되기 시작하였다.

우리나라 노사관계의 협상 대상은 임금과 노동조건이 주를 이룬다. 그러나 이와 함께 노동자들의 경영참여 요구가 제기되면서 이에 대한 논쟁이 벌어지기도 하였다. 다시 말해서, 노사 간의 단체협약·교섭의 쟁점이 임금·노동조건·복지 분야에서 '경영·인사' 참여 문제로까지 확대되어 온 것이 우리나라 노사관계의 역사이다.

쟁점이 되어 온 인사 및 경영에의 참여 문제에 대해, 노동자들은 단결권 보장과 자주적 노조활동을 위해서는 최소한의 인사·경영참여가 필수적이라고 주장하는 반면에 사용자 측에서는 이것이 사용자의 고유권한이므로 침해해서는 안 된다는 입장을 취해왔다. 따라서 관건은 노동자들의 권익을 보장하여 보다 인간다운 삶을 영위하는 것과 경영의 합리화와 생산성의 증대 등을 지속적으로 이루어내는 것을 어떻게 조화시키는가의 문제라고 할 수 있다.

(2) 시기별 노사관계

다음 〈표 8-1〉은 1970년대 이후 우리나라 노사관계의 주요 지표를 보여주고 있다. 이 표를 참조하면서 시기별로 노사관계의 전개를 살펴보자.

〈표 8-1〉 노사관계 주요 지표

연도	노동조합		노 사 분 규		임금근로자 (천명)
	조합원 (천명)	조직률 (%)	발생건수	손실일수 (천일)	
1970	473	12.6	4	9	3,746
1975	750	15.8	52	14	4,751
1980	948	14.7	206	61	6,161
1985	1,004	12.4	265	64	8,104
1987	1,267	13.8	3,749	6,947	9,191
1990	1,887	17.2	322	4,487	10,950
1995	1,615	12.5	88	393	12,899
2000	1,527	11.4	250	1,894	13,360
2005	1,506	9.9	287	848	15,185
2010	1,640	10.1	86	511	16,833
2015	1,938	10.2	105	447	19,402
2017	2,088	10.7	101	861	19,934

자료: 고용노동부, 「전국노동조합 조직현황」, 해당 연도.

① 1987년 노동자대파업 이전(1970 ~ 1987.6)

이 기간은 권위주의적 정부의 노조 억압에 의해 절대적 노사관계가 유지되었고, 노동운동도 정치적 이완기에 노동운동에 대한 통제가 불가능했던 짧은 시기를 제외하면 활성화되었다고 보기 어렵다. 1970년대를 거치면서 전태일의 분신이나 YH노조운동 등이 주목을 끌었지만 박정희 유신정부의 기간 동안 노조가 활성화되기는 어려운 여건이었다.

그러던 중 1979년의 10·26 사태로 유신체제가 붕괴되자 그간 억눌려 왔던 노동자들의 잠재적 욕구가 일시에 분출되면서, 소위 '80년의 봄' 기간 동안 신규노조 결성, 임금 및 근로조건 개선, 휴·폐업 반대, 노동조합 민주화, 해고자 복직 등을 요구하며 노동운동이 격렬한 양상으로 분출되어 나타났다. 1975년부터 1979년까지의 노사분규가 매년 100여 건에 불과했던 반면, 1980년에는 407건으로 폭증했다. 하지만 이는 1980년의 5·18로 다시 위축되며, 그 해 12월 노동관계법의 개정에 따라 노동조합의 조직률도 낮아졌고 조직노동자수도 계속 감소하게 된다.

5공화국 정부는 산별 노조를 기업별 노조로 전환하여 노조의 연대 기능을 약화시켰고, 제3자 개입금지법을 통하여 노동조합에 대한 외부지원을 차단하였으며, '신고필증'을 통하여 노조의 설립을 실질적으로 제한하였다. 뿐만 아니라 냉각기간이나 조정기간을 설정하는 등 노사분규를 법률적으로 제한함으로써 노동자들의 집단적 저항을 대부분 불법화시켰으며, 이를 공권력으로 탄압하였고, 정보기관은 노동운동의 지도자나 소위 학생운동가들의 '위장취업'을 철저히 감시하고 제재하였다.

이로 인해 장시간·고강도 노동, 저임금 등 나쁜 노동조건에 대한 노동자들의 불만이 날로 증대되어 갔음에도 불구하고 노조의 활동은 침체되어 있었다. 이 당시에는 노조의 조직률도 상대적으로 낮았을 뿐만 아니라, 기존에 설립되어 있던 노동조합도 어용노조의 성격을 벗어나지 못했다.

② 1987년 7월 ~ 1989년

1987년 '6·29선언'을 통한 권위주의 정권의 정치적 후퇴를 계기로 하여 노동운동이 대규모로 분출하게 된다. 이전까지 상당히 위축되었던 노동조합들은 활발하게 조직을 결성하게 되었다. 1987년 6월 당시 2,742개였던 노동조합 수가 그 해 말에는 4,103개로 50%나 증가하였고, 이에 따라 같은 기간에 노동조합 조직률도 14.7%에서 17.3%로 증가하였다.

제한받던 노조의 설립이 노동자들의 투쟁을 통하여 성취되면서 소위 '어용노조'도 상대적으로 민주화되었다. 노동조합이 실질적인 사용자의 대응세력으로 자리 잡기 시작한 것은 이 때부터이다. 그 동안의 반공이데올로기의 굴레로부터 벗어나 진보적인 노동조합의 건설도 시도되었다. '전노협'이 결성되어 법외(法外)노조의 상태로 사회개혁까지도 활동목표로 삼아 기존의 노조연대인 '한국노총'과 경쟁을 하기 시작한 것이다.

1987년 대규모 노동쟁의의 가장 큰 특징은 자연발생적 폭발력이다. 1987년 한 해 동안의 총쟁의 건수는 3,749건에 달하였으며, 그 중 6·29 이후 짧은 기간에 발생한 것이 3,628건으로 대부분을 차지하고 있다. 이는 오랫동안 억눌려 왔던 노동자들의 불만과 욕구가 자연발생적으로 거의 동시에 폭발되었다는 것을 반영하는 것으로, 이런 이유로 1980년의 쟁의와는 달리 기존노조는 외면을 당하고 어용노조 시비가 끊이지 않았으며 처음부터 탈법투쟁으로 일관하는 경우가 많았다.

당시 노동쟁의의 주제는 임금인상, 인간다운 대접, 근로조건 개선, 노조결성과 노조민주화 등으로 노동자에게 지극히 당연한 기본권 확보에 관한 것이 주류를 이루고 있었다. 구체적으로 1987년 노동쟁의를 원인별로 보면, 임금인상 2,613건, 근로조건 개선 566건, 노조관련 143건으로 나타나며 이러한 점에서 요구내용은 경제적 차원에 머물렀다고 볼 수 있다. 하지만 어용노조 민주화를 둘러싼 투쟁 또한 치열하게 전개되었음을 볼 때, 노동자계급의 권익을 보장할 수 있는 자주적 조직에 대한 노동자들의 의식도 임금인상, 근로조건의 개선 못지않게 중요한 투쟁의 동력이 되었음을 알 수 있다.

노동쟁의는 중화학공업 공단지역의 대기업을 중심으로 발생하여 경공업 사업장 및 기타 지역으로 확산되는 양상을 보였으며, 요구사항의 타결에 있어서도 이들이 주도적인 역할을 하였다. 쟁의의 유형이 종래에 비하여 대중적이며 대규모적인 연대투쟁의 형태를 취하였을 뿐만 아니라, 장기적이며 완강했던 것도 이 무렵 쟁의의 특징이다.

이와 병행하여 사무직, 기술직, 서비스직 등에서 노동쟁의와 노동조합 결성이 일반화되면서 사무직 노동운동은 기존의 생산직 중심의 노동운동과 함께 노동조합운동의 한 영역으로 자리 잡기 시작했다. 이는 노동계층 일반이 모두 함께 하는 대중운동으로서 노동운동이 부각되는 계기가 되었다.

③ 1990년대

1990년대에 들어서면서 노동조합 및 조합원의 수, 노동조합 조직률이 감소세로 돌아섰고 노동쟁의 발생건수도 급격히 감소하고 있으며, 그 동안 일정하게 진전을 보여 왔던 생산 및 노사관계의 민주화 추세도 정체되는 양상이 나타난다고 지적되었다.

1990년대에 들어서 나타나고 있는 노동조합운동의 양적 지표에서의 침체와 퇴조는 기업의 노무관리전략 변화 등의 제도적 요인과 함께 기업의 시장환경 변화 등에서 비롯되었다고 할 수 있다. 하지만 참여와 협력을 지향하는 '신노사관계'에 대한 공감대 확산과 이를 뒷받침하기 위한 노사관계개혁위원회, 노사정위원회의 활동에서 드러나는 것처럼, 우리나라의 노사관계는 질적인 면에서는 한 단계 높은 차원으로 발전을 이룬 것으로 평가할 수 있다. 다만, 1997년에 발생한 외환위기로 인한 경제의 구조조정이 진행되는 가운데 고용안정성이 파괴되면서 전향적인 노사관계로의 전환에 걸림돌이 되었다.

④ IMF 경제위기 이후

동남아시아 외환 위기에서 시작되어 우리나라에 직접적인 타격을 미친 경제위기의 충격은 1998년 이후의 노사관계와 노동운동에 직접적인 영향을 미쳤다. 경제성장률 -5.8%라는 최악의 경제상황 속에서 기업의 대대적인 구조조정에 따라 근로자들의 고용불안은 최악의 상태에 놓이게 되었고, IMF로부터 자금지원을 받기 직전인 1997년 10월 이후 불과 1년 사이에 실업자가 120만 명 증가하여 1999년 2월에는 180만 명에 근접하기도 하였으며, 그 이전 10여 년 이상 지속되어 온 구인난 시대가 하루아침에 구직난 시대로 바뀌게 되었다.

이러한 상황 하에서 고용조정을 둘러싼 노사 간의 갈등이 증폭되어 노동쟁의로 표출되는 경우가 많아서 쟁의발생건수는 이전 3년간에 비하여 증가하였지만, 노동조합과 근로자의 교섭력은 약화될 수밖에 없었고 고용안정을 확보하기 위한 양보교섭이 불가피하게 되었다.

단적인 예는 임금교섭에서 나타나는데 1998년 연말에 집계된 근로자 100인 이상 사업장의 협약임금 인상률은 -2.7%로 낮아졌다. 이는 전년 동기의 4.3%에 비해서 무려 7%포인트나 낮은 것으로 1980년 임금교섭현황 조사개시 이후 가장 낮은 인상률이다. 이를 타결유형별로 보면 임금동결 및 하향조정업체가 4,357개소로 전체 타결사업장의 84.5%를 차지한 반면에 임금인상업체는 799개소로 15.5%에 불과했다.

⑤ 2000년대 이후

2000년에 들어서면서 경기가 일부 회복되자 근로자들의 임금보전 요구가 증가하면서 노사관계가 다시 불안한 기미를 보였다. 2000년 한해에만 총 250건의 노사분규가 발생하여 1998년도에 비해 2배에 달했다. 그러나 이후 노사분규는 참가자 수나 분규로 인한 손실 일수로 볼 때, 전반적으로 감소하는 추세이다.

라. 노동자 의식

(1) 우리나라 노동자 의식

노동자 의식은 사회 일반의 환경 속에서, 노동자들이 처해 있는 객관적 상황과 이 상황을 개선하려는 노동운동의 영향을 받으면서 형성되고 변화되어 간다고 볼 수 있다.

1970년대 한국의 노동자들은 수적으로 급속한 성장을 보이면서 매우 열악한 노동조건에서 일하고 있었다. 노동자들은 노동시장에서 서로 경쟁하는 상태에서 저임금에 노동력을 판매하고 장시간·고강도 노동도 감내해야만 했다. 이러한 노동조건이 노동자들의 불만을 야기했고, 이런 상태는 노동자 상호간의 경쟁을 제한하면서 자신들의 이해를 증진시키려는 조합주의 의식을 일으키게 하고, 더 나아가 자신들의 처지를 근본적으로 변화시키려는 의식, 즉 계급의식을 확산시키는 객관적 조건으로 작용할 수도 있었다.

그러나 이러한 의식은 객관적 상황으로부터 자동적으로 생성되어 나오는 것이 아니라, 의식적 운동을 매개로 확산되고 강화되는 것이 일반적이다. 공동의식 또는 단결의식을 추구하려는 의식적 운동이 결여된 상태에서는 노동자들의 처지가 매우 불만족스럽다 하더라도 그들은 자신들의 이해를 개별적 수준에서만 추구하려 할 것이다. 1970년대 한국의 노동자들은 노동운동으로부터 분리되어 있었다.

우선 그들은 대부분 노동현장에 진입한 신참 노동자들이거나, 고참이라도 '1세대' 노동자들이었다. 일부 노동자들이나 지식인들이 노동운동의 필요성을 인식하였더라도 그것이 실천운동으로 정착하기에는 커다란 정치적·이데올로기적 장애가 존재하였다. 냉전과정에서 성장한 권위주의 정부는 자본주의적 경제성장을 주도하면서 노동운동을 억압하였고, '반공의식'을 조장하고 확산시킴으로써 계급의식을 확산시키려는 혁명운동은 물론, 자본주의체제를 인정하는 범위 내에서 노동자의 처지를 개선하려는 노동조합운동도 억압하였다. 이런 상황에서 한국의 노동자들에게 계급의식은 말할 것도 없고 노동조합주의 의식도 크게 성장하기 어려웠다.

1980년대에 들어서면서 한국의 산업화는 성숙한 면모를 보이기 시작하여 노동자들이 사회구성원의 다수를 점할 뿐만 아니라, 노동자계급의 재생산구조가 정착하기 시작하였다. 단결을 통해서 자신들의 처지를 개선하려는 움직임이 노동자들 내부에서 시작되었으며, 사회변혁을 추구하는 지식인층(주로 학생운동가들)에서도 일부가 노동운동에 관심을 가지고 노동현장으로 뛰어들었다. 이런 여건 속에서 노동자들의 조합주의적 의식은 확산되게 되었다.

1980년대 중반에 이르면 이러한 조합주의 의식에 근거하여 노동자들의 투쟁이 여러 가지 법적·물리적인 제약을 뚫고 표출되기 시작하였다. 이와 함께 반공이데올로기의 장벽을 제치고 계급의식의 필요성을 외치는 변혁운동이 여러 갈래로 진행되었고, 노동운동과의 결합을 시도하기도 하였다.

1980년대 중반 이후 한국의 산업화는 더욱 진전되었고 기계화, 자동화, 전산화가 작업현장을 변화시켰다. 이것은 한편에서는 노동자계급의 고착화를 진전시키면서 동시에 노동시장의 분절화 경향을 초래했다. 1987년 노동자 대투쟁 이후 한국의 노동자들은 단결을 통한 처지 개선의 필요성에 대해서는 공감하는 경향을 보인다. 그러나 근본적 사회변혁을 추구하는 것에 대해서 일치된 견해를 보였던 것은 아니라고 할 수 있다.

한국 노동자들의 계급의식은 앞서 언급한 바와 같이 반공이데올로기와 밀접한 관련을 맺고 있다. 1980년대 말 소련과 동유럽 사회주의권의 몰락은 반공이데올로기를 약화시키는 한 계기가 되었다. 어떤 면에서 사회주의권의 변화는 계급의식이 주장될 수 있는 공간을 넓혀주었지만, 이제까지 계급의식을 강조했던 사회주의권의 동요는 동시에 계급의식 자체의 유용성에 대한 회의를 초래하였다. 노동자들은 자신의 처지를 개선하려는 집단적 노력의 필요성, 다른 사회문제를 해결하려는 운동의 필요성을 공론화할 수 있는 공간을 상대적으로 용이하게 획득할 수 있게 된 반면, 노동운동의 지도부가 변혁적 대안을 제시하기는 더욱 어렵게 된 셈이다.

(2) 한국 근로자들의 가치체계 변화

1987년 6·29선언에 뒤이은 노동자 대파업은 노동자들의 권리의식 상승을 바탕으로 하여 노동운동이 활성화되고 노사관계의 대등성이 대폭 신장되는 계기가 되었다. 이런 가운데 근로자들의 누적된 불만이 표출되면서 왜곡된 기업의 경영관행이나 분배관행에 대한 비판이 제기되었지만, 자신들의 주장만 옳고 상대방의 주장은 틀리다는 식의 분위기가 노사 양측에 팽배했던 것도 사실이다. 수단과 방법을 가리지 않고 자신의 이익만 챙기면 된다는 식의 직업관과 노동관이 노출되기도 하였다.

이후 근로자들의 임금과 복지후생이 개선된 이면에서, 높은 노동비용이 한국기업의 경쟁력 상실의 주요인이라는 지적이 제기되어 왔다. 이러한 상황 속에서 노사 쌍방이 상대방의 입장을 부분적으로 이해하게 되고 노사관계에 변화의 조짐이 나타나기도 하였다. 외견상 상대방의 존재를 인정하고 지나친 행동과 욕구표출을 자제하고 적법한 활동을 하려는 경향이 강화되어 온 것이다.

그러나 여전히 노사 당사자들은 노사관계를 대립적인 것으로 인식하고 있다. 상대방을 인정하면서도 뿌리 깊은 불신의식 때문에 상대방의 입장을 수용하면서 협력하거나 참여를 유도하는 움직임은 드문 것이 현실이다.

노사관계는 노사의식, 법과 제도, 작업현장의 관행 등 세 가지 차원이 서로 영향을 주고받는 것이다. 노사관계 의식은 제도적 틀 속에서 형성되며, 제도는 의식을 바탕으로 하여 형성된다. 따라서 제도의 개혁이 없이 의식이 변하기 어렵고, 의식이 바뀌지 않고는 작업현장의 관행이 고쳐지기 어려울 뿐만 아니라 제도의 시행도 어렵다.

우리나라의 노사관계를 말할 때, 흔히 의식과 제도, 법과 관행이 괴리되어 있다고 한다. 변화하는 환경에 적합한 새로운 노사관계를 이룩하기 위해서는 제도적인 개혁과 함께 의식의 개혁이 필요하다. 많은 사람들은 자신의 의식은 바꾸지 않은 채 법과 제도만 비판하고 있다.

아래에서는 이해관계를 달리하는 노사 양측이 상대방과 노사관계의 현실에 대해 어떤 인식을 갖고 있는가를 기존 자료의 검토를 통해 알아보고, 참여와 협력의 새로운 노사관계 형성의 가능성을 노동관련 의식을 통해 살펴보자.

① 근로의욕의 저하와 3D현상의 출현

1960~70년대의 경제성장은 우리나라 근로자들의 생활수준을 크게 개선시켰다. 노동자들은 강한 동기를 갖고 오랜 시간 동안 열심히 일했지만, 1인당 국민소득이 4,000달러 정도에 이른 1980년대부터는 여가시간을 증가시키고자 하는 욕구가 근로의욕을 현저히 감소시킨 것으로 보인다. 한 연구에 따르면 1960년대와 1970년대에는 한국 근로자 중 거의 60%가 그들의 소득을 고려하지 않고 열심히 일했지만, 1980년대에는 이러한 근로자의 비율이 30% 이하로 떨어졌다(신유근, 1991).

한편 근로자들은 열심히 일하려는 동기가 감소했을 뿐만 아니라, 더럽거나 힘들고 어려운 일은 회피하기 시작했다. 이런 현상은 일반적으로 '3D 기피현상'으로 알려져 있다. 특히 중소 제조 기업들은 이런 상황 속에서 인력을 확보하는 것이 어려워지기 시작했고 이후에 결국 외국인 노동자들로 부족한 인력을 채우게 되었다.

② 노사관계의 현실과 발전방안에 대한 인식

1987년 노동자 대파업 이전의 노사관계에 대하여 우리나라 근로자들이 어떻게 평가하고 있는지를 조사한 연구(서울대 사회과학연구소, 1987: 157)에 의하면, 우리나라의 전반적인 노사관계에 대하여 응답 근로자의 59.9%가 나쁜 편이라고 응답하였고, 좋은 편이라는 평가는 8.4%에 불과했다.

한편 1996년에 노사관계개혁위원회와 국민경제교육연구소 공동으로 1,541명을 대상으로 한 국민여론조사에서 응답자의 압도적 다수(71.6%)는 우리의 노사관계가 선진 경쟁국보다 더 대립적이라고 보고 있었고, 노사화합 및 협력(45.8%)이 여타의 고비용대책보다 훨씬 더 중요한 경쟁력 강화요인이라고 평가하였다. 이에 따라 대다수의 국민들(90.5%)은 노사관계가 개혁되어야 한다고 응답해서, 국민의 압도적 다수가 "우리나라 노사관계, 이대로는 안 된다"는 데에 이미 그 무렵에 공감하고 있던 것으로 나타났다(이원덕, 1997 : 37).

노사관계개혁위원회의 조사(1998: 60~61)에 의하면, 노사문제를 해결하는 데 있어서는 "시간이 걸리고 어느 정도의 부작용이 생기더라도 노사문제는 당사자들이 협상을 통해 풀어나가야 한다"는 의견이 54.9%로 나타나서, "정부가 노사관계의 기본방향을 제시하고 여러 가지 지원을 제공하여 풀어나가야 한다"는 견해(44.6%)를 앞서는 것으로 나타났다. 따라서 향후의 노사관계는 임금인상이나 근로조건 등의 분배문제보다 세계화 및 정보화시대의 삶의 질 향상을 위해 인력개발을 위한 교육훈련 등에 더 힘을 기울여야 한다는 응답이 반수를 넘었고(58.9%), 대다수의 국민(78.8%)은 노사간의 대립시 "노사 쌍방이 법과 질서를 준수해야 하고 힘의 행사를 자제해야 한다"고 인식하였으며, "노사관계의 속성상 법의 테두리를 벗어나는 어느 정도의 힘의 행사가 필요하다"는 입장(20.9%)은 소수에 불과하였다.

③ 기업 및 경영자에 대한 인식

우리나라 근로자들이 기업인에 대해 어떤 인식을 갖고 있었는지를 살펴보기 위해서 1989년에 시행된 한국노총의 조사결과(한국노총, 1989 : 150)를 보면, 표본대상자인 1,691명의 평조합원 가운데 38.1%가 '아주 신뢰' 혹은 '신뢰하는 편'이라고 응답하여 '불신하는 편' 혹은 '아주 불신'한다고 응답한 18.4%에 비해 2배 가량의 높은 비율을 나타내고 있다.

그럼에도 불구하고 1996년의 한국사회학회의 조사결과(1996. 12)를 살펴보면, "우리나라 기업가나 경영자들이 지나치게 권위적이어서 근로자를 무시한다"는 질문에 대해 사용자들만 44.8%가 그렇지 않다고 부정하여 그렇다는 응답비율 30.5%를 넘을 따름이며, 일반국민이나 근로자, 공무원 모두 반수 이상이 질문에 대해 수용하는 입장을 보였다. 또한 "기업가나 경영자들이 기업의 사회적 책임에는 별로 관심이 없고, 이윤추구에만 관심이 있다고 보십니까"라는 질문에 대해서도 사용자들의 반대견해('전혀 그렇지 않다' 및 '그렇지 않다'가 각기 10.5% 및 35.2%임)에도 불구하고, 일반국민이나 근로자, 공무원들은 그렇다고 보는 비율이 높은 편(57.8%, 64.2%)이었다.

따라서 기업인이나 경영자들이 개인적으로 본받을 만한 사람이라고 생각하는지를 물어본 결과, 사용자들은 48.6%가 그렇다고 응답한 반면에 근로자의 20.6%, 공무원의 23%, 일반국민의 28.0%만이 그렇다고 응답하는 대조를 보여서 사용자에 대한 신뢰도가 전반적으로는 여전히 높지 않았다는 점이 확인되었다. 인식조사의 결과는 시대적 상황의 변화를 민감하게 반영하기도 하기 때문에, 당시의 조사결과가 지금까지 그대로 타당하다고 볼 수는 없지만, 지속적으로 발생하는 기업 및 경영자들의 비리와 범죄적 행위가 고용주 전반에 대한 불신으로 이어지는 것은 해결되어야 할 사회문제이다.

④ 노동조합 및 노동자에 대한 인식

정치적 민주주의와 쌍벽을 이루는 산업민주주의가 이루어지기 위해서는 노동조합 내부 활동의 민주화가 전제조건이다. 노동조합의 지도부가 근로자들의 선출에 의해 구성되고 근로자들의 이익을 대변하는 조직인 이상 조합 활동의 민주주의적 운영은 매우 중요한 요건이다. 그러나 그 동안 한국의 노동조합은 민주성을 확보하지 못하여 조합 활동의 대중성 확보에 실패하였고,

평조합원들의 의사를 제대로 반영하지 못하여 노조운동의 발전이나 노사관계의 개선에 장애로 작용하기도 하였다.

한국사회학회의 조사결과(1996)를 보면, "노조 내 모든 의사결정이 민주적 절차에 의해 이루어지고 있다고 보십니까?"라는 질문에 대해 일반국민이나 사용자뿐만 아니라 근로자들도 '그렇지 않다'는 응답률이 '그렇다'는 응답률을 상회하였다(긍정과 부정의 응답비율은 사용자의 경우 19% 대 65.7%, 일반국민의 경우 32.5% 대 40.6%, 근로자의 경우 20.5% 대 46.5%임). 이러한 불신이 노조활동에 대한 일반조합원들의 참여나 지지를 낮추게 되고 궁극적으로 협력적 노사관계 기반조성에 장애로 작용하게 되는 것은 일의 영역에서 발생하는 중요한 사회문제의 하나였다.

⑤ 참여와 협력의 새로운 노사관계로의 전환에 대한 인식

기업과 국가의 경쟁력을 향상시키기 위해서 새로운 노사관계의 설정이 필요하다는 인식은 증대해왔다. 1995년에 한국노동교육원이 5,000여 명의 제조업 근로자를 상대로 실시한 조사에서, "귀하는 기업의 경쟁력과 근로생활의 질을 동시에 향상시키기 위해서는 노사협력이 반드시 이루어져야 한다"는 견해에 대해 어떻게 생각하는지를 물어본 결과, 42.4%가 적극 동의, 44.1%가 동의를 표명하였고, 반대의사를 내비친 응답자는 2.6%에 불과한 것으로 나타났다. 절대다수의 근로자들이 협력적 노사관계의 필요성에 공감을 하고 있었던 셈이다. 더불어 노사협력을 실제로 추진할 경우에 근로자 개개인의 참여의지를 알아본 결과(한국노동교육원, 1995 : 141), 응답근로자의 64%가 적극적인 참여의지를 내비쳤고, 그저 그렇다 33.5%, 소극적인 참여의사 10.2%로 나타났었다.

(3) 노동관련 의식전환의 필요성

우리나라 경제 상황은 2008년 이후의 글로벌 경제위기와 근래 미국과 중국 간의 경제전쟁 등으로 인해 매우 어려워지고 있다. 이런 때일수록 노동자와 사용주는 협력을 통한 상호 이익증진의 필요성을 깊이 인식해야할 시점이다. 그러나 이러한 인식이 신뢰를 기반으로 하여 구체적인 실행으로 전환되지는 못한 상태이다. 노사 양측은 불신을 협력적 노사관계 구축의 가장 큰

저해 요인으로 판단하고 있다. 사측은 노측이 기업의 입장을 인정하지 않고 무리한 요구를 한다고 보며, 노측은 사측이 노조를 경영의 동반자로 인정하지 않고 자신의 이익만을 챙기려하고 불합리한 인사노무관리를 한다고 생각한다.

노사관계의 당사자들인 노사정 3자가 가져야 할 새로운 의식의 핵심적 내용을 정리해보면 다음과 같다.

현재 우리나라의 노사관계를 보면 생산을 위한 협력보다 분배를 위한 투쟁이 여전히 강하다. 사회가 다원화되면서 힘의 논리에 기반한 투쟁과 분배지향적 노동운동은 지지기반을 상실할 수밖에 없다. 신기술의 발전과 시장경쟁의 격화에 따라 노동자의 자율성이 강조되면서, 노사관계의 대립적 상황은 노동자의 복지를 향상시키기보다는 오히려 고용기회의 축소 등 노동운동의 기반을 잠식하고 있다. 흔히 노사간 이해관계는 상반되는 것으로 인식하여 왔으나 사회 환경의 변화는 노사가 정합(positive-sum)게임을 향한 공생관계라는 인식으로 전환시켜야 한다.

경영자는 치열한 경쟁에서 우위를 점하기 위해서 고객을 만족시킬 수 있어야 한다. 그런데 고객만족을 위해서는 제품과 서비스의 질을 향상시켜야 하고 이를 위해서는 종업원들의 만족이 선행되어야만 한다. 최근의 기술발전과 노동형태로 볼 때, 노동자의 적극적이고 자발적인 참여 없이는 기업의 경쟁력 강화를 기대하기가 곤란하다. 인적자원의 개발과 이용이 경쟁력의 기반인 상황이 전개되고 있다. 종업원은 단순한 생산요소의 일부가 아니라 감정을 가진 인간이며, 무한한 부가가치 창출의 잠재력을 가진 자산이다. 현장종업원의 다양한 의견을 진지하게 수렴함으로써 참여욕구를 충족시키고 업무개선을 통해 경쟁력 강화도 가능해질 것이다.

노사관계의 주도자는 역시 사용자이다. 따라서 경영관리자, 특히 최고경영자의 인식전환과 의식변화도 매우 긴요하다. 노사갈등을 부정적인 문제로만 인식할 것이 아니라, 노조를 파트너로 인식하고 노사갈등을 문제해결의 과정으로 인식할 필요가 있다. 노사간 불신 해소를 위해 사용자는 경영정보의 상당한 공개를 통해 신뢰의 단초인 경영 투명성을 제고시키고 근로자들의 인적자원 계발에도 노력해야 한다. 근로자들을 인간적으로 대우하고, 복지와 삶의 질을 향상시킴으로써 기업경쟁력을 제고하는 새로운 노사관계 의식이 필요하다.

과거에 정부는 집단적 노사관계에 있어서 노동자의 권리를 제약하면서까지 사측에 유리한 노동정책을 시행해 왔다. 이것이 장기적으로는 노동자의 불신과 저항을 초래하여 기업경쟁력을 약화시키는 데 일조를 한 셈이다. 정부는 노사 양측으로부터 균형잡힌 의견을 수렴하고 자율적이고 공생적인 노사관계 확립을 해나갈 수 있도록 지원하는 입장에 서야 한다.

마. 참여와 협력의 노사관계 필요성

세계적인 경제경쟁의 격화라는 상황전개 속에서 기업들은 생산성 제고를 통해 경쟁력을 높이기 위해 노력하고 있다. 정보화세계화의 상황에서 기업경쟁력은 인적자본(human capital)의 질에 의해 결정된다. 따라서 정보와 지식생산의 주체인 근로자들에게 열정과 창의를 발휘할 수 있는 동기부여가 핵심전략으로 부각되고 있다. 따라서 정보유통과 커뮤니케이션의 활성화를 기반으로 하여 근로자들의 자율성을 확대하고, 작업관련 의사결정에의 참여를 통해 권한 범위를 확대하면서 동시에 목표달성에 대한 책임을 부여하여 성과와 능력에 따른 보상체계를 지향할 필요가 있다.

이처럼 참여와 자율에 기반한 작업조직이 제대로 운영되기 위해서는, 노사관계도 기존의 임금, 근로조건을 둘러싼 단체교섭 위주의 대립구도에서 인적자원 개발위주의 협상으로 전환되어야 하고 이것이 제대로 이루어지기 위해서 다시 참여와 협력의 노사관계 구조가 필요하다.

기업경영도 톱다운(top-down)식 권위적 관리에서 바텀업(bottom-up)식의 참여적 관리로 전환될 필요가 있으며, 유연한 조직구조 혹은 자율팀제로의 조직개편은 이러한 노사관계 구조를 필요조건으로 하는 셈이다. 관리자들의 역할도 지시나 감독 위주에서 조정자의 역할로 변화되어야 하고, 노조간부들도 근로자들의 요구를 수렴하고 대변하는 데에서 한걸음 더 나아가 노동자들이 능력을 개발하고 전문성을 가질 수 있도록 솔선수범하여 종업원의 능력개발 프로그램 설계와 실행에 참여할 필요가 있다.

기존의 표준화된 대량생산체계로부터 특화된 상품의 다품종 소량생산체계로 전환하는 상황에서 작업장수준에서 근로자들의 참여를 포함한 기업내 여러 수준에서의 참여가 기업혁신을 통한 생산성 향상에 중요하다는 것이다.

작업현장 차원의 노사관계문제는 일반적으로 볼 때, 작업과정상 통제할 수 있는 직무의 범위, 작업수행 중 발생하는 고충처리, 작업에 직접적인 영향을 끼치는 작업환경과 안전보건의 문제 등을 둘러싸고 발생한다. 이 중 작업과정에 대한 통제의 범위는 작업장수준의 노사관계가 근로자참여의 기초적 틀이 된다는 점에서 가장 중요한 것으로서 현장작업자와 일선감독자간의 신뢰, 작업에 대한 관리감독방식, 작업자에게 부여되는 권한 및 정보의 양과 관련된다. 작업자의 자율범위를 확대하고 수직·수평적 의사소통을 활성화시켜서 충분한 정보의 유통이 필요하다는 점이 강조되고 있다. 그리고 직무수행과정에서 발생하는 직무상 애로사항은 감독의 업무지시방식의 개선이나 작업현장에서의 상사의 지도나 동료의 협조를 포함한 작업장훈련(OJT; On the Job Training) 등을 통해 해결할 필요가 있다.

작업장수준의 노사관계는 통상 현장근로자를 대표하는 노조대의원과 일선관리감독자에 의해서 주도되는데 그것이 지향해 나갈 방향은 근로자 참여의 기초적 틀을 만드는 것이라고 할 수 있다. 그러나 우리나라 기업에서는 작업현장이 근로자들의 참여에서 기초적 틀이라는 인식이 노사 모두에게 부족했고, 일선감독자와 근로자들 간의 신뢰가 낮고 교육훈련이 부족해서 관리감독방식의 개선이나 제안 등 근로자들의 창의적인 활동이 미약하며, 근로자들의 직무능력 제고나 교육훈련, 산업안전 등을 위한 노사 공동노력에 대한 인식이 부족했던 것이 현실이었다(김태기, 1994 : 48~49).

노사협력을 포함한 한국 노동시장을 상징하는 지표가 10년 전과 비교해 하락했다는 조사 결과가 나왔다. 노동시장을 상징하는 지표 중에서 10년 전과 비교해 하락폭이 가장 큰 건 노사협력 지표였다. 19일 한국경제연구원에 따르면 올해 한국 노사협력 지표는 2008년과 비교해 29계단 하락한 124위를 기록했다. 조사 대상 140개 국가 가운데 최하위권이다. 대화 없이 투쟁만 일삼는 한국의 노동시장 현실을 반영한 결과다.

국가별 경제 규모를 고려한 지표 분석에서 한국의 노사협력 지표는 꼴찌를 기록했다. '20-50클럽' 7개 국가(미국·영국·프랑스·일본·이탈리아·독일·한국)의 노사협력 지표를 비교한 결과, 한국이 7위를 기록했다. '20-50클럽'은 1인당 국민소득이 2만 달러 이상이면서 인구가 5,000만 명 이상인 국가를 말한다. 10년 전과 비교해 20-50클럽 국가 중에서 노사관계 지표 순위가 하락한 곳은 한국이 유일했다.

노사관계 지표와 함께 고용·해고 관행, 정리해고 비용, 임금 결정 유연성, 전문경영인 의존도 지표도 10년 전보다 하락했다. 유연한 고용·해고가 얼마나 허용되는지를 평가하는 '고용·해고 관행' 지표에서 한국은 45위를 기록한 2008년과 비교해 42단계 하락한 87위를 기록했다. 이는 20-50클럽 7개 국가의 모든 노동시장 평가 지표 중 하락 폭이 가장 컸다.

이번 조사는 세계경제포럼(WEF)이 매년 발표하는 국가 경쟁력 보고서(The Global Competitiveness Report)를 기반으로 조사됐다. WEF는 2007년부터 140개 국가의 노동시장 지표를 보고서에 포함했다. 통계와 설문조사를 기반으로 노동시장 지표를 매기고 이에 따라 순위를 매기는 식이다. (중앙일보, "'빅7' 중 한국 노사관계 꼴찌," 2018.12.20.)

3. 노동시장의 문제

가. 인력수급 불균형

우리나라 산업인력 수급동향을 보면, 1988년 이후 외환위기 이전까지는 2%대의 실업률로 안정적인 상황을 유지해왔다. 한편 전체 노동인력 부족률은 1991년에 5.5%로 최고를 기록하였고, 1993년에는 3.6%로 감소했었다. 그러나 중소제조업 생산직의 부족률은 상대적으로 높게 나타나기 시작했으며 이에 따라 외국인 노동력의 활용이 상당 수준 발생하게 되었다.

그런데 우리나라 노동력 수급관련 통계를 보면, 인력부족률이 상당히 높은 것으로 나타나지만, 소위 '실망실업' 등 비자발적 실업을 포함한 유휴인력의 규모 또한 상당히 커서 실제적인 인력부족이 그리 심각하다고 볼 수는 없다. 취업의사가 있는 비경제활동 인구규모도 200만 명 이상이 되는 것으로 추산되고 있으며, 불완전 취업자도 높은 수준인 것으로 나타나는데, 문제는 이들이 노동시장에 진입하는데 실제적으로 많은 제약이 있다는 점이다.

나. IMF 경제위기 당시의 노동시장 상황과 실업 문제

1997년의 외환위기에서 촉발된 경제위기 이후 많은 기업의 도산과 연이은 구조조정, 정리해고 등으로 말미암아 우리나라 노동시장은 높은 실업률을 경험하였다. 1998년 중 한때 실업률이 8%대를 넘었고, 연간 100만 명의 실업자가 양산되었다.

1998년의 경제 및 노동시장 상황은 ① 극심한 경기침체, ② 기업의 구조조정과 노동시장의 교란, ③ 임금수준의 하락으로 표현할 수 있다. 1998년도 경제성장률은 −5.8%로 1980년 이후 처음으로 마이너스 성장률을 기록하였으며, 설비투자도 전년대비 38.5%로 감소하였다. 기업의 경영환경도 극도로 악화되어 부도기업체는 1997년도의 17,168개소에서 1998년에는 22,828개소로 급격하게 증가하였다. 한편 기업은 1998년 초부터 본격적인 구조조정을 단행하기 시작하여, 노동시장 사정이 급격하게 악화되었다.

1998년 연평균 실업자 수는 1,463천 명, 실업률은 6.8%로, 사상 처음으로 백만 명 이상의 실업자 수를 기록하였다. 취업자는 전년 대비 5.3% 감소하였으며, 경제활동참가율도 1997년의 62.2%에서 60.7%로 1.5%포인트 하락하였다.

〈표 8-2〉 1997년 외환위기 전후의 고용동향

(단위: 천명, %)

구 분	1997	1998					1999.1/4
		연간	1/4	2/4	3/4	4/4	
15세 이상인구	34,736(1.6)	35,243(1.5)	35,070(1.6)	35,187(1.5)	35,303(1.4)	35,410(1.3)	35,480(1.2)
경제활동인구	21,604(2.0)	21,390(−1.0)	20,892(−1.0)	21,663(−0.9)	21,571(−1.1)	21,432(−0.9)	20,792(−0.5)
참가율	62.2	60.7	59.6	61.6	61.1	60.5	58.6
취업자	21,048(1.4)	19,926(−5.3)	19,710(−3.7)	20,178(−5.4)	19,971(−6.4)	19,846(−5.8)	19,042(−3.4)
실업자	556	1,463	1,182	1,485	1,600	1,586	
실업률	2.6	6.8	5.7	6.9	7.4	7.4	

주: ( ) 안의 수치는 전년(동기) 대비 증감률이다.
자료: 통계청, 경제활동인구월보, 해당 연도 및 월간자료.

실업률의 급속한 증가와 아울러 고용안정성도 크게 저하되었다. 취업자의 종사상 지위로 살펴볼 때, 1998년에 상용근로자 증가율은 전년대비 −9.7%이었다. 이에 따라 1999년부터는 취업자 중 임시·일용직의 비중이 50%를 넘게 되었다(〈표 8-3〉 참조). 1999년 3월에 실업상태에 있다가 4월에 취업된 사람들을 살펴보면, 44만 9천 명 중 임시·일용직에 취업한 사람이 77.4%의 비중을 차지했다. 한편 취업자 중 취업시간이 18시간 미만인 취업자는 1997년 34만 4천 명에서 1998년 평균 47만 5천 명으로 증가하였다. 그 가운데 비자발적인 경제적 이유로 18시간 미만 일을 하면서 추가적으로 취업을 희망하는 '불완전취업자'는 1997년에 비해 1.7배 가량 증가했다. 이 가운데 12개월 이상 연속적으로 실업상태인 장기실업자의 비율도 증가하였다.

〈표 8-3〉 1997년 외환위기 전후의 상용직과 임시·일용직 근로자 비율

(단위: %)

구분	1996	1997	1998	1999.1	1999.3	1999.8
상용직	56.6	54.1	53.0	49.5	47.8	48.0
임시·일용직	43.4	45.9	47.0	50.5	52.2	52.0

자료: 통계청, 「경제활동인구조사」, 1999.

서구 산업사회에서는 1960년대에도 파트타임직이 있었지만, 1970년대 중반이후 파트타임직의 구조는 근본적으로 변하였다(Maier, 1992).[25] 파트타임직의 확대와 함께 각국은 대량실업, 여성근로자의 취업기회 확대, 고용비용의 삭감, 기업의 구조조정 등 다양한 경제적 어려움을 해결하기 위해 파트타임 제도를 활용하기 시작했다. 기업과 각국 정부는 파트타임직을 통한 고용형태와 근로시간 패턴의 재조직화를 노동시장의 유연성을 위한 기제로 활용하기 시작한 것이었다.

파트타임직에 대한 수요 확대는 노동비용의 절감과 노동생산성의 증가를 목표로 하는 새로운 기업경영 전략을 반영한다(정인수, 1997: 28). 시장의 불확실성과 서비스부문의 팽창은 기업들로 하여금 근로시간의 유연성을 도입하도록 유도하였고, 파트타임직이 이러한 기업들의 요구와 이익에 부응하였다. 일반적으로 파트타임직 근로자가 기업에 주는 이점은 풀타임 근로자들에 비해 노동강도가 높다는 점이다. 또한 파트타임직은 노동중단이나 비활동기간

25) 1970년초 유럽에서 5~15% 수준에 머무르던 파트타임직의 구성비는 1980년 중반이후 여성근로자를 중심으로 확대되면서 10~20%로 증가하였다. 1980년대 유럽국가들에서 여성의 고용이 급속하게 증가한 것은 여성의 경제활동 참가율 증가와 깊은 관련이 있다. 1975년~1991년 사이 서유럽국가들 중 여성은 모든 파트타임직 고용의 70%(네덜란드)에서 90%(서독)까지를 차지한 것으로 나타나며, 남성의 파트타임직 고용은 서비스분야에서 청년층과 노년층을 중심으로 증가한 것으로 조사되었다(Maier, 1992).

이 낮으며 노동부하의 변동에 탄력적으로 대처할 수 있어서 기업의 고용비용 감소효과를 가져온다. 따라서 노동부하가 단기적으로 변동하는 산업에는 파트타임직이 광범위하게 적용되고 있으며 근래에는 특히 공공행정, 은행·금융·보험, 호텔 등 서비스부문에서도 널리 활용되고 있다.

다. 노동시장의 변화 방향

세계자본주의체제의 글로벌 영향력이 국제사회를 압도하고 있는 상황에서 한국의 노동시장도 대내외적인 환경변화에 조응할 필요가 있다. 우리나라는 선진국형의 노동정책을 탄력적으로 수용할 수밖에 없는 상황에 놓여있다.

이미 20년 전부터 노동시장의 유연화 문제가 중요한 과제로 대두되어 왔다. 이러한 추세에 따라, 기업들은 인적자원개발의 필요성을 절감하는 한편 노동시장의 유연화를 통한 노동인력의 탄력적 고용을 추구해왔다. 이제 '평생직장'이 아니라 '평생직업'을 갖는다는 생각으로의 전환이 불가피하게 되었다. 일부 핵심근로자만 장기적 고용보장이 가능해진 가운데, 비정규 노동인력 활용이 적극적으로 도입되어 왔다.

4. 임금 문제

가. 우리나라의 임금정책

임금정책은 임금수준과 연관된 적정임금 보장정책과 임금의 안전하고 확실한 지불을 보장하려는 임금지급 보장정책으로 구분할 수 있다.

1970년대까지 우리나라 경제여건은 노동력의 과잉공급, 선성장·후분배(先成長·後分配)의 경제정책, 노동운동의 미비 등으로 인해 근로자의 적정 임금수준에 대한 논의가 이루어지기 어려운 상황이었다.

1980년대 들어서도 경제안정 기조를 견지하면서 성장을 추구한다는 정책목표에 따라, 물가안정을 강력하게 추진하는 과정에서 임금인상은 억제되었다. 그러던 중 1987년의 노동자대파업은 전반적인 임금인상과 저임금해소

정책을 끌어내게 되었다. 이에 따라 1986년 말에 최저임금법이 제정되고 1988년부터 최저임금제가 적용되기 시작하였다.

하지만 곧 경제성장을 위한 산업경쟁력 차원에서 임금의 지나친 인상이 저해요인으로 인식되자, 정부는 '한 자리수 임금인상'이라는 기치를 내걸고 노사간 교섭을 지도하기 시작하였다. 특히 1991년부터는 각 기업의 인건비를 증대시키지 않는다는 전제하에 '총액임금제'를 선언하고, 임금구성 체계를 단순화하도록 개별기업에 지도하는 한편, 고임금 업종에 대해서는 임금인상율을 5% 이내로 억제하도록 강력히 지도하였다. 하지만 당시 노태우 정부 말기의 직접적인 지도는 노사문제의 자율해결 원칙에 위배된다는 노동계의 반발로 큰 효과는 보지 못하였다.

이에 따라 1993년부터 김영삼 정부는 한국노총과 한국경총 간의 중앙합의를 이끌어내고, 이것을 임금인상의 기준으로 설정하여 전 산업에 파급시키는 간접적인 지도방식을 사용하였다. 특히 1996년에는 중앙노사협의회에서 공익위원안을 만드는 등, 노사를 배제한 임금인상 기준안을 마련하여 지침으로 지도하는 방식을 사용하여, 임금인상률에서는 상당한 영향력을 발휘하기도 하였다. 이러한 간접지도 정책이 임금인상 분위기를 자제시키는 데는 기여하였지만, 개별 기업에서는 노동자들의 압력에 의해 임금의 편법인상이 이루어지면서 오히려 임금구성이 왜곡되는 부작용이 노출되었다.

이에 따라 정부는 1997년부터는 임금인상 준거율을 제시하지 않고, 노사자율로 임금인상율을 결정하도록 하되, 임금수준 결정에 영향력이 높은 고임금 업종이나 대기업그룹에 대하여 임금안정을 위한 임금격차 완화와 임금체계 개선을 권고하고 있다. 특히 경제위기 이후에는 성과배분적 임금제도를 권고하여, 임금유연성을 강조하는 방향의 권고를 하고 있다.

임금의 수준도 근로자들에게는 중요한 문제이지만, 노동의 대가에 대한 확실하고 안전한 임금지급은 더욱 더 필수적인 문제이다. 정부는 임금체불에 대해 강력한 행정적·법적 제재를 가함과 동시에, 1989년에는 순수한 임금채권 이외에 퇴직금과 재해보상금까지 다른 채권보다 최우선으로 변제 받을 수 있도록 '임금채권보장제도'를 제도화하기도 하였다. 1997년에는 '퇴직연금보험제도'가 도입되어 퇴직금에 대한 보험장치가 마련되기도 하였다.

나. 우리나라 임금체계의 문제

우리나라의 임금수준은 1987년 이후 빠르게 상승하여 대만, 싱가포르 등 경쟁국과 유사하거나 높은 수준을 유지하고 있다. 그러나 생산성은 이에 따르지 못하고 근로의욕도 낮으며, 임금수준에 대한 만족도 또한 낮은 것이 문제로 지적되어 왔다.

우리나라의 임금체계는 아시아의 경쟁상대국이나 일본과 비교해 볼 때 경직적이다. 1990년대 후반 이후 사무관리직을 중심으로 능력과 실적을 반영하는 연봉제가 확대되고 있지만, 실질적인 능력급에는 이르지 못하고 여전히 연공서열이 반영되는 임금체계를 근간으로 하고 있다. 원칙적으로 생산성과 이윤, 개인의 실적을 반영해야 하는 상여금이 고정급화 되어 있고, 비정상적으로 과대한 상여금 비중, 복잡한 수당체계 등의 문제를 안고 있다. 따라서 임금체계 개선의 기본방향은 생산성을 반영함과 동시에 공정성을 확보하는 것에서 찾아야 한다. 또한 임금의 동기유발 기능이 강화될 필요가 있다.

임금의 단체협약시 경제논리보다 힘의 논리가 더 지배적인 상황이 전개되어 온 것이 우리나라 노사관계의 현실이다. 노사간 임금 및 근로조건 교섭에 있어서 시장력과 교섭력이 같이 작용하는 것은 당연한 이치이지만, 한국 기업의 경우 시장력보다 교섭력이 훨씬 중요하게 작용해 왔다. 즉 한국은 임금이 시장력보다는 노사간 교섭력과 정부의 임금정책에 의해 큰 영향을 받아온 점을 부인하기 어렵다. 새로운 노사관계 패러다임 하에서 임금교섭은 분쟁을 최소화하면서 합의를 도출할 수 있도록 공정성을 확보해야 한다. 그러기 위해서는 협상당사자의 교섭력이 균형을 이루어야 하고, 교섭력이 행사되는 메커니즘이 적절해야 하며, 노사의 교섭 자세와 관행이 합리적이어야 한다.

직종간 임금격차는 1970년대 중반까지 확대되다가 1970년대 말부터는 점차 줄어드는 양상을 보인다. 직종간 임금격차가 변하는 이유는 인적 속성의 변화, 직종별 노동수요 및 공급의 차이, 노동조합의 영향력 등이 복합적으로 작용한 결과이다.

직종별 임금격차에서 특이한 것은 사무직의 소득수준이 상대적으로 낮아지고 있다는 점이다. 그 이유는 첫째로 한국의 제조산업 구조가 경공업 중심에서 중화학공업 중심으로 변해가면서 생산직 근로자의 소득증가율이 화이트칼라의 소득증가율보다 높았기 때문에 직종간 소득격차가 줄어든 것이다. 둘째는 성별요인이 개입된 것인데, 특히 소득수준이 낮은 하위사무직에 여성 근로자의 진출이 증대했다는 점이다.

성별 임금격차는 외환위기 이전이나 이후에도 꾸준히 축소되는 추세인데, 1996년 남성에 대한 여성의 상대임금은 60.9%였지만 1998년에는 63.7%로 그 격차가 축소되었다.

한편 사업체 규모별 임금격차는 1997년까지는 다소 축소되다가, 경제위기 시작 후인 1998년에는 다시 확대되어 지금까지 지속되는 추세이다.

5. 노동문제 해결을 위한 정책적 대응: 노동복지

노동과 노사관계의 여러 분야에서 발생하는 문제들을 해결하기 위한 정책적 대응은 개별 영역에서 정부의 법과 제도적 장치의 마련으로 나타나기도 하지만, 근본적으로는 노동복지 정책으로 정리되어 왔다.

노동복지는 노동자들에게 최소한의 인간다운 삶을 보장하기 위한 것이다. 노동자들이 노동력을 판매하고 사용하며 그 노동력을 재생산하는 전 과정에서 인간다운 삶이 위협되는 것을 최소화시키는 것이 노동복지의 지향점이다. 아래에서는 우리나라 노동복지의 실태를 알아보고 노동자들의 노동조건 일반과 생활안정보장 관련 제도들을 살펴보자.

가. 노동복지의 실태: 노동조건

노동조건은 임금, 노동시간, 산업재해 등과 같이 수량화할 수 있는 부분뿐만 아니라, 인간관계의 성격, 제도적 규정, 심리적 문제 등과 같이 양적으로 파악할 수 없는 무형의 부분까지도 포함하지만, 여기서는 주로 임금, 노동시간, 산업재해의 실태를 중심으로 다룬다.

(1) 임금

우리나라는 한동안 저임금을 기조로 한 산업화를 지속해 온 특징을 갖는다. 산업화 초기의 이러한 전통은 선진공업국들의 자본을 국내로 끌어들이는 흡인요인으로 작용한 반면에, 국내의 노동자들에게는 고통이기도 했다. 1973년에 한국의 노동자들은 같은 노동시간에 대해 미국 노동자의 16분의 1, 일본 노동자의 9.4분의 1, 대만 노동자의 1.2분의 1에 해당하는 저임금을 받고 있었다(한국노동조합총연맹, 1979: 248). 이러한 임금격차는 꾸준히 줄어들어 1990년에는 미국 노동자의 약 25%, 일본 노동자의 약 29%에 해당하는 임금을 받는 것으로 나타났다. 1990년대 이후에는 아시아의 경쟁국가에 비해 오히려 높은 임금을 받는 것이 경쟁력의 약화요인으로 지적되기도 하였다.

이러한 상황은 우리나라 노동자들이 이제 절대빈곤의 상태를 벗어났다는 지표로 여겨지지만, 사회적 보장의 미비로 인해 부담이 큰 주거비용, 교육비, 노후생활비 등의 문제는 개인적으로 해결해야 하는 처지에 있기 때문에 상대적 빈곤의 상황은 여전하다고 볼 수 있다.

(2) 노동시간

그동안 한국의 노동자들은 근로기준법이 정한 법정 주당 노동시간인 40시간을 초과해 노동을 해왔으며, 서구 노동자들에 비해서는 10~20시간 이상 더 장시간 노동을 해왔다. 1970년대 중반 이후 서구의 노동시간이 약간 줄거나 큰 변동을 보이지 않는 것과는 대조적으로, 한국에서는 1970년 중반 이후 1987년까지 주당 노동시간이 오히려 큰 폭으로 증가했다가 1987년 이후에야 감소하는 경향을 보였다.

우리나라 근로자는 2010년도에도 월 평균 약 180시간을 근로하는 것으로 나타났는데, 이를 월 25일 근무로 환산하면, 1일 7.2시간 근로하는 셈이었다. 최근 문재인 정부에서는 300인 이상 대기업부터 주당 52시간 이상 근로를 금지하였고 이를 중소기업으로까지 확대하려는 정책을 시작하였다. 그런데 이 정책은 워라벨(일과 레저의 균형)을 이루는 장점과 더불어, 기업의 생산성 저하나 근로자의 소득 감소 등의 부작용을 낳고 있다.

(3) 산업재해와 직업병

산업재해는 근로자가 업무와 관계되는 건설물, 설비, 원재료, 증기, 분진 등에 기인하여 사망 또는 부상하거나 질병에 걸리는 것을 말한다. 산업재해가 유발되는 작업조건은 작업환경과 밀접한 관련이 있으며, 작업조건은 작업장소, 저온 및 온도변화, 고온 및 온도변화, 축축함과 다습함, 소음과 진동, 위험성, 대기조건 등 7가지 요인으로 구분된다.

우리나라의 산업재해 발생률은 매우 높은 수준이다. 산업재해보상보험법이 적용되는 사업장에서 발생한 재해자의 수가 1980년대 이후 상대적으로 줄어들고 있지만, 노동부 자료에 의하면, 2010년 한해에만도 약 10만 명의 산재근로자가 발생했다. 이는 일본, 대만, 싱가포르를 훨씬 앞선 발생률이다.

사업장 규모별 산업재해 현황을 살펴보면, 10인 미만 사업장에서 산업재해의 약 20%가 발생하는 것으로 나타나고 있어서, 전체 사업체중 소규모 작업장이 큰 비중을 차지하는 점을 감안하더라도 영세업체가 산업재해의 사각 지대임을 보여주고 있다. 한편 산재근로자를 근속기간별로 살펴보면, '입사 후 6개월 미만'이 전체의 약 반을 차지하고 있어서 숙련이 몸에 배기 이전에 산재에 노출되는 비율이 높다는 것을 알 수 있다.

우리나라에서는 직업병이 산업재해에 포함되어 있어서 직업병으로 판정을 받으면 해당노동자는 산재보험의 혜택을 받을 수 있다. 그러나 직업병을 얻은 노동자들이 그 병을 직업병으로 판정받기가 어려운 문제가 있다. 직업병으로 판정받기 위한 물증을 확보하여 제시하기가 어렵기 때문이다. 예컨대 한 노동자가 허리만을 반복적으로 사용하여 허리가 아프다고 하더라도 그 병이 서서히 진척되기 때문에 해당 노동자는 작업이 그 병의 주요 원인이라는 물증을 제시하기가 어렵다. 이처럼 직업병의 판정기준이 까다롭고 절차가 복잡하여 직업병으로 판정받기가 어려울 뿐만 아니라, 직업병으로 판정받기 위해 소요되는 기간이 너무 길다는 문제가 제기되는 것이다.

나. 노동복지 제도

노동복지는 누가 주관하느냐에 따라 공공노동복지, 기업복지와 노동자 자주복지로 나눌 수 있다. 공공노동복지는 주로 정부에서 주관하는 노동복지를 말하며, 경제적 합리성이 일차적으로 추구되는 자본주의 사회에서 노동자들의 생활안정이 뒷전으로 밀려날 가능성이 매우 크기 때문에, 이러한 위험을 최소화시키기 위하여 국가가 노동자들의 생활안정을 보장하는 정책을 펴나가는 것이다. 한편 기업복지는 기업이 주도하는 복지를 말하며, 노동자 자주복지는 주로 노동조합 차원의 복지제도인데, 여기에서는 대표적인 공공 노동복지제도에 대해 정리한다.

(1) 고용보험제도

고용보험제도는 전통적인 실업보험뿐만 아니라, 취업알선을 통한 재취업의 촉진과 근로자의 직업안정 및 고용구조 개선을 위한 고용안정사업, 그리고 직업생활의 전 기간에 걸쳐 근로자의 직무수행능력을 체계적으로 개발·향상시키기 위한 직업능력개발사업 등 적극적 노동시장정책을 하나의 시스템으로 연계하여 실시하는 사회보험제도이다.

우리나라에서는 1995년 7월부터 고용보험법이 처음 시행되었는데, 외환위기를 맞이하여 1998년 10월부터는 종업원 1인 이상 전 사업장으로 확대 적용되기 시작했다. 동 법은 고용안정사업, 직업능력개발사업 및 실업급여 등을 포함하고 있으며, 이러한 재원을 충당하기 위하여 고용보험기금을 설치토록 하였다.

고용보험은 실업자의 생계를 지원하는 사후 구제적인 차원의 단순한 실업보험이 아니라, 사전적으로 실업예방 차원에서 잠재인력의 고용촉진, 직업능력 개발 및 인력수급 원활화 등을 목적으로 하는 적극적 인력정책에 해당한다. 특히 고용안정사업은 실업의 예방, 재취업 촉진 등을 위한 지원제도와 고용정보 수집 및 제공 등을 내용으로 하고 있다. 이에 따라 특히 외환위기 이후인 1999년도 고용 및 실업에 대한 고용정책에서는 직업 안전망 확충의 일환으로 실업자 데이터베이스 구축 및 노동시장 정보시스템 구축이 추진되었고 현재까지 정비되고 있다.

(2) 국민연금제도

근로자들의 노후보장제도로서는 국민연금제도가 있다. 1988년부터 실시되고 있는 이 제도는 국민들이 노령에 달하거나 예기치 못한 장애나 사망으로 인하여 소득이 중단 또는 상실될 경우에 대비하여 사회성원의 공동부담으로 기금을 마련해 두었다가 필요시 소득을 보장해 주는 사회보험제도이다.

국민연금은 공무원 연금, 사학연금, 군인연금 등 직역연금에 가입하지 않은 18세~60세 사이의 전국민이 가입대상이며 10인 이상 사업장의 종사자들은 강제 가입 대상이다. 1999년부터 전국민연금제도로 확대 시행하고 있으나, 수입이 제대로 포착되지 않는 자영업자들과의 형평성 문제가 제기되고 있다.

기본적으로 10년 이상 가입하고 65세 이상이 되어야 이 연금혜택을 받을 수 있으며, 법에 규정된 연금의 종류에는 노령연금, 장애연금, 유족임금, 반환일시금 등 네 가지가 있다. 이 제도는 벌써부터 기금 고갈문제가 부각되고 왔으며, 이에 따라 '이전보다 더 내고 조금 덜 받는' 방향으로 조정이 이루어졌다.

(3) 근로복지기금제도

근로복지기금은 근로자들의 생활안정과 복지증진을 위해 기업 이윤의 일정부분으로 조성한 기금을 말한다. 이 근로복지기금제도는 분배의 불균형을 최소화하여 노사간 갈등을 줄여 나가고 사회의 안정을 이루자는데 그 취지가 있다. 우리나라에서 1984년부터 정부는 '분배의 불균형으로 인한 사회불안'의 요인을 없앤다는 취지에서 각 기업에 근로복지기금의 설치를 권장하여 왔다.

1991년에는 새로운 '사내근로복지기금법'이 국회에서 통과되어 근로복지기금제도는 확대 실시되었다. 이 법에서도 기금의 설치를 강제로 규정하고 있지 않다는 점에서는 기존의 제도와 큰 차이를 보이지 않지만, 기금출연금에 대한 세제혜택이 주어진다는 점에서는 진일보하고 있다. 이 법에 따르면 사업주는 기금의 재원으로 직전사업연도의 법인세 또는 소득세 차감전 순이익의 5%를 기준으로 유가증권, 현금, 재산 등을 기금으로 출연할 수 있다.

근로복지기금제는 모든 사업장에 적용되도록 되어 있으나, 현실적으로 영세사업장에서는 기금의 조성이 어려울 뿐만 아니라, 기금이 조성되더라도 그

규모가 작아 이 부문의 근로자들이 실질적으로 기금의 혜택을 받기 어렵다. 이로 인해 대기업 노동자와 영세기업 노동자간의 소득격차가 확대될 가능성이 커진다.

(4) 산업재해보상보험제도

산업재해보험은 근로자가 업무상 재해를 입은 경우 근로기준법에 의하여 사업주가 부담해야 할 보상금을 사회적으로 근로능력조차 없는 근로자가 확실하게 보장받아 최저의 생활이라도 할 수 있도록 하는 제도이다. 우리나라에서 산재보험제도는 1964년부터 시행되었고, 1981년에는 산업재해안전보건법이 제정되었다. 한편 1987년에는 노동부 산하에 한국산업안전공단이 발족되었고, 1990년에 산업안전보건법의 전면 개정이 이루어졌다.

1964년에 산재보험이 처음 시행될 때에는 광업, 제조업의 근로자 500인 이상 고용사업장에만 보장하였으나, 그 적용범위를 확대해나갔다. 따라서 그 대상을 1988년까지 10인 이상을 고용하는 사업장, 연간 연인원 2,700명 이상을 고용하는 건설공사의 노동자로 한정하였다가, 1989년부터는 그 범위를 확대하여 영세업주라도 보험에 가입할 수 있게 되었고, 1996년 이후에는 근로자 5인 이상 고용사업장의 모든 근로자에게 산재보험이 적용되고 있다.

제 9 장

조직문제와 부정부패

1. 관료제적 조직의 문제
2. 다국적기업과 기업집중 문제
3. 조직에서의 차별과 불평등
4. 공직 부정부패
5. 직장 절도 문제
6. 부패방지와 직장 절도 감소를 위한 정책적 대응

제9장
조직문제와 부정부패

조직은 어떤 목적을 달성하기 위해 사람들이 함께 모여 이룬 특수한 집단이다. 현대 사회에서 조직은 행정 분야뿐만 아니라, 경제 분야, 시민사회 분야 등에 널리 존재하기 때문에, 우리들의 삶은 조직과 불가분의 관계를 맺고 있다. 실제로 요즘에 사람들은 태어나면서부터 병원이라는 조직과 연관을 갖고, 출생등록을 위하여 정부조직과 연관을 맺으며, 커가면서 학교라는 조직에 다니고, 졸업해서는 직장이라는 조직과 연관을 맺는 등 우리의 삶이 사회 속에서 이루어지는 한 죽을 때까지 조직과 밀접한 연관을 피할 수 없다. 이처럼 조직이 우리의 삶에서 차지하는 비중이 크고, 사회를 이루고 있는 커다란 몸체라고 할 수 있기 때문에, 조직의 문제는 우리에게 큰 영향을 미치고 또 사회문제에서 큰 비중을 차지한다.

조직이 초래하는 사회문제 혹은 조직내부의 문제는 매우 다양하게 나타난다. 이 장에서는 일반적인 조직문제로서 현대조직의 중요한 특징인 관료제적 조직의 문제, 다국적 기업을 비롯한 기업집중이 초래하는 문제, 조직에서의 차별과 불평등 문제 등을 살펴본다. 이에 덧붙여서 보다 구체적으로 드러나는 조직문제로서 공직자들이 저지르는 부정부패와 직장인들이 저지르는 직장 절도의 문제를 우리나라 현황을 중심으로 살펴본다.

1. 관료제적 조직의 문제

가. 관료제의 특징

19세기 후반에 현대 자본주의 산업화가 빠르게 진전되는 과정에서 이를 뒷받침할 수 있는 조직원리를 가장 먼저 제시한 학자는 베버(Weber)다. 그는 관료제가 어떤 형태의 조직보다 효율적이라고 주장하였다. 그 이유는 조직 구성원들의 권한과 의무가 체계적으로 규정되어 있고, 명령의 위계질서가 존재하므로 조직 활동의 통일성과 예측성이 높다는 것이다. 또 보편주의에 입각한 업무처리 규정으로 인해 조직행위가 개인의 변덕이나 정실에 따라 좌우될 위험을 방지한다고 보았다. 다시 말해, 구조와 기능의 짜임새 있는 배열을 통해 세분화된 전문성 유지, 역할의 조정 및 표준화된 통제가 가능하며 이것이 조직의 효율성을 낳는다는 것이다.

나. 관료제의 역기능

베버는 관료제의 문제점도 인식하여, 인간이 스스로 창안한 관료제에 의해 구속받게 되는 현상을 '철장(iron cage)'이란 용어로 표현하였다. 이는 보편 규칙의 지배로 인해 개인 간의 상호작용이 비인격화(impersonal) 되어 유연성과 창의성을 잃고 개인의 요구가 억제될 수밖에 없는 현상을 지적한 것이다.

베버 이외에도 많은 학자들이 관료제의 부작용에 주목하여 비판을 제기하였다. 비판의 주요 논지는 관료조직의 개개 구성원들은 결국 대체가능한 기계의 부품으로 전락한 것이며, 목표달성을 위한 효율적 수단을 추구하는 반면에 그 행위의 가치와 의미를 상실하였다는 점이다.

머튼(Merton)은 관료제의 의례주의적 행위 및 지나친 경직화를 역기능으로 지적하였고, 셀즈닉(Selznick)은 부문화의 역기능을 문제시하였다. 굴드너(Gouldner)는 관료제의 엄격한 통제로 인해 조직구성원들이 오히려 규칙을 방어벽으로 하여 수동적이 되는 경향이 있다는 점을 발견하였고, 블라우(Blau)는 결과 중심의 업무능력 측정이 초래하는 역기능을 지적하였다.

이 외에도 관료제의 부작용으로 인간소외의 문제가 지적된다. 조직의 비개인성 때문에 구성원들은 조직에 대한 일체감을 상실하고 무력감을 느낀다는 것이다. 또한 외부에서 관료제적 조직과 접촉하는 고객의 불만으로는 너무 번거로운 행정절차, 자신이 떠맡아야 할 일을 회피하고 다른 부서에 일을 떠넘겨서 고객을 이리저리 오가게 만드는 문제 등이 지적된다.

다. 조직내부 갈등의 배경

페퍼(Pfeffer, 1981)는 근래에 조직문화에 대한 관심이 증대되고 있음에도 불구하고, 이러한 접근이 조직내부의 갈등이나 권력행사에 대한 분석을 여전히 결여하고 있다고 지적하였다. 즉 조직문화 혹은 조직구조는 조직내부의 역학관계에 의해 형성되고 조정되는 것인데, 합리성에 기반한 조직운영을 강조하던 기능주의적 조직이론들처럼 조직문화 접근방법도 조직이 현재 운용되는 모습을 당연시하는 경향을 공유하고 있다는 문제제기이다.

현실적으로 볼 때, 모든 조직체에는 조직목표나 목표달성 수단의 설정에 대해 이견이 존재하며, 조직위계의 각 단계에서 상위의 명령이나 업무지시가 거부되거나 의문시 되고(수직적 갈등) 또한 각 부문 간의 충돌(수평적 갈등)도 일상적인 상황이다. 조직내 하위부서나 업무집단이 자신들의 목표달성을 전체적인 조직목표보다 우선시함으로써 갈등이 초래되기도 한다. 조직 최고관리자의 중요한 업무 중의 하나가 조직내부 갈등을 관리하는 것이라는 사실은 이런 현실상황을 반영하는 것이다.

그러나 대부분의 조직갈등은 단기적으로 해소되기 보다는 조직구성원들의 가치, 신념, 태도 및 조직문화의 여러 측면에 제도화되는 경향이 있기 때문에, 갈등을 규명해내고 해소한다는 것은 어려운 일이다(Morgan, 1987: 158).

조직내부 갈등이 왜 발생하는가에 대해 자연체계(natural system) 시각이 취하는 기본입장은 간단하다. 즉 환경의 불확실성에 대응하기 위해서는 완벽한 조직구조가 필요한데, 실제로는 조직구성원들의 인지능력에 한계가 있고 이해관심이 다르기 때문에 완벽한 조직구조의 설계가 이루어질 수 없고, 따라서 갈등은 기본적으로 수반된다는 것이다. 조직의 목표를 설정하고 이를 달성하기 위한 수단을 선택하는 데에 있어서나, 어떤 부서에서 중요한 일을 맡아서 특권을 갖고 이에 따른 보상을 부여받을 것인가를 결정하는 업무조정에서도 조직 갈등이 표출될 수 있다.

더불어 조직이 다양한 사회적 배경을 가진 개인들의 집단이기 때문에 기본적으로 갈등이 잠재되어 있을 뿐만 아니라, 승진체계와 관련한 갈등이나 직업 부문간(예로, 라인과 스탭 간이나 사무직과 생산직 간)의 갈등도 존재한다.

조직을 정치체계로 비유한 모건(Morgan)은 조직구성원들이 갖는 이해관계를 세 측면으로 구분하였는데 과업, 경력, 조직 외적 이해(개인적 인성, 가치, 선호, 신념 등에 기반)가 그것이다. 통상 조직구성원들은 조직 활동을 수행하는데 있어서 이 세 가지 측면의 적절한 균형을 추구하지만, 세 가지 이해가 부합되는 영역이나 선택의 여지는 실제로 협소하기 때문에 조직내부에 긴장이나 갈등이 따른다고 지적했다.

또한 조직효율성을 지향하여 조직구조의 변화를 시도하거나 새로운 관리 방식을 채택하는 경우 및 자동화 등의 기술혁신 과정에도 저항이 존재하고 갈등으로 표출되기도 한다.

한편 조직 관리자가 하위자들을 통제하려고 시도하는 것과 구성원들이 자신들의 업무, 권한, 의무, 보상체계 등을 규정하는 조직의사결정에 참여함으로써 영향력을 가지려고 하는 것이 갈등의 중요한 요인이 되기도 한다. 산업조직체의 경우에 구성원들이 의사결정에 참여함으로써 아이디어를 제공하고 동기부여를 받으며 조직운영에 대한 이해를 높일 수 있다는 점은 긍정적인 측면이다. 그러나 참여의 내용과 수준 및 방식이 어떤 것이어야 되는지에 대해서는, 그 효과와 문제점이 다양하게 논의되고 있어서 쉽게 합의되기 어려운 것이 현실이다.

라. 조직문제를 보는 관점

조직이 초래하는 사회문제 혹은 조직내부 문제를 보는 관점은 크게 기능주의적 관점과 갈등론의 관점으로 대별할 수 있다.

현대 경영학과 행정학의 조직이론이 주로 취하고 있는 기능주의적 관점에서 보면, 조직은 효율적이고 효과적인 시스템(system)이어서, 그것이 초래하는 문제는 상당히 예외적인 것이며 별 문제라고 여겨지지 않는다. 따라서 생산성에 장애가 되는 문제가 초래되었다면 그것을 제거하면 되는 것이고, 그 밖에 사회문제로 여겨지는 것들은 효율성을 위해 어쩔 수 없이 그렇게 된 것이기 때문에 문제가 아니며, 그것을 문제로 삼는 것은 관점의 차이일 뿐이라는 입장이다. 기업집중이 초래하는 사회문제나 조직에서의 차별과 불평등 문제에 대한 비판도 이런 점에서 피하며, 조직내부에 갈등이 있다면 그것은 생산을 저해하는 요소이므로 부자연스러운 것이고 제거할 대상일 뿐이라고 보는 것이다.

갈등론의 입장에서는 사회의 본질이 갈등인 것과 마찬가지로, 조직도 그 본질상 갈등적이라고 본다. 따라서 조직 내부의 갈등은 사회계급적 배경을 달리하는 구성원들 간의 당연한 갈등이고, 이에 따라 차별과 불평등이 작용하는 것이라고 본다. 따라서 조직 갈등과 불평등에 대한 시정은 투쟁의 대상으로 여겨진다. 마찬가지로 조직이 초래하는 사회문제(기업집중, 탈세 등의 문제) 역시 자본주의체제가 낳은 자본가의 탐욕이 초래한 극복대상으로 보는 점에서 기능주의와 관점을 달리한다.

마. 갈등론의 조직권력 분석

갈등론의 조직권력에 대한 분석을 살펴보기 위해서는, 갈등론자들 특히 마르크스주의 학자들이 기존의 조직분석에 대해 제기하는 비판들을 정리해 보는 것이 도움이 된다. 이들은 기존의 조직분석이 사회계급, 갈등의 문제에 무관심했다고 보고, 엘리트주의적 조직관을 반영한다고 주장한다. 이에 따라 노동보다는 관리·경영 측면에 관심을 두고 지원하는 편파성을 초래하였다고 본다.

합리적 체계(rational system)론의 입장에서 보면, 조직내부의 업무분화 및 이에 따른 힘(power)의 차이는 능력과 성취에 따른 것이다. 그러나 구성원의 충원과 승진을 통한 조직 내의 노동분화는 구성원들의 귀속지위(ascribed status)를 상당히 반영한다는 것이 갈등론의 입장이다. 다시 말해 한 개인이 어떤 사회계층의 구성원으로 태어나고 자라나느냐에 따라서 궁극적으로 그 개인이 조직에서 어떤 위치를 차지하게 될지가 결정된다고 보는 것이며, 따라서 조직이 귀속지위를 둘러싼 사회의 불평등구조를 그대로 반영한다는 주장이다.

페퍼(Pfeffer, 1978: 8)는 "조직은 정치적 체계이며 이해관계의 연합체"라고 규정하였다. 갈등론의 조직권력 분석은 조직구성원이나 그 연합집단이 조직을 통제하기 위해 권력투쟁에 몰입한다는 명제를 제시한다. 이런 가운데 조직활동의 모든 의사결정에 있어서 구성원이나 이해연합체가 행사하는 영향력의 정도가 다르다는 점을 인정한다.

조직을 불균등한 힘의 행사가 부딪히는 곳으로 인식할 경우에, 조직구조는 어떤 유형을 띠게 될 것인가? 만약 조직구조가 권력을 가진 사람들의 통제력이 유지되는 방향으로 만들어진다면 조직구조는 비교적 고정된 유형을 유지하려는 경향이 나타날 것이다. 즉 조직 내부에서 권력을 가진 사람들은 그들의 통제력을 안정적으로 유지해주는 구조를 선택하고 복잡성을 제거하여 집권화와 공식화가 증대된 조직구조를 원할 것이다. 조직구조의 복잡성이 증대하는 것은 통제에 문제를 낳기 때문에 권력소지자는 가능한 분화를 원하지 않을 가능성이 크다. 더불어 의사결정의 집중을 시도하고, 규칙의 강화를 통해 통제를 유지하려고 할 것이다.

앞에서 갈등론의 관점에서 볼 때, 조직은 협상과 영향력이 행사되는 곳이며, 각 구성원이나 하위단위는 자신의 이익을 극대화하려고 시도하여 권력투쟁이 발생한다고 본다는 점을 살펴보았다. 다시 말해 조직구성원이나 하위단위들은 제각기 자원 등 더 많은 권력기반을 통제하려고 하면서 다른 사람이나 부서를 종속시키려고 시도한다는 것이다.

이러한 입장은 마르크스의 자본과 노동관계 분석의 연장선에 있는 것으로서, 조직권력분석은 특정 조직구성원(자본가 및 경영자)들이 다른 조직구성원(노동자)들의 능력을 어떻게 통제하는가 하는 문제로 전환된다.

2. 다국적기업과 기업집중 문제

가. 다국적 기업의 출현 배경

다국적기업(multi-national corporations)은 초국적기업(trans-national corporations)으로도 불리는데, 여러 국가에서 활동하는 거대조직으로서 환경을 관리하고 변화시키는 능력을 갖고 있다는 점에서 관심의 대상이 되었다.

다국적기업의 출현 배경은 그 연원을 15세기 베네치아의 무역활동, 17세기 네덜란드 동인도 회사나 허드슨만 회사의 활동에서 찾기도 하지만, 19세기 후반 독점자본주의 형성기의 산물로 보는 것이 타당하다. 즉 대규모 독과점을 통한 자본집중이 초래한 자본과 생산의 국제화, 이에 따른 해외시장 확대 욕구, 기술이전을 통한 국제분업, 원료·노동력의 안정적 확보와 시장인접지에서의 생산을 통한 이윤확보 욕구, 보호무역주의하의 관세규제 회피 등이 다국적 기업의 확대 원인으로 꼽힌다. 주로 원유, 화학, 자동차, 전자산업에서 활동하는 다국적 기업은 현재 미국계 기업이 주도적이지만 독일과 일본의 확장도 만만치 않다.

나. 다국적 기업의 집중문제

1960년대 후반 이후 경제활동의 영역과 규모를 급속히 신장시켜 나간 다국적기업은 '보이지 않는 제국'이라든가 '초국가기업'이라고 불리는 것처럼, 거대한 자본력과 생산력을 과시하면서 때로는 개별 국가의 주권에도 도전하였다.

기업집중의 대표적인 사례로 꼽히는 다국적 기업조직 활동의 특징을 간단히 정리하면 다음과 같다. 우선 다국적 기업은 본사를 중심으로 하여 고도의 집중화를 이루고 있다. 중앙집권적인 계획과 지시는 챤들러(Chandler)가 '보이는 손(the visible hand)'으로 표현했던 관리 기능의 강화를 여실히 보여준다. 둘째로, 다국적 기업의 활동 원리는 통제에 있다. 수직적 통합을 통해 시장 메커니즘을 조직 내로 끌어들여 통제를 강화하고, 반트러스트(anti-trust)법을 피하기 위해 비공식적인 카르텔(cartel) 형성을 통해 불확실한 기업환경을 통제하려고 시도하기도 한다. 다국적 기업 간의 협상을 통한 시장분할, 가격유지, 쿼터제 등이 예가 된다. 셋째로, 다국적 기업은 세계적인 정치세력으로 등장하여 주재국 정부에 대해 정치적 로비를 행하기도 하지만, 대부분의 경우 그러한 정치적 책임으로 부터는 벗어나 있다.

이처럼 다국적기업은 특정한 정부로 부터 독립적이라는 사실과 대규모 자본투자 능력으로 인해 중소규모의 다른 조직체들과는 전혀 다른 수준에서 환경을 통제할 수 있다. 많은 경우에 기업목표 달성을 위해 수단을 가리지 않는 무책임한 방식을 사용하며 투자 의사결정 등에 있어서도 주재국에 수동적으로 반응하기 보다는 독자적으로 유리한 환경 창출을 시도한다. 기업환경에 유리한 입법이나 계약조건 형성을 위해 국제적 금융기관이나 본사를 두고 있는 국가의 정부를 동원하여 로비 압력을 가하기도 한다.

경제력이 떨어지는 다국적기업의 주재국(제3세계 국가)들은 고용창출, 자본과 기술력을 흡수할 목적으로 이들을 유치하기 위해 노동관계 및 외국인투자 소유 등에 관한 법령들을 완화시키기도 한다. 그러나 문제는 일반적으로 주재국이 다국적기업에 종속되는 상황이 발생한다는 점이다. 신용이나 자본능력이 우수한 다국적기업이 그 나라의 토착기업들보다 숙련노동력을 확보하기에 유리할 뿐만 아니라, 본사에서의 연구개발 역시 우위를 유지하는 기반이 된다. 따라서 주재국 정부가 다국적 기업의 활동을 통제하려고 시도하는 경우에는 투자유인이 감소된다는 딜레마를 안게 된다. 주재국이 국가적 주체성을 상실하거나 문화적 침투를 받는 것과는 상관없이 다국적기업은 성장과 수익을 추구하기 때문에 신제국주의자로 비난을 받기도 한다(Clegg and Dunkerley, 1980: 393~394).

다국적기업이 조직전략을 수행하기 위해 환경을 변경하거나 조작하거나 회피하는 예는 과세회피(tax evasion)나 이전가격책정(transfer pricing) 등을 들 수 있다. 과세회피는 다국적 기업이 주재국과 특별 과세협약을 체결하거나, 세율의 국제적 차이를 이용하여 조세를 회피하는 전략을 포괄적으로 지칭한다. 그중 하나의 구체적 전술이 이전가격책정인데, 이는 여러 주재국에 걸쳐 완제품 생산까지의 과정을 분화시키고, 기업내부거래를 통해 조세가 없거나 낮은 특정 주재국에서만 생산과정상의 이윤이 남겨진 것으로 장부상의 회계조작을 하는 것이다. 이렇게 함으로써, 다른 주재국에서의 활동은 이윤창출이 되지 않은 셈이 되어 과세대상이 없어지게 되는 셈이다. 이외에도 자본회수율을 고도화하는 입법, 특혜관세, 각종 규제완화를 위한 압력을 행사하여 환경을 자신들의 조직 활동에 유리하도록 통제한다.

3. 조직에서의 차별과 불평등

가. 직장 채용과정에서의 차별

많은 사람들이 자신과 가족의 생계를 위해 취업하는 직장은 중요한 조직이다. 그런데 대부분의 사회에서 오랫동안 제도와 관습이 특정한 사회집단에 대해 차별적으로 고용기회를 제한해 온 것이 현실이고, 이것이 중요한 사회문제로 제기되어 왔다. 미국 등 다인종 서구사회에서 흑인과 소수민족에 대한 차별도 존속되어 왔지만, 가장 보편적인 것은 여성에 대한 취업상의 차별이다.

현재 여성을 특정 직업에서 원천적으로 배제하는 법적 규제는 대부분의 사회에서 상당히 완화되었지만, 사회적 편견에 따른 미묘한 차별은 여전한 것이 현실이다. 노골적이고 의도적인 차별은 성차별금지법 등에 의해 감소될 수 있지만, 편견은 뿌리 깊은 사회적 인식으로 자리 잡고 만연되어 있어서 쉽게 제거되지 않는다. 이에 따라 여성들은 상대적으로 저임금이 주어지는, 여성적 속성을 가진 것으로 여겨지는 직종에 편중되게 고용되어 왔다.

직장에 대한 지원은 동등하게 주어져야 할 기회인데도 불구하고 고용차별이 있다면 여성이나 장애인을 비롯한 특정 사회집단 구성원들은 어떤 직업을 추구하는 것을 애초부터 포기하기 쉽다. 채용과정상의 차별과 관련된 근본적인 쟁점은 동등한 자격을 갖춘 지원자들이 귀속지위나 사회적 및 신체적 특성 등으로 인해 불리한 위치에 놓이게 되는지의 여부이다. 이러한 차별은 법이나 관행에 의한 공공연한 형태를 띨 수도 있고, 선발과정의 구조와 역학에 기인한 미묘한 것일 수도 있다.

직업획득을 위한 지원과정의 첫 단계는 응모원서를 제출하는 일이다. 일반적으로 이 과정은 원서를 문서상으로 제출하는 탈인격적인 접촉이며, 이론상으로 지원자의 자격에 대한 엄격한 객관적 평가과정에 해당하지만, 이 단계에서도 고정관념(stereotype)에 따른 은밀한 차별이 개입한다.

객관적인 자격 사정에서는 기준 미달, 원서작성의 오류와 너저분함, 사실의 불일치 등이 자격상실의 기준이 된다. 평가자 입장에서는 지원자들을 사정할 때 부정적 단서를 포착해내려는 의도가 강하고 따라서 너저분함, 부주의, 속이려는 의도 등이 일단 명시적인 기준이 되는 것이다. 다음에는 이러한 기준을 통과한 지원자들에 대한 평가 작업이 이루어지는데, 대부분의 경우에 성 편견에 따라 동등한 자격을 갖춘 여성들이 남성에 비해 덜 긍정적으로 평가되는 경향이 있다. 또한 이후에 진행되는 면접(인터뷰)에서도 차별이 작동하기도 한다.

면접의 특징은 다른 상호작용과는 달리 탈인격적이며 경쟁적이고 이분법적이고 가식적인 상호작용이 제한된 시간 동안에 이루어진다는 것이다. 완전한 정보가 결여된 상태에서 응모자를 판단해야 하는 면접에서 몇 가지 행동패턴이 발견되는데(Schmitt, 1976), 그 중에는 첫 인상에 대한 빠른 판단, 부정적인 면을 찾으려고 애쓰는 경향과 더불어 시각적인 탐색이 큰 비중을 차지하게 된다. 즉 외모가 지원자에 대한 판단에 큰 영향을 미치며, 다른 조건이 동등하다면 육체적으로 매력적인 사람에게 유리하도록 차별이 적용된다는 점이다.

나. 직장에서 초래되는 불평등

직장이라는 조직 활동에서 초래되는 사회적 불평등 현상은 사회학 분야의 주된 관심이었는데, 사회적 불평등에 관한 애초의 연구들은 불평등 원인을 개인 차원에서 찾았다. '인적자본론(human capital theory)'이 개인의 학력, 지능, 기술습득 등의 차이가 개인에 따라 다른 보상을 초래하는 원인이라고 주장한 것이 한 예이다.

이러한 입장에 대한 비판이 제기되면서 1970년대 초기에는 노동시장 자체의 차별적 메커니즘에 관심을 두어 불평등의 원인을 노동의 수요 측면에서 찾으려는 노력이 '이중노동시장론(dual labor market theory)'으로 정리되었고, 이후 네오맑시즘 입장의 사회학자들에 의해 급진적인 '노동시장분절론(labor market segmentation theory)'이 태동하기도 하였다.

1970년대 중반 이후에는, 인적자본론을 비롯한 여러 이론들에서 중요시한 변수들을 모두 고려하더라도 개인들의 소득결정에 대해 일부분 밖에 설명할 수 없는 이유가 무엇인지를 확인하려는 시도가 있었다. 다시 말해, 직업이나 산업변수 및 계급변수를 고려함으로써 임금불평등에 대한 설명력을 어느 정도 높인 것은 사실이지만, 문제는 여전히 설명되지 못하는 잔여부분이 무엇에 의해 결정되는 것이냐의 문제였다.

이에 대해 그라노베터(Granovetter, 1974)는 이 부분을 사회연결망의 시각을 적용함으로써 설명하려고 하였다. 개인의 직업획득과 관련된 사회연결망이론의 관점은 직업획득 과정에서 사람들은 주위 사람들과 맺고 있는 지속적인 사회적 관계를 통해 어떤 도움을 받으며, 그 결과가 직업활동의 결과인 불평등한 대우에 영향을 미친다는 주장이다. 그라노베터는 『일자리 얻기』(Getting a Job)에서 사회적 유대관계의 강도를 약한 유대관계와 강한 유대관계로 구분하고, '보다 나은 직업'의 획득을 위한 구직과정(취업경로)에서 정보의 유통과 관련해 약한 유대관계가 강점을 갖는다고 지적하였다. 즉 그는 전문직, 기술직, 관리직 피고용자들을 표집하여 연구한 결과, 보다 나은 직업획득과 관련한 직업정보의 중요한 원천으로서 '개인적 접촉' 및 '약한 유대관계'의 중요성을 확인하였던 것이다.

그라노베터의 주장이 우리나라 상황에서도 그대로 타당하지는 않다. 미국의 경우와 달리, 우리나라 사무직 근로자들이 개인적 접촉을 통해 보다 나은 직업획득을 하지는 않으며, 비공식적 방법에 의해 직업이동을 한 경우에 강한 유대관계에 있는 사람의 중개에 의해 직업획득을 한 경우가 오히려 더 나은 보상과 연관되는 것으로 보여서(김구년, 1991), 한국의 취업구조가 미국과 다른 현실이 확인되기도 하였다.

그런데 직장에서 초래되는 불평등의 원인이 순수하게 개인적인 차원의 문제는 아니라고 하더라도, 어떤 연결망을 개인이 가지고 있는지가 그 개인의 '사회적 자본(social capital)'을 대변하는 것이라면, 여전히 불평등 메커니즘은 하나의 사회문제로 작동하는 셈이다.

9

4. 공직 부정부패

우리나라는 공공 부문의 투명성이 여전히 낮은 상태이다. 국제투명성기구 본부의 '2018년도 부패인식지수' 발표 결과에 따르면, 우리나라는 100점 만점에 57점을 얻어서 조사대상 180개국 가운데 45위에 머물고 있는데, 그나마 이것이 역대 최고 점수이다. 이러한 투명성 지수는 경제협력개발기구(OECD) 30개국 평균에 훨씬 못 미치는 것이며 싱가포르, 홍콩, 일본 등 아시아 지역 경쟁국가와도 큰 격차를 보인다. 지난 십여 년간에 걸쳐 정부차원에서 부패방지법이 제정되고, 국가청렴위원회가 설치되어 투명사회협약을 추진하는 등 기본적인 반부패 시스템을 마련했지만 실제 이행 성과는 여전히 부진하고, 공공부문 투명성 개선은 기대한 만큼의 획기적인 진전이 없는 것으로 볼 수 있다.

세계은행이 2006년에 발간한 세계국정운영지수(Worldwide Governance Indicators) 보고서를 보더라도, 한국은 부정부패, 정치안정, 규제, 언론자유와 투명성, 법치, 정부 효율성 등 6개 부문 중 정부 효율성을 제외한 5개 부문에서 이전보다 후퇴한 것으로 조사되기도 했다. 한국은 이중 부정부패 부문에서 0.31점(64.6%)을 기록해, 2005년의 0.47점(68.9%)보다 크게 낮아진 것으로 나타났었다. 이러한 지표에서 볼 수 있는 것처럼, 우리나라의 공직 부문 부패수준이 여전히 상당히 심각하다는 것이 지금까지의 일반적인 평가라고 볼 수 있다.

공직 부문의 부패 정도는 거시적 지표에서 뿐만 아니라, 국민을 대상으로 한 여러 표본조사 결과에서도 확인된다. 오래된 자료이긴 하지만, 직업별 부패 정도를 조사한 10여 년 전의 한 연구결과에 의하면, 공직 중에서도 정치인이 가장 부패한 직종으로 인식됐다. 부정부패가 가장 심한 직종으로 정치인을 꼽은 사람은 72.2%에 달했다. 고위 공직자는 9.0%였고 법조인도 5.2%를 기록해 이전 년도보다 더 악화됐었다. 이와 함께 조사 대상자의 6.6%는 지난 1년간 행정기관에 1회 이상 금품 제공이나 접대를 한 경험이 있다고 답했으며, 금품 등이 제공된 행정기관은 소방(21.2%), 경찰(18.2%), 세무(15.2%) 등의 순이었다. 금품을 제공한 이유로는 계약·수주 등을 위한 '대가성 차원'(23.5%)보다는 '원만한 관계 유지'(26.5%) 등 일종의 '보험' 성격이 강했다(세계일보 2007.3.9).

가. 일반적 정의와 유형

공직부패와 관련된 정의는 연구의 관심이나 연구대상에 따라 매우 다양하다. 우선 포괄적인 개념상 공익중심적 관점과 시장중심적 관점이 있고, 접근방법 상으로도 그 정의가 개인적 특성론, 사회문화론, 제도 및 관리론, 체제론 등에 따라 달라진다. 유형에 따라서는 주체별, 수단별, 목적별로 정의에 차이가 있으며, 공직부패가 발생하는 원인에 주목하는 입장에서는 행태적, 제도적, 환경적 접근에 따라 정의가 달라진다.

일반적으로 통용되는 부패의 개념은 공직자의 직무위반 행위에 초점을 맞추어 '공직자가 직무상의 의무에 반하여 사익을 추구하거나 공익을 침해하는 일체의 행위'를 부패로 정의하고 있는데, 이 정의에 따르면 공직자의 일반 형법상의 위반행위 뿐만 아니라 조직 내부의 규정에 대한 위반행위도 부패로 간주되고 있다. 따라서 공직부패는 '공직자가 직무상의 권한과 지위를 이용하는 일체의 행위'로 정의될 수 있다.

한편 공직부패는 공직부패의 내용, 정도, 원인 등 각각의 관점이나 기준에 따라 다양하게 유형화 할 수 있다. 부패행위에 있어서 공직자와 고객 간의 관계 유무 및 관료의 부패행위 자행목적에 따라 공직부패를 직무유기형, 사기형, 후원형, 거래형 등 네 가지 유형으로 구분하기도 한다.

공직부패가 발생하는 원인과 관련해서는 공직자가 독점적 권한과 재량권을 갖는다는 점에 주목한 일반적 원인과 더불어 정치적 요인, 경제적 요인, 조직·사회문화적 요인, 법·제도적 요인 등이 거론되고 있다.

나. 공직부패의 현황 및 추세

공직부패는 그 속성상 정확한 실태 파악이 매우 어렵다. 공직부패는 대부분 공급자와 수혜자 간의 은밀한 거래관계를 기반으로 하기 때문에 양자 간의 묵계가 지켜지는 한 좀처럼 드러나지 않는 것이 일반적이다. 따라서 일반에게 공개되어 알려지는 공직부패는 적발된 부패일 뿐이며, 이는 전체 공직

부패의 일부분에 지나지 않는 것이 현실이다.

아래에서는 연도에 따라 공직부패의 유형별, 분야별, 기관별 및 원인별 등으로 구분하여 공직부패의 현황과 추세를 정리하였다.

(1) 범죄행위 유형별

아래 〈표 9-1〉은 공직부패의 정의에 따른 5대 범죄행위 유형별로 2000년대 에 발생하여 처벌된 공무원 부패사범 수를 제시하고 있다.

〈표 9-1〉 2000년대 공무원 부패사범 수의 변화*

(단위: 명)

	2000년	2005년	2010년	2015년	2017년
직무유기	408	445	896	924	772
직권남용	284	174	401	657	771
수뢰·증뢰	264	168	879	371	417
횡령	76	120	375	154	230
배임	72	75	228	151	101
합계	1,104	982	2,779	2,257	2,291

주: 이 표는 공무원 범죄자 중에서 전형적으로 부패범죄의 범위에 해당하는 5가지 유형의 범죄자 수임.
자료: 검찰청, 「범죄분석통계」에서 재구성.

이 표를 보면, 연도별로 일관성이 없이 공무원 부패사범 수가 증가하거나 감소하는 경향을 보여주고 있다. 이러한 경향은, 앞에서도 지적한 것처럼, 공무원 부패의 객관적인 실태를 대변하는 것이라기보다는 해당연도 정부의 사정의지와 기능을 상당정도 반영하고 있다는 점을 염두에 둘 필요가 있다. 공무원 부패사범 수는 2010년에 가장 많았고, 이후 감소추세였다가 2017년에는 다시 증가한 양상을 보인다.

다섯 가지 부패 유형별로 그 비중의 순서를 분석해 보면, 2010년대 들어서 직무유기와 직권남용 사범이 가장 많고, 그 다음이 수뢰 및 증뢰이다. 횡령과 배임은 상대적으로 비중이 낮은 상태로 네 번째와 다섯 번째 순위이다.

(2) 공무원구분, 직급 및 기관별 공직부패

① **공무원 구분별**: 공무원을 국가공무원과 지방공무원으로 구분하여, 공

무원 범죄 발생 비율을 분석해 보면 〈표 9-2〉와 같다. 자료를 보면, 지방공무원에서 범죄발생 비율이 더 높은 추세를 보이고 있는데, 행정부 공무원 가운데 국가공무원과 지방공무원의 비율이 6대4 정도인 점을 고려할 때, 이러한 결과는 지방공무원(지자체 공무원)에 대한 부패통제가 강화될 필요성을 부각시키고 있다.

〈표 9-2〉 2000년대 공무원 구분에 따른 범죄발생 비율

(단위: %)

연도	국가공무원 비율	지방공무원 비율
2000	43.1	56.9
2005	41.7	58.3
2010	24.8	75.2
2015	43.0	57.0
2017	46.1	53.9

자료: 검찰청, 「범죄분석통계」, 해당 연도.

② 직군·직급별: 우리나라의 공직부패는 또한 특정 직군이나 직급에서 두드러지게 나타나고 있는데 직군별로는 지방공무원과 경찰·소방공무원에서 부패의 발생비율이 높게 나타나고 있다.

직급별로는 〈표 9-3〉에서 보듯이 6급 이하의 하위직이 전체 공무원 범죄에서 절대적으로 높은 비중을 차지하고 있다. 그 비율은 2000년에 70.6%, 2010년에 48.2%, 2017년에 67.0%에 해당한다.

〈표 9-3〉 2000년대 직급별 공무원 범죄자수

(단위: 명)

연도	차관급 이상	5급～1급	9급～6급	기타
2000	7	189	675	85
2005	1	147	444	195
2010	2	395	1,049	730
2015	8	298	863	130
2017	10	257	1,037	244

자료: 검찰청, 「범죄분석통계」, 해당 연도.

하지만 고위직으로 갈수록 부패의 규모가 큰 현상도 아울러 보이고 있다. 즉 직급의 고저와 부패의 규모 간에는 정비례의 관계를 보이고 있어서 고위

직에 의해 발생하는 부패는 상대적으로 건수가 적다고 할지라도 부패의 규모 측면에서는 하위직의 부패와는 비교하기가 어려울 정도로 상당히 높은 액수의 금품수수나 조세포탈이 이루어져서 국가기강을 문란하게 하는 커다란 부작용을 초래하기도 한다.

③ **기관별:** 아래 〈표 9-4〉는 기관별 공무원 범죄의 발생 비중을 보여준다. 통계치는 각 년도에 발생한 전체 공무원 범죄 사례 수를 분모로 하고, 소속기관별로 발생한 사례 수를 분자로 하여 계산한 수치이다.

이 표를 보면, 도 급(級) 지자체와 경찰청에서 공무원 범죄 발생의 비중이 높은 것을 볼 수 있고, 특별·광역시 급 지자체 및 법무부에서 그 발생 비중이 높은 편이다. 2004년과 2005년에는 교육인적자원부가 순위에 포함되었다.

1990년대 후반에 이루어진 한 연구(김우락, 1998) 결과에서도, 기관별 부패 공직자 실태가 경찰청 1위(전체의 45.5%), 행자부 26.5%, 교육부 7.0%, 국세청 5.9%, 서울특별시 4.1%의 순이었다.

이러한 기관들에서 공무원 범죄 발생 비중이 상대적으로 높게 나타난 이유는 기본적으로 소속 공무원 인력이 많다는 점과 민원 접촉이 빈번한 때문인 것으로 분석된다.

〈표 9-4〉 공무원 범죄 다수 발생 소속기관과 그 비율*

(단위 : %)

	2000년	2001년	2002년	2003년	2004년	2005년
1위	도 34.9	도 33.8	도 36.6	경찰청 30.5	도 34.0	도 42.2
2위	경찰청 24.9	경찰청 27.0	경찰청 26.9	도 29.1	경찰청 27.6	경찰청 9.1
3위	특별시 9.9	법무부 9.3	법무부 10.2	법무부 15.1	광역시 10.7	교육인적자원부 9.1**
4위	광역시 8.4	특별시 8.9	특별시 5.4	광역시 8.5	특별시 6.3	특별시 8.9
5위	법무부 8.1	광역시 7.2	광역시 4.8	특별시 3.9	교육인적자원부 2.3	광역시 6.6

주: * 여기서 '공무원 범죄'는 직무유기, 직권남용, 수뢰·증뢰를 말하며, 비율은 공무원 총수에 대한 비율임.
** 교육인적자원부는 각 시·도 교육청 공무원이 포함된 경우임.
자료: 검찰청, 「범죄분석통계」, 해당 연도.

(3) 공무원 범죄의 처벌

① 기소율: 공직부패는 대표적인 화이트칼라 범죄에 해당한다. 화이트칼라 범죄에 관한 이론들이 보편적으로 지적하는 것처럼, 화이트칼라 범죄는 그것이 발생시키는 사회적 비용에 비해 처벌의 강도가 약한 편인데, 이러한 경향은 우리나라에서 부패행위가 적발된 공무원 범죄에 대한 처벌의 경우에도 예외가 아니다.

아래 〈표 9-5〉은 1980년부터 2005년 기간 중 공무원 범죄자들에 대한 기소와 불기소 건수 및 그 비율을 보여준다. 적발된 공직부패범의 대부분이 실제로는 사법처리에까지 이르지 않는 것이 현실인데, 공무원 범죄자들에 대한 기소율 역시 매우 낮은 수준이다. 매년 공무원 범죄자 중 기소되는 비율은 30%~40% 수준인데, 제5공화국 시기부터 국민의 정부 시기까지는 기소율이 약간 상승되다가 참여정부에 들어서 기소율이 다시 약간 하락하는 추세이다.

〈표 9-5〉 공무원 범죄의 기소 및 불기소 건수와 비율

(단위: 건, %)

정권 및 연도 \ 구분		총계	기소	(%)	불기소	(%)
제5공화국	1980	3,422	1,297	37.9	2,125	62.1
	1985	3,972	1,083	27.3	2,889	72.7
			평균	31.6		68.4
제6공화국	1988	4,574	1,385	30.3	3,188	69.7
	1992	6,085	2,338	38.4	3,746	61.6
			평균	35.2		64.7
문민정부	1993	18,673	7,091	38.0	11,582	62.0
	1997	21,290	10,121	47.5	10,731	50.4
			평균	35.9		55.5
국민정부	1998	21,453	9,413	43.9	10,595	49.4
	2002	17,521	6,900	39.4	9,761	55.7
			평균	38.4		55.8
참여정부	2003	18,200	6,811	37.4	10,619	58.3
	2005	17,664	5,444	30.8	11,661	66.0
			평균	35.1		61.4

자료: 법무부, 『검찰연감』, 해당 연도.

② **처벌의 수준:** 아래 〈표 9-6〉은 2000년부터 2017년 기간 중 공무원 범죄에 대한 법적 처벌 결과를 보여주는데, 사법처리를 받는 소수의 공무원 범죄자들에 대한 처분결과 역시 약한 수준이다.

매년 사법처리되는 공무원 범죄자 중 80%~90%는 불기소 처분을 받으며, 기소가 되더라도 약식기소나 불구속기소가 되는 경우가 훨씬 많은 것으로 나타나고 있다. 구속 기소되는 비율은 2015년에 6.9%로 가장 높은 수준이었고, 2010년에는 2.8%에 불과하다. 이러한 결과는 일반인 범죄에 대한 처벌과 비교해서 상대적으로 매우 약한 것이다.

〈표 9-6〉 2000년대 공무원 범죄 처분결과

(단위: 명, %)

		2000년	2005년	2010년	2015년	2017년
기소	구속기소	51 (5.1)	28 (2.9)	76 (2.8)	123 (6.9)	96 (5.2)
	불구속기소	71 (7.1)	48 (4.9)	185 (6.8)	127 (7.2)	144 (7.8)
	약식기소	27 (2.7)	23 (2.4)	66 (2.4)	39 (2.2)	32 (1.7)
불기소		854 (85.1)	874 (89.8)	2,414 (88.0)	1,488 (83.7)	1,573 (85.3)
합계		1,003 (100.0)	973 (100.0)	2,741 (100.0)	1,777 (100.0)	1,845 (100.0)

자료: 검찰청, 『범죄분석통계』, 해당 연도.

5. 직장 절도 문제

가. 직장 절도의 개념

직장 절도(workplace theft) 혹은 종업원 절도(employee theft)의 정의 및 유형에 대한 연구자들 간의 합의는 미비한 상태이다. 이처럼 직장 절도에 대한 기존 연구들의 정의가 일치하지 않는 이유는 어느 정도까지가 '직장 절도' 혹은 '종업원 절도'인지 정확히 규정하기 어렵기 때문이다.

현재 우리나라 형사법상 '직장 절도'에 해당하는 것으로 인식되는 범죄 행위는 공금횡령과 유용, 직장의 생산품이나 기물의 무단반출과 취득, 직장의 R&D 성과를 빼돌리는 산업스파이 행위 등으로 제한된다. 그러나 서구 학계에서는 '직장 절도'의 개념을 더 포괄적으로 정의하고 있어서, 돈과 물품의 절도뿐만 아니라 '시간(time) 절도' 행위도 포함한다. 따라서 직장 절도는 '근로자가 일상 직무를 수행하는 과정에 행함으로써 직장에 피해를 입히는 다양한 일탈적 행동'으로 정의할 수 있다.

나. 직장 절도의 원인에 대한 이론

직장 절도를 저지르는 원인에 대한 이론적 논의는 범죄성향이론과 범죄상황이론으로 구분할 수 있는데, 전자는 범죄를 저지르는 사람의 개인적 성향 및 특성으로 부터 그 원인을 찾는데 초점을 두는 반면, 후자는 범죄가 발생하는 상황적 요인에서 범죄의 원인을 파악하려는 입장이다.

이렇게 볼 때 성, 연령, 직종, 현 직위, 고용상태, 현 직장 근속연수 등 인구사회학적 배경변인 뿐만 아니라, 직장의 분위기나 시스템(상벌 시스템, 불만 및 고충처리 시스템, 근무 감시 시스템 등)이나 근로자의 고용경험 등이 직장 절도와 연관되는 변인에 포함될 수 있다.

다. 직장 절도에 대한 태도

유홍준(2008)이 우리나라 직장인들을 표본으로, '직장 절도'의 범주를 시간, 물품, 돈, 정보에 관한 절도의 네 범주로 크게 구분하고, 각 범주별 세부 유형에 대한 근로자들의 태도를 분석한 결과는 다음과 같다.

우리나라 직장인들이 조사된 18가지 유형의 직장 절도 행위에 대해 가지고 있는 태도를 분석한 결과, 현실적으로 형법에 저촉되는 10가지 유형에 대해서는 근로자들이 이를 직장 절도에 해당하는 범죄적인 행위로 분명히 인식하고 있다.

그러나 5가지 유형(교통혼잡 등을 이유로 지각, 질병 등을 핑계로 결근, 업무시간 중 직장 이탈하여 개인업무, 직장 비품 사적 이용, 업무시간 중 온라인 게임 및 주식거래)에 대해서는 '해서는 안 되는 잘못된 일' 이라는 인식은 하고 있지만 '그럴 수도 있다'는 태도를 보였다. 한편, 흡연 및 잡담, 개인적인 전화 이용, 점심시간 길게 갖기 등 3가지 유형에 대해서는 직장 절도라는 인식이 없는 것으로 나타났다.

조사된 18가지 유형의 직장 절도 행위에 대한 태도에 영향을 미치는 배경 변인별로 특이한 사항을 정리해 보면, 직종과 성별로 문제시하는 정도에 차이가 있는 것으로 나타났다.

기존의 서구 연구결과와 마찬가지로, 젊은 연령층은 몇 가지 유형의 직장 절도(점심시간 길게 갖기, 핑계로 지각하기, 직장 비품의 사적 이용, 직장 물품 무단 반출 이용, 직장 생산품 무단 취득, 퇴근시간 조작하여 초과근무수당 받기 등)에 대해 상대적으로 다른 연령층에 비해 덜 문제시하는 것으로 분석되었다. 직위별로 살펴보면, 대부분의 직장 절도 유형에 대해 일반직원에 비해 중간관리자 이상의 직위에서 더 부정적인 태도 즉, 나쁜 일이라는 인식을 보였다.

그러나 기존의 연구 결과와 다른 점도 확인되었다. 그간의 서구연구에서는 비정규직의 경우에 고용불안정 및 불만족으로 인해 직장 절도에 더 노출된다고 주장되어 왔는데, 우리나라에서는 대부분의 직장 절도 유형에 대해 비정규직 종사자들이 오히려 정규직 근로자들보다 더 잘못된 문제로 인식하는 태도를 보였다.

6. 부패방지와 직장 절도 감소를 위한 정책적 대응

가. 부패 방지를 위한 대응

부패방지를 위한 체계에는 부패방지를 위한 관련법, 부패방지 기능을 담당하는 기구, 감시제도 등이 포함된다. 그동안 우리나라 정부는 부패방지관련 법령과 제도를 정비하고, 조직과 기구를 신설하거나 조정하는 등 나름대로 반부패 기능을 체계화하려고 노력해 왔다.

현재 공직부패에 초점을 맞추어 이를 종합적으로 통제하는 법률로는 2001년 6월에 제정된 '부패방지법'을 들 수 있고, 이외에도 공직자윤리법, 국가공무원법, 지방공무원법, 형법, 특정범죄가중처벌등에관한법률, 공무원범죄에관한몰수특례법, 공무원연금법, 국제상거래에있어서외국공무원에대한뇌

물방지법 등이 공직부패 관련 주요 법령이다. 공무원징계령, 공무원복무규정 등 각종 시행령과 규정에서도 공직부패를 통제하는 기제를 담고 있다. 한편 제도차원에서도 주민감사청구제, 시민옴부즈만, 청렴계약제 등이 시행되고 있다.

우리나라에서 현재 공직부패를 방지하기 위한 조직(기구)에는 감사원, 중앙부처 및 각급 지방자치단체의 자체 감사부서, 부패방지위원회, 국가청렴위원회, 국무조정실 부패공직자신고센터, 검찰청, 경찰청, 국회 및 지방의회 등이 있고, 이외에도 다수의 민간시민단체(NGO)가 공직부패에 대한 감시기능을 통해 부패예방과 적발활동을 하고 있다.

공직부패 문제는 기본적인 속성상 구조적이고 체계적이다. 즉 부패가 기본적으로 '사적 이익의 획득을 위한 공적 권한의 부당한 남용'으로 정의되기 때문에 개인적 부패문제도 중요하지만 국가와 사회전반의 구조적 문제점과 모순, 결함 등이 내재되어 발생하는 것이다. 즉 공직부패는 개인의 일탈과 구조적 요인의 결합이 원인이다. 이러한 부패발생을 구조적으로 줄이기 위해서는 사회구조와 법체계, 제도의 유기적인 구축이 필요하다.

나. 직장 절도를 줄이기 위한 대응

위에서 조사된 18가지 직장 절도 유형 중 개인적인 전화 이용, 흡연 및 잡담, 점심시간 길게 갖기의 3가지 유형에 대해서는 대부분의 근로자들이 이를 직장 절도로 인식하지 않으며 또한 일상의 직무수행 과정에서 매우 보편적으로 행하고 있는 것으로 나타났다. 따라서 이 행위들이 '직장 절도'에 속하는지에 대한 논란이 있을 수 있다. 하지만 이러한 행동은 엄밀한 의미에서 볼 때, 고용계약을 통해 직무수행에 사용하기로 정한 시간을 사적으로 유용함으로써 조직의 생산성에 해를 끼칠 수 있는 '직장 절도'에 해당하는 것이므로, 적극적인 홍보를 통해 인식을 전환시킬 필요성이 있다.

둘째, 조사대상자 중 상당수의 근로자들이 실제로 행한 경험이 있지만, 해서는 안 되는 잘못된 일이라고 인식은 하고 있는 유형 5가지(교통혼잡 등을 이유로 지각, 질병 등을 핑계로 결근, 업무시간 중 직장 이탈하여 개인업무 보기, 직장 비품의 사적인 이용, 업무시간 중 온라인 게임 및 주식거래를 하는 것)에 대해서는 조직내부 규칙이나 시스템에 의해 적절한 제재를 가하여 부정행위라는 신호(signal)를 분명히 보낼 필요가 있다.

셋째, 나머지 10가지 직장 절도 유형은 형법상으로도 범죄를 구성하는 것들이므로 보다 적극적으로 찾아내어 이에 대한 대처가 필요하다.

제 10 장

정보사회의 사회문제

1. 정보화의 추세
2. 정보사회의 기본 이해
3. 정보사회의 사회문제
4. 정보사회의 사회문제에 대한 대책

제10장

정보사회의 사회문제

1. 정보화의 추세

컴퓨터와 통신기술이 결합한 정보기술의 획기적 발전과 융합은 정보혁명을 일으켜 정치, 경제, 사회, 문화, 종교는 물론 우리의 의식구조에까지 대변혁을 가져오고 있으며, 다양한 개개의 정보들을 체계화하고 정보 전달 시간을 더 한층 단축시켜 변화의 속도를 가속시키는 정보사회의 주역이자 총아로 각광받게 되었다. 전자민주주의의 확대, 전자정부 서비스의 고도화, 전자거래 행위의 증대, 주거, 의료, 교육, 교통 등 사회생활 전반에서 급속한 정보화가 초래되고 있다. 이제 정보기술은 21세기 사회의 핵심기반이자 국가와 기업은 물론 개인의 생존과 발전에 필수불가결한 존재가 되었다. 따라서 세계 각국은 정보기술에 대한 소유 및 접근가능성, 정보와 지식을 활용할 수 있는 능력 여부가 국가의 생존은 물론 국민의 삶의 질을 결정하는 전략적 요소로 인식하고 정보사회로의 진전에 열중한 지 오래이다.

우리나라는 지난 20여 년 동안 다양한 경제사회적 이슈 및 정보기술(IT) 패러다임 변화를 반영하여 국가정보화 정책을 수립 및 추진한 결과, 세계 최고의 정보화 수준을 달성하였다(한국정보화진흥원, 2018). 아울러 국제전기통신연합(ITU)에서 각국의 정보통신기술(ICT)에 대한 접근성, 이용도, 활용력 등을 종합 평가하여 한 나라의 정보통신 발전 정도와 국가 간 정보 격차를 가늠하는 지표인 ITU의 ICT 발전지수(IDI: ICT Development Index)가 2017년 총 176개 평가 대상국 중 2위(ITU, 2018)로 세계 최고수준이다. 유엔 회원국을 대상으로 각국의 전자정부 수준을 평가하는 지표인 전자정부 발전지수(E-Government

Development Index)는 2018년 덴마크, 호주에 이어 세계 3위(UN, 2018)로 평가되었다.

아울러 최근 우리 사회는 정보사회를 지나 지능정보기술의 확산으로 지능정보사회가 본격화되고 있는 가운데, 최근에는 사물인터넷, 빅데이터, 인공지능, 블록체인, 가상·증강현실, 3D프린팅 등의 지능정보기술들이 기업-노동, 기업구직자, 국가-시민사회, 개인-개인 등의 사회적 관계에 본격적으로 도입되어 인간의 사회적·개인적 삶의 양태에 변화를 가져오거나 가져올 것으로 예상되는 4차 산업혁명과 함께 고도화된 정보통신기술 인프라를 통해 생성, 수집, 축적된 데이터와 인공지능(AI)이 결합한 지능정보기술이 경제, 사회, 삶 모든 분야에 보편적으로 활용됨으로써 새로운 가치가 창출되고 발전하는 지능정보사회가 도래하고 있다.

그러나 정보사회가 이상적 인간사회를 가져오는 것만은 아니다. 더구나 정보 자원은 다른 자원과 달리 누군가에 의해 숨겨지거나 변조될 가능성을 지니고 있으며, 커뮤니케이션의 수단과 기술은 독점화되기 쉽다. 또한 정보 소유자는 항상 새로운 변화를 추구하기보다는 현상 유지에 집착하는 경향을 띠며, 이로 인해 사회적 불평등이 오히려 심화되는 경우도 있을 것이다. 정보의 홍수로 인한 전체주의화, 정보가 유출되거나 악용되어 개인 권리와 프라이버시의 보호에 대한 중대한 위험, 기술의 발달과 문화의 지체, 정보기술제품 생산 및 처리에 의한 환경오염, 컴퓨터의 부작용 등이 정보사회의 사회적 역기능으로 지적될 수 있다.

2. 정보사회의 기본 이해

1) 정보사회의 도래

'정보사회' 개념이 보편화된 것은 1980년 요세 마쯔다가 정보기기를 이용한 정보활동의 고도화를 '정보화'(informatization) 개념으로 체계화하면서부터이다. '정보사회'라는 용어는 1960년대 우메사오 타다오, 하야시 유지로 등 일본학자에 의해 처음 사용되었다. 그 후 1973년 다니엘 벨(Daniel Bell)이 '후

기산업사회'를 가리키는 개념으로 사용하였고, 이 분야 관련 경험적 연구들이 이루어지면서 학문적 개념으로 자리 잡았다.

우리사회에서 정보사회에 대한 논의는 1980년대 중반 당시 정부의 정보기술 및 정보산업의 발전에 관한 정책적 강조에서 비롯되었다. 제5공화국 정부는 1983년을 '정보산업의 해'로 선포하였고, 1985년에는 정보화사회의 조기 촉진과 그 기반 조성을 위해 '국가기간전산망 기본계획'을 수립, 확정하여 행정, 금융, 교육, 국방, 공안 등 5대 국가기간전산망사업을 추진하였다.

1990년대 초 탈냉전 시대의 도래는 그동안의 이데올로기적 대립을 해소시켰고 동시에 세계적 수준에서의 무한경쟁시대를 촉발하였다. 우리나라를 비롯한 각국의 정부와 기업들은 '세계경제전쟁'에서 승리하기 위해 1970년대 이후 지속적으로 발전하던 반도체, 컴퓨터 등의 극소전자기술을 앞다투어 개발하기 시작했다. 특히 1990년대 초 인터넷의 확산과 상용화는 이러한 흐름을 한순간에 세계적 추세로 바꾸어놓았다. 우리사회에서도 국내 가구의 인터넷 보급률은 1994년 인터넷 상용서비스 개시 이후 1998년 초고속인터넷 상용서비스가 개시되면서 본격적인 성장기를 맞이하였으며, 2004년 인터넷 보급률이 72.2%에 도달한 이후 보급률의 증가폭이 다소 둔화되는 성숙/안정기의 양상을 보이고 있다. 2000년 가구 인터넷 보급률은 49.8%에 불과하였으나, 2001년 인터넷 보급률이 전년대비 13.4%p 증가하며 처음으로 과반수(63.2%)를 넘어섰으며, 이후 지속적으로 증가하여 2005년에는 인터넷 보급률이 74.8%로 2000년 대비 25.0%p가 증가하였다.

2006년(78.4%) 이후 인터넷 보급률(2007년 79.8%, 2008년 80.6%, 2009년 81.2%, 2010년 81.6%, 2011년 81.8%, 2012년 82.1%)의 증가폭은 1%p 내외로 안정적인 증가세를 유지하고 있었으나, 2013년에 모바일 인터넷의 활성화와 함께 가구 인터넷 보급률은 2.3%p 감소한 79.8%로 나타났음. 2016년 현재 85.7%(전년대비 1.3%p 증가)로 나타났다.

국내 가구의 컴퓨터 보유율은 2000년(71.0%)에 이미 70%대를 넘어섰으며, 2001년 컴퓨터 보유율(76.9%)이 전년대비 5.9%p로 상대적으로 크게 증가한 이후 컴퓨터 보유율의 증가폭은 1%p 내외로 안정적인 증가세를 유지하고 있었으나, 스마트폰 등 스마트기기의 수요 증가로 데스크탑 컴퓨터 보유가구가 감소하며 2012년(82.3%)을 기점으로 점진 하락하여 2018년 현재 72.4%(전년대비 2.3%p 감소)를 기록하였다(과학기술정보통신부, 한국인터넷진흥원, 2018). 이에 대한 국내 학계의 관심이 증대하고 다양한 연구가 이루어지면서 정보사회는 중심 연구주제로 급부상하고 있다.

〈그림 10-1〉 가구 인터넷 보급률 및 컴퓨터 보유율

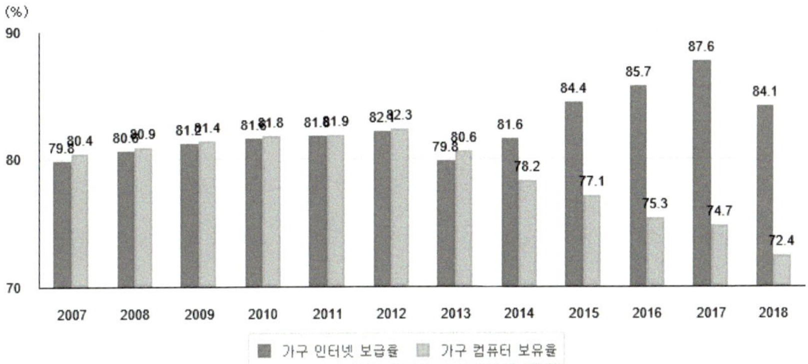

자료: 과학기술정보통신부·한국인터넷진흥원, 「인터넷이용실태조사」, 2019.

2) 정보화사회와 정보사회

정보기술을 중심으로 한 새로운 사회를 분석하는 개념은 대체로 '정보화사회', '고도정보화사회', '성숙정보화사회', '정보사회', '정보시대'라는 개념으로 대별할 수 있다. '정보화사회'의 개념은 정보사회의 출현을 일련의 '과정'으로 보고, 다양한 정보화과정과 각 시기별 또는 국가별 상이한 정보화정도를 이해하려는 개념이다. 따라서 정보화사회론은 산업사회와 정보사회를 엄밀하게 구분하는 것을 거부하고 산업사회도 어느 정도 정보화된 사회로 보고 그러한 산업사회적 정보화단계에서부터 정보화가 고도화되는 또는 성숙되는 단계와 기준을 설정한다.

이에 비해, '정보사회'는 정보기술의 혁신에 의한 사회변동의 다양한 양상들로부터 이전 산업사회와 구별되는 특징적 양상을 탐색하기 위한 개념이다. 따라서 정보사회론에서는 정보사회가 산업사회나 이전 자본주의와 구별되고 대립되는 사회현상으로서 그 질적 변화가 중요주제다.

한국사회의 경우 1980년대 중반에는 정보화(사회)개념이 많이 쓰였다. 당

시의 변화수준이 추상적 개념으로 파악하기 보다는 일련의 변화과정으로 파악하는 것이 적절했기 때문이다. 최근에 와서는 '정보사회'개념이 더 많이 사용되는데, 이는 그간의 변화가 더 이상 되돌이킬 수 없으며 변화의 방향이 명료해졌다는 인식을 반영하는 것이라고 할 수 있다.

3) 정보사회의 이론적 입장

사회가 정보화되는 과정에서 파생되는 문제들을 이해하기 위해 정보사회가 어떠한 사회인가를 확인할 필요가 있다. 정보사회를 바라보는 많은 이론적 관점들이 제시되고 있지만 정보사회가 최근의 사회변화를 일컫는 것이기 때문에 이에 대한 이론개발은 아직 시기상조이며, 대부분의 이론적 논의들은 체계화된 이론이라기보다는 이론적 관점의 수준에 머무르고 있다. 즉 현재까지 정보사회에 대한 포괄적인 이론체계에 대한 논의는 대부분이 초보적 관점으로 시론에 불과하다. 그러므로 여기서는 최근 거시적 차원에서 논의되고 있는 이론적 관점들의 특성들을 살펴보고자 한다.

정보사회에 관한 논의들은 크게 두 가지로 분류될 수 있다. 하나는 정보사회와 이전 사회와의 질적 차이의 여부와 관련되어 있다. 여기에는 정보사회가 이전의 사회와는 완전히 다른 별개의 새로운 사회라고 주장하는 입장과 사회체제 내지 사회 구조는 변화하지 않고 유지하면서 그 틀 내에서 일정한 변화들이 진행되고 있을 뿐이라고 주장하는 입장이 있다. 다른 하나는 새로운 정보기술의 힘과 영향력에 관련되어 있는데 여기에도 기술의 발전이 사회변동을 초래한다고 보는 입장과 사회구조의 틀 속에서 기술의 발전을 설명하려는 입장으로 다시 양분되고 있다. 이러한 상이한 입장들을 살펴보는 것은 정보사회를 올바로 이해하는데 많은 도움을 줄 수 있다.

(1) 단절론과 연속론

정보사회는 이전 사회와 구별되는 특성을 갖게 된다는 주장은 벨의 후기산업사회론으로 대표된다. 1960년대부터 이루어진 정보경제구조 분석에 기반 한 그의 주장은 고용의 지배적 형태에 따른 인류 역사의 유형화를 특징으로 한다. 농업노동 중심의 전산업사회에서 공장노동 중심의 산업사회로 넘어

오면서 부의 생산은 노동과 자본의 결합을 통한 재화생산에 의존했다. 그러나 정보기술을 기반으로 한 후기산업사회가 되면 부의 창출은 주로 서비스 판매에 의존하게 되고, 이에 따라 지식과 정보의 역할이 중요해진다. 이 같이 제조업중심에서 서비스업 중심으로, 산업노동자에서 정보노동자로 그 중심이 이동한 탈산업사회는 산업사회의 사회구조와 단절적 성격을 갖는다고 할 수 있다. 이러한 단절적인 변화를 주장하는 개념으로는 토플러(Toffler)의 '제3의 물결(The Third Wave)', 나이스빗(Naisbitt)의 '메가트렌드', 디자드(Dizzard)의 '정보시대' 등을 들 수 있다.

한편 정보화로 인한 사회변화의 특성은 본질적으로 자본주의사회의 그것과 다를 바 없을 뿐만 아니라, 나아가 자본주의 사회의 재구조화에 기여하고 있다는 주장도 있다. 셰멘트(Schement, 1989)에 의하면 정보기술은 본래 효율적인 관리체계의 확립을 위해 보다 많은 정보를 수집, 처리, 분배하고자 하는 기업의 욕구를 충족시키고자 개발되었다고 한다. 정보화는 자본주의의 자본축적과정의 구조적인 변동이고, 새로운 정보기술은 다국적 기업들의 세계시장 지배를 위한 도구일 뿐이다. 정보기술의 발전은 상당한 의미가 있지만, 기본적으로 지금까지의 포드주의적 사회관계를 사회적으로 확대시킴으로써 사회적 포드주의를 확장시켰다. 결국 정보사회에서도 상품화, 잉여이윤추구, 자본축적이라는 자본주의의 고유논리는 동일하게 관철되며, 따라서 정보사회는 자본주의 내의 한 단계에 불과할 뿐이다.

(2) 기술결정론과 사회구조론

사회와 기술 간의 관계설정을 기준으로 한 정보사회 논의는 크게 기술결정론과 사회구조론으로 구분된다.

기술결정론에서는 기술이 그 자체의 고유한 발전 논리를 가지고 있기 때문에 기술의 발전은 구체적인 시간과 공간에 관계없이 동일한 경로를 밟는다고 가정한다. 이러한 관점에 의하면, 사회구조는 기술의 논리 자체에 영향을 미치지 않으며 단지 기술발전의 속도를 조절할 수 있을 뿐이다. 반면 사회와 무관하게 자율적으로 발전한 기술은 사회의 변화에 막대한 영향을 미친다. 심지어는 사회의 변화가 모두 기술의 속성과 영향력으로만 설명되기도 한다.

토플러의 '제3의 물결'이나 마쓰다(Masuda)의 '정보사회(Information Society)론', 포스터(Poster)의 '정보양식(Mode of Information)론' 등도 같은 맥락에 있다고 할 수 있다.

사회변동의 추진력으로서의 정보기술의 눈부신 발전과 확산에 주목하는 기술결정론 옹호론자들은 정보기술은 사회변동에 대해 자율적이고도 역동적인 힘을 행사한다는데 강조점을 두고 있다. 정보기술의 발전을 통해 정보경제가 성장하고 그에 따라 고용구조가 변화하며 나아가 정부나 기업 조직의 작동 방식까지도 변화함으로써, 사회구조의 기본 원리 자체가 바뀌게 된다. 이 관점의 핵심은 정보 처리·저장·전달에 있어서의 비약적인 발전으로 말미암아 사실상 사회의 모든 영역에서 정보기술이 적용되고 있다는 생각이다. 그리고 이러한 정보기술의 확산은 생산성의 증대, 노동 시간의 감소, 여가 시간의 증대 등을 가져오며, 실업의 증대와 경제적 곤궁은 정보사회에서는 찾아볼 수 없게 될 것이라고 한다.

한편 사회구조론적 관점은 정보기술의 비약적 발전을 부인하는 것은 아니지만 그러한 기술이 독립변수가 아니라 일종의 매개변수라고 보는 관점이다. 기술 그 자체는 중립적일 수도 있지만, 기술의 이용 방식은 결코 중립적일 수 없다는 입장이다. 즉 누가 무엇을 위해 그리고 어떤 방향으로 기술을 이용하느냐가 더욱 중요하다는 것이다. 근본적으로 중요한 것은 사회관계 혹은 사회구조이지 기술 그 자체가 아니라는 관점이다. 따라서 이 관점에서는 정보기술을 독립변수로 보는 것이 아니라, 자본의 논리를 독립변수로 파악하고 있다. 즉 자본주의 경제의 내적 변화 속에서 정보기술의 발전과 정보화의 진전을 바라보고 있는 것이다. 쉴러(Schiller, 1983)는 이러한 주장을 한 대표적인 인물이다.

이러한 사회구조론적 관점에 서게 되면, 정보사회라는 이름으로 야기되고 있는 새로운 세계란 생산과 관리에 정보기술을 도입함으로써 자본 축적의 효율성과 안정성을 꾀하고, 정보와 관련된 하드웨어나 소프트웨어를 상품화함으로써 이윤 획득의 원천을 다양화한 것을 단지 이데올로기적으로 채색한 것에 불과하다는 결론에 이르게 된다. 그러므로 이러한 관점에서의 정보사회는 경제적 불평등과 정보 불평등, 대중들 사이에서의 실업, 노동자의 권력을 약화시키는 직무의 탈숙련화, 대규모 다국적 조직들에 대한 정부의 지배 등에 의해 특징지어지는 암울한 사회인 것이다.

3. 정보사회의 사회문제

우리나라의 정보화는 '산업화는 늦었지만 정보화는 앞서가자'는 목표 아래 1980년대 본격적인 산업화가 진행되면서 심화되기 시작한 전화 수요의 적체 현상을 극복하기 위한 통신시설의 대량 확충을 통한 통신인프라의 현대화 및 국가기간업무 전산화 등의 초기 정보화로부터 시작되었다. 1990년대에는 전 세계적인 정보화 물결에 동참하여 정보화를 통한 미래 정보사회구현을 위한 범정부차원의 정보화가 추진되었다. 그 결과 1994년 인터넷 상용화를 거쳐 1998년 초고속망 서비스가 본격 개시됨에 따라 1998년 300만 명에 머물던 인터넷 이용자 수가 기하급수적으로 증가하여 2011년 중반 현재 인터넷 이용자 수가 3,718만 명에 이르러, 경제활동 인구의 대부분이 인터넷을 활용하고 있다고 해도 과언이 아니다(한국정보사회진흥원, 2012).

한편, 인터넷 이용자 수, 초고속인터넷 보급률 등 정보기술기반 측면에서 이미 세계 최고 수준에 있는 우리나라는 정보기술 강국으로서의 위상을 유지하고 발전시켜 나가고 정보기술산업을 경제성장의 핵심엔진으로 부상시키고자 급변하는 정보기술환경 속에서 새로운 대변혁이라 할 수 있는 4차 산업혁명을 위한 전략을 수립, 추진해나가고 있다.

1) 정보불평등

정보사회의 출현에 따른 가장 심각한 사회문제는 정보불평등이다. 정보불평등이란 정보라는 희소자원의 접근·이용 면에서의 격차 즉 정보격차(information gap; digital divide)에서 비롯되는 불평등을 의미한다. 구술 정보나 문자 정보로부터 동영상 정보에 이르기까지, 다양한 모습을 취하는 정보는 유사 이래 불평등하게 배분되어 왔지만 정보화가 진행되면서 정보불평등의 문제가 주요 쟁점으로 부각된 이유는 정보격차가 계급·계층 간 불평등의 한

구성요소가 아니라 핵심요소로서 제기되기 때문이다. 정보화가 진행될수록 물적 생산요소 대신 체계적인 정보나 지식이 생산의 핵심적인 요소가 되어 부의 증대나 부가가치 창조의 중심 역할을 함에 따라 정보격차는 더 큰 소득 격차로 귀결되기 때문이다.

실제로 정보의 생산과 유통이 대량화, 가속화되면서 정보격차는 더욱 심각한 사회불평등의 원인으로 작용할 가능성이 높아졌다. 〈그림 10-2〉에서 보듯이 정보격차는 부의 격차, 인적 자본의 격차, 교육수준의 격차와 순환론적 관계에 있다. 즉 기존의 부의 격차가 정보격차를 유발하고 이것이 역으로 기존의 부의 격차를 확대 재생산하게 되는 것이다.

〈그림 10-2〉 정보격차의 악순환 구조

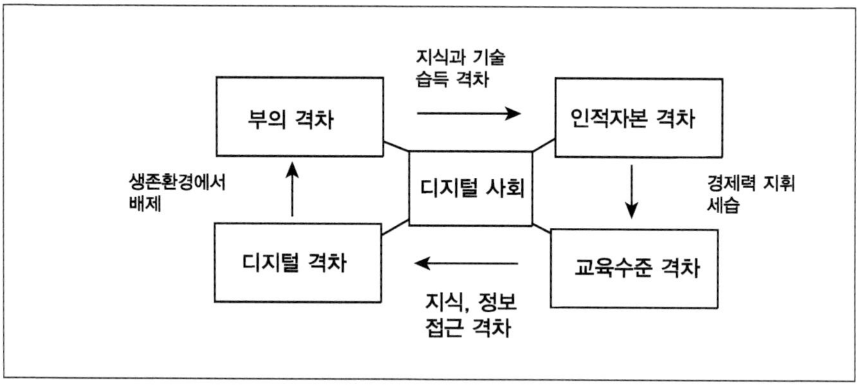

자료: 이상민, 2000.

정보사회의 사회불평등 문제를 낙관론적 관점에서 보면, 정보기술의 경제부문에의 활용은 부를 창출하게 되고, 기술발전과 사회적 풍요는 점차 정보의 자유로운 유통과 보편적 이용을 가능하게 할 것이다. 따라서 정보격차는 일시적인 현상으로서 그다지 우려할 만한 것이 아니다. 새로운 기술혁신의 단계에서는 그것이 경제적으로 여유 있는 소수 엘리트 집단에 의해서 채택되지만, 기술발전에 따라 점차 이윤이 발생하고 이용자가 증가하며 그에 따라 가격이 인하되고 사용방법도 간편해지면 일반대중의 보편적 이용도 가능해진다.

그러나 정보불평등을 보는 비관론적 관점에서는 정보기술의 비약적 발전이 정보의 풍요를 낳는 것은 사실이지만 그로부터 혜택을 입는 집단과 그렇지 못한 집단 즉, 정보부자와 정보빈자의 분화가 뚜렷이 나타난다고 주장하면서, 정보의 풍요 속에서 발전하는 정보의 결핍현상에 주목한다. 2018년 디지털 정보 격차 실태조사 결과에 따르면(〈표 10-1〉 참조), 일반 국민의 디지털 정보화 수준을 100으로 볼 때, 4대 취약계층의 디지털 정보화 수준은 68.9%였다. 2017년 65.1% 대비 3.8%포인트 상승한 것으로 나타났다. 부문별로는 디지털 접근 수준이 91.1%, 디지털 역량 수준이 59.1%, 디지털 활용 수준이 67.7%로 나타났다. 4대 취약계층의 디지털 접근 수준은 일반 국민과 비교해 상당한 수준에 도달한 것으로 나타났으나 디지털 역량 수준과 디지털 활용 수준은 낮은 것으로 나타났다.

4대 취약계층별 디지털 정보화 수준을 살펴보면 〈표 10-2〉과 같다. 일반 국민의 디지털 정보화 수준을 100으로 볼 때, 4대 취약계층별 디지털 정보화 수준은 저소득층이 86.8%로 가장 높았으며 장애인이 74.6%, 농어민이 69.8%, 장노년층이 63.1% 순으로 나타났다. 한편 2017년 대비 4대 취약계층별 디지털 정보화 수준은 장애인이 4.6%포인트, 저소득층이 5.4%포인트, 농어민이 5.0%포인트, 장노년층이 4.8%포인트 상승한 것으로 나타났다.

디지털 정보 격차 부문별 4대 취약계층의 2018년 디지털 정보화 수준을 살펴보면 〈표 10-3〉과 같다. 컴퓨터·모바일 기기의 보유 및 인터넷 사용 가능 여부를 측정하는 지표인 디지털 접근 수준은 저소득층이 94.9%로 가장 높았고, 장애인이 92.0%, 농어민이 91.0%, 장노년층이 90.1% 순으로 나타났다. 컴퓨터·모바일 기기의 기본 이용 능력을 측정하는 지표인 디지털 역량 수준은 저소득층이 85.3%로 가장 높았으며 장애인이 66.9%, 농어민이 63.0%, 장노년층이 50.0% 순으로, 저소득층을 제외한 장애인, 농어민, 장노년 층의 디지털 역량 수준은 일반 국민에 비해 매우 낮은 것으로 나타났다. 컴퓨터·모바일 기기의 인터넷 양적·질적 활용 정도를 측정하는 지표인 디지털 활용 수준은 저소득층이 84.3%로 가장 높았고 장애인이 73.6%, 농어민이 65.9%, 장노년 층이 62.8% 순으로 나타났다.

전반적으로 취약계층의 디지털 정보화 수준은 매년 지속적으로 상승하고 있으나 일반 국민과 비교했을 때는 68.9%로, 매우 낮은 것으로 나타났다. 디지털 정보 격차 부문별로 살펴보면 디지털 접근 수준은 일반 국민 대비

90%를 상회하여 상당히 근사한 수준으로 나타났으나, 디지털 역량 수준과 디지털 활용 수준은 일반 국민과 큰 차이를 보여 상당히 낮은 수준으로 나타났다. 4대 취약계층별로는 저소득층이 디지털 접근 수준, 디지털 역량 수준, 디지털 활용 수준 등 모든 부문에서 일반 국민 대비 조금 부족한 수준인 반면, 장애인·농어민·장노년층의 경우에는 디지털 접근 수준을 제외한 디지털 역량 수준, 디지털 활용수준이 상당히 낮은 것으로 나타났다.

〈표 10-1〉 취약계층별 디지털 정보화 수준(2016-2018년)

(단위 %)

구분	2016년	2017년	2018년
디지털 접근 수준	84.5	91.0	91.1
디지털 역량 수준	45.2	51.9	59.1
디지털 활용 수준	59.0	65.3	67.7
디지털 정보화 수준	**58.6**	**65.1**	**68.9**

.자료: 과학기술정보통신부·한국정보화진흥원, 「2018 디지털정보격차 실태조사」, 2018, 36쪽.

〈표 10-2〉 취약계층별 디지털 정보화 수준(2016-2018년)

(단위 %)

구분	2016년	2017년	2018년
장애인	65.4	70.0	74.6
저소득층	77.3	81.4	86.8
농어민	64.1	64.8	69.8
장노년층	54.0	58.3	63.1

자료: 과학기술정보통신부·한국정보화진흥원, 「2018 디지털정보격차 실태조사」, 2018, 36쪽.

〈표 10-3〉 취약계층별 디지털 정보화 수준(2018년)

(단위 %)

구분	장애인	저소득층	농어민	장노년층
디지털 접근 수준	92.0	94.9	91.0	90.1
디지털 역량 수준	66.9	85.3	63.0	50.0
디지털 활용 수준	73.6	84.3	65.9	62.8
디지털 정보화 수준	**74.6**	**86.8**	**69.8**	**63.1**

자료: 과학기술정보통신부·한국정보화진흥원, 「2018 디지털정보격차 실태조사」, 2018, 35~42쪽.

취약계층의 인터넷 이용률 및 스마트폰 보유율 현황을 산출하고 있다. 4대 취약계층의 인터넷 이용률 및 스마트폰 보유율은 일반 국민에 비해서는 낮은 수준이었지만 빠르게 증가하는 것으로 나타났다. 취약계층의 2018년 기준 인터넷 이용률은 72.6%로, 일반 국민의 91.5%보다 18.9%포인트 낮았으나

2016년 기준 63.4%보다는 9.2%포인트 증가한 것으로 나타났다. 2018년 스마트폰 보유율도 일반 국민이 91.0%인 반면 취약계층은 71.3%로 19.7%포인트의 차이가 있었으나 2016년의 61.2%보다는 10.1%포인트 증가한 것으로 나타났다〈표 10-4〉.

〈표 10-4〉 인터넷 이용률 및 스마트폰 보유율

(단위: %)

구분		2016년		2017년		2018년	
		인터넷 이용률	스마트폰 보유율	인터넷 이용률	스마트폰 보유율	인터넷 이용률	스마트폰 보유율
일반 국민		88.3	86.5	90.3	89.5	91.5	91.0
취약계층	평균	63.4	61.2	70.1	68.7	72.6	71.3
	장애인	70.6	66.8	74.5	72.4	77.4	75.8
	저소득층	76.0	73.1	79.2	77.5	83.3	81.2
	농어민	59.9	59.6	67.5	66.6	71.3	69.1
	장노년층	59.3	57.2	66.5	65.2	69.3	68.4

자료: 과학기술정보통신부·한국정보화진흥원, 「2018 디지털정보격차 실태조사」, 2018, 44-45쪽.

이상의 취약계층의 디지털 정보화 수준을 종합하면, 신체나 경제, 지역, 사회 여건 등으로 정보통신 제품 및 서비스에 접근이 어려운 장애인, 고령자, 저소득층, 농어민 등 정보 취약계층에 대한 평등한 정보 접근 기회 제공은 여전히 우리 사회의 핵심 과제다.

2) 개인정보 침해

정보통신기술의 발달은 우리 생활을 편리하고 스마트하게 바꿔 놓았다. 반면, 실시간으로 수집·활용 하는 정보량이 많아지고 다양해지면서 개인은 프라이버시 침해 위험에 노출되기 쉬운 환경에 놓였다. 많은 양의 개인정보를 수집·활용할 뿐만 아니라, 그러한 정보는 개인의 위치, 성향, 선호도, 신체정보, 행적 등 민감한 내용까지 포함하고 있기 때문이다. 이러한 기술과 산업 환경 변화에 따라 개인정보보호 분야에서는 지능정보사회에서의 개인정보 활용과 개인정보보호라는 양자의 균형을 위한 고민이 가장 큰 사회적 문제라고 할 것이다.

한국인터넷진흥원에 따르면(한국인터넷진흥원, 2018), 2005년부터 2013년까지 개인정보 침해 신고센터에 접수한 개인정보 침해 신고·상담 건수는 꾸준히 증가하였다. 특히 개인정보보호에 관한 일반법인 「개인정보보호법」을 제정한 2011년 에는 그 전년도인 2010년보다 침해신고 상담 건수가 2배 이상 늘어나는 등 가장 큰 폭으로 증가했고, 2011년부터 2013년까지 꾸준한 증가 추세를 보였다.

2014년부터는 개인정보 침해 신고 상담 건수가 꾸준히 감소했으며, 특히 2017년 한국인터넷진흥원 개인정보침해신고센터에 접수한 개인정보 침해 신고 상담 건수는 총 9만 8,210건으로, 신고 상담 수치가 급감했다. 그러나 2017년에는 신고 상담 건수가 10만 5,122건으로 2016년보다 소폭 상승했다.

개인정보 침해 신고·상담 유형 중 1,000건 이상인 상위 5개의 유형은 이용자 동의 없는 개인정보 수 집, 목적 외 이용, 또는 제3자 제공, 기술적·관리적 조치 미비, 주민등록번호 등 타인 정보의 훼손·침해·도용, 「정보통신망법」적용 대상 외 관련(신용정보 관련 문의 등)이 차지했다.

〈표 10-5〉 개인정보 침해 신고 및 상담 점수 유형별 건수

(단위: 건)

접수유형	2014	2015	2016	2017
이용자 동의 없는 개인정보 수집 관련	3,923	2,442	2,568	1,876
개인정보 수집 시 고지, 또는 명시 의무 관련	268	65	54	69
과도한 개이정보 수집	1,200	868	390	681
목적 외 이용 또는 제3자 제공 관련	2,242	3,585	3,141	3,881
개인정보 취급자에 의한 훼손·침해 등	1,036	857	622	484
개인정보 처리 위탁 시 고지 의무	40	22	25	73
영업의 양수 등의 통지 의무	54	41	41	64
개인정보관리책임자 관련	39	48	123	165
기술적·관리적 조치 미비 관련	7,404	4,006	2,731	1,768
수집, 또는 제공받은 목적 달성 후 개인정보 미파기	686	767	545	723
동의 철회·열람 또는 정정 요구 관련	792	957	855	862
동의 철회, 열람·정정을 수집보다 쉽게 해야 할 조치	352	381	286	266
아동의 개인정보 수집	33	34	33	49
주민등록번호 등 타인 정보의 훼손·침해·도용	83,126	77,598	48,557	63,189
「정보통신망법」 적용 대상 외 신용정보 관련 문의 등	57,705	60,480	38,239	30,972
합계	158,900	152,151	98,210	105,122

출처: 한국인터넷진흥원 개인정보침해신고센터, 개인정보 침해 관련 접수 및 처리 현황, 2017.

주민등록번호 등 타인 정보의 훼손, 침해, 도용은 2013년(12만 9,103건)부터 2014년(8만 3,126건), 2015년(7만 7,598건), 2016년(4만 8,557건)까지 꾸준히 감소했다. 그러나 2017년에는 6만 3,189건으로 오히려 급증했다.

또한 이용자 동의 없는 개인정보 수집 관련한 침해 신고 접수 유형 건수는 2014년 3,923건에서 2017년에는 1,876건으로 크게 줄었으나 목적 외 이용, 또는 제3자 제공은 2014년 2,442건에서 꾸준히 늘어 2017년에는 3,881건으로 나타났다.

특히 주민등록번호 등 타인 정보의 훼손, 침해, 도용이 개인정보 침해 신고 및 상담 접수 유형에서 2014년부터 2017년까지 모두 가장 높은 비율을 차지하는 것으로 볼 때 주민등록번호와 관련한 이용자 피해구제를 위한 노력이 더욱 필요할 것으로 보인다.

3) 정보기술과 환경문제

정보사회에 대한 낙관론에 따르면, 정보기술의 발전에 기초한 정보화는 산업사회가 안고 있는 물질자원과 에너지 고갈, 자연파괴, 공해 및 환경오염 등의 문제를 극복하여 풍요롭고 복된 삶을 가져다 줄 것이라고 한다. 실제로 정보화에 따라 기계나 각종 도구의 정교화와 '소형화'(miniaturing)는 산업용뿐만 아니라 일반 가정용 각종 기기나 도구에 사용될 자원을 현저하게 절약할 것으로 보인다. 그리고 조직의 여러 가지 업무가 자동화되고 '전자화'되어 자원절약이 이루어지며, 아울러 각종 정보매체가 전자출판으로 대체되어 정보 생산-전달-보관의 전과정이 통합적으로 전자화 됨으로써 막대한 자원 활용을 절감하는 효과를 지니게 된다. 더 나아가 CAD/CAM 등은 설계 및 생산의 '자동화'를 높여 중간 부산물의 유출을 줄이고 또한 가상 시뮬레이션 기술의 발달은 관리 및 조직화에 다른 자원을 현저하게 절약시킨다. 유무선 정보기술을 기반으로 한 원격노동(teleworking)과 교통 및 물류정보시스템은 교통의 효율화를 도모하여 화석원료의 사용량을 줄이고 대기오염 및 오존층의 파괴 등에 다소 긍정적 영향을 미칠 것으로 예상된다.

그러나 정보화는 거대한 경제적 이익과 새로운 쾌적성을 가져다주는 한편 환경친화적 활용을 가능하게 하지만, 다른 한편으로 퍼러우(Perrow, 1984)가

말한 정상적 사고(normal accidents)의 위험도 적지 않다.

극소전자산업의 공정 및 폐기 과정은 유독성 화학물질과 유독가스를 대기 중에 방출해 대기오염을 악화시킬 수 있고, 그 과정에서 나오는 수은과 유독성 중금속은 토양과 지하수를 오염시킬 수 있다. 예를 들어, 반도체 하나를 제조하기 위해 약 2,000여 종의 화학물질이 사용되고 있는데 그중 대부분이 유해물질이다. 이 유해물질들은 제품에 직접 사용되지 않고 최종적으로는 공장 밖으로 배출되기 때문에 적절히 관리하지 않으면 폐수나 폐가스 등의 형태로 심각한 환경오염을 유발한다.

환경부가 2004년 여러 산업 부문에서 널리 사용되는 유해화학물질 218종을 대상으로 한 화학물질 배출량 조사에서 반도체 제조업이 포함된 '전자부품, 영상, 음향 및 통신장비제조업'은 모두 58종의 화학물질을 배출한 것으로 집계됐다. 이는 유해화학물질관리법의 적용을 받는 36개 업종 가운데 화합물 및 화학제품 제조업(208종)과 고무 및 플라스틱품 제조업(65종), 제1차 금속산업(60종)에 이어 네 번째로 많은 것이다(한겨레신문, 2007.3.11).

반도체는 훨씬 자원 소모적이며 환경 파괴적이다. 예를 들어 32메가바이트의 마이크로 칩 하나를 만들려면 최소 72g의 화학물질과 700g의 가스성분, 3만 2,000g의 물과 1,200g의 화석연료를 써야 한다. 칩의 평균 수명, 즉 4년 동안 하루 평균 3시간씩 작동한다고 보면 440g의 화석연료가 소모되는 셈이다. 2g의 칩 하나를 생산하기 위해 사용되는 부가적인 재료는 최종제품의 630배나 된다. 이에 비해 자동차를 만드는 데 필요한 총자원은 최종제품인 자동차의 2배 밖에 안 된다. 곧 자동차보다 반도체가 훨씬 환경친화적일 것이라는 것은 잘못된 생각이다(최정석 외, 2006).

컴퓨터의 용량증가와 새로운 모델의 등장이 눈에 띄게 이루어지는데 이에 따라 폐컴퓨터의 양이 급속하게 증가하면서 처리문제가 심각하다. 우리나라에서 실제 사용되고 있는 개인용 컴퓨터는 현재 1천 5백만대 이상인 것으로 추정되는데 실제 배출량도 1999년 1,120천대에서 2003년 2,761천대로 두 배반 가량 증가한 것으로 추정되었다. 그러나 배출된 개인용 컴퓨터 중 재활용되지 않은 폐 컴퓨터는 수집과 재생체계가 구축되지 않은 상태에서 폐기물로 버려지고 있다. 컴퓨터쓰레기는 철과 플라스틱성분이 각각 48%, 24%이며 모니터 25%, 기타 3%이다. 본체와 모니터를 포함한 컴퓨터 세트가 쓰레기로 나올 경우 무게는 13kg에 달한다. 컴퓨터쓰레기에서 나오는 주요 유해물질로는 브라운관형 모니터에 2~4kg의 납이 있을 뿐만 아니라 인, 바륨 등이 있다. 컴퓨터에는 폴리염화비닐을 포함한 플라스틱이 보통 6.3kg 정도 들어 있다. 복합플라스틱일수록 재활용이 어렵다. 특히 PVC는 재활용하기 힘든데, 재활용 처리공정 중에 다른 플라스틱을 오염시키기도 한다(최정석 외, 2006).

지능정보기술 환경에서 전자제품에 센서관리시스템이 구현되면 무단으로 불법 투기되는 제품의 즉시적인 수거·관리가 이루어져 유해성 폐기물 문제와 심각한 환경문제를 보다 효율적으로 관리할 수 있게 될 것으로 예상된다. 예를 들어, 유해성폐기물 경로센서 추적시스템이 구축될 경우 유해성 폐기물을 담는 용기에 태그를 부착하여 유해성 폐기물의 이동경로를 소상히 알 수 있게 됨으로써 폐기물이나 부품의 라이프사이클을 추적하여 효율적으로 관리할 수 있게 될 것이다. 그러나 이러한 시스템을 구축하기 위해서는 현재보다 훨씬 많은 기술제품들이 생산되어야 하기 때문에 그로 인한 공정 및 처리에서 배출되는 유해물질의 처리는 더욱 심각한 환경문제를 야기할 수도 있다.

정보사회는 고도의 정보기술시스템을 기반으로 하기 때문에 거기서 발생하는 생활환경의 전자파도 현대사회의 거의 모든 개인들에게 피할 수 없는 심각한 문제로 인식되고 있다. 전자파는 인간이 만든 공해의 마지막 단계로서 대기, 수질, 소음공해에 이은 제4의 공해로 평가되고 있다. 전자파가 인체에 미치는 영향은 주파수가 높고 강한 세기의 전파가 인체에 노출될 경우 체온이 상승하고 피부조직 등에 영향을 주는 '열적 작용'이 있다. 이는 주로 핸드폰, 전자레인지 마이크로파, 무선 통신 등의 전자파로 인해 발생할 수 있으며, 백내장, 생식유전의 이상, 내분비계, 신경계에 대한 영향과 같은 급성 피해를 유발할 수 있다. 주파수가 낮고 강한 전자파에 노출되었을 때에 인체에 유도된 전류가 신경이나 근육을 자극하는 자극작용은 송전선로, 가전제품 등에서 발생할 수 있으며, 백혈병, 뇌종양, 유방암, 전립선암, 임파선암과 같은 만성적인 영향을 나타낼 수 있다. 그리고 미약한 전자파의 장기간 노출로 인체에 영향을 미치는 '비열적 작용'은 세포에서의 각종 이온농도의 변화, 면역세포 수의 변화, 멜라토닌을 포함한 각종 호르몬 분비의 변화, 혈액성분의 변화, 심박수 및 노파 등의 변화 등을 야기하지만, 이러한 변화가 인체에 미치는 유해성에 대해서는 의견이 분분하다.

국립환경과학원에서 2005년 가전제품을 대상으로 전자파 세기를 측정한 결과(〈그림 10-3〉 참조), 제품에 따라 전자파 방출량이 다를 수 있고 전력 소모량 등에 따라 방출량의 차이가 있음이 확인되었다. 그러나 제품과의 거리가 멀어질수록(1~2m 이상 떨어질 경우 대부분 1mG 이하) 전자파 세기가 감소되는 것으로 나타났다. 이는 가전제품 사용 시 적정한 거리를 두거나 단시간 사용할 경우, 사용자의 전자파 노출량을 감소시킬 수 있음을 의미한다.

〈그림 10-3〉 가전제품별 전자파 세기

(단위: 세기(mG))

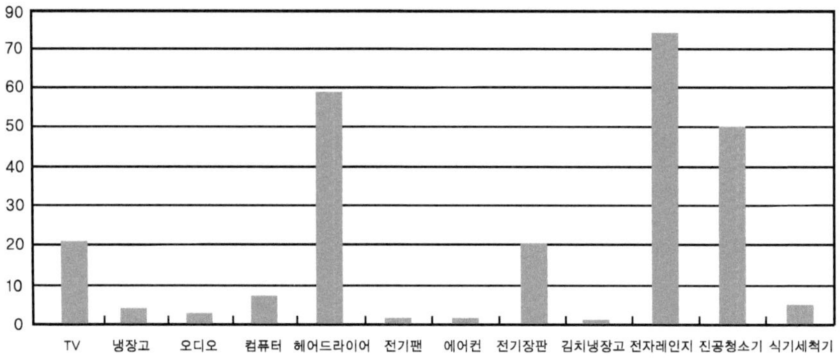

자료: 환경부, 2007b.

정보화는 인간의 제반 활동을 활성화함으로써 에너지 소비를 증대시키고, 정보통신시스템의 도입에 따른 자원사용량 증가를 가져오며, 인간이 지금까지 경험하지 못한 새로운 형태의 환경문제를 유발한다. 따라서 정보화 내지 정보기술의 발전을 통해 모든 환경문제가 해결될 것이라고 기대하는 것은 무리일 수 있다.

정보사회는 거대한 기술시스템을 기반으로 실시간으로 연결된 네트워크 사회이기 때문에 의사결정시 고려하지 않은 '의도하지 않은 결과'는 위험(risk)으로서 부정적인 사회적 결과를 초래할 수 있다. 기술시스템이 거대화되고 이질적인 시스템의 융합화에 의해 복잡해짐에 따라 기술적 장치나 시스템의 실패로 인한 기술적 위험뿐만 아니라 해킹, 자료훼손 및 유출 등에 의한 사회적 위험이 야기될 것이며 이로 인한 작은 실수도 사회적, 자연적 환경에 엄청난 결과를 초래할 수 있다.

4차 산업혁명과 함께 정보기술시스템의 복합성은 더욱 증대할 것이며 이로 인해 생겨날 수 있는 오류의 가능성을 피하기는 어려울 것으로 보인다. 이러한 기술적 오류는 예상치 못한 상황으로 인하여 사전에 설계된 시스템이 의도하지 않은 방식으로 작동함으로써 오히려 위기를 증폭시키는 결과를 낳는 시스템설계 과정상에서 이미 나타난다. 이러한 시스템 오류는 체계 자체가 복합적 상호작용(complex-interaction)과 긴밀한 결합(tight-coupling)으로 이루어진 경우에 발생하는 오류이다. 왜냐하면 기계와 인간의 상호작용들이 매우 복합적으로 나타나고 또 그러한 상황 자체가 매우 긴박하게 돌아가는 경우 불확실한 경우의 수가 기하급수적으로 많아지므로 사전에 이 모든 상황에 적절한 대처를 할 수 있는 시스템을 설계하는 것은 쉽지 않은 일이기 때문이다.

4. 정보사회의 사회문제에 대한 대책

그렇다면 어떻게 이러한 사회문제들을 해결하고 대책을 세울 것인가. 이에 대한 명쾌한 해결책을 제시하기는 매우 어렵지만 정보불평등, 프라이버시 침해, 환경문제 등에 대해서 정부 및 민간부문에서 제시할 수 있는 방법들을 살펴보면 다음과 같다.

1) 정보불평등 대책

기술결정론이나 시장원리에 의존하는 정보사회에 대한 낙관론자들은 정보격차는 일시적으로 나타나며, 일정기간이 지나면 정보기술 및 서비스의 가격인하와 사용의 편리성 증대 등으로 자연스럽게 해결된다고 보고 사회문제로까지 확대 인식하지 않는다.

이에 반해, 비관론자들은 정보격차는 사회의 경제적 불평등 구조에서 발원한 것으로서 기존의 불평등 구조를 더욱 확대·재생산할 것이라고 본다. 부유층은 새로운 기술을 적용하여 경제적 이득을 강화하여 더욱 부유해지는 반면, 취약계층은 더욱 낙후된다는 것이다. 그 이유는 신기술은 생명주기가 짧기 때문에 기존 기술이 확대되기도 전에 새로운 기술이 도입되면 정보격차는 더욱 심화되고, 초기 기술 수용자들은 계속해서 경제적 선두를 유지할 것이기 때문이다.

우리나라는 1990년대부터 정보화를 본격화한 결과 현재 정보통신환경이 4차 산업혁명 단계로 접어들고 있는 오늘날의 맥락에서 정보격차는 여전히 해소되지 않는 사회문제로 나타나고 있다. 그러나 1980년대 이래 우리나라의 정보화 정책은 정보산업육성을 통한 국가경쟁력 향상에 주안점을 두어왔고 정보격차 해소의 문제에 대해서는 등한시하였다. 따라서 이제는 정보격차 문제를 해결하기 위해서는 기술이나 시장의 힘보다는 더 적극적인 정부의 정책적 노력이 필요한 시기라고 볼 수 있다. 정보기술의 발전 자체가 정보의 생산과 사용의 평등한 기회를 보장하는 것은 결코 아니므로 정보격차의 확대를 억제하고 정보격차에 따른 사회적 불평등을 극복하기 위한 사회 차원의 개입이 반드시 필요하다.

정보격차를 해소하기 위해서는 첫째, 계층 간 소득격차를 축소시키거나 혹은 소득격차가 정보접근기회의 불평등으로 이어지는 연결고리를 차단하는 정책이 필요하다. 그것은 사회불평등 완화를 위한 기존의 소득재분배정책, 사회복지정책과 함께 보편적 접근, 보편적 서비스의 확대를 정보화정책의 핵심으로 삼는 것이다. 일반적으로 특정 정보통신 서비스가 보편적 서비스 대상이 되기 위해서는 대다수의 국민들이 그 서비스를 이용할 만큼 확산되어야 한다. 여기에 오랜 시간이 소요될 뿐만 아니라 그 시간 동안 경제력에 의한 정보격차는 회복하기 힘든 수준에 이를 수도 있다. 그러므로 기술의 설계단계부터 이를 고려하여 저렴한 가격으로 정보와 서비스를 제공할 수 있도록 하는 정책적 노력이 수반되어야 할 것이다.

둘째, 보편적 접근정책은 매체에 대한 접근기회 확산으로 한정될 수 없다. 정보교육을 활성화하고 서비스내용 및 질에 대한 광의의 정보복지정책도 필요하다. 각 소외계층이 원하는 공공성이 강한 정보서비스내용을 함께 제공하는 데에 정부의 지원이 필요하며 그 방식도 보다 생산적인 지원정책이 실시되어야 한다. 정보불평등은 정보접근기회 못지않게 정보활용기회라는 면에서도 중요하기 때문이다. 이를 위해서는 정보화 인식 및 교육에 대한 기회를 제공해야 하는데, 정부에서는 무료 교육장과 정보접근센터 등의 설치 및 확충을 통하여 정보소외계층이 자연스럽게 이용할 수 있는 교육장과 시설을 제공하는 것이 바람직하다.

셋째, 정보복지는 시장 및 정부 못지않게 시민사회의 참여하에서 이루어져야 한다. 시민들의 자발적인 참여를 유도하고 이를 활성화하여 밑으로부터 그리고 정보취약계층 스스로 정보격차를 줄여나가는 사회참여적 방법이 필요하다. 불건전 매체사용 및 정보활용의 모니터링, 장애인을 위한 그리고 환경친화적인 정보매체의 '참여적 설계(participatory design)', 공공컨텐츠개발·제공의 제3섹터 형성 등이 참여방법에 속한다. 더욱이 정보격차 해소는 그동안 타성화된 정보취약계층 즉 '노인', '장애인', '주부' 등의 생활양식 자체의 일대 혁신을 통해 가능하기 때문에 정보취약계층 스스로의 참여가 필요하다. 이를 위해서는 취약계층의 의식변화와 자기혁신 뿐만 아니라 이를 촉진하고 지원하는 관련 사회제도 및 관행의 변화가 수반되어야 한다. 참여하는 시민들이 많으면 많을수록 정보자원을 더욱 효율적으로 이용할 수 있기 때문에 사회적으로는 경제적 효율성 제고에 기여하게 된다.

2) 개인정보보호 대책

효과적인 개인정보의 보호는 성공적인 정보사회의 요체이다. 정보기술의 비약적 발전, 인터넷의 확산, 그리고 그에 따른 변화로 말미암아 개인정보·프라이버시 침해에 대한 대응책 마련이 불가피하게 되었다. 전례 없이 증가된 개인정보와 프라이버시 침해 위험이 자칫 사회적 퇴보를 초래할 우려마저 제기되는 실정이다. 그 결과 강력한 정보권을 법적으로 보장 또는 개선하는 것이 정보사회가 가져오는 진보와 변화에 대처하는 필수불가결한 요소라고 할 수 있다. 물론 프라이버시는 사적으로는 훌륭한 가치일지 모르지만 간혹 사회적으로는 악이 될 수도 있고, 정보의 은폐와 왜곡을 가능케 함으로써 사회적 비용을 초래할 수도 있다. 또 극단적인 프라이버시의 보호가 오히려 유해할 수도 있고, 무제한적인 프라이버시가 무제한적인 선이 되는 경우도 거의 없지만, 프라이버시가 현대국가에서의 자유의 심장부에 위치하고 있다는 것도 부인할 수 없는 사실이다. 즉 개인정보의 보호는 민주적 거버넌스의 중심 요소이자 인본주의적 가치를 대표한다. 그런 의미에서 개인정보의 보호와 이를 구현하기 위한 대책 마련과 실천은 정보사회의 정초를 의미한다.

프라이버시 보호는 정보프라이버시, 통신프라이버시, 신체프라이버시 그리고 공간감시프라이버시로 구분하여 살펴볼 수 있다(성선제, 2004). 먼저 정보프라이버시는 정보기술을 기반으로 하는 개인정보의 데이터의 수집 및 취급과 관련된 개인정보를 말하며 주민등록번호가 대표적이다. 프라이버시를 보호하기 위해서는 인터넷 사업자로 하여금 주민등록번호를 수집하지 못하도록 제도화하고, 주민등록번호 도용에 대한 처벌을 강화하여야 한다. 아울러 타인의 프라이버시 침해가 얼마나 심각한 범죄인지를 인식시키고 이의 방지를 위한 사이버 윤리 교육이 절대적으로 필요하다. 통신프라이버시는 전화·휴대전화, 이메일 및 인터넷 등의 통신수단을 매개하여 수집과 분석 및 가공되는 개인정보로서 새로운 기술을 이용하기 때문에 이것은 오늘날 정보기술의 발전에 따른 부작용으로서 빈번하게 발생하는 문제이다. 이메일의 검열이나 전화도청이 대표적 사례이다. 이러한 통신프라이버시의 침해는 우선적으로 당해 개인의 동의가 필요하고 동의가 필요하지 않은 부분은 적법절차에 의한 절차적 정의의 준수가 중요하다. 신체프라이버시는 정보기술의 발전으로 가능해진 DNA 결과, 약물검사, 지문 인식, 홍채 인식 등을 통하여 인체상의 중요한 정보를 수집하는 것이다. 공간감시프라이버시는 일정한 공간에 외부 침입을 방지하거나 감시하기 위하여 정보기술에 의하여 가능해진 자기장치나 CCTV 등을 통하여 개인의 프라이버시를 침해하는 것을 말한다. 아무리 범죄 예방용이라도 CCTV 촬영은 헌법에 보장된 인격권과 프라이버시 보호정신에 위배되므로 CCTV로 범죄를 예방한다는 생각은 국민을 잠재적 범죄자로 보는 것으로 근본적인 범죄예방 대책이 될 수 없다. 그러므로 CCTV를 설치할 때는 설치목적을 밝히는 안내문을 명시적으로 부착하도록 의무화하며 프라이버시 침해우려가 있을 경우에는 설치 자체를 불허해야 할 것이다.

우리나라의 개인정보보호 법제는 대체로 1990년대에 제정된 법임에도 불구하고 법제의 정비 미흡으로 개인정보보호 문제를 통일적으로 규율할 일반법(기본법)이 존재하지 않고 있다. 또한 개인정보보호법 적용범위의 제한, 개인정보의 수집단계에 대한 보호 소홀, 개인정보보호 전담기구의 기능 및 역할 미흡, 무분별한 컴퓨터 연결사용의 만연 등 아직도 정비해야 할 문제점이 많다. 따라서 사회적 상황뿐만 아니라 기술개발 정도 그리고 향후 기술발전 등을 통한 개인정보의 활용, 국경을 넘어 확대되고 있는 경제활동 등을 종합적으로 고려하여 검토하여야 한다.

아울러 개인-개인 간이나 개인-기업 간의 통신을 보호하기 위해 암호기술 등을 발전시키거나 내부 정보 담당자에 의해 개인정보가 유출되는 것을 막기 위한 기술을 발전시키는 것이다. 또한 강력한 인증 메커니즘을 통해 개인정보를 보호할 수도 있으며, 외부자에 의한 정보유출을 막기 위한 암호화기술, 인증서 활용, 네트워크의 적절한 관리 등이 필요하다. 기술을 통한 개인정보보호는 실질적으로 개인들이 스스로 자신의 개인정보를 보호하고 통제할 수 있다는 점에서 의의를 지닌다.

3) 환경문제 대책

범세계적으로 확장되고 있는 정보기술 환경은 기술장애, 바이러스, 해커 등의 위험문제를 안고 있으며 또한 신기술개발과 지식정보의 상품화를 통해 사회와 인간환경의 오염과 통제도 심각한 수준에 있는 것으로 보인다. 이 문제에 대한 대책으로는 먼저, 정보사회의 기반인 정보시스템의 활용을 통해 인간활동에 필요한 에너지와 자원의 소모를 절감함으로써 직접적인 환경오염의 폐해를 줄이는 것이다. 이를 위해 정부는 우선 기초적인 환경정보 및 최신 환경동향을 공유하기 위한 환경정보 데이터베이스 확충에 박차를 가해야 한다. 관련 기관들 간에 전산망을 연결하여 환경기초자료를 수집·데이터베이스화하고 환경정보 공유 및 활용체계를 구축하여, 자연생태계, 대기, 수질, 화학물질관리 등 환경 관련 자료를 데이터베이스에 축적하여 정책수립에 활용해야 한다. 그리고 환경정보서비스 시스템을 구축하여 대국민 환경정보

서비스를 구현해야 한다. 둘째, 기업수준의 대응 필요성도 증대하고 있다. 정보기술 사업자 및 기기업체들도 환경친화적 상품개발과 같이 보다 환경친화적인 경영전략을 수립·실천하고 정보통신 역할을 극대화하는 방식으로 환경문제 해결에 적극 동참해야 할 것이다. 셋째, 환경보존과 환경오염행위 감시에 있어 민간기구의 역할이 매우 중요하다. 환경관련 민간기구는 환경의 감시자로서 행동할 수 있고, 환경오염방지를 위한 규제들이 시행되는지 여부를 추적하는 역할을 할 수 있다. 또한 기존 법과 규제들의 미비점 보완을 위해 노력할 수 있으며, 정부와 산업계의 각성을 촉구하고 제도적인 개혁을 유도하는 매개자 역할을 할 수도 있다. 넷째, 하지만 이 모든 것들은 행위자 수준에서의 적극적인 참여와 개입에 의해 뒷받침될 때 실효를 거둘 수 있다. 참여자들은 지역 및 글로벌 네트워크를 통해 자신의 생태적 관심을 서로 교환하고 환경문제와 관련한 상호이해의 폭을 넓히는 상호작용성, 정보의 피드백을 통해 각종 환경오염을 역으로 감시할 수 있는 성찰성을 가져야 한다(김종길, 1998).

한편, 위험으로서 환경문제를 극복하기 위해서는 작은 의사결정도 엄청난 사회적 결과와 파급효과를 지니기 때문에 미래의 불확실성을 인정하고 수용하면서 동시에 그러한 불확실성을 최소화는 의사결정 시스템을 구축해야 한다. 아울러 시스템 구축 못지않게 시민 사회의 행위자들이 위험 관리를 생활화하고 주체화하는 것이 필요하다. 해커의 경우처럼 정보사회의 작은 실수와 오류가 사회적으로 큰 영향을 미친다는 점에서 일반교육과 사회교육을 통해 사회적 책임과 정보사회의 올바른 윤리를 교육하고 실천하는 것이 중요하다. 또한 이를 위해서 참여민주주의를 활성화하고 정보매체를 포함하여 다양한 영역에서 시민운동의 활성화와 연대를 강화하는 것이 필요하다. 특히 정보사회에서 환경문제는 범세계적 성격을 지니기 때문에 국제적 민간기구의 연대활동은 대응체제에 있어 매우 중요하다(서이종, 1999).

제 11 장

과학기술과 사회문제

1. 과학기술의 이중성
2. 이론적 관점
3. 과학기술과 사회문제
4. 과학기술에 의한 사회문제 해결방안

제11장

과학기술과 사회문제

과학기술에 의해 야기되는 사회문제에 대해서는 과학기술과 사회의 관계에 대한 논의로부터 출발하는 것이 보통이다. 엄격히 말하자면, 과학기술도 인간이 사회적인 삶을 영위하는 가운데 만들어낸 문화의 한 부분이므로 과학기술과 사회를 분리시켜 생각할 수 없으며, 이 둘은 밀접하게 상호작용하는 기능적 공변(concommitant change)의 관계에서 파악해야 한다.

그러나 이 같이 복잡하게 얽혀 있는 사회문화 현상을 분석적으로 파악하기 위해서는 일단 이 둘을 따로 분리하여 상호관계를 검토할 필요가 있다. 대개 과학기술과 사회의 관계는 기술을 독립변수로 간주하고 그것이 사회에 미치는 영향을 분석하는 접근과 이와 반대로 사회문화적 요소들이 과학기술의 발전이나 퇴보에 미치는 영향을 검토하는 접근으로 나누어 파악된다. 이 장에서는 과학기술로 인해 야기되는 사회문제들을 파악하는 것이 목적인만큼 전자의 접근법에 근거하고자 한다.

1. 과학기술의 이중성

과학(science)은 자연현상에 대한 과학적 연구에 의해서 획득된 체계화된 지식과 그러한 지식이 얻어지는 객관적이고 논리적이며 체계적인 연구방법이다. 기술(technology)은 과학적 지식을 응용하여 인간이 자연자원을 활용하고 물리적 환경을 관리하기 위한 수단으로 만들어낸 연모와 그 과업을 수행하는 기법과 그리고 그 결과로 창안해 낸 기계 및 도구를 말한다.

기술개념은 초기에는 주로 자연현상과 물리적 현상을 대상으로 사용되었지만, 오늘날에는 사회문화적 환경도 포함하는 개념으로 확대되었다. 따라서 기술은 인간이 새로이 발견한 자연 또는 기타 삶의 환경의 이치와 그 이론에 기초하여 새로이 생각해 낸 아이디어를 실제생활에 적용하여 구체적인 물리적 소산물로 만들어내는 과정과 결과를 총칭하는 말이다. 기술은 낫이나 삽과 같이 단순할 수도 있고 지구를 감싸는 인터넷과 같이 규모가 크고 복잡한 것일 수도 있다. 또한 기술은 컴퓨터, 핵폭탄 등의 물질적인 것과 관료제, 기계화, 자동화 등의 사회경제적 조직 유형도 있다.

기술혁신(technological innovation)은 발명과 발견으로 이루어지는데, 발명은 이미 존재하는 요소와 소재를 과학적 창의와 기술적인 아이디어를 통해 조합하여 새로운 방법·기술·물질·기구 등을 창출하는 혁신의 과정으로서 물질적인 것도 있고 사회문화적 것도 있다. 발견은 기존의 현실 또는 실재(reality)를 새로운 관점에서 바라보는 혁신의 형태다. 대체로 기술혁신은 새로운 과학적 이론의 발견에 힘입어 새로운 연모와 과업수행 방법을 고안해내는 발명으로 이루어진다. 예를 들어 물질적 기술혁신의 경우, 과학자들이 자연현상에 대한 새로운 발견을 하여 새로운 이론적 관점을 정립하면 공학도나 기술자들이 그 이론을 적용해서 새로운 기술을 만들어낸다.

인류의 문명사를 돌이켜 보면, 제1차 혁명인 농업혁명을 필두로 하여 산업혁명 그리고 오늘날의 정보통신혁명과 같은 엄청난 기술혁신이 일어나서 인간의 사회문화적인 삶이 근본적으로 변용, 변화된 모습을 발견하게 되고, 따라서 과학기술의 위력이야말로 문화의 어느 요소보다도 크다는 사실을 확인할 수 있다.

현대사회에 이르러 기술혁신의 강력한 영향력에 대하여 오그번(Ogburn, 1964) 같은 사회학자는 물질적인 발명, 즉 기술혁신이 사회문화적 변동의 추동 기제로서 사회문화적 진화의 주요 원천이라고 주장한다. 맥루한(McLuhan, 1964)은 기술은 규모가 크고 무게 있는 변동의 힘일 뿐 아니라 실은 사회에 변동을 필연적으로 일으키는 불가항력의 힘으로 작용한다고까지 생각한다.

이처럼 사회변동의 주요 원인으로서 과학기술혁신의 수준은 기계화, 자동화, 사이버화로 나누어 살펴볼 수 있다(Sullivan, 2006). 기계화는 인간의 육체노동을 기계장치로 대체하여 재화 및 용역을 생산하는 것을 의미한다. 과거 저급한 수준에서의 기계화와는 달리, 현대사회에서는 생산에 사용되는 기계장치가 더욱 복잡해지고 과거에 비해 훨씬 더 많은 과업을 수행하다는 면에서 기계화는 더욱 고도화하고 있다. 자동화기술은 프로그램을 이용하여 정보제어기능을 가능케 함으로써 인간의 육체노동뿐만 아니라 인간의 지적 활동 및 사무노동까지도 기계장치로 대체하는 것을 의미한다. 기계화와 자동화는 생산성을 향상시키고 고도로 전문적인 분업을 가능하게 하며 할당된 직무만을 반복적으로 수행하는 노동자에게는 고도의 숙련을 요구한다. 최근 정보통신기술혁명을 통한 사이버화는 생산과정의 감시와 의사결정 그리고 기계를 통제하기 위해 컴퓨터와 같은 기계를 사용하는 것을 의미한다.

우리나라는 60년대 산업화과정 속에서 과학기술이 일종의 제도로 자리잡기 시작하면서부터 과학기술이 지배하는 사회가 되고 있다고 여겨진다. 새로운 기술의 성장과 개발은 새로운 아이디어, 새로운 기기의 발명, 새로운 사회조직의 창출에 이르기까지 우리 삶의 모든 부분에 손길이 닿지 않는 데가 없는 수준에 이른 것은 부인하기 어렵다. 기술혁신은 새로운 기술 창출과 경제생산성 향상 그리고 직업세계, 지역공동체, 조직생활, 사회제도, 사회계층, 사회적 관계, 인지구조, 가치지향 등을 변화시키면서 우리사회를 농업중심의 전통사회에서 첨단산업사회로 바꾸어 놓았다.

〈그림 11-1〉에서 보는 바와 같이, 우리나라는 2016년 연구개발비로 전년대비 3조 4,462원(5.2%) 증가한 69조4,055억원을 투입했으며, GDP 대비 연구개발비 비중은 0.03%포인트 증가한 4.24%이다. 우리나라의 연구개발비는 59,819백만 달러로 세계 5위권이고 GDP 대비 연구개발비 비중은 4.24%로 OECD 회원국 내 2위 수준이다.

〈그림 11-1〉 우리나라의 총연구개발비 변화 추세

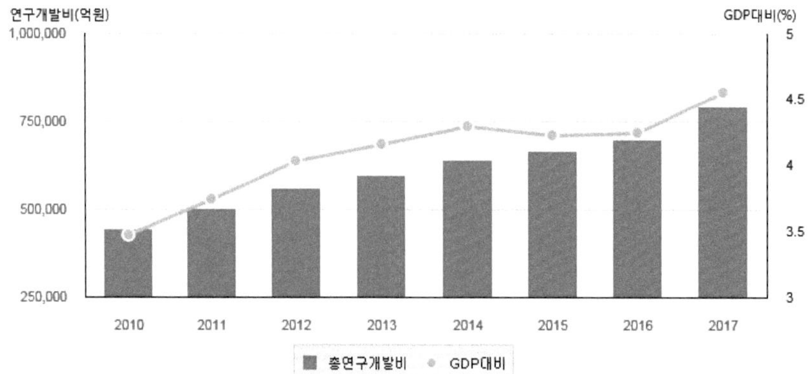

자료: 과학기술정보통신부·KISTEP, 「연구개발활동조사」, 해당연도.

또한 〈그림 11-2〉을 보면, 2016년 총 연구원 수는 전년대비 7,507명(1.7%) 증가한 460,769명이다. 연구보조원이 포함된 연구개발인력 수는 5,003명(0.8%) 증가한 624,910명이며, 연구 참여비율을 고려한 상근상당 연구원 수는 361,292명이며 상근상당 연구개발인력 수는 447,408명이다. 우리나라는 인구 천명당 연구원 수(FTE 기준)도 7.1명으로 가장 높게 나타났으며 다음으로 일본 5.2명(2015년), 독일 4.7명(2015년) 순이다.

〈그림 11-2〉 우리나라의 총연구개발인력 변화 추세

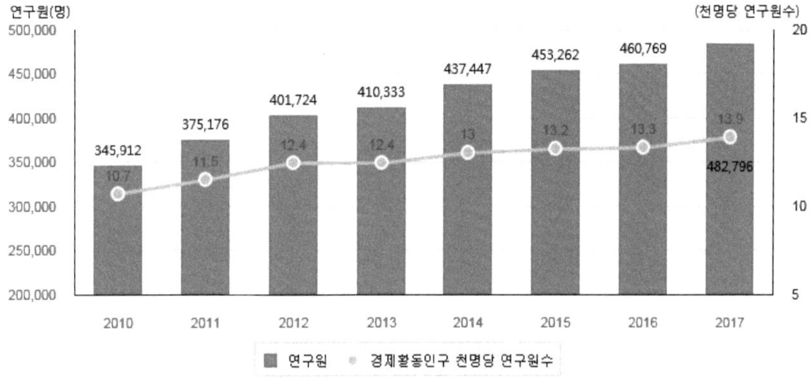

자료: 과학기술정보통신부·KISTEP, 「연구개발활동조사」, 해당연도.

이 결과, 과학기술은 우리의 삶에 긍정적인 것과 부정적인 것을 초래하였다. 먼저 긍정적인 것을 따져보면, 생산성을 높였고 새로 등장한 기기나 연모들은 일상생활의 편익을 가져다주었으며 생명과학 및 의료보건과 관련된 기술은 건강한 삶과 수명의 연장을 가져왔다. 이러한 경제발전과 수명의 연장으로 우리는 각종 기기를 이용하여 보다 많은 여가를 즐길 수 있게 되었고 지적 호기심을 자극하여 새로운 아이디어와 고안물과 함께 새로운 기술혁신을 하게 되면서 선택 가능성의 문이 활짝 열리게 되었다.

그러나 기술이 가져다주는 부정적인 측면도 있다. 먼저 경제적 생산성의 향상과 물질생활의 풍요를 기약하는 기술혁신은 자연을 훼손하고 환경공해를 일으키는 원인이 되었으며, 각종 살상무기와 생명공학 및 의학기술에 잠재된 위험은 생명을 위협하고 있다. 그리고 급속히 발전하는 과학기술과 그것을 응용한 변화를 인간과 사회와 문화가 미처 따라가지 못하는 문화지체

(cultural lag)현상도 나타나고 있다. 이 두 가지 영역이 밀접한 관계를 유지하면서 함께 변하는 것이 가장 이상적이지만 실제로는 과학기술 영역에서의 변화가 앞서기 때문에 정치·경제·종교·윤리·행동 양식 등 이와 관련된 여러 가지 제도나 가치관의 변화가 이를 따르지 못하는 경우 심각한 사회적 부조화 현상이 야기된다.

이처럼 과학기술의 효과는 긍정적일 수도 있고 부정적일 수도 있는 양면성을 띤다. 우리가 과학기술혁신을 논할 때는 주로 긍정적인 효과에 더 큰 관심을 쏟는 경향이 있지만, 그 이면에 숨어있는 무서운 비수나 복병에도 주의해야 한다. 기술혁신은 인간에게 거의 무한한 선택가능성을 제공한 반면에, 자연을 파괴하고 인류전체를 순식간에 소멸시킬 수 있는 무서운 위험도 안고 있다. 기술은 잘 쓰면 약이고 잘못 쓰면 독이다.

2. 이론적 관점

1) 기능론적 관점

기능론적 관점에 따르면, 사회는 전체의 작용을 위해 기능하는 여러 부분들이 연결되어 서로 의존하는 체계다. 이러한 체계는 서로 동일한 관계를 유지하는 부분들 간 균형이 존재한다. 따라서 부분들 간 상호의존성과 안정은 체계의 자연스러운 기능과 생존의 핵심이다. 만약 체계의 일부에서 변화가 일어나면 다른 부분에서는 이에 적절히 적응하여 균형과 조화를 이루어야 한다. 그런데 부분들이 서로 적응하지 못하고 부조화를 이룰 경우 각각의 부분들은 기능을 수행하기 어렵거나 전체 체계에 위협이 될 수 있다. 그래서 기능론적 관점은 과학기술의 변화에 사회의 다른 부분들이 적응하지 못하여 사회 전체의 불균형을 야기할 경우, 부분들이 제 기능을 수행하지 못하고 그로 인해 사회체계의 존재와 효과적 활동이 위협받음으로 인해 사회문제가 된다고 한다.

예를 들어, 인간의 생존을 의존하는 생태체계는 토지, 대기, 물, 인간 그리고 특정 생태계의 자원들과 문화적 신념과 가치 그리고 그에 따른 사회적 행동들로 구성되어 있다. 이 모든 부분 요소들은 균형을 이루고 있는데, 일부 요소의 변화가 다른 요소들에 부정적 영향을 미칠 경우 전체 체계는 위험에 처하게 된다. 현대사회에서 첨단과학기술을 기반으로 한 사회조직은 많은 이익을 가져다주기도 하지만 부정적 결과를 낳기도 한다. 더 많은 자원과 에너지를 소모해야 하는 이들 사회조직은 자연을 훼손하고 환경오염을 일으킨다. 이것이 계속될 경우 미래세대가 필요로 하는 자원은 고갈될 것이다. 첨단과학기술과 환경보호가 잘 통합되지 않는 한 생태체계는 분열될 것이다.

2) 갈등론적 관점

갈등론적 관점에 따르면, 인간의 무한한 욕망에 비해 가치 있는 사회적 자원은 한정되어 있기 때문에 이러한 한정된 자원을 놓고 인간들은 서로 다투고 경쟁한다. 그러므로 사회는 주요 자원들에 대해 이해관계가 서로 다른 사회집단들이 경쟁하는 투기장과도 같다. 과학적 지식과 그것을 바탕으로 한 기술은 중요한 자원이다. 집단들은 기술 자원을 차지하려고 경쟁한다. 그 결과 과학기술 자원을 소유하는 집단과 소유하지 못하는 집단 간에 불평등한 분배문제가 발생한다. 이렇게 볼 때, 특정 과학기술은 일부 집단에게는 혜택을 주지만 나머지 집단에게는 불이익을 가져다 줄 수 있다. 예를 들어, 기술혁신은 작업과정을 자동화하지만 또한 사람들의 일자리를 빼앗는 실업과 노동의 소외를 야기하기도 한다. 예를 하나 더 들면, 인터넷은 정보를 전 세계로 신속하게 교환할 수 있게 해주지만, 청소년의 외설·폭력물 접근을 통제하기 어렵게 만든다. 그래서 갈등론적 관점에서 보면, 과학기술은 모든 사람에게 혜택을 가져다주는 것이 아니기 때문에 이에 대한 분석에 있어 기술혁신으로 인해 누가 이익을 보고 누가 그렇지 못한지를 파악하는 것이 중요하다. 기능론적 관점과는 달리 갈등론적 관점은 사회변동이 일어날 경우 항상 승자와 패자가 있다고 전제한다.

환경문제는 세계의 한정된 자원 때문이 아니라 오히려 가용자원의 분배결과 때문이다. 즉 자원의 유용성 보다는 유용한 자원을 누가 더 많이 가지느냐에 달려있다. 예를 들어, 정유업체는 지구에 매장된 석유를 끝까지 개발하고자 하고 목재업체는 벌목을 하여 이윤을 획득하고자 한다. 경쟁이 더욱 치열해진 시장상황에서 이윤획득을 위해 자원을 고갈시키고 환경을 오염시키는 것쯤은 기본적인 사업활동이라고 생각하는 이들 업체에게 환경문제는 부차적이다. 한편 공해를 일으키는 이들 업체는 대지 가격이 싼 곳을 선택할 것이고 지역에 사는 저소득 주민들은 환경오염에 노출될 가능성이 높아진다. 이렇게 불평등한 권력구조는 약자들이 환경오염에 노출되는 가능성이 높아지는 환경인종주의를 낳기도 한다.

사이버화 역시 사전에 의도하지 않은 정치적 효과로서 '승자와 패자'를 만들어 낸다. 기업에서 경영을 위한 정보시스템은 노동자에게는 감시 및 통제 수단이 될 수 있으며, 남성을 대상으로 개발된 개인용휴대 단말기는 손이 작은 여성이 사용하는데 불편을 줄 수 있다.

3) 상호작용론적 관점

상호작용론적 관점에서는 상징을 사용하고 단어, 대상, 사건, 사람에게 의미를 부여하는 인간의 능력을 강조한다. 상징으로서 과학기술은 긍정적이고 부정적인 의미를 모두 가지고 있다. 과학은 자동차, 의료, 컴퓨터 등과 같이 인간의 삶에 필요한 자원으로 간주되기도 하지만, 다른 한편으로는 불가사의하고 위험하며 심지어는 사악한 것으로서 문학작품의 주제가 되기도 한다. 과학을 주제로 한 셸리(Schelley)의 『프랑켄슈타인』, 스티븐슨(Stevenson)의 『지킬 박사와 하이드』 등과 같은 공상과학이나 신비문학에서는 과학은 자유롭게 방치되면, 사납고 파괴적이며 광적인 폭력이 될 것이라고 묘사하고 있다. 이들 작품에는 통제 받지 않는 과학은 인간의 삶과 가치를 위협할 수 있다는 두려움이 깔려있다. 사회문제를 야기하는 과학을 비난한 것이다. 이러한 과학기술의 양면가치로 인해 사람들은 과학기술에 거는 기대가 무엇인지 확신할 수 없다. 실제로 우리에게 과학기술의 의미는 불확실한 가운데, 과학기술의 문제들은 논의의 대상이 되곤 한다.

이처럼 상호작용론은 실재에 대한 주관적 평가와 사회적 정의의 중요성을 강조한다. 사람들은 객관적 사실보다는 인지하고 해석하는 사실에 대하여 반응한다. 과학기술에 의한 환경문제는 단순히 객관적인 물질적 조건이 아니다. 환경문제가 사회문제가 되기 위해서는 사람들이 그것을 당면 과제로 인식하고 정의하여야 한다. 인간은 예나 지금이나 환경을 오염시키고 있다. 예를 들어, 우리나라 초기 산업화시기에 공장들은 제멋대로 오염물질을 대기 중에 방출하였으며 그로 인해 대기의 질은 현재보다 훨씬 나빴다. 그러나 대기오염은 사회문제가 아니라 경제발전을 위해 마땅히 감수해야 하는 것으로 여겨졌다. 사람들은 대기오염을 원치는 않았지만 기꺼이 받아들였다. 그러나 시간이 지나면서 대기오염에 대한 사회적 정의는 변하였다. 언론에서 대기오염을 대대적으로 보도하고 대기오염에 의한 환경피해와 그 대책을 다룬 서적들이 출판되면서 이제 사람들은 대기오염을 심각한 사회문제로 간주하게 되었다. 이 같이 과학기술에 의해 야기되는 객관적 물리적 조건이 널리 확산되고 해를 끼친다고 하여 사회문제가 되는 것이 아니라, 영향력 있는 집단이 그것을 사회문제라고 규정하고 주관적 관심으로 삼을 때 사회문제가 된다. 사회문제는 사회적으로 구성되는 것이다.

3. 과학기술과 사회문제

과학기술이 인간에게 미치는 영향의 양면성은 오랜 역사를 가지고 있다. 그리스신화에서 기술은 양면가치를 가진 것으로 묘사된다. 프로메테우스는 신들에게 묻지 않고 올림포스에서 불을 훔친 죄로 쇠사슬로 바위에 매여 독수리한테 간장을 쪼아 먹히는 형벌을 받는다. 이카로스는 밀랍과 깃털로 만든 날개를 달고 하늘을 날고자 하였으나 날개를 붙였던 밀랍이 태양열에 녹아 떨어져 생명을 잃고 말았다. 19세기 영국에서는 정체불명의 지도자 러다이트 이름을 딴 노동자들이 실업과 생활고의 원인을 기계의 탓으로 돌리고 기계파괴운동을 일으켰다. 우리나라에서도 오늘날 과학기술의 양면성을 찾아볼 수 있다. 2018년 우리나라 국민의 과학기술 태도 조사에 따르면(한국과학창의재단, 2018, 과학기술 국민인식조사결과), 과학 과학기술이 부정적 효과보다는 긍정적 효과가 크다는 응답이 성인 52.6%, 청소년 58.3%로 과반수를 차지하고 있으며, 과학자에 대한 신뢰도 평가 결과, 신뢰한다는 긍정적 응답이 성인에서 67.7%, 청소년에서 71.3%로 나타났다. 과학기술 관련 사회적 문제에 대한 응답층은 성인 46.4%, 청소년 46.5%로 절반에 살짝 못 미쳤으며, 성인과 청소년 모두에서 과학기술이 사회문제 해결에 기여한다는 응답이 85% 이상으로 높았다.

과학기술에 대한 염려는 과학기술이 인간의 삶에 영향을 미치는 한 어느 사회에서나 찾아볼 수 있다. 오늘날 과학기술에 잠재된 위험은 과거에 비해 양적으로 증대하고 있는 동시에 질적으로도 색다른 특징을 보이고 있다. 다음에서는 그러한 과학기술과 관련한 주요 사회문제들을 살펴보고자 한다.

1) 실업

최근 디지털 기술의 발전은 노동시장, 특히 일자리에 중대한 영향을 미치는 중요 이슈로 떠오르고 있는 가운데 기술혁신이 고용을 감소시킬 것인지 증대시킬 것인지에 대한 논의 활발하다. 특히, 4차 산업혁명 대두로 전통적인 노동환경에 큰 변화 예상되면서 독립적으로 존재하는 산업 분야 간 기존 물리적 경계가 4차 산업혁명으로 약화되어 생산자와 소비자, 고용인과 근로자 등의 구분이 모호해지고 있다. 노동환경 패러다임 변화로 높은 노동 유연성이 요구되고 있으며, 온디맨드(on-demand), 공유(sharing) 및 플랫폼(platform) 경제 등 신기술의 등장에 따라 노동의 시간과 공간에 대한 개념과 일하는 방식이 변화하고 노동 유연성 증가에 따른 노동 비곤과 양극화의 심화가 우려된다(허재준, 2017).

특히, 초연결(Hyper-connectivity), 초지능화(Hyper-intelligence) 시대 진입에 따라 신규 직업 창출 기대와 기존 직업 소멸 우려가 동시 대두되고 있다. 한편에서는 기술혁신을 통해 인간이 새로운 직업과 산업을 발굴하여 새롭게 창출될 일자리가 더 많아질 것이라는 기대가 큰 반면, 기술혁신으로 인해 기계로 대체되는 직업이 증가하여 일자리가 소멸될 것이라는 우려도 증가하고 있다. 스미스와 앤더슨(Smith and Anderson, 2014)이 실시한 미래 일자리에 대한 전문가 설문조사에 따르면, 2025년에는 네트워크화되고 자동화된 인공지능과 로봇이 일자리 48%를 대체할 것으로 예상된다. 세계경제포럼(World Economic Forum)에서 발표한 『일자리의 미래(*The Future of Jobs*, 2016)』에 의하면, 4차 산업혁명의 영향으로 2020년까지 세계적으로 일자리 710만 개가 소멸되는 반면 200만 개가 창출되어 약 510만 개의 일자리가 감소할 것으로 전망된다. 그리고 반복적인 업무를 수행하고 정형화(routine)하기 쉬운 직무를 수행하는 중간층은 저임금 서비스업으로 줘직하거나 최악의 경우 영구적인 실업 상태에 빠질 수 있다(Acemoglu & Autor, 2010).

우리나라의 경우, 일자리 55~57%가 향후 점진적으로 디지털화에 의해 대체될 것으로 예상된다(김세움, 2015) (〈표 11-1〉 참조). 고용 대체 비중이 높은 직종은 대부분 정형화가 용이한 일자리에 집중될 것이며, 인간과 소통 및 감정교류가 필요한 직종은 고용 대체가 어려울 것이다. 향후 20년 후 사무직 73%, 판매직종 98%, 생산직과 기계조작원 81%가 기계로 대체될 것이다.

〈표 11-1〉 대분류 직종별 컴퓨터 대체 가능 확률

대분류 직종	컴퓨터로 대체 가능 확률(%)	대분류 직종	컴퓨터로 대체 가능 확률(%)
관리자	30.9%	사무종사자	**73.1%**
전문가 및 관련 종사자	36.6%	장치, 기계조작·조립종사자	**80.6%**
서비스 종사자	51.8%	판매 종사자	**97.8%**

자료: 김세움, "기술진보에 따른 노동시장 변화와 대응", 한국노동연구원, 2015.

4차 산업혁명에 따라 독립적으로 존재하는 산업 분야 간 기존 물리적 경계가 4차 산업혁명을 통해 약화되고, 생산자와 소비자로 분리되는 패러다임이 무너지는 등 전통적 노동환경과 일자리에 큰 변화 진행되고 있다. 제리 카플란(2016)은 인공지능 로봇이 트럭 운전기사, 농장 및 물류창고 근로자 등 육체 노동자의 노동을 대체하는 것은 물론, 사회에 지배적인 영향력을 행사해 왔던 교육·법률·의료 등 전문가의 노동에도 큰 변화를 몰고 올 것으로 예측하고 있다.

이처럼 기술진보에 따른 4차 산업혁명 도래로 노동시장의 큰 변화 예상된다. 먼저, 노동 시간과 공간에 대한 전통적 개념이 변화 및 소멸할 것이며, 디지털 기기의 첨단화로 인해 근로시간의 경계가 점점 희미해졌으며 원격 근로 등 유비쿼터스 노동의 시대가 도래할 것이며(안주엽 외, 2011), 긱(Gig), 온디맨드(on-demand), 공유(sharing) 및 플랫폼(platform) 경제 등의 발전에 따른 높은 노동 유연성 요구될 것이다. 그리고 노동 유연성 증가에 따른 노동 빈곤과 양극화 심화될 것이다(OECD, 2016). 즉, 노동시장이 유연화 되면서 다양한 고용형태가 등장하면서 새로운 일자리로의 이동이 용이해져 저임금 일자리 증가 가능성이 확대될 것이다.

우리나라는 저출산·고령화로 생산가능인구가 감소하는 상황에서 노동시장 유연성 등은 선진국 대비 열위에 있어 4차 산업혁명 준비가 미흡하다. 4차 산업혁명 준비도 순위에 따르면, 우리나라는 25위로 독일, 미국, 일본 등 선진국 대비 열위에 있다. 특히, 특히 노동시장 유연성, 법률시스템 등이 미흡하다.

〈표 11-2〉 주요 선진국의 4차 산업혁명 준비도 순위 비교

구분	미국	일본	독일	한국
노동시장의 유연성	4	19	22	**77**
교육 및 훈련 시스템	8	23	16	25
혁신 역량 및 활동성	4	8	5	20
기술 활용 및 수용성	14	19	10	28
사회간접자본	11	5	8	10
법률시스템 및 윤리성	27	16	22	**65**
전체 순위	**5**	**12**	**13**	**25**

주: 140여 국가 대상 평가 결과.
자료: WEF, 2015, 2016; UBS, 2016, 산업은행, 2017.

2) 기술에 대한 통제력 상실

오늘날 기술의 특징은 그 규모가 방대하고 복잡할 뿐만 아니라 인간과 같은 지능을 갖는다는 점이다. 지능정보기술 환경에서는 사용자의 생활환경 곳곳에 편재되어 언제(any time) 어디서나(any where) 쉽게 네트워크에 접속하여 고품질의 정보서비스를 이용할 수 있으며, 동식물이나 인체를 포함하여 도로와 건물 등 사물 곳곳에 칩, 센서, 태그 등 다양한 매개체를 심어 그 사물간의 상호정보교환을 촉진하여 지능화하고 다양한 단말기를 통해 네트워크로 연결하여 서비스를 제공받을 수 있다. 이러한 기술은 인간이 의도한 대로 이루어질 수도 있지만, 전혀 예상하지도 않았던 결과를 가져올 개연성도 항상 존재한다. 영화 『2001 스페이스 오디세이(2001: A Space Odyssey)』에서 할(Hal)이라고 불리는 고성능컴퓨터가 장시간 항해하는 우주선의 모든 기능을 조정

하는 장면이 있다. 한 승무원이 그 컴퓨터로부터 조정임무를 인계받으려고 하지만 할은 이에 저항하고 일부 승무원을 죽이기까지 한다. 이러한 장면은 과장된 면이 없지 않지만 인간의 통제를 벗어난 '자율적인' 기술을 잘 묘사하고 있다.

인간이 기술에 지나치게 의존하고 있다는 점은 분명하다. 수렵과 채집을 하고 살던 원시시대 사람들은 짐승을 잡는데 석기를 사용했으며, 현대사회 작가는 생계를 유지하기 위해 개인용 컴퓨터를 사용한다. 오늘날 기계들은 인간을 대신하여 더 많은 과업을 수행하기 때문에 인간의 기술에 대한 의존도는 더욱 높아져가고 있다. 컴퓨터 없는 사무실과 자기공명 단층촬영장치(MRA), CT 스캐너 등이 없는 병원을 상상조차 할 수 없다.

인간이 특정 기술에 의존하게 되면, 그 기술을 더욱 발전시키려는 세력들이 생기게 마련이다. 이들 세력 중의 하나가 기술을 이용하여 이익을 얻으려는 이익집단들이다. 갈등론적 관점에서 살펴본 바와 같이, 기술발전은 모든 사회집단에 동일한 이익을 가져다주지 않는다. 손해나 피해를 입는 집단이 있게 마련이다. 예를 들어, 핵은 에너지를 저렴하게 생산할 수 있기 때문에 에너지 업체에게는 이익을 가져다주지만, 핵폐기시설이 들어선 지역주민에게는 커다란 위협이 된다. 따라서 서로 상반된 목표와 가치를 가진 수많은 이익집단들 중에는 다른 집단에 해로운 기술발전을 지지하는 집단들도 있을 수 있다. 한 번 등장한 기술을 계속 사용하게 되는 이유가 여기에 있는 것이다.

한편 오늘날 기술은 다양한 영역에서 다양한 목적으로 사용되고 있기 때문에 그 복잡성이 더욱 증대하고 있다. 개인들은 이제 기술이 미치는 영향을 개인적 수준에서 통제할 수 없다. 기술은 특정 개인이나 집단에 제한적으로 사용되지 않는다. 예를 들자면, 컴퓨터 발전은 일부 기업과 과학자들이 컴퓨터가 효율성과 생산성을 제고시킬 것이라는 신념으로부터 출발하였다. 그 후 시간이 지나면서 컴퓨터는 쉽게 사용할 수 있게 되었으며 사회 각 영역으로 확산되었다. 종업원들의 개인정보를 컴퓨터에 저장하여 근무평가에 이용하는 기업들도 나타났고, 보다 효율적인 업무처리를 위해 컴퓨터를 이용하는 은행들도 생겨났다. 최근에는 보험사, 은행, 신용평가사들이 고객의 신용정보를 공유함으로써 사전에 문제를 예방하고자 한다. 사회 전 영역으로 확산되고 있는 컴퓨터에 대해 누가 책임질 것인가? 누가 급속히 발전하는 기술을 통제할 것인가? 책임소재가 불분명한 기술의 통제가능성은 점차 작아진다.

최근 '지능기술'(intelligent technology)은 감각기관(sensor)을 통해 환경을 인지하여 작용기(effectors)를 통해 그 환경에 대해 반응할 수 있으며 거대통신 네트워크를 통해 서로 연결되어 인간과 같이 '행동'하고 평가할 수 있는 수준에까지 도달하였다. 이들 지능기술은 현실세계에 스며들어 인간과 결합된 하이브리드 시스템(hybrid system)을 형성하면서 자기들끼리 상호작용은 물론이고 행위조정까지 할 수 있어 에이전트 인공사회(agent artificial society)를 형성하고 동시에 현실 인간사회와 융합하여 하이브리드 사회(hybrid society)를 촉진한다. 이러한 사회에서 인간은 기계에 대한 통제 및 관리 기능을 자율적인 지능기술에 위임함으로써 인간의 행위 및 의사결정 범위는 축소될 것이며, 인간은 기술에 따르는 소극적인 적응행동만을 하게 될 것이다(문용갑, 2006).

정보통신기술에 의한 정보화는 개인정보의 유출과 프라이버시 침해라는 어두운 그늘이 도사리고 있다. 로텐버그(Rotenberg, 1998)에 따르면, 기술은 프라이버시를 위협한다고 한다. 그는 현대에 이르기까지 기술을 프라이버시 문제의 주요 원천으로 보는 경향이 있었지만, 기술과 감시의 관계가 그리 간단한 것은 아니며, 본래 프라이버시 침해의 우려가 생기게 된 것은 기술 자체가 아니라 감시를 증폭하고, 일상화·정교화하는 기술의 능력 때문에 생긴 것이라고 한다. 일례로 증폭(amplification) 기술은 당초의 조사목적에 의해 정당화 될 수 있는 이상의 정보 수집을 가능하게 해 주는데, 가령 파파라치의 렌즈는 명사들의 사적 순간을 포착하거나, 범죄자들을 감시하기 위해 설치된 감청 장치가 무고한 사람들의 대화를 기록할 수도 있고, 열추적 장치는 아래층의 마리화나 흡입기뿐만 아니라 위층에서 두 사람이 사랑을 나누는 것까지 탐지해 낼 수 있는 것이다. 그렇지만, 기술은 반드시 프라이버시에 대한 위협만은 아니며 그 보호수단을 제공하는 경우도 많다. 이른바 프라이버시 보호기술(PET: Privacy Enhancing Technology), 즉 암호화, 익명화기술 등이 그러한 예이다. 가령 익명화 기술은 스팸메일을 막을 수 없게 만들기도 하지만, 웹사이트 방문자에 대한 추적가능성을 차단함으로써 이용자의 프라이버시를 보호해줄 수 있는 것이다. 감시 기술이 사생활을 침범하는 것은 사실이지만, 유익

하게 적용되는 경우도 많다는 것도 명백하다. 행위보다 기술을 통제하면 불가피하게 다른 경우라면 허용될 수도 있었을 행위들을 범죄화하는 위험을 초래한다. 그러므로 프라이버시 보호를 위해 가장 기본적인 교훈은 기술 자체가 아니라 그것에 의하여 기도된 행위에 초점을 맞춰야 한다는 것이다.

정보화가 진행될수록 개인의 신상에 관한 정보는 정부 및 기업의 거대 컴퓨터에 차곡차곡 저장된다. 네트워크를 통한 정보교환과 상거래가 활발하게 이루어지면 개인의 신상정보뿐만 아니라 개인의 생각과 활동까지도 기록정보로 데이터베이스에 고스란히 축적된다. 수집된 데이터들은 정부나 기업의 목적에 따라 자의적으로 활용될 수 있는 위험요소를 지닌다. 정부는 이를 주민통제의 도구로 사용하고 기업은 상업적 목적으로 고객정보를 활용할 수 있다. 정부가 보유한 방대한 양의 개인신상정보와 기업이 보유한 개인의 상거래활동 및 소비형태에 관한 정보가 연동되어 관리될 때 개인의 프라이버시는 여지없이 훼손될 것이다.

개인의 신상에 관한 주민등록정보가 경찰의 범죄기록정보와 연동되어 활용될 경우, 우리는 자신의 과거가 축적된 데이터베이스를 활용한 전자연고제에서 자유롭지 못하다. 공공질서의 유지와 사회안녕이라는 명목아래 공공연하게 이루어지고 있는 국가권력의 감시와 통제에서도 자유롭지 못하다.

전자감시는 비단 국가권력에 의해서만 이루어지지 않는다. 정보기술이 생산에 도입되면서 각종 감시통제시스템이 발전하게 되고, 작업장에서는 이를 활용하여 노동자 개인 감시, 노동행위 감시, 노동자에 대한 정보 수집 및 관리를 한다. 노동감시시스템에는 CCTV와 몰래카메라와 같은 영상시스템, 생산사무자동화시스템, 전자신분증, 위치추적시스템, 음성매체, 컴퓨터 등이 있다. 업무의 효율성과 정보의 보안관리라는 명분아래 감시시스템을 설치하지만 실제로는 노동자의 감시의 수단으로 사용되고 있다. 첨단감시기술은 감시 비용이 저렴해지고, 감시가 쉬워졌으며, 은밀하게 이루어지기 때문에 노동자의 심리적 저항이 적다. 또한 감시의 범위도 전체 노동자로 확장되었으며, 노동과정과 성과에 대한 감시가 동시에 이루어지기 때문에 노동자의 반대에도 불구하고 도입하는 사례가 증가하고 있다.

〈표 11-3〉 노동자 감시시스템 실태

	인터넷	하드 디스크	전화	CCTV	전자 신분증	ERP	비설치	설치
■ 전체	41.5	44.0	24.2	57.0	56.5	29.5	10.1	89.9
□ 업종별								
기계/금속(N=61)	47.5	47.5	31.1	45.9	70.5	50.8	6.6	93.4
화학/섬유(N=24)	45.8	41.7	12.5	37.5	41.7	45.8	20.8	79.2
유통/숙박(N=22)	31.8	27.3	27.3	68.2	59.1	18.2	18.2	81.8
운 수(N=19)	36.8	42.1	15.8	52.6	36.8	15.8	21.1	78.9
금융서비스(N=30)	36.7	40.0	20.0	80.0	63.3	13.3	3.3	96.7
보건/의료(N=21)	38.1	52.4	57.1	81.0	57.1	4.8	0.0	100.0
공 공(N=30)	43.3	50.0	3.3	50.0	43.3	23.3	10.0	90.0
□ 직종별								
생산기능직(N=79)	48.1	45.6	22.8	45.6	62.0	48.1	10.1	89.9
사무영업직(N=38)	39.5	39.5	26.3	71.1	65.8	23.7	5.3	94.7
판매서비스직(N=20)	25.0	30.0	30.0	65.0	55.0	15.0	20.0	80.0
□ 사업장규모별								
1~99인(N=25)	16.0	40.0	12.0	52.0	36.0	12.0	20.0	80.0
100~499인(N=91)	31.9	38.5	20.9	50.5	50.5	27.5	16.5	83.5
500~999인(N=35)	51.4	51.4	34.3	45.7	60.0	31.4	2.9	97.1
1000인이상(N=56)	62.5	50.0	28.6	76.8	73.2	39.3	0.0	100.0

자료: 노동자감시근절을 위한 연대모임, 2003.

2003년 6월 기준 전국 207개 사업장에 대한 설문조사 결과에 따르면〈11-4〉, 어떤 종류든 한 개 이상의 감시시스템을 설치한 사업장이 90%에 가깝게 나타남으로써, 이미 사업장 감시시스템이 일반화되고 있는 상황이다. 게다가 감시시스템을 도입한 사업장의 경우 평균 2.57개의 감시시스템을 운영하는 것으로 나타났는데, 도입된 감시시스템에는 인터넷 이용 모니터링 및 체킹, 전화감시 및 녹취, CCTV 설치, 전자신분증을 통한 출입통제 및 근태관리, ERP9 도입을 통한 생산사무자동화시스템 감시, 생체인식기술을 통한 출입통제 및 근태관리, 위치추적장치를 이용한 근로자의 동선관리 등이 있다. 이들 여러 가지 감시시스템은 경우에 따라 복합적인 형태로 나타나기도 한다(예를 들어, 생체인식기술과 전자신분증의 결합, 전자신분증과 CCTV의 결합 등).

4) 생명공학과 차별

21세기 과학발전은 경이로운 성과들을 내놓고 있지만, 이제는 우리가 스스로 통제하지 않으면 돌이킬 수 없는 폐해를 가져올 수 있는 금기의 영역까지 엿보고 있다. 그것은 다름 아닌 생명체 또는 생명체 일부분을 이용하여 제품을 생산하거나 임무를 수행하는 생명공학이다(Rifkin, 1998). 생명공학은 1953년 세포에서 발견되는 기초유전물질로서 유기체의 '비밀지도'를 포함하고 있는 DNA의 분자구조의 해명에 기초하여 경이적인 과학기술의 하나로 주목을 끌고 있다. DNA 지도와 서열목록이 상세히 만들어지면서 과학자들은 DNA를 조작하여 새로운 임무를 수행하는 유기체를 만들기도 하고 유기체가 생산할 수 없는 물질을 생산하고 있다. 이러한 생명공학기술의 발전으로 사전 유전자 진단, 유전자 조작, 그리고 배아·체세포복제, 맞춤아기, 맞춤의학의 시대가 올 것으로 예견된다.

그러나 2005년 실시된 조사에서 인간복제 기술이 개발될 경우 인간복제를 '법으로 금지해야 한다'는 응답이 83.2%, '금지해선 안 된다'는 12.4%로 나타났다(한국갤럽, 2005). 이러한 조사결과는 생명공학기술에 대한 우리사회의 우려를 단적으로 보여준다. 그 이유는 유전자검사 및 유전자조작, 유전자정보이용, 배아복제·인간복제 등에서 차별의 문제에 찾을 수 있다(이경희, 2003). 먼저 유전자검사의 경우, 단순히 태아의 현재 건강 상태는 물론 미래 건강까지 예측가능하다. 특히 체외수정과 결합하게 되면 유전자 검사는 수정란 단계나 정자, 난자 단계에서도 실시하여 가족 대대로 유전될 수 있는 유전적 질병을 사전에 예방할 수 있고, 경제적 여유가 있는 부부는 성뿐만 아니라 유전적으로 유리한 형질-지능, 외모, 체력, 천재적 예술감각 등-을 선택할 수 있을 것으로 예측된다. 이렇게 되면 현재의 빈부격차가 생물학적 차원에서 고착화되어 새로운 신분사회가 도래할 수도 있다. 즉 미래의 인류는 유전자를 전혀 조작하지 않은 '자연인(Naturals)'이라고 불릴 하류계층과 유전자가 일부 또는 전부 조작된 '보강된 유전자를 지닌 계층(Gene-enriched)' 내지 '부유 유전자 계층(GenRich)'이라 불릴 상류계층으로 극단적인 양극화 현상을 빚게 될 것이라는 것이다(Silver, 1997). 뿐만 아니라 우생학적 유전자조작은 개인 차원뿐만 아니라 '인종개발'이라는 국가적 차원의 우생학 프로그램에 이용될 경우, 한 국가가 지닌 유전공학기술 및 자본의 수준에 따라 국가간 차별이 발생할 우려가 있다.

유전자정보이용의 차별과 프라이버시 침해에 따른 문제들도 예상된다. 먼저 유전자사전검사를 통해 장애아가 될 가능성이 있다는 이유만으로도 출생에서 태아의 생명권이 박탈당하는 '태아차별'이 있을 수 있다. 아울러 배아단계에서의 유전자 치료 및 조작으로 우수한 형질만 선택하여 인간특성의 선호와 개량으로 이어지는 '배아차별'의 가능성도 크다. 또한 보험과 고용에 있어서 차별의 문제도 있다. 불치병이 있는 자녀를 둔 부모의 직장의료보험 가입이 거부될 수 있으며, 유전적으로 작업환경에 민감한 노동자는 일자리를 잃을 수 있다. 유전자정보는 친자확인과 관련해 유용하게 활용될 수 있으나, 유출될 경우 사회적으로 결혼, 입양, 군입대 및 입학 등에서도 차별적 요소로 악용될 수 있다. 예컨대 범죄인 유전자를 가졌다는 이유만으로도 잠재적 범죄인으로 취급하는 차별이 있을 수 있다. 끝으로 유전자 정보은행(DNA data banks)제도에 따라 개인의 유전정보를 국가가 관리한다면, 자칫 시민의 권리와 충돌하는 통제 도구로써 사용될 가능성이 크고 심리적 차별뿐만 아니라 초국가사회에 대한 두려움을 가중시킬 것이다.

한편 생명공학기술의 진전에 따른 배아복제와 인간복제에서의 여성과 장애인, 성적소수자에 대한 차별문제가 있다. 남성 중심적이고, 유전질환과 난치병 없이 건강한 자, 성적 다수자인 이성애자와 법적 기혼부부의 자녀갖기 중심의 사회에서 이미 차별받고 있는 이들 소수자에게 이중의 차별을 가져다 줄 개연성이 높다. 즉 인간복제 과정에서 대리모를 통한 임신의 경우, 경제적으로 약자인 여성들이 재정적 목적으로 대리모가 되어 마치 배아나 태아를 임신하는 교체 가능한 기계로 전락할 수 있다. 자녀입양에 있어 차별과 편견을 받는 동성애자 레즈비언과 처녀로 엄마가 되고 싶어 하는 독신여성들 중에는 무성생식기술의 발전으로 자신의 난자만으로 아이를 낳고자 하는 경우가 있다. 그러나 사회는 새로운 기술을 통해 소외를 극복하려고 하는 그들의 열망을 통제하려고 할 것이며, 그로 인해 그들은 다른 차별을 겪게 될 것이다. 또한 각종 유전병으로 인해 고통 받고 있는 난치병 환자, 불의의 사고를 당한 장애인과 선천성 장애인은 배아복제나 인간복제에 모든 희망을 걸고 있다. 이에 대해 인간의 존엄성을 우려하거나 신에 대한 도전이라고 반대한다면, 그것은 그들에게 또 다른 차별이 될 것이다.

5) 과학기술과 환경문제

과학기술의 발전으로 오늘날 문명의 체계는 과거보다 훨씬 더 정교하고 복잡하게 발전되었음에도 불구하고 인간은 자연에 뿌리박은 '생명의 탯줄'로부터 점점 멀어져가고 있다. 코모너(Commoner, 1992)는 인류의 근본적인 문제를 문명의 변화속도와 자연환경의 순환속도 간의 지체현상에서 찾는다. 산업혁명 이후 과학기술이 급속히 발전하면서 경제 생산성이 크게 향상되었고 인구는 지속적으로 증가하였다. 그러나 인구증가와 경제발달에 따라 물자의 생산량과 소비량이 급증하면서 자연자원의 고갈이 가속화하고 자연의 자정능력을 초과하는 오염물질이 생산되므로 여러 가지 환경문제가 발생하고 있다. 여기에 인간의 대량소비문화와 자연에 대한 인간우월주의, 환경보다는 개발주의, 자신만의 이익을 중시하는 개인주의적 가치는 환경문제를 더욱 가속화시키고 있다. 따라서 오늘날 우리가 당면한 환경문제는 지구상의 전 인류가 공동으로 대처해야 할 당위론적 문제이다. 동시에 인간의 풍요를 위해 생산하고 소비하는 활동과 직접 관련된 경제적인 문제이며, 보다 나은 생산공정과 소비 및 처리의 기술과 관련되어 있기 때문에 과학기술적인 문제이기도 하다. 또한 복잡한 사회적 이해관계와 가치의 대립을 조정해야 한다는 의미에서 정치적인 문제이며, 아울러 문제해결방안의 우선순위를 선택해야 하는 정책결정과 집행의 문제이기도 하다.

환경문제와 관련해서 말할 때 환경이란 주로 생태계(ecosystem)를 의미한다. 생태계란 생명체들과 이를 둘러싼 무생물들이 물질을 교환하기 위해 긴밀히 상호작용하는 복잡한 연결망을 가리키는 개념이다(Sullivan, 2006). 여기서 환경문제란 인간활동에 의해 인간 및 여타 생명체에 피해를 입힐 만큼의 유해물질이 자연에 추가되는 상태 즉 환경오염이 인간 생존과 삶의 질에 부정적인 영향을 미치는 문제라고 할 수 있다. 우리나라 환경기본법 제 3조 4항에서도 환경문제를 환경오염으로 인한 문제로 보고, 환경오염을 '환경오염이라 함은 사업활동 기타 사람의 활동에 따라 발생되는 대기오염, 수질오염,

토양오염, 해양오염, 방사능오염, 소음 진동, 악취 등으로서 사람의 건강이나 환경에 피해를 주는 상태라고 말한다'라고 정의하고 있다.

환경문제는 인간사회조직과 환경 사이에서 발생한다는 면에서 다른 사회문제와 다른 독특한 특성을 지닌다(강대기, 1982: 187~189). 첫째, 다른 사회문제에 비하여 많은 사람들에게 직간접적 영향을 미친다. 둘째, 다수의 지역주민의 건강과 동식물의 생존을 직접 위협하여 다른 어떤 사회문제보다도 절박한 문제로 대두된다. 상세한 영향이 아직 다 밝혀지지 않아서 이들 문제에 대한 심각성이 훨씬 클지 모른다. 셋째, 대부분의 피해가 잠정적이거나 점진적이어서 과소평가되는 경향이 있다. 넷째, 오염물 배출자와 피해자가 다른 경우가 많다. 다섯째, 환경오염으로 인한 생태계의 파괴는 다른 어느 사회문제보다 회복하기 어렵고, 회복하는데 오랜 기간이 걸리며 많은 비용이 든다. 여섯째, 생태계의 연속 오염으로 그 결과가 누적된다. 일곱째, 관할구역과 책임소재가 불분명하여 행정조치가 어려운 경우가 많다. 여덟째, 국제문제가 될 수 있다.

우리나라는 숨 가쁘게 달려온 압축적 근대화과정 속에서 1980년대 초까지 환경문제를 거론하는 것을 위험시했으나 1980년대 팔당 골재채취, 낙동강 페놀 방류사건 등 환경문제가 공론화되면서 산업폐기물과 유독 화학물질에 대한 인식이 높아지고 지구온난화 등 지구환경문제가 부각되어 제도화하기 시작했다. 그러나 1990년 이후 여전히 국토개발에 의한 자연훼손과 산업발전에 의한 대기오염, 수질오염, 폐기물오염, 유해폐기물 등 각종 환경문제가 잇따르고 있다. 이러한 환경문제의 심각성은 우리나라가 철강·석유화학산업 등 에너지 다소비 업종의 계속적인 증대, 경차보급 비중의 저조 등으로 인해 GDP 대비 에너지 소비비율이 매우 높아서 에너지소비량 세계 3위 수준(2017년 기준)으로 대표적인 에너지 다사용국가(환경부, 2018)라는 사실에서도 엿 볼 수 있다.

(1) 대기오염

대기는 자연의 자정과정을 통해 그 성분요소들이 계속 유지된다. 예를 들어, 녹색식물은 광합성을 통해 물과 인간과 기타 유기체가 발생하는 이산화탄소(CO2)를 조합하여 산소와 탄수화물을 생산한다. 그러나 자연자정과정은 다른 자원들과 마찬가지로 한계가 있다. 자연은 제한된 양에 한해서만 자정과정을 통해 대기 오염물질을 제거할 수 있다. 그러나 오염이 자연의 자정능력을 초과할 경우 대기오염은 공기를 필요로 하는 모든 생명체에 심각한 위협이 된다.

대기오염물질을 발생시키는 원천은 황사와 같은 토양의 흙먼지, 산불이나 화산에 의해 먼지나 매연 등 인간의 활동과 관계없이 대기오염물질을 발생시키는 자연발생원(natural source)과 발전소나 대규모 공장과 같이 하나의 시설이 대량의 오염물질을 배출하는 점오염원(point source), 주택과 같이 일정 면적 내에 소규모 발생원 다수가 모여 오염물질을 발생함으로써 해당지역 내에 오염문제를 발생시키는 면오염원(area source), 자동차, 기차, 비행기, 선박 등과 같이 이동하면서 오염물질을 연속적으로 배출하는 선오염원(line source) 등의 인위적 발생원(anthropogenic source)으로 구분된다. 그러나 오늘날 크게 문제가 되고 있는 것은 이러한 자연발생원으로 인한 대기오염보다는 대부분 인간의 활동에서 비롯되는 인위적 발생원이라고 할 수 있다(환경부, 2007a).

대기오염은 온실효과(greenhouse effect)를 일으킨다. 온실효과로 인한 기후변화 또는 지구온난화는 현재 가장 중요한 국제 환경문제이다. 기후변화의 영향(빙하 감소, 사막화, 해수면 상승 등)은 이미 국제적으로 뚜렷하게 나타나고 있을 뿐만 아니라 한반도에도 기상 이변, 해수면 상승, 생태계 변화 등을 야기하고 있다. 기후변화를 일으키는 가장 중요한 원인은 온실가스 배출이다. 온실가스 배출은 인간의 생산 및 소비 활동(특히 에너지 사용)과 밀접하게 연관되어 있다.

우리나라의 온실가스배출량은 교토의정서에서 온실가스 감축 기준 연도로 설정한 1990년 2억 9220만 톤(이산화탄소 환산 기준)에서 2017년 7억 910만 톤으로 143% 증가하였다. 이 기간 동안 온실가스배출량 증가율은 연평균 3.3%를 기록하였다. 우리나라는 2014년 기준으로 세계 12위이자 OECD 회원국 중 6위의 온실가스 배출 국가이다. 다만, 최근 증가율이 둔화되고 있는 점은 의미 있는 변화이다. 온실가스배출원은 에너지, 산업공정, 농업, 폐기물 등으로 구분되는데, 전 세계적으로 주된 배출원은 에너지 부문이다. 에너지

부문에서 배출되는 온실가스는 총 온실가스의 87%에 달한다. 한국의 경우에도 1990년에서 2017년 사이 에너지 부문 온실가스배출량이 156% 증가하였다(온실가스종합정보센터, 2019).

우리나라의 대기오염배출량 산정항목은 아황산가스(SO_2), 질소산화물(NOx), 먼지(TSP), 미세먼지(PM10), 초미세먼지(PM2.5), NH_3(암모니아), BC(블랙카본), 일산화탄소(CO), 휘발성유기화합물(VOC), 등이다. 과거 대기질 개선을 위하여 저황유 공급, 청정연료사용 의무화, 자동차 배출허용기준 강화 등의 정책을 추진하고 있지만 좀처럼 개선되지 않고 있다(〈그림 11-3〉 참조).

〈그림 11-3〉 우리나라의 대기오염물질 배출량 변화 추세

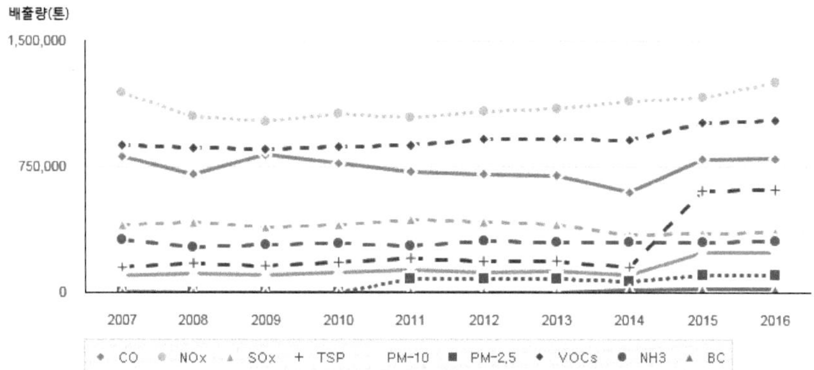

주: PM2.5는 2011년부터 산정, BC(블랙카본), 2015년부터 비산먼지 및 생물성연소 배출량 추가.
자료: 환경부, 「환경통계연감」, 해당 연도.

특히, 국민이 실생활에서 체감하는 미세먼지 오염도는 심각하게 악화되고 있다. 최근 황사 발생빈도가 늘어나고, 중국 동부고업지역을 거치면서 황사와 미세먼지가 함께 유입되어 가소거리 또한 감소하면서 국민들의 감각적 불편도 증가하고 있다. 더 큰 문제는 미세먼지가 실생활 속 불편을 넘어 국민건강을 위협하고 있다는 점이다. 미세먼지는 입자크기가 매우 작아, 코 구강, 기관지에서 걸러지지 않고 우리 몸 속까지 스며들어 알레르기성 비염, 기관지염, 폐기종, 천식, 폐포 손상 등과 함께 조기 사망률을 높일 수 있다(환경부, 2018).

(2) 수질오염과 해양오염

물은 지구상에 고체, 액체, 기체의 세 가지 형태로 존재하며, 형태의 변화를 통하여 순환함으로써 지구 전체의 에너지 평형을 돕는다. 물은 지표와 대기사이에서 상승과 하강의 수문순환(hydrologic cycle)과정에 따라 끊임없이 움직인다. 물은 식물, 토양, 해양에서 대기로 증발된다. 증발된 수분은 구름을 형성하고 강수의 형태로 지표로 되돌아온다. 비, 눈, 우박 등의 강수는 식물과 지표를 적시고 난 후 지하로 침투하거나 지표면 하천, 강, 바다로 흘러간다. 지표유출이나 지하수 배출로 하천에 도달한 물은 바다로 흘러들어 증발이 일어나 다시 수문순환을 시작한다. 지표면의 물은 식물뿌리에 흡수되고 결국에는 대기로 증발되거나 또는 하천을 통해 동물이나 인간들이 마시거나 지하로 침투되거나 대기로 증발된다. 수문순화과정을 거치는 동안 자연 또는 인공시설에 의해 충분히 정화된 물은 몇 번이고 재사용할 수 있다. 물은 수중 생물에게는 서식처를 제공할 뿐만 아니라, 모든 동물의 신진대사를 위한 필수요소이기도 하다. 그러므로 수질오염은 생태계 전체를 파괴하는 필연적인 결과를 가져오게 된다. 그러나 대부분의 물은 하수오물, 기름, 세제 및 살충제와 같은 합성유기물, 무기화학제품과 광물질, 비료, 방사능, 열 등 각종 오염물질로 인해 재사용이 불가능하게 된다. 따라서 물은 부족하고 오염되는 이중위기에 처하게 된다.

인류 역사가 물과 더불어 시작되었듯이 인간은 물을 떠나서 잠시도 살수 없으며 인체의 70% 정도가 물로 구성되어 있다. 물은 생명의 근원이자 바로 생명 그 자체라고 할 수 있다. 하루에 식수로 2리터 정도의 물을 마셔야 하고, 생활용수까지 합하면 300리터 이상이 필요하다(최정석 외, 2006).

수질오염원은 오염물질의 배출형태에 따라 점오염원(point source)과 비점오염원(non-point source)으로 대별된다. 점오염원은 생활하수·산업폐수·축산폐수 등 일정한 배출경로를 가진 오염원을 말하며, 비점오염원은 강우 시 노면배수, 농경지 배출수 등과 같이 불특정하게 배출되는 것을 가리킨다.

우리나라는 금수강산이 무색하리만큼 하천과 호수, 늪, 해안 등이 오염 때문에 몸살을 앓고 있으며, 물 부족 현상까지 우려된다. 최근에는 대규모의 간척사업 등이 시행되면서 연안 및 해양생태계 파괴가 심각해지고 있다. 또한 2007년 12월 7일 태안 앞바다 15,800kl 기름 유출과 같은 선박사고, 폐기물의 해양투기 등으로 해양이 심각할 정도로 오염되었다. 우리나라에서 발생되는 오·폐수는 하루 25,646천톤에 이른다. 우리나라는 2005년 말 기준 약 49,268천명이 살고 있으며, 이로 인한 생활하수 발생량은 하루 16,833천톤에 이른다. 산업폐수는 주로 제품제조, 수리, 세척 등 제조업시설에서 배출되는 것으로 이러한 배출물을 처리하는 시설을 폐수배출시설이라 한다. 폐수배출시설은 39,012개소(2004년 기준)가 있으며, 여기에서 발생되는 산업폐수는 하루 8,682천톤에 이른다. 축산폐수는 소, 돼지 등 가축사육과정에서 발생되는 축산분뇨를 말하는데 우리나라에는 소·말 150만두, 돼지 1천만두 가량을 사육하고 있으며, 이로 인한 축산폐수는 하루 13만톤에 이른다. 이렇게 발생된 오·폐수는 오염원별로 환경기초시설을 설치하여 정화처리하고 있다. 생활하수는 하수종말처리장 또는 오수처리시설에 의하여, 산업폐수는 산업폐수종말처리시설 또는 개별공장의 자체 오염방지시설로, 축산폐수는 대규모 축산농가의 경우 자체 정화시설로, 소규모농가는 축산폐수 공공처리시설을 설치하여 수거·처리하고 있다(환경부, 2012).

〈그림 11-4〉에서 보듯이, 공공수역의 BOD농도와 총인 오염도는 전반적으로 감소추세이다. 그러나 주요 상수원 및 호소에서 건강모보 기준항목(17개)을 초과하지 않고 있지만, 화학물질 사용 증가, 비점오염원 등 난분해성 오물질 유입에 따라 사람의 건강보호를 위한 지속적인 노력이 필요한 상황이다.

〈그림 11-4〉 4대강 지점의 수질 변화

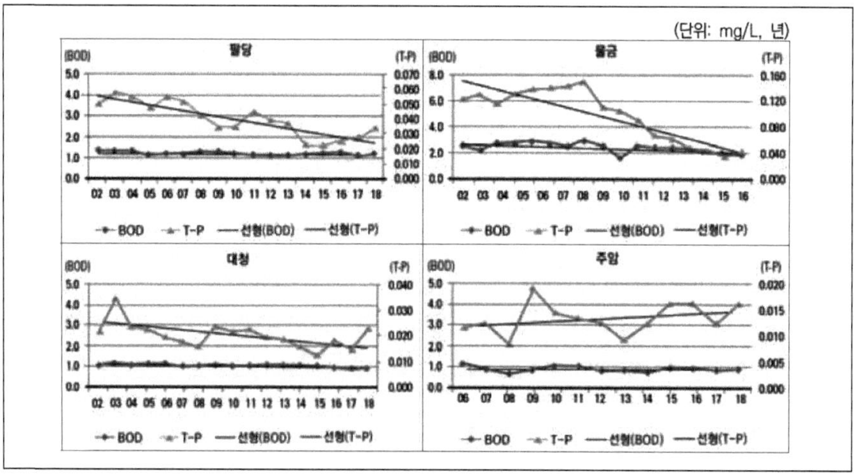

자료: 환경부, 2018.

(3) 폐기물

인구가 적은 농경중심의 사회에서는 폐기물이 발생되어도 자연의 자정작용으로 자연적으로 소화·흡수되어 문제가 없었으나, 사회구조와 생활방식이 대량생산, 대량소비 형태로 변화하면서 그 과정에서 발생되는 폐기물도 다량화·난분해화하여 자연의 자정작용만으로는 해결될 수 없는 커다란 사회문제로 대두하고 있다.

우리나라 현행 폐기물관리법에 따르면, 폐기물은 '쓰레기·연소재·오니·폐유·폐산·폐알카리 및 동물의 사체 등으로서 사람의 생활이나 생산과정에서 필요하지 아니하게 된 물질'로 정의된다(「폐기물관리법」 제2조). 폐기물은 발생원을 기준으로 생활폐기물과 사업장폐기물로 크게 구분되며, 사업장폐기물은 다시 사업장생활계폐기물, 사업장배출시설계폐기물, 건설폐기물, 지정폐기물로 세분된다.

〈그림 11-5〉에서 보는 바와 같이, 폐기물발생량은 1996년과 2017년 사이 일 평균 18만 573톤에서 42만 9531톤으로 137.9% 증가하였다. 폐기물 종류별로 보면 생활폐기물은 큰 변화가 없으나 사업장폐기물은 크게 증가하였다. 생활폐기물은 1995년 쓰레기종량제 시행 이후인 1996년부터 2017년까지 일정한 범위 내에서 증감을 반복하고 있다.

〈그림 11-5〉 종류별 일평균 폐기물 발생량 추세

(단위: 톤/일)

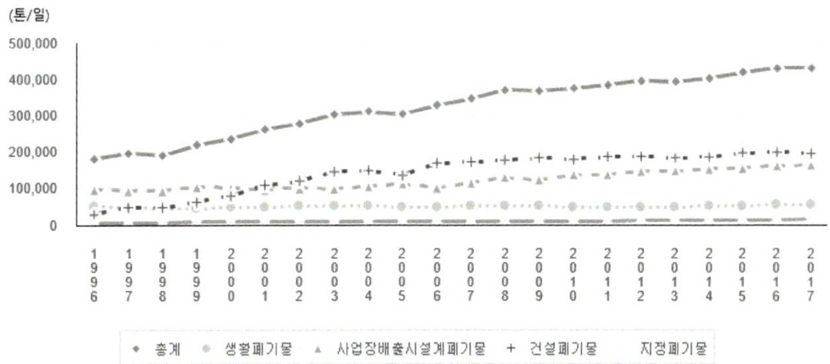

자료: 환경부, 「전국 폐기물 발생 및 처리현황」 및 「지정폐기물 발생 및 처리현황」, 해당연도.

사업장 배출시설 계폐기물의 경우 1996-2006년까지 일정 범위 내에서 증감을 반복하다가 2007년부터 뚜렷한 증가 추세를 보이고 있다. 건설 폐기물은 1996년부터 2010년까지 매우 급속하게 증가하였고, 전체 폐기물에서 차지하는 비중도 1996년 15.7%에서 2017년 45.7%로 급증하였다. 같은 기간 지정폐기물 역시 2배 가까이 증가하였지만 전체 폐기물에서 차지하는 양적 비중은 크지 않다

(3) 토양오염

토양은 고상, 액상, 기상의 3상으로 구성되어 있다. 고상은 암석의 풍화산물인 무기물과 동식물의 유체, 생물체를 포함하는 유기물로 구성되며, 액상은 토양수, 기상은 토양공기를 말한다. 토양은 암석이 풍화하여 생성되지만 모암의 광물성과 변성과정 등 풍화조건에 따라 점토, 미사(silt), 모래, 자갈 등 다양한 형태의 토양이 생성된다. 이렇게 생성된 토양은 홍수예방, 수원함양, 수질정화, 토사붕괴 방지, 침식억제, 지반침하 방지, 오염물질 정화, 지표의 온도와 습도에 대한 간섭, 토양생물상 보호, 식생보호 등의 환경적 기능을 수행한다.

토양오염은 다른 환경오염과 달리 잠재적이고 만성적이며 시간적으로나 경제적으로나 개선이 어렵다는 특성을 지닌다. 즉 토양오염이 상당히 진전될 때까지는 인식하기가 어렵고 대부분은 피해를 입은 후에야 토양오염사실을 알게 되므로 피해를 면하기가 어렵게 된다. 또한 토양오염은 주로 토양에 서식하는 생물체와 지하수오염을 통하여 사람에게 피해를 유발하므로 오염행위와 피해발생간에 상당한 시차가 발생하고 그 피해는 장기간에 걸쳐 나타나게 된다. 아울러 토양오염은 대부분의 환경오염처럼 한번 오염되면 그 개선이 어려우면서도 대기나 수질오염에 비해 훨씬 더 많은 시간과 비용을 필요로 한다는 특징을 가지고 있다.

2016년도 토양오염 실태조사 결과, 전국 2,526개 지점 조사 결과 46개 지점(1.8%)에서 토양오염우려기준을 초과하였으며, 토양오염우려기준 초과 46개 지점 중 5개 지점은 토양오염대책기준 초과하였다. 이들 지역은 산업단지 및 공장지역(10개소, 21.7%), 원광석·고철 등의 보관·사용지역 및 토지개발지역(각각 7개소, 15.2%) 순으로 나타났다(환경부, 2018).

(4) 산성비

최근에 주목을 받고 있는 심각한 환경오염은 산성비다. 오염되지 않은 비는 대기 중의 탄산가스와 반응하여 약산성을 띤다. 여기에 대기오염원으로부터 배출된 황산화물 및 질소산화물이 공기 중의 물방울에 녹아들게 되면 비를 더욱 산성화(pH 5.6 이하)시킨다. 산성비는 기류를 타고 장거리로 이동하여 국경을 넘어서 광역적으로 나타난다. 산성비가 장기간에 걸쳐 내릴 경우 건물교량 및 구조물 등을 부식시키고, 식물의 수분흡수를 억제하거나 토양의 유기물 분해를 방해하는 등 토양과 수질을 오염시키고 생태계에 손상을 입힐 수 있다. 따라서 1992년 브라질 리우데자네이루에서 채택된 지구환경 보전을 위한 실천계획인 '의제 21'에서도 선진국은 물론이고 개발도상국까지 산성비 등의 광역적 환경문제에 대한 해결을 강조하였다.

우리나라도 산성비 피해의 예외 지역이 아니다. 최근 중국의 급격한 경제성장과 산업화로 인한 화석연료 사용이 증가하고 사막화가 확산됨에 따라 중국에서 발생되는 대기오염 물질이 바람을 타고 이동하여 우리나라에도 산성비 피해와 황사 현상 등이 발생하고 있다. 〈그림 11-6〉은 우리나라 주요 도시의 연도별 빗물의 산도의 변화를 보여주고 있다. 한반도 지역에 대한 강수량 가중 '16년 연평균 pH는 5.3로 지난해와 동일한 수준이다. 지역별 연평균 pH를 보면, 전지역이 4.6 ~ 6.1 범위로 지역에 따라 다소 차이를 보인다.

〈그림 11-6〉 서울 및 광역시 빗물의 산도 변화 추세

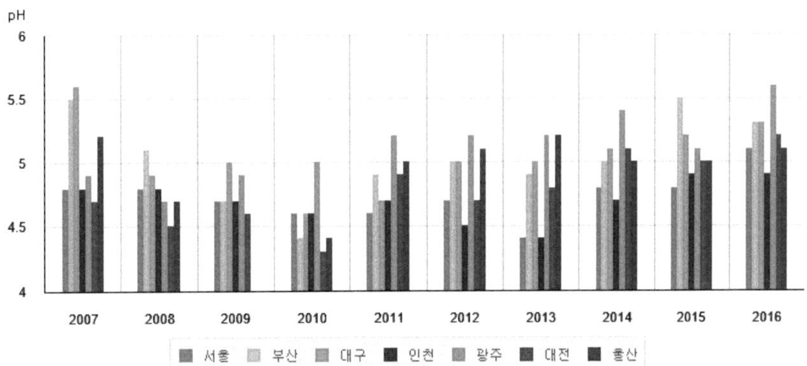

자료: 환경부, 「대기환경연보」, 해당 연도.

(6) 소음공해

소음은 기술의 역기능적 결과이다. 소음은 비행기, 자동차, 트럭, 오토바이, 공장기계, 세척기, 쓰레기 처리, 공기청소기, 텔레비전, 라디오, 오디오, 에어컨, 착암기, 불도저 등에서 발생한다. 의식적으로 들을 수 없다 해도 해로울 수 있는 소음은 인간에게 신체적, 감정적 영향을 미칠 수 있다. 소음은 청력상실, 일상생활에서 긴장, 소화성궤양, 고혈압 등을 유발한다.

공장에 설치되는 소음배출시설은 자동차·기차 및 항공기와 같은 이동소음원이 아니라 고정소음원이다. 따라서 고정소음원 특성상 한번 설치되면 소음원이 없어지지 않아 한 배출시설로부터 발생되는 소음이 인근지역에 지속적으로 피해를 줄 수 있다. 우리나라 소음배출 업소수는 2010년 35,544개소에서 2011년 35,215개소로 증가하였다(환경부, 2012).

한편 교통소음은 그 배출원이 자동차·기차 등으로서 발생소음도가 매우 높을 뿐만 아니라 그 피해지역도 광범위하다. 특히 자동차는 도로망이 확장되고 차량보유대수가 지속적으로 증가하고 있어 주된 대도시 소음원으로 주목받고 있다. 대체로 우리나라의 도로교통소음의 양상은 도시의 경우, 상·공업지역은 물론 주거지역까지 교통소음의 영향권에 있으며, 고속도로 등 각종 도로망의 확장으로 농촌에 이르기까지 교통소음의 영향권은 확대되고 있는 실정이다. 전국의 주요도시별 도로변지역 소음 실태는 〈그림 11-7〉과 같다.

〈그림 11-7〉 주요도시 주거지역(도로) 낮시간대 소음도

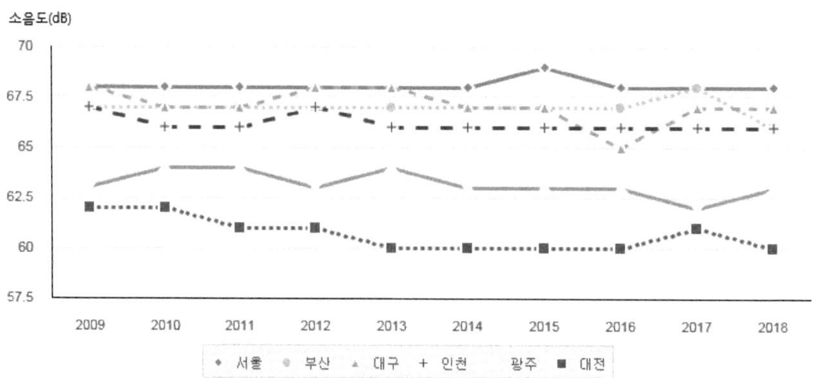

자료: 환경부, 「환경통계연감」, 해당 연도.

2018년도 주요도시 소음도는 낮 시간대는 대전과 광주만이 환경기준(65dB)을 만족하고, 밤 시간대는 대전을 제외한 주요도시 모두 환경기준(55dB)을 초과하였다. 주요도시의 지난 3년간 소음도는 1dB(A) 범위 이내로 소폭 감소하거나 비슷한 추세를 보여 유의할 만한 수준의 변화를 나타내고 있지 않다. 이는 차량증가 및 도로확장, 도심 재건축 등으로 인한 공사장 증가 등이 환경소음도 증가요인에도 불구하고, 방음시설 설치, 교통소음규제지역 지정, 저소음포장재 활용 등 소음저감 대책을 적극 추진함으로써 소음도 상승요인을 억제하였기 때문이다.

4. 과학기술에 의한 사회문제 해결방안

과학기술은 그 자체의 논리에 의해 단선적으로 발전하는 것도 아니며 인류의 행복을 저절로 보장하는 것도 아니다. 오늘날 과학기술은 앞에서도 살펴본 바와 같이 더욱 대형화·복잡화됨으로써 편익과 함께 위험성도 동시에 증대하고 있는 것이다. 이에 따라 과학기술의 변화에 단순히 적응할 것이 아니라 그로 인한 사회문제들을 사회적인 차원에서 통제해야 할 것이다. 그렇다면 과학기술에 의한 사회문제에 어떻게 대처할 것인가?

먼저 가장 극단적 대처 방안은 복잡한 기술을 피해서 기술혁신에 의존하지 않는 단순한 생활을 추구하는 것이다. 1960~70년대 미국에서는 일부 사람들이 '지구로 돌아가자'(back to the earth)는 운동을 펴면서 모든 기술을 거부하고 자급자족 생활을 추구한 경우가 있었다. 그들은 먹을거리를 손수 재배하며 거대 농기계와 화학비료 및 살충제를 사용하지 않았다. 맨손으로 추수하고, 도구를 손수 제작하며 자녀는 가정에서 교육시켰다. 그들의 목표는 수익성, 경제성장, 물질적 편리가 아닌 생존과 자연스러움이었다.

오늘날에도 세계 각지에서, 정확히 얼마인지는 알 수 없지만, 많은 사람들이 이러한 생활을 영위하고 있다(Sale, 1995). 펜실베니아 애미쉬(Amish) 공동체와 일부 인디언 공동체는 기술을 거부하거나 이용을 최대한 줄이고자 한다. 급진적 환경주의자와 핵과 열대 다우림 파괴에 저항하는 사람들 중에는 기술반대론자로 불리는 신러다이트(Neo Luddites)와 기술저항자(Techno-resisters)도 있다.

그들은 사회를 병들게 하는 범죄, 오염, 스트레스, 약물남용 등의 비싼 비용을 감소하면서까지 과연 과학기술 혜택을 추구해야 하는지 의문을 던진다.

그러나 과학기술 옹호자들은 첨단과학기술 문명에 기반을 두지 않는 인간의 삶은 후퇴일 뿐이라고 주장한다. 그들에 따르면, 예를 들어 농업기술 없이는 충분한 식량을 생산할 수 없고, 많은 사람들은 질병, 기아, 빈곤에 시달리게 될 것이며 쓰레기처리 기술이 없다면 질병이 창궐하게 될 것이다. 따라서 그들에게는 과학기술과 함께 살아가면서 그 부정적 영향을 통제하는 방법을 찾는 것이 핵심과제이다. 과학기술에 의한 사회문제에 대한 해결책이나 전망과 관련해서 다양한 기술적·법제도적·사회적 대안들이 제시되고 있다.

1) 적정기술

현대 과학기술과 연관된 문제들을 해결하는 방법 중에 하나는 적정기술(appropriate technology)을 개발하는 것이다. 인간이 이해하고 적응할 수 있는 인간에게 적정한 기술은 인간 가치와 요구에 민감하게 반응하고 그 크기가 적당한 분권화된 기술이다. 대체로 적정기술은 기존의 기술에 비해 크기가 작다. 적정기술 주창자 중의 한 사람은 『작은 것이 아름답다 (Small Is Beautiful)의 저자인 영국의 경제학자 슈마허(Schumacher)이다. 적정기술은 기술로 인한 인간소외를 극복하고 기술통제를 인간의 손으로 되돌리게 될 것이다(Sale, 1980). 대표적인 적정기술인 태양열에너지는 핵 또는 화력 시설과 같은 대규모 중앙집중식 발전장치가 필요 없다. 이 기술은 대기업에 의한 에너지생산이 아니라 각 가정 또는 공동체에서 필요한 만큼의 에너지를 생산한다는 의미에서 분권적이다. 유해성과 위험이 적은 적정기술은 그 피해 규모도 매우 작다. 예를 들어, 태양열에너지는 화력발전소로 인한 대오염이나 핵발전소로 인한 방사능오염을 유발하지 않는다.

그렇다고 적정기술이 기존의 거대기술을 완전히 대체할 수 있다는 것은 아니다. 예를 들어 태양열, 풍력, 지열 에너지가 부족한 곳에서는 중앙집중식 발전장치가 필요하다. 거대기술은 새로운 대체기술을 개발하기 위한 기초가 된다. 적정기술 지지자들의 주장은 기술을 거부하자는 것이 아니라 기술이용을 위한 대기업, 관료제, 중앙집중화, 비인간성 등의 일부 사회조직형태를 거부하자는 것이다. 예를 들어, 필요한 에너지에 대해 다시 생각하고 대체에너지로 가능한 생활방식을 개발하는 것이다. 실례로 이동을 위해 자동차 보다는 자전거가 더 편리한 지역공동체를 설계하는 것이다. 자전거는 크기가 작고 이용하기 편하며 그로 인한 피해가 거의 없다. 적정기술지지자들은 '지구로 돌아가자'는 집단들처럼 단순하고 자급자족적인 생활방식을 지향하지만 그렇다고 기술을 거부하는 것이 아니라 단순하고 보다 인간적인 기술의 채택을 주장한다.

2) 미래학

'지구로 돌아가자'는 운동에 반대하면서 장밋빛 미래사회를 위한 과학기술 발전을 촉구하는 사람들도 있다. 이들은 최소의 비용으로 최대의 과학기술도입을 위한 자원 투자를 주장한다. '미래학(futurology)'은 현실에 대한 이해를 바탕으로 변화의 요소를 감지하고 미래사회를 예측하고 그 모델을 제공하는 학문으로서 자연과학, 사회과학, 공학 그리고 기업체 연구자들이 이끌어가고 있다(Bell, 2001).

미래를 위한 과학기술의 역할에 대해 낙관적 입장을 취하는 미래학에 따르면, 현대사회는 정보, 커뮤니케이션, 지식을 기반으로 하는 지식정보사회로 발전하는데, 과학기술발전은 그 사회변화를 이끄는 원동력이다. 이러한 미래학의 연구성과를 통해 과학기술에 의한 범죄, 폭력 등과 같은 사회문제가 해결될 것이며 효율적인 조직관리 방법이 모색될 것이다. 대체로 미래학의 입장은 오라이어던(O'Riordan, 1981)이 말한 기술중심주의(technocentrism) 환경론과 일맥상통한다고 할 수 있다. 기술지향주의는 과학기술에 의한 환경 및 사회문제의 심각성은 인정하지만 경제적 법칙과 자연과학적인 방법으로 문제들을 해결할 수 있다는 신념을 갖고 있다.

그러나 이러한 낙관적 주장에 대해 반대하는 미래학자들도 있다. 이들은 예를 들어, 원자력발전이 인류에 경제적 부와 편리를 가져다 줄 수도 있지만 원자력발전에 내재된 문제들로 인해 미래 에너지자원이 고갈될 수도 있다고 주장한다.

3) 법과 제도

과학기술에 의한 제 사회문제는 법과 제도가 적절히 대처하지 못하고 있기 때문에 더욱 심각해지고 있다. 최근 과학기술은 법적 규제가 통하지 않는 '무법지대'라고까지 일컫는다. 앞에서도 살펴보았듯이, 과학기술은 인간의 삶의 질을 고양시키는 역사적 기획이라는 근대 이후의 과학기술에 대한 기대에도 불구하고 노동자의 노동조건을 악화시킬 우려, 개인정보가 유출되어 사생활이 침해되거나 범죄에 이용될 소지, 유전병이나 그 밖의 유전적 경향에 의한 불평등, 자동차, 공장시설에 의한 환경오염 등 다양한 부작용을 노출시키고 있다. 이에 정부는 새로운 과학기술의 인·허가, 지도·점검, 기준 설정 등 규제를 통해 사회문제 행위에 대해 일정한 기준을 제시하고 문제 유발자가 기준을 따르도록 의무를 부과하는 규제를 할 수 있다. 개인정보보호법, 환경보호법, 생명공학법의 제정과 그에 따른 정부의 규제가 예가 될 수 있다. 시행방법이 비교적 단순하고 효과가 신속하게 나타나므로 과학기술로 인한 사회문제들을 해결하기 위한 가장 기본적인 정책수단으로 이용되며 세계 각국에서 보편적으로 사용되고 있다.

4) 과학기술자의 사회적 역할

과학기술에 의한 사회문제가 발생할 때마다 과학기술자사회의 대응은 미미했던 것으로 판단된다. 이에 과학기술자단체를 중심으로 과학기술자의 사회적 역할 및 책임을 강화할 수 있는 윤리규범을 확립할 필요가 있다. 핵물리학자 로트블랫(Rotblat)은 "이제 과학자들이 자신들의 연구에 따른 윤리적 문제나 사회적 영향, 인간과 환경에 대한 영향 등에 본격적으로 관심을 가져야 할 때가 됐다"고 주장하면서 과학자사회 스스로가 과학자의 윤리규범을 선도적으로 제정할 것을 제안했던 것이다(UNESCO, 2000).

우리나라의 경우에는 한국과학기술단체총연합회가 1980년에 '과학기술인의 신조'라는 일종의 행동강령을 공포한 적이 있지만, 후속 작업이 부재하여 지금은 존재여부조차 거의 인식되지 못하고 있다. 그 동안 변화되어 온 시대적 요구를 수용하여 보다 본격적인 과학기술자 윤리강령을 제정하는 것이 필요하다. 아울러 각종 학회 및 협회도 자신의 단체에 적합한 규범체계를 확립하여 윤리의식을 함양하는 작업을 자발적으로 추진해야 할 것이다. 이러한 윤리강령에는 과학기술자의 사회적 지위와 연구개발활동의 적절한 관리에 관한 사항은 물론 국민과의 쌍방향 커뮤니케이션에 관한 사항이 반드시 포함되어야 할 것이다(Johnson, 1991).

5) 과학기술의 사회적 통제

과학기술의 사회적 함의를 연구하고 토론하는 일을 활성화하는 것이 필요하다. 예를 들어, 인간게놈프로젝트(Human Genome Project)는 전체 연구비의 3~5%를 생명공학기술의 ELSI(Ethical, Legal and Social Implications)에 관한 연구 및 교육 활동에 배정하고 있으며, 세계 각국은 생명공학기술의 안전성과 윤리를 확보하기 위해 각종 법적 규제 및 관련 연구활동을 적극적으로 추진하고 있다(Murray and Mehlman, 2000). 또한 사회생활에서 정보기술 결과의 윤리적·법적·사회적 문제에 대한 체계적인 경험 연구도 활발하다(Kling et al., 2005). 우리나라의 경우에도 올해부터 한국생명공학연구원의 인간유전체사업단을 중심으로 생명공학기술에 대한 ELSI 사업에 착수했으며 생명윤리기본법 제정을 위하여 생명윤리자문위원회를 공식적으로 운영하고 있다.

한편 과학기술변화에 대한 사회적 토론을 본격화는 것이 바람직하다. 예를 들어, ELSI 사업은 과학기술 전반에 걸친 사업으로 확장하고 국가가 지원하는 연구비의 일정 비율을 배정하는 것이 요청된다. 과학기술의 윤리적·법적·사회적 문제에 대한 연구 및 홍보사업을 강화하는 것은 과학기술의 변화를 사회적으로 통제하는 첫걸음으로서 과학기술에 대한 사회적 수용도를 제고하는 데도 중요한 역할을 담당할 것이다.

과학기술의 변화를 사회적으로 통제하는 가장 대표적인 제도로는 기술영향평가(technology assessment)를 들 수 있다. 기술영향평가는 과학기술에 대한 연구 및 개발을 실시·응용할 때 발생하는 사회·환경에 미치는 영향과 효과를 사전에 검토하고 평가하여 사회적으로 바람직한 기술변화를 유도하는 절차 및 제도이다(Dierkes, 1989). 선진국들은 오래 전부터 기술영향평가 활동을 적극적으로 수행해 왔으며 최근에는 우리나라에서도 기술영향평가의 제도화에 대한 논의가 본격화되고 있다. 이와 관련하여 과학기술기본법 제14조 1항은 "정부는 새로운 과학기술의 발전이 경제·사회·문화·윤리·환경 등에 미치는 영향을 사전에 평가(이하 '기술영향평가'라 한다)하고 그 결과를 정책에 반영하여야 한다"고 규정하고 있다. 기술영향평가는 사후적인 미봉책의 차원을 넘어 바람직한 과학기술의 변화를 사전에 논의하고 모색할 수 있는 제도적 장치다. 기술영향평가는 위험성이 검증되지 않은 새로운 과학기술과 장기성 대형 연구개발사업에 우선적으로 적용하는 것이 바람직하다.

그러나 기술영향평가는 여러 단계를 거쳐 이루어지기 때문에 단기성 연구개발사업에는 효과를 보기가 어렵다. 또한 기술영향평가 전담조직 및 전문성 강화, 다양한 사회집단의 요구 반영, 평가실명제를 통한 기술영향평가의 책임성 확보가 앞으로의 과제이다. 아울러 국가적 대형국책사업에 대해서는 관련 부처가 운영 중인 영향평가제도를 통합적으로 적용하는 방법이 필요할 것이다.

6) 과학기술에 대한 시민참여

서구 선진국들은 과학기술에 대한 시민의 참여를 위해 여론조사를 통한 참여, 자문기구를 통한 참여, 사법적 수단을 통한 참여 등과 같은 간접적인 참여와 함께 시민조사위원회(Citizen Review Board), 합의회의(Consensus Conference), 과학상점(Science Shop), 시나리오워크숍(Scenario Workshop) 등의 제도적 방안들을 구축해 왔다(이영희, 2000). 과학기술에 대한 시민참여 근거는 지식 혹은 정보에 대해서 접근할 수 있는 권리, 의사결정이 합의에 기초해야 한다고 주장할 수 있는 권리, 과학기술정책 결정 과정에 참여할 권리, 집단이나 개인들을 위험에 빠지게 할 가능성을 제한시킬 권리 등으로 구성된 과학기술시민권이라 할 수 있다(Frankenfeld, 1992).

우리나라는 선별된 보통사람들이 과학기술적 주제에 대해 전문가들과의 의견 교환을 바탕으로 내부의 의견을 정리하여 자신들의 견해를 발표하는 포럼형태의 합의회의가 유네스코 한국위원회의 주관으로 1998년과 1999년에 개최되었고, 해당 지역주민과 관련된 단체로부터 과학기술과 관련된 사항에 대한 도움을 요청 받으면 대학이나 연구소가 과학기술연구 서비스를 제공하는 공간으로서 과학상점을 1999년 전북대학에 설치하여 시범운영한 바 있다. 그러나 합의회의와 과학상점은 아직 시작단계에 있으므로 공공기관의 적극 참여와 중앙정부 및 지방자치단체의 지원강화를 통해 지속적으로 운영되어야 할 것이다.

한편 과학기술정책에 대한 시민참여 또한 중요하다. 과학기술정책이 정당성과 실효성을 획득하기 위해서는 시민들의 광범위한 지지가 절대적으로 필요하다. 이와 관련하여 과학기술기본법 제5조 3항은 "정부는 과학기술정책의 투명성과 합리성을 높이기 위하여 과학기술정책을 형성하고 집행하는 과정에 민간전문가 또는 관련단체 등이 폭넓게 참여하도록 하고 일반국민의 다양한 의견을 모을 수 있는 방안을 마련하여야 한다"고 규정하고 있다. 이러한 조항은 사실상 일반국민이 과학기술정책의 모든 과정에 참여할 수 있는 법적 기반에 해당한다고 볼 수 있다. 과학기술정책에 시민이 참여할 수 있는 효과적 방법으로는 인터넷을 통해 정책정보를 제공하고 의견조사 및 민원사항을 조사하고 해결책을 강구하는 것과 시민배심원이 자체적인 조사·검토를 통하여 이미 확정된 정책 및 수립 중인 정책에 대하여 보완 및 시정을 요구하거나 새로운 정책 추진에 대한 이견을 제시하는 '시민과학기술정책배심원제도'(과학기술부, 2001)를 들 수 있다.

제 12 장

북한의 사회문제와 북한 문제

1. 북한체제의 성격
2. 북한 주민의 삶
3. 북한의 사회문제
4. 북한 당국의 대응
5. 우리의 정책적 대응 방안

제12장 북한의 사회문제와 북한 문제

북한은 1990년대 중반부터 이른바 '총체적 문제'에 직면해왔다고 하듯이, 북한의 사회문제는 심각한 상황에 이른 것으로 여겨진다. 여기서 말하는 총체적 문제란 식량난으로 대표되는 경제적 결핍, 주민 생활의 시장화로 인한 조직생활의 이완과 가치관의 변화, 그리고 사회주의 체제와 김정은의 통치에 대한 정당성의 상실을 포함한다. 남북관계의 특수성에 비추어 북한 문제는 북한의 내부 문제일 뿐 아니라 또한 우리의 문제라고도 할 수 있다.

북한의 사회문제는 표면적으로는 경제난에서 파생되는 부수적 문제로 볼 수 있다. 그러나 북한의 문제는 단순히 경제 문제로 환원할 수 없으며 그 경제난도 북한 당국이 주장하듯이 자연재해나 외부의 제재라기보다는 북한 체제의 독특성을 반영하는 문제라고 할 수 있다. 북한의 발달 과정은 그 자체가 김정은 일가의 권력 장악과 세습체제의 성립 과정이며 국제적으로는 고립화의 과정이기 때문이다. 북한의 수령–당–국가체제는 위선과 기만 그리고 통제와 공포를 통해 유지되는 '총체적 기관'이며 북한 주민은 당국에 복종해야만 하는 굴욕의 일상화를 가져왔다. 북한은 수령 체제의 유지를 위해 대외적으로는 '주체'라는 명분으로 국제 분업의 이점을 무시한 고립화를 선택했으며 핵무기 개발로 인한 국제 제재는 세습체제의 유지를 위한 정책적 선택의 결과라 할 것이다.

북한의 사회문제는 일차적으로 북한 당국이 해결해야할 과제이다. 북한 주민의 시장 생활은 하나의 추세가 된 것으로 보인다. 그러나 북한의 시장화는 사회주의 이념에도 배치될 뿐 아니라 김정은 체제에 위협으로 작용할 소지도 있다. 북한은 정치적 교양이나 우상화 정책이 한계를 맞으면서 통제와 공포를 통해 체제를 유지하고자 부심하고 있다. 이런 체제문제는 어떻게 귀결될 것인가?

북한의 총체적 난국에 대한 북한 당국의 정책적 선택은 개혁·개방을 포함하는 체제전환과 억압과 대결을 포함하는 현상유지 정책으로 구분할 수 있다. 북한이 개혁·개방을 단행할 수 있는지 그리고 현상유지 정책을 통해 그 체제를 얼마나 유지할 수 있을지는 주의깊게 지켜보아야 할 것이다. 북한에게 있어서 개혁·개방과 현상 유지 정책은 둘 다 체제모순을 잉태하고 있다면, 민중봉기나 쿠데타 혹은 외부의 개입을 통한 체제붕괴의 가능성도 제기될 수 있다. 그리고 북한의 불안정성은 우리에게도 정책적 선택에 딜레마를 가져오게 된다. 우리의 선택은 대북지원을 포함하는 '남북관계 개선', 2개의 독립국가 체제의 인정을 통한 영구 분단, 북한의 군국주의에 대한 억제, 그리고 통일준비 등 다양할 수 있다.

1. 북한체제의 성격

북한 체제는 역사적으로 존재했던 다른 사회주의 국가들과 유사하게도 위선과 기만 그리고 통제와 공포를 통해 유지되는 전체주의 체제이다. 계급의 타파와 평등사회의 구현은 대표적 위선 정책이며 김정은 가계의 신격화는 북한의 기만성을 보여준다. 그리고 주민의 생활은 일거수일투족의 거의 모든 분야에 걸쳐 '요람에서 무덤까지' 통제되고 조직화되어 있다. 북한 당국의 입장에 반하는 견해나 행동은 공개처형 등 공포를 통해 억압된다.

북한 체제는 세습적 전체주의 체제를 유지해오고 있다는 점 그리고 공격적인 통일정책을 추구하고 있다는 점에서 다른 사회주의 체제와는 상이하다고 할 수 있다. 북한은 김일성-김정일-김정은으로 이어지는 3대 세습체제로서 역사적으로 존재했거나 현존하는 사회주의 국가에서 유일한 세습체제를 확립했다. 그리고 세습체제의 정당성을 통일에 의존하고 있을 정도로 북한의 대남적화정책은 공세적이라고 할 수 있다.

전체주의(totalitarianism)란 조지 오웰의 소설 『1984』에서 시사하듯이, 사회 구성원의 사고와 행동의 전 부문을 규제하는 독재체제의 한 유형이다. 이 개념은 1920년대 이탈리아의 파시스트에 대한 반대자들이 만들어낸 개념으로써 결코 짧지 않은 역사를 가지고 있지만, 1950년대 소련의 체제 특성을 설명하는데 이용되면서 광범위하게 사용되기 시작했다. 그 중 가장 영향력 있는 연구는 프리드리히와 브레진스키(Friedrich and Brzezinski, 1965)의 『전체주의 독재와 전제정치』(Totalitarian Dictatorship and Autocracy)이다. 이들은 사회주의 체제를 몇 개의 특징적 속성을 가진 것으로 규정하고 있는데, 이 속성에는 전방위적 이데올로기, 전형적으로 1인이 지배하는 유일 대중정당, 공포체계, 대중정보수단의 독점, 무력 도구의 독점, 중앙집중적 통제경제, 영토의 확장, 그리고 정부의 사법부 통제 등이다. 예를 들어, 사회주의 국가는 다원성을 부정하고, 지배자가 제시하는 단 하나의 이데올로기만을 받아들이도록 사상을 통제한다. 사상통제는 사회 전반의 가치관 및 규범과는 상관없이 독점적 무력과 공포 경찰 등 강제력을 통해 이루어진다.

오늘날 마르크스-레닌주의에 기반한 전체주의 체제로는 북한(김정은 노동당 위원장), 중국(시진핑 공산당 총서기), 쿠바(카스트로 공산당 제1비서), 라오스(보운항 보라키스 인민혁명당 총비서), 베트남(누엔 푸트롱 공산당 총비서)을 예로 들 수 있다. 북한체제도 여타의 사회주의 체제처럼 당-국가 체제를 유지해왔다는 점에서 보편적 사회주의 체제의 하나라고 할 수 있다.

가. 수령중심의 일당독재 체제

북한 정치체제의 성격은 유일체제, 병영국가, 1당독재, 수령의 유일지도체제, 신정체제, 현대판 봉건주의 등 다양하게 묘사되는데, 그 공통적 속성은 당이 북한 사회의 전 부문을 통제하며, 당의 지도자로서 수령을 내세우고 있다는 점이다. 이런 점에서 북한 체제는 수령중심의 일당독재체제라고 할 수 있다.

수령은 북한 사회에서 절대적 지위를 차지하고 당과 혁명의 '탁월한 영도자'로 군림한다. 혁명적 수령관에 의하면, 모든 기관과 주민은 수령의 사상을 지도적 지침으로 하여 수령의 사상과 명령, 지시에 따라 전당, 전군, 전민이 하나와 같이 움직여야 하며, '수령결사옹위정신'과 '총폭탄 정신'으로 무장해야 한다.

북한의 수령은 법적·관료적으로 명문화된 지위라기보다는 일체의 무력과 관료제가 김일성에게 집중되면서 지속적인 상징조작을 통해 만들어진 암묵적 지위이다. 수령은 북한 주민이나 혹은 권력 기관의 선거 또는 추대를 통해 결정되는 것이 아니기 때문에 정당성의 문제가 제기될 수 있다. 김일성의 경우 정당성의 기반은 항일혁명 투쟁이며 이는 지속적인 상징조작을 통해 만들어져 왔다. 항일투쟁 당시 김일성·김정일 찬양 글귀를 새겨 넣었다는 구호나무, 김일성의 출생일을 기리는 주체연호와 태양절 제정, 김일성·김정일·김정숙 배지, 김일성화·김정일화, 김일성의 70회 생일을 기념하여 만들었다는 주체사상탑과 개선문 등은 그 일부에 불과하며, 김일성 사후에도 김일성의 시신을 방부 처리하여 안치하는 등 수령에 대한 우상화가 계속되고 있다.

김정일의 경우 수령이라는 호칭 대신에 '장군'이라는 호칭을 사용한다. 물론 장군이라는 호칭은 수령의 경우와 마찬가지로 제도화되어 있지 않을뿐더러, 그 자체로 특별한 의미를 갖는 것은 아니다. 다만 김일성·김정일·김정숙 등 이른바 '백두산 3대 장군'이라는 명목으로 사실상 수령의 지위를 계승하고 대신한다는 의미에서 자연스럽게 정당성의 획득을 추구하고 있다. 김정일도 사망 후 그 시신이 방부 처리되어 전시되고 있으며, 그의 생일은 '광명성절'로 불리고 있다. 일천한 나이(29세)에 권력을 승계한 김정은도 '인민의 구세주'로 선전하는 등 우상화 작업에 박차를 가하고 있다.

북한은 유일정당인 노동당이 전 사회를 지도하고 통제하는 일당독재사회이며, 복수정당은 인정되지 않는다. 물론 사회민주당과 천도교청우당이 있기는 하지만, 권력의 획득을 목적으로 하지 않는다는 점에서 진정한 의미의 정당이라고 할 수 없을 뿐더러, 노동당의 지휘감독을 받는 우당에 불과할 따름이다. 북한의 노동당은 북한 최고의 권력기관이며, 헌법에 "조선민주주의인민공화국은 조선로동당의 령도 밑에 모든 활동을 진행한다"고 명시되어 있듯이 국가에 우선하는 초국가 기관이다. 노동당의 지도적 역할은 입법·사법·행정 등 국가 기관은 물론 군대, 근로단체, 공장·기업소, 농장, 심지어는 일반 주민에게도 예외 없이 적용된다.

수령의 유일적 영도체계 그리고 수령-당-인민대중 간의 관계는 혁명적 수령관 등 주체사상에 의해 규정되어 있다. 북한에서는 수령의 유일체제를 "수령의 사상을 지도적 지침으로 하여 혁명과 건설을 수행하며 수령의 사상과 명령, 지시에 따라 전당, 전국, 전민이 하나와 같이 움직이는 체계"(북한,

1985: 388)라고 정의한다. 또한 노동당은 "수령에 의해 창건되며 수령의 사상과 령도를 실현하기 위한 정치조직"이다(북한, 1985: 388). 인민대중은 수령의 영도에 의해서만 역사의 주체로서 자주성을 실현할 수 있기 때문에, "수령을 절대화하고 무조건 받드는 견해와 관점, 자세와 립장"을 가져야 한다. 이와 같이 혁명적 수령관에 의하면, 수령은 인민대중의 '최고뇌수'로서 북한이라는 하나의 사회조직을 유기체라고 하면 수령=머리, 당=몸통, 인민=팔다리라는 등식이 성립된다. 결국 북한 사회에서 인민은 초국가적 조직인 노동당의 지도·통제를 받아야 하며, 당은 수령에 의해 유일적으로 영도되기 때문에 북한 주민들은 자율성을 상실하게 되고 수령과 당의 지도를 맹목적·무비판적으로 수용해야 하는 문제를 갖게 된다.

나. 중앙집권적 계획경제와 결핍의 경제

북한의 경제제도는 고도로 중앙집권화된 사회주의적 계획경제로서, 북한 주민들은 생산과 소비 등 경제생활의 전 과정에 걸쳐 당국에 의존하지 않을 수 없다. 사회주의 경제제도의 속성과 필연성은 마르크스와 엥겔스의 노력에 의해 체계화되었다. 그들은 불평등, 저임금, 열악한 노동조건, 아동 노동력 착취 등 18세기 산업자본주의의 병폐를 극복하기 위한 대안적 경제조직으로서 사회주의를 제시하였다. 기본적으로 마르크스는 산업자본주의의 병폐가 생산수단의 사유화에 있다고 보기 때문에, 생산수단을 공유화하게 되면 그런 불평등의 문제가 자연스럽게 사라진다고 믿었다.

북한의 중앙집권적 계획경제는 국가소유와 단일정당에 의한 경제활동의 통제를 기반으로 하여 수립된다. 북한은 해방 이듬해부터 토지개혁을 단행하고, 순차적으로 공장, 교통운수, 체신, 상업기관, 은행, 문화기관 등 주요 시설과 권리를 국유화하였다. 경제활동에서 개인적 이해관계는 무시되며, 경제계획의 수립·집행·감독 등 제반 경제활동은 국가계획위원회를 중심으로 결집되고 '통일적'으로 일원화되어 있다(오일환, 2000). 개인적 인센티브가 결여되어 있기 때문에 일반 농민과 노동자들은 노동의욕을 상실하게 된다.

북한은 자립적 민족경제 발전전략을 채택함으로써, 국제분업의 이점을 충분히 활용하지 못하고 있을 뿐 아니라 중화학 공업은 발전하는 가운데 소비재 생산은 저하되는 등 산업의 기형적 구조를 낳게 되었다(박형중, 2002: 66~71). 자립적 민족경제란 농산물과 공산품 등 경제 수요를 내부적으로 조달하는 전략으로서, 경제건설에 필요한 자원이나 중간자재의 수입은 국내생산이 불가능한 경우로 국한하며 소비재의 수입은 엄격히 규제된다. 자립적 발달 전략은 중공업의 발달을 전제로 하기 때문에, 가용한 자원은 기본적으로 중화학 공업 등 중간자재의 생산에 우선적으로 투입되며 결국 경공업의 저발달을 수반함으로써 산업이 발전한다 해도 주민들의 실생활에는 큰 혜택이 돌아가지 않는 문제가 야기된다.

인센티브의 결여는 북한 경제의 저성장을 야기하였으며, 특히 1990년대 들어 사회주의권 경제가 해체되면서 저성장의 일상화로 들어서게 된다. 구체적으로, 북한의 경제는 1990~1998년간 마이너스 성장을 한 것으로 추정되고 있으며, 1999년부터 플러스 성장세를 보이고 있기는 하지만 내부자원의 동원을 통한 성장은 거의 한계점에 봉착했다고 볼 수 있다. 2000년대 북한 경제의 플러스 성장세 유지는 부분적으로 자체적 노력의 결과이기도 하지만 남한과의 교류를 통한 물자와 자금의 유입에 기인한 바가 크다. 2000년대 이후 북한의 핵 개발은 UN 등 외부의 제재를 수반하면서 북한경제는 빈사상태에 빠지게 되었다.

결국 북한 주민은 결핍의 경제(economies of scarcity)에 직면하게 되고 소비생활은 피폐해진다. 실제로 북한의 상점은 '개점휴업' 상태라고 할 수 있을 정도로 상품이 부족한 실정이며, 판매용 상품 보다는 전시용 상품을 진열한다. 외화가 있는 주민은 '외화상점'에서 물품을 구입할 수 있다. 그러나 이들 상품도 상당수가 유통기간이 경과되어 맛이 변질되거나 질이 저하되어 효용가치가 거의 상실된 상태이다.

북한 주민이 겪고 있는 식량난 또한 북한 사회의 구조적 문제 중 하나라고 할 수 있다. 북한의 식량 생산량은 연도에 따라 다르기는 하지만 1990년대 들어서면서 급감하기 시작한 것으로 추정된다. 지난 25년간 해마다 약 350만 톤에서 450만 톤 정도의 곡물을 생산한 것으로 추정되고 있는데, 이는 북한의 정상배급을 기준으로 하면 연간 약 200~300만 톤 부족한 양이며, WHO 기준에 따른 감량 배급을 하더라도 100~200만 톤 부족한 양이다. 특히 식량 생산이 극히 저조했던 1990년대 후반의 경우, 배급이 중단됨으로써 대량 아사의 문제를 야기하기도 했다. 결국 식량문제의 해결은 국제 사회의 지원에 의지할 수밖에 없으며, 2000년대 들어 단행된 UN 등 외부의 대북제재로 주민의 경제생활은 위축되지 않을 수 없다.

이와 같이 북한 사회가 이른바 '빈곤의 악순환'에 빠진 원인은 북한사회의 구조적 결함이라고 할 수 있다. 첫째, 인센티브가 결여된 동원경제체제를 채택함으로써 주민의 노동의욕이 상실되었다는 점이다. 둘째는 이른바 '주체경제'의 모순이다(이우홍, 1990). 기반시설도 '돌격대식' 건설 방식을 채택하고 농업생산도 '주체농법'을 고집하면서는 생산성을 높이기 힘들다. 공장도 전력 소모형이며, 전력이 생산된다 해도 최종 소비까지의 전달률이 지나치게 낮다.

북한의 경제가 어려운 이유 중의 다른 하나는 외부로부터의 고립이라고 할 수 있다. 과거에는 상품의 질이 떨어진다 해도 사회주의 시장에서 유통이 가능했으며, 소련이나 중국 등으로부터 '우호가격'으로 원자재를 구입할 수도 있었다. 이제 사회주의 시장은 더 이상 존재하지 않으며, 자본주의 시장에서의 경쟁력은 거의 없다고 해도 과언이 아니다. 북한이 여전히 자립경제를 표방하는 가운데 남한과의 교류확대(사실상의 대북지원)를 추구하는 데는 바로 이런 사유가 있다.

다. 단일 이데올로기와 사상독점의 사회

북한을 지배하는 유일한 사상은 주체사상이며, 그 이외의 사상은 배제된다. 주체사상이 북한에서 절대적인 영향력을 갖는 사상이라는 점은 인정되어야 한다. 이미 1972년 개정된 헌법에 "조선민주주의 인민공화국은. . .주체사상을 자기 활동의 지도적 지침으로 삼는다"고 규정했으며 김정일 사후에는 주체사상에 선군사상을 가미하였다. 그리고 김정은 시대에 와서는 김일성-김정일주의로 인격화하여 노동당을 김일성-김정일주의 당으로 규정하고 있다.

북한의 주체사상은 "혁명과 건설의 주인은 인민대중이며 혁명과 건설을 추동하는 힘도 인민대중에게 있다"라는 기본 명제와 "운명이 주인은 자기 자신이며 자신의 운명을 결정하는 힘도 자기 자신에게 있다"는 명제를 보완명제로 구성된다(황장엽, 1999). 주체사상에 따르면, 북한 주민들은 자주성, 창조성, 그리고 의식성을 갖고 혁명과 건설에 임해야 한다. 이른바 김정일(1985)의 노작이라는 "주체사상에 대하여"라는 글은 주체사상의 창시에서부터 시작하여 주체사상의 철학적 원리, 주체사상의 사회역사적 원리, 주체사상의 지도적 원칙, 그리고 주체사상의 역사적 의의를 제시하고 있다.

주체사상은 학문적 체계를 떠나 어느 정도 교훈적이라는 점에서 그 가치를 인정할 수 있다. 구체적으로, 다른 사람이나 집단 혹은 환경에 의존하기 보다는 스스로 노력하여 성취를 이루어야 한다는 기본 명제는 바람직하다고 할 것이다. 예를 들어, 정치·경제·사회·문화 등 다방면에서 자주성·창조성·의식성을 가지고 노력해야 한다는 점은 인정되어야 한다. 바람직한 사회의 건설은 결국 사회 구성원 의지와 노력에 달려 있으며, 사회의 구성원이 어느 정도 주인의식을 갖고 창조적으로 노력하느냐에 따라 사회의 질이 달라질 것이기 때문이다. 이런 점에서 주체사상의 지도원칙에서 말하는 '사상에서 주체, 정치에서 자주, 경제에서 자립, 국방에서 자위'라는 4대원칙은 긍정적으로 평가할 수 있다.

그러나 주체사상은 철학적 기반이 부실할 뿐 아니라, 국제적·정치적 환경의 변화에 맞춰 지배자 그리고 세습체제의 정당성을 확보하는 통치수단으로 변용되는 문제를 가져왔다. 먼저 철학적 논리의 비일관성이다. 북한에서는 주체사상을 마르크스-레닌주의의 '창조적 적용'이라고 주장하지만, 마르크스가 주장하는 유물론과의 관계가 불분명할 뿐 아니라 오히려 그 반대 입장에 있는 것으로 보인다. 마르크스의 유물론에 의하면, 생산관계가 사회의 토대가 되며 사상이나 의식은 물질적 생산관계에 의해 결정된다. 반면 주체사상은 '사람중심의 세계관'이며 '인민대중'이 사회역사 발전의 동력이라고 주장하는 '유인론'이라고 할 수 있다(신일철, 1993). 김정일이 "주체사상에 대해서"라는 글에서 지적하고 있듯이, 세계관에 대한 논의는 유물론과 관념론, 그리고 변증법과 형이상학의 '투쟁의 역사'였다. 마르크스는 유물론의 입장에서 변증법적 발전론을 주장하였으며, 김정일은 마르크스의 유물변증법은 "반동적인 자본의 지배를 신성화하고 그 영원성을 설교하는데 복무하여온 관념론과 형이상학을 타파하고 노동계급의 과학적인 세계관"을 밝혔다면서 긍정적으로 평가한다. 결국 주체사상의 대명제가 관념론의 입장에 있다는 점을 전혀 인식하지 못했거나, 인식했다하더라도 개의치 않았음을 보여주는 것이다. 이와 관련 황장엽은 북한의 통치자들은 '철학의 근본문제'가 무엇인지도 모르는 상황에서, "가소롭게도 자기를 '사상론'의 창시자로 자처"하고 있다고 비판한다(황장엽, 1999: 384).

주체사상의 두 번째 문제는 사회적 기능의 문제이다. 주체사상을 정치적 의미를 초월하여 문자 그대로 해석한다면, 사대주의와 교조주의를 배격하고 민족의 주체성을 확립해야 한다는 사상이다. 문화란 사회에 따라 다를 수 있다는 점에서 마르크스-레닌주의를 북한의 현실에 '창조적으로 적용'해야 한다는 주장은 어느 정도 긍정적으로 받아들일 수 있다. 그러나 출현 배경의 정치성을 떠난다 해도 주체사상은 '수정'과 '발전' 과정에서 지배자(구체적으로는 김일성과 김정일, 그리고 현재는 김정은)의 통치도구로 전락하였고, 일반 주민들을 억압·통제하는 도구로 변모되었다. 주체사상의 일부인 사회정치적 생명체론과 혁명적 수령관은 주체사상이 어떻게 인민을 억압하는데 이용되고 있는지를 잘 보여주는 사례이다.

사회정치적 생명체론에 의하면, 인간에게는 육체적 생명과 사회정치적 생명이 있는데, 육체적 생명은 부모에게서 물려받은 것으로 유한하며 사회정치적 생명은 수령이 부여하고 끈끈한 동지애와 의리애로 뭉쳐 있기 때문에 영원하다고 한다. 결국 육체적 생명을 이어 받은 부모를 바꿀 수 없듯이, 사회정치적 생명을 준 수령도 영원히 믿고 따라야 한다는 것이다. 이런 점에서 주체사상은 사람 중심의 세계관이라기보다는 수령중심의 세계관이라고 할 수 있다. 이와 관련 서재진(1995)은 주체사상이 국가 또는 민족 전체의 이익을 위한 이데올로기라기보다는 지배자의 이익을 우선시하는 이데올로기이며, 인간의 삶 속에서 발전된 이데올로기라기보다는 지배자에 의해 일방적으로 강요된 이데올로기라고 비판한다.

2. 북한 주민의 삶

어느 사회나 그 사회를 유지·발전시켜나가기 위해서는 사회를 안정적으로 유지하면서도 변화를 지속해야 하는 모순적 딜레마에 빠지게 된다. 북한이라고 하여 예외가 될 수 없다. 북한은 주민은 주체사상에 바탕을 둔 공산주의적 가치관을, 사회조직적으로는 전통적 계급구조의 해체를, 그리고 일탈의 문제는 물리적 통제를 통해 사회의 안정적 발전을 도모해왔다. 특히 북한 주민의 삶은 주체사상에서 말하는 주체성과는 반대로 굴욕의 일상화를 감수해왔다. 생산수단을 빼앗기고 김정은 가계를 우상화하며 기본적 권리도 박탈당한 채 당국의 지시와 통제에서 벗어나기 힘든 삶을 살아가는 것이다.

가. 북한 주민의 가치관

① 평등주의와 차별의식: 북한은 새로운 체제를 수립하면서 공식적으로 마르크스-레닌주의에 기반한 사회주의 체제를 도입하였으며 이에 따라 자본주의와 봉건주의를 비판하고 공산주의(사회주의)의 필연성을 강조하였다. 구체적으로, 자본주의와 봉건주의 사회는 착취사회이며, '썩어빠진' 사회, 그리고 불평등 사회이기 때문에 혁명의 대상이 된다. 대신 공산주의 사회는 '무계급 평등사회'라고 선전한다.

평등은 궁극적으로 인류가 달성해야 할 보편적 가치의 하나라는 점에서 평등주의 그 자체는 문제라고 할 수 없다. 그러나 북한식 평등주의는 진정한 의미에서 평등을 추구하는 이념적 제도라고 하기 힘들다. 생산수단을 국가가 독점하고 국가는 지배자 1인(즉, 김정은)이 독점한다는 점에서 북한은 완전 불평등 사회이며 이는 봉건체제의 연장이라고 할 수 있다. 진학, 직장배치, 의료혜택 등 사실상 전 부문에 걸쳐 생활기회가 차별적으로 배분된다. 북한 당국 자신이 불평등을 조장해온 셈이다.

평등지향적 가치관에도 불구하고 일상생활에서의 차별의식은 만연되어 있다. 권력 세습과 남용, 평양 중심주의, 가부장적 권위주의, 가정에서의 남존여비는 3대세습체제 수립과정에서 이런 저런 방식으로 정당화되었다. "까치는 까치끼리 살아야 한다."는 말은 북한 주민들의 차별의식을 반영하는 대표적 표현의 하하라고 할 것이다.

② 집단주의와 사회적 나태: 집단주의는 북한이 추구하는 '사회주의적 생활양식'의 하나이다. 집단주의는 "사회주의, 공산주의 사회생활의 기초"이며 "정치, 경제, 문화, 도덕 등 사회생활의 모든 분야에 집단주의 정신이 전면적으로 구현된다"(북한, 1985: 539). 북한의 헌법 제63조는 "조선민주주의인민공화국에서 공민의 권리와 의무는 〈하나는 전체를 위하여, 전체는 하나를 위하여〉라는 집단주의 원칙에 기초한다."라고 규정하고 있다. 북한주민의 집단주의 가치관은 개인의 자율성을 인정한 가운데 공동의 이익을 추구하는 공동체 의식과는 달리, 개인의 자율성이 부정된 가운데 모든 구성원이 획일적인 사고를 갖고 행동하도록 한다는 점이 특징이다.

집단주의는 노동의욕의 저하를 가져오고 새로운 환경에 대한 적응력을 감소시키는 등 '사회적 나태(social loafing)' 현상을 가져오는 경향이 있다. 사회적 나태는 집단의 규모가 커질수록 개인의 기여도는 비례해서 작아지는 현상이다. 인센티브가 결여된 상황에서 공동생산과 공동분배를 실시한다면 누가 열심히 노력하겠는가? 집단주의에서 기인한 사회적 나태 현상은 사회주의 체제 그리고 북한의 근본적 문제 중의 하나라고 할 수 있다.

③ 획일주의와 선호위장: 북한은 당의 혁명 목적을 달성한다는 명분으로 개인의 자유·권리·이익을 제한하며 북한 주민은 당국의 통제를 의식하며 생활해야 한다. 집단주의 체제인 북한에서 '개인'을 찾는다는 것은 쉽지 않으며, 북한 주민도 누군가 자신들의 활동을 주시하고 있다는 점을 잘 알고 있다. 북한 주민은 국가안전보위성과 인민보안성 등 공식적 통제기관은 물론이고 인민반 조직 등 각종 사회단체에 의한 집단적 통제, 그리고 일상생활에서의 생활총화 등 '거미줄' 같은 복합기제를 통해 통제되기 때문에 개인적 자유를 찾아보기 힘든 상황이다.

획일주의와 사회통제의 결과는 실생활에서의 '선호위장'으로 나타난다. 선호위장(preference falsification)이란 공적 선호와 사적 선호 간의 괴리 현상으로서 공식적 공간에서는 국가의 요구에 부응하지만 사적 생활에서는 개인의 이익을 추구하는 이중적 가치관이다(서재진, 1995). 북한 사회가 표면적으로는 단결되어 있고 일사분란하게 움직이는 것같이 보이지만, 내적 조직이 취약할 수밖에 없는 것은 바로 이 이유 때문이다. 특히 정치적 문제에서 그러한데, 김정은 가계나 사회주의 체제에 대한 직접적 비판보다는 "당 간부가가 썩어서 그렇다."고 에둘러 표현하는 식이다.

④ 권위주의와 집단사고: 북한은 가부장적 권위주의 사회이며 그 권위의 정점에는 수령(김일성)과 그 대리인인 최고 지도자(김정은)이 존재한다. 세습체제의 이념적 배경인 주체사상은 가부장적 권위주의를 정당화시키는 역할을 한다. 수령=아버지, 당=어머니, 인민=자식이라는 공식이 성립되고 수령에 대한 충실성을 가장 바람직한 도덕률로 삼기 때문에, 모범적인 가정 또한 엄한 아버지상과 현모양처인 어머니상, 그리고 효성을 다하는 자녀상으로 그려진다.

수령중심주의적 권위주의는 '집단사고(groupthink)'를 가져왔다. 집단사고란 집단 구성원들이 그 집단의 본래 속성에 부합하지 않는 정보나 대안은 무시하고 내리는 의사결정 방식이다. 경제정책이나 남북관계 그리고 대외관계 등 모든 정책은 김정은 체제의 유지와 결부되어 있다. 북한이 개혁·개방조차에 대해 언급도 하기 힘든 이유는 체제유지를 중심으로 하는 집단사고에 따르기 때문이다. 결국 북한 체제의 경직성은 김정은 체제에서 논란이 발생하거나 불편한 문제를 제기하지 않으려는 집단사고에서 기인한다.

나. 북한의 사회계층

사회주의는 자본주의 체제의 모순 특히 불평등을 극복하기 위하여 제시된 대안적 사회조직 원리이다. 북한은 마르크스의 주장에 따라 자본, 토지, 공장 등 생산수단을 국유화·집단화 하였다. 마르크스가 말하는 '계급'의 문제는 해소되었지만 북한의 계층구조는 출신 성분에 따라 결정된다는 점에서 악성 불평등 구조를 이루고 있다.

(1) 출신성분과 당성에 의한 계층분류

북한은 1950년대 말 전후 복구사업을 마감하면서 전체주민을 출신성분별로 조사하는 작업을 시작하였다. 성분조사 사업의 결과 1970년에 이르면 현재 계층 구조의 골격이라고 할 수 있는 '3계층 51부류' 분류 사업을 완성하였다.

① 핵심계층: 북한체제의 유지와 발전에 중추적일 역할을 하는 계층으로 전체주민의 약 20%를 차지한다. 특히 김정은 일가 등 최상위 세습 특권층은 약 20만명으로 추산되고 있으며, 이들은 과거 소련에서 당·정·군의 고위직을 대물림하던 노멘클라투라(nomenklatura) 계층과 유사하다고 할 수 있다.

② 동요계층: 북한체제의 중간계층으로 핵심계층이나 적대계층 어디에도 속하지 않는 일반노동자, 기술자, 농민, 사무원, 교원 및 그 가족 등을 중심으로 구성된다. 전체인구의 약 50%를 차지하는 이들은 주로 하급간부나 기술자로 진출한다.

③ 적대계층: '계급적 적대자'와 '민족적 적대자'들로 구성되며 이른바 불순분자, 반동분자로 낙인찍힌 자들이 여기에 속한다. 이들은 사회로부터 소외되고 인권을 유린당하는 집단으로서, 구성원 수는 30% 가까이 된다. 이들은 대학진학, 입당, 군장교 등의 자격이 원천적으로 박탈된다. 적대계층 가운데서 특별독재대상에 속하는 사람들은 일반주민과 격리된 산간지역이나 탄광지대에서 강제노동을 하며 결혼 및 출산제한 등의 인권유린을 당한다.

(2) 성별 계층

북한은 분단 이듬해인 1946년 「남녀평등권에 대한 법령」을 제정·공포하고 「사회주의 노동법」을 제정하여 탁아소와 유치원을 늘려가는 등 여성들의 노동참여를 장려하였다. 그 결과 표면적으로 볼 때 북한 여성의 사회적 지위가 어느 정도 향상되었다고 할 수 있다.

그러나 북한 여성의 역할을 분석해볼 때 북한 여성은 심각한 차별을 받고 있음을 알 수 있다. 첫째, 북한 여성의 사회참여는 남녀평등이나 '여성해방'이라는 이념적 목적보다는 오히려 여성의 노력을 동원하기 위한 방편이었다. 특 북한의 여성은 노동력 수요·공급의 불일치에 대한 완충역할을 하는 '산업예비군'의 역할을 하였는바, 1980년대 들어 경기가 침체되면서 여성은 직장에서 퇴출당하고 가내작업반과 부업반이라는 명목으로 노동력을 제공해야 했다.

둘째, 북한 여성은 성별 직종격리, 즉 직종에 따른 성별 노동력 분포의 불평등이 심각한 상황이다. 북한 여성들은 주로 농업과 경공업에 70%가 집중되어 있다. 이는 북한여성들이 방직공장 수리공, 양수기 운전공, 관리일군, 공장·기업소의 통계원, 부기원, 경리원과 같이 '녀성들의 체질과 능력에 맞는' 직종에 집중 배치되었기 때문이다.

마지막으로, 공식적 노동에 참여하는 여성도 가정에서 하는 비공식 노동(가사노동) 또한 거의 전적으로 담당함으로써 이중고에 시달리고 있다. 북한 여성은 공식적으로 '공산주의 혁명가'로 활동하여야 할 뿐 아니라, 가정에서는 '혁명가의 아내로서, 혁명가를 키우는 어머니'로서의 역할을 병행해야 한다. 또한 전통적 가부장제가 아직도 엄격히 적용되고 있기 때문에, 아내는 남편에게 절대적으로 복종해야 하며 상당한 경우 가내폭력에 시달리고 있다.

(3) 북한 계층구조의 특징과 문제

북한의 계층구조는 우리와 비교해 몇 가지 특징을 갖는다. 첫째, 북한의 계층은 출신성분과 당성에 의해 인위적으로 구조화되었다. 북한의 계층구분은 소득, 직업, 교육 수준 등 개인적 요인에 의해 결정되는 것이 아니라 아버지와 할아버지의 정치적 지위에 의해 결정된다. 결과적으로 북한의 경우 소득, 직업, 교육 수준 등에 있어서의 불평등은 인위적 계층구조의 결과일 따름이다. 즉, 상위계층일수록 고등교육과 특수교육 등 교육기회가 많이 부여된다. 또한 상위계층일수록 권위가 높은 직업을 배정 받으며 의식주의 배급과 의료혜택에서 우선권을 갖는다.

둘째, 북한의 계층구조는 귀속지위(ascribed status)에 근거한 폐쇄체제(closed system)이기 때문에, 개인적 노력에 의하여 사회이동을 할 수 있는 기회가 극히 제한되어 있다. 핵심계층에 속하는 주민은 사상범이나 중죄를 저지르지 않는 한 그 지위를 유지하며 그 지위는 후손에게도 이전된다. 반면 출신성분이 나쁘면 개인적 능력에 관계없이 좀처럼 상위계층으로 진입할 수 없다.

셋째, 북한의 성별 불평등은 더욱 악화되었다. 북한에서는 여성의 사회활동 참여를 '장려'하고 있지만, 이는 사회주의 체제의 유지·강화라는 정치적·경제적 목적에서 이루어진 강제 동원에 불과하며, 공적·사적 영역에서 여성의 지위는 거의 개선되지 못하였다. 더욱이 육아와 가사도 전담하면서 북한 여성은 이중고에 시달리고 있다.

넷째, 북한의 계층구조는 사회주의 체제를 형성·유지·강화하고 동원체제를 확립하기 위한 목적으로 이루어졌다. 북한에서는 생산수단의 사적 소유가 허용되지 않는다. 결과적으로 의식주 등 생활필수품을 노동당 등 정권기관이 통제하고 북한 주민은 생존을 위하여 당국의 지시·명령을 충실히 이행해야만 한다.

다. 사회통제와 인권유린

북한은 전체주의 사회답게 고도의 조직사회로서 주민의 일상생활은 전방위적으로 통제를 받는다. 당국의 통제는 '법과 질서'라는 전통적 의미의 통제만이 아니라, 하루일과와 생애과정 그리고 시공간적 삶에서 당국의 지시와 감시를 받으며 살아간다.

(1) 조직생활 통제

북한 주민은 출생에서 사망에 이르기까지 노동당 외곽 단체가 주도하는 조직생활이 일상화되어 있다. 노동당 외곽단체의 주요 활동은 당의 결정이나 지시를 전달하고 집행하는 기능이다. 북한 주민은 아침 5~6시가 되면 확성기 방송을 통해 거리청소 등 '조기작업'에 동원되면서 하루일과를 시작한다. 각급 조직은 당 위원회가 조직되어 있으며, 정기적으로 혹은 부정기적으로 강연회와 학습회를 개최한다. 예를 들어, 화요일과 목요일 오전은 북한주민이라면 누구나 참가해야 하는 정기 학습회가 개최되며, 금요 노동도 빠질 수 없는 행사이다. 생활총화도 매주 진행되는데 생활총화는 자신이나 타인의 선행을 칭찬하는 시간이라기보다는 자신의 과오를 뉘우치는 자아비판과 동료의 잘못을 지적하는 '호상비판'을 중심으로 한다.

북한주민이 의무적으로 가입해야 하는 사회조직에는 소년단(소학교 2학년~초급중학교), 김일성-김정일주의 청년동맹(고급중학교~30세), 민주여성동맹(전업주부), 농업근로자 동맹(협동농장원), 직업총동맹(노동자, 사무원) 등이 있으며 은퇴 후에는 인민반에 편입된다. 물론 이들 단체는 자발적 결사체가 아니라 생애과정에서 특정 연령 혹은 직업을 갖게 되면 가입해야 하는 의무적 단체이다. 또한 이 단체들은 자율적 의사결정을 갖는 단체가 아니라 당의 지도와 통제를 받는 노동당 외곽단체이다.

(2) 인권 탄압

북한 주민의 인권은 거의 전부분에 걸쳐 상당한 제약을 받고 있다. 북한 주민은 신체의 자유, 직업선택의 자유, 거주이전의 자유, 집회결사의 자유, 종교의 자유 등 자유권은 물론 사회주의 사회가 지향하는 평등권까지 침해받고 있으며, 정치활동에 참여할 수 있는 참정권도 제약되어 있다. 특히 공개재판, 정치범 수용소 감금, 이동의 자유 제약, 출판·집회의 자유 제한, 종교의 자유 억압, 성분차별 정책, 탈북자 강제송환 등은 국제사회에서 심각한 문제로 받아들여지고 있다.

① 기본권 제한: 북한주민은 거주이전과 종교의 자유가 없으며 언론과 정보는 당국의 통제를 받는 등 심각한 기본권 침해에 시달리고 있다. 주택이 공적 소유이기 때문에, 당국의 허가 없이 주거를 이동하는 행위는 원천적으로 봉쇄되어 있다. 일시적인 여행도 제한되어 있다. 다른 지역으로 여행하기 위해서는 반드시 인민보안성이 발행하는 여행증명서를 발급받아야 한다. 평양이나 국경지역으로 여행하기 위해서는 별도로 승인번호를 받아야 한다.

북한 주민은 종교의 자유도 없다. 해방 당시만 해도 북한지역은 남한에 비해 종교 활동이 활발하게 이루어지던 곳이었다. 그러나 해방 이후 북한에 마르크스주의를 기반으로 하는 사회주의 정권에 들어서면서 종교 활동은 유명무실하게 되었다. 북한당국은 '아편'으로 보며 기껏해야 봉건시대의 낡은 잔재인 '미신'에 불과하다고 본다. 북한 당국자들은 헌법에도 종교의 자유를 보장하고 있다고 하지만 외부 종교단체나 인권기관들은 북한에 종교가 없을 뿐 아니라, 북한을 가장 혹독한 종교탄압국가로 지목하고 있다.

북한에는 언론과 정보도 엄격하게 통제된다. 북한 헌법에는 언론의 자유가 명시되어 있지만, 실제로 북한 주민이 자유로이 의사를 표시할 수 있는 것은 아니다. 북한 당국의 입장과 배치되는 정치적 견해는 물론이고 자신들의 삶 또는 외국의 상황에 대한 일반적 표현도 당국을 의식하지 않을 수 없다. 언론통제는 일반적인 언어생활에 국한되지 않는다. 신문, 방송 등 언론매체가 당국에 의해 독점되고 일반 주민은 당국이 제공하는 한도 내에서 정보를 교류해야 한다. 북한의 TV, 라디오, 녹음기는 등록해야 하며, 등록시 주파수가 고정되기 때문에 외부의 방송을 청취·시청하는 것이 원천적으로 봉쇄되어 있다.

② 인간성 유린: 인권은 인류의 보편적 가치로 여겨지고 있지만 북한의 사회통제는 공개처형과 정치범 수용소 수감 등 비인륜적으로 진행된다. 북한 주민의 인간성을 유린하는 대표적인 행위는 공개처형이다. 공개처형은 억압적 공포분위기를 통해 사회통제를 하겠다는 북한 당국의 의사가 반영된 제재방법이다. 일반주민에 대한 공개처형은 강변이나 개활지 등 대중이 집결할 수 있는 장소에서 실시되며, 공장·기업소·인민반 등에서 주민들을 동원하여 지켜보도록 한다. 권력층에 대한 처형은 권력자들만이 볼 수 있는 제한된 곳에서 실시한다. 공개처형은 피의자의 생명을 박탈할 뿐 아니라, 그 가족 그리고 처형을 목격하는 주민들에게 심각한 정신적 피해를 주는 문제를 안고 있다.

이른바 '관리소'라는 정치범 수용소는 반국가음모자, 유일사상체계 위반자, 북한탈출 기도자, 일부 납북인사들과 이른바 반혁명분자, 종파분자, 자유행동자, 당정책 위반자 등 주로 체제비판자들이 수용된다(강철환, 2003). 북한에는 현재 약 20만 명의 정치범이 10여 개의 수용소에 분산 수용되어 있는 것으로 알려지고 있다. 수용자들은 공민증을 압류 당하고 수용된 날로부터 최소한의 기본적 권리도 박탈당하게 되며, 가족·친지의 면회가 금지되는 것은 물론 연락도 불가능하게 된다. 수용자들은 구역 안에서 매일 12시간 이상씩 강제노동을 해야 하며, 밤에는 의무적으로 1시간 이상 자아비판과 사상개조 학습을 받아야 한다.

3. 북한의 사회문제

북한은 경제난을 맞아 내부 자원이 소진되었고 국제사회로부터의 제재에 따라 외부 자원의 동원도 차단되면서 총체적 난국을 맞이하고 있다. 식량난으로 대표되는 경제난은 주민생활의 시장화와 가치관의 변화 등 사회적 문제를 낳고 이는 다시 사회주의 체제에 대한 신념과 감정은 체제의 정당성에 대한 의구심을 높이고 있다. 북한은 개혁·개방을 통해 경제를 안정시켜야 하지만 체제의 붕괴 가능성을 염려한 나머지 변화에 소극적이다. 결국 경제문제, 사회문제, 그리고 정치문제가 악순환의 고리를 형성하고 있으며 더욱이 핵 개발과 외부의 제재로 인해 북한은 체제 위기에 직면해 있다.

가. 경제문제

북한은 1980년대 초까지만 해도 어느 정도 경제적 여유가 있었지만, 그 후 동원경제의 모순이 표출되고 사회주의 경제권이 해체되면서 경기가 급격히 둔화되었다. 특히 1990년~1998년 사이 9년간은 마이너스 성장을 하였으며 이른바 '고난의 행군'을 할 수 밖에 없었다. 식량공급이 사라지고 공장과 기업소는 가동이 중단되었다. 게다가 동원 가능한 자원이 핵 개발에 집중되면서 경제는 침체상태를 벗어나기 힘들었다. 1999년부터 경제 상황이 개선되는 듯 하였지만, 플러스 성장과 마이너스 성장을 반복하는 등 북한의 경제는 침체된 상황에서 벗어나지 못하고 있다.

〈표 12-1〉은 북한 경제규모의 변화를 남한과 비교하고 있다. 이 표에서 알 수 있듯이, 북한 경제의 정체 그리고 남한 경제의 지속적 발달로 인해 남북간 경제규모의 격차는 지속적으로 벌어지고 있다. 2018년 현재 북한의 경제 규모는 남한의 1.9%에 불과한 실정이며 일인당 소득도 남한의 4%에 미치지 못하는 실정이다. 북한의 총생산량은 대전광역시의 지역생산량과 비슷한 수준이며, ㈜기아자동차의 매출액과 비교된다.

〈표 12-1〉 연도별 북한 경제 규모의 변화

연도	명목 GNI			1인당 GNI		
	북한(A)	남한(B)	A/B(%)	북한(A)	남한(B)	A/B(%)
1990	231(억달러)	2,518(억달러)	9.2	1,064(달러)	5,883(달러)	18.1
1995	223(억달러)	5,292(억달러)	4.2	1,034(달러)	11,753(달러)	8.8
2000	168(억달러)	5,308(억달러)	3.2	757(달러)	11,292(달러)	6.7
2005	242(억달러)	8,439(억달러)	2.9	1,056(달러)	17,531(달러)	6.0
2010	30,049(십억원)	1,266,580(십억원)	2.4	124(만원)	2,563(만원)	4.8
2015	34,512(십억원)	1,565,816(십억원)	2.2	139(만원)	3,094(만원)	4.5
2018	35,895(십억원)	1,898,453(십억원)	1.9	1439(만원)	3,679(만원)	3.9

자료: 1990년은 통계청 「남북한 경제사회상 비교」(1996)의 국민총생산이며, 1995부터는 통계청 「북한의 주요 통계지표」(해당 연도)의 국민소득임.

식량문제는 1990년대 중반 이후 북한 당국이 해마다 당면 과제로 지적해 온 문제이다. 북한은 '먹는 문제'를 해결하고자 해마다 농업 생산성의 향상을 위해 노력해 왔다. 김정은이 집권하면서는 직접 '50일전투'와 '100일 전투'를 독려하였고, 2019년에도 '먹는 문제'를 가장 중요시 하고 있지만 식량난은 크게 개선될 것으로 보이지 않는다.

식량문제의 정도는 '식량난'의 정의에 따라 달라질 수 있다. 자체 생산이 부족한 양은 해외에서 도입할 수도 있기 때문이다. 실제로 북한의 식량생산은 우리와 비교해 결코 열악하다고 할 수 없다. 구체적으로 통계청 자료를 보면, 2018년도 북한의 식량작물 생산량은 456만 톤으로 남한의 440만 톤보다 오히려 많으며 일인당 생산량은 남한의 2배 이상에 달한다. 쌀의 경우로 한정하더라도 북한의 생산량은 221만 톤으로 남한의 387만 톤에 비해 적지만 일인당 생산량은 거의 비슷한 수준이라고 할 수 있다. 결국 북한의 식량난은 자원분배의 왜곡으로 인한 것이기 때문에 이를 해결하기 위해서는 가용자원을 식량 증산 및 해외 도입에 우선적으로 투입해야 할 것이다.

산업화의 지표로 종종 활용되는 북한의 발전량은 2018년 249억 kWh이다. 이는 같은 해 남한의 발전량 5천706억 kWh의 4.4%에 해당한다. 북한의 전력난은 사회 전 분야에 영향을 끼치고 있다. 북한의 공장가동률은 20~30% 정도에 머물고 있으며 일반 가정에서도 전기를 사용하기 힘들고, 전기를 사용한다고 해도 전압이 불안정하여 상당한 불편을 겪고 있다. 북한은 부족한 전력을 보충하기 위해 이른바 '중소형 발전소'의 건설에 박차를 가하여 왔지만 그 효과는 제한적이다. 에너지난 역시 북한의 자원분배의 왜곡현상으로서 가용 자원을 핵 프로그램 가동에 가동하는 대신 에너지 도입에 투입해야 함을 보여준다.

북한의 경제정책이 이른바 '자력갱생'을 도모해 왔듯이 경제활동이 국제적으로 고립되어 있기 때문에 국제분업의 이점을 활용하지 못하고 있다. 이를테면, 2018년도 북한의 무역 규모는 28억 달러로서 우리의 1조1천400억 달러의 0.2%에 불과한 실정이다. 특히 우리는 2018년의 무역 흑자가 거의 700억 달러였는데 비해 북한은 연간 24억 달러에 가까운 적자를 보이고 있다. 북한의 '유일한' 무역상대국은 중국이며, 북한의 대외 무역액 중 95.8%

를 중국에 의존하고 있다. 남북간 교역이 전면 중단되기 직전인 2015년 남북간 교역액이 27억 달러에 달했다는 점에서 북한의 대외 교역액은 상당한 정도로 남한에 의존해왔다고 할 수 있다. 북한은 국제 시장에서 경쟁력 있는 상품이 적을 뿐 아니라 2017년 강화된 UN 제재로 인해 무역액이 급격히 축소됐다는 점에서 북한의 무역이 활성화되기 위해서는 핵 개발을 중단하고 문호를 개방할 필요가 있음을 시사한다.

나. 사회문제

북한의 경제난은 사회주의 계획경제의 약화 그리고 주민생활의 시장화를 동반하였다. 배급은 사실상 폐지되었고 주민들 스스로가 생필품을 구입해야 한다. 장마당의 활성화 그리고 중국과의 국경 밀무역이 증가하면서 주민의 유동성도 증가하였다. 주민들은 비교적 외국의 정보에 쉽게 접근하고 있으며 우리의 대중문화에 익숙해져가는 북한의 젊은이들이 증가하고 있다.

주민생활의 시장화로 인해 주민들의 가치관도 바뀌고 있다. 과거의 사회주의적 가치관 대신에 자본주의적·물질주의적 가치관이 확산되었고 집단주의적 가치관 대신에 개인(가족)주의적 가치관이 증대되었다. 의리와 동지애를 중시하던 풍조에서 '돈'을 매개로 하는 금전 중심적 생활이 확산되는 것이다.

북한주민들의 가치관과 생활양식이 바뀌면서 일탈과 범죄가 일상화 되는 등 사회질서의 해체가 진행되고 있다(고성호, 2005). 북한 당국자도 인정하듯이, 반당·반혁명적 요소의 발호(체제에 대한 비판 증가), 간부계층의 부정부패 만연(권력층 비리의 증가), 사회전반에 확산되고 있는 물질만능 풍조(생계형 범죄의 증가), 그리고 청소년 계층의 사상적 유약(문화적 일탈)은 대표적 사회문제이다.

① 권력형 범죄: 북한 주민들이 "돈 없이 되는 일도 없고, 돈 가지고 안 되는 일도 없다"라고 할 만큼 뇌물수수가 만연되어 있다. 여행허가증 발급, 상급학교 진학, 직장 배치와 진급, 주택배정, 건강진단서 발급 등 생활기회의 분배 과정은 물론, 암 거래, 무단 여행, 교통 위반, 탈북 안내 등 불법 행위를 묵인하는 조건으로 뇌물수수가 이루어진다. 당·보위성·보안성 간부들이 국경 밀무역에 은밀히 개입하는가 하면 국가 재산이나 배급물자를 유용하

기도 하며, 일부는 고리대금업을 통해 부를 축적하기도 한다.

② **생계형 범죄:** 일반주민들의 생계형 범죄도 부쩍 증가하였다. 주민들이 주로 훔치는 물건은 술, 담배, 에틸알코올, 사카린, 신발, 속옷, 쌀 등 일상 용품은 물론 전기·전화용 동선을 훔치거나 연유·석탄·시멘트 등 연료 및 자재를 훔친다. 북한 주민들이 "국가 재산은 인민재산이기 때문에 훔쳐도 문제가 아니다"라고 할 정도로 공공 물자에 대한 절도가 만연되어 있다.

③ **문화적 일탈:** 무단 이동이 빈번해지면서 북한 주민들 사이에서 외부 문화를 수용하는 경향이 확대되었다. 우리의 노래를 부르거나 드라마를 보기도 하며 특히 두발과 복장 그리고 말투 등 드라마의 주인공을 모방하는 청소년들이 증가하였다. 북한 당국은 외부 문화를 '자본주의 황색바람 날나리풍'으로 규정하고 〈퇴폐문화 반입·유포죄〉와 〈적대방송 청취죄〉를 신설하여 단속하고 있지만 그 효과는 제한적이다.

다. 정치문제

정치문제는 정당성의 문제로서 여기에는 사회주의 체제와 김정은 체제에 대한 자발적 동조의 약화가 포함된다. 북한이 당면하고 있는 경제문제와 사회문제는 다시 체제 정당성의 문제를 가져오고 있는 것이다. 북한 주민들 사이에서는 "소련도 망했는데 우리라고 무사 하겠는가"라고 말 하는 등 사회주의 체제에 대한 회의가 증가하였다. 북한 당국은 남한 사회를 퇴폐, 무질서, 몰인정 사회로 선전하고 '우리식 사회주의'라는 용어를 활용하여 북한 체제에 대한 자부심을 심어주기 위해 노력하고 있다. 북한식 사회주의는 소련과는 달리 건설과정에서 오류가 전무했던 과학적 사회주의이며 또한 세계 문명의 선도자였던 조선민족이 건설한 우수한 체제라는 점을 강조한다. 그럼에도 불구하고 식량난을 포함하는 경제 위기 그리고 풍요로운 남한 사회에 대한 정보 유입은 체제의 정당성을 약화시키는 요인이 되고 있다.

김정은은 선대와는 달리 최소한도의 정당성도 결여된 채로 집권하면서 자발적 동조를 얻는데 어려움을 겪고 있다. 그가 가진 정치적 자산의 상당 부분이 김일성과 김정일의 자손이라는 점에서 '백두산 줄기'와 '대를 이은 충성'

을 부각시키고 있다. 집권 초기에 "다시는 허리띠를 졸라매지 않게 하겠다." 던 약속은 지켜지기 힘든 약속이었다. 북한은 위선과 기만정책으로 체제를 유지하는데 한계를 보이고 있으며 이에 따라 김정은 시대에는 공포정치를 강화하고 있다. 일반 주민들에 대한 공개처형이 증가하였고 최측근 등 고위층에 대해서도 숙청과 처형의 빈도도 상당히 증가하였다. 특히 고모부인 장성택에 대한 비정한 처형은 의도적으로 잔인한 지도자상을 보여주기 위한 것으로 해석될 수도 있다.

라. 악순환의 고리

북한의 경제 상황이 우리와 비교해 많이 열악한 것은 사실이지만 국제적으로 볼 때 최하위라고 할 수는 없다. 일례로, 일인당 소득(약 1,200달러)은 필리핀이나 베트남보다는 못하지만 아시아에서도 파키스탄, 캄보디아, 미얀마, 방글라데시에 필적하거나 우위에 있다고 할 것이다. 이들 나라들이 대량아사가 문제가 되고 있지 않듯이, 북한 주민의 기아는 단순한 소득의 문제가 아니라 체제의 근본적 모순과 정책적 선택의 문제에 기인한다고 할 수 있다.

사회주의적 생산방식으로는 생산성에 한계가 있음을 역사는 보여주고 있다. 동유럽 사회주의 국가들은 이미 체제전환을 단행했으며 중국도 상당한 정도로 개혁·개방에 성공했다. 전통적 사회주의 체제를 유지하고 있는 나라는 예외 없이 경제난이 지속되고 있다. 그리고 북한의 '자력갱생' 정책은 스스로 외부 자원의 동원을 제한하고 있다. 북한도 국제분업의 이점을 활용하기 위해서는 개방정책을 추진해야 할 것이다.

주민생활의 향상보다는 군국주의(militarism)의 발달을 도모하는 경제 정책은 동원 가능한 내부 자원도 고갈시킬 따름이다. 경제활동을 통해 획득한 자원을 핵무기 개발과 강한 군사력 유지 등 군사우선주의와 김정은 체제의 보위로 전용하기 때문인 것이다. 외화난, 식량난, 에너지난 등 경제적 문제는 결국 자원분배의 왜곡에서 기인한다고 할 것이다.

북한 문제의 해결은 궁극적으로 개혁·개방과 밀접한 관련이 있다. 개혁을 통해 노동생산성을 높여야 하며 개방을 통해 외부 자원을 동원해야 한다. '경제회생 → 사회안정 → 정당성 확보'라는 과정을 통한 체제 유지와 발전이 요구되기 때문이다. 구체적으로, 주민에게 자율성을 부여하고 남한을 포함한 외부 세계와의 협력관계를 증진시켜 나가야 한다.

그러나 북한은 세습적 전체주의 체제로서 주민의 복지보다는 김정은 체제의 보위를 최우선적으로 여김으로서 전향적 변화를 주저하고 있다. 북한의 개혁·개방은 내부로부터의 도전, 남한으로부터의 도전, 그리고 국제사회로부터의 도전 등 크게 3가지의 도전을 극복해야 한다. 내부로부터의 도전은 주민들에게 자율성을 인정할 경우 발생할 수 있는 사회통제의 문제이다. 남한으로부터의 도전은 북한주민들이 남한 사회를 동경함으로서 발생할 수 있는 흡수통일에 대한 우려이다. 그리고 국제사회로부터의 도전은 인권 향상과 핵 폐기로 인한 체제유지의 약화와 관련된 문제이다. 어느 경우든 북한 당국자들은 체제 불안의 요인으로 여기고 있다는 점이다.

북한의 총체적 난국에 대한 해결책은 악순환의 고리를 형성하고 있는 셈이다. 사회질서의 회복을 위해서는 경제 문제가 해결되어야 하며, 경제문제가 해결되기 위해서는 개혁·개방은 최소한도의 요구이다. 그러나 개혁·개방은 정치적 불안을 야기할 것으로 여기기 때문에 결국 경제문제를 해결할 수 없는 모순적 구조에 처해 있는 것이다.

악순환의 고리는 대외 관계에서도 나타난다. 북한이 핵 보유에 집착하고 있는 것은 주지의 사실이다. 외부의 의심에 대해서는 "핵을 보유할 능력도 없고 의사도 없다"는 전면적 부인에서부터 연구용과 전력 생산용이라는 명분을 제시하면서 핵 프로그램을 가동해 왔다. 2005년에는 핵 보유를 선언했고 2006년 10월에는 핵실험을 단행하면서 핵 보유를 기정사실화 하고 있다. 북한은 이제 핵을 통해 "조국의 성스러운 통일 위업을 달성하겠다"는 등 우리에 대한 위협도 서슴지 않고 있다.

북한의 핵개발에 대응하여 외부의 제재는 더욱 강화되었다. 북한의 핵개발 동결과 이에 상응한 경수로 건설 및 중유 제공을 주요 내용으로 하는 1994년의 '제네바 합의'는 북한의 기만정책으로 파기되었다. 이에 북한의 무기 거래 제한부터 시작하여 사치품 수입 금지 그리고 북한과의 경제활동 제한 등 여러 부문에서 북한에 대한 제재가 시작되었다. 특히 6차 핵실험(2017.9)과 장거리 미사일발사에 대응하여 채택된 유엔 안전보장이사회 결의 2375호(2017.11)는 북한의 대외 경제활동을 사실상 금지하는 등 북한의 고립화를 심화시키고 있다. 이 결의안은 석유 등 외부 자원의 수입 제한, 석탄 등 내부 자원의 수출금지, 그리고 노동자의 해외 파견 금지를 포함하고 있는바 그나마 명맥을 이어오던 북한의 경제활동은 치명적일 정도로 위축되기 시작했다.

북한은 핵을 폐기한다면 대북제재의 해제는 물론 외부로부터 상당한 자원을 획득할 있다. 경제회생과 사회안정 그리고 정당성 회복을 도모할 수 있는 대안이라고 할 수 있다. 그러나 북한은 한반도의 군사력 균형에서 우세를 점하기 위해 핵에 집착하고 있다. 결국 경제는 더욱 악화되고 남한과의 격차는 커지는 악순환이 되풀이 되는 것이다.

4. 북한 당국의 대응

총체적 난국에 직면한 북한은 변화 정책과 현상유지 정책 등 크게 2개의 정책적 대안을 가지고 있다. 변화의 한 극단에는 세습적 전체주의 체제를 포기하고 자유민주주의 체제로의 전환을 도모하는 것이며 다른 한 극단에는 주민의 고난과는 상관없이 세습적 전체주의 체제를 강화해 나가는 것이다. 국내적 자원이 결핍되고 외부 자원의 동원이 필요한 반면 체제 유지에 일차적 이해를 가지고 있는 북한은 체제전환과 현상유지 사이에서 구체적 정책을 선택해 나갈 것이다.

가. 체제전환과 개혁·개방

체제전환이란 세습적 전체주의 체제에서 자유민주주의 시장경제 체제로의 제도적 변화를 의미한다. 헝가리, 체코, 폴란드, 루마니아 등 동구 사회주의권 국가들은 1980년대 말에 체제전환을 단행했다. 이들 국가들은 근본적 변화 없이 난국을 극복하는 데는 한계가 있다는 점을 인식했기 때문이다. 북한도 근본적 변화 즉 체제전환을 해야 할 필요가 있지만 현실적으로 김정은 체제의 근본적 대안을 모색할 것으로 기대하기는 힘든 것이 사실이다. 이런 맥락에서, 북한의 변화는 체제전환보다는 그 보다 수준이 낮은 개혁·개방에 초점을 맞추고 있는 것이 현실이다. 김정은 세습체제를 인정하면서 사회주의 체제의 모순을 보완하고 외부 자원을 동원하는 정책적 선택인 것이다.

북한의 체제전환이나 개혁·개방은 그 필요성에도 불구하고 김정은의 입장에서는 근본적 문제를 갖고 있다. 전면적 개혁은 사회통제의 약화를 수반하며, 외부 정보의 유입은 체제 정당성에 대한 의문을 증폭시키게 된다. 특히 남한의 발전은 북한 당국의 변화를 주저하게 하는 큰 요인의 하나라고 할 수 있다. 핵문제와 인권 문제 등 국제적 이슈도 개혁·개방을 저해하는 요인이다.

북한은 근본적으로 전향적 차원의 개혁·개방 정책을 추진한 바가 없다고 볼 수 있다. 자신들의 경제문제를 '큰물 피해' 등 자연재해 그리고 유엔 제대 등 외부의 '고립압살책동'으로 돌리는 것은 사회주의 체제의 한계를 인정하지 않는 것이라고 할 수 있다. 시장활동의 통제와 사회주의 계획경제의 강화를 주 내용으로 하는 2009년의 화폐개혁 조치는 북한 당국이 시장경제에 적대적임을 보여주는 대표적 정책이다. 북한 당국은 체제의 근본적 문제는 애써 외면하면서 '외화난'을 경제난의 원인으로 규정하는 동어반복(tautology) 현상을 보이고 있다.

사실 제한적인 개방정책은 몇 차례 시도되기도 하였다. 1991년의 나선경제무역지대를 필두로 하여 1998년에는 금강산 지역을 개방하였고 이윽고 2002이면 개성공업지구도 개발하기 시작했다. 김정은 체제에서도 개방지역을 정비하면서 다수의 '경제개발구'를 지정하기도 하였다.

외부로부터의 직접적 지원도 적극 수용하기 시작했다. 1995년에는 '100년에 한번 있을까 말까한 큰 물 피해'를 명분으로 대북지원을 공개적으로 요청하였고 이 후에도 한발과 홍수 등 자연재해를 언급하면서 대북지원을 호소하였다. "헐벗고 굶주린다."던 남한으로부터의 지원을 획득하는데도 적극적이었다. 제1차 남북정상회담도 상당액의 현금을 제공받고 응했으며, 이후 해마다 대량의 쌀과 비료를 지원받기도 했다. 사실 금강산 관광사업이나 개성공단 사업 등 이른바 남북 협력사업도 넓은 의미에서는 대북지원의 한 형태라고 할 수 있다.

북한의 개방정책은 외부자원의 동원을 위한 고육지책으로서 한계를 갖고 있다. 개방은 자본과 물자의 유입만이 아니라 인적 교류를 포함하며 여기에는 외부 정보의 유입에 따른 체제불안의 위험이 존재한다. 금강산 관광객이 북한 주민을 접촉하지 못하게 하는 등 이른바 '철조망 관광'이라고 비판받는 것은 북한 당국이 남북한 주민을 차단하려는 정책의 결과이다. 개성공단의 경우도 남한의 사업주가 직접 북한의 노동자에게 지시를 하지 못하며 북한의 노동자들은 우리측 인원과 식사도 같이 못하도록 통제하고 있다. 북한이 추진하는 이른바 '모기장식 개방' 정책은 개방의 필요성을 인정하면서도 개방이 가져올 악영향을 차단하기 위한 고육책이다.

나. 현상유지

현상유지 정책은 북한 체제의 본질적 성격인 위선과 기만 그리고 통제와 공포를 통해 체제를 유지해 나가는 정책이다. 이 정책은 사회주의 강성국가의 건설, 김정은 우상화, 그리고 전방위적 통제와 공포를 통해 질서를 유지하는 폭압 정책이다. 이 정책에서는 경제 문제도 사회주의 계획경제의 강화를 통해 해결하려고 한다. 신구화폐의 교환, 시장 폐쇄, 그리고 외화 거래 금지를 포함한 2009년의 화폐개혁은 북한의 뿌리깊은 시장 적대적 태도를 보여준다. 북한은 결과적으로 화폐개혁이 실패로 돌아가면서 제한적이나마 주민들의 시장생활을 허용할 수밖에 없었다.

물질적 공급이 부족하고 체제의 정당성이 도전받는 현실 속에서 추진되는 현상유지 정책은 사회통제와 공포를 수반한다. 사회통제는 북한체제의 성격을 반영하여 '기상에서 취침까지' 그리고 '요람에서 무덤까지' 전방위적으로 실시된다. 일상적 자유의 제한 등 인권침해는 물론이고 의식주의 배급, 진학, 직장배치, 그리고 차별적 의료 제도 등 생활기회의 차등분배는 사회통제의 전방위성을 반영한다. 인민보안성, 국가안전보위성, 그리고 인민군을 포함하는 물리적 사회통제는 물론이고 주기적인 생활총화와 상호비판 그리고 공개처형은 굴욕의 일상화를 동반한다.

최고위층이라고 관용이 이루어지는 것도 아니다. 특히 김정은 체제에 들어와서 고위층에 대한 숙청과 처형은 일상화될 정도로 빈번하게 이루어졌다. 대표적으로 장성택의 처형(2013.12)을 비롯하여 현영철(인민무력부장, 2015.5), 이영길(총참모장, 2016.2), 김원홍(국가보위상, 2019.5) 등 알려진 최고위층은 물론이고 상당수의 중간층이 숙청된 것으로 알려지고 있다. 고위층에 대한 처형이

고위층들의 면전에서 실시된다는 점에서 공포심 조성이라는 측면에서는 일반 주민에 대한 공개처형과 다름이 없다.

북한의 현상유지 정책은 외부와는 끊임없는 갈등을 동반한다. 특히 북한 체제의 대안이 될 수 있는 남한에 대해서는 지속적인 갈등을 조성한다. 일례로, 북한 당국자들은 몰인정, 배금주의, 퇴폐, 그리고 무질서 등 병리적인 사회로 선전한다. 군사적 도발도 지속한다. 북한의 NLL 침범과 우리 해군에 대한 공격행위(예를 들면 1999년, 2002년, 그리고 2009년의 이른바 '서해해전'), 천안함 폭침 사건(2010.3), 그리고 연평도 포격사건(2010.11)은 대표적 무력 도발행위이다. 우리 대통령에 대한 비하적 발언과 '서울 불바다' 위협은 일상사가 되었다. 우리 정부의 적극적인 화해협력 정책으로 대북지원을 하는데도 불구하고 북한의 도발은 멈춘 바가 없다. 북한의 지속적인 도발은 대한민국의 정통성을 부정하고 북한 주민들을 결속하기 위한 '갈등의 기능' 정책이라고 할 수 있다.

미국 등 외부 세계와의 갈등도 마찬가지이다. 외부의 인권 문제 제기에 대해서도 내정 간섭이라고 주장하는 등 인권향상을 위한 노력보다는 사실상 인권탄압을 지속하겠다는 입장을 보이고 있다. 북한은 위선과 기만 그리고 벼랑끝 전술을 통해 이미 6차례의 핵실험을 단행했다. UN의 제재 등 외부의 우려와는 관계없이 핵무기와 전달수단의 고도화를 위해 노력하고 있다.

북한은 체제전환이나 개혁·개방 정책 보다는 현상유지 정책에 더욱 관심이 있는 것으로 보인다. 그러나 현상유지 정책은 절대 다수의 희생을 바탕으로 소수의 기득권을 보호하려는 정책으로서 단기적으로는 효과가 있을 수 있지만 장기적인 효과성은 좀 더 기다려봐야 할 것이다.

다. 불확실한 북한의 미래 그리고 급변사태 가능성

일반적으로 볼 때, 북한의 사회문제는 북한이 체제를 전환하고 국제사회의 책임 있는 일원으로 활동하면서 경제적·사회적 안정을 찾아가는 과정에서 해결할 수 있다고 볼 수 있다. 그러나 북한 문제의 해결은 그것이 정치적·체제적 문제이든, 경제적·사회적 문제이든, 혹은 핵문제 등 군사적 문제이든 가까운 장래에 해결을 기대하기 힘든 상황이다. 북한이 개혁과 개방을 통해 '연착륙(soft landing)'을 하는 것이 바람직하다 해도, 현재의 상황에서 북한 당국이 자발적으로 개혁·개방을 추구할 것으로 보이지 않기 때문이다. 그렇다면 북한의 미래는 현재의 상황에서 '그럭저럭 나아가기(muddling through)'를 하거나 그것도 실패할 경우 급변사태도 예측해 볼 수 있다.

급변사태란 자체적으로 혼란을 수습하기 힘들기 때문에 외부의 개입이 요구되는 상황이라고 정의할 수 있다. 북한의 급변사태는 크게 3가지 유형으로 나눌 수 있다. 즉, 주민 폭동 등 아래로부터의 급격한 변화, 쿠데타 등 위로부터의 급격한 변화, 그리고 최고 지도자의 갑작스러운 유고로 인한 변화가 이들이다.

첫째는 '아래로부터'의 급변사태가 발생할 가능성이다. 북한은 총체적 위기를 맞고 있다. 배급 체제가 와해되면서 주민 생활의 시장화가 급격히 진행되었고, 이에 따라 가치관과 일상생활도 많은 변화를 보이고 있다. 특히 북한 주민은 화폐개혁에 대해 저항할 정도로 당국에 대한 불신이 고조되어 있다. 그러나 북한 주민의 저항은 단순히 '먹고사는' 문제에 관한 것으로서, 아직까지는 특정한 대의명분을 가지고 있거나 조직화된 것으로 보이지는 않는다. 이런 맥락에서, 아래로부터의 급변 사태 가능성은 상대적으로 낮은 것으로 보인다.

둘째는 '위로부터'의 급변사태이다. 이 유형의 급변사태로는 당·정·군의 지도부 간에 알력이 발생하고 무력 충돌로 이어짐으로써 혼란이 조성되는 상황이다. 최근 김정은 체제가 구축되면서 북한 지도부 내에는 충성경쟁으로 긴장이 고조된 것으로 보인다. 사실 김정은 체제의 구축 과정은 권력투쟁의 과정이며 숙청과 처형의 과정이라고 할 수 있다. 실제로 김정은의 공식 등장 이후에도 다수의 당·정·군의 핵심 인사들이 석연치 않은 이유로 숙청되었거나 처형되었다. 북한의 핵심 인사들은 감출 수 없는 긴장 상태로 돌입한 것이다.

셋째는 위로부터 발생하는 급변사태의 특수 상황으로서 김정은의 유고이다. 김정은은 북한에서 절대적인 권력을 갖고 있기 때문에 자연사이든 암살이든 그의 급작스러운 유고는 복합적인 사태를 가져올 수 있다. 지도부 간에 권력투쟁을 야기할 수도 있으며 북한 주민들의 억제되었던 분노가 폭발하면서 대규모 폭동으로 이어질 수도 있다. 이런 맥락에서, 김정은의 유고 그 자체는 급변사태라고 할 수 없지만, 그의 갑작스런 죽음은 아래부터의 급변사태를 가져올 수 있는 계기가 되며 또한 권력투쟁을 유발하는 위로부터의 급변사태의 가능성도 높일 것이다.

종합적으로, 북한의 붕괴는 아래로부터 발생할 수도 있으며 위로부터 발생할 수도 있고 두 경우가 상승작용을 일으켜 발생할 수도 있다. 현재 아래로부터의 붕괴는 가능성은 낮은 것으로 보인다. 주민의 룸펜프롤레타리아화, 민주주의에 대한 경험 부재, 그리고 효과적 물리적 통제는 주민의 봉기 가능성을 낮추는 역할을 한다.

북한이 붕괴된다면 위로부터일 가능성이 높다. 만성적 불안정에 대한 위기감과 처형에 대한 공포심은 혁명을 유발하는 동기가 될 수 있다. 비제도적일인 권력집중은 본질적으로 정당성의 약화를 가져온다. 지도부에 균열이 생길 경우, 아래로부터의 저항이 수반될 수도 있다.

북한이 이른바 내우외환의 상태에 있다고 해서 곧바로 급변사태로 연결될 것이라고 단정할 수는 없다. 사실 북한의 급변사태 가능성에 대한 논의는 적어도 20년 이상 지속되었다. 동구권의 체제전환, 소련의 붕괴, 독일의 통일과 동독의 국가성 상실 등 세계사적 흐름에다가 북한 경제의 난맥상이 결합되면서 많은 전문가들은 북한의 붕괴를 예측했다(김윤영, 2008). 반면 북한은 '그럭저럭 버티는'데는 성공했다. 다만 북한의 위기가 해결보다는 악화될 가능성이 높다는 점에서 급변사태 가능성이 그만큼 높아지고 있으며, 따라서 우리는 그 가능성에 주목할 필요가 있다는 점이다. 급변사태는 예고하고 오는 것이 아니다.

5. 우리의 정책적 대응 방안

북한 문제는 단기간에 해결되기 힘들며 오히려 더 악화되는 실정이다. 남북간 특수성과 북한의 군국주의 정책으로 인해 결국 북한 문제의 해결은 우리의 관여를 요하고 있다. 냉전 시대의 봉쇄정책에서 출발한 우리의 대북정책은 무관심 정책에서부터 고립정책 그리고 화해협력정책에 이르기까지 다양한 선택을 가지고 있다. 그러나 이런 정책적 대안은 북한이라는 특수한 집단을 대상으로 하고 있다는 점에서 한계를 가지고 있으며 북한 문제의 궁극적 해결은 통일에서 찾을 수밖에 없다.

가. 정책환경

(1) 남북관계의 특수성과 북한의 특수성

남한과 북한은 '국가 아닌 국가 간의 관계'라는 특수한 관계에 있다. 1991년에 체결된 〈남북기본합의서〉에서도 남과 북 사이의 관계가 '나라와 나라 사이의 관계가 아닌 통일을 지향하는 과정에서 잠정적으로 발생하는 특수관계'로 규정하고 있다. 이는 분단 상황이 비정상적이며 통일을 통해 정상화될 수 있음을 반영하는 규정이라고 할 것이다. 정치군사적 대결 상태의 해소 및 교류협력 정책은 통일지향적으로 추진되어야 한다.

남북 갈등은 근본적으로는 분단체제에서 기인한 것이며 특히 북한의 군국주의와 적화통일 정책에 그 원인이 있다고 할 것이다. 북한은 남한을 반제반봉건 사회로 규정하고 적화통일의 대상으로 삼고 있다. 통일에 대한 북한의 의지는 〈노동당 규약〉에 명시되어 있다. 북한의 노동당 규약은 개정 시마다 표현 방법은 달리하였지만 북한 주도의 통일과 공산주의 혁명을 추진한다는 점에서는 일관성을 갖고 있다. 최근의 규약(2016)에 따르면 "조선로동당의 당면목적은 전국적 범위에서 민족해방민주주의혁명의 과업을 수행하는데 있으며 최종목적은 온 사회를 김일성-김정일주의화하여 인민대중의 자주성을 완전히 실현하는데 있다."

북한 통일정책의 큰 특징은 자신들의 원하는 통일을 위해서라면 합법적·비합법적 수단을 총동원하는 통일합목적적 정책이라는 점이다. 첫째, 북한은 자신들을 남한을 합병하기 위한 하나의 '민주기지'로 규정한다. 즉, 경제건설, 무력증강, 인민동원 등 모든 정책은 남한을 합병하기 위한 기반 정책으로 여기는 것이다. 핵 보유도 궁극적으로는 자신들이 남한을 무력으로 통일하기 위한 하나의 수단이다.

둘째, 북한의 통일정책은 남한을 반제반봉건 사회로 규정하고 미국의 영향력 축출 그리고 사회주의 혁명을 통해 통일을 추진한다는 점이다. 북한은 지속적으로 미군철수를 요구하며 이른바 '폭압적 통치기구'라면서 국정원과 경찰의 해체를 요구한다. 북한의 공식적 통일방안인 〈고려민주연방공화국 창립방안〉도 이러한 선결사항을 요구하고 있다. 결국 민족해방인민민주의 혁명은 남한 사회를 전복하기 위한 명분이다.

셋째는 통일전선전술이다. 통일전선(united front)이란 자신들이 직접 우리 정부를 전복시키지 못하는 상황에서 남한에서 소외되고 비판적인 세력을 규합하여 정부를 공격하는 전술이다. 이를 테면, 노동자와 빈농 그리고 도시의 철거민들을 부추겨 혼란을 조성하는 것이고 여기에 동조하는 지식인도 규합한다. 통일전선은 자신들의 정체를 숨기고 '민주화'나 '생존권 투쟁'이라는 명분으로 동조세력을 규합하는 것이다. 남베트남이 붕괴된 주된 원인은 북베트남이 독재 타도와 민주화를 주장하는 남베트남 주민들과 통일전선을 형성할 수 있었기 때문이다.

북한의 통일정책은 물리적 방법과 평화적 방법 등 양차원에서 전개되어 왔다. 가장 대표적인 물리적 방법은 6.25 전쟁이다. 이 전쟁은 김일성이 당시 소련 스탈린의 승인과 모택동의 협조를 얻어 기습 침략함으로써 시작되었다. 물질적·신체적·정신적 측면 등 모든 측면에서 민족 역사상 가장 큰 피해를 가져왔다. 핵무기 보유에 대한 집착은 북한이 경제적 난국과 국제적 고립 속에서도 여전히 물리적 방법을 통해 통일을 추구하고 있음을 보여주고 있다. 북한이 핵무기 개발과 보유를 '주권국가의 고유 권리'이며 헌법에도 핵 보유를 명시하고 있다는 점은 핵무기 철폐가 협상의 대상이 될 수 없음을 보여주고 있다.

(2) 유동적인 주변 환경

① 북한 동향: 총체적 난국을 맞이한 북한은 그럭저럭 상황을 타파해 나가고 있는 것으로 보인다. 그러나 근본적인 변화 없이 현재의 난국을 돌파할 것으로 기대하기는 힘들 것이다. 더욱이 북한의 군국주의는 한반도 정세를 긴장으로 몰아가고 있다. 북한은 생물학 무기와 핵을 보유한 채 대륙간탄도탄(ICBM)과 잠수함 발사탄도탄(SLBM)을 개발하는 등 무력을 통해 미군철수를 도모하고 있다. 북한이 UN제재와 미국의 압력을 극복하고 진정한 핵보유국으로 인정을 받을지 아니면 급변사태로 인해 붕괴될지 현재로서는 유동적이

라고 할 수 있다. 상황에 따라서는 북한의 전면적 도발도 예기해볼 수 있다. 북한 문제에 대한 우리의 선택은 안보우선의 정책이라야 하며 특히 북한의 핵 철폐에 우선순위를 부여해야 함을 보여준다. 북한의 핵 무장은 용납할 수 없으며 북핵 철폐의 중대성과 시급성이 인정되어야 한다.

② **주변국 동향**: 한반도를 둘러싼 주변국 사이의 역학관계도 유동적이다. 동북아시아 지역은 미국, 일본, 중국, 그리고 러시아 등 강대국들의 이해가 교차하는 지역으로서, 우리의 대북정책도 이에 영향을 받지 않을 수 없다. 주변국의 한반도 정책은 자국의 이해관계에 따라 미묘한 입장 차이를 보이고 있다. 미국과 일본은 우리와의 협력관계를 강화하고 북한의 핵보유를 철회시키기 위해 노력하는 등 북한의 군국주의에 적극 대처하고 있다. '강한 러시아'의 건설을 주창하는 러시아의 푸틴 정부는 북핵 철폐와 한국 주도의 통일에 어느 정도 호의적인 정책을 견지하고 있지만 미국과는 정치적으로 대립구도를 유지하고 있다. 중국은 한반도의 '안정 도모'를 명분으로 북한 체제의 유지를 선호하는 것으로 보인다. 북한의 도발과 긴장조성에 대해서는 소극적으로 대처하는 등 정치·군사적으로는 북한 친화적인 정책을 유지하고 있다.

주변 4개국 중에서도 동북아 질서의 재편을 가속화하는 주요 요인은 중국의 급격한 부상이라고 할 수 있다. 중국의 GDP 규모는 2011년 세계 2위가 되었으며 머지않은 장래에 미국을 추월할 가능성도 있는 것으로 보인다. 중국은 경제 성장에 걸맞게 항공모함 건조와 스텔스기 개발 등 군사력을 증강하고 있으며, 경제력과 군사력을 바탕으로 동아시에서의 영향력 확대를 도모하고 있다.

중국은 시진핑 총서기 체제가 성립(2012.11)되면서 내적으로는 '중국몽'을 그리고 외적으로는 '신형대국관계'를 주창하면서 동아시아정세는 상당히 유동적인 상황으로 변모하였다. 중국 당국의 부인에도 불구하고 '위대한 중화민족의 부흥'을 표방하는 중국몽은 사실상 세계패권을 지향하는 중국의 미래 비전으로 여겨지고 있으며, 중국몽의 실현은 한반도에서의 중국의 영향력 확대를 전제로 하고 있다. 미국에 대한 '신형대국관계'의 요구는 사실상 냉전시대의 미·소 관계처럼 패권국으로서의 지위를 인정받고자 하는 노력의 일환이다. 이런 상황에서 중국은 북한의 핵 폐기에 집중하고 있는 국제사회의 노력에도 불구하고 유일한 동맹국인 북한을 지원하고 있다. 주변국 정세 특히 미국과 중국 간의 갈등 관계에서 북한의 핵 철폐 및 통일에 유리한 환경을 조성하기 위한 외교적 노력이 필요하다고 할 것이다.

(3) 국민적 합의

대북정책은 국민적 합의를 바탕으로 신중히 추진되어야 하는 특수한 정책이다. 첫째, 세습적 전체주의 체제인 북한을 상대로 하는 특수한 정책이다. 이른바 북한은 민과 관의 구분이 모호하고 모든 사회단체가 노동당의 외곽조직이다. 우리의 기업이나 민간단체는 북한의 압력에 취약할 수밖에 없다. 더욱이 북한은 우리를 전복의 대상으로 규정하고 그 목적달성을 위해 국가역량을 총동원하고 있다. 특히 북의 핵보유는 군사력 균형을 파괴하는 행위이며 우리의 안보에 대한 노골적 위협이라고 할 수 있다.

둘째, 대북지원은 정부의 지출을 수반한다는 점이다. 대북지원과 남북교류협력 사업에 소요되는 자금은 '남북협력기금'으로 충당되며 기금의 확대는 국민적 부담으로 작용한다. 주요 대북지원 물자 중 비료는 완전한 무상지원 물품이다. 쌀의 경우 '차관' 형식으로 지원되어 왔지만 북한은 만기도래한 차관의 상환에 불응하고 있다. 개성공단 사업이 사실상 중단되면서 투자기업에 대한 보상은 국민의 세금으로 이루어졌다.

대북지원은 '남남갈등'의 대표적 진원지이다. 일부에서는 분배의 불투명과 군사전용 가능성, 상호주의와 대가성의 무시, 그리고 지원액의 과다를 지적하면서 대북지원을 '퍼주기'라고 비판한다. 그러나 일부에서는 인도적 차원의 지원이며, 북한의 변화를 유도하고 남북간 관계 개선에 도움이 된다고 주장한다. 사실 대북지원은 남북관계의 특수성과 북한이 처한 상황을 고려해 볼 때 긍정적으로 접근할 수 있다. 반면 남북간 긴장이 완전히 해소되지 못한 상황에서 대북지원은 북한 동포에 대한 도움보다는 북한 당국의 입지를 높여줄 수 있는 문제도 안고 있다. 북한의 경제난을 감안해 볼 때, 대북지원의 필요성은 인정되어야 할 것이다. 그러나 대북지원의 근본 목적이 북한 주민의 삶을 향상시키는데 있다면, 대북지원과 관련하여 북한 주민의 인권을 향상시키려는 노력도 포기할 수 없는 우리의 책무이다.

대북정책은 목표가 뚜렷해야 하며 국민이 납득할 수 있는 원칙을 중요시하여야 한다. 대북지원의 경우 특히 그렇다. 이를테면 북한의 핵 철폐, 개혁·개방, 주민의 인권 향상, 남북교류의 활성화 등 한반도 상황을 안정적으로 유지해 나가는데 기여할 수 있어야 한다. 대북정책의 일차적 목표는 북한으로 하여금 대남 적대시 정책을 포기하도록 하는데 집중되어야 한다.

원칙이 지켜지지 않는 남북관계 발전은 표면적·양적 지표와는 달리 내실 있는 발전을 담보하기 힘들다. 원칙은 보편적으로 수용 가능해야 하며 일관적이어야 효과를 담보할 수 있다. 이를테면, 대북지원은 ① 북한의 지원 요청이 우선되어야 하며, ② 정부가 북한의 요청을 평가하여 지원여부를 결정하되, ③ 노인·임산부·영유아 등 목표집단(target population)에 공급되는지에 대한 분배 투명성을 확보해야 하며, ④ 북한도 우리의 요구(핵 폐기와 이산가족 문제의 해결)를 수용해야 한다는 원칙에서 집행될 수 있다. 정책의 지속성을 위해서는 일방의 이해가 아니라 남북 쌍방의 이해에 부합되어야 하며, 특히 대북지원은 국민적 합의하에 투명하게 이루어져야 한다.

나. 대북정책의 대안

① 방관정책과 관여정책: 북한 문제에 대한 정책적 대안은 크기 방관정책과 관여정책으로 구분된다. 방관정책(neglect policy)이란 북한 문제나 동향에 대해 관심이나 노력을 보이지 않는 무대응 정책이다. 북한 주민의 인도적 문제는 물론 남북관계의 특수성과 북한의 군국주의를 감안할 때 북한 문제를 외면하기는 힘들 것이다. 북한 문제는 결국 우리의 문제이기 때문이다. 북한 문제를 정확히 인식하고 해결하려는 자세가 요구된다.

관여정책(engagement policy)은 어떤 외교적 목적을 달성하기 위한 긍정적 보상 혹은 지원을 하는 정책을 포함한다. 여기에는 상대의 압력에 굴복하여 일방적으로 양보하는 유화정책에서부터 제재의 해제에 이르기까지 다양한 정책이 있을 수 있다. 관여정책으로서의 대북정책은 북한의 변화 등 뚜렷한 정책적 목표를 제시할 수 있어야 하며 정기적으로 정책적 목표의 달성을 평가해야 한다. 북한의 요구와 일방적 지원을 중심으로 하는 유화정책은 북한의 핵 폐기나 남북관계의 개선 혹은 통일에 오히려 부정적 영향을 가져올 것이다.

봉쇄정책도 하나의 대안이 될 수 있다. 봉쇄정책(containment policy)은 북한을 국제사회로부터 고립시킴으로써 국제규범을 지키도록 강제하는 방안이다. 과거 미소 냉전 시대에 자유진영과 공산진영이 서로 경제교류나 인적 교류를 차단했던 정책은 대표적인 봉쇄정책이다. 북한의 6차 핵실험과 장거리 미사일 발사에 대응한 UN의 제재 조치도 북한의 경제활동을 봉쇄하는 정책이다. 북한에 대한 봉쇄정책은 국제적 협력이 전제되는바 북한의 동맹국인 중국의 협조를 어떻게 받을 것인지가 성패를 좌우한다고 할 것이다.

군사적 방안도 하나의 대안이다. 북한의 핵문제와 관련하여 이른바 '예방적 타격(preemptive strike)'이나 '외과수술적 타격(surgical strike)'이 여기에 해당한다. 군사적 관여정책은 모든 가용한 외교적 노력이 실패할 경우 선택할 수 있는 최후의 수단으로 여겨져야 한다. 특히 북한에 대한 군사적 대응은 전면전으로 확전될 수도 있다는 점에서 선택에 앞서 신중한 고려한 요구된다.

② 대북정책의 방향

▣ 북핵 폐기 우선 정책: 대북정책의 우선적 과제는 북한의 핵폐기이다. 북한의 핵무장은 남북간 군사력 균형을 파괴하고 세계의 평화 질서에도 역행하며 민족적 참화를 가져올 수 있기 때문에 용납되어서는 안된다. 그럼에도 불구하고 북한은 지속적으로 핵 프로그램을 가동해 왔으며 기만전술과 벼랑끝 전술로 인해 이제는 사실상 핵보유국이 되었다.

우리 정부는 북한의 핵 프로그램 운영을 인지하고도 그들의 기만과 벼랑끝 전술에 미온적으로 대처하였다. 특히 김대중 정부와 노무현 정부는 '북핵 불용'이라는 대원칙을 제시했지만 북한의 핵 개발에 단호하게 대처하기보다는 오히려 북한의 입장을 두둔하는 듯한 입장을 취하기도 했다. 이제라도 북한의 핵 폐기를 이끌어낼 수 있는 단호한 정책이 요구된다.

정부의 정책은 합의와 파기 그리고 갈등과 재합의라는 과거의 패턴을 탈피하고 핵 폐기를 이끌어낼 통합된 접근법을 도입할 필요가 있다. 북한이 말하는 단계적 해법, 예를 들어 핵실험 유예와 이에 대한 대가로서의 대북지원은 과거의 실패사례를 반복하는 접근이다. 통합된 접근법은 북핵 폐기의 종착점에 대한 포괄적 합의와 이런 목표에 도달하기 위한 실천적 방안을 포함해야 한다. 정부는 '한반도 비핵화' 등의 수사적 표현이 아니라 북한의 '핵 철폐'라는 분명한 목표를 설정해야 하며, 북한도 말이 아니라 실천으로 핵 폐기를 이끌어 내야 한다.

▣ **인도적 문제의 해결**: 인도적 문제는 시간을 다투는 문제이다. 이산가족 문제는 물론 국군포로·납북자 문제의 해결은 '국가적 책무'라는 차원에서 접근해야 한다. 그리고 인도적 문제는 상봉행사 등 일회성 방식보다는 생사확인, 통신교류, 자유로운 상봉이 보장되어야 하며 고령자의 경우에 국한해서라도 재결합이 허용되어야 한다.

북한주민의 생활 향상에도 관심을 가져야 한다. 쌀과 비료 등 대북지원은 북핵문제 해결과 남북관계의 진전에 따라 검토되어야 하며 현 단계에서는 질병예방 및 긴급구호 물자 등 순수 인도적 물자로 한정해야 한다. 지원대상도 영유아·임산부·노인 등 전략적 지원대상에 중점을 두고 분배 투명성을 강화해야 한다.

북한 주민의 인권 문제에도 관심을 가져야 한다. 북한 체제의 특수성을 인정하면서도 최소한도의 인권이 보장받을 수 있도록 국제적 협력을 추진해나가야 한다. 자의적·불법적 인신 구속을 억제하고 특히 강제수용소 및 공개처형 등 비인도적 처벌이 금지될 수 있도록 해야 한다.

▣ **원칙있는 정책의 추진**: 남북관계는 일방의 이익이 아니라 쌍방의 이해에 부합되는 방향으로 추진되어야 한다. 북한도 비방과 중상 그리고 긴장 고조 행동을 중단하고 대화와 협력의 장으로 나와야 한다. 우리 정부도 북한의 이중적 태도에 대해 인내심을 가지고 의연하고 차분하게 대처함으로써 한반도 상황을 안정적으로 관리할 필요가 있다. 북한의 도발에는 단호하게 대처하면서 확고한 안보태세를 유지하는 한편 남북관계 발전을 위한 대화와 교류 및 인도적 지원을 추진해야 한다.

남북간 교류협력은 보편적 규범과 국제적 관행에 따라 추진되는 등 양보다는 질적 향상을 도모해야 한다. 일차적으로 우리 국민의 신변과 재산의 보호에 관심을 가져야 한다. 상호주의와 호혜성의 규범은 모든 관계의 기본이다. 북한은 대북지원 등 우리의 전향적 조치에 부응하여 적화통일 정책의 포기 및 개혁·개방의 추진 등 남북관계의 질적 향상에 기여해야 한다.

교류협력의 질적 도약을 위해서는 남북간에 대표부를 교차 설치할 필요가 있다. 북한은 민족공조라는 명분으로 대규모의 대북지원을 요구하면서도 우리의 정체성을 부정하는 태도를 보여왔다. 예를 들면, 우리의 국호와 국기가 북한 주민에게 노출되는 것을 극도로 경계해 온 것이다. 남북간 관계개선의 일차적 요건은 상호 인정과 소통이라는 점에서 서울과 평양에 상호 대표부를 교환하는 것이 필요하다고 할 것이다. 그리고 회담도 비밀회담이 아니라 공개적으로 진행되어야 하며 일방의 이해를 관철시키기 위한 목적보다는 쌍방의 이해가 모두 충족될 수 있어야 한다.

다. 통일정책의 방향

우리의 사회문제도 그러하지만 북한의 사회문제도 분단 상황에서는 궁극적 해결을 기대하기 힘들다. 남북관계의 특수성과 북한의 군국주의는 한반도 불안정의 근원이라고 할 수 있다. 첫째, 북한의 크고 작은 정책적 변화는 경쟁의 상대로 여겨온 남한의 존재를 의식하지 않을 수 없다. 이를 테면, 체제전환은 차치하고 개혁·개방에도 소극적일 수밖에 없으며 체제 유지를 위해 우리와의 갈등을 지속시켜 나갈 것이다.

둘째, 이른바 '남북 관계 개선'을 통해서는 분단의 문제를 근원적으로 해결하기가 힘들다는 점이다. 북한의 핵보유와 도발로 인한 안보불안, 육로를 통한 대륙진출 차단, 그리고 이산가족 문제 등 정치적, 경제적, 그리고 인도적 문제의 궁극적 해결은 통일에서 찾을 수밖에 없다.

그리고 셋째, 우리가 통일을 주도하지 않는다면 궁극적으로 북한이 주도하는 통일이 될 수밖에 없고 이는 곧 적화통일이 되는 것이다. 통일비용에 대한 우려는 하나의 '사치'라고 할 수 있다. 통일은 선택의 문제가 아니라 당위의 문제이며 생존의 문제이다. 적극적 통일정책이 요구된다고 할 것이다. 사실 대북정책의 목표는 평화통일의 실질적 기반을 구축하는데 있는바, 국내외적 통일역량의 강화를 위해 노력해야 한다.

① **통일 로드맵과 단계적 실천과제 작성**: 통일이 언제 어떤 방식으로 이우러질 것인지 예측하기는 힘들다. 그러나 통일환경과 분단국가의 통일사례

를 참고하여 상황에 부합하는 로드맵을 작성하고 단계별·부문별 과제를 제시해야 한다. 예를 들면, 통일단계는 통일전 단계, 통일단계, 그리고 통일후 단계로 나눌 수 있다. 부문별 과제로는 통일대비 요원의 양성, 북한 주민에 대한 긴급구호 방안, 그리고 남북 주민간 갈등 해소 방안 등이 포함된다.

② **통일비용과 통일재원 준비**: 통일은 긴급구호, 남북통합, 북한 재건 등 부문별로 비용을 수반한다. 반면 통일은 북한에 대한 국내외적 투자 기회의 증대를 가져온다. 정부는 부문별로 통일 비용을 산출하고 세금, 민간인 투자, 외국으로부터의 차관도입과 투자유치 등 통일비용의 조달 방안을 세워 예기치 않은 통일에 대비해야 한다. 물론 통일비용의 최소화를 위한 방안도 마련되어야 한다.

③ **법적·제도적 정비**: 통일이 하나의 체제로 통합하는 과정이라면 이는 하나의 법체계와 내용의 통합과정이라고도 할 수 있다. 북한의 국경선 문제, 치안유지, 사회복지, 그리고 경제적 투자 관련법은 물론 이산가족의 중혼 문제와 상속문제, 북한내 토지에 대한 처리문제, 그리고 과거사 처리 문제 등 통일과정에서 발생하는 문제를 해결할 수 있도록 사전에 법적·제도적 준비를 해야 한다.

④ **통일외교의 강화**: 한반도는 해양세력과 대륙세력의 교차점으로 주변국들의 이해가 걸려 있기 때문에 통일대비 외교를 강화해 나가야 한다. 통일외교는 통일에 대한 공감대 형성과 협력을 유도할 수 있는 통일촉진 외교를 비롯하여 한미동맹 강화의 문제 그리고 중국 등 북한에 우호적인 국가와의 협력 방안이 모색되어야 한다. 그리고 '정부 대 정부'의 전통적 외교는 물론 각국의 한반도 전문가, NGO 단체, 언론인과 예술인 등 여론 주도층과의 통일 공감대를 형성하는 등 공공외교에도 관심을 가져야 한다.

⑤ **통일의식 제고와 통일리더십 양성**: 통일은 결국 사람이 주도하는 것이다. 통일을 촉진하기 위해서는 국민적 합의가 선행되어야 하며 통일을 주도할 수 있는 리더십의 양성이 중요하다고 할 것이다. 통일교육을 전국민으로 확산하는 패러다임이 필요하며, 특히 청소년층을 대상으로 올바른 통일관을 배양할 필요가 있다. 올바른 통일관에는 〈통일교육 지원법〉에 명시되어 있

듯이, 자유민주주의에 대한 신념과 민족공동체 의식 그리고 건전한 안보관이 포함되어야 한다.

예기치 않은 통일에 대비하는 리더십 양성도 중요하다. 통일 리더십 교육은 통일과정에서 발생할 수 있는 제반 문제와 이를 해결하기 위한 정책적 방안을 포함해야 할 것이다. 특히 통일대비 역할부문에 따른 전문 교육이 요구되는 바, 여기에는 통일대비 행정요원의 양성과 교육요원의 양성이 포함될 수 있다.

참고문헌

〈국내서적〉

강대기. 1982. "환경문제." 김영모 편, 『현대사회문제론』(한국복지정책출판부), 181-190.

강상현. 1995. 『정보통신혁명과 한국사회』. 한나래.

강철환. 2003. 『수용소의 노래』. 상·하. 시대정신.

경찰청. 2011. 『경찰백서』.

______. 2005. 『마음 놓고 학교가기』.

고건호. 1994. "폭력조직의 활동영역과 대책." 『강력검사연구논문집(IV)』(대검찰청.).

고보선. 2005. "노인학대 위험요인이 학대 심각성 인지 및 학대 경험 정도에 미치는 영향에 관한 연구." 『노인복지연구』 29(가을호): 91-121.

고성호. 2005. "북한주민의 범죄와 일탈." 정영철 등, 『1990년대 이후 북한사회변화』(한국방송).

고영복(편). 2002. 『현대사회문제』. 서울: 사회문화연구소.

고정현. 2006. 『2006년 정보격차 현황분석 및 시사점』. 한국정보문화진흥원.

공정거래위원회. 2006. 『소비자사기 예방을 위한 구매 거래 상식』.

교육부. 2019. 『2019 1차 학교폭력 실태조사』.

교육과학기술부·보건복지부·질병관리본부. 2011. 「제6차(2010년) 청소년건강행태 온라인조사 통계」.

과학기술부. 2001. 『시민과학기술정책배심원 운영방안』.

과학기술정보통신부·한국인터넷진흥원. 「인터넷이용실태조사」. 해당 연도.

과학기술정보통신부. 2013. 『정보보호실태조사』

과학기술정보통신부·한국정보화진흥원. 2018. 「2018 디지털정보격차 실태조사」

곽대경 외. 2007. 『현대사회와 범죄』. 청목출판사.

구인회. 2004. "한국의 빈곤, 왜 감소하지 않는가?: 1990년대 이후 빈곤 추이의 분석" 『한국사회복지학』 56(4): 57-78.

______. 2005. "빈곤의 동태적 분석: 빈곤지속기간과 그 결정요인." 『한국사회복지학』 57(2): 351-374.

국가정보원. 2007. 『2007 국가정보보호백서』.

국가청소년위원회. 2007. 『2007년도 우리사회의 폭력에 대한 국민 안전도 인식조사』. 서울: 국가청소년위원회.

권중돈. 2004. “노인학대에 영향을 미치는 요인.” 『한국노년학』 24(1): 1-19.

권태환 외. 1997. 『정보사회의 이해』. 미래디자인사.

기틴스. 1997. 『가족은 없다: 가족이데올로기의 해부』. 안호용 등 옮김. 일신사.

김경동 외. 1998. 『정보사회의 이해』. 나남출판사.

김구년. 1991. “직업취득에 미친 사회연결망의 영향 분석.” 성균관대학교 석사학위 논문.

김두섭. 2006. “한국인 국제결혼의 설명틀과 혼인 및 이혼신고자료의 분석.” 『한국인구학』 29(1): 25-56.

김미숙·배화옥. 2007. “한국 아동빈곤율 수준과 아동빈곤에 영향을 미치는 요인 연구.” 『보건사회연구』 27(1): 3-26.

김세움. 2015. “기술진보에 따른 노동시장 변화와 대응.” 『정책연구 』(5)(한국노동연구원), 2015.

김순홍 등. 2007. 『한국 청소년의 가치관』. 서울: 한국사회조사연구소.

김영한 등. 2003. 『청소년 문제행동 예방과 종합대책 연구』. 서울: 한국청소년개발원.

______. 2005. 『청소년문제행동 종합대책 Ⅲ』. 서울: 한국청소년개발원.

김윤영. 2008. 『북한의 급변사태에 대비한 치안대책 연구』. 치안정책연구소.

김은실. 2008. “국제사회의 성 주류화 동향과 한국의 여성정책 전략.” 한국여성정책연구원 개원 25주년 기념 국제학술심포지엄.

김정석·김익기. 2000. “세대간 지원교환의 형태와 노인들의 생활만족도.” 『한국노년학』 20(2): 155-168.

김종길. 1998. “정보통신기술의 발전과 환경문제.” 한국언론학회(편), 『정보화시대의 미디어와 문』, 세계사, 403-424.

김종일 외. 2005. 『사회문제론』. 서울: 청목출판사.

김주환. 1996. “정보화사회와 뉴미디어, 어떻게 볼것인가: 상호작용의 커뮤니케이션과 디지털 정보의 의미.” 『문화과학』 9(1996): 31-50.

김지영. 2018. “성폭력 범죄.” 『한국의 범죄현상과 형사정책』(한국형사정책연구원, 129-150).

김진화 외. 2003. 『청소년 문제행동론』. 서울: 학지사

김창기·박일연. 2003. “노인의 의존성 및 부양자 행동통제기술이 노인학대에 미치는 영향에 관한 연구.” 『노인복지연구』 20(여름호): 7-28.

김태기. 1994. 『경쟁력과 노사관계』. 한국노동연구원.

김태헌. 2007. 『노인학』. 서울: 교문사.
김한곤. 2003. “미국 거주 한인 노인들의 노인 학대 실태: 캘리포니아주 산타클라라 카운티를 중심으로” 『한국인구학』 23(4): 67-83.
______. 1998. “노인학대의 인지도와 노인학대의 실태에 관한 연구” 『한국노년학』 18(1): 184-197.
김혜경. 2013. “부계 가족주의의 실패?: IMF 경제위기 세대의 가족주의와 개인화.” 『한국사회학』 47(2): 101-142.
김홍근 등. 2005. 『사회문제와 사회복지』. 학연사.
남인숙. 1996. “남·북한 여성정책 비교.” 『북한학보』 20: 185-236.
노동자감시 근절을 위한 연대모임. 2003. 『보안관리시스템관련 사업장 실태조사 보고서』.
대검찰청. 2018. 『범죄분석』.
대통령자문 빈부격차·차별시정위원회. 2007. 『빈곤 및 소득분배와 개선효과 추이』.
문용갑. 2007. 『중고 PC 개인정보 유출현황 조사 및 대책 연구』. 한국정보보호진흥원.
문용갑 등. 2006. “유비쿼터스 컴퓨팅 환경과 사회 질서.” 『인간연구』 10호.
문용린 등. 2007. 『학교폭력 예방과 상담』. 서울: 학지사.
밀, J. S. 1986. 『여성의 예속』. 김예숙 옮김. 이화여대 출판부.
맥팔레인(Macfarlane, Alan). 2014. 『잉글랜드에서의 결혼과 사랑』 이성용·윤희환 옮김. 나남.
박경래. 2006. 『조직폭력배의 소득원에 관한 연구』. 한국형사정책연구원.
박경숙. 2008. “빈곤층의 생활과 의식: 생활세계 내 불평등의 지배와 저항.” 『한국사회학』 42(1): 96-129.
______. 2004. “제5장 노동에서의 연령 차이와 연령불평등.” 방하남 등, 『현대 한국사회의 불평등』(한울, 172-225).
______. 2002. 『고령화 사회 이미 진행된 미래』. 의암출판.
박국흠. 2007. “정보화가 실업에 미치는 영향: 정보화지수와의 교차항 분석을 중심으로.” 『한국지역정보화학회지』 10(3): 95-119.
박민자. 2004. “혼인의미의 시대적 변화.” 『가족과 문화』 16(1): 109-136.
박숙자. 1999. “노인의 소득활동.” 여성한국사회연구회(편), 『노인과 한국사회』(사회문화연구소).
박순민. 2017. “비혼을 통해 본 결혼의 탈제도화와 문화적 영향력의 지속.” 『가족과 문화』 29(4): 94-121.
박순일. 2000. “빈곤과 소득분배 실태.” 『보건복지포럼』 41: 17-25.
박준휘·홍영오·황지태·승재현·최수형 등. 2018. 『한국의 범죄현상과 형사정책』 한국형사정책연구원.
박지선. 2019. 『범죄심리학』. 도서출판 그린.
박형민. 2013. “무차별 범죄(random crime)의 개념과 특징: 불특정인을 대상으로 한 범죄.” 『한국공안행정학회보』(50): 225-258.
박형중. 2002. 『북한의 경제관리체계: 기구와 운영·개혁과 변화』. 해남.
배성종. 2008. “최근 경제활동참가율의 하락배경과 시사점.” 『조사통계월보』 2008.1.
배종대. 1999. 『형법각론』. 홍문사.
법무연수원. 2019. 『범죄백서』.
변화순. 2007. 『법 시행 3년, 정책의 이행실태와 향후과제』. 성매매방지법 시행 3년의 변화와 향후 과제 정책토론회(2007.10).
보건복지부. 2019. 『보호대상아동현황보고』.
______. 2011a. 『국민기초생황보장사업 지침』.
______. 2011b. 『2010년 국민기초생활보장 수급자현황』.
보건복지가족부. 2008. 『기초생활보장 지침』.
북한. 1985. 『철학사전』. 평양: 사회과학출판사.
비숍, E. B. 1994. 『한국과 그 이웃 나라들』. 살림.
서수경. 2002. “서구의 ‘포스트모던 가족’ 연구에 대한 고찰.” 『한국가족관계학회지』 7(1): 19-37.
서울대학교 사회과학연구소. 1989. 『노사관계에 대한 국민의식 조사연구』.
서울시·자녀안심운동 서울협의회. 2000. 『청소년 문제행동의 이해』. 서울: 자녀안심하고 학교보내기운동 서울협의회.
서울시·청소년희망재단. 2007. 『안전한 학교환경·행복한 청소년』. 서울: 청소년희망재단
서윤. 2000. “노인학대에 대한 사회복지사의 인지와 목격실태에 관한 연구.” 『노인복지연구』 7: 28-71.
서재진. 1995. 『또 하나의 북한사회: 사회구조와 사회의식의 이중성 연구』. 나남출판.
성선제. 2004. 『사이버공간과 사생활보호』. 정보통신정책연구원.
손연기. 2005. “정보격차해소를 위한 추진방향과 전략.” 『한국통신학회지』 22(1): 78-88.
심윤종 등. 2000. 『산업사회학』(전정판). 경문사.
안경숙. 2005. “노인부부가구·노인독신가구의 사회적 지지가 삶의 질에 미치는 요인에 관한 연구.” 『한국노년학』 25(2): 1-19.
안주엽·황준욱·이상민·이주량. 2011. 『유비쿼터스 시대의 노동』. 한국노동연구원.
엄동욱 등. 2005. 『고령화 저성장 시대의 기업 인적자원 관리방안』. 삼성경제연구소

연구보고서.
여성가족부. 2019. 「청소년통계 보도자료」.
______. 2018a. 「청소년 매체이용 및 유해환경 실태조사」.
______. 2018b. 「청소년백서」.
여성부. 2007a. 「여성의 힘 깨어나다」.
______. 2007b. 「2007 국민과 함께 하는 업무보고」.
______. 2007c. 「이주여성 긴급전화 1366센터 운영결과보고서」.
______. 2007d. 「성별영향평가 안내서」.
여유진·김태완. 2006. "한국의 소득불평등 동향과 정책방향." 『보건사회연구』 26(1): 3-38.
OECD. 2005. 『일과 가정생활의 조화를 위한 정책 보고서』.
오일환. 2000. "김정일 시대의 북한체제론 현황." 오일환 등, 『현대북한체제론』, 을유문화사.
온실가스종합정보센터. 2019. 「2019 국가온실가스 인벤토리」.
유홍준·장준오. 2008. 『한국의 직장절도』. 한국형사정책연구원.
윤정숙·박지선,안성훈,김민정. 2013. 『묻지마 범죄자의 특성 이해 및 대응방안 연구』. 한국형사정책연구원
윤철경 등. 2005. 『청소년 보호정책 실태와 발전방안』. 한국청소년개발원.
이가옥 등. 1994. 『노인 생활 실태 분석 및 정책 과제』. 한국보건연구원.
이경희. 2003. "생명공학기술에 있어서의 차별과 윤리적 쟁점." 『사회이론』 23: 209-40.
이상민. 2000. "디지털격차와 극복." 『디지털심포지움』. 삼성경제연구소.
이상협·이철희·홍석철. 2016. 「저출산 대책의 효과성 평가」. 한국보건사회연구원.
이선희. 2008. "경제 분야의 성 평등 증진과 호주 원조프로그램 내 성 주류화 전략." 한국여성정책연구원 개원 25주년 기념 국제심포지엄.
이성용. 2019a. "최적가임기 기혼여성의 인공임신중절에 부부의 사회경제적 지위가 미치는 영향." 『보건정보통계』 44(2): 152-159.
______. 2019b. "캄보디아의 모중심 가족에 대한 탐색연구." 『동남아시아연구』 29(2): 229-267.
______. 2018a. "유럽의 세계경제체제가 아시아 인구변동에 미친 영향, 1700-1950." 『한국인구학』 41(1): 135-178.
______. 2018b. "유럽의 세계경제체제가 유럽, 북·중미, 아프리카 인구변동에 미친 영향, 1492-1950." 『한국인구학』 41(4): 1-38.
______. 2013. "서유럽 특유의 가구형성규칙과 맬서스주의자의 항상성 모형: 인구학

패러다임의 탈종속화." 『한국인구학』 36(2): 1-26.

______. 2007. "성선호와 자녀의 가치의 인과성에 대한 이론화 작업." 『사회와 이론』 11(2): 123-167.

______. 2006a. "경제위기와 저출산." 『한국인구학』 29(2): 1-32.

______. 2006b. "가족주의와 효." 『한국인구학』 29(2): 215-240.

______. 2005. "고령화의 인구학적 분석." 강남대학교 『사회과학논총』 19: 181-211.

______. 1997. "가족전략의 관점에서 분석한 효행위: 합리적 선택이론의 적용." 『성균사회학』 2집: 89-112.

이성용·방하남. 2009. "성·연령별 중·고령 노동자의 취업양극화 분석." 『한국노년학』 29(2): 593-610.

이성용·황명진. 2014. "교육수준에 따른 비혼구성비 추세분석: 서울시 강남과 비강남 비교연구." 『사회과학연구』(충남대학교) 25(1): 15-34.

이성희·한은주. 1998. "부양자의 노인학대경험과 관련요인." 『한국노년학』 18(3): 123-142.

이순래·박철현,장안식(공역). 2017. 『범죄학 이론: 사회적 배경과 결과물』. 박영사.

이승연. 2018. "제2부 제1장 소년범죄." 『한국의 범죄현상과 형사정책』, 105-128. 한국형사정책연구원.

이여봉. 2017. "1인가구의 현황과 정책과제." 『보건복지포럼』 64-77.

이영희. 2000. "과학기술과 시민참여: 시민과학론의 논리와 실천." 『과학기술의 사회학: 과학기술과 현대사회에 대한 성찰』. 한울아카데미.

이우홍. 1990. 『원산 농업대학 강사가 본 어둠의 공화국』. 통일일보사.

이원덕. 1997. 『노사개혁: 미래를 위한 선택』. 한국노동연구원.

이원숙. 2004. 『가족복지론』. 학지사.

이정환. 2002. "가족환경, 과외, 성적." 『한국사회학』 36(2): 195-213.

이해경. 2005. "혼인이주와 혼인이주 가정의 문제와 대응." 『한국인구학』 28(1): 73-106.

이혜연. 1998. 『청소년문제 어디서 어떻게 지도하나』. 서울: 한국청소년개발원.

임양택. 1995. "성장 고용 분배에 대한 기술변화의 파급효과 분석 : 한국 제조업 부문을 중심으로." 한국경제학회 『95년도 학술대회 논문집』.

장준오. 2003. 『사이버상의 청소년일탈에 관한 연구』. 한국형사정책연구원.

______. 1999. 『90년대 돈세탁: 국제적 추세와 국내실태』. 한국형사정책연구원.

장휘숙. 2002. 『인간발달』. 서울: 박영사.

전광희. 2006. "무자녀에서 첫째 자녀로의 이행과정." 『인구와 사회』 1(1): 1-34.

전길양·송현애. 1997. "노인홀대에 관한 연구." 『한국가정관리학회지』 15(3): 83-94.

전병재. 2001. "전통적 노인상과 현대적 노인상." 『전통과 현대』 : 99-111.

정경희·오영희·김은나·김경래·이윤경·오미애·황남희·김세진·이선희·이석구·홍송이. 2017. 「2017년 노인실태조사」 한국보건사회연구원.

정경희·오영희·석재은·도세록·김찬우·이윤경·김희경. 2005. 「2004년도 전국 노인생활실태 및 복지욕구조사」. 한국보건사회연구원.

정대영(편). 2001. 『문제행동의 기능평가와 행동지원』. 서울: 양서원.

정시연. 2001. "폐PC 문제에 대한 논의 동향." *KISDI IT Focus* (5월호).

정인수. 1997. 『주요국 노동시장 정책의 변화』. 한국노동연구원.

정형옥. 2007. "비정규직 고용의 특성과 성별차이." 한국여성정책연구원.

조병인. 2001. 『현대사회와 범죄』. 법문사.

조선화 외. 2005. 『문제 중심으로 접근한 청소년 복지론』. 서울: 교문사.

조성남. 2004. 『고령화 사회의 미래와 도전: 에이지붐 시대』. 이화여자대학교 출판부.

차경수. 2000. 『한국의 청소년정책』. 서울: 양서원.

청소년보호위원회. 2002. 청소년 유해환경접촉 종합실태조사.

최영신. 2018. "외국인범죄." 『한국의 범죄현상과 형사정책』, 171-192. 한국형사정책연구원.

최인섭 외. 2003. 『한국사회의 폭력에 대한 연구: 진단과 처방』. 한국형사정책연구원.

최정석 외. 2006. 『함께 가꾸는 푸른세상』. 동아시아.

최혜경. 2000. "노인의 삶의 향상을 위한 가족 부양의 방향." 『노인복지연구』 2000(4): 141-164.

출입국·외국인정책본부. 2019. 『통계연보』.

카플란, 제리. 2016. 『인간은 필요 없다: 인공지능 시대의 부와 노동의 미래』. 신동숙(역). 한스미디어.

통계청. 2019a. 「2019년 고령자통계"(9월).

______. 2019b. 「장래가구특별추계: 2017년-2047년" (9월).

______. 2019c. 「2018년 출생 통계(확정)" (8월)

______. 2018. 「사회조사」.

______. 2017. 「2016년 기준 신혼부부 통계 결과."

______. 2017. 「교육수준별 출생·사망·혼인·이혼 분석: 2000-2015년.

______. 2016. 「2015년 인구주택총조사 표본집계결과: 인구·가구·주택 기본특성 항목."

______. 2016. 「2015 인구주택총조사. 전수부문: 등록센서스 방식 집계결과.

______. 「북한의 주요 통계지표」. 해당 연도.

파이어스톤, S. 1983. 『성의 변증법』. 김예숙 옮김. 풀빛.

프리단, B. 1996. 『여성의 신비』. 김행자 옮김. 평민사.

하원규 등. 2002. 『유비쿼터스 IT혁명과 제3공간』. 전자신문사.
한국과학문화재단. 2004. 「과학기술분야 국민이해도 조사」.
한국과학창의재단. 2018. 「과학기술 국민인식조사결과」.
한국노동교육원. 1995. 「노사관계 및 노사협력의식에 관한 조사연구」.
한국노동연구원·한국보건사회연구원. 2007. 「최근 소득분배 및 공적 이전·조세의 재분배 효과 추이 분석」.
한국노동조합총연맹. 1990. 「한국노동자 의식연구」.
______. 1979. 『경제개발과 소득분배』.
한국보건사회연구원. 2011. 「빈곤통계연구」.
______. 2010. 「2010년 최저생계비 계측조사연구」.
______. 2007. 「2006년 가구소득별 소득 대비 자녀양육비 조사」.
한국사이버감시단. 2001. 한국사이버범죄백서』. 전자신문사.
한국사회학회. 1996. 『노사관계 개혁의 과제와 방향』. 특별심포지움 자료집.
한국인터넷진흥원. 2018. 「정보화역기능실태조사」
______. 2012. 『국가정보보호백서』.
한국전자통신연구소. 1996. 『그린시대의 정보기술』.
한국정보보호진흥원. 2012. 『국가정보화백서』.
______. 2007. 『2007 국가정보화백서』. 한국전산원.
한국정보화진흥원. 2018. 『정보화백서』.
한국직업능력개발원. 2005. 『유비쿼터스사회의 노동과 학습』.
한국청소년개발원. 2009. 『한국청소년진로직업실태 조사』.
한국청소년정책연구원. 2006. 『청소년문제론』. 서울: 교육과학사.
한동희. 1996. "노인학대에 관한 연구." 대구효성카톨릭대학교대학원 박사학위논문.
한상진·김성기. 1991. "포스트모더니즘, 이렇게 보아야 한다." 『사회평론』.
한은주. 2000. "노인학대의 원인에 대한 생태학적 연구." 성신여자대학교 박사학위논문.
한은주·김태현. 2000. "노인학대의 원인에 대한 생태학적 연구." 『한국노년학』 20(2): 71-89.
한준상. 1996. 『청소년 문제』. 서울: 연세대학교 출판부.
행정자치위원회. 2007. 『공공기관의 폐쇄회로 텔레비전 설치에 관한 법률안』.
허경미. 2018. 『현대사회와 범죄학』. 박영사.
허재준. 2017. "4차 산업혁명이 일자리에 미치는 변화와 대응." 『노동리뷰』(3) (한국노동연구원).
홍경자. 2004. "매체와 정보해석학: 정보개념과 정보해석학의 근대적 기원." 『해석학

연구』 13권: 31-62.

홍백의·김혜연. 2007. "빈곤의 여성화(feminization of poverty): 경향 및 원인." 『한국사회복지학』 59(3): 125-146.

홍성태.1998. "정보화와 정보사회론의 전개: 1980년대 중반이후 한국에서의 논의를 중심으로." 산업사회학회 등 비판사회학대회 발표문.

환경부. 『환경통계연감』. 해당 연도.

환경부. 2018. 『2018 환경백서』.

황장엽. 1999. 『나는 역사의 진리를 보았다』. 한울.

〈국외서적〉

AARP(American Advancement of Retired Persons). 2006. *In Their Dreams: What will Boomers Inherit?* Washington, D. C.

Adams, B. N. 1986. *The Family: A Sociological Interpretation.* Florida: Hartcourt.

Adams, G. R. 2005. "Adolescent Development." T. P. Gullotta & G. R. Adams (Eds), *Handbook of Adolescent Behavioral Problems: Evidence-Based Approaches to Prevention and Treatment,* pp. 3-16. NY: Springer.

Akers, R. 2000. *Criminological Theories: Introduction, Evaluation, and Application.* 3rd ed. Los Angeles: Roxbury Publishing.

Anderson, M. 1988. *Thinking About Women: Sociological Perspective on Sex and Gender,* 2nd ed New York: Macmillan.

Aries, P. 1962. *Centuries of Childhood: A Social History of Childhood.* New York: Vintage Books.

Autor, David H. 2015. "Why Are There Still So Many Jobs? The History and Future of Workplace Automation." *Journal of Economic Perspectives* 29(3): 3~30.

Binstock, R. H. and L. K. George. 2001. *Handbook of Aging and Social* Sciences. New York: Academic Press.

Brown, S. E., E. Finn-Aage and G. Geis. 1991. *Criminology: Explaining Crime and Its Context.* Ohio: Anderson.

Burawoy, M. 1979. *Manufacturing Consent.* Chicago: University of Chicago Press.

Burgess, E. 1925. "The Growth of the City," pp. 47-62 in *The City,* ed. by R. E. Park and E. Burgess. Chicago: University of Chicago Press.

Caldwell, J. 1982. *Theory of Fertility Decline*. London: Academic Press.

Castells, M. 1998. *End of Millennium*. London: Blackwell.

Cherlin, A. J. 2003. "Family Demography." In P. Demeny and G. McNicoll (eds.), *Encyclopedia of Population*, pp. 355-361. New York: Macmillan Reference.

Clegg, S. and D. Dunkerley. 1980. *Organization, Class and Control*.

Coggill, D. O. and L. Homes. 1972. *Aging and Modernization*. New York: Appleton Century Crafts.

Cohen, A. 1955. *Delinquent Boys*. New York: Free Press.

Commoner, B. 1992. *Making Peace with the Planet*. New York: The New Press.

Currie, E. and J. H. Skolnick. 1988. *America's Problems: Social Issues and Public Policy*. Glenview, Illinois: Scott, Foresman and Company.

Dahrendorf, R. 1959. *Class and Class Conflict in Industrial Society*. Stanford, CA: Stanford University Press.

Das Gupta, M. 2005. "Lifeboat versus Corporate Ethic: Social and Demographic Implications of Stem and Joint Families." *Social Science & Medicine* 49(2): 173-184.

Davis, K. and W. E. Moore. 1945. "Some Principles of Stratification." *American Sociological Review* 10: 242-49.

Dierkes, M. 1989. "Was ist und wozu betreibt man Technikfolgen-Abschtzung?" *Discussion Paper FS* II 89-103. Berlin: WZB.

Dizard, W. P. 1982. *The Coming Information Age: An Overview of Technology. Economics and Politics*. New York: Longman.

Duncan, G. and J. Brooks-Bunn. 1997. *Consequences of Growing Up Poor*. New York: Russell Sage Publications.

Durkheim, E. [1893] 1964. *The Division of Labor in Society*. New York: Free Press.

______. [1897] 1966. *Suicide: A Sociological Study*. New York: Free Press.

Eysenck, H. 1989. "Personality and Criminality: A dispositional Analysis," pp. 89-110 in *Advances in Criminological Theory*, vol. 1, edited by W. S. Laufer and F. Adler. New Brunswick, NJ: Transaction.

Farmer, D. and C. C. Mann. 2003. "Surveillance Nation". *Technology Review* 106(3): 34-43.

Federal Bureau of Investigation. 2019. *Crime in the United States*. Department of Justice.

Federal Bureau of Investigation. 2017. *Hate Crime Statistics*. Department of Justice.

Forbes. 2008. "The World's Billionaires." March 5.

Frankenfeld, P. J. 1992. "Technological Citizenship: A Normative Framework for Risk Studies." *Science, Technology, & Human Values* 17(4): 459–484 Federal Reserve Bank. 2007.

Friedrich, C. J. and Z. K. Brzezinski. 1965. *Totalitarian Dictatorship and Autocracy*. 2nd ed. Cambridge, MA: Harvard University Press.

Fromm, E. 1974. *Anatomie der menschlichen Destruktivit t. Stuttgart.*

Gans, H. J. 1994. "Positive Functions of the Underserving Poor: Uses of the Underclass in America." *Politics and Society* 22(September): 269–283.

Gaunt, D. 1983. "The Property and Kin Relationships of Retired Families in Northern and Central Europe." pp. 249–280 in R. Wall J. Robin and P. Laslett(eds.), *Family Forms in Historic Europe*. Cambridge: Cambridge University Press.

Glenn, E. N., G. Chang and L. R. Forcey. (eds). 1994. *Mothering*. New York: Routledge.

Glueck, S. and E. Glueck. 1950. *Unraveling Juvenile Delinquency*. Cambridge: Harvard University Press.

Granovetter, M. 1974. *Getting a Job*. Cambridge, M. A.: Harvard University Press.

Hagan, John. 1989. *Structural Criminology*. Rutgers University Press.

Hanjal, J. 1982. "Two Kinds of Preindustrial Household Formation System." *Population and Development Review* 8(3): 449–494.

Hanjal, J. 1965. "European Marriage Patterns in Perspective." pp. 101–43 in Glass, D. V. and D. E. C. Eversley (eds.), *Population in History: Essays in Historical Demography*.

Hayes, L. F. 1970. "Non-economic Aspects of Poverty." *Australian Journal of Social Issues* 5: 41–54.

Hirschi, T. 1969. *Causes of Delinquency*. Berkeley, C. A.: University of California Press.

Home Office. 2018. *Hate Crime: England and Wales, 2017 to 2018*. Home

Office Statistical Bureau.

Hooyman, N. R. and H. A. Kiyak. 2008. *Social Gerontology: A Multidisciplinary Perceptive*. 8th ed. Boston: Allyn and Bacon.

International Herald Tribune. December 7, 2006.

IPCC. 2007. "Climate Change 2007: The Physical Science Basis-Summary for Policymakers." http://ipcc-wg1.ucar.edu/wg1/Report/AR4WG1_Print_SPM.

ITU. 2018. *ICT Development Index 2017*.

Johnson, D. G. 1991. *Ethical Issues in Engineering*. Englewood-Cliffs, NJ: Prentice-Hall.

Jones, D. A. 1986. *History of Criminology: A Philosophical Perspective*. New York: Greenwood.

Jones, D. K. C. 1993. "Environmental Hazards in the 1960s." *Geography* 78(339): 161-165.

Kendall, D. 2001. *Sociology in Our Times*. Belmont, CA: Wadsworth.

Kennedy, B. P., I. Kawachi, R. Glass and D. Prothrow-Stith. 1998. "Income Distribution, Socioeconomic Status, and Self-Rated Health in the U.S.: Multilevel Analysis." *British Medical Journal* 317: 917-921.

Kerr, C. et al. 1973. *Industrialism and Industrial Man*. Harmondsworth: Penguin.

Kornblum, W., J. Jullian and C. D. Smith. 2007. *Social Problems*. Engle wood-Cliffs, NJ: Prentice-Hall.

Laslett, P. 1995. "Necessary Knowledge: Age and Aging in the Societies of the Past." Pp. 3-77 in D. I. Kertzer and Peter Laslett (eds.), *Aging in the Past: Demography, Society, and Old age*. Berkeley, CA: University of California Press.

______. "Characteristics of the Western Family Considered over time." *Journal of Family History* 2: 89-115.

______. 1972. "The history of the family." Pp. 1-89 in P. Lasslett and R. Wall (eds.) *Introduction to Household and family in the Past Time*. Cambridge: Cambridge University Press.

Lemert, E. M. 1967. *Human Deviance, Social Problems, and Social Control*. Englewood-Cliffs, NJ: Prentice Hall.

Leventhal, T. and J. Brooks-Gunn. 2003. "Moving to Opportunity: An Experimental Study of Neighborhood Effects on Mental Health."

American Journal of Public Health 93(9): 1576-1585.

Lewis, O. 1966. "The Culture of Poverty." *Scientific American* 2(5): 19-25.

Liska, A. E. and S. F. Messner. 1999. *Perspectives on Crime and Deviance.* 3rd ed. Englewood Cliffs, NJ: Prentice Hall.

Lukács, G. 1986. 『역사와 계급의식』. 박정호·조만영 역. 거름.

Macfarlane, A. 1986. *Marriage and Love in England 1300-1840.* New York: Basil Blackwell.

Machlup, F. 1964. *The Economics of Information and Human Capital.* Princeton, NJ: Princeton Univ. Press.

Maier, F. 1992. *The Regulation of Part-Time Work : A Comparative Study of Malatu,* S. Mesfin, and C. Schooler. 2002. "Causal Connections between Socioeconomic Status and Health: Reciprocal Effects and Mediating Mechanisms." *Journal of Health and Social Behavior* 43: 22-41.

Marks, G. 1991. "The Urban Underclass." *Annual Review of Sociology* 17: 445-466.

McCord, W. and J. McCord. 1959. *Origins of Crime: A New Evaluation of the Cambridge-Sommerville Youth Study.* New York: Columbia University.

McLuhan, M. 1964. *Understanding Media: The Extention of Man.* New York: Signet.

McWhirter, J. J., B. T. McWhirter, E. H. McWhirter and R. J. McWhirter, 2004. *At Risk Youth: A Comprehensive Response.* Ontario: Thomson Brooks.

Mead, L. M. 1994. "Poverty: How Little We Know." *Social Service Review* 68: 322-350.

Mead, M. 1970 *Culture and Commitment: A Study of the Generation Gap.* Garden City, NY: Morrow.

Mednick, S. and K. O. Christiansen. 1977. *Biosocial Bases of Criminal Behavior.* New York: Gardner Press.

Merton, R. 1968. *Social Theory and Social Structure.* New York: Free Press.

Miles, R. 1976. *Macro Organizational Behavior.* California: Goodyear Publishing Co.

Mills, C. W. 1959. *The Sociological Imagination.* New York: Oxford University Press.

Morgan, G. 1987. *Images of Organizations.* Berkely, CA: SAGE.

Murray, T. H. and M. J. Mehlman. 2000. *Encyclopedia of Ethical, Legal and Policy.*

Nock, S. L. 1987. *Sociology of the Family.* Englewood-Cliffs, NJ: Prentice-Hall, Inc.

OECD. 2016. "Automation and Independent Work in a Digital Economy." *Policy Brief on the Future of Work.*

Ogburn, W. F. 1964. *On Culture and Social Change.* Chicago: University of Chicago Press.

O'Riordan, T. 1981. *Environmentalism.* London: Pion.

Perrow, C. 1984. "Normal Accidents: Living with High-Risk Technologies." *Administrative Science Quarterly* 29(4): 630-632.

Pfeffer, J. 1978. *Power in Organization.* Mass: Pitman Publishing.

Quadagno, J. 2008. *Aging and the Life Course: An introduction to Social Gerontology.* 4th ed. Boston: McGraw Hill.

Quinn, M. J. and S. K. Tomita. 1997. *Elder Abuse and Neglect: Causes, Diagnosis, and Intervention Strategies.* New York: Springer Publising Company.

Quinney, R. 1977. *Class, State, and Crime.* New York: David McKay.

Reckless, W. *The Crime Problem.* New York: Appleton-Century-Crofts.

Reiss, A. 1951. "Delinquency as the Failure of Personal and Social Controls." *American Sociological Review* 16: 196-207.

Rifkin, J. 1998. *The Biotech Century.* New York: Penguin Putnam.

Riley, J. 1990. "The Risk of Being Sick: Morbidity Trends in Four Countries." *Population Development Review* 16(3): 403-432.

______. 1991. "The Prevalence of Chronic Diseases During Mortality Increase: Hungry in the 1980s." *PS* 45: 489-496.

Robins, K. and F. Webster, 1988. "Cybernetic Capitalism: Information, Technology, Everyday Life." Pp. 44-75 in V. Mosco, and J. Wasko (eds.), *The Political Economy of Information* (Madison: University of Wisconsin Press).

Rogers, R. G. 1995. "Sociodemographic Characteristics of Long-Lived and Healthy Individuals." *Population Development Review* 21(1): 33-58.

Rotenberg, M. 1998. "Preserving Privacy in the Information Society" (http://www.unesco.org/webworld/infoethics_2/eng/papers/paper_10.rtf).

Rowe, D. and D. W. Osgood. 1984. "Heredity and Sociological Theories of Delinquency: A Reconsideration." *American Sociological Review* 49: 526–540.

Schement, J. R. 1989. "The Origins of The Information Society in the United States: Competing Visions." Pp. 29–50 in J. L. Salvaggio (ed.), *The Information Society: Economic, Social, and Structural Issues* (Hillsdale, NJ: Lawrence Erlbaum Associates).

Schifferes, S. 2004. "Can Globalization Be Tamed?" BBC News Online, February 24.

Schiller, H. 1983. "The World Crisis and The New Information Technologies." *Columbia Journal of World Business* 18(1): 86–90.

Schiller, H. 1996. *Information Inequality: The Deepening Social Crisis in America.* New York: Routledge.

Schmalleger, F. 1996. *Criminology Today.* Englewood–Cliffs, NJ: Prentice Hall.

Seccombe, K. 2001. "Families in Poverty in the 1990s: Trends, Causes, Consequence and Lessons Learned." in R. M. Milardo (ed.), *Understanding Families into the New Millennium: A Decade in Review* (Minneapolis: National Council on Family Relations, 313–332).

Sheldon, W. 1949. *Variety of Delinquent Youth.*

Siegal, J. S. and D. A. Swanson, 2004. *The Methods and Materials of Demography.* 2nd ed. New York: Elsevier Academic Press.

Siegel, L. J. 2007. *Criminology: Theories, Patterns, and Typologies.* 9th ed. Belmont: Thomson.

Silver, L. 1997. *Remaking Eden: How Cloning and Beyond Will Change the Human Family.* New York: Avon Books.

Smith, Aaron and Janna Anderson. 2014. "AI, Robotics, and the Future of Jobs." *Internet & Technology* (August) (Pew Research Center).

Sprey, J. 1979. "Conflict Theory and the Study of Marriage and the Family" in W. Burr, R. Hill, F. Nye and I. L. Reiss (eds.), *Contemporary Theory About the Family, Vol. II.* New York: Free Press.

Sullivan, T. J. 2006. *Introduction to Social Problems.* 7th ed. Boston: Allyn & Bacon.

Sutherland, E. 1947. *Principles of Criminology.* Philadelphia: J. B. Lippincott.

Sutherland, E. and D. Cressey. 1978. *Criminology.* 10th ed. Philadelphia:

Lippincott.

Sykes, G. and R. K. Merton. 1978. *Criminology.* New York: HBR.

Thane, P. 2000. *Old Age in English History: Past Experience, Present Issues.* Oxford: Oxford University Press.

Thomas, W. I. 1928. *The Child in America.* New York: Knopf.

Tumin, M. M. 1953. "Some Principles of Stratification: A Critical Analysis." *American Sociological Review* 18: 387–93.

United Nations. 2019a. *World Population Prospects 2019: Highlights.* UN Department of Economics and Social Affairs, Population Division.

______. 2019b. *World Population Ageing 2019: Highlights.* UN Department of Economics and Social Affairs, Population Division.

______. 2019c. *World Population Prospects 2019: Highlights.* UN Department of Economics and Social Affairs, Population Division.

______. 2018. *United Nations e–Government Survey.*

______. 2004. *The State of World Population 2004.* UN Population Funds. New York.

______. 2003. *Human Development 2003: Report Quotable Facts.* UN Development Program. New York.

______. 2000. *United Nations Convention Against Transnational Organized Crime.*

______. 2000. *World Conference on Science: Science for the 21st Century: A New Commitment.* UNESCO.

US Census Bureau. 2008. *Poverty Thresholds 2007.* Washington, D. C.

______. 2007. *Income Quintiles.* Washington, D. C.

______. 2000. *Current Population Survey.* Washington, D. C.

Verbrugge, L. M. 1979. "Marital Status and Health." *Journal of Marriage and the Family* 41: 267–285.

Vold, G. B. 1958. *Theoretical Criminology.* New York: Oxford University Press.

Walters, G. D. 1992. "A Meta–Analysis of the Gene–Crime Relationship." *Criminology* 30: 595–613.

Weeks, J. R. 2005. *Population: An Introduction to Concepts and Issues.* 9th ed. New York: Wadsworth Thomson Learning.

Whitehead, B. and D. Popenoe. 2004. *The State of Our Unions: The Social*

Health of Marriage in America. The National Marriage Project, Rutgers University.

World Bank. 2001. *World Development Report: Attacking Poverty,* 2000/2001. Washington D.C.

______. 2007. *East Asia Remains Robust Despite US Slow-Down.* Washington D.C.

______. 2008. *Poverty Net.* Washington, D.C.

World Economic Forum. 2017. *6 Ways Augmented Reality can Help Governments See More Clearly.*

______. 2016. "The Future of Jobs: Employment, Skills and Workforce Strategy for the Fourth industrial Revolution."

World Health Organization. 2007. *The World Health Report 2007.* Geneva.

Wrong, D. H. 1959. "The Functional Theory of Stratification: Some Neglected Consideration." *American Sociological Review* 24: 772-82.

찾아보기

찾아보기

찾아보기

(영문)

(숫자)

저자 약력

고성호 미국 코네티컷대학교(University of Connecticut) 사회학 박사(Ph.D.)
(전) 통일교육원 교수
(현) 성균관대학교 학부대학 초빙교수

문용갑 독일 브레멘대학교(University of Bremen) 사회정보학 박사(Ph.D.)
(현) 브레멘대학교 ITB 연구소 객원연구원

유홍준 미국 뉴욕주립대학교(State University of New York at Stony Brook) 사회학 박사(Ph.D.)
(현) 성균관대학교 부총장, 사회과학부 교수

이성용 미국 위스콘신대학교(University of Wisconsin at Madison) 사회학 박사(Ph.D.)
(현) 강남대학교 교양학부 교수

이완수 미국 뉴욕주립대학교(State University of New York at Buffalo) 사회학 박사(Ph.D.)
(현) 청소년희망재단 연구위원

이정환 미국 럿거스대학교(Rutgers, The State University of New Jersey) 사회학 박사(Ph.D.)
(현) 청주대학교 사회학과 교수

장준오 미국 캔자스대학교(University of Kansas) 사회학 박사(Ph.D.)
(전) 형사정책연구원 연구실장, 이민정책연구원 원장
(현) 성균관대학교 학부대학 초빙교수

정태인 미국 뉴욕주립대학교(State University of New York at Stony Brook) 사회학 박사(Ph.D.)
(현) 성균관대학교 사회과학부 초빙교수

도서출판
그린

제4판 **사회문제**

Green Pub.

4판1쇄 인쇄 ▶	2020년 02월 25일
4판1쇄 발행 ▶	2020년 02월 27일
저 자 ▶	고성호·문용갑·유홍준·이성용·이완수·이정환·장준오·정태인
발행처 ▶	도서출판 **그린**
발행인 ▶	윤 덕 우
출판등록 ▶	제8-161호(1995. 5. 3.)
주소 ▶	서울특별시 서대문구 연희로5길 50(연희동) (우) 03716
전화 ▶	02)333-2574, 2575
Fax ▶	02)333-2561
E-mail ▶	greenpress@greenpress.co.kr
Homepage ▶	http://www.greenpress.co.kr

정가 : 23,000원

ISBN 978-89-5727-302-9 (93330)